Direito Imobiliário

Direito Imobiliário

LEGISLAÇÃO CONEXA

2023

Francisco Serra Loureiro
Solicitador e docente do ensino superior

ALMEDINA

DIREITO IMOBILIÁRIO
LEGISLAÇÃO CONEXA

AUTOR
Francisco Serra Loureiro

EDITOR
EDIÇÕES ALMEDINA, S.A.
Avenida Emídio Navarro, 81, 3D
3000-151 Coimbra
Tel.: 239 851 904 · Fax: 239 851 901
www.almedina.net · editora@almedina.net

DESIGN DE CAPA
FBA.

CAPA
EDIÇÕES ALMEDINA, S.A.

PRÉ-IMPRESSÃO
EDIÇÕES ALMEDINA, S.A.

IMPRESSÃO E ACABAMENTO

Abril, 2023

ISBN
978-989-40-1156-9

DEPÓSITO LEGAL
....

ALMEDINA | GRUPOALMEDINA

ÍNDICE

ALIENAÇÃO DE BENS IMÓVEIS

LICENÇA DE UTILIZAÇÃO

Decreto-Lei n.º 281/99, de 26 de Julho
Estabelece a disciplina aplicável à exigência de apresentação perante o notário de licença de construção ou de utilização na celebração de actos de transmissão da propriedade de prédios urbanos

Nos termos do artigo 1.º do Decreto-Lei n.º 359/99, de 15 de Setembro, Estabelece um regime emolumentar transitório aplicável aos registos provisórios de aquisição e de hipoteca cuja caducidade ocorra em virtude da aplicação do Decreto-Lei n.º 281/99, de 26 de Julho (DR 15 Setembro), os emolumentos pagos por registos provisórios por natureza de aquisição e de hipoteca, lavrados ao abrigo das alíneas g) e i) do n.º 1 do artigo 92.º do Código do Registo Predial, apresentados até à data da entrada em vigor do Decreto-Lei n.º 281/99, de 26 de Julho, e cuja caducidade ocorra por motivo da aplicação deste último diploma, consideram-se transferidos para os registos dos mesmos factos que venham a ser pedidos. A verificação do motivo supra referido deve ser comprovada por fotocópia do pedido da licença de utilização e por declaração de que esse pedido se encontra pendente.

O artigo 44.º da Lei n.º 46/85, de 20 de Setembro, na redacção atribuída pelo Decreto-Lei n.º 74/86, de 23 de Abril, foi mantido em vigor por força do n.º 6 do artigo 3.º do Decreto-Lei n.º 321-B/90, de 15 de Outubro.

A disposição do seu n.º 1 daquele preceito tem suscitado duas interpretações opostas: segundo uns, a expressão «licença de construção ou de utilização, quando exigível» significa que a escritura pública que envolva a transmissão da propriedade de prédios urbanos pode ser celebrada desde que uma das licenças seja exibida, aludindo a expressão «quando exigível» aos prédios para cuja construção a lei não obrigava a licenciamento; segundo outros, a mesma expressão não atribui valor equivalente àquelas licenças, querendo significar que deve ser exibida a licença que, em concreto, couber, ou seja: a de construção, no caso de a compra incidir sobre prédio em construção; a de utilização, se respeitar a prédio já concluído.

A divergência, pelo seu relevo no tecido económico-social, carece de aprofundada reflexão e inserção na sistemática normativa do regime de licenciamento de obras particulares, pois é, por excelência, nesse domínio que a norma em causa decisivamente interfere.

Entretanto, importa transitoriamente superar os efeitos gravemente nocivos de tal diferendo interpretativo, o qual, no segundo termo da alternativa, pode inviabilizar a transmissão de milhares de prédios urbanos; do mesmo passo, é necessário pôr cobro à incerteza em que se encontram numerosos adquirentes de fracções autónomas transmitidas apenas mediante licença de construção.

Até melhor estudo, de carácter mais genérico, opta-se por uma solução que, salvaguardando os limites razoáveis de segurança do comércio jurídico, vá de encontro às compreensíveis preocupações de todos os interessados.

Assim:

Nos termos da alínea *a)* do n.º 1 do artigo 198.º da Constituição, o Governo decreta, para valer como lei geral da República, o seguinte:

Artigo 1.º – Apresentação da licença de utilização

1 – Não podem ser realizados actos que envolvam a transmissão da propriedade de prédios urbanos ou de suas fracções autónomas sem que se faça prova da existência da correspondente autorização de utilização, perante a entidade que celebrar a escritura ou autenticar o documento particular.

2 – Nos actos de transmissão de imóveis é feita sempre menção do alvará da autorização de utilização, com a indicação do respectivo número e data de emissão, ou da sua isenção.

3 – Nos prédios submetidos ao regime da propriedade horizontal, a menção deve especificar se a autorização de utilização foi atribuída ao prédio na sua totalidade ou apenas à fracção autónoma a transmitir.

4 – A apresentação de autorização de utilização nos termos do n.º 1 é dispensada se a existência desta estiver anotada no registo predial e o prédio não tiver sofrido alterações.

Artigo 2.º – Apresentação de licença de construção

1 – A apresentação do alvará de licença de utilização, no caso de já ter sido requerido e não emitido, pode ser substituída pela exibição do alvará da licença

de construção do imóvel, independentemente do respectivo prazo de validade, desde que:

a) O transmitente faça prova de que está requerida a licença de utilização;

b) O transmitente declare que a construção se encontra concluída, que não está embargada, que não foi notificado de apreensão do alvará de licença de construção, que o pedido de licença de utilização não foi indeferido, que decorreram mais de 50 dias sobre a data do seu requerimento e que não foi notificado para o pagamento das taxas devidas.

2 – Nas subsequentes transmissões de fracções autónomas, de prédios constituídos em regime de propriedade horizontal, o transmitente apenas tem de fazer prova de que foi requerida a licença de utilização e declarar que o pedido não foi indeferido nem a licença emitida no prazo de 50 dias sobre a data do seu requerimento e que não foi notificado para o pagamento das taxas devidas.

3 – No caso da transmissão de fracções autónomas de prédio urbano alienado a diferentes condóminos nas condições do n.º 1, são sempre responsáveis solidariamente pela obtenção da licença de utilização o titular do alvará da licença de construção e o primeiro transmitente.

4 – Na transmissão de prédios urbanos que o alienante declare como não concluídos, com licença de construção em vigor, ou na situação dos edifícios inacabados prevista no artigo 73.º-A do *Decreto-Lei n.º 445/91, de 20 de Novembro*, na redacção dada pelo Decreto-Lei n.º 250/94, de 15 de Outubro, é bastante a exibição do alvará de licença de construção, independentemente do seu prazo de validade.

5 – O disposto no número anterior não é aplicável à transmissão de fracções autónomas de prédios urbanos constituídos em propriedade horizontal nem a moradias unifamiliares.

6 – O notário deve consignar no documento o número e a data de emissão da licença de construção e o respectivo prazo de validade, bem como a advertência aos outorgantes sobre o teor dos n.os 2 e 3 do presente artigo e do artigo seguinte.

Artigo 3.º – Efeito das declarações prestadas

Sem prejuízo de outra responsabilidade que no caso couber, o autor das declarações previstas na alínea b) do n.º 1 e no n.º 2 do artigo anterior constitui-se responsável pelos danos causados ao adquirente ou a terceiros em virtude da declaração emitida em desconformidade com a verdade.

Artigo 4.º – Justificação relativa ao trato sucessivo no registo predial

A justificação para os efeitos do artigo 116.º do Código do Registo Predial que tiver por objecto prédios urbanos fica sujeita à disciplina deste diploma, na parte que lhe for aplicável.

Artigo 5.º – Contra-ordenações

1 – Constituem contra-ordenações as declarações a que se referem a alínea *b)* do n.º 1 e o n.º 2 do artigo 2.º, quando emitidas em desconformidade com a verdade.

2 – As contra-ordenações mencionadas no número anterior são puníveis com coima no montante mínimo de 100000$00 e máximo de 750000$00, para as pessoas singulares, e entre 500000$00 e 9000000$00, para as pessoas colectivas.

3 – São puníveis a tentativa e a negligência.

4 – A competência para determinar a instauração dos processos de contra-ordenação, para designar o instrutor e para aplicar as coimas pertence à câmara municipal, podendo ser delegada em qualquer dos seus membros.

Artigo 6.º – Sanções acessórias

As contra-ordenações previstas no n.º 1 do artigo anterior podem ainda determinar, quando a gravidade da infracção o justifique, a aplicação das seguintes sanções acessórias:

a) A interdição do exercício no município, até ao máximo de dois anos, da profissão ou actividades cujo exercício dependa de título público ou de autorização ou homologação de autoridade pública;

b) A privação do direito a subsídios outorgados por entidades ou serviços públicos.

Artigo 7.º – Norma revogatória

É revogado o n.º 1 do artigo 44.º da Lei n.º 46/85, de 20 de Setembro.

Artigo 8.º – Entrada em vigor

O presente diploma entra em vigor no dia imediato ao da sua publicação.

Visto e aprovado em Conselho de Ministros
de 21 de Maio de 1999. –
António Manuel de Oliveira Guterres –
António Luciano Pacheco de Sousa Franco –
João Cardona Gomes Cravinho –
José Eduardo Vera Cruz Jardim –
José Sócrates Carvalho Pinto de Sousa.
Promulgado em 8 de Julho de 1999.
Publique-se.

O Presidente da República,
JORGE SAMPAIO.
Referendado em 14 de Julho de 1999.

O Primeiro-Ministro,
António Manuel de Oliveira Guterres.

FICHA TÉCNICA DE HABITAÇÃO

Decreto-Lei n.º 68/2004, de 25 de Março
Estabelece os requisitos a que obedecem a publicidade e a informação disponibilizadas aos consumidores no âmbito da aquisição de imóveis para habitação

O presente diploma estabelece um conjunto de mecanismos que visam reforçar os direitos dos consumidores à informação e à protecção dos seus interesses económicos no âmbito da aquisição de prédio urbano para a habitação.

É facto comummente aceite o de que a compra de habitação envolve um processo complexo. Para o consumidor, tal implica a tomada de decisões relativamente a uma série de aspectos extremamente importantes que necessariamente têm repercussões, desde logo, no plano orçamental. As escolhas efectuadas neste processo têm, além de mais, reflexos a médio e longo prazos, razão pela qual influenciam directamente a pessoa ou o agregado familiar que as fazem. Estão, pois, em causa decisões relacionadas com o preço de venda, com o enquadramento urbanístico e, fundamentalmente, com as características da habitação, incluindo opções relacionadas com eficiência energética e gestão ambiental.

Para apoiar os consumidores que pretendem adquirir a sua habitação, torna-se indispensável disponibilizar aos principais interessados um conjunto de informações suficientes que lhes permita fazer análises comparativas em função daquilo que, em cada momento, constitui a oferta no mercado da construção e perceber o que melhor satisfaz os interesses em causa.

Concretizando estes objectivos, o presente diploma estabelece um conjunto de obrigações a cargo de quantos se dediquem, profissionalmente, à actividade de construção de prédios urbanos habitacionais para comercialização.

Desde logo, importa referir a obrigação de elaboração e disponibilização aos consumidores adquirentes de um documento descritivo das principais características técnicas e funcionais da habitação, características estas que se reportam ao momento de conclusão das respectivas obras de construção.

Este documento descritivo, que no presente diploma toma a designação «Ficha técnica da habitação», deve obedecer a um conjunto de requisitos legais e conter um conjunto mínimo de informações, eventualmente acompanhado de informações complementares. Quer as informações mínimas obrigatórias quer as informações complementares devem encontrar-se redigidas em língua portuguesa, de forma clara e perceptível para o destinatário.

Ainda no que se refere à ficha técnica, compete ao técnico responsável da obra e ao promotor imobiliário atestar a correspondência das informações dela constantes com as características da habitação à data de conclusão das obras, através das respectivas assinaturas feitas na própria ficha.

Por outro lado, determina o presente diploma que a não apresentação de ficha técnica da habitação implica a não celebração da escritura pelo notário. Esta regra, destinada aos contratos celebrados entre profissionais e consumidores, aplica-se, também, aos contratos celebrados entre consumidores, caso o prédio urbano objecto de transmissão já possua ficha técnica da habitação.

Acresce também que no diploma se faz impender sobre o proprietário do imóvel o dever de conservar a ficha técnica da habitação, podendo este, em caso de perda ou de destruição, solicitar a emissão de segunda via da referida ficha ao promotor imobiliário ou à câmara municipal onde se encontra depositada.

O presente diploma inclui, igualmente, as regras a que deve obedecer a publicidade sobre imóveis para habitação e a informação que deve estar disponível nos estabelecimentos de venda, bem como normas de responsabilização do técnico da obra e do promotor imobiliário pelos danos causados ao comprador em virtude da declaração ou das informações que, constando da ficha técnica da habitação, não correspondam às verdadeiras características do imóvel.

Finalmente, e pese embora a circunstância de o regime agora previsto se centrar na informação que deve ser disponibilizada nos contratos que envolvam a aquisição da propriedade de prédios urbanos destinados à habitação, não deixa de se estabelecer uma «primeira regra» no que se refere às obrigações similares decorrentes da celebração de contratos de arrendamento. Deste modo, nos contratos de arrendamento relativos a prédios ou fracções abrangidos pelo diploma, o locador, seja ele profissional ou não, deve, antes da celebração do contrato definitivo, facultar aos futuros arrendatários o acesso à ficha técnica da habitação.

Foram ouvidos os órgãos de governo próprio das Regiões Autónomas, bem como o Conselho Nacional do Consumo e a Associação Nacional de Municípios Portugueses.

Assim:

Nos termos da alínea *a)* do n.º 1 do artigo 198.º da Constituição, o Governo decreta o seguinte:

CAPÍTULO I – Objectivos, âmbito de aplicação e definições

Artigo 1.º – Objectivos

O presente diploma estabelece um conjunto de mecanismos que visam reforçar os direitos dos consumidores à informação e à protecção dos seus interesses económicos no âmbito da aquisição de prédio urbano para habitação, bem como promover a transparência do mercado.

Artigo 2.º – Âmbito

1 – A informação disponibilizada pelos profissionais no âmbito da actividade de construção e aquisição de prédios urbanos destinados à habitação bem como a respectiva publicidade estão sujeitas às regras previstas no presente diploma.

2 – As regras referentes à ficha técnica da habitação, constantes do capítulo II, não se aplicam:

a) Aos prédios construídos antes da entrada em vigor do Regulamento Geral das Edificações Urbanas, aprovado pelo Decreto-Lei n.º 38382, de 7 de Agosto de 1951;

b) Aos prédios que se encontrem edificados e sobre os quais exista licença de utilização ou haja requerimento apresentado para a respectiva emissão à data da entrada em vigor do presente diploma.

Artigo 3.º – Definições

1 – Para efeitos do presente diploma, entende-se por:

a) «Promotor imobiliário» a pessoa singular ou colectiva, privada ou pública, que, directa ou indirectamente, decide, impulsiona, programa, dirige e financia, com recursos próprios ou alheios, obras de construção ou de reconstrução de prédios urbanos destinados à habitação, para si ou para aquisição sob qualquer título;

b) «Habitação» a unidade na qual se processa a vida de um agregado residente no edifício, a qual compreende o fogo e as suas dependências;

c) «Fogo» o conjunto de espaços e compartimentos privados nucleares de cada habitação (tais como salas, quartos, cozinha, instalações sanitárias, arrumos, despensa, arrecadações em cave ou em sótão, corredores, vestíbulos), conjunto esse confinado por uma envolvente que separa o fogo do ambiente exterior e do resto do edifício;

d) «Dependências do fogo» os espaços privados periféricos desse fogo (tais como varandas, balcões, terraços, arrecadações em cave ou em sótão ou em corpos anexos, logradouros pavimentados, telheiros e alpendres), espaços esses exteriores à envolvente que confina o fogo;

e) «Espaços comuns» os espaços destinados a serviços comuns (átrios, comunicações horizontais e verticais, pisos vazados, logradouros e estacionamentos em cave nos edifícios multifamiliares) e espaços destinados a serviços técnicos;

f) «Compartimento» o espaço privado, ou conjunto de espaços privados directamente interligados, delimitado por paredes e com acesso através de vão ou vãos guarnecidos com portas ou com disposições construtivas equivalentes;

g) «Planta simplificada» a planta rigorosa e à escala, limpa de informação dispensável à perfeita compreensão do objecto de representação, por forma a melhor comunicar com o consumidor comum;

h) «Serviços acessórios» os serviços de apoio residencial disponibilizados no acto da compra ou de arrendamento da habitação, tais como portaria e vigilância, salas equipadas para actividades especializadas e zonas exteriores ajardinadas e ou equipadas, designadamente, com mobiliário urbano ou instalações de lazer e recreio.

2 – Relevam ainda, no tocante à aplicação do presente diploma:

a) O Regulamento Geral das Edificações Urbanas, aprovado pelo Decreto-Lei n.º 38382, de 7 de Agosto de 1951, com as posteriores alterações, para as definições de área bruta da habitação, área bruta do fogo, área útil de um compartimento e área útil do fogo;

b) O Regime Jurídico da Urbanização e da Edificação, aprovado pelo Decreto-Lei n.º 555/99, de 16 de Dezembro, com as posteriores alterações, para as definições de construção, reconstrução, ampliação e alteração.

3 – As obrigações a cargo do promotor imobiliário previstas no presente diploma incumbem, na falta deste, ao profissional que venda ou que transmita onerosamente o prédio urbano destinado à habitação.

CAPÍTULO II – Da ficha técnica da habitação

Artigo 4.º – Ficha técnica da habitação

1 – Sem prejuízo de outras obrigações legais, o promotor imobiliário está obrigado a elaborar um documento descritivo das características técnicas e funcionais do prédio urbano para fim habitacional, documento que toma a designação «Ficha técnica da habitação».

2 – As características técnicas e funcionais descritas na ficha técnica da habitação reportam-se ao momento de conclusão das obras de construção, reconstrução, ampliação ou alteração do prédio urbano de acordo com o conteúdo das telas finais devidamente aprovadas.

3 – Compete ao técnico responsável pela obra e ao promotor imobiliário atestar a correspondência entre as informações a que se referem os n.os 2, 3, 4, 5 e 6, alínea c), todos do artigo 7.º, constantes na ficha técnica da habitação e as características da habitação, através de declaração comprovativa devidamente assinada na referida ficha.

4 – Para efeitos da divulgação prevista no artigo 11.º e nos casos em que a obra ainda não está concluída, deve existir uma versão provisória da ficha técnica da habitação, cujo teor informativo se reporta aos projectos de arquitectura e das especialidades.

5 – A versão provisória a que se refere o número anterior deve ser atestada pelos autores dos projectos.

Artigo 5.º – Arquivo e depósito da ficha técnica da habitação

1 – O promotor imobiliário deve manter, por um período mínimo de 10 anos, um arquivo devidamente organizado das fichas técnicas da habitação que tenha emitido relativas a cada prédio ou fracção.

2 – Sem prejuízo da obrigação estabelecida no n.º 1 do presente artigo, o promotor imobiliário está obrigado a depositar um exemplar da ficha técnica da habitação de cada prédio ou fracção na câmara municipal onde correr os seus termos o processo de licenciamento respectivo.

3 – O depósito referido no número anterior é efectuado contra o pagamento de taxa a fixar pela assembleia municipal, sob proposta da câmara municipal, antes da realização da escritura que envolva a aquisição da propriedade de prédio ou fracção destinada à habitação.

Artigo 6.º – Redacção da ficha técnica da habitação

1 – A ficha técnica da habitação deve estar redigida em língua portuguesa, em termos claros e compreensíveis para o comprador, de modo a ser facilmente legível e sem remissões para textos técnicos cuja compreensão pressuponha conhecimentos específicos.

2 – Os elementos constantes da ficha técnica da habitação devem estar em conformidade com os projectos de arquitectura e das especialidades e integrar as alterações ocorridas ao longo da obra, tal como se encontram registadas nas telas finais, de acordo com o previsto nos n.os 4 e 5 do artigo 128.º do Decreto-Lei n.º 555/99, de 16 de Dezembro.

Artigo 7.º – Elementos constantes da ficha técnica da habitação

1 – A ficha técnica da habitação deve conter informação sobre os principais profissionais envolvidos no projecto, construção, reconstrução, ampliação ou alteração, bem como na aquisição da habitação, e ainda sobre o loteamento, o prédio urbano e a fracção autónoma ou a habitação unifamiliar.

2 – A informação sobre os profissionais envolvidos deve incluir:

a) Identificação do construtor, contendo os dados de inscrição no Instituto dos Mercados de Obras Públicas e Particulares e do Imobiliário (IMOPPI);

b) Identificação dos autores dos projectos de arquitectura e de estruturas, contendo os números de registo como membros das respectivas ordens profissionais;

c) Identificação do técnico responsável da obra, com identificação do número de registo na respectiva ordem, ou na associação profissional, se for o caso;

d) Identificação do promotor imobiliário.

3 – A informação sobre o loteamento deve incluir:

a) Número total de edifícios;

b) Número total de fogos;

c) Número total de lugares de estacionamento;

d) Número e tipo de equipamentos colectivos existentes e ou previstos;

e) Identificação das entidades incumbidas da promoção, da gestão e da manutenção dos equipamentos referidos na alínea anterior;

f) Planta de síntese do loteamento, com o conteúdo previsto na legislação em vigor, nomeadamente na Portaria n.º 1110/2001, de 19 de Setembro.

4 – A informação sobre o prédio urbano deve incluir:

a) Identificação do prédio urbano, com indicação da sua localização, do número de inscrição na matriz predial e do número e data da licença de utilização;

b) Descrição do prédio urbano, com indicação do número de pisos acima do solo, do número total de fogos, do número de ascensores, da existência de outro tipo de utilização que não a habitacional e respectiva localização, do número de lugares de estacionamento reservado aos moradores do prédio, das condições de acesso a pessoas com mobilidade condicionada e da existência de sala de reuniões de condóminos e de casa do porteiro;

c) Caracterização das soluções construtivas dos principais elementos de construção do prédio, nomeadamente das fundações e da estrutura, das paredes exteriores e da cobertura;

d) Descrição dos principais materiais e produtos de construção utilizados nos espaços comuns do edifício, especialmente daqueles que estejam em contacto directo com os moradores, e lista dos respectivos fabricantes, contendo contactos e moradas;

e) Descrição dos sistemas de controlo e gestão do prédio, nomeadamente no que se refere à segurança contra intrusão, à segurança contra incêndio, à gestão energética e à gestão ambiental;

f) Localização dos equipamentos ruidosos, tais como ascensores, grupos geradores e grupos hidropressores;

g) Localização de equipamentos facultativos de condições de acesso ao prédio de pessoas com deficiência, nomeadamente motora, visual ou auditiva;

h) Planta simplificada do piso de entrada no edifício, com indicação da orientação, e a localização das portas exteriores, circulações horizontais, escadas e ascensores.

5 – A informação sobre a fracção autónoma deve incluir:

a) Identificação da fracção autónoma, com indicação da sua localização e do número e data da licença de utilização;

b) Descrição da habitação, nomeadamente do fogo e das dependências do fogo, com indicação da área bruta da habitação, da área bruta do fogo, da área útil do fogo, da área útil de cada compartimento e da área útil de cada dependência do fogo;

c) Caracterização das soluções construtivas dos principais elementos de construção, nomeadamente das paredes exteriores e interiores, dos pavimentos e escadas, dos tectos e coberturas, das portas exteriores e interiores, da caixilharia exterior e dos sistemas de protecção solar dos vãos;

d) Descrição dos principais materiais e produtos de construção, especialmente daqueles que estejam em contacto directo com os moradores, e lista dos respectivos fabricantes, contendo os seus contactos e moradas;

e) Caracterização das instalações na habitação, nomeadamente de distribuição de água, de drenagem de águas residuais domésticas, de drenagem de águas pluviais, de distribuição de gás, de distribuição de energia eléctrica, de climatização e aquecimento, de ventilação e evacuação de fumos e gases e de comunicações telefónicas e telecomunicações;

f) Descrição dos equipamentos incorporados na habitação, nomeadamente dos da cozinha e das instalações sanitárias, e lista dos respectivos fabricantes, contendo os seus contactos e moradas;

g) Planta simplificada do piso de acesso ao fogo, com destaque para a localização do fogo e dos espaços comuns, e com indicação da localização de extintores portáteis e das saídas de emergência em caso de incêndio;

h) Plantas simplificadas da habitação, incluindo planta do fogo com identificação de todos os compartimentos e a localização dos equipamentos incorporados, fixos ou móveis;

i) Plantas simplificadas das redes existentes na habitação, nomeadamente das redes de distribuição de água, de drenagem de águas residuais domésticas, de distribuição de energia eléctrica, de distribuição de gás, de climatização e aquecimento e de comunicações e entretenimento.

6 – A ficha técnica da habitação deve ainda conter informação sobre:

a) Garantia da habitação, bem como o seu modo de accionamento em caso de detecção de defeitos;

b) Regras de funcionamento do condomínio, caso existam, e contratos de prestação de serviços que tenham sido celebrados;

c) Regras de manutenção dos equipamentos instalados que requerem tratamento especial.

7 – A informação sobre as soluções construtivas a que se referem as alíneas *c)* dos n.ºs 4 e 5 deve incidir fundamentalmente sobre os aspectos determinantes para a segurança, a saúde e o conforto dos utentes da habitação.

8 – Os elementos gráficos a que se referem as alíneas *f)* do n.º 3, *h)* do n.º 4 e *g)*, *h)* e *i)* do n.º 5 devem constituir anexos à ficha técnica da habitação, devidamente numerados.

9 – A informação sobre os principais materiais e produtos de construção utilizados na habitação, a que se refere a alínea d) do n.º 5 do presente artigo, deve descrever, em particular:

a) O material utilizado nas paredes com especificação da existência ou não de parede dupla e respectivos revestimentos;

b) O tipo de protecção contra ruído e variações térmicas;

c) O tipo de cobertura e de pavimento;

d) O tipo de material de impermeabilização, caso exista;

e) O tipo de material das canalizações e eficiência que os mesmos oferecem;

f) O material empregue na caixilharia e nos estores;

g) O tipo de porta de entrada.

10 – A informação prevista nas alíneas d) do n.º 4 e d) e f) do n.º 5 na parte em que contém referência a elementos nominativos que não sejam públicos apenas deve ser facultada ao proprietário do imóvel.

Artigo 8.º – Informações complementares

1 – O disposto no artigo anterior não prejudica a possibilidade de o promotor imobiliário incluir na ficha técnica da habitação informações complementares que considere importantes, designadamente as que se refiram a:

a) Outros aspectos relacionados com a administração do condomínio, para além dos mencionados na alínea b) do n.º 6 do artigo 7.º;

b) Instruções sobre uso e manutenção das instalações e equipamentos, incluindo conselhos úteis no que respeita à segurança do prédio ou fracção, espaços comuns e serviços acessórios.

2 – As informações complementares incluídas na ficha técnica da habitação devem respeitar o disposto no n.º 1 do artigo 6.º

Artigo 9.º – Apresentação da ficha técnica da habitação

1 – Sem prejuízo de outras normas aplicáveis, não pode ser celebrada a escritura pública que envolva a aquisição da propriedade de prédio ou fracção destinada à habitação sem que o notário se certifique da existência da ficha técnica da habitação e de que a mesma é entregue ao comprador.

2 – Não pode ser celebrado o contrato de compra e venda com mútuo, garantido ou não por hipoteca, nos termos do Decreto-Lei n.º 255/93, de 15 de Julho, sem que a instituição de crédito assegure a entrega da ficha técnica da habitação ao comprador no momento em que é preenchido o modelo a que se refere a Portaria n.º 669-A/93, de 16 de Julho, alterada pela Portaria n.º 882/94, de 1 de Outubro.

Artigo 10.º – Conservação da ficha técnica da habitação

1 – O proprietário do prédio ou fracção está obrigado a conservar em bom estado a respectiva ficha técnica da habitação.

2 – Em caso de perda ou destruição da ficha técnica da habitação, o proprietário deve solicitar ao promotor imobiliário ou à câmara municipal a emissão de segunda via da referida ficha.

3 – A emissão de segunda via pela câmara municipal é efectuada contra o pagamento de taxa a fixar pela assembleia municipal, sob proposta daquela.

CAPÍTULO III – Da informação obrigatoriamente disponível nos estabelecimentos de venda e da publicidade

Artigo 11.º – Divulgação de informação

1 – Sem prejuízo do disposto no n.º 10 do artigo 7.º, nos locais de atendimento e de venda ao público, o vendedor, a empresa de mediação imobiliária ou outro profissional que se encontre incumbido de comercializar prédios urbanos destinados à habitação está obrigado a disponibilizar informação documentada, designadamente, sobre:

a) Cópia da ficha técnica da habitação, caso esta já exista;

b) Cópia de versão provisória da ficha técnica da habitação, caso ainda não exista a ficha técnica da habitação;

c) Preço por metro quadrado da área útil da habitação;

d) Preço total da habitação, com explicitação dos impostos e outras obrigações legais que incidem sobre a aquisição e formas de pagamento propostas.

2 – Para efeitos do disposto na alínea *b)* do número anterior, os elementos constantes da versão provisória da ficha técnica da habitação devem estar em conformidade com os projectos de arquitectura e das especialidades e conter obrigatoriamente a informação indicada no n.º 2 e nas alíneas *a)*, *b)*, *c)* e *d)* do n.º 3, *b)*, *c)*, *d)*, *e)* e *f)* do n.º 4 e *b)*, *c)*, *d)*, *e)*, *f)*, *g)* e *h)* do n.º 5. todos do artigo 7.º

3 – Sem prejuízo das obrigações mencionadas nos números anteriores, os profissionais mencionados no n.º 1 do presente artigo estão obrigados a disponibilizar para consulta no local de venda uma cópia autenticada do projecto completo do prédio, incluindo os diversos projectos das especialidades.

4 – A informação que incida sobre prédios urbanos em construção deve, ainda, fazer referência ao número de alvará de licença de construção e aos prazos previstos para a sua conclusão.

5 – A existência da ficha técnica da habitação ou da sua versão provisória deve ser anunciada, em lugar bem visível, nos locais de atendimento e de venda ao público.

Artigo 12.º – Publicidade

1 – A publicidade sobre venda de imóveis para a habitação deve respeitar as regras constantes do Código da Publicidade, aprovado pelo Decreto-Lei n.º 330/90, de 23 de Outubro, com as alterações subsequentes que lhe foram introduzidas.

2 – Sem prejuízo do mencionado no número anterior, a publicidade à venda de imóveis para a habitação deve, em especial, ser conforme às características da habitação, esclarecer os respectivos destinatários sobre se esta se encontra em fase de construção e conter, designadamente, os seguintes elementos:

a) Identificação completa do promotor imobiliário e do vendedor, caso não sejam a mesma pessoa;

b) Prazo previsto para conclusão das obras, se for caso disso;

c) Área útil da habitação;

d) Tipo e marca dos materiais e produtos de construção, sempre que haja qualquer referência aos mesmos;

e) Existência de condições de acesso para pessoas com deficiência, nomeadamente motora, visual ou auditiva, caso tais condições existam.

3 – As fotografias ou imagens gráficas utilizadas na publicidade de imóveis devem reproduzir fielmente o local publicitado, referindo explicitamente que se representa apenas o edifício ou o edifício e a sua envolvente próxima acabada.

CAPÍTULO IV – Das contra-ordenações e da fiscalização

Artigo 13.º – Contra-ordenações

1 – Sem prejuízo de outras sanções que se mostrem aplicáveis, constituem contra-ordenações:

a) A inclusão na ficha técnica da habitação de informações que não têm total correspondência com as características reais da habitação;

b) As falsas declarações do técnico responsável pela obra na declaração comprovativa relativamente à correspondência das informações constantes da ficha técnica da habitação com as características da habitação;

c) A não organização em arquivo das fichas técnicas da habitação a que se refere o n.º 1 do artigo 5.º;

d) O incumprimento da obrigação de depósito na câmara municipal do exemplar da ficha técnica da habitação a que se refere o n.º 2 do artigo 5.º, ou o não cumprimento atempado dessa obrigação;

e) A violação do disposto no artigo 11.º;

f) A violação do preceituado no artigo 12.º

2 – As contra-ordenações previstas nas alíneas *a)* e *b)* do número anterior são puníveis com coima de € 2490 até € 3490 ou de € 12 470 até € 44 890, consoante o infractor seja pessoa singular ou pessoa colectiva.

3 – As contra-ordenações previstas nas alíneas *c)* e *d)* do n.º 1 são puníveis com coima de € 2490 até € 3490 ou de € 7480 até € 24 940, consoante o infractor seja pessoa singular ou pessoa colectiva.

4 – A contra-ordenação prevista na alínea *e)* do n.º 1 é punível com coima de € 2490 até € 3490 ou de € 12 470 até € 44 890, consoante o infractor seja pessoa singular ou colectiva.

5 – A contra-ordenação referida na alínea *f)* do n.º 1 é punível com coima de € 1740 até € 3490 ou de € 3490 até € 44 890, consoante o infractor seja pessoa singular ou colectiva.

6 – A negligência é sempre punível.

Artigo 14.º – Sanções acessórias

1 – Quando a gravidade da infracção o justifique, podem, ainda, ser aplicadas as seguintes sanções acessórias:

a) Apreensão de objectos utilizados na prática das contra-ordenações;

b) Encerramento temporário das instalações ou estabelecimentos onde se verifique o exercício da actividade;

c) Interdição do exercício da actividade.

2 – As sanções previstas nas alíneas *b)* e *c)* do número anterior têm uma duração máxima de dois anos, contados a partir da decisão condenatória definitiva.

Artigo 15.º – Fiscalização e instrução dos processos por contra-ordenação

1 – Constitui atribuição do Instituto do Consumidor fiscalizar e instruir os processos por contra-ordenação em matéria de publicidade a que se refere a alínea f) do n.º 1 do artigo 13.º, competindo à Comissão de Aplicação de Coimas em Matéria Económica e de Publicidade aplicar as coimas e demais sanções.

2 – Constitui atribuição do IMOPPI inspeccionar, fiscalizar e instruir os respectivos processos por contra-ordenação, quando se verifiquem as infracções mencionadas nas alíneas *a)* a *c)* e *e)* do n.º 1 do artigo 13.º, competindo ao seu presidente aplicar as respectivas coimas e demais sanções.

3 – Compete à câmara municipal inspeccionar, fiscalizar e instruir os respectivos processos por contra-ordenação quando se verifique a infracção mencionada na alínea *d)* do n.º 1 do artigo 13.º, competindo ao seu presidente aplicar as respectivas coimas e demais sanções.

4 – A receita das coimas reverte em 60% para o Estado e em 40% para o Instituto do Consumidor, para o IMOPPI ou, ainda, para a câmara municipal, consoante os casos, de acordo com as regras previstas nos números anteriores.

5 – A receita das coimas aplicadas pelos presidentes de câmara pela contra-ordenação prevista na alínea *d)* do n.º 1 do artigo 13.º reverte na totalidade para a respectiva câmara municipal.

Artigo 16.º – Responsabilidade civil

1 – O técnico responsável pela obra e o promotor imobiliário mencionados no artigo 4.º são solidariamente responsáveis pelos danos causados ao comprador ou a terceiros, caso o teor da declaração ou das informações constantes na ficha técnica da habitação não corresponda à verdade, sem prejuízo das normas gerais sobre responsabilidade civil aplicáveis.

2 – A responsabilidade solidária referida no número anterior cessa quando o prédio urbano para fim habitacional seja objecto de obras de construção, reconstrução, ampliação ou alteração, realizadas por iniciativa do respectivo proprietário, em momento posterior à emissão original da competente ficha técnica da habitação, desde que, em virtude de tais obras, as características técnicas e funcionais aí descritas deixem, efectivamente, de corresponder às originais características do edificado.

CAPÍTULO V – Extensão do âmbito de aplicação

Artigo 17.º Contratos de arrendamento

Nos contratos de arrendamento relativos a imóveis para habitação abrangidos pelo presente diploma, o locador, seja ou não profissional, ou a empresa de mediação imobiliária, quando legalmente habilitada para o efeito, deve, antes da celebração do contrato, facultar ao arrendatário o acesso à ficha técnica da habitação a que se refere o artigo 4.º

Artigo 18.º – Contratos celebrados entre consumidores

O disposto no n.º 1 do artigo 9.º aplica-se aos contratos celebrados entre consumidores, caso o prédio urbano destinado à habitação que é objecto de transmissão já possua ficha técnica da habitação.

CAPÍTULO VI – Disposições finais e transitórias

Artigo 19.º Modelo da ficha técnica da habitação

O modelo da ficha técnica da habitação é aprovado por portaria conjunta dos ministros que tutelam a economia, a habitação e a defesa do consumidor, no prazo máximo de 90 dias a contar da data da entrada em vigor do presente diploma.

Artigo 20.º Disposição transitória

Os profissionais abrangidos pelo presente diploma dispõem de um período máximo de 90 dias, a contar da entrada em vigor da portaria conjunta referida no artigo anterior, para se adaptarem aos requisitos a que obedecem a publicidade e a informação disponibilizadas aos consumidores no âmbito da aquisição de imóveis para habitação.

Visto e aprovado em Conselho de Ministros de 22 de Janeiro de 2004. – José Manuel Durão Barroso – Maria Manuela Dias Ferreira Leite – Maria Celeste Ferreira Lopes Cardona – José Luís Fazenda Arnaut Duarte – Carlos Manuel Tavares da Silva – António Pedro de Nobre Carmona Rodrigues – Amílcar Augusto Contel Martins Theias. Promulgado em 12 de Março de 2004. Publique-se. O Presidente da República, Jorge Sampaio. Referendado em 15 de Março de 2004. O Primeiro-Ministro, José Manuel Durão Barroso.

APROVA O MODELO DA FICHA TÉCNICA DA HABITAÇÃO

Portaria n.º 817/2004, de 16 de Julho
Aprova o modelo da ficha técnica da habitação

O Decreto-Lei n.º 68/2004, de 25 de Março, estabelece um conjunto de mecanismos que visam reforçar os direitos dos consumidores à informação e à protecção dos seus interesses económicos no âmbito da aquisição de prédio urbano para habitação, bem como assegurar a transparência do mercado.

Entre esses mecanismos de protecção encontra-se prevista a cargo do promotor imobiliário a obrigação de elaborar e disponibilizar ao consumidor adquirente um documento descritivo das características técnicas e funcionais do prédio urbano para fim habitacional, documento esse que o citado diploma designa por ficha técnica da habitação.

O artigo 19.º do Decreto-Lei n.º 68/2004 prevê que o modelo da ficha técnica da habitação seja aprovado através de portaria conjunta dos ministros que tutelam a economia, a habitação e a defesa do consumidor.

Assim:

Nos termos do disposto no artigo 19.º do Decreto-Lei n.º 68/2004, de 25 de Março:

Manda o Governo, pelos Ministros Adjunto do Primeiro-Ministro, da Economia e das Obras Públicas, Transportes e Habitação, o seguinte:

1.º A presente portaria aprova o modelo da ficha técnica da habitação, a que se refere o Decreto-Lei n.º 68/2004, de 25 de Março, que consta do anexo à mesma e dela faz parte integrante.

2.º

1 – A ficha técnica da habitação deve ser elaborada de acordo com o modelo aprovado.

2 – O Instituto do Consumidor, o Instituto dos Mercados de Obras Públicas e Particulares e do Imobiliário e o Laboratório Nacional de Engenharia Civil disponibilizam, nos respectivos sítios da Internet, uma versão em suporte digital do modelo da ficha técnica da habitação agora aprovado, que aí pode ser recolhida pelos interessados.

3.º

1 – Sem prejuízo das assinaturas previstas, a ficha técnica da habitação, em todo o seu teor, não pode ser manuscrita.

2 – O tratamento e a apresentação gráfica final da ficha técnica da habitação é da responsabilidade da entidade mencionada no artigo 4.º do Decreto-Lei n.º 68/2004, de 25 de Março.

3 – O referido no número anterior não pode de alguma forma, directa ou indirectamente, tornar menos claras ou legíveis as informações obrigatórias incluídas na ficha técnica da habitação.

4.º Para os efeitos previstos no artigo 9.º do Decreto-Lei n.º 68/2004, de 25 de Março, a ficha técnica da habitação é entregue em suporte de papel ao consumidor adquirente do prédio urbano ou fracção autónoma destinada a habitação.

5.º A presente portaria entra em vigor 30 dias após a sua publicação.

Em 5 de Julho de 2004.
O Ministro Adjunto do Primeiro-Ministro,
José Luís Fazenda Arnaut Duarte. –

O Ministro da Economia,
Carlos Manuel Tavares da Silva. –

O Ministro das Obras Públicas, Transportes e Habitação,
António Pedro de Nobre Carmona Rodrigues.

CERTIFICAÇÃO ENERGÉTICA DE EDÍFICIOS

Decreto-Lei n.º 101-D/2020, de 7 de dezembro
Estabelece os requisitos aplicáveis a edifícios para a melhoria do seu desempenho energético e regula o Sistema de Certificação Energética de Edifícios, transpondo a Diretiva (UE) 2018/844 e parcialmente a Diretiva (UE) 2019/944

Em novembro de 2016, a Comissão Europeia apresentou o Pacote «Energia Limpa para todos os Europeus» (Pacote Energia Limpa), com vista ao estabelecimento do necessário enquadramento prático e normativo para a transição energética na década de 2021-2030 e para a criação da União da Energia e da Ação Climática na União Europeia e assegurando o cumprimento do Acordo de Paris sobre as alterações climáticas e o aquecimento global do planeta e, em simultâneo, a salvaguarda do crescimento económico e a criação de emprego, através da prioridade à eficiência energética, ao reforço da aposta nas energias provenientes de fontes renováveis e ao progressivo abandono de energia produzida a partir de combustíveis fósseis, com vista ao desenvolvimento de um sistema energético sustentável, concorrencial, competitivo, eficiente, seguro e descarbonizado até 2050.

O Pacote Energia Limpa inclui alterações à Diretiva 2010/31/UE do Parlamento Europeu e do Conselho, de 19 de maio de 2010 (Diretiva EPBD), relativa ao desempenho energético dos edifícios, que ora releva transpor para o ordenamento jurídico nacional. Os edifícios, ao serem responsáveis por 36 % das emissões totais de gases de efeito de estufa e por 40 % dos consumos energéticos da União Europeia, têm um potencial imenso de contribuição para o combate às alterações climáticas através de ganhos de eficiência, simultaneamente assegurando-se a redução dos consumos e emissões enquanto se aumentam os padrões de segurança e conforto dos seus utilizadores. Em consequência, a prioridade à eficiência energética como princípio basilar do Pacote Energia Limpa, bem como os instrumentos nacionais consubstanciados no Roteiro para a Neutralidade Carbónica até 2050, o Plano Nacional Energia e Clima 2030 e a Estratégia de Longo Prazo para a Renovação dos Edifícios definem ambiciosas metas para que o parque imobiliário passe a ter necessidades quase nulas de energia.

Destacam-se, no âmbito dos sistemas técnicos de aquecimento, arrefecimento ou ventilação, a imposição da realização de inspeções periódicas, com vista à avaliação fidedigna dos desempenhos e à identificação das eventuais oportunidades e medidas a adotar para a sua melhoria, medida que é prosseguida também, com as necessárias adaptações, para os sistemas energéticos. Quanto à mobilidade elétrica, preveem-se agora regras para a instalação de infraestruturas e de pontos de carregamento de veículos elétricos nos edifícios abrangidos, considerando o respetivo potencial para o objetivo, comunitário e nacional, da transição energética, mediante a determinação de um número mínimo dos referidos pontos e infraestruturas de carregamento a assegurar nos parques de estacionamento, em função da tipologia dos respetivos edifícios, assim como da sua localização e número de lugares disponíveis.

Para os edifícios com maiores necessidades energéticas preveem-se sistemas de automatização e controlo, tendo em conta o seu potencial para a racionalização dos respetivos consumos de energia mediante o funcionamento económico, seguro e eficiente, do ponto de vista energético, dos seus sistemas técnicos. Por acréscimo à determinação das características dos edifícios, e respetivos sistemas técnicos, cujo registo determina a sua obrigatória instalação, os sistemas de automatização e controlo devem assegurar a monitorização, o registo e a análise, contínua e comparativa, dos consumos de energia e da eficiência energética dos edifícios, com vista à recolha de informação sobre o seu efetivo ou potencial desempenho energético, assim como a comunicação e a interoperabilidade entre todos os sistemas técnicos, independentemente das respetivas diferenças.

Promovem-se ainda as alterações relevantes, identificadas com base na experiência adquirida, para rever o quadro normativo e regulamentar aplicável ao desempenho energético dos edifícios abrangidos com vista à solução dos problemas e dificuldades práticas colocadas ao cumprimento dos objetivos de transformação e desenvolvimento de um parque edificado moderno e interligado com as redes energéticas e a mobilidade limpa, composto por edifícios, ou comunidades de edifícios, com níveis de conforto adequados ao contexto local e climático onde se inserem, assentes em tecnologias inteligentes e com um nível de desempenho elevado que permita satisfazer as necessidades dos seus ocupantes com um reduzido impacto energético.

Por fim, atendendo a importância do acesso efetivo e equitativo a mecanismos de financiamento como incentivos à concretização célere e efetiva dos objetivos estratégicos, estabelece-se que a concessão ou atribuição de medidas e incentivos financeiros para a renovação dos edifícios abrangidos, com específica incidência na melhoria do respetivo desempenho energético, processa-se em função das melhorias obtidas, ou do desempenho energético das soluções construtivas ou equipamentos utilizados, sem prejuízo da possibilidade de recurso a outro critério de decisão desde que transparente e proporcionado à finalidade em causa.

Foram ouvidos os órgãos de governo próprio das Regiões Autónomas, a Associação Nacional de Municípios Portugueses, a Ordem dos Arquitetos, a Ordem dos Engenheiros e a Associação dos Industriais da Construção Civil e Obras Públicas.

Foi promovida a audição do Conselho Nacional do Consumo, da Associação Portuguesa das Empresas dos Setores Térmico, Energético, Eletrónico e do Ambiente e da Ordem dos Engenheiros Técnicos.

Assim:

Nos termos da alínea *a)* do n.º 1 do artigo 198.º da Constituição, o Governo decreta o seguinte:

CAPÍTULO I – Disposições gerais

Artigo 1.º – Objeto

O presente decreto-lei:

a) Estabelece os requisitos aplicáveis à conceção e renovação de edifícios, com o objetivo de assegurar e promover a melhoria do respetivo desempenho energético através do estabelecimento de requisitos aplicáveis à sua modernização e renovação;

b) Regula o Sistema de Certificação Energética dos Edifícios (SCE);

c) Transpõe para a ordem jurídica nacional a Diretiva (UE) 2018/844 do Parlamento Europeu e do Conselho, de 30 de maio de 2018, que altera a Diretiva 2010/31/UE do Parlamento Europeu e do Conselho, de 19 de maio de 2010, relativa ao desempenho energético dos edifícios, e a Diretiva 2012/27/UE do Parlamento Europeu e do Conselho, de 25 de outubro de 2012, sobre a eficiência energética;

d) Transpõe parcialmente para a ordem jurídica nacional a Diretiva (UE) 2019/944 do Parlamento Europeu e do Conselho, de 5 de junho de 2019, relativa a regras comuns para o mercado interno da eletricidade, e que altera a Diretiva 2012/27/UE;

e) Transpõe parcialmente para a ordem jurídica nacional a Diretiva (UE) 2018/2001 do Parlamento Europeu e do Conselho, de 11 de dezembro de 2018, relativa à promoção da utilização de energia de fontes renováveis;

f) Procede à terceira alteração ao Decreto-Lei n.º 56/2012, de 12 de março, alterado pelos Decretos-Leis n.ºs 55/2016, de 26 de agosto, e 108/2018, de 3 de dezembro, que aprova a orgânica da Agência Portuguesa do Ambiente, I. P.;

g) Procede à segunda alteração ao Decreto-Lei n.º 68-A/2015, de 30 de abril, alterado pelo Decreto-Lei n.º 64/2020, de 10 de setembro, que estabelece disposições em matéria de eficiência energética e produção em cogeração, transpondo a Diretiva 2012/27/UE do Parlamento Europeu e do Conselho, de 25 de outubro de 2012, relativa à eficiência energética.

Artigo 2.º – Âmbito de aplicação

São abrangidos pelo presente decreto-lei:

a) Os edifícios sujeitos à aplicação dos requisitos previstos no capítulo II;

b) Os edifícios sujeitos à obrigação de certificação energética nos termos previstos no capítulo III.

Artigo 3.º – Definições

Para efeitos do presente decreto-lei, entende-se por:

a) «Área útil de pavimento», o somatório das áreas de pavimento, medidas em planta pelo perímetro interior, de todos os espaços interiores úteis pertencentes ao edifício, com ocupação atual ou prevista e com necessidades de energia atuais ou previstas associadas ao aquecimento ou arrefecimento ambiente para conforto humano;

b) «Consumo de energia em condições nominais», o consumo derivado da satisfação das necessidades de energia afetas a determinados usos nos edifícios, com vista à otimização dos níveis de saúde, conforto térmico e qualidade do ar interior dos seus ocupantes;

c) «Edifício», a construção coberta, com paredes e pavimentos, destinada à utilização humana e com vista a propiciar condições de conforto térmico que, para efeitos do presente decreto-lei e sempre que aplicável, abrange as frações autónomas e as frações suscetíveis de utilização independente;

d) «Edifício com necessidades quase nulas de energia», um edifício com um desempenho energético muito elevado, determinado através da metodologia mencionada no artigo seguinte, e no qual as necessidades de energia quase nulas ou muito pequenas são cobertas, em grande medida, por energia proveniente de fontes renováveis preferencialmente locais ou com origem nas proximidades do edifício, quando aquela não seja suficiente;

e) «Edifício de comércio e serviços», o edifício, ou parte, licenciado ou que seja previsto licenciar para utilização em atividades de comércio, serviços ou similares;

f) «Edifício de utilização mista», o edifício utilizado, em partes distintas, como edifício de habitação e edifício de comércio e serviços;

g) «Edifício em ruínas», o edifício existente cujo nível de degradação da sua envolvente prejudica a utilização a que se destina, tal como comprovado por declaração da respetiva câmara municipal ou da Direção-Geral do Tesouro e Finanças, no âmbito das respetivas atribuições, ou, no âmbito exclusivo da certificação energética, por declaração provisória do SCE emitida pelo PQ nos termos da alínea c) do n.º 2 do artigo 20.º;

h) «Edifício em tosco», o edifício sem revestimentos interiores nem sistemas técnicos instalados e de que se desconheçam ainda os detalhes de uso efetivo;

i) «Edifício novo», o edifício cujo primeiro processo de licenciamento ou autorização de edificação tenha data de entrada do projeto de arquitetura junto das entidades competentes posterior à data de entrada em vigor do presente decreto-lei ou, no caso de isenção de controlo prévio, cujo primeiro projeto de arquitetura tenha data de elaboração posterior à data de entrada em vigor do presente decreto-lei;

j) «Edifício renovado», o edifício existente que foi sujeito a obra de construção, reconstrução, alteração, ampliação, instalação ou modificação de um ou mais componentes;

k) «Energias renováveis», a energia proveniente de fontes não fósseis renováveis, designadamente energia eólica, solar (térmica e fotovoltaica) e geotérmica, das marés, das ondas e outras formas de energia oceânica, hídrica, de biomassa, de gases dos aterros, de gases das instalações de tratamento de águas residuais, e biogás;

l) «Entidade anunciadora», a entidade gestora de plataformas eletrónicas ou de sítios da Internet que disponibilizem espaço para a publicação de anúncios com vista à realização dos negócios jurídicos de transação de edifícios mencionados na alínea e) do n.º 1 do artigo 18.º, designadamente sítios na Internet de empresas de mediação imobiliária ou outras plataformas eletrónicas de pesquisa de edifícios;

m) «Envolvente do edifício», o conjunto dos elementos de um edifício que separam o seu espaço interior útil, dos espaços não úteis do exterior, do solo e de outros edifícios;

n) «Espaço interior útil», o espaço com condições de referência, que, para efeito de cálculo das necessidades energéticas, se pressupõe aquecido ou arrefecido de forma a manter uma temperatura interior de referência de conforto térmico, incluindo os espaços que, não sendo usualmente climatizados, tais como arrumos interiores, despensas, vestíbulos ou instalações sanitárias, devam ser considerados espaços com condições de referência;

o) «Espaço interior não útil», o espaço sem ocupação humana permanente atual ou prevista, e sem consumo de energia atual ou previsto associado ao aquecimento ou arrefecimento ambiente para conforto térmico, com exceção do espaço interior útil nos termos da alínea anterior;

p) «Grande Edifício de Comércio e Serviços» ou «GES», o edifício de comércio e serviços cuja área útil de pavimento, não considerando os espaços interiores não úteis, iguala ou ultrapassa 1000 m^2, ou 500 m^2 no caso de conjuntos comerciais, hipermercados, supermercados e piscinas cobertas;

q) «Grande renovação», a renovação em edifício em que se verifique que a estimativa do custo total da obra, compreendendo a totalidade das frações renovadas, nos casos aplicáveis, relacionada com os componentes, seja superior a 25 % do valor da totalidade do edifício, devendo ser considerado para o efeito o valor médio de construção, por metro quadrado, para efeitos dos artigos 39.º e 62.º do Código de Imposto Municipal sobre Imóveis;

r) «Pequeno Edifício de Comércio e Serviços» ou «PES», o edifício de comércio e serviços que não seja um GES, nos termos da alínea p);

s) «Perito qualificado» ou «PQ», o técnico com título profissional para o exercício da atividade de certificação energética, nos termos da Lei n.º 58/2013, de 20 de agosto, na sua redação atual;

t) «Portal SCE», a zona de um ou mais sítios agregados na Internet disponibilizado(s) e gerido(s) pela ADENE – Agência para a Energia (ADENE), contendo informação relativa ao SCE e ao registo e interação com os seus utilizadores, incluindo, pelo menos, um acesso ao público em geral disponibilizando serviços de pesquisa, designadamente de certificados energéticos e de técnicos do SCE, e um acesso reservado para elaboração e registo de documentos por utilizadores credenciados do SCE;

u) «Potência nominal», a potência térmica máxima que um equipamento pode fornecer para efeitos de aquecimento ou arrefecimento do ambiente, em condições de ensaio normalizadas;

v) «Potência nominal global», a potência correspondente ao somatório da potência nominal dos equipamentos instalados no edifício;

w) «Proprietário», o titular do direito de propriedade, abrangendo-se ainda neste conceito o titular de outro direito de gozo sobre um edifício desde que este, no caso dos edifícios de comércio e serviços, detenha o controlo dos sistemas de climatização, e respetivos consumos, e seja o credor contratual do fornecimento de energia, salvo verificando-se nova venda, dação em cumprimento, locação ou trespasse pelo titular do direito de propriedade;

x) «Sistema técnico», o equipamento técnico para a climatização de espaços, a ventilação, a água quente sanitária, a instalação fixa de iluminação, a automatização e o controlo do edifício, a produção de energia térmica ou elétrica no local e, quando aplicável, o seu armazenamento, as instalações de elevação, as infraestruturas de carregamento de veículos elétricos, ou a combinação destes, incluindo os que utilizem energia proveniente de fontes renováveis, de um edifício.

CAPÍTULO II – Metodologia de cálculo do desempenho energético e requisitos dos edifícios

SECÇÃO I – Metodologia de cálculo

Artigo 4.º – Metodologia de cálculo do desempenho energético dos edifícios

1 – A avaliação do desempenho energético dos edifícios é uma análise efetuada com base no consumo de energia calculado que reflete o consumo energético típico para o aquecimento e o arrefecimento de espaços, a ventilação de espaços, a produção de água quente e a iluminação fixa, bem como outros sistemas técnicos dos edifícios, nos casos aplicáveis, expressa por um indicador numérico de utilização energia primária em kWh/(m^2.ano).

2 – A avaliação do desempenho energético dos edifícios é realizada, tendo em conta as necessidades de energia afetas a determinados usos, tais como o aquecimento e arrefecimento de espaços, a ventilação, a água quente sanitária, a iluminação, as quais são determinadas de modo a otimizar, direta ou indiretamente, os níveis de saúde, conforto térmico e qualidade do ar interior dos ocupantes dos edifícios.

3 – O desempenho energético do edifício é expresso através de um indicador numérico que representa a energia primária necessária para satisfazer as necessidades de energia referidas no número anterior e que tem em conta a energia proveniente de fontes renováveis fornecida ao edifício e a gerada e utilizada no mesmo.

4 – Para efeitos da avaliação do desempenho energético dos edifícios é estabelecida uma metodologia de cálculo, constante no Manual SCE, ao abrigo da qual será realizada a emissão de certificados energéticos, nos termos previstos no capítulo III.

5 – O Manual SCE é aprovado mediante despacho do diretor-geral da Direção-Geral de Energia e Geologia (DGEG), a publicar até à data estabelecida no n.º 2 do artigo 46.º, devendo ser revisto no intervalo máximo de dois anos, ou sempre que alterações de natureza técnica ou regulamentar o justifique, e contém o conjunto de regras e orientações para a instrução, condução e conclusão dos processos de avaliação do desempenho energético dos edifícios, tendo em conta as especificidades dos edifícios abrangidos, que descreve as opções nacionais e integra os anexos das normas gerais ISO/EN relevantes para a sua aplicação.

SECÇÃO II – Requisitos dos edifícios

Artigo 5.º – Controlo prévio

1 – Os órgãos competentes no âmbito dos procedimentos de controlo prévio de operações urbanísticas de edificação, nos termos do Regime Jurídico da Urbanização e da Edificação (RJUE), aprovado pelo Decreto-Lei n.º 555/99, de 16 de dezembro, na sua redação atual, devem assegurar a verificação do cumprimento dos requisitos previstos na presente secção.

2 – O disposto no número anterior é aplicável, com as devidas adaptações, às operações urbanísticas de edificação promovidas pela Administração Pública, ou por concessionárias de obras ou serviços públicos, isentas de controlo prévio.

3 – (Revogado)

SUBSECÇÃO I – Requisitos para os edifícios novos

Artigo 6.º – Edifícios novos

1 – Os edifícios novos devem ser edifícios com necessidades quase nulas de energia.

2 – Os edifícios novos, incluindo os seus componentes, estão sujeitos ao cumprimento dos requisitos previstos no n.º 4, por forma a alcançarem níveis de desempenho energético elevados e, por consequência, níveis ótimos de rentabilidade, sendo estes níveis revistos periodicamente em função dos resultados de análises de custo ótimo, a realizar com intervalos não superiores a cinco anos.

3 – Os requisitos previstos no presente artigo são estabelecidos num quadro de consideração integrada da envolvente e dos sistemas técnicos e visam promover o conforto ambiente, o comportamento térmico adequado, a eficiência e durabilidade dos sistemas técnicos, a boa gestão da energia e a utilização de fontes de energia renovável.

4 – São aplicáveis os seguintes requisitos:

a) Requisitos mínimos de desempenho energético relativos à envolvente dos edifícios, que visam, em particular, minimizar a ocorrência de patologias e limitar as necessidades de energia com vista à obtenção de condições interiores de conforto;

b) Requisitos relativos aos sistemas técnicos, variáveis em função de cada sistema técnico em concreto, que incidem, designadamente, no seguinte:

i) Desempenho energético geral, que avalia ou afeta o desempenho de um sistema técnico no seu todo;

ii) Dimensionamento adequado, com vista a garantir que os sistemas técnicos são adequados às necessidades e características do edifício, bem como às condições de utilização esperadas;

iii) Instalação correta, que incide na forma de instalar os sistemas para que estes funcionem do modo para que foram concebidos;

iv) Ajustamento adequado, que contempla as tarefas de teste e ajustamento aos sistemas técnicos, depois de instalados, para que funcionem em conformidade com as especificações definidas;

v) Controlo adequado, a fim de garantir que as capacidades de controlo exigidas aos sistemas técnicos estejam em conformidade com as especificações definidas.

5 – O cumprimento dos requisitos previstos no número anterior é assegurado pelos técnicos autores dos projetos, com as qualificações estabelecidas na Lei n.º 31/2009, de 3 de julho, na sua redação atual, nos termos da Portaria n.º 701-H/2008, de 29 de julho, e da Portaria n.º 113/2015, de 22 de abril, com exceção do disposto no n.º 3 do artigo anterior, nos seguintes termos:

a) Para os componentes envolvente opaca e envolvente envidraçada, no âmbito do projeto de arquitetura;

b) Para os componentes sistemas de ventilação, sistemas de climatização e sistemas de preparação de água quente, no âmbito do projeto de instalações, equipamentos e sistemas de aquecimento, ventilação e ar condicionado ou, no plano dos sistemas de preparação de água quente, no projeto de redes prediais de água e esgotos ou no projeto de instalações, equipamentos e sistemas de águas e esgotos;

c) Para o componente sistemas fixos de iluminação, no âmbito do projeto de instalações, equipamentos e sistemas elétricos ou do projeto de alimentação e distribuição de energia elétrica;

d) Para o componente sistemas de produção de energia elétrica, no âmbito do projeto de instalações, equipamentos e sistemas elétricos ou do projeto de alimentação e distribuição de energia elétrica;

e) Para o componente Sistemas de Automatização e Controlo do Edifício (SACE), no âmbito do projeto de sistemas de gestão técnica centralizada;

f) Para o componente instalações de elevação, no âmbito do projeto de instalações, equipamentos e sistemas de transporte ou do projeto de instalações eletromecânicas, incluindo as de transporte de pessoas e ou mercadorias;

g) Para o componente infraestruturas de carregamento de veículos elétricos, no âmbito do projeto de instalações, equipamentos e sistemas elétricos ou do projeto de alimentação e distribuição de energia elétrica.

6 – O reconhecimento das qualificações dos técnicos para a elaboração dos projetos previstos no número anterior é da competência das respetivas ordens profissionais.

7 – Para efeitos do disposto no n.º 5, os projetos devem detalhar as soluções adotadas em grau que possibilite a demonstração do cumprimento dos requisitos e a execução das soluções projetadas em obra, nos termos da portaria prevista no n.º 12.

8 – Sem prejuízo do disposto no n.º 5, a demonstração do cumprimento dos requisitos previstos no n.º 4 pode ser efetuado em outros tipos de projetos que venham a ser previstos em legislação setorial, sendo aplicável o disposto nos n.ºs 6 e 7.

9 – São estabelecidos os seguintes requisitos, cujo cumprimento é assegurado por PQ, nos termos previstos no capítulo III:

a) Conforto térmico;

b) Desempenho energético, que incluem:

i) Indicadores do uso de energia primária;

ii) Indicadores do uso de energia primária renovável;

iii) Classificação como edifício de necessidades quase nulas de energia;

iv) Classes de desempenho energético.

10 – Os edifícios de habitação estão sujeitos ao cumprimento dos requisitos previstos no número anterior e ainda dos requisitos aplicáveis aos seguintes componentes:

a) Envolvente opaca;

b) Envolvente envidraçada;

c) Sistemas de ventilação;

d) Sistemas de climatização;

e) Sistemas de preparação de água quente;

f) Sistemas de produção de energia elétrica;

g) Instalações de elevação;

h) Infraestruturas de carregamento de veículos elétricos.

11 – Os edifícios de comércio e serviços estão sujeitos ao cumprimento dos requisitos previstos na alínea b) do n.º 9 e ainda dos requisitos aplicáveis aos seguintes componentes:

a) Envolvente opaca;

b) Envolvente envidraçada;

c) Sistemas de ventilação;

d) Sistemas de climatização;

e) Sistemas de preparação de água quente;

f) Sistemas fixos de iluminação;

g) Sistemas de produção de energia elétrica;

h) SACE;

i) Instalações de elevação;

j) Infraestruturas de carregamento de veículos elétricos.

12 – Os requisitos previstos no n.º 4 são regulamentados por portaria dos membros do Governo responsáveis pelas áreas da energia e da habitação, a aprovar até à data estabelecida no n.º 2 do artigo 46.º

13 – Os requisitos previstos no n.º 9 são regulamentados por despacho do diretor-geral da DGEG, a aprovar até à data estabelecida no n.º 2 do artigo 46.º

14 – O disposto na alínea *a)* do n.º 5 não invalida, nem condiciona, a obrigatoriedade de apresentação do projeto de conforto térmico enquanto projeto de especialidade.

SUBSECÇÃO II – Edifícios sujeitos a renovação

Artigo 7.º – Renovações

1 – Os componentes renovados dos edifícios estão sujeitos ao cumprimento dos requisitos previstos nos n.ºs 4, 10 e 11 do artigo anterior.

2 – A avaliação do cumprimento dos requisitos é efetuada pelos técnicos autores dos projetos respetivos, sendo aplicável, com as necessárias adaptações, o disposto nos n.ºs 6 a 8 do artigo anterior.

3 – Nas renovações não sujeitas a controlo prévio aplica-se o disposto no n.º 3 do artigo 5.º

Artigo 8.º – Grandes renovações

Os edifícios objeto de grandes renovações encontram-se sujeitos ao cumprimento do disposto no artigo anterior e dos seguintes requisitos:

a) Para os edifícios de habitação, aplicam-se os requisitos previstos no n.º 9 do artigo 6.º;

b) Para os edifícios de comércio e serviços, aplicam-se os requisitos previstos na alínea b) do n.º 9 do artigo 6.º

SUBSECÇÃO III – Edifícios isentos

Artigo 9.º – Isenções e constrangimentos

1 – Estão isentos do cumprimento dos requisitos previstos no n.º 9 do artigo 6.º os edifícios unifamiliares quando constituam edifícios autónomos com área útil de pavimento igual ou inferior a 50 m^2.

2 – Estão isentos do cumprimento dos requisitos previstos nos artigos 6.º, 7.º e 8.º:

a) As instalações industriais, pecuárias ou agrícolas não residenciais e oficinas sem consumo de energia atual ou previsto associado ao aquecimento ou arrefecimento ambiente destinado ao conforto humano;

b) Os edifícios utilizados como locais de culto, nomeadamente igrejas, sinagogas, mesquitas e templos;

c) Os edifícios exclusivamente destinados a estacionamentos não climatizados;

d) Os armazéns em que a presença humana, real ou prevista, não ocorra por mais de duas horas em cada dia ou não represente uma ocupação superior a 0,025 pessoas/m^2;

e) Os edifícios classificados ou em vias de classificação nos termos do Decreto-Lei n.º 309/2009, de 23 de outubro, na sua redação atual, salvo reconhecimento da compatibilidade dos estudos, projetos, relatórios, obras ou intervenções, de acordo com o previsto no Decreto-Lei n.º 140/2009, de 15 de junho;

f) As situações que configuram constrangimentos técnicos, funcionais e económicos para o efeito, nos termos definidos na portaria prevista no n.º 12 do artigo 6.º

3 – Cabe ao técnico autor do projeto identificar e avaliar, de modo fundamentado, os constrangimentos referidos nas alíneas *e)* e *f)* do número anterior, devendo tais fundamentos constar do certificado energético a emitir por PQ, quando o mesmo seja exigível nos termos previstos no capítulo III.

4 – As isenções previstas nos n.os 1 e 2 são reconhecidas pela entidade competente para o licenciamento da operação urbanística.

SUBSECÇÃO IV – Outras obrigações associadas aos edifícios

Artigo 10.º – Instalação e manutenção dos sistemas técnicos

1 – Os sistemas técnicos dos edifícios devem ser projetados, instalados e operados de forma a possibilitarem as necessárias manutenções e a garantirem a necessária proteção da saúde humana.

2 – As instalações, substituições ou atualizações de sistemas técnicos em edifícios são efetuadas por técnicos qualificados para o efeito, em conformidade com o disposto na subalínea *iii)* da alínea *b)* do n.º 4 do artigo 6.º

3 – Os sistemas técnicos inseridos em GES que se encontrem em funcionamento devem dispor de plano de manutenção atualizado e adaptado às características dos sistemas técnicos abrangidos, que inclua as tarefas de manutenção a realizar, bem como, no caso de edifícios novos ou renovados, as premissas definidas em projeto.

4 – O plano de manutenção é elaborado por um técnico qualificado para o efeito e deve ter em conta as instruções dos fabricantes, a regulamentação ou normalização aplicável aos sistemas técnicos, as rotinas e boas práticas de manutenção e a garantia da proteção da saúde humana.

5 – Os sistemas técnicos previstos no n.º 3 devem ser acompanhados por um técnico qualificado para o efeito que assegure a sua correta manutenção ou supervisione as atividades realizadas nesse âmbito, articulando estas, quando aplicável, com outros técnicos devidamente habilitados para a sua execução.

6 – O plano de manutenção é submetido por um técnico qualificado para o efeito no Portal SCE, associado ao edifício no qual se encontram instalados os sistemas técnicos em causa, acompanhado do preenchimento de informação complementar, ficando acessível, por esta via, ao proprietário do edifício.

7 – Os resultados da execução do plano de manutenção são submetidos anualmente no Portal SCE.

8 – Os planos de manutenção previstos no n.º 3 são objeto de verificação de qualidade, nos termos previstos no artigo 27.º

9 – A informação relativa a manutenções efetuadas em sistemas técnicos instalados em PES pode ser submetida por um técnico qualificado para o efeito no Portal SCE em termos equivalentes aos previstos no n.º 5.

10 – O disposto nos n.os 3 a 7 e 9 é objeto de despacho do diretor-geral da DGEG, a publicar até à data estabelecida no n.º 2 do artigo 46.º

Artigo 11.º – Documentação de desempenho dos sistemas técnicos

1 – Verificando-se a instalação, substituição ou atualização de um sistema técnico do edifício, deve ser identificado o seu âmbito e avaliado o respetivo desempenho energético geral nos seguintes termos:

a) Da parte do sistema técnico que seja alterada;

b) De todo o sistema técnico, nos casos em que:

i) Seja instalado um novo sistema;

ii) Todo o sistema seja substituído;

iii) Uma parte, ou partes, do sistema seja alvo de uma atualização substancial que possa afetar significativamente o desempenho geral desse sistema.

2 – Os resultados da avaliação prevista no número anterior são documentados para efeitos de verificação do cumprimento dos requisitos mínimos previstos na alínea b) do n.º 4 do artigo 6.º e de evidência no âmbito da emissão de certificados energéticos prevista no capítulo III, nos termos referidos na portaria prevista no n.º 12 do artigo 6.º

3 – Tratando-se de um sistema técnico instalado num GES, a recolha e documentação previstas no número anterior e a sua submissão no Portal SCE deve ser feita por técnico qualificado para o efeito, ficando a mesma acessível, por esta via, ao proprietário do edifício.

4 – Tratando-se de um sistema técnico instalado num PES ou num edifício de habitação, a recolha e documentação previstas no n.º 2 são realizadas por técnico qualificado para o efeito, disponibilizando-a ao proprietário do edifício, podendo essa informação ser também submetida no Portal SCE ou em outra plataforma de registo das renovações que com aquela interopere.

5 – Nos casos previstos no número anterior, a informação pode também ser submetida diretamente pelo proprietário do edifício no Portal SCE, ou em outra plataforma de registo das renovações nos mesmos termos.

Artigo 12.º – Avaliações periódicas e monitorização de consumos energéticos dos edifícios

1 – Os GES que se encontrem em funcionamento estão sujeitos a avaliações periódicas com vista a determinar o seu desempenho energético e identificar oportunidades de melhoria, nos termos previstos no Manual SCE referido no n.º 5 do artigo 4.º e nos números seguintes.

2 – As avaliações periódicas dos GES são realizadas com um intervalo não superior a oito anos, devendo, no caso de GES novos, a primeira avaliação periódica ocorrer até ao fim do terceiro ano de funcionamento do edifício.

3 – Os resultados das avaliações periódicas são incluídos num relatório de avaliação de desempenho energético, cuja informação serve de suporte à emissão dos certificados energéticos, nos termos previstos no capítulo III.

4 – Os GES estão ainda sujeitos à monitorização anual dos seus consumos de energia com vista a avaliar a respetiva evolução, devendo estes consumos ser reportados ou acedidos anualmente em formato digital no Portal SCE, preferencialmente de forma automatizada através de referenciais unívocos, designadamente o código de ponto de entrega relativamente à eletricidade e o código universal da instalação relativamente ao gás natural.

5 – Os GES são obrigados a manter um nível mínimo de desempenho energético, sob pena de ficarem sujeitos à elaboração, submissão no Portal SCE e implementação, num prazo razoável, de um Plano de Melhoria do Desempenho Energético dos Edifícios (PDEE), nos termos a definir em despacho do diretor-geral da DGEG, a publicar até à data estabelecida no n.º 2 do artigo 46.º

6 – A informação decorrente de monitorização de consumos de energia de PES ou de edifícios de habitação pode ser submetida no Portal SCE, nos termos previstos no n.º 4, com as necessárias adaptações.

Artigo 13.º – Sistema de automatização e controlo do edifício

1 – Aos edifícios novos ou renovados, incluindo aos seus sistemas técnicos, são aplicáveis os requisitos respeitantes à automatização e controlo, conforme previsto no n.º 4 do artigo 6.º

2 – Os SACE são sistemas que englobam todos os produtos, programas informáticos e serviços de engenharia suscetíveis de contribuir para o funcionamento económico, seguro e eficiente do ponto de vista energético do sistema técnico do edifício através de comandos automáticos e de uma gestão manual mais fácil.

3 – Todos os edifícios de comércio e serviços que disponham de sistemas de aquecimento ou de sistemas de arrefecimento ou de sistemas combinados de aquecimento e ventilação ou de sistemas combinados de arrefecimento e ventilação com uma potência nominal global igual ou superior a 290 kW devem instalar os SACE até 31 de dezembro de 2025.

4 – Os SACE referidos no número anterior devem dispor de funcionalidades de monitorização do consumo de energia, análise da eficiência dos sistemas e de interoperabilidade nos termos definidos na portaria prevista no n.º 12 do artigo 6.º

5 – A instalação dos SACE nos termos do n.º 3 pode ser dispensada, mediante avaliação do técnico autor do projeto do SACE ou por PQ, perante a inviabilidade económica do retorno do investimento associado face às poupanças dos consumos de energia em condições nominais, nos termos da metodologia prevista no Manual SCE para o efeito.

Artigo 14.º – Eletromobilidade

1 – Aos edifícios novos ou sujeitos a grandes renovações são aplicáveis os requisitos respeitantes à infraestrutura de carregamento de veículos elétricos, conforme previsto no n.º 4 do artigo 6.º

2 – Todos os edifícios de comércio e serviços com mais de 20 lugares de estacionamento devem dispor, até 31 de dezembro de 2024, de dois pontos de carregamento, sendo aplicável o disposto no Decreto-Lei n.º 39/2010, de 26 de abril, na sua redação atual.

3 – Estão isentos do disposto no número anterior:

a) Os edifícios que sejam propriedade e estejam ocupados por micro, pequenas e médias empresas devidamente certificadas nos termos da lei;

b) Os edifícios objeto de grandes renovações, quando o custo da instalação da infraestrutura de carregamento de veículos elétricos exceda 7 % do custo total das renovações, nos termos da metodologia prevista no Manual SCE para o efeito;

c) Os edifícios públicos objeto de grandes renovações, quando já disponham das necessárias infraestruturas de carregamento de veículos elétricos para o efeito.

4 – Os pontos de carregamento previstos no presente decreto-lei observam as especificações técnicas constantes do anexo II da Diretiva 2014/94/UE do Parlamento Europeu e do Conselho, de 22 de outubro de 2014, e normas técnicas conexas.

5 – Os requisitos referidos no n.º 1 são regulamentados pela portaria prevista no n.º 12 do artigo 6.º

Artigo 15.º – Inspeções a sistemas técnicos

1 – Os sistemas técnicos instalados em edifícios de habitação ou de comércio e serviços em funcionamento estão sujeitos a um regime de inspeções periódicas com vista a otimizar o seu desempenho em condições típicas de funcionamento.

2 – As inspeções são realizadas periodicamente, por técnico qualificado para o efeito.

3 – No final de cada inspeção é emitido um relatório com a seguinte informação:

a) Resultado da inspeção;

b) Recomendações para a melhoria do desempenho energético dos sistemas técnicos inspecionados.

4 – A definição dos sistemas técnicos previstos no n.º 1, a periodicidade e as condições de realização da inspeção nos termos do n.º 2 e o modelo de relatório previsto no número anterior são objeto de despacho do diretor-geral da DGEG, a publicar até à data estabelecida no n.º 2 do artigo 46.º

5 – O relatório de inspeção é submetido no Portal SCE pelo técnico qualificado, acompanhado do preenchimento de informação complementar, ficando acessível, por esta via ou por plataforma relacionada, ao proprietário do edifício.

6 – Os relatórios de inspeção dos sistemas técnicos são objeto de verificação de qualidade, nos termos previstos no artigo 27.º

7 – Estão isentos do disposto nos números anteriores os sistemas técnicos instalados em edifícios que disponham de SACE que cumpram o previsto no n.º 4 do artigo 13.º, em condições a definir no despacho previsto no n.º 4.

Artigo 16.º – Qualidade do ar interior

1 – Os edifícios novos ou renovados, incluindo os seus sistemas técnicos, são objeto de requisitos relativos à ventilação de espaços, conforme previsto no n.º 4 do artigo 6.º, com vista a assegurar uma adequada filtragem e renovação do ar.

2 – Todos os edifícios de comércio e serviços em funcionamento estão sujeitos a requisitos relacionados com a qualidade do ar interior, devendo ser assegurado o cumprimento de limiares de proteção e condições de referência, sem prejuízo do disposto no número seguinte.

3 – Os GES e os edifícios de comércio e serviços que abranjam creches, estabelecimentos de educação pré-escolar, estabelecimentos de ensino do primeiro ciclo do ensino básico e estruturas residenciais para pessoas idosas que se encontrem em funcionamento estão sujeitos a uma avaliação simplificada anual de requisitos relacionados com a qualidade do ar interior, a realizar por técnicos de saúde ambiental.

4 – Para os efeitos do número anterior, os proprietários solicitam às entidades competentes pela fiscalização, nos termos do n.º 9, a verificação da conformidade dos resultados da avaliação simplificada anual, com vista à deteção de eventuais desconformidades no âmbito dos limiares de proteção e condições de referência.

5 – No âmbito da verificação da conformidade prevista nos termos e para os efeitos do número anterior também se inclui:

a) A recolha de indícios sobre uma situação de degradação da qualidade do ar interior, mediante o registo do incumprimento dos limiares de proteção e condições de referência dos requisitos objeto da avaliação simplificada anual, nos termos do n.º 3;

b) O incumprimento da obrigação da avaliação simplificada anual, nos termos do n.º 3;

c) O registo de reclamações ou de denúncias sobre a qualidade do ar interior.

6 – A verificação de desconformidades nos termos dos n.ºs 4 ou 5 vincula os proprietários a adotar as necessárias medidas para a sua regularização, mediante o cumprimento dos termos de relatório emitido para o efeito.

7 – As obrigações decorrentes dos n.ºs 3 a 6 devem constar de um registo atualizado e disponível para verificação, nos termos a definir em despacho do diretor-geral da DGEG e do diretor-geral da Saúde, a publicar até à data estabelecida no n.º 2 do artigo 46.º

8 – O disposto nos n.ºs 2 a 6 é regulamentado em portaria dos membros do Governo responsáveis pelas áreas da saúde e da energia, a aprovar até à data estabelecida no n.º 2 do artigo 46.º, sem prejuízo do disposto na Portaria n.º 353-A/2013, de 4 de dezembro, na sua redação atual.

9 – A fiscalização do cumprimento dos limiares de proteção de poluentes do ar interior, nos termos dos n.ºs 4 a 6 e das portarias referidas no número anterior, de acordo com as respetivas metodologias e condições de referência, compete às seguintes entidades em função das respetivas atribuições e competências relativamente aos edifícios referidos nos n.ºs 2 e 3 ou às atividades a que estão afetos:

a) Autoridade de Segurança Alimentar e Económica;

b) Autoridade para as Condições do Trabalho;

c) Inspeção-Geral das Atividades em Saúde;

d) Entidade Reguladora da Saúde;

e) Inspeção-Geral da Educação e Ciência;

f) Às câmaras municipais competentes em razão do território e respetivas entidades ou serviços municipais com competência de fiscalização.

10 – Pela avaliação da conformidade dos resultados da avaliação simplificada anual e pela fiscalização do cumprimento dos limiares de proteção de poluentes do ar interior, realizadas pelas câmaras municipais nos termos do n.º 4 e da alínea f) do número anterior, são devidas taxas, cujo respetivo lançamento, liquidação e cobrança compete às respetivas câmaras municipais.

11 – O disposto no presente artigo não prejudica o disposto na legislação especial que estabelece o regime de prevenção e controlo da doença dos legionários.

CAPÍTULO III – Certificação energética dos edifícios

Artigo 17.º – Objetivos

A certificação energética dos edifícios tem como objetivos:

a) Permitir a avaliação do desempenho energético dos edifícios e do cumprimento dos requisitos aplicáveis no momento da respetiva conceção ou renovação;

b) Servir de suporte à avaliação periódica do desempenho energético dos GES, com vista à identificação de oportunidades de melhoria;

c) Apoiar os consumidores previamente aos negócios jurídicos de transação de edifícios mencionados na alínea e) do n.º 1 do artigo seguinte, através da disponibilização de informação detalhada do desempenho energético e dos componentes do edifício, bem como das oportunidades de melhoria;

d) Apoiar os proprietários na identificação das oportunidades de melhoria dos edifícios e na implementação das mesmas;

e) Servir de elemento de suporte no acesso a instrumentos de financiamento, proporcionando a identificação do desempenho energético do edifício e das necessidades de melhoria, e, posteriormente, o acompanhamento, monitorização e validação da implementação das referidas medidas de melhoria;

f) Servir de elemento de suporte para a atribuição de benefícios fiscais, incentivando, designadamente, a implementação de medidas de melhoria, bem como a conceção ou renovação de edifícios com vista a atingir um elevado desempenho energético;

g) Constituir um contributo ou base para a agregação e disponibilização de informação sobre o edifício, seus consumos de energia e outras dimensões relacionadas com o uso eficiente de recursos com impacto no desempenho ambiental e na descarbonização do edificado.

Artigo 18.º – *Obrigação de certificação energética dos edifícios*

1 – Estão sujeitos ao cumprimento da obrigação de certificação energética:

a) A construção de edifícios novos, sem prejuízo de eventual isenção de controlo prévio nos termos do RJUE;

b) As grandes renovações de edifícios, sem prejuízo de eventual isenção de controlo prévio nos termos do RJUE;

c) Os GES, para efeito da avaliação periódica prevista no n.º 1 do artigo 12.º;

d) Os edifícios detidos e ocupados por uma entidade pública e frequentemente visitados pelo público que tenham uma área útil de pavimento superior a 250 m^2, com vista a demonstrar, a todo o tempo, o desempenho energético do edifício;

e) Os edifícios, no momento da respetiva venda, dação em cumprimento, locação ou trespasse, desde que este abranja a transmissão do espaço físico onde o estabelecimento se encontre instalado;

f) Os edifícios alvo de programas de financiamento para a melhoria do desempenho energético, sempre que a certificação energética constitua requisito para o efeito;

g) Os edifícios elegíveis para efeitos de acesso a benefícios fiscais, sempre que a certificação energética constitua requisito para o efeito.

2 – Excetuam-se do disposto no número anterior:

a) Os edifícios previstos no n.º 1 e nas alíneas *a)* a *d)* do n.º 2 do artigo 9.º;

b) As vendas ou as dações em cumprimento de edifícios a comproprietário, a locatário ou a entidade expropriante, quando decorrentes de processo executivo ou de insolvência, ou quando sejam efetuadas para a sua demolição total, sob condição da sua prévia confirmação pela entidade licenciadora competente;

c) As transmissões não onerosas, designadamente doações, legados e heranças;

d) As locações da residência habitual do senhorio por prazo inferior a quatro meses;

e) As locações a anterior locatário do edifício em momento imediatamente anterior ao novo negócio jurídico;

f) Os GES que não se encontrem em funcionamento, desde que não ocorra a sua venda, dação em cumprimento, locação ou trespasse após a entrada em vigor do presente decreto-lei;

g) Os edifícios em ruínas;

h) As infraestruturas militares e os edifícios sujeitos a regras de controlo e de confidencialidade, nomeadamente os afetos a forças e serviços de segurança ou a sistemas de informação;

i) Os edifícios de comércio e serviços inseridos em instalações sujeitas ao regime aprovado pelo Decreto-Lei n.º 71/2008, de 15 de abril, na sua redação atual.

3 – O disposto no n.º 1 não é prejudicado pelas dispensas de apresentação de certificações técnicas constantes do RJUE.

Artigo 19.º – Objeto da certificação energética dos edifícios

1 – A atividade de certificação energética deve ser realizada tendo em conta a constituição dos edifícios, a sua utilização e, quando aplicável, a abrangência dos sistemas técnicos, com vista à prossecução dos objetivos enunciados no artigo 17.º

2 – No que respeita à constituição dos edifícios, a certificação energética deve realizar-se para a menor unidade passível de utilização independente, nos termos seguintes:

a) Para prédios em propriedade total sem andares nem divisões suscetíveis de utilização independente, deve ser emitido um certificado energético para a totalidade do prédio;

b) Para prédios em propriedade total com andares ou divisões suscetíveis de utilização independente, deve ser emitido um certificado energético por cada andar ou divisão suscetível de utilização independente;

c) Para prédios em propriedade horizontal, deve ser emitido um certificado energético por cada fração autónoma.

3 – Sem prejuízo do disposto nas alíneas *a)* e *b)* do número anterior, estando em causa, comprovadamente, a atribuição de benefícios fiscais ou o acesso a instrumentos de financiamento, pode ser emitido um certificado energético para uma parte do prédio ou um único certificado energético para a totalidade do prédio, respetivamente.

4 – Os certificados energéticos são emitidos em conformidade com a informação constante da documentação legal relativa aos edifícios, nos seguintes termos:

a) Para edifícios de habitação, o certificado energético a emitir é do tipo «habitação»;

b) Para edifícios de comércio e serviços, o certificado energético a emitir é do tipo «comércio e serviços»;

c) Para edifícios de utilização mista, os certificados energéticos a emitir têm por base o tipo de utilização das frações, devendo ser emitidos conforme previsto nas alíneas anteriores.

5 – No caso de edifícios de comércio e serviços que disponham de sistemas de climatização centralizada, a certificação energética incide sobre a totalidade das frações abrangidas por este sistema, devendo ser emitido um único certificado energético.

Artigo 20.º – Tipos e conteúdo dos certificados energéticos

1 – Os certificados energéticos são documentos digitais, com número próprio, gerados e assinados digitalmente pelo Portal SCE com base na informação submetida pelo PQ em área de acesso reservado, para a certificação energética de um determinado edifício, caracterizando-o em termos de desempenho energético.

2 – No âmbito do SCE, são emitidos os seguintes tipos de certificados energéticos:

a) Pré-certificado energético, emitido para efeitos do disposto nas alíneas *a)* e *b)* do n.º 1 do artigo 18.º, antes do início da construção ou renovação dos edifícios ou da obtenção da respetiva licença ou autorização de construção;

b) Certificado energético, emitido para efeitos do disposto no n.º 1 do artigo 18.º, sendo que nos casos previstos nas respetivas alíneas *a)* e *b)* a emissão é efetuada no final da construção ou renovação dos edifícios, ou antes da obtenção da licença ou autorização de utilização;

c) Declaração provisória do SCE, emitida nas circunstâncias em que não é possível efetuar a avaliação do desempenho energético do edifício, mas cuja utilização seja requerida para prosseguir algum dos objetivos previstos no artigo 17.º

3 – Os certificados energéticos contêm a seguinte informação mínima:

a) O desempenho energético do edifício e a sua classe energética;

b) Medidas orientadas para a melhoria do desempenho energético, para a redução das necessidades de energia e para a otimização dos níveis de saúde, conforto e qualidade do ar interior, entre outras;

c) Descrição dos componentes do edifício;

d) Outras informações e indicadores.

4 – O restante conteúdo obrigatório dos certificados energéticos consta de despacho do diretor-geral da DGEG, a publicar até à data estabelecida no n.º 2 do artigo 46.º

5 – O pré-certificado energético e o certificado energético são considerados certificações técnicas para efeitos do disposto no n.º 8 do artigo 13.º do RJUE.

Artigo 21.º – Elementos e procedimentos necessários à emissão dos certificados energéticos

1 – Para efeitos da emissão e atualização dos certificados energéticos e sempre que aplicável e disponível, devem ser disponibilizados ao PQ os seguintes elementos de informação:

a) Na construção de edifícios novos, nos termos da alínea *a)* do n.º 1 do artigo 18.º:

i) O projeto de arquitetura, estudos e projetos das especialidades;

ii) As telas finais, que correspondam, exatamente, à obra executada;

iii) O termo de responsabilidade do diretor de fiscalização ou diretor de obra, nos termos previstos no RJUE;

iv) As declarações de desempenho, fichas ou documentação técnica dos componentes do edifício, em cujo âmbito se inclui o relatório ou registo fotográfico de todas as soluções implementadas que não sejam passíveis de ser inspecionadas após a conclusão da obra;

v) Os resultados dos ensaios com vista à receção provisória da obra;

vi) A ficha técnica da habitação;

vii) A declaração do processo de certificação, assinada pelo proprietário ou respetivo mandatário.

b) Nas grandes renovações de edifícios, nos termos da alínea *b)* do n.º 1 do artigo 18.º:

i) O disposto na alínea anterior;

ii) A caderneta predial;

iii) A certidão do registo predial;

iv) O certificado energético anterior, sempre que se trate de uma reemissão ou atualização.

c) Nos GES, nos termos da alínea *c)* do n.º 1 do artigo 18.º:

i) O disposto na subalínea *vii)* da alínea *a)*;

ii) O disposto nas subalíneas *ii)* a *iv)* da alínea anterior;

iii) Os registos de manutenção dos sistemas técnicos;

iv) Os relatórios de inspeção dos sistemas técnicos, caso tenham sido elaborados;
v) O registo das renovações;
vi) O registo atualizado da qualidade do ar interior, previsto no n.º 7 do artigo 16.º
d) Nas situações previstas nas alíneas *d)* a *g)* do n.º 1 do artigo 18.º:
i) O disposto nas subalíneas *vi)* e *vii)* da alínea *a)*;
ii) O disposto nas subalíneas *ii)* e *iii)* da alínea *b)*;
iii) O disposto nas subalíneas *v)* e *vi)* da alínea anterior.

2 – O disposto nos números anteriores não prejudica a possibilidade de disponibilização de elementos adicionais ao PQ, com vista a assegurar uma correspondência o mais fiel possível entre o certificado energético a emitir e a realidade construída.

3 – É obrigatória a realização pelo PQ de uma visita à obra ou ao edifício para efeitos de recolha da informação necessária à emissão do certificado energético, mediante o acesso a todos os espaços do edifício.

4 – Constitui condição de emissão dos certificados energéticos a comprovação, pelo PQ, da coerência entre os elementos recebidos e a realidade projetada ou construída através da visita referida no número anterior, bem como o cumprimento dos requisitos aplicáveis nos termos do presente decreto-lei, nos termos a definir em despacho do diretor-geral da DGEG, a publicar até à data estabelecida no n.º 2 do artigo 46.º

Artigo 22.º – Afixação e publicitação

1 – É obrigatória a afixação do certificado energético, ou de informação específica neste contida, nos GES e nos edifícios detidos por entidade pública nos termos, respetivamente, das alíneas *c)* e *d)* do n.º 1 do artigo 18.º

2 – Para os efeitos do número anterior, a primeira página do certificado energético, ou de modelo complementar produzido para o efeito, deve ser afixada na entrada do edifício e em local claramente visível para o público em geral, por forma a possibilitar a perceção da informação sobre o respetivo desempenho energético, designadamente a classe energética.

3 – Na publicitação da transação de edifício nos termos da alínea *e)* do n.º 1 do artigo 18.º, deve ser indicada a respetiva classe energética de forma harmonizada com a restante informação constante do anúncio.

4 – A ADENE disponibiliza um manual de normas gráficas para orientação do cumprimento do disposto nos números anteriores.

Artigo 23.º – Validade dos certificados energéticos

1 – O prazo de validade dos certificados energéticos varia consoante o tipo de certificado, o objeto da certificação energética e o estado do edifício, nos seguintes termos:

a) Pré-certificados energéticos – 10 anos;

b) Certificados energéticos – 10 anos;

c) Certificados energéticos dos GES – 8 anos;

d) Primeiros certificados energéticos dos GES, emitidos nos termos previstos nas alíneas *a)* e *b)* do n.º 1 do artigo 18.º – 3 anos;

e) Certificados energéticos dos GES que se encontrem em funcionamento e que não disponham do plano de manutenção previsto no n.º 3 do artigo 10.º – 1 ano;

f) Certificados energéticos de edifícios de comércio e serviços que não disponham do relatório de inspeção dos sistemas técnicos, quando obrigatório, nos termos previstos no artigo 15.º – 1 ano;

g) Certificados energéticos dos edifícios em tosco – 1 ano.

2 – O prazo de validade do certificado energético mencionado na alínea *g)* do número anterior é prorrogável, a pedido do respetivo titular junto da ADENE, por idêntico período até à instalação dos componentes para o uso efetivo do edifício visado, após o qual deve ser emitido o certificado energético correspondente à respetiva categoria.

3 – Os certificados energéticos podem ser objeto de atualização durante a sua vigência sem que haja lugar ao alargamento do respetivo prazo de validade.

4 – São inválidos os certificados energéticos quando:

a) Contenham marca de água, carimbo ou outro sinal que declare a sua invalidade ou a não produção de efeitos;

b) Tenham ultrapassado o respetivo prazo de validade;

c) Não se encontrem registados no Portal SCE;

d) Exista outro certificado energético, para o mesmo edifício, com data de emissão posterior;

e) Sejam emitidos com inobservância do disposto no n.º 3 do artigo 21.º;

f) Contenham erros ou omissões detetados, nos termos do despacho do diretor-geral da DGEG previsto no n.º 1 do artigo 27.º

Artigo 24.º – Técnicos do Sistema de Certificação Energética dos Edifícios

1 – O acesso e exercício da atividade dos técnicos do SCE, as suas competências e o regime contraordenacional aplicável são regulados em diploma próprio.

2 – As atividades dos técnicos do SCE são regulamentadas por portaria do membro do Governo responsável pela área da energia, a aprovar até à data estabelecida no n.º 2 do artigo 46.º

Artigo 25.º – Supervisão e fiscalização do Sistema de Certificação Energética dos Edifícios

Compete à DGEG a supervisão e fiscalização do funcionamento do SCE, e exercer as demais competências que lhe estão cometidas pelo presente decreto-lei.

Artigo 26.º – Gestão do Sistema de Certificação Energética dos Edifícios

1 – A gestão do SCE constitui atribuição da ADENE.

2 – Compete à ADENE:

a) Realizar os exames e fazer o registo dos técnicos do SCE, nos termos regulados em diploma próprio;

b) Acompanhar a atividade e prestar apoio, técnico e administrativo, aos técnicos do SCE;

c) Gerir o registo central dos certificados energéticos no Portal SCE, bem como da restante documentação produzida no âmbito do SCE ou em cumprimento de outras obrigações previstas no presente decreto-lei;

d) Assegurar a qualidade da informação produzida no âmbito do SCE, bem como da informação submetida ou registada no Portal SCE em cumprimento de outras obrigações previstas no presente decreto-lei, nos termos do disposto no artigo seguinte;

e) Definir e atualizar o conteúdo e modo de apresentação da informação e dos documentos submetidos ou registados no Portal SCE em cumprimento de obrigações previstas no presente decreto-lei, sem prejuízo das competências cometidas a outras entidades;

f) Contribuir para a interpretação e aplicação uniformes dos procedimentos no âmbito do SCE e outros previstos no presente decreto-lei;

g) Zelar pela disponibilização aos proprietários dos edifícios, por via digital, de todos os dados constantes do Portal SCE em relação aos seus edifícios e sistemas técnicos, nomeadamente do respetivo certificado energético;

h) Promover o SCE e incentivar a utilização dos seus dados, em conformidade com as disposições comunitárias e nacionais em matéria de proteção de dados e de estatística, com vista à melhoria da eficiência energética dos edifícios;

i) Dinamizar a criação, operacionalização e publicitação de sistemas de incentivo à eficiência energética nos edifícios, em particular a promoção de melhores classes de desempenho energético nos edifícios novos e a implementação das oportunidades de melhoria do desempenho identificadas nos certificados energéticos para edifícios existentes, em articulação com o Fundo Ambiental.

3 – O disposto no número anterior é regulamentado na portaria prevista no n.º 2 do artigo 24.º

Artigo 27.º – Verificação da qualidade

1 – A ADENE verifica a qualidade da informação produzida no âmbito do SCE através da análise dos dados registados pelos técnicos do SCE e identifica as eventuais situações de desconformidade dos processos efetuados pelos mesmos técnicos, com base em critérios de seleção e metodologias estabelecidos no despacho do diretor-geral da DGEG, a publicar até à data estabelecida no n.º 2 do artigo 46.º

2 – A ADENE verifica ainda a qualidade da demais informação submetida e registada no Portal SCE, nos termos previstos no presente decreto-lei.

3 – A ADENE pode colaborar com organismos públicos ou privados no exercício da atividade de verificação da qualidade prevista nos números anteriores.

4 – A ADENE pode restringir o acesso ao Portal SCE por parte dos técnicos do SCE, e outros utilizadores, sempre que as ações ou omissões destes afetem a qualidade no âmbito do SCE, nomeadamente por indisponibilidade ou falta de prestação de esclarecimentos solicitados, bem como na sequência de determinação da DGEG para o efeito.

Artigo 28.º – Registos no Sistema de Certificação Energética dos Edifícios

1 – Pelo registo no Portal SCE de certificados energéticos por parte dos PQ é devido o pagamento de determinados valores, cujo decorrente produto é repartido, anualmente, da seguinte forma:

a) 87 % para a ADENE;

b) 10 % para o Fundo Ambiental;

c) 3 % para a DGEG.

2 – Os valores mencionados no número anterior, e os respetivos mecanismos de avaliação e atualização, são regulamentados na portaria prevista no n.º 2 do artigo 24.º

CAPÍTULO IV – Obrigações das entidades intervenientes

Artigo 29.º – Obrigações dos proprietários dos edifícios ou sistemas

1 – Constituem obrigações dos proprietários dos edifícios ou dos sistemas técnicos assegurar:

a) A obtenção dos pré-certificados energéticos e os certificados energéticos, nas situações previstas no presente decreto-lei;

b) A contratação dos técnicos qualificados cuja atuação é prevista no presente decreto-lei;

c) A entrega de cópia do certificado energético ou a disponibilização, por via digital, da informação relativa ao respetivo conteúdo ao comprador, locatário ou adquirente previamente à celebração de contrato-promessa de compra e venda, locação, dação em cumprimento e trespasse, secundada pela entrega da versão original, previamente à celebração do contrato definitivo;

d) A detenção e obtenção dos meios para o cumprimento do plano de manutenção dos sistemas técnicos, nos termos previstos no n.º 3 do artigo 10.º;

e) A disponibilização dos dados, no Portal SCE, relativos aos consumos de energia, nos termos previstos no n.º 4 do artigo 12.º;

f) O cumprimento dos PDEE, nos termos previstos no n.º 5 do artigo 12.º;

g) A instalação de SACE, nos termos do artigo 13.º;

h) A instalação de pontos de carregamento de veículos elétricos, nos termos do artigo 14.º, sem prejuízo das isenções previstas no respetivo n.º 3;

i) A realização das inspeções periódicas aos sistemas de climatização e ventilação, nos termos previstos no artigo 15.º, sem prejuízo da isenção prevista no respetivo n.º 7;

j) O cumprimento dos requisitos da qualidade do ar interior, nos termos dos n.os 1 a 3 e 6 do artigo 16.º;

k) Quando aplicável, o cumprimento da obrigação de solicitar a verificação da conformidade dos resultados da avaliação simplificada anual da qualidade do ar interior, nos termos do n.º 4 do artigo 16.º;

l) A disponibilização, ao PQ, dos elementos de informação previstos no artigo 21.º;

m) A afixação do certificado energético ou a indicação da classe energética, nos termos do artigo 22.º

2 – A obrigação prevista na alínea c) do número anterior é ainda aplicável aos pré-certificados energéticos quando existentes à data da realização dos negócios jurídicos enunciados.

3 – Para o efeito da alínea k) do n.º 1, o proprietário assegura o cumprimento das condições necessárias para a realização das diligências de verificação da conformidade dos resultados da avaliação simplificada anual da qualidade do ar interior.

Artigo 30.º – Obrigações das entidades responsáveis pelas operações urbanísticas

1 – Constituem obrigações das entidades responsáveis pelas operações urbanísticas:

a) Controlar o cumprimento dos requisitos previstos no capítulo II, nos termos do artigo 5.º;

b) Comunicar à DGEG, através do Portal SCE, a não apresentação de pré-certificado ou de certificado energético quando constitua requisito obrigatório para a operação em causa nos termos do presente decreto-lei.

2 – Para o efeito da alínea b) do número anterior, as entidades responsáveis pelas operações urbanísticas devem proceder à identificação do edifício em questão e do seu proprietário.

Artigo 31.º – Obrigações dos notários e das demais entidades com competência para a autenticação de documentos particulares

Constitui obrigação dos notários e das demais entidades com competência para a autenticação de documentos particulares consignar o número do certificado energético nos suportes documentais dos autos de outorga, respetivamente da escritura pública e do termo de autenticação dos negócios jurídicos de transação de edifícios mencionados na alínea *e)* do n.º 1 do artigo 18.º

Artigo 32.º – Obrigações das empresas de mediação imobiliária

Constitui obrigação das empresas de mediação imobiliária indicar a classe energética do edifício em todos os anúncios publicados com vista à realização dos negócios jurídicos de transação de edifícios mencionados na alínea *e)* do n.º 1 do artigo 18.º, sendo aplicável o disposto no n.º 3 do artigo 22.º

Artigo 33.º – Obrigações das entidades anunciadoras

Constituem obrigações das entidades anunciadoras:

a) Não publicar ou retirar, quando haja sido publicado, qualquer anúncio publicado sem a indicação da classe energética do edifício com vista à realização dos negócios jurídicos de transação dos edifícios mencionados na alínea *e)* do n.º 1 do artigo 18.º;

b) Integrar, nas respetivas plataformas eletrónicas e sítios na Internet de suporte aos anúncios mencionados na alínea anterior, ferramenta e serviço para interoperar com o Portal SCE com vista a validar a informação relacionada com a certificação energética dos edifícios publicitados, designadamente a classe energética.

CAPÍTULO V – Apoio à renovação de edifícios

Artigo 34.º – Incentivos financeiros

1 – Os membros do Governo responsáveis pelas áreas das finanças e da energia podem estabelecer, por portaria, medidas e incentivos destinados a proporcionar o acesso a mecanismos financeiros com vista a apoiar a renovação dos edifícios, tendo por base o disposto nos números seguintes.

2 – As soluções de financiamento, designadamente as de origem pública, devem fomentar o investimento privado e corrigir deficiências de mercado.

3 – As medidas e os incentivos previstos no n.º 1 devem contribuir para a redução do risco percebido pelos investidores nas operações de financiamento.

4 – São incentivadas as iniciativas que promovam soluções de escala, nomeadamente os agrupamentos de projetos que permitam o acesso a investidores e a empresas.

5 – As medidas e incentivos para a renovação, em especial as que incidam na melhoria do desempenho energético dos edifícios ou dos seus componentes, dependem das poupanças de energia planeadas ou obtidas, com base nos seguintes critérios:

a) Melhorias obtidas com a renovação, comparando os certificados energéticos emitidos antes e depois da renovação; ou

b) Desempenho energético das soluções construtivas ou equipamentos utilizados na renovação.

6 – Nas situações em que os critérios referidos no número anterior se mostrem desadequados à finalidade das medidas e incentivos pode ser utilizado outro método pertinente, transparente e proporcionado que evidencie a melhoria do desempenho energético.

7 – As medidas financeiras destinadas à melhoria do desempenho energético dos edifícios ou dos seus componentes devem assegurar que as intervenções com vista à renovação dos edifícios sejam executadas por técnicos qualificados, designadamente nos casos previstos na alínea *b)* do n.º 5.

CAPÍTULO VI – Contraordenações

Artigo 35.º – Contraordenações

1 – Constitui contraordenação punível com coima de € 250 a € 3740, no caso de pessoas singulares, e de € 2500 a € 44 890, no caso de pessoas coletivas:

a) O incumprimento dos requisitos aplicáveis aos edifícios novos, previstos no artigo 6.º;

b) O incumprimento dos requisitos aplicáveis às renovações e às grandes renovações, previstos nos artigos 7.º e 8.º, respetivamente;

c) O incumprimento das obrigações dos proprietários, previstas nas alíneas *a)* a *k)* e *m)* do n.º 1 e nos n.os 2 e 3 do artigo 29.º;

d) O incumprimento das obrigações das empresas de mediação imobiliária, previstas no artigo 32.º;

e) O incumprimento das obrigações das entidades anunciadoras, previstas no artigo 33.º

2 – A negligência é punível, sendo os limites mínimos e máximos das coimas reduzidos para metade.

3 – A tentativa é punível com coima aplicável à contraordenação consumada, especialmente atenuada.

Artigo 36.º – Sanções acessórias

1 – Simultaneamente com a coima, a autoridade competente pode determinar a aplicação das seguintes sanções acessórias, em função da gravidade da contraordenação e da culpa do agente:

a) Interdição do exercício de profissões ou atividades cujo exercício dependa de título público, ou de autorização ou homologação de autoridade pública, quando o infrator praticou a infração com flagrante e grave abuso da função que exerce, ou com manifesta e grave violação dos deveres que lhe são inerentes;

b) Privação dos direitos a subsídios ou benefícios, outorgados por entidades ou serviços públicos, quando a infração tenha sido praticada no exercício, ou por causa, da atividade a favor da qual são atribuídos os subsídios ou benefícios;

c) Encerramento de estabelecimento, cujo funcionamento esteja sujeito a autorização ou licença de autoridade administrativa, quando a infração tenha sido praticada no exercício, ou por causa, do respetivo funcionamento;

d) Suspensão de autorizações, licenças e alvarás, quando a infração tenha sido praticada no exercício, ou por causa, da atividade a que se referem as mesmas autorizações, licenças e alvarás.

2 – As sanções acessórias previstas no número anterior têm a duração máxima de dois anos contados a partir da decisão condenatória definitiva.

3 – A autoridade que tomou a decisão condenatória pode determinar a sua publicidade, a expensas do infrator.

Artigo 37.º – Instrução e decisão

A iniciativa para a instauração e instrução dos processos de contraordenação previstos no presente decreto-lei e a determinação e aplicação das eventuais coimas e sanções acessórias compete:

a) Às câmaras municipais competentes em razão do território, nos termos previstos nas alíneas *a)* e *b)* do n.º 1 do artigo 35.º;

b) Às entidades fiscalizadoras da qualidade do ar interior constantes do n.º 9 do artigo 16.º, nos termos previstos na alínea *c)* do n.º 1 do artigo 35.º quando decorrente do incumprimento das obrigações dos proprietários previstas nas alíneas *j)* ou *k)* do n.º 1 ou do n.º 3 do artigo 29.º;

c) À DGEG, nos termos previstos nas alíneas *c)* a *e)* do n.º 1 do artigo 35.º, sem prejuízo do disposto na alínea anterior.

Artigo 38.º – Produto das coimas

1 – O produto das coimas aplicadas pelas câmaras municipais nos termos das alíneas *a)* e *b)* do artigo anterior reverte, na sua totalidade, para o respetivo município.

2 – O produto das coimas aplicadas nos termos da alínea *b)* do artigo anterior pelas demais entidades fiscalizadoras da qualidade do ar interior é distribuído da seguinte forma:

a) 60 % para o Estado;

b) 40 % para a entidade decisora.

3 – O produto das coimas aplicadas nos termos da alínea c) do artigo anterior é distribuído da seguinte forma:

a) 60 % para o Estado;

b) 40 % para o Fundo Ambiental.

CAPÍTULO VII – Disposições complementares, transitórias e finais

Artigo 39.º – Alteração ao Decreto-Lei n.o 56/2012, de 12 de março

O artigo 3.º do Decreto-Lei n.º 56/2012, de 12 de março, na sua redação atual, passa a ter a seguinte redação:

«**Artigo 3.º** *[...]*

1 – [...]

2 – [...]

3 – [...]

4 – [...]

5 – [...]

a) [...]

b) [...]

c) [...]

d) Promover uma política de gestão da qualidade do ar ambiente, visando a proteção da saúde pública e a qualidade de vida das populações, nomeadamente assegurando o acompanhamento das matérias relacionadas com a poluição atmosférica e a proteção da camada de ozono, com vista ao cumprimento das obrigações europeias e internacionais relevantes;

e) [...]

6 – [...]

7 – [...]

8 – [...]

9 – [...]

10 – [...]»

Artigo 40.º – Alteração ao Decreto-Lei n.o 68-A/2015, de 30 de abril

O artigo 31.º do Decreto-Lei n.º 68-A/2015, de 30 de abril, na sua redação atual, passa a ter a seguinte redação:

«**Artigo 31.º** *[...]*

1 – [...]

a) [...]

b) [...]

c) O incumprimento das obrigações previstas nos n.os 2, 3, 4 e 5 do artigo 16.º, no que respeita aos contadores individuais de aquecimento, arrefecimento e água quente para uso doméstico, no artigo 16.º-A, no artigo 16.º-B, no artigo 17.º-A e no artigo 18.º-A.

2 – [...]

3 – [...]

4 – [...]

5 – [...]

6 – [...]»

Artigo 41.º – Referências legais

1 – As referências feitas, em outros atos legislativos, à entidade fiscalizadora do SCE e à entidade gestora do SCE consideram-se feitas, respetivamente, à DGEG e à ADENE.

2 – A referência legal constante do n.º 6 do artigo 12.º do Decreto-Lei n.º 68-A/2015, de 30 de abril, na sua redação atual, ao Decreto-Lei n.º 118/2013, de 20 de agosto, na sua redação atual, considera-se feita ao presente decreto-lei.

Artigo 42.º – Balcão único

1 – Com exceção dos processos de contraordenação, todos os pedidos, comunicações e notificações entre os técnicos do SCE, outros técnicos, proprietários e as entidades competentes são realizados no Portal SCE, de acordo com os procedimentos nele indicados e que devem estar acessíveis, pelo menos, em língua portuguesa e inglesa, integrado no balcão único eletrónico dos serviços referido no artigo 6.º do Decreto-Lei n.º 92/2010, de 26 de julho, na sua redação atual, acessível através do Portal ePortugal.gov.pt.

2 – No âmbito dos procedimentos previstos no número anterior, deve ser possível a utilização de mecanismos de autenticação segura e assinaturas eletrónicas qualificadas, designadamente as constantes do Cartão de Cidadão e Chave Móvel Digital com recurso ao Sistema de Certificação de Atributos Profissionais, bem como os meios de identificação eletrónica emitidos noutros Estados-Membros reconhecidos para o efeito, nos termos do artigo 6.º do Regulamento (UE) n.º 910/2014, do Parlamento Europeu e do Conselho, de 23 de julho de 2014.

3 – Os proprietários encontram-se dispensados da apresentação de documentos que já se encontrem na posse de serviços e entidades da Administração Pública mediante o seu prévio consentimento para que a ADENE proceda à sua obtenção, utilizando a Plataforma de Interoperabilidade da Administração Pública ou recorrendo ao mecanismo previsto no n.º 2 do artigo 4.º-A da Lei n.º 37/2014, de 26 de junho, na sua redação atual.

4 – A publicação, divulgação e disponibilização, para consulta ou outro fim, de informações, documentos e outros conteúdos que, pela sua natureza e nos termos do presente decreto-lei, possam ou devam ser disponibilizados ao público,

sem prejuízo do uso simultâneo de outros meios, deve estar disponível em formatos abertos que permitam a leitura por máquina, para o seu registo no Portal de Dados Abertos da Administração Pública.

5 – Quando, por motivos de indisponibilidade do Portal SCE, não for possível o cumprimento do disposto no n.º 1, pode ser utilizado qualquer outro meio legalmente admissível.

6 – Deve ser permitida a utilização da bolsa de documentos do portal ePortugal.gov.pt para disponibilização de documentação em formato eletrónico.

7 – As comunicações e notificações aos interessados devem ser efetuadas através do serviço público de notificações eletrónicas sempre que se verifique que o notificando a ele tenha aderido, nos termos do Decreto-Lei n.º 93/2017, de 1 de agosto.

8 – O pagamento de taxas deve ser realizado por meios eletrónicos através da Plataforma de Pagamentos da Administração Pública, nos termos do n.º 4 do artigo 30.º do Decreto-Lei n.º 135/99, de 22 de abril, na sua redação atual.

Artigo 43.º – Aplicação nas Regiões Autónomas

O presente decreto-lei aplica-se às Regiões Autónomas da Madeira e dos Açores, sem prejuízo das competências cometidas aos respetivos órgãos de governo próprio e das adaptações que lhe sejam introduzidas por diploma regional.

Artigo 44.º – Norma transitória

1 – Os edifícios cujo procedimento de licenciamento se tenha iniciado e não tenha sido concluído antes da entrada em vigor do presente decreto-lei estão dispensados da aplicação dos requisitos previstos nos artigos 6.º a 8.º, sem prejuízo da obrigação de inclusão no respetivo processo da demonstração do cumprimento dos requisitos decorrentes da legislação aplicável ao tempo, ou de o cumprimento desses requisitos ser atestado por termo de responsabilidade subscrito por técnico autor de projeto.

2 – Para efeitos de certificação energética e no que respeita exclusivamente à determinação da classe energética do edifício, é aplicável aos edifícios previstos no número anterior a metodologia prevista no artigo 4.º, não se encontrando estes limitados às classes exigidas para edifícios novos e edifícios sujeitos a grandes renovações, sem prejuízo da avaliação, por parte do PQ, da coerência entre os elementos recebidos e a realidade construída.

3 – Relativamente a procedimentos de licenciamento que se tenham concluído em data anterior à entrada em vigor do presente decreto-lei, o Portal SCE possibilita o registo de informação, complementar ao certificado energético, designadamente a relativa a indicadores energéticos que se mostrem necessários para determinar e quantificar eventuais desvios face aos parâmetros anteriores aplicáveis ou para a operacionalização de instrumentos de financiamento.

4 – A entrada em vigor do presente decreto-lei não prejudica a validade dos certificados energéticos e dos planos de racionalização energética emitidos ao abrigo de legislação anterior.

Artigo 45.º – Norma revogatória

São revogados:

a) O Decreto-Lei n.º 118/2013, de 20 de agosto, na sua redação atual;

b) A Portaria n.º 349-A/2013, de 29 de novembro, na sua redação atual;

c) A Portaria n.º 349-B/2013, de 29 de novembro, na sua redação atual;

d) A Portaria n.º 349-C/2013, de 2 de dezembro, na sua redação atual;

e) A Portaria n.º 349-D/2013, de 2 de dezembro, na sua redação atual;

f) A Portaria n.º 353-A/2013, de 4 de dezembro, na sua redação atual, salvo o disposto no n.º 1 do ponto 4.1., do n.º 1 do ponto 4.2. e no n.º 2 do ponto 4.3. do seu anexo, no respeitante a Legionella;

g) O Despacho (extrato) n.º 15793-C/2013, de 2 de dezembro, publicado no Diário da República, 2.ª série, n.º 234, 3.º suplemento, de 3 de dezembro de 2013, na sua redação atual;

h) O Despacho (extrato) n.º 15793-D/2013, de 2 de dezembro, publicado no Diário da República, 2.ª série, n.º 234, 3.º suplemento, de 3 de dezembro de 2013, na sua redação atual;

i) O Despacho (extrato) n.º 15793-E/2013, de 2 de dezembro, publicado no Diário da República, 2.ª série, n.º 234, 3.º suplemento, de 3 de dezembro de 2013, na sua redação atual;

j) O Despacho (extrato) n.º 15793-F/2013, de 2 de dezembro, publicado no Diário da República, 2.ª série, n.º 234, 3.º suplemento, de 3 de dezembro de 2013, na sua redação atual;

k) O Despacho (extrato) n.º 15793-G/2013, de 2 de dezembro, publicado no Diário da República, 2.ª série, n.º 234, 3.º suplemento, de 3 de dezembro de 2013;

l) O Despacho (extrato) n.º 15793-H/2013, de 2 de dezembro, publicado no Diário da República, 2.ª série, n.º 234, 3.º suplemento, de 3 de dezembro de 2013, na sua redação atual;

m) O Despacho (extrato) n.º 15793-I/2013, de 2 de dezembro, publicado no Diário da República, 2.ª série, n.º 234, 3.º suplemento, de 3 de dezembro de 2013, na sua redação atual;

n) O Despacho (extrato) n.º 15793-J/2013, de 2 de dezembro, publicado no Diário da República, 2.ª série, n.º 234, 3.º suplemento, de 3 de dezembro de 2013;

o) O Despacho (extrato) n.º 15793-K/2013, de 2 de dezembro, publicado no Diário da República, 2.ª série, n.º 234, 3.º suplemento, de 3 de dezembro de 2013, na sua redação atual;

p) O Despacho (extrato) n.º 15793-L/2013, de 2 de dezembro, publicado no Diário da República, 2.ª série, n.º 234, 3.º suplemento, de 3 de dezembro de 2013;

q) O Despacho n.º 7113/2015, de 18 de junho, publicado no Diário da República, 2.ª série, n.º 124, de 29 de junho de 2015, na sua redação atual;

r) O Despacho n.º 8892/2015, de 29 de julho, publicado no Diário da República, 2.ª série, n.º 155, de 11 de agosto de 2015;

s) O Despacho n.º 6470/2016, de 17 de maio, publicado no Diário da República, 2.ª série, n.º 155, de 11 de agosto de 2016.

Artigo 46.º – Entrada em vigor e produção de efeitos

1 – O presente decreto-lei entra em vigor no dia seguinte ao da sua publicação.

2 – O disposto nos capítulos II, III e IV e no artigo anterior produz efeitos a partir de 1 de julho de 2021.

Visto e aprovado em Conselho de Ministros de 27 de novembro de 2020. – António Luís Santos da Costa – Pedro Gramaxo de Carvalho Siza Vieira – Berta Ferreira Milheiro Nunes – João Rodrigo Reis Carvalho Leão – Alexandra Ludomila Ribeiro Fernandes Leitão – Ana Manuel Jerónimo Lopes Correia Mendes Godinho – Marta Alexandra Fartura Braga Temido de Almeida Simões – João Pedro Soeiro de Matos Fernandes – Pedro Nuno de Oliveira Santos.

Promulgado em 2 de dezembro de 2020.

Publique-se.

O Presidente da República, Marcelo Rebelo de Sousa.

Referendado em 3 de dezembro de 2020.

O Primeiro-Ministro, António Luís Santos da Costa.

DIREITOS DO CONSUMIDOR NA COMPRA E VENDA DE BENS, CONTEÚDOS E SERVIÇOS DIGITAIS

Decreto-Lei n.º 84/2021, de 18 de outubro
Regula os direitos do consumidor na compra e venda de bens, conteúdos e serviços digitais, transpondo as Diretivas (UE) 2019/771 e (UE) 2019/770

A Lei n.º 24/96, de 31 de julho, que estabelece o regime legal aplicável à defesa dos consumidores, consagrou, no seu artigo 4.º, o direito à qualidade dos bens e serviços.

Este princípio normativo foi densificado pelo Decreto-Lei n.º 67/2003, de 8 de abril, que procedeu à transposição, para a ordem jurídica nacional, da Diretiva 1999/44/CE, do Parlamento Europeu e do Conselho, de 25 de maio, relativa a certos aspetos da venda de bens de consumo e das garantias a ela relativas, e alterou a Lei n.º 24/96, de 31 de julho.

A Diretiva 1999/44/CE, ao consagrar um quadro legal de harmonização mínima quanto à proteção dos direitos do consumidor na União Europeia (UE), permitiu ao legislador nacional adotar soluções que aumentaram o nível de proteção dos consumidores portugueses.

Volvidos sensivelmente 20 anos desde a publicação da referida Diretiva, e perante a evolução da dimensão digital no mercado interno, a Comissão Europeia apresentou, em maio de 2015, a Estratégia para o Mercado Único Digital, que visava reforçar a proteção do consumidor num mercado cada vez mais competitivo e digital. Neste âmbito, a Comissão Europeia apresentou uma nova proposta legislativa que, após negociação no Conselho, veio a resultar na Diretiva (UE) 2019/771, do Parlamento Europeu e do Conselho, de 20 de maio de 2019, relativa a certos aspetos dos contratos de compra e venda de bens, que altera o

Regulamento (UE) 2017/2394 e a Diretiva 2009/22/CE e que revoga a Diretiva 1999/44/CE [Diretiva (UE) 2019/771].

A Diretiva (UE) 2019/771 tem como objetivo contribuir para o bom funcionamento do mercado interno, garantindo simultaneamente um nível elevado de proteção dos consumidores, estabelecendo regras comuns quanto a certos requisitos relativos aos contratos de compra e venda celebrados entre o profissional e o consumidor, em especial regras quanto à conformidade dos bens com o contrato, aos meios de ressarcimento em caso de falta de conformidade, às modalidades para o exercício desses meios e às garantias comerciais.

Simultaneamente, a Diretiva (UE) 2019/771 veio elevar às exigências das novas tipologias de bens hoje existentes o regime legal da conformidade dos bens de consumo, nomeadamente, através da inclusão de novas realidades, como é o caso dos contratos de compra e venda de bens com elementos digitais incorporados.

O presente decreto-lei estabelece, desde logo, o princípio da conformidade dos bens com um conjunto de requisitos subjetivos e objetivos. O profissional encontra-se, assim, obrigado a entregar ao consumidor bens que cumpram todos os requisitos referidos, sob pena de os bens não serem considerados conformes.

Prevê-se a responsabilidade do profissional pela falta de conformidade do bem que se manifeste num prazo de três anos e que se considera existente à data da entrega do bem se manifestada durante os primeiros dois. São, ainda, estipulados prazos de responsabilidade distintos, consoante estejamos perante bens com elementos digitais incorporados relativamente aos quais se preveja o fornecimento contínuo de conteúdos ou serviços digitais.

Ao contrário do previsto no Decreto-Lei n.º 67/2003, de 8 de abril, na sua redação atual, que não estabelecia qualquer hierarquia de direitos em caso de não conformidade dos bens – reconhecendo ao consumidor um direito de escolha entre a reparação do bem, a substituição do bem, a redução do preço ou a resolução do contrato – o presente decreto-lei incorpora a solução da Diretiva que aqui se transpõe, a qual prevê os mesmos direitos, embora submetendo-os a diferentes patamares de precedência. Trata-se, pois, de matéria sujeita ao princípio da harmonização máxima, que impede o legislador nacional de divergir da norma europeia.

Neste enquadramento, em caso de não conformidade do bem, o consumidor tem o direito à «reposição da conformidade», através da reparação ou da substituição do bem, à redução do preço e à resolução do contrato, estabelecendo-se as condições e requisitos aplicáveis para cada um destes meios.

No quadro de um novo mosaico da UE de proteção dos direitos do consumidor, consagra-se, no presente decreto-lei, a possibilidade de o consumidor optar diretamente entre a substituição do bem e a resolução do contrato, sem necessidade de verificação de qualquer condição específica, quando esteja em causa uma falta de conformidade que se manifeste nos primeiros 30 dias a contar da entrega do bem.

Eliminou-se ainda a obrigação que pendia sobre o consumidor de denunciar o defeito dentro de determinado prazo após o seu conhecimento, restabelecendo-se a inexistência de obstáculos ao exercício de direitos de que o consumidor dispõe durante o prazo de garantia dos bens.

Por outro lado, estabelecem-se obrigações a cargo do profissional quanto ao prazo de reparação, à recolha e remoção dos bens para reparação e à devolução do preço pago em caso da resolução do contrato.

Considerando que um dos desígnios da Diretiva que aqui se transpõe é a adequação do regime da conformidade dos bens à dimensão digital do mercado, assim assegurando um elevado nível de proteção do consumidor, o presente decreto-lei amplia a noção de «bens», de maneira a abranger os bens de consumo que incorporem ou estejam interligados com elementos digitais. De notar que o elemento digital poderá estar pré-instalado no bem ou ser instalado posteriormente, considerando-se bens com elementos digitais sempre que a ausência do conteúdo ou serviço digital incorporado ou interligado impeça os bens de desempenharem as suas funções, essenciais ou não.

Reforçam-se, ainda, no presente decreto-lei, os direitos do consumidor em caso de falta de conformidade dos bens imóveis, alargando-se o prazo de garantia dos bens imóveis a respeito de faltas de conformidade relativas a elementos construtivos estruturais para 10 anos, mantendo-se o atual prazo de 5 anos quanto às restantes faltas de conformidade, e incorporam-se, ainda, as soluções constantes do Decreto-Lei n.º 67/2003, de 8 de abril, na sua redação atual, sobre a possibilidade de o consumidor exercer os direitos de reparação e substituição do bem em caso de falta de conformidade diretamente perante o produtor, bem como a respeito do direito de regresso do profissional perante uma pessoa em estágios anteriores da cadeia contratual, quando esta seja responsável perante uma falta de conformidade.

A garantia voluntária é mantida, embora com obrigações de informação acrescidas, passando agora a designar-se por «garantia comercial».

Pretendendo contribuir para uma maior durabilidade dos bens e promover a reparação dos mesmos, estabelece-se o dever de o produtor disponibilizar peças sobresselentes durante um prazo de 10 anos após a colocação da última unidade do bem em mercado, de acordo com determinados requisitos, e ainda, no caso dos bens móveis sujeitos a registo, o dever de o profissional prestar, durante o mesmo período de tempo, um serviço de assistência pós-venda.

Por seu turno, o crescimento do comércio eletrónico registado na última década e a necessidade de potenciar as suas vantagens para o mercado interno levaram a Comissão Europeia a apresentar a Estratégia do Mercado Único

Digital que, entre outros objetivos, visa impulsionar a economia digital, nomeadamente garantindo um melhor acesso dos consumidores aos conteúdos e serviços digitais e facilitando o seu fornecimento pelas empresas.

Neste contexto, a Comissão Europeia apresentou uma nova proposta legislativa que, após negociação no Conselho, veio a resultar na Diretiva (UE) 2019/770, do Parlamento Europeu e do Conselho, de 20 de maio de 2019, relativa a certos aspetos relativos ao fornecimento de conteúdos e serviços digitais [Diretiva (UE) 2019/770].

A Diretiva (UE) 2019/770 vem colmatar um vazio legal a nível europeu no que respeita à consagração de direitos dos consumidores em caso de não fornecimento ou não conformidade dos conteúdos ou serviços digitais.

No que concerne ao fornecimento de conteúdos ou serviços digitais, a Diretiva (UE) 2019/770 aplica-se aos contratos que estipulem um único ato de fornecimento, uma série de atos individuais de fornecimento e, ainda, um fornecimento contínuo. Estão em causa, por exemplo, a compra de um livro digital (ebook), a subscrição de publicações periódicas e a subscrição de um serviço de streaming, respetivamente.

A Diretiva (UE) 2019/770 assegura que o consumidor que faculta dados pessoais para usufruir de um conteúdo ou serviço digital passa a estar protegido por um conjunto de direitos, caso ocorra o não fornecimento dos mesmos ou falta de conformidade.

Assentando no princípio da harmonização total, a Diretiva (UE) 2019/770 estabelece regras quanto ao fornecimento dos conteúdos e serviços digitais, prevendo o direito à resolução do contrato pelo consumidor em caso de não fornecimento, de acordo com determinadas regras, bem como em caso de falta de conformidade com determinados requisitos subjetivos e objetivos.

Concretamente, em caso de não conformidade dos conteúdos e serviços digitais, o consumidor tem o direito à reposição da conformidade, à redução do preço ou à resolução do contrato, estabelecendo-se as condições e requisitos aplicáveis.

Perante uma falta de conformidade, a Diretiva (UE) 2019/770 prevê diferentes prazos de responsabilidade do profissional consoante o tipo de fornecimento. Assim, nos contratos em que seja estipulado um ato único de fornecimento ou uma série de atos individuais de fornecimento o prazo de responsabilidade do profissional é de dois anos. Já nos contratos de fornecimento contínuo, o profissional é responsável durante todo o período de duração do contrato.

Contrariamente ao que se encontra previsto na Diretiva (UE) 2019/771, relativa a certos aspetos dos contratos de compra e venda de bens, que permite aos Estados-Membros estabelecerem um prazo de ónus da prova relativo à falta de conformidade entre um e dois anos, a Diretiva relativa aos conteúdos e serviços digitais estabelece prazos diferenciados para o ónus da prova consoante o tipo de fornecimento. Caso estejamos perante um ato único de fornecimento ou série de atos individuais de fornecimento, o prazo não pode ser superior a um ano. Por seu turno, nos contratos de fornecimento contínuo, o ónus da prova impende sobre o profissional durante o período de duração do contrato.

Considerando a importância crescente dos prestadores de mercado de linha nos contratos celebrados pelos consumidores, inova-se, ainda, ao estabelecer-se determinadas condições em que aqueles são considerados parceiros contratuais dos profissionais que disponibilizam bens, conteúdos ou serviços digitais através dos seus mercados em linha, prevendo-se, para o efeito, a possibilidade de os consumidores exercerem os seus direitos em caso de falta de conformidade também junto destes prestadores.

Finalmente, e com vista a assegurar o cumprimento dos dispositivos legais, estabelece-se um regime sancionatório, atribuindo-se à Autoridade de Segurança Alimentar e Económica (ASAE) e ao Instituto dos Mercados Públicos, do Imobiliário e da Construção, I. P. (IMPIC, I. P.), competência para fiscalizarem, instruírem os processos de contraordenação e aplicarem as respetivas coimas e sanções acessórias no âmbito deste regime, sendo a competência do IMPIC, I. P., circunscrita ao regime aplicável aos bens imóveis.

O presente decreto-lei reforça, assim, os direitos dos consumidores na compra e venda de bens móveis, de bens imóveis, de conteúdos e serviços digitais, e procede à transposição para a ordem jurídica interna da Diretiva (UE) 2019/771 e da Diretiva (UE) 2019/770.

Foram ouvidos os órgãos de governo próprios das Regiões Autónomas, a Comissão Nacional de Proteção de Dados, o Instituto dos Mercados Públicos, do Imobiliário e da Construção, I. P., e a Autoridade de Segurança Alimentar e Económica.

Foi promovida a audição do Conselho Nacional de Consumo.

Assim:

Nos termos da alínea *a)* do n.º 1 do artigo 198.º da Constituição, o Governo decreta o seguinte:

CAPÍTULO I – Disposições gerais

Artigo 1.º – Objeto

1 – O presente decreto-lei:

a) Reforça os direitos dos consumidores na compra e venda de bens de consumo, transpondo para a ordem jurídica interna a Diretiva (UE) 2019/771, do Parlamento Europeu e do Conselho, de 20 de maio de 2019, relativa a certos aspetos dos contratos de compra e venda de bens, que altera o Regulamento (UE) 2017/2394 e a Diretiva 2009/22/CE e que revoga a Diretiva 1999/44/CE;

b) Estabelece o regime de proteção dos consumidores nos contratos de fornecimento de conteúdos ou serviços digitais, procedendo à transposição para a ordem jurídica interna da Diretiva (UE) 2019/770, do Parlamento Europeu e do Conselho, de 20 de maio de 2019, sobre certos aspetos relativos aos contratos de fornecimento de conteúdos e serviços digitais.

2 – O presente decreto-lei estabelece ainda:

a) O regime aplicável à compra e venda de bens imóveis em caso de falta de conformidade;

b) A responsabilidade direta do produtor em caso de falta de conformidade dos bens, conteúdos ou serviços digitais;

c) A responsabilidade dos prestadores de mercado em linha;

d) O regime sancionatório aplicável ao incumprimento dos deveres do profissional.

Artigo 2.º – Definições

Para efeitos do presente decreto-lei, entende-se por:

a) «A título gratuito», livre dos custos necessários incorridos para repor os bens em conformidade, nomeadamente o custo de porte postal, transporte, mão-de-obra ou materiais;

b) «Ambiente digital», o equipamento informático, o software e qualquer ligação à rede utilizada pelo consumidor para aceder a conteúdos ou serviços digitais ou para os utilizar;

c) «Bens»:

i) Qualquer bem móvel corpóreo, incluindo os bens em segunda mão e a água, o gás e a eletricidade quando colocados em venda num volume limitado ou em quantidade determinada;

ii) Qualquer bem móvel corpóreo que incorpore ou esteja interligado com um conteúdo ou serviço digital, de tal modo que a falta destes impeça os bens de desempenharem as suas funções («bens com elementos digitais»);

d) «Bens imóveis», prédios urbanos para fins habitacionais, entendendo-se como tal qualquer edifício incorporado no solo, com os terrenos que lhe sirvam de logradouro, sendo parte integrante toda a coisa móvel ligada materialmente ao prédio com carácter de permanência;

e) «Bens recondicionados», bens que foram objeto de utilização prévia ou devolução e que, após inspeção, preparação, verificação e testagem por um profissional, são novamente colocados para venda no mercado nessa qualidade;

f) «Compatibilidade», a capacidade de os bens, conteúdos ou serviços digitais funcionarem com o hardware ou o software com que os bens, conteúdos ou serviços digitais do mesmo tipo são normalmente usados, sem necessidade de conversão;

g) «Consumidor», uma pessoa singular que, no que respeita aos contratos abrangidos pelo presente decreto-lei, atue com fins que não se incluam no âmbito da sua atividade comercial, industrial, artesanal ou profissional;

h) «Conteúdo digital», os dados produzidos e fornecidos em formato digital;

i) «Durabilidade», a capacidade de os bens manterem as suas funções e desempenho previstos através da utilização normal;

j) «Funcionalidade», a capacidade de os bens, conteúdos ou serviços digitais desempenharem as suas funções tendo em conta a sua finalidade;

k) «Garantia comercial», um compromisso ou declaração, de carácter gratuito ou oneroso, assumido pelo profissional, pelo produtor, ou por qualquer intermediário («o garante») perante o consumidor, para além das obrigações legais do profissional de garantia de conformidade, de reembolsar o preço pago, substituir, reparar ou ocupar-se de qualquer modo de um bem, conteúdo ou serviço digital no caso de este não ser conforme com as especificações ou qualquer outro elemento não relacionado com a conformidade estabelecidos na declaração de garantia ou na respetiva publicidade divulgada na celebração do contrato ou antes desta;

l) «Interoperabilidade», a capacidade de os bens, conteúdos ou serviços digitais funcionarem com hardware ou software diferentes dos normalmente usados com bens, conteúdos ou serviços digitais do mesmo tipo;

m) «Mercado em linha», um serviço com recurso a software, nomeadamente um sítio eletrónico, parte de um sítio eletrónico ou uma aplicação, explorado pelo profissional ou em seu nome, que permita aos consumidores celebrar contratos à distância;

n) «Prestador de mercado em linha», a pessoa singular ou coletiva que forneça um mercado em linha aos consumidores;

o) «Profissional», uma pessoa singular ou coletiva, pública ou privada, que atue, inclusivamente através de qualquer outra pessoa em seu nome ou por sua conta, para fins relacionados com a sua atividade comercial, industrial, artesanal ou profissional, no que respeita aos contratos abrangidos pelo presente decreto-lei;

p) «Produtor», o fabricante de bens, conteúdos ou serviços digitais, o importador de bens na União Europeia ou qualquer outra pessoa que se apresente como produtor, através da indicação, nos bens, do seu nome, marca ou outro sinal distintivo;

q) «Representante do produtor», qualquer pessoa singular ou coletiva que atue na qualidade de distribuidor comercial do produtor e ou de centro autorizado de serviço pós-venda, à exceção dos profissionais independentes que atuem apenas na qualidade de retalhistas;

r) «Serviço digital»:

i) Um serviço que permite ao consumidor criar, tratar, armazenar ou aceder a dados em formato digital; ou *ii)* Um serviço que permite a partilha ou qualquer outra interação com os dados em formato digital carregados ou criados pelo consumidor ou por outros utilizadores desse serviço;

s) «Suporte duradouro», qualquer instrumento que possibilite ao consumidor ou ao profissional armazenar informações que lhes sejam pessoalmente dirigidas, em termos que lhes permitam, no futuro, aceder às mesmas durante um período adaptado aos fins a que as informações se destinam e que possibilite a reprodução inalterada das informações armazenadas.

Artigo 3.º – Âmbito de aplicação

1 – O presente decreto-lei é aplicável:

a) Aos contratos de compra e venda celebrados entre consumidores e profissionais, incluindo os contratos celebrados para o fornecimento de bens a fabricar ou a produzir;

b) Aos bens fornecidos no âmbito de um contrato de empreitada ou de outra prestação de serviços, bem como à locação de bens, com as necessárias adaptações;

c) Aos conteúdos ou serviços digitais que estejam incorporados em bens, ou que com eles estejam interligados, na aceção da subalínea ii) da alínea c) do artigo anterior, e sejam fornecidos com os bens nos termos de um contrato de compra e venda, independentemente de os conteúdos ou serviços digitais serem fornecidos pelo profissional ou por um terceiro.

2 – Nos casos em que tenha lugar o fornecimento de conteúdos ou serviços digitais incorporados ou interligados com a venda de bens, presume-se que os mesmos se encontram abrangidos pelo contrato de compra e venda, sendo aplicável o disposto no capítulo II.

3 – O presente decreto-lei, com exceção do disposto no capítulo II, é igualmente aplicável aos contratos de fornecimento de conteúdos ou serviços digitais em que:

a) O profissional forneça ou se comprometa a fornecer conteúdos ou serviços digitais ao consumidor e o consumidor pague ou se comprometa a pagar o respetivo preço;

b) O profissional forneça ou se comprometa a fornecer conteúdos ou serviços digitais ao consumidor e o consumidor faculte ou se comprometa a facultar dados pessoais ao profissional, exceto quando os dados pessoais se destinarem ao tratamento exclusivo pelo profissional para o fornecimento dos conteúdos ou serviços digitais em conformidade com o presente decreto-lei ou ao cumprimento pelo profissional dos requisitos legais a que está sujeito, não se procedendo ao tratamento desses dados para quaisquer outros fins;

c) Os conteúdos ou serviços digitais sejam desenvolvidos de acordo com as especificações do consumidor;

d) O suporte material seja utilizado exclusivamente como meio de disponibilização dos conteúdos digitais.

Artigo 4.º – Exclusões

1 – O presente decreto-lei não é aplicável:

a) A bens vendidos por via de penhora ou qualquer outra forma de execução judicial ou levada a cabo por uma autoridade pública;

b) À compra e venda de animais.

2 – Estão ainda excluídos da aplicação do disposto no presente decreto-lei os contratos de:

a) Serviços de comunicações eletrónicas, tal como definidos no ponto 4) do artigo 2.º da Diretiva (UE) 2018/1972, do Parlamento Europeu e do Conselho, de 11 de dezembro de 2018, com exceção dos serviços de comunicações interpessoais independentes do número, tal como definidos no ponto 7) do artigo 2.º da mesma Diretiva;

b) Serviços de cuidados de saúde, tal como definidos na alínea *b)* do artigo 3.º da Lei n.º 52/2014, de 25 de agosto;

c) Jogo e aposta online, conforme definido na alínea *o)* do artigo 4.º do Decreto-Lei n.º 66/2015, de 29 de abril, na sua redação atual;

d) Serviços financeiros, tal como definidos na alínea *c)* do artigo 2.º do Decreto-Lei n.º 95/2006, de 29 de maio, na sua redação atual;

e) Software oferecido pelo profissional no âmbito de uma licença de acesso livre e gratuito, em que não seja exigida contraprestação ao consumidor, desde que os dados pessoais fornecidos sejam exclusivamente tratados pelo profissional para melhorar a segurança, a compatibilidade ou a interoperabilidade do software específico;

f) Fornecimento de conteúdos digitais que sejam disponibilizados ao público por outro meio que não a transmissão de sinal, no contexto de uma representação ou de um evento, designadamente projeções cinematográficas digitais;

g) Conteúdos digitais fornecidos em conformidade com a Lei n.º 26/2016, de 22 de agosto, na sua redação atual, pelos organismos do setor público.

3 – O disposto no capítulo III não é aplicável à prestação de serviços que não sejam serviços digitais, independentemente dos formatos ou meios digitais serem utilizados pelo profissional para os oferecer, fornecer ou transmitir.

4 – Caso o contrato celebrado inclua simultaneamente o fornecimento de conteúdos ou serviços digitais e o fornecimento de outros serviços ou bens, o disposto no capítulo III é aplicável aos elementos do contrato respeitantes aos conteúdos ou serviços digitais.

5 – Caso o pacote de serviços inclua elementos de um serviço de acesso à Internet, tal como definido no ponto 2) do artigo 2.º do Regulamento (UE) 2015/2120, do Parlamento Europeu e do Conselho, de 25 de novembro de 2015, ou de um serviço de comunicações interpessoais com base em números, nos termos do ponto 6) do artigo 2.º da Diretiva (UE) 2018/1972, do Parlamento Europeu e do Conselho, de 11 de dezembro de 2018, não é aplicável o disposto no artigo 39.º do presente decreto-lei.

CAPÍTULO II – Regime aplicável à compra e venda de bens

SECÇÃO I – Requisitos objetivos e subjetivos de conformidade

Artigo 5.º – Conformidade dos bens

O profissional deve entregar ao consumidor bens que cumpram os requisitos constantes dos artigos 6.º a 9.º, sem prejuízo do disposto no artigo 10.º

Artigo 6.º – Requisitos subjetivos de conformidade

São conformes com o contrato de compra e venda os bens que:

a) Correspondem à descrição, ao tipo, à quantidade e à qualidade e detêm a funcionalidade, a compatibilidade, a interoperabilidade e as demais características previstas no contrato de compra e venda;

b) São adequados a qualquer finalidade específica a que o consumidor os destine, de acordo com o previamente acordado entre as partes;

c) São entregues juntamente com todos os acessórios e instruções, inclusivamente de instalação, tal como estipulado no contrato de compra e venda; e

d) São fornecidos com todas as atualizações, tal como estipulado no contrato de compra e venda.

Artigo 7.º – Requisitos objetivos de conformidade

1 – Para além dos requisitos previstos no artigo anterior, os bens devem:

a) Ser adequados ao uso a que os bens da mesma natureza se destinam;

b) Corresponder à descrição e possuir as qualidades da amostra ou modelo que o profissional tenha apresentado ao consumidor antes da celebração do contrato, sempre que aplicável;

c) Ser entregues juntamente com os acessórios, incluindo a embalagem, instruções de instalação ou outras instruções que o consumidor possa razoavelmente esperar receber, sempre que aplicável; e

d) Corresponder à quantidade e possuir as qualidades e outras características, inclusive no que respeita à durabilidade, funcionalidade, compatibilidade e segurança, habituais e expectáveis nos bens do mesmo tipo considerando, designadamente, a sua natureza e qualquer declaração pública feita pelo profissional, ou em nome deste, ou por outras pessoas em fases anteriores da cadeia de negócio, incluindo o produtor, nomeadamente na publicidade ou na rotulagem.

2 – O profissional não fica vinculado às declarações públicas a que se refere a alínea d) do número anterior se demonstrar que:

a) Não tinha, nem podia razoavelmente ter, conhecimento da declaração pública em causa;

b) No momento da celebração do contrato, a declaração pública em causa tinha sido corrigida de forma igual ou comparável à forma por que tinha sido feita; ou

c) A decisão de contratar não poderia ter sido influenciada por aquela declaração.

3 – Não se verifica falta de conformidade quando, no momento da celebração do contrato, o consumidor tenha sido inequivocamente informado de que uma característica particular do bem se desviava dos requisitos estabelecidos no n.º 1 e tenha aceitado, separadamente, de forma expressa e inequívoca, esse desvio.

4 – Salvo acordo em contrário das partes, os bens devem ser entregues na versão mais recente à data da celebração do contrato.

Artigo 8.º – Requisitos adicionais de conformidade dos bens com elementos digitais

1 – Para além dos requisitos de conformidade constantes dos artigos 6.º e 7.º, o profissional deve assegurar que as atualizações, incluindo as de segurança, necessárias para colocar os bens em conformidade, são comunicadas e fornecidas ao consumidor, durante o período razoavelmente esperado pelo consumidor, tendo em conta o tipo e finalidade dos bens e dos elementos digitais, bem como as circunstâncias e natureza do contrato de compra e venda, sempre que o mesmo estipule um único ato de fornecimento do conteúdo ou serviço digital.

2 – No caso do fornecimento contínuo de conteúdo ou serviço digital até dois anos, o dever de comunicação e fornecimento das atualizações mencionado no número anterior vigora pelo período de dois anos.

3 – No caso do fornecimento contínuo de conteúdo ou serviço digital superior a dois anos, o dever de comunicação e fornecimento das atualizações mencionado no n.º 1 vigora pelo período de duração do contrato.

4 – Se o consumidor não proceder à instalação, num prazo razoável, das atualizações fornecidas nos termos do n.º 1, o profissional não é responsável por qualquer falta de conformidade que resulte exclusivamente da falta de atualização em causa, desde que:

a) O profissional tenha informado o consumidor da disponibilidade da atualização e das consequências da sua não instalação; e *b)* A não instalação ou a instalação incorreta da atualização pelo consumidor não tenha resultado de deficiências nas instruções de instalação fornecidas ao consumidor.

5 – Não se verifica falta de conformidade quando, no momento da celebração do contrato, o consumidor tenha sido inequivocamente informado de que uma característica particular do bem se desviava dos requisitos constantes do n.º 1 do artigo anterior ou dos requisitos objetivos de atualização do presente artigo, e tenha aceitado, separadamente, de forma expressa e inequívoca, esse desvio.

Artigo 9.º – Instalação incorreta dos bens

Considera-se existir falta de conformidade dos bens sempre que a mesma resulte de instalação incorreta, desde que:

a) A instalação seja assegurada pelo profissional ou efetuada sob a sua responsabilidade; ou

b) Quando realizada pelo consumidor:

i) A instalação incorreta se deva a deficiências nas instruções de instalação fornecidas pelo profissional; ou

ii) No caso de bens com elementos digitais, a instalação incorreta se deva a deficiências nas instruções de instalação fornecidas pelo profissional ou pelo fornecedor do conteúdo ou serviço digital.

Artigo 10.º – Direitos de terceiros restritivos da utilização dos bens

Caso uma restrição resultante de uma violação de quaisquer direitos de terceiros, em especial direitos de propriedade intelectual, impeça ou limite a utilização dos bens, nos termos dos artigos 6.º a 8.º, o consumidor tem direito aos meios de ressarcimento por falta de conformidade previstos no artigo 15.º, exceto nas situações previstas em legislação especial nos termos da qual se determine a invalidade ou a resolução do contrato de compra e venda.

Artigo 11.º – Entrega do bem ao consumidor

1 – O bem considera-se entregue ao consumidor quando este ou um terceiro por ele indicado, que não o transportador, adquire a posse física do bem.

2 – Nos casos em que o contrato de compra e venda preveja a instalação do bem por conta do profissional, o bem considera-se entregue quando a instalação se encontrar concluída.

3 – No caso de bens com elementos digitais, considera-se que o bem é entregue quando:

a) A componente física dos bens seja entregue e o ato único de fornecimento seja efetuado;

b) A componente física dos bens seja entregue e o fornecimento contínuo do conteúdo ou serviço digital seja iniciado.

4 – O profissional deve entregar os bens na data ou dentro do período especificado pelo consumidor, salvo convenção em contrário.

5 – Na falta de fixação de data para a entrega do bem, o profissional deve entregar o bem sem demora injustificada e até 30 dias após a celebração do contrato.

6 – Não sendo cumprida a obrigação de entrega dos bens na data acordada ou no prazo previsto no número anterior, o consumidor tem o direito de solicitar ao profissional a entrega num prazo adicional adequado às circunstâncias.

7 – Se o profissional não entregar os bens dentro do prazo adicional, o consumidor tem o direito de resolver o contrato.

8 – O consumidor tem o direito de resolver imediatamente o contrato, sem necessidade de indicação de prazo adicional nos termos do n.º 6, caso o profissional não entregue os bens na data acordada ou dentro do prazo fixado no n.º 5 e ocorra um dos seguintes casos:

a) No âmbito do contrato de compra e venda, o profissional se recuse a entregar os bens;

b) O prazo fixado para a entrega seja essencial atendendo a todas as circunstâncias que rodearam a celebração do contrato; ou

c) O consumidor informe o profissional, antes da celebração do contrato, de que a entrega dentro de um determinado prazo ou em determinada data é essencial.

9 – Após a resolução do contrato, o profissional deve restituir ao consumidor a totalidade do montante pago até 14 dias após a referida resolução.

10 – Em caso de incumprimento do disposto no número anterior, o consumidor tem o direito à devolução em dobro do montante pago, sem prejuízo da indemnização por danos patrimoniais e não patrimoniais a que haja lugar.

11 – Incumbe ao profissional a prova do cumprimento das obrigações estabelecidas no presente artigo.

12 – Nos contratos em que o profissional envie os bens para o consumidor, o risco de perda ou dano dos bens transfere-se para o consumidor quando este ou um terceiro por ele indicado, que não o transportador, adquira a posse física dos bens.

13 – Se o consumidor confiar o transporte a pessoa diferente da proposta pelo profissional, o risco transfere-se para o consumidor com a entrega do bem ao transportador.

SECÇÃO II – Responsabilidade do profissional, prazos de conformidade, ónus da prova e direitos do consumidor

Artigo 12.º – Responsabilidade do profissional em caso de falta de conformidade

1 – O profissional é responsável por qualquer falta de conformidade que se manifeste no prazo de três anos a contar da entrega do bem.

2 – Sem prejuízo do disposto nos n.os 1 a 3 do artigo 8.º, no caso de bens com elementos digitais, o profissional é responsável por qualquer falta de conformidade que ocorra ou se manifeste:

a) No prazo de três anos a contar da data em que os bens com elementos digitais foram entregues, quando o contrato estipule um único ato de fornecimento do conteúdo ou serviço digital ou quando o contrato estipule o fornecimento contínuo do conteúdo ou serviço digital durante um período até três anos; ou

b) Durante o período do contrato, quando este estipule o fornecimento contínuo do conteúdo ou serviço digital durante um período superior a três anos.

3 – Nos contratos de compra e venda de bens móveis usados e por acordo entre as partes, o prazo de três anos previsto no n.º 1 pode ser reduzido a 18 meses, salvo se o bem for anunciado como um bem recondicionado, sendo obrigatória a menção dessa qualidade na respetiva fatura, caso em que é aplicável o prazo previsto nos números anteriores.

4 – O prazo referido no n.º 1 suspende-se desde o momento da comunicação da falta de conformidade até à reposição da conformidade pelo profissional, devendo o consumidor, para o efeito, colocar os bens à disposição do profissional sem demora injustificada.

5 – A comunicação da falta de conformidade pelo consumidor deve ser efetuada, designadamente, por carta, correio eletrónico, ou por qualquer outro meio suscetível de prova, nos termos gerais.

Artigo 13.º – Ónus da prova

1 – A falta de conformidade que se manifeste num prazo de dois anos a contar da data de entrega do bem presume-se existente à data da entrega do bem, salvo quando tal for incompatível com a natureza dos bens ou com as características da falta de conformidade.

2 – O disposto no número anterior é aplicável aos bens com elementos digitais de ato único de fornecimento de conteúdo ou serviço digital.

3 – Nos casos em que as partes tenham reduzido por acordo o prazo de garantia de bens móveis usados nos termos do n.º 3 do artigo anterior, o prazo previsto no n.º 1 é de um ano.

4 – Decorrido o prazo previsto no n.º 1, cabe ao consumidor a prova de que a falta de conformidade existia à data da entrega do bem.

Artigo 14.º – Ónus da prova relativo aos bens com elementos digitais de fornecimento contínuo

No caso de bens com elementos digitais em que o contrato estipule o fornecimento contínuo de conteúdos ou serviços digitais durante um determinado período, o ónus da prova relativo à determinação da conformidade do conteúdo ou serviço digital, durante o período referido na parte final da alínea *a)* e na alínea *b)* do n.º 2 do artigo 12.º, incumbe ao profissional relativamente a qualquer falta de conformidade que se manifeste no estipulado nas referidas alíneas.

Artigo 15.º – Direitos do consumidor

1 – Em caso de falta de conformidade do bem, e nas condições estabelecidas no presente artigo, o consumidor tem direito:

a) À reposição da conformidade, através da reparação ou da substituição do bem;

b) À redução proporcional do preço; ou

c) À resolução do contrato.

2 – O consumidor pode escolher entre a reparação ou a substituição do bem, salvo se o meio escolhido para a reposição da conformidade for impossível ou, em comparação com o outro meio, impuser ao profissional custos desproporcionados, tendo em conta todas as circunstâncias, incluindo:

a) O valor que os bens teriam se não se verificasse a falta de conformidade;

b) A relevância da falta de conformidade; e

c) A possibilidade de recurso ao meio de reposição da conformidade alternativo sem inconvenientes significativos para o consumidor.

3 – O profissional pode recusar repor a conformidade dos bens se a reparação ou a substituição forem impossíveis ou impuserem custos que sejam desproporcionados, tendo em conta todas as circunstâncias, incluindo as que são mencionadas nas alíneas *a)* e *b)* do número anterior.

4 – O consumidor pode escolher entre a redução proporcional do preço, nos termos do artigo 19.º, e a resolução do contrato, nos termos do artigo 20.º, caso:

a) O profissional:

i) Não tenha efetuado a reparação ou a substituição do bem;

ii) Não tenha efetuado a reparação ou a substituição do bem nos termos do disposto no artigo 18.º;

iii) Tenha recusado repor a conformidade dos bens nos termos do número anterior; ou *iv)* Tenha declarado, ou resulte evidente das circunstâncias, que não vai repor os bens em conformidade num prazo razoável ou sem grave inconveniente para o consumidor;

b) A falta de conformidade tenha reaparecido apesar da tentativa do profissional de repor os bens em conformidade;

c) Ocorra uma nova falta de conformidade; ou

d) A gravidade da falta de conformidade justifique a imediata redução do preço ou a resolução do contrato de compra e venda.

5 – A redução do preço deve ser proporcional à diminuição do valor dos bens que foram recebidos pelo consumidor, em comparação com o valor que teriam se estivessem em conformidade.

6 – O consumidor não tem direito à resolução do contrato se o profissional provar que a falta de conformidade é mínima.

7 – O consumidor tem o direito de recusar o pagamento de qualquer parte remanescente do preço ao profissional até que este cumpra os deveres previstos no presente decreto-lei.

8 – O disposto no número anterior não confere ao consumidor o direito à recusa de prestações que estejam em mora.

9 – O direito à resolução do contrato ou à redução proporcional do preço pode ser exercido quando a falta de conformidade tenha levado ao perecimento ou deterioração do bem por motivo não imputável ao consumidor.

10 – Os direitos previstos no presente artigo transmitem-se ao terceiro adquirente do bem a título gratuito ou oneroso.

Artigo 16.º – Direito de rejeição

Nos casos em que a falta de conformidade se manifeste no prazo de 30 dias após a entrega do bem, o consumidor pode solicitar a imediata substituição do bem ou a resolução do contrato.

Artigo 17.º – Caducidade do direito de ação

1 – Os direitos atribuídos ao consumidor nos termos do artigo 15.º caducam decorridos dois anos a contar da data da comunicação da falta de conformidade.

2 – O prazo referido no número anterior suspende-se nas seguintes situações:

a) Desde a colocação do bem à disposição do profissional com vista à realização das operações de reparação ou substituição até à reposição da conformidade e disponibilização do bem ao consumidor;

b) Durante o período temporal em que durar a tentativa de resolução extrajudicial do conflito de consumo que opõe o consumidor ao profissional ou ao produtor.

3 – Para efeitos do disposto na alínea b) do número anterior, a tentativa de resolução extrajudicial do litígio inicia-se com a ocorrência de um dos seguintes factos:

a) As partes acordem no sentido de submeter o conflito a mediação, a conciliação ou a qualquer outra forma de resolução extrajudicial de conflitos do consumo;

b) A mediação ou a conciliação seja determinada no âmbito de processo judicial;

c) Se constitua a obrigação de recorrer à mediação ou conciliação.

Artigo 18.º – Reparação ou substituição do bem

1 – Para efeitos de reparação ou substituição, o consumidor deve disponibilizar os bens, a expensas do profissional.

2 – A reparação ou a substituição do bem é efetuada:

a) A título gratuito;

b) Num prazo razoável a contar do momento em que o profissional tenha sido informado pelo consumidor da falta de conformidade;

c) Sem grave inconveniente para o consumidor, tendo em conta a natureza dos bens e a finalidade a que o consumidor os destina.

3 – O prazo para a reparação ou substituição não deve exceder os 30 dias, salvo nas situações em que a natureza e complexidade dos bens, a gravidade da falta de conformidade e o esforço necessário para a conclusão da reparação ou substituição justifiquem um prazo superior.

4 – Em caso de reparação, o bem reparado beneficia de um prazo de garantia adicional de seis meses por cada reparação até ao limite de quatro reparações, devendo o profissional, aquando da entrega do bem reparado, transmitir ao consumidor essa informação.

5 – Quando a reparação exigir a remoção do bem que tenha sido instalado de uma forma compatível com a sua natureza e finalidade antes de a falta de conformidade se ter manifestado, a obrigação do profissional abrange a remoção do bem não conforme e a instalação de bem reparado ou substituto, a suas expensas.

6 – Havendo substituição do bem, o profissional é responsável por qualquer falta de conformidade que ocorra no bem sucedâneo, nos termos do disposto no artigo 12.º

7 – Em caso de substituição do bem, não pode ser cobrado ao consumidor qualquer custo inerente à normal utilização do bem substituído.

Artigo 19.º – Redução do preço

A redução do preço é proporcional à diminuição do valor dos bens que foram recebidos pelo consumidor, em comparação com o valor que teriam se estivessem em conformidade.

Artigo 20.º – Resolução do contrato de compra e venda

1 – O direito de resolução a que se refere a alínea c) do n.º 1 do artigo 15.º é exercido através de declaração ao profissional na qual o consumidor informa da sua decisão de pôr termo ao contrato de compra e venda.

2 – A declaração prevista no número anterior pode ser efetuada, designadamente, por carta, correio eletrónico, ou por qualquer outro meio suscetível de prova, nos termos gerais.

3 – Se a falta de conformidade respeitar a uma parte dos bens e se verifique fundamento para a resolução do contrato nos termos do artigo 15.º, o consumidor tem o direito a resolver o contrato na parte relativa ao bem não conforme ou a quaisquer bens adquiridos conjuntamente com o bem não conforme caso não seja razoavelmente expectável que o consumidor aceite a manutenção do contrato apenas com os bens conformes.

4 – O exercício do direito de resolução do contrato no seu conjunto ou, nos termos do número anterior, em relação a alguns dos bens, determina:

a) A obrigação de o consumidor devolver os bens ao profissional, a expensas deste;

b) A obrigação de o profissional reembolsar o consumidor do preço pago pelos bens após a sua receção ou de prova do seu envio, apresentada pelo consumidor.

5 – O profissional deve efetuar o reembolso dos pagamentos através do mesmo meio de pagamento que tiver sido utilizado pelo consumidor na transação inicial, salvo havendo acordo expresso em contrário e desde que o consumidor não incorra em quaisquer custos como consequência do reembolso.

6 – No prazo de 14 dias a contar da data em que for informado da decisão de resolução do contrato, o profissional deve reembolsar o consumidor de todos os pagamentos recebidos, incluindo os custos de entrega do bem.

7 – Sem prejuízo do disposto no número anterior, e salvo situações em que incumba ao profissional a recolha do bem, o profissional pode proceder à retenção do reembolso enquanto os bens não forem devolvidos ou o consumidor faça prova do seu envio.

8 – O profissional deve proceder à remoção dos bens sempre que a resolução do contrato de compra e venda assim o exija, a título gratuito.

Artigo 21.º – Serviço pós-venda e disponibilização de peças

1 – Sem prejuízo do cumprimento dos deveres inerentes à responsabilidade do profissional ou do produtor pela falta de conformidade dos bens, o produtor é obrigado a disponibilizar as peças necessárias à reparação dos bens adquiridos pelo consumidor, durante o prazo de 10 anos após a colocação em mercado da última unidade do respetivo bem.

2 – A obrigação prevista no número anterior não é aplicável a bens cuja obrigatoriedade de disponibilização de peças esteja prevista em regulamentação da União Europeia específica em matéria de conceção ecológica, a qual prevalece, nem a bens perecíveis ou cuja natureza seja incompatível com o prazo referido no número anterior.

3 – No caso de bens móveis sujeitos a registo, o profissional deve, pelo período previsto no n.º 1, garantir assistência pós-venda em condições de mercado adequadas.

4 – No momento da celebração do contrato, o profissional deve informar o consumidor da existência e duração da obrigação de disponibilização de peças aplicável e, no caso dos bens móveis sujeitos a registo, da existência e duração do dever de garantia de assistência pós-venda.

SECÇÃO III – Compra e venda de bens imóveis

Artigo 22.º – Conformidade dos bens imóveis

1 – O profissional tem o dever de entregar ao consumidor os bens imóveis que sejam conformes com o contrato de compra e venda e que apresentem características de qualidade, de segurança, de habitabilidade, de proteção ambiental e de funcionalidade de modo a assegurar a aptidão dos mesmos ao uso a que se destinam durante o período de vida útil técnica e economicamente razoável.

2 – Presume-se que os bens imóveis não são conformes com o contrato caso se verifique algum dos seguintes factos:

a) Não sejam conformes com a descrição que deles é feita pelo profissional ou não possuam as qualidades do bem que o profissional tenha apresentado ao consumidor como amostra ou modelo;

b) Não sejam adequados ao uso específico para o qual o consumidor os destine, desde que o profissional tenha sido informado de tal uso aquando da celebração do contrato e o tenha aceite;

c) Não sejam adequados às utilizações habitualmente dadas aos bens do mesmo tipo;

d) Não apresentarem as qualidades e o desempenho habituais nos bens do mesmo tipo e que o consumidor pode razoavelmente esperar, atendendo à natureza do bem e, eventualmente, às declarações públicas sobre as suas características concretas feitas pelo profissional, pelo produtor ou pelo seu representante, nomeadamente na publicidade.

3 – As características de qualidade, de segurança, de habitabilidade, de proteção ambiental e de funcionalidade mencionadas no n.º 1 são descritas na ficha técnica da habitação a que se refere o artigo 4.º do Decreto-Lei n.º 68/2004, de 25 de março.

4 – Não se considera existir falta de conformidade, na aceção do presente artigo, caso o consumidor tivesse conhecimento dessa falta de conformidade aquando da celebração do contrato, não a pudesse razoavelmente ignorar ou se aquela decorrer dos materiais fornecidos pelo consumidor.

Artigo 23.º – Responsabilidade do profissional

1 – O profissional responde perante o consumidor por qualquer falta de conformidade que exista quando o bem imóvel lhe é entregue e se manifeste no prazo de:

a) 10 anos, em relação a faltas de conformidade relativas a elementos construtivos estruturais;

b) Cinco anos, em relação às restantes faltas de conformidade.

2 – Havendo substituição do bem imóvel, o profissional é responsável por qualquer falta de conformidade que ocorra no bem sucedâneo, nos termos do disposto no número anterior.

3 – O prazo referido no n.º 1 suspende-se a partir da data da comunicação da falta de conformidade pelo consumidor ao profissional e durante o período em que o consumidor estiver privado do uso do bem.

4 – A falta de conformidade que se manifeste no prazo referido no n.º 1 presume-se existente aquando da entrega do bem imóvel, salvo quanto tal for incompatível com a natureza da coisa ou com as características da falta de conformidade.

5 – Para efeitos do disposto no n.º 1, o Governo pode aprovar, por portaria, uma lista exemplificativa dos elementos construtivos estruturais dos bens imóveis.

Artigo 24.º – Direitos do consumidor

1 – Em caso de falta de conformidade do bem imóvel, o consumidor tem direito a que esta seja reposta, a título gratuito, por meio de reparação ou de substituição, à redução proporcional do preço ou à resolução do contrato.

2 – O consumidor pode exercer qualquer dos direitos referidos no número anterior, salvo se tal se manifestar impossível ou constituir abuso de direito, nos termos gerais.

3 – A reparação ou substituição do bem imóvel deve ser realizada dentro de um prazo razoável, tendo em conta a natureza da falta de conformidade, sem grave inconveniente para o consumidor.

4 – Os direitos atribuídos pelo presente artigo transmitem-se ao terceiro adquirente do bem imóvel a título gratuito ou oneroso.

Artigo – 25.º Caducidade do direito de ação

1 – Os direitos atribuídos ao consumidor nos termos do artigo anterior caducam decorridos três anos a contar da data da comunicação da falta de conformidade.

2 – O prazo referido no número anterior suspende-se nas seguintes situações:

a) Desde a data de comunicação da falta de conformidade ao profissional até à conclusão das operações de reparação ou substituição;

b) Durante o período temporal em que durar a tentativa de resolução extrajudicial do conflito de consumo que opõe o consumidor ao profissional ou ao produtor.

3 – Para efeitos do disposto na alínea b) do número anterior, a tentativa de resolução extrajudicial do litígio inicia-se com a ocorrência de um dos seguintes factos:

a) As partes acordem no sentido de submeter o conflito a mediação, a conciliação ou a qualquer outra forma de resolução extrajudicial de conflitos do consumo;

b) A mediação ou a conciliação seja determinada no âmbito de processo judicial;

c) Se constitua a obrigação de recorrer à mediação ou conciliação.

CAPÍTULO III – Regime aplicável ao fornecimento de conteúdos e serviços digitais

SECÇÃO I – Do fornecimento e da conformidade dos conteúdos e serviços digitais

Artigo 26.º – Obrigação de fornecimento de conteúdos e serviços digitais

1 – Salvo acordo em contrário, o profissional fornece ao consumidor os conteúdos ou serviços digitais objeto do contrato sem demora injustificada.

2 – O cumprimento da obrigação de fornecimento ocorre com:

a) A disponibilização ao consumidor dos conteúdos digitais ou dos meios adequados para aceder aos conteúdos digitais ou para os descarregar;

b) A disponibilização ao consumidor do acesso aos conteúdos digitais ou a uma instalação física ou virtual escolhida pelo consumidor para o efeito; ou

c) A disponibilização ao consumidor do acesso ao serviço digital ou a uma instalação física ou virtual escolhido pelo consumidor para o efeito.

Artigo 27.º – Conformidade dos conteúdos e serviços digitais

O profissional deve fornecer ao consumidor conteúdos ou serviços digitais que cumpram os requisitos dos artigos 28.º a 30.º, sem prejuízo do disposto no artigo 31.º

Artigo 28.º – Requisitos subjetivos de conformidade

São conformes com o contrato os conteúdos ou serviços digitais que:

a) Correspondem à descrição, à quantidade e à qualidade e detêm a funcionalidade, a compatibilidade, a interoperabilidade e as demais características previstas no contrato;

b) São adequados a qualquer finalidade específica a que o consumidor os destine e que tenha sido comunicada ao profissional, o mais tardar no momento da celebração do contrato, e relativamente à qual o profissional tenha manifestado concordância;

c) São fornecidos juntamente com todos os acessórios e instruções, inclusivamente de instalação, e apoio ao cliente, tal como estipulado no contrato; e

d) São atualizados, de acordo com o estipulado no contrato.

Artigo 29.º – Requisitos objetivos de conformidade

1 – Sem prejuízo do cumprimento do disposto no artigo anterior, os conteúdos ou serviços digitais devem:

a) Ser adequados ao uso a que os conteúdos ou serviços digitais do mesmo tipo se destinam;

b) Corresponder à quantidade e possuir as qualidades e as características de desempenho, inclusive no que respeita à funcionalidade, compatibilidade, acessibilidade, continuidade e segurança, habituais e expectáveis em conteúdos ou serviços digitais do mesmo tipo, considerando, designadamente, a sua natureza e qualquer declaração pública feita pelo profissional, ou em seu nome, ou por outras pessoas em fases anteriores da cadeia de negócio, incluindo o produtor, nomeadamente na publicidade ou na rotulagem;

c) Ser fornecidos com os acessórios e as instruções que o consumidor possa razoavelmente esperar receber em função dos conteúdos ou serviços digitais adquiridos; e

d) Ser conformes às versões de teste ou pré-visualizações disponibilizadas pelo profissional antes da celebração do contrato.

2 – O profissional não fica vinculado às declarações públicas a que se refere a alínea b) do número anterior se demonstrar que:

a) Não tinha, nem podia razoavelmente ter, conhecimento da declaração pública em causa;

b) No momento da celebração do contrato, a declaração pública em causa tinha sido corrigida de forma igual ou equivalente à forma por que tinha sido feita; ou

c) A decisão de contratar não poderia ter sido influenciada por aquela declaração.

3 – Sempre que o contrato estipule um único ato de fornecimento ou uma série de atos individuais de fornecimento, o profissional deve assegurar que as atualizações, incluindo as de segurança, necessárias para manter os conteúdos ou serviços digitais em conformidade, são comunicadas e fornecidas ao consumidor, durante o período razoavelmente esperado pelo mesmo, tendo em conta o tipo e finalidade dos conteúdos ou serviços digitais, as circunstâncias e natureza do contrato.

4 – No caso de o contrato prever o fornecimento contínuo de conteúdos ou serviços digitais, o dever de comunicação e fornecimento das atualizações mencionado no número anterior vigora pelo período durante o qual os conteúdos ou serviços digitais devam ser fornecidos nos termos do contrato.

5 – Se o consumidor não proceder à instalação, num prazo razoável, das atualizações fornecidas nos termos dos n.os 3 e 4, o profissional não é responsável por qualquer falta de conformidade que resulte exclusivamente da omissão do dever de proceder à instalação, desde que:

a) O profissional tenha informado o consumidor da disponibilidade da atualização e das consequências da sua não instalação; e

b) A não instalação ou a instalação incorreta da atualização pelo consumidor não tiver resultado de deficiências nas instruções de instalação fornecidas pelo profissional.

6 – No caso de o contrato estipular um fornecimento contínuo de conteúdos ou serviços digitais, estes devem ser conformes durante o período correspondente à duração do contrato.

7 – Não se verifica falta de conformidade no sentido dos n.os 1 ou 3 quando, no momento da celebração do contrato, o consumidor tenha sido inequivocamente informado de que uma característica particular dos conteúdos ou serviços digitais se desviava dos requisitos objetivos de conformidade e tenha aceitado, separadamente, de forma expressa e inequívoca, esse desvio.

8 – Salvo acordo em contrário das partes, os conteúdos ou serviços digitais devem ser fornecidos na versão mais recente disponível no momento da celebração do contrato.

Artigo 30.º – Integração incorreta dos conteúdos ou serviços digitais

Considera-se existir falta de conformidade resultante da integração incorreta dos conteúdos ou serviços digitais no ambiente digital quando:

a) A integração tiver sido realizada pelo profissional ou sob a sua responsabilidade; ou

b) Os conteúdos ou serviços se destinarem a ser integrados pelo consumidor e a integração incorreta se dever a deficiências nas instruções fornecidas pelo profissional.

Artigo 31.º – Direitos de terceiros restritivos da utilização de conteúdos ou serviços digitais

Caso uma restrição resultante de uma violação de quaisquer direitos de terceiros, em especial direitos de propriedade intelectual, impeça ou limite a utilização dos conteúdos ou serviços digitais, nos termos dos artigos 27.º a 29.º, o consumidor tem direito aos meios de ressarcimento por falta de conformidade previstos no artigo 35.º, exceto nas situações previstas em legislação especial nos termos da qual se determine a invalidade ou a resolução do contrato.

SECÇÃO II – Responsabilidade do profissional, ónus da prova e direitos do consumidor

Artigo 32.º – Responsabilidade do profissional pelo não fornecimento e pela falta de conformidade

1 – O profissional é responsável por qualquer não fornecimento dos conteúdos ou serviços digitais nos termos do artigo 26.º

2 – O profissional é responsável, nos termos dos artigos 28.º, 29.º e 30.º, por qualquer falta de conformidade que:

a) Exista no momento do fornecimento, nos contratos em que seja estipulado um único ato de fornecimento ou uma série de atos individuais de fornecimento, durante o prazo de dois anos, sem prejuízo do disposto no n.º 3 do artigo 29.º; ou

b) Ocorra ou se manifeste no período durante o qual os conteúdos ou serviços digitais devam ser fornecidos, nos contratos em que seja estipulado um fornecimento contínuo.

Artigo 33.º – Ónus da prova nos conteúdos e serviços digitais

1 – Incumbe ao profissional demonstrar que forneceu os conteúdos e serviços digitais.

2 – Nos contratos em que seja estipulado um único ato de fornecimento ou uma série de atos individuais de fornecimento, o ónus da prova de que o conteúdo ou serviço digital fornecido estava em conformidade no momento do fornecimento recai sobre o profissional nas faltas de conformidade que se manifestem durante o prazo de um ano a partir do momento do fornecimento.

3 – Nos contratos em que seja estipulado um fornecimento contínuo, o ónus da prova de que o conteúdo ou serviço digital fornecido se encontra em conformidade recai sobre o profissional nas faltas de conformidade que ocorram ou se manifestem no período durante o qual devam ser fornecidos os conteúdos ou serviços digitais.

4 – O disposto nos n.os 2 e 3 não é aplicável quando o profissional demonstre que:

a) O ambiente digital do consumidor não é compatível com os requisitos técnicos dos conteúdos ou serviços digitais; e

b) Informou o consumidor desses requisitos de forma clara e compreensível antes da celebração do contrato.

5 – Sempre que tal se mostre necessário, o consumidor deve prestar a cooperação tida por razoável ao profissional, com vista a determinar se a causa da falta de conformidade dos conteúdos ou serviços digitais, nos momentos especificados no n.º 2 do artigo anterior, é imputável ao seu ambiente digital.

6 – A obrigação de cooperação prevista no número anterior cinge-se aos meios tecnicamente disponíveis que forem menos intrusivos para o consumidor.

7 – Caso o consumidor não coopere com o profissional nos termos previstos nos números anteriores e este o tenha informado dos requisitos técnicos dos conteúdos ou serviços digitais de forma clara e compreensível antes da celebração do contrato, o ónus da prova da falta de conformidade nos momentos especificados no n.º 2 do artigo anterior recai sobre o consumidor.

Artigo 34.º – Direitos do consumidor em caso de não fornecimento

1 – Em caso de não fornecimento dos conteúdos ou serviços digitais nos termos do disposto no artigo 26.º, o consumidor pode solicitar ao profissional o seu fornecimento.

2 – Se o profissional, interpelado a cumprir nos termos do número anterior, não fornecer os conteúdos ou serviços digitais sem demora injustificada ou num prazo adicional expressamente acordado entre as partes, o consumidor tem direito à resolução do contrato.

3 – O disposto nos números anteriores não obsta à imediata resolução do contrato sempre que:

a) O profissional tenha declarado, ou resulte claramente das circunstâncias, que não fornecerá os conteúdos ou serviços digitais; ou

b) O consumidor perder o interesse na realização da prestação, considerando a existência de prévio acordo das partes acerca da essencialidade do prazo para o seu cumprimento.

4 – Em caso de resolução do contrato nos termos dos n.ºs 2 e 3, aplica-se o disposto no n.º 9 do artigo 35.º e nos artigos 36.º a 38.º

Artigo 35.º – Direitos do consumidor em caso de falta de conformidade

1 – Em caso de falta de conformidade dos conteúdos ou serviços digitais, e de acordo com as condições estabelecidas no presente artigo, o consumidor tem direito:

a) À reposição da conformidade;

b) À redução proporcional do preço; ou

c) À resolução do contrato.

2 – O consumidor tem direito à reposição da conformidade, salvo se tal for impossível ou impuser ao profissional custos desproporcionados, tendo em conta as circunstâncias concretas, incluindo:

a) O valor que os conteúdos ou serviços digitais teriam se não se verificasse a falta de conformidade; e *b)* A relevância da falta de conformidade.

3 – O profissional deve repor a conformidade dos conteúdos ou serviços digitais nos termos do disposto no número anterior, tendo em conta a natureza destes e a finalidade a que o consumidor os destina e de acordo com os seguintes requisitos:

a) Num prazo razoável, desde o momento em que foi informado da falta de conformidade pelo consumidor;

b) A título gratuito; e

c) Sem grave inconveniente para o consumidor.

4 – O consumidor tem o direito de escolher entre a redução proporcional do preço, nos termos dos n.os 5 e 6, sempre que os conteúdos ou serviços digitais sejam fornecidos contra o pagamento de um preço, e a resolução do contrato, nos termos dos n.os 7 e 8, caso:

a) O profissional:

i) Não tenha reposto a conformidade dos conteúdos ou serviços digitais nos termos do número anterior; ou

ii) Tenha declarado, ou resulte evidente das circunstâncias, que não vai repor os conteúdos ou serviços digitais em conformidade num prazo razoável ou sem grave inconveniente para o consumidor.

b) A solução de repor a conformidade seja impossível ou desproporcionada, nos termos do n.º 2;

c) A falta de conformidade tenha reaparecido apesar da tentativa do profissional de repor os conteúdos ou serviços digitais em conformidade;

d) Ocorra uma nova falta de conformidade; ou

e) A gravidade da falta de conformidade justifique a imediata redução do preço ou a resolução do contrato.

5 – A redução do preço deve ser proporcional à diminuição do valor dos conteúdos ou serviços digitais fornecidos ao consumidor, em comparação com o valor que teriam se estivessem em conformidade.

6 – Nas situações em que o contrato estipule o fornecimento contínuo ou uma série de atos individuais de fornecimento de conteúdos ou serviços digitais contra o pagamento de um preço, a redução do preço é correspondente ao período durante o qual os conteúdos ou serviços digitais não estiveram em conformidade.

7 – Nos casos em que o fornecimento dos conteúdos ou serviços digitais tiver sido efetuado contra o pagamento de um preço, o consumidor tem direito à resolução do contrato apenas se a falta de conformidade não for mínima.

8 – Para efeitos do disposto no número anterior, cabe ao profissional a prova de que a falta de conformidade é mínima.

9 – O consumidor exerce o direito de resolução do contrato através de uma declaração ao profissional em que comunique a sua decisão de pôr termo ao contrato.

10 – A declaração prevista no número anterior pode ser efetuada, designadamente, por carta, correio eletrónico, ou por qualquer outro meio suscetível de prova, nos termos gerais.

11 – O consumidor tem direito de recusar o pagamento de qualquer parte remanescente do preço ou de parte do preço até que o profissional cumpra as obrigações previstas no presente decreto-lei.

12 – Os direitos previstos no presente artigo transmitem-se ao terceiro adquirente do conteúdo ou serviço digital a título gratuito ou oneroso.

Artigo 36.º – Obrigações do profissional em caso de resolução

1 – Em caso de resolução do contrato, o profissional deve reembolsar o consumidor de todos os montantes pagos.

2 – Nos casos em que o contrato estipular o fornecimento contínuo ou de uma série de atos individuais de fornecimento de conteúdos ou serviços digitais em troca do pagamento de um preço e os conteúdos ou serviços digitais tiverem estado em conformidade durante um período anterior à resolução do contrato, o profissional deve reembolsar o consumidor:

a) No montante proporcional do preço correspondente ao período durante o qual os conteúdos ou serviços digitais não estiveram em conformidade, e;

b) Sendo o caso, da parte do preço pago antecipadamente pelo consumidor relativa ao período remanescente do contrato caso este não tivesse cessado.

3 – O profissional abstém-se de utilizar quaisquer conteúdos, que não configurem dados pessoais, facultados ou criados pelo consumidor aquando da utilização dos conteúdos ou serviços digitais fornecidos pelo profissional, exceto se esses conteúdos:

a) Não tiverem qualquer utilidade fora do contexto dos conteúdos ou serviços digitais fornecidos pelo profissional;

b) Disserem apenas respeito à atividade do consumidor aquando da utilização dos conteúdos ou serviços digitais fornecidos pelo profissional;

c) Tiverem sido agregados a outros dados pelo profissional e não puderem ser desagregados, ou apenas o puderem ser com esforços desproporcionados; ou

d) Tiverem sido produzidos em conjunto pelo consumidor e por terceiros, e outros consumidores possam continuar a usá-los.

4 – Salvo nas situações referidas nas alíneas *a)*, *b)* ou *c)* do número anterior, o profissional deve, a pedido do consumidor, disponibilizar-lhe quaisquer conteúdos por si fornecido ou criados durante a utilização dos conteúdos ou serviços digitais, que não configurem dados pessoais.

5 – O consumidor tem o direito de recuperar os conteúdos digitais mencionados no número anterior, a título gratuito, sem entraves por parte do profissional, num prazo razoável e num formato de dados de uso corrente que permita a sua leitura.

6 – O profissional pode impedir qualquer utilização posterior dos conteúdos ou serviços digitais pelo consumidor, em especial tornando-lhos inacessíveis ou desativando a sua conta de utilizador, sem prejuízo do disposto nos n.os 4 e 5.

7 – O profissional deve cumprir as obrigações decorrentes do Regulamento (UE) 2016/679, do Parlamento Europeu e do Conselho, de 27 de abril de 2016, e da Lei n.º 58/2019, de 8 de agosto, no que respeita aos dados pessoais do consumidor.

Artigo 37.º – Obrigações do consumidor em caso de resolução

1 – Após a resolução do contrato, o consumidor abstém-se de utilizar os conteúdos ou serviços digitais e de os colocar à disposição de terceiros.

2 – Sempre que os conteúdos digitais tiverem sido fornecidos num suporte material, o consumidor deve, a pedido e a expensas do profissional, devolvê-lo, sem demora injustificada, ao profissional.

3 – Para efeitos do disposto no número anterior, o pedido do profissional deve ser efetuado no prazo de 14 dias a contar da data em que o mesmo tenha sido informado do exercício, pelo consumidor, do direito de resolução do contrato.

4 – O consumidor não pode ser responsabilizado pelo pagamento correspondente a qualquer utilização dos conteúdos ou serviços digitais no período anterior à resolução do contrato, durante o qual aqueles não estiveram em conformidade.

Artigo 38.º – Prazos e modalidades de reembolso pelo profissional

1 – O reembolso dos pagamentos nos termos dos n.os 5 e 6 do artigo 35.º e dos n.os 1 e 2 do artigo 36.º deve ser efetuado sem demora indevida e, em qualquer caso, no prazo de 14 dias a contar da data em que o profissional foi informado da decisão do consumidor de reduzir o preço ou de resolver o contrato.

2 – O reembolso dos pagamentos é efetuado através do mesmo meio de pagamento utilizado pelo consumidor na transação inicial, salvo acordo expresso em contrário e desde que o consumidor não incorra em quaisquer custos como consequência do reembolso.

3 – O profissional não pode impor ao consumidor qualquer encargo referente ao reembolso.

Artigo 39.º – Alterações aos conteúdos ou serviços digitais

1 – Nos contratos em que seja estipulado o fornecimento contínuo ou uma série de atos individuais de fornecimento de conteúdos ou serviços digitais, o profissional pode alterar os conteúdos ou serviços digitais para além do necessário para os manter em conformidade com os artigos 28.º e 29.º, caso se verifiquem as seguintes condições:

a) O contrato permita e estipule uma razão válida para tal alteração;

b) A alteração não implique custos adicionais para o consumidor;

c) O consumidor seja informado de forma clara e compreensível da alteração; e

d) Caso a alteração tenha um impacto negativo no acesso ou na utilização dos conteúdos ou serviços digitais, o consumidor seja informado com antecedência razoável, num suporte duradouro:

i) Das características e do momento das alterações;

ii) Do seu direito de resolver o contrato nos termos do n.º 2; e

iii) Da possibilidade de manter os conteúdos ou serviços digitais inalterados nos termos do n.º 6.

2 – Nos casos em que a alteração tenha um impacto negativo no acesso ou na utilização dos conteúdos ou serviços digitais, o consumidor tem o direito a resolver o contrato, exceto quando tal se revele desproporcionado.

3 – Para efeitos do disposto no número anterior, o consumidor tem direito a resolver o contrato, a título gratuito, no prazo de 30 dias a contar da data de receção da notificação ou do momento em que os conteúdos ou serviços digitais foram alterados pelo profissional, consoante o que ocorra mais tarde.

4 – A medida e a extensão do impacto negativo no acesso ou na utilização dos conteúdos ou serviços digitais mencionados no n.º 2 devem ser aferidas tendo em conta a natureza, a finalidade e demais características habituais nos conteúdos ou serviços digitais do mesmo tipo.

5 – Em caso de resolução do contrato pelo consumidor nos termos dos n.os 2 e 3, aplica-se o disposto no n.º 9 do artigo 35.º e nos artigos 36.º a 38.º

6 – Nas situações em que a alteração tenha um impacto negativo no acesso ou na utilização dos conteúdos ou serviços digitais e o profissional permita ao consumidor manter os conteúdos ou serviços digitais inalterados sem custos adicionais e em conformidade, o consumidor não tem direito à resolução do contrato nos termos do disposto no n.º 2.

CAPÍTULO IV – Disposições comuns

SECÇÃO I – Responsabilidade do produtor e garantia comercial

Artigo 40.º – Responsabilidade direta do produtor

1 – Sem prejuízo dos direitos que lhe assistem perante o profissional, o consumidor que tenha adquirido um bem, conteúdo ou serviço digital que apresente uma falta de conformidade pode optar por exigir do produtor a sua reparação ou substituição, salvo se tal se manifestar impossível ou desproporcionado, tendo em conta o valor que o bem, conteúdo ou serviço digital teria se não existisse falta de conformidade, a importância desta e a possibilidade de a solução alternativa ser concretizada sem grave inconveniente para o consumidor.

2 – O produtor pode opor-se ao exercício dos direitos pelo consumidor caso:

a) A não conformidade resulte exclusivamente de declarações do profissional sobre o bem, conteúdo e serviço digital e sua utilização, ou de má utilização;

b) Não tenha colocado o bem, conteúdo ou serviço digital em circulação;

c) Possa considerar-se, tendo em conta as circunstâncias, que a não conformidade não existia quando colocou o bem, conteúdo ou serviço digital no mercado;

d) Não tenha produzido o bem, conteúdo ou serviço digital nem para venda ou fornecimento, nem para qualquer outra forma de distribuição com fins lucrativos, ou não o tenha fabricado ou distribuído no quadro da sua atividade profissional; ou

e) Tenham decorrido mais de 10 anos sobre a colocação do bem, conteúdo ou serviço digital no mercado.

3 – No caso de bens recondicionados, e para efeitos do disposto no n.º 1, o consumidor apenas pode exigir diretamente do produtor a sua reparação ou substituição nos casos em que o produtor seja o responsável pelo recondicionamento do bem.

4 – O representante do produtor na zona de domicílio do consumidor é solidariamente responsável com o produtor perante o consumidor, sendo-lhe igualmente aplicável o número anterior.

Artigo 41.º – Direito de regresso

1 – Sempre que o profissional seja responsável perante o consumidor por uma falta de conformidade resultante de um ato ou omissão, nomeadamente a não disponibilização de atualizações de bens com elementos digitais nos termos dos n.os 3 a 5 do artigo 29.º, de uma pessoa em estádios anteriores da cadeia contratual, o profissional deve beneficiar do direito a agir contra a pessoa ou pessoas responsáveis na cadeia contratual.

2 – Nas situações em que o profissional seja responsável perante o consumidor pelo não fornecimento dos conteúdos ou serviços digitais ou por uma falta de conformidade resultante de um ato ou omissão de uma pessoa em estádios anteriores da cadeia contratual, o profissional goza do direito de regresso contra a pessoa ou pessoas responsáveis na cadeia de transações comerciais.

Artigo 42.º – Exercício do direito de regresso

1 – O profissional pode exercer o direito de regresso na ação judicial intentada pelo consumidor, aplicando-se, com as necessárias adaptações, o disposto no n.º 1 do artigo 317.º do Código de Processo Civil.

2 – O profissional goza do direito de regresso durante cinco anos a contar da entrega do bem pelo demandado.

3 – O profissional deve exercer o seu direito no prazo de seis meses a contar da data da satisfação do direito ao consumidor.

4 – O prazo previsto no n.º 2 suspende-se durante o processo em que o profissional final seja parte.

Artigo 43.º – Garantia comercial

1 – A garantia comercial vincula o garante nos termos das condições previstas na declaração de garantia comercial e da publicidade disponibilizada antes ou no momento da celebração do contrato.

2 – São ainda vinculativas para o garante as condições anunciadas em publicidade anterior ou concomitante ao momento da celebração do contrato.

3 – Sempre que os termos e condições da declaração de garantia e da publicidade promovida nos termos dos números anteriores não sejam coincidentes, o consumidor beneficia das condições mais favoráveis, exceto nos casos em que antes da celebração do contrato a publicidade tenha sido corrigida de uma forma idêntica ou comparável àquela pela qual foi anteriormente efetuada.

4 – Nos casos em que o produtor oferece ao consumidor uma garantia comercial de durabilidade do bem durante um determinado período tempo, o produtor é diretamente responsável perante o consumidor pela reparação ou substituição do bem nos termos do artigo 18.º, durante todo o período da garantia comercial.

5 – A declaração de garantia comercial é entregue ao consumidor por escrito ou em qualquer outro suporte duradouro até ao momento da entrega do bem.

6 – A declaração de garantia comercial deve ser redigida na língua portuguesa, em linguagem clara e inteligível, e incluir as seguintes menções:

a) A declaração clara de que o consumidor é titular dos direitos à reposição da conformidade, à redução do preço ou à resolução do contrato previstos no presente decreto-lei, e de que esses direitos não são afetados pela garantia comercial;

b) Informação clara e expressa acerca do objeto da garantia comercial, benefícios atribuídos ao consumidor por meio do exercício da garantia, bem como as condições para a atribuição desses benefícios, incluindo a enumeração de todos os encargos, nomeadamente os relativos às despesas de transporte, de mão-de-obra e de material, e ainda os prazos e a forma de exercício da garantia, incluindo a quem incumbe provar a falta de conformidade e o prazo aplicável a tal ónus;

c) O nome e o endereço do garante;

d) O procedimento a seguir pelo consumidor para executar a garantia comercial;

e) A designação dos bens aos quais a garantia comercial se aplica; e

f) Duração e âmbito territorial.

7 – Os direitos resultantes da garantia transmitem-se ao terceiro adquirente do bem a título gratuito ou oneroso.

8 – O não cumprimento dos n.os 5 e 6 não prejudica a natureza vinculativa da garantia comercial para o garante.

SECÇÃO II – Responsabilidade dos prestadores de mercado em linha

Artigo 44.º – Responsabilidade do prestador de mercado em linha

1 – O prestador de mercado em linha que, atuando para fins relacionados com a sua atividade, seja parceiro contratual do profissional que disponibiliza o bem, conteúdo ou serviço digital é solidariamente responsável, perante o consumidor, pela falta de conformidade daqueles nos termos do presente decreto-lei.

2 – Para efeitos do disposto no número anterior, considera-se que o prestador de mercado em linha é parceiro contratual do profissional sempre que exerça influência predominante na celebração do contrato, o que se verifica, designadamente, nas seguintes situações:

a) O contrato é celebrado exclusivamente através dos meios disponibilizados pelo prestador de mercado em linha;

b) O pagamento é exclusivamente efetuado através de meios disponibilizados pelo prestador de mercado em linha;

c) Os termos do contrato celebrado com o consumidor são essencialmente determinados pelo prestador de mercado em linha ou o preço a pagar pelo consumidor é passível de ser influenciado por este; ou

d) A publicidade associada é focada no prestador de mercado em linha e não nos profissionais.

3 – Sem prejuízo do disposto no número anterior, podem ser considerados, para aferição da existência de influência predominante do prestador de mercado em linha na celebração do contrato, quaisquer factos suscetíveis de fundar no consumidor a confiança de que aquele tem uma influência predominante sobre o profissional que disponibiliza o bem, conteúdo ou serviço digital.

Artigo 45.º – Dever especial de informação

1 – Sem prejuízo de outros deveres de informação que lhe sejam aplicáveis, o prestador de mercado em linha que não seja parceiro contratual do profissional que fornece o bem, conteúdo ou serviço digital deve, antes da celebração do contrato, informar os consumidores, de forma clara e inequívoca:

a) De que o contrato será celebrado com um profissional e não com o prestador de mercado em linha;

b) Da identidade do profissional, bem como da sua qualidade de profissional ou, caso tal não se verifique, da não aplicação dos direitos previstos no presente decreto-lei; e

c) Dos contactos do profissional para efeitos de exercício dos direitos previsto no presente decreto-lei.

2 – Para efeitos do número anterior, o prestador de mercado em linha pode basear-se nas informações que lhe são facultadas pelo profissional, a menos que o prestador de mercado em linha conheça, ou devesse conhecer, com base nos dados disponíveis relativos às transações em plataforma, que esta informação está incorreta.

3 – O incumprimento do disposto no presente artigo determina a responsabilidade do prestador de mercado em linha nos termos do artigo anterior.

Artigo 46.º – Direito de regresso do prestador de mercado em linha

O prestador de mercado em linha que, nos termos dos artigos 44.º e 45.º, se torne responsável perante o consumidor por declarações enganosas do profissional ou falha deste em cumprir o contrato tem o direito de ser indemnizado pelo profissional, nos termos gerais.

SECÇÃO III – Fiscalização, contraordenações e sanções

Artigo 47.º – Fiscalização, instrução dos processos e aplicação de coimas

1 – Compete à Autoridade de Segurança Alimentar e Económica (ASAE) a fiscalização do cumprimento do disposto no presente decreto-lei e a instrução dos respetivos processos de contraordenação, com exceção do disposto no n.º 4.

2 – A decisão de aplicação das coimas e sanções acessórias compete ao inspetor-geral da ASAE.

3 – O produto das coimas aplicadas pela prática das contraordenações económicas previstas no presente decreto-lei é repartido nos termos do Decreto-Lei n.º 9/2021, de 29 de janeiro, que aprova o Regime Jurídico das Contraordenações Económicas (RJCE).

4 – Compete ao Instituto dos Mercados Públicos, do Imobiliário e da Construção, I. P., fiscalizar e instruir os respetivos processos por contraordenação, quando se verifiquem as infrações mencionadas na alínea *g)* do n.º 1 do artigo seguinte, competindo ao presidente do seu conselho diretivo aplicar as respetivas coimas e demais sanções acessórias.

Artigo 48.º – Contraordenações

1 – Constitui contraordenação económica grave, punível nos termos RJCE:

a) A violação do disposto nos n.os 4, 5 e 9 do artigo 11.º;

b) A violação do disposto no n.º 3 do artigo 12.º, no que concerne à obrigação de aposição de menção da qualidade do bem recondicionado;

c) A violação do disposto no artigo 16.º;

d) A violação do disposto nos n.os 2, 3, 4, 5 e 7 do artigo 18.º;

e) A violação do disposto na alínea *b)* do n.º 4 e nos n.os 5 e 6 do artigo 20.º;

f) A violação do disposto nos n.os 1, 3 e 4 do artigo 21.º;

g) A violação do disposto no n.º 3 do artigo 24.º;

h) A violação do disposto nos n.os 2 e 3 do artigo 35.º;
i) A violação do disposto nos n.os 1, 2, 3, 4 e 5 do artigo 36.º;
j) A violação do disposto nos n.os 1, 2 e 3 do artigo 38.º;
k) A violação do disposto no n.º 1 do artigo 39.º;
l) A violação do disposto nos n.os 4, 5 e 6 do artigo 43.º;
m) A violação do disposto no n.º 1 do artigo 45.º

2 – A tentativa e negligência são puníveis nos termos do RJCE.

CAPÍTULO V – Disposições complementares e finais

Artigo 49.º – Uso misto dos bens, conteúdos ou serviços digitais

A verificação de um uso profissional dos bens, conteúdos ou serviços digitais pelo consumidor, desde que a finalidade comercial não seja predominante no contexto global do contrato, não obsta à aplicação do regime previsto no presente decreto-lei.

Artigo 50.º – Capacitação dos consumidores

A Direção-Geral do Consumidor promove ações destinadas a informar os consumidores sobre os direitos resultantes do presente decreto-lei e os meios adequados ao seu exercício, em articulação com as demais entidades competentes.

Artigo 51.º – Carácter imperativo

1 – Sem prejuízo do regime das cláusulas contratuais gerais, é nulo o acordo ou cláusula contratual pelo qual se excluam ou limitem os direitos do consumidor previstos no presente decreto-lei.

2 – É aplicável à nulidade prevista no número anterior o disposto nos n.os 2 e 3 do artigo 16.º da Lei n.º 24/96, de 31 de julho, na sua redação atual.

3 – O disposto no presente decreto-lei não impede o profissional de propor ao consumidor disposições contratuais que lhe concedam maior nível de proteção.

Artigo 52.º – Salvaguarda de regimes

1 – O presente decreto-lei não prejudica a aplicação do Regulamento (UE) 2016/679, do Parlamento Europeu e do Conselho, de 27 de abril de 2016, e da Lei n.º 41/2004, de 18 de agosto, na sua redação atual.

2 – Em caso de conflito entre as disposições do presente decreto-lei e o direito da União Europeia em matéria de proteção de dados pessoais, prevalece este último.

3 – O presente decreto-lei não prejudica o direito da União Europeia e a legislação nacional em matéria de direitos de autor e direitos conexos, incluindo a Lei n.º 50/2004, de 24 de agosto, na sua redação atual.

4 – Os direitos previstos no presente decreto-lei não prejudicam o direito do consumidor a ser indemnizado nos termos gerais.

Artigo 53.º – Aplicação no tempo

1 – As disposições do presente decreto-lei em matéria de contratos de compra e venda de bens móveis e de bens imóveis aplicam-se aos contratos celebrados após a sua entrada em vigor.

2 – As disposições do presente decreto-lei em matéria de contratos de fornecimento de conteúdos e serviços digitais aplicam-se:

a) Aos contratos celebrados após a sua entrada em vigor;

b) Aos contratos por tempo indeterminado ou a termo certo celebrados antes da sua entrada em vigor que prevejam o fornecimento contínuo ou de uma série de atos individuais de fornecimento de conteúdos ou serviços digitais, apenas no que respeita aos conteúdos ou serviços digitais que sejam fornecidos a partir da data de entrada em vigor do presente decreto-lei.

3 – Sem prejuízo do disposto no número anterior, o disposto no artigo 39.º não é aplicável aos contratos celebrados antes da entrada em vigor do presente decreto-lei.

Artigo 54.º – Norma revogatória

São revogados:

a) Os artigos 9.º-B e 9.º-C da Lei n.º 24/96, de 31 de julho, na sua redação atual;

b) O Decreto-Lei n.º 67/2003, de 8 de abril, na sua redação atual.

Artigo 55.º – Entrada em vigor

O presente decreto-lei entra em vigor no dia 1 de janeiro de 2022.

Visto e aprovado em Conselho de Ministros de 2 de setembro de 2021. – António Luís Santos da Costa – Pedro Gramaxo de Carvalho Siza Vieira – Francisco Gonçalo Nunes André – Francisca Eugénia da Silva Dias Van Dunem.

Promulgado em 12 de outubro de 2021.

Publique-se.

O Presidente da República, Marcelo Rebelo de Sousa.

Referendado em 13 de outubro de 2021.

O Primeiro-Ministro, António Luís Santos da Costa.

URBANISMO

REGULAMENTO GERAL DAS EDIFICAÇÕES URBANAS

Decreto-Lei n.º 38382, de 7 de Agosto de 1951
Aprova o Regulamento Geral das Edificações Urbanas

Reconhecida a necessidade de se actualizarem as disposições do Regulamento de Salubridade das Edificações Urbanas, aprovado pelo Decreto de 14 de Fevereiro de 1903, foi para o efeito nomeada uma comissão que posteriormente recebeu a incumbência mais vasta de preparar um projecto de regulamento geral das edificações. Na verdade, o quase meio século decorrido desde a promulgação da regulamentação vigente deu margem a uma larga evolução, tanto nas ideias acerca da intervenção dos serviços oficiais nas actividades relacionadas com as edificações, como nas técnicas que lhes são aplicáveis.

Desde há muito que se tem por necessário que aquela intervenção se exerça não apenas no sentido de tornar as edificações urbanas salubres, mas também no de as construir com os exigidos requisitos de solidez e defesa contra o risco de incêndio e ainda de lhes garantir condições mínimas de natureza estética, objectivos estes estranhos ao âmbito do regulamento de 1903. Por outro lado, o progresso natural da técnica das edificações -fortemente impulsionado pela necessidade premente de ocorrer rápida e economicamente à carência, notória por toda a parte, de edificações para habitação- impõe a necessidade de se adoptarem novos processos construtivos e de se conciliarem ao máximo as condições de salubridade, estética e segurança das edificações com a imperiosidade de as construir a preço tal que as suas rendas se compadeçam com a escala de níveis de proventos dos futuros ocupantes. Com base no trabalho elaborado pela comissão se promulga agora o Regulamento Geral das Edificações, que faz parte integrante do presente diploma e que constitui um elemento de largo alcance e de grande projecção na vida nacional.

Ele interessa, em primeiro lugar, aos «serviços do Estado e dos corpos administrativos» -a estes em especial-, pela função directiva e disciplinadora que, através daquele instrumento legal, lhes cabe exercer sobre as actividades relacionadas com as diferentes espécies de edificações, salvaguardando os interesses da colectividade, impondo respeito pela vida e haveres da população e pelas condições estéticas do ambiente local, criando novos motivos de beleza e preservando ou aperfeiçoando os já existentes, tudo de modo a tornar a vida da população mais sadia e agradável e a dar aos núcleos urbanos e rurais um desenvolvimento correcto, harmonioso e progressivo.

Convém salientar que muitas das disposições constantes do regulamento, fixando áreas, espessuras, secções, distâncias, pés-direitos, números de pavimentos, etc., constituem limites mínimos ou máximos, conforme os casos, que não deverão ser ultrapassados. Deixa-se aos corpos administrativos a faculdade de, nos regulamentos especiais que promulgarem, poderem, conforme as circunstâncias, afastar-se mais ou menos -no sentido correcto- dos valores prescritos, de modo a terem em atenção os casos para que não se justifique, sobretudo por motivos de estrita economia do custo da construção, a adopção exacta dos limites consignados no regulamento. A mesma regulamentação especial permitirá ainda aos corpos administrativos completar, sem lhes fazer perder o sentido, certas disposições do regulamento geral à luz dos frutos da sua própria experiência e do conhecimento pormenorizado de condições locais a que convenha atender.

É de notar que não se julga conveniente que os municípios, quando não existam planos de urbanização regulando os casos sobre que haja de tomar resolução, se arreiguem à ideia de dispor as construções sempre alinhadas ao longo das ruas, porquanto é indiscutível a vantagem de as orientar convenientemente em relação ao Sol e aos ventos dominantes. O regulamento que se promulga abstém-se propositadamente de prescrever quaisquer disposições taxativas neste assunto, sobre o qual as câmaras terão a liberdade de decidir, com subordinação apenas a condicionamentos de outra índole.

Também, no tocante ao parcelamento dos terrenos para construção, haverá quer ter em vista que difícil será atingir correctamente o mínimo das condições previstas no regulamento autorizando que se erijam edificações em terrenos acanhados e de conformação deficiente.

Igualmente não se poderá abstrair de que cada edificação deve ser encarada como mera parte de um todo, em que terá de se integrar harmoniosamente, valorizando-o quanto possível.

É ainda indispensável que em locais privilegiados da Natureza, na concepção dos edifícios e na sua disposição relativamente ao conjunto, se não menosprezem as vantagens de tirar partido de condições naturais.

O regulamento, embora muito genericamente, pela dificuldade que há em pormenorizar preceitos relativos a assuntos desta espécie, dá algumas directivas que, quando criteriosamente aplicadas, poderão contribuir para tornar atraentes os núcleos urbanos e para aproveitar inteligentemente, realçando-os, certos pormenores, tais como pontos de vista belos, maciços de arvoredo, configurações especiais do terreno, vizinhanças de cursos de água e do mar, etc., a que muitos aglomerados devem grande parte do seu enlevo.

O regulamento interessa também muito aos «técnicos» a quem caiba conceber e projectar uma edificação, porquanto, pela respectiva consulta para aplicação dos preceitos que estatui, os habilita a dotar a construção projectada com os requisitos necessários ao fim em vista: conveniente insolação e iluminação das dependências de habitação ou de trabalho; isolamento contra frio e calor excessivos; protecção contra ruídos incómodos; defesa das condições de vida na intimidade; possibilidades de execução de tarefas domésticas ou profissionais sem excesso de fadiga física e mental; criação e conservação se locais para recreio e repouso das crianças e adultos; salubridade da edificação e dos espaços livres adjacentes; criação de ambientes internos e externos acolhedores e protecção contra risco de incêndio e deterioração provocada pelos agentes naturais.

Os técnicos encarregados de projectar uma edificação, salvo os casos, muito especiais, de construções com carácter estritamente económico, não se deverão deixar guiar pela ideia de dar sistematicamente a cada elemento e a cada local da construção as dimensões e proporções limites consignadas no regulamento. Assim procedendo, dificilmente a edificação projectada poderá, quando vista no seu conjunto, considerar-se como satisfazendo correctamente aos requisitos gerais exigidos pelo regulamento e proporcionar na justa medida a comodidade inerente à função a que se destina.

Finalmente, o regulamento interessa sobremaneira ao «público», visto que, como fruidor permanente ou temporário das habitações, o referido diploma lhe dá garantia, pela sua aplicação, de que os locais de moradias terão sido erigidos e se manterão de modo a proporcionar-lhe condições vantajosas para a sua saúde e bem-estar; e, como habitante do aglomerado, poderá desfrutar com segurança o ambiente sadio e esteticamente agradável que a aplicação do regulamento terá progressivamente criado e ver respeitados os direitos e regalias que a lei lhe confira em matéria de edificações.

Não se ocupa o regulamento discriminadamente das edificações com finalidades especiais; insere apenas as de ordem geral que lhes são aplicáveis. Não pareceu conveniente, por agora, encarar a revisão e actualização da legislação publicada que lhes diz respeito, não só porque tal empreendimento não se reveste de grande acuidade, como também porque ocasionaria maior demora na publicação do presente regulamento, o que não pareceu vantajoso.

Pelo contrário, aproveitou-se a oportunidade da sua promulgação para nele inserir certas disposições, mais directamente correlacionadas com os objectivos do regulamento, constantes de anteriores diplomas, designadamente dos Decretos n.ºs 14:268, de 9 de Setembro de 1927, e 15:899, de 23 de Agosto de 1928, e do Decreto-Lei n. 34:472, de 31 de Março de 1945, a cuja revogação é assim possível proceder.

Não houve certamente a pretensão, por parte da comissão preparadora do projecto de regulamento, nem a tem o Governo, em matéria tão vasta e complexa, cuja evolução nos últimos anos foi bastante grande, de se haver conseguido fazer obra definitiva. Não se lhe oferece, porém, dúvida de que o regulamento vai constituir uma base excelente de partida para um progresso maior neste ramo de técnica e de referência para possíveis ajustamentos de doutrina e supressões de lacunas verificadas durante um período experimental de alguns anos. Entretanto o Laboratório de Engenharia Civil irá coligindo elementos novos e efectuando estudos, mediante os quais se possam confirmar ou corrigir valores numéricos inseridos no regulamento; fixar normas precisas caracterizando os materiais a empregar e processos construtivos mais correntes; definir as condições restritivas aplicáveis em zonas sujeitas a abalos sísmicos; estabelecer a constituição das argamassas para os diferentes tipos de parede preconizados; indicar os coeficientes e tensões de segurança a adoptar para os diferentes materiais de uso corrente na construção; estabelecer normas para o emprego dos isolamentos fónico e térmico e definir, para as nossas características climáticas, certas condições fundamentais de habitabilidade, tais como a insolação e iluminação convenientes, a temperatura média e aconselhável no interior da habitação e o volume de ar respirável por indivíduo.

Deste modo se irá preparando o campo para que mais tarde se dê novo passo com o objectivo de conseguir mais e melhor.

Nestes termos:

Usando da faculdade conferida pela 1.ª parte do n.º 2.º do artigo 109.º da Constituição, o Governo decreta e eu promulgo, nos termos do § 2.º do seu artigo 80.º, para valer como lei, o seguinte:

Artigo 1.º

É aprovado o Regulamento Geral das Edificações Urbanas, que faz parte integrante do presente decreto-lei.

§ único. O regulamento pode ser alterado por decretos simples, salvo quanto a penalidades e restrições ao direito da propriedade e quanto a disposições que constituam transcrição ou aplicação de preceitos legais de direito comum.

Artigoº 2.º

Ficam expressamente revogados os diplomas seguintes:

Decreto de 14 de Fevereiro de 1903, aprovando o Regulamento de Salubridade das Edificações Urbanas, anexo ao mesmo decreto;

Artigos 9.º e 10.º do Decreto n.º 902, de 30 de Setembro de 1914;

Decreto n.º 14:268, de 9 de Setembro de 1927;

Decreto n.º 15:899, de 23 de Agosto de 1928;

Decreto-Lei n.º 34:472, de 31 de Março de 1945.

Publique-se e cumpra-se como nele se contém.
Paços do Governo da República,
7 de Agosto de 1951.-

ANTÓNIO DE OLIVEIRA SALAZAR-

João Pinto da Costa Leite-

Fernando dos Santos Costa-

Joaquim Trigo de Negreiros-

Manuel Gonçalves Cavaleiro de Ferreira-

Artur Êguedo de Oliveira-

Adolfo Amaral Abranches Pinto-

Américo Deus Rodrigues Thomaz-

Paulo Arsénio Viríssimo Cunha-

José Frederico do Casal Ribeiro Ulrich-

Manuel Maria Sarmento Rodrigues-

Fernando Andrade Pires de Lima-

Ulisses Cruz de Aguiar Cortês-

Manuel Gomes de Araújo-

José Soares da Fonseca.

Regulamento Geral das Edificações Urbanas

TÍTULO I – Disposições de natureza administrativa

CAPÍTULO I – Generalidades

Artigo 1.º

A execução de novas edificações ou de quaisquer obras de construção civil, a reconstrução, ampliação, alteração, reparação ou demolição das edificações e obras existentes e bem assim os trabalhos que impliquem alteração da topografia local, dentro do perímetro urbano e das zonas rurais de protecção fixadas para as sedes de concelho e para as demais localidades sujeitas por lei a plano de urbanização e expansão subordinar-se-ão as disposições da presente regulamento;

§ único. O presente regulamento aplicar-se-á, ainda, nas zonas e localidades a que seja tornado extensivo por deliberação municipal e, em todos os casos, às edificações de carácter industrial ou de utilização colectiva.

Artigoº 2.º

A execução das obras e trabalhos a que alude o artigo anterior não pode ser levada a efeito sem prévia licença das câmaras municipais, às quais incumbe também a fiscalização do cumprimento das disposições deste regulamento.

§ 1.º Tratando-se de obras que, pela sua natureza ou localização, possam considerar-se de pequena importância sob os pontos de vista da salubridade, segurança ou estética, designadamente pequenas construções para serviços rurais, obras ligeiras de conservação ou outras de pequena monta em construções existentes que não afectem a sua estrutura nem o seu aspecto geral, poderão as câmaras municipais dispensar a licença.

§ 2.º Compete às câmaras municipais fixar em regulamento os limites precisos da isenção a que se refere o parágrafo anterior.

Artigoº 3.º

As câmaras municipais não poderão conceder licenças para a execução de quaisquer obras sem que previamente verifiquem que elas não colidem com o plano de urbanização geral ou parcial aprovado para o local ou que, em todo o caso, não prejudicam a estética urbana.

§ único. A concessão de licença para a execução de quaisquer obras será sempre condicionada à observância das demais prescrições do presente regulamento; dos regulamentos municipais em vigor e bem assim de quaisquer outras disposições legais cuja aplicação incumba à administração municipal assegurar.

Artigoº 3.º-A

É permitido às câmaras municipais recusar licenças para novas construções em zonas sujeitas a plano de urbanização e expansão enquanto nelas não existam arruamentos e redes públicas de água e de saneamento.

Artigoº 4.º

A concessão da licença para a execução de qualquer obra e o próprio exercício da fiscalização municipal no seu decurso não isentam o dono da obra, ou o seu proposto ou comitido, da responsabilidade pela condução dos trabalhos em estrita concordância com as prescrições regulamentares e não poderão desobrigá-los da obediência a outros preceitos gerais ou especiais a que a edificação, pela sua localização ou natureza, haja de subordinar-se.

Artigoº 5.º

Os pedidos de licença para a execução de obras serão acompanhados dos elementos estritamente necessários ao exacto esclarecimento das condições da sua realização, conforme se dispuser nos regulamentos municipais, na elaboração dos quais se terá em conta a importância, localização e finalidade de cada tipo de obras.

§ **único.** As câmaras municipais submeterão à aprovação da assembleia municipal os regulamentos municipais cuja elaboração é prevista neste artigo.

Artigoº 6.º

Nos projectos de novas construções e de reconstrução, ampliação e alteração de construções existentes serão sempre indicados o destino da edificação e a utilização prevista para os diferentes compartimentos.

Artigoº 7.º

As obras relativas a novas edificações, a reedificações, a ampliações e alterações de edificações existentes não poderão ser iniciadas sem que pela respectiva câmara municipal seja fixado, quando necessário rio, o alinhamento de acordo com o plano geral, e dada a cota do nível.

Artigoº 8.º

A utilização de qualquer edificação nova, reconstruída, ampliada ou alterada, quando da alteração resultem modificações importantes nas suas características carece de licença municipal.

§ **1.º** As câmaras municipais só poderão conceder as licenças a que esta artigo se refere era seguida à realização da vistoria nos termos do § 1.º do artigo 51.º do

Código Administrativo, destinada a verificar se as obras obedeceram da respectiva licença, ao projecto aprovado e às disposições legais e regulamentares aplicáveis.

§ **2.º** A licença de utilização só pode ser concedida depois de decorrido sobre a conclusão das obras o prazo fixado nos regulamentos municipais, tendo em vista as exigências da salubridade relacionadas com a natureza da utilização.

§ **3.º** O disposto neste artigo é aplicável à utilização das edificações existentes para fins diversos dos anteriormente autorizados, não podendo a licença para este efeito ser concedida sem que se verifique a sua conformidade com as disposições legais e regulamentares aplicáveis.

Artigoº 9.º

(Revogado)

Artigoº 10.º

(Revogado)

Artigoº 11.º

Poderão ser expropriadas as edificações que, em consequência de deliberação camarária baseada em prévia vistoria realizada nos termos do 51.º do artigo 61.º do Código Administrativo, devam ser reconstruídas, remodeladas, beneficiadas ou demolidas, total ou parcialmente, para realização geral ou parcial aprovado.

Artigoº 12.º

A execução de pequenas obras de reparação sanitária, como, por exemplo, as relativas a roturas, obstruções ou outras formas da mau funcionamento, tanto das canalizações interiores e exteriores de águas e esgotos como das instalações sanitárias, a deficiências das coberturas e ao mau estado das fossas, será ordenada pelas câmaras municipais, independentemente de vistoria.

§ **único.** Passa para as câmaras municipais a competência para a aplicação das penas previstas na lei pelo não cumprimento das determinações a que este artigo se refere.

Artigoº 13.º

Quando determinadas obras forem impostas por um serviço público, a notificação ao interessado deverá ser feita por intermédio da respectiva câmara municipal.

Artigoº 14.º

As obras executadas pelos serviços do Estado não carecem de licença municipal, mas deverão ser submetidas à prévia apreciação das respectivas câmaras municipais, a fim de se verificar a sua conformidade com o plano geral ou parcial da urbanização aprovado e com as prescrições regulamentares aplicáveis.

TÍTULO II – Condições gerais das edificações

CAPÍTULO I – Generalidades

Artigoº 15.º

Todas as edificações, seja qual for a sua natureza, deverão ser construídas com perfeita observância das melhores normas da arte de construir e com todos os requisitos necessários para que lhes fiquem asseguradas, de modo duradouro, as condições de segurança, salubridade e estética mais adequadas à sua utilização e às funções educativas que devem exercer.

Artigoº 16.º

A qualidade, a natureza e o modo de aplicação dos materiais utilizados na construção das edificações deverão ser de molde que satisfaçam às condições estabelecidas no artigo anterior e às especificações oficiais aplicáveis.

Artigo 17.º

1 – As edificações devem ser construídas e intervencionadas de modo a garantir a satisfação das exigências essenciais de resistência mecânica e estabilidade, de segurança na sua utilização e em caso de incêndio, de higiene, saúde e protecção do ambiente, de protecção contra o ruído, de economia de energia, de isolamento térmico e das demais exigências estabelecidas no presente Regulamento ou em legislação específica, nomeadamente de funcionalidade, de durabilidade e outras.

2 – A qualidade, a natureza e o modo de aplicação dos materiais utilizados na construção das edificações novas e nas intervenções devem respeitar as regras de construção e da regulamentação aplicável, garantindo que as edificações satisfaçam as condições e exigências referidas no número anterior em conformidade com as especificações técnicas do projecto de execução.

3 – A utilização de produtos da construção em edificações novas, ou em intervenções, é condicionada, nos termos da legislação aplicável, à respectiva marcação CE ou, na sua ausência, sem prejuízo do reconhecimento mútuo, à certificação da sua conformidade com especificações técnicas em vigor em Portugal.

4 – A certificação da conformidade com especificações técnicas em vigor em Portugal pode ser requerida por qualquer interessado, devendo sempre ser tidos em conta para o efeito os certificados de conformidade com especificações técnicas em vigor em qualquer Estado membro da União Europeia, na Turquia ou

em Estado subscritor do acordo do espaço económico europeu, bem como os resultados satisfatórios nas inspecções e ensaios efectuados no Estado produtor, nas condições previstas no n.º 2 do artigo 9.º do Decreto-Lei n.º 113/93, de 10 de Abril.

5 – Nos casos em que os produtos de construção não preencham nenhuma das condições previstas no n.º 3 e sempre que a sua utilização em edificações novas ou intervenções possa comportar risco para a satisfação das exigências essenciais indicadas no n.º 1, fica a mesma condicionada à respectiva homologação pelo Laboratório Nacional de Engenharia Civil, devendo este dispensá-la se tais produtos possuírem certificados de conformidade emitidos por entidade aprovada em Estado membro da União Europeia, na Turquia ou em Estado subscritor do acordo do espaço económico europeu que atestem suficientemente a satisfação das referidas exigências.

6 – A homologação prevista no número anterior pode ser requerida por qualquer interessado, devendo o Laboratório Nacional de Engenharia Civil ter sempre em consideração, nas condições previstas no n.º 2 do artigo 9.º do Decreto-Lei n.º 113/93, de 10 de Abril, os certificados de conformidade, os ensaios e as inspecções emitidos ou efectuados por uma entidade aprovada em Estado membro da União Europeia, na Turquia ou em Estado subscritor do acordo do espaço económico europeu, bem como cooperar com aquelas entidades na obtenção e análise dos respectivos resultados.

7 – A necessidade de repetir qualquer dos ensaios e inspecções referidos nos n.os 4 e 6 deve ser devidamente fundamentada pelo Laboratório Nacional de Engenharia Civil.

8 – As homologações são concedidas sempre que os requisitos enunciados no anexo i do Decreto-Lei n.º 113/93, de 10 de Abril, se revelem preenchidos.

CAPÍTULO II – Fundações

Artigoº 18.º

As fundações dos edifícios serão estabelecidas sobre terreno estável e suficientemente firme, por natureza ou por consolidação artificial, para suportar com segurança as cargas que lhe são transmitidas pelos elementos da construção, nas condições de utilização mais desfavoráveis.

Artigoº 19.º

Quando as condições do terreno e as características da edificação permitam a fundação contínua, observar-se-ão os seguintes preceitos:

1) Os caboucos penetrarão no terreno firme até à profundidade de 50 centímetros, pelo menos, excepto quando se trate de rocha dura, onde poderá ser menor. Esta profundidade deve, em todos os casos, ser suficiente para assegurar a distribuição quanto possível regular das pressões na base do alicerce;

2) A espessura da base dos alicerces ou a largura das sapatas, quando requeridas, serão fixadas por forma que a pressão unitária no fundo doe caboucos não exceda a carga de segurança admissível para o terreno de fundação;

3) Os alicerces serão construídos de tal arte que a humidade do terreno não se comunique às paredes da edificação, devendo, sempre que necessário, intercalar-se entre eles e as paredes uma camada hidrófuga.

Na execução dos alicerces e das paredes até 50 centímetros acima do terreno exterior utilizar-se-á alvenaria hidráulica, resistente e impermeável, fabricada com materiais rijos e não porosos.

4) Nos alicerces constituídos por camadas de diferentes larguras a saliência de cada degrau, desde que o contrário se não justifique por cálculos de resistência, não excederá a sua altura.

Artigoº 20.º

Quando o terreno com as características requeridas esteja a profundidade que não permita fundação contínua, directamente assente sobre ela, adoptar-se-ão processos especiais adequados de fundação, com observância além das disposições aplicáveis do artigo anterior, de quaisquer prescrições especialmente estabelecidas para garantir a segurança da construção.

Artigoº 21.º

As câmaras municipais, atendendo à natureza, importância e demais condições particulares das obras, poderão exigir que do respectivo projecto conste, quer o estudo suficientemente pormenorizado do terreno de fundação, de forma a ficarem definidas com clareza as suas características, quer a justificação pormenorizada da solução prevista, ou ambas as coisas.

Artigoº 22.º

A compressão do terreno por meios mecânicos, a cravação de estacas ou qualquer outro processo de construir as fundações por percussão deverão mencionar-se claramente nos projectos, podendo as câmaras municipais condicionar, ou mesmo não autorizar, o seu uso sempre que possa afectar construções vizinhas.

CAPÍTULO III – Paredes

Artigoº 23.º

As paredes das edificações serão constituídas tendo em vista não só as exigências de segurança, como também as de salubridade, especialmente no que respeita à protecção contra a humidade, as variações de temperaturas e a propagação de ruídos e vibrações.

Artigoº 24.º

Na construção das paredes das edificações de carácter permanente utilizar-se-ão materiais adequados à natureza, importância, carácter, destino e localização dessas edificações, os quais devem oferecer, em todos os casos, suficientes condições de segurança e durabilidade.

Artigoº 25.º

Para as paredes das edificações correntes destinadas a habitação, quando construídas de alvenaria de pedra ou de tijolo cerâmico maciço de 1.ª qualidade, com as dimensões de 0m,23 x 0m,11 x 0m,07, poderá considerar-se assegurada, sem outra justificação, a sua resistência, sempre que se adoptem as espessuras mínimas fixadas na tabela seguinte.

Espessura de paredes de alvenaria de pedra ou de tijolo (não incluídos rebocos o de guarnecimentos)

(OMITE-SE A TABELA)

§ 1.º Quando se empreguem tijolos de outras dimensões, admitir-se-á a tolerância até 10 por cento nas espessuras correspondentes às indicações da tabela para as paredes de tijolo.

§ 2.º É permitido o emprego de alvenaria mista de tijolo maciço e furado nas paredes dos grupos A e B, nos dois andares superiores das edificações, desde que os topos dos furos ou canais dos tijolos não fiquem nos parâmetros exteriores.

§ 3.º É permitido o emprego de tijolo furado nas paredes do grupo C nos dois andares superiores, nas do grupo D nos quatro andares superiores e nas do grupo E em todos os andares acima do terreno.

§ 4.º É obrigatório o emprego de pedra rija nas paredes de alvenaria de pedra irregular dos andares abaixo dos quatro superiores, sempre que se adoptem as espessuras mínimas fixadas.

§ 5.º A alvenaria de pedra talhada (perpianho ou semelhante) será constituída por paralelepípedos de pedra rija que abranja toda a espessura da parede.

Artigoº 26.º

As câmaras municipais só poderão autorizar, para as paredes das edificações correntes destinadas à habitação, construídas de alvenaria de pedra ou tijolo, espessuras inferiores aos mínimos fixados no artigo anterior, desde que:

1) Sejam asseguradas ao mesmo tempo as disposições porventura necessárias para que não resultem diminuídas as condições de salubridade da edificação, particularmente pelo que se refere à protecção contra a humidade, variações de temperatura e propagação de ruídos e vibrações;

2) Sejam justificadas as espessuras propostas, por ensaios em laboratórios oficiais ou por cálculos rigorosos em que se tenham em consideração a resistência verificada dos materiais empregados e as forças actuantes, incluindo nestas não só as cargas verticais, como também a acção do vento, as componentes verticais e horizontais das forças oblíquas e as solicitações secundárias a que as paredes possam estar sujeitas por virtude de causas exteriores ou dos sistemas de construção adoptados.

§ único. Poderá também exigir-se o cumprimento do prescrito no corpo deste artigo, quaisquer que sejam as espessuras propostas, quando na construção das paredes se empreguem outros materiais ou elas tenham constituição especial.

Artigoº 27.º

A justificação da resistência das paredes poderá ainda ser exigida quando tenham alturas livres superiores a 3m,50 ou estejam sujeitas a solicitações superiores às verificações nas habitações correntes, particularmente quando a edificação se destine a fins susceptíveis de lhe impor sobrecargas superiores a 300 quilogramas por metro quadrado de pavimento ou de a sujeitar a esforços dinâmicos consideráveis.

Artigoº 28.º

Nas edificações construídas com estruturas independentes de betão armado ou metálicas, as espessuras das paredes de simples preenchimento das malhas verticais das estruturas, quando de alvenaria de pedra ou de tijolo, poderão ser reduzidas até aos valores mínimos de cada grupo fixados no artigo 25.º, desde que o menor vão livre da parede entre os elementos horizontais ou verticais da estrutura não exceda 3m,50.

Artigoº 29.º

A construção das paredes das caves que ficarem em contacto com o terreno exterior ao especificado no n.º 3) do artigo 19.º deste regulamento.

Nas caves consideradas habitáveis, quando não se adoptem outras soluções comprovadamente equivalentes do ponto de vista da salubridade da habitação, a espessura das paredes não poderá ser inferior a 60 centímetros e o seu paramento exterior será guarnecido até 20 centímetros acima do terreno exterior, com revestimento impermeável resistente, sem prejuízo de outras precauções consideradas necessárias para evitar a humidade no interior das habitações.

Artigoº 30.º

Todas as paredes em elevação, quando não sejam construídas com material preparado para ficar à vista, serão guarnecidas, tanto interior como exteriormente, com revestimentos apropriados, de natureza, qualidade e espessura tais que, pela sua resistência à acção do tempo, garantam a manutenção das condições iniciais de salubridade e bom aspecto da edificação.

§ **1.º** Os revestimentos exteriores serão impermeáveis sempre que as paredes estejam expostas à acção frequente de ventos chuvosos.

§ **2.º** O revestimento exterior das paredes das mansardas ou das janelas de trapeira será de material impermeável, com reduzida condutibilidade calorífera e resistente à acção dos agentes atmosféricos e ao fogo.

Artigoº 31.º

As paredes das casas de banho, retretes, copas, cozinhas e locais de lavagem serão revestidas, até, pelo menos, à altura de 1m,50, com materiais impermeáveis, de superfície aparente lisa e facilmente lavável.

Artigoº 32.º

Os paramentos exteriores das fachadas que marginem as vias públicas mais importantes designadas em postura municipal serão guarnecidos inferiormente de pedra aparelhada ou de outro material resistente ao desgaste e fácil de conservar limpo e em bom estado.

Artigoº 33.º

No guarnecimento dos vãos abertos em paredes exteriores de alvenaria, quando não se empregar cantaria ou betão, utilizar-se-á a pedra rija ou tijolo maciço e argamassa hidráulica. Para a fixação dos aros exteriores utilizar-se-á material resistente, com exclusão da madeira.

Artigoº 34.º

Todas as cantarias aplicadas em guarnecimento de vãos ou revestimento de paredes serão ligadas ao material das mesmas paredes por processos que dêem suficiente garantia de solidez e duração.

CAPÍTULO IV – Pavimentos e coberturas

Artigoº 35.º

Na constituição dos pavimentos das edificações deve atender-se não só às exigências da segurança, como também às de salubridade e à defesa contra a propagação de ruídos e vibrações.

Artigoº 36.º

As estruturas dos pavimentos e coberturas das edificações serão construídas de madeira, betão armado, aço e outros materiais apropriados que possuam satisfatórias qualidades de resistência e duração. As secções transversais dos respectivos elementos serão justificadas pelo cálculo ou por experiências, devendo atender-se, para este fim, à disposição daqueles elementos, à capacidade de resistência dos materiais empregados e às solicitações inerentes à utilização da estrutura.

Artigoº 37.º

Nos pavimentos de madeira das edificações correntes destinadas a habitação, as secções transversais das vigas poderão ser as justificadas pelo uso para idênticos vãos e cargas máximas, não sendo todavia consentidas secções inferiores à de 0m,16 x 0m,08 ou equivalente a esta em resistência e rigidez. A este valor numérico corresponderá afastamento entre eixos anão superior a 0m,40. As vigas serão convenientemente tarugadas, quando o vão for superior a 2m,5.

Artigoº 38.º

Nas coberturas das edificações correntes, com inclinação não inferior a 20.° nem superior a 45.°, apoiadas sobre estruturas de madeira, poderão empregar-se, sem outra justificação, as secções mínimas seguintes ou suas equivalentes em resistência e rigidez, desde que não se excedam as distancias máximas indicadas.

Elementos da estrutura Madres	*2,00*	*16 X 8*
Varas para telha tipo Marselha	*0,50*	*10 X 5*
Varas para telha tipo canudo	*0,40*	*14 X 7*
Ripas para telha tipo Marselha	*Comprimento da telha*	*3 x 2,5*

Artigoº 39.º

As estruturas das coberturas e pavimentos serão devidamente assentes nos elementos de apoio e construídas de modo que estes elementos não fiquem sujeitos a esforços horizontais importantes, salvo se para lhes resistirem se tomarem disposições apropriadas.

§ único. Quando se utilize madeira sem tratamento prévio adequado, os topos das vigas das estruturas dos pavimentos ou coberturas, introduzidos nas paredes de alvenaria, serão sempre protegidos com induto ou revestimento apropriados que impeçam o seu apodrecimento.

Artigoº 40.º

O pavimento dos andares térreos deve assentar sobre uma camada impermeável ou, quando a sua estrutura for de madeira, ter caixa de ar com a altura mínima de 0m,50 e ventilada por circulação transversal de ar, assegurada por aberturas praticadas nas paredes. Destas aberturas, as situadas nas paredes exteriores terão dispositivos destinados a impedir, tanto quanto possível, a passagem de objectos ou animais.

Artigoº 41.º

Os pavimentos das casas de banho, retretes, copas, cozinhas e outros locais onde forem de recear infiltrações serão assentes em estruturas imputrescíveis e constituídas por materiais impermeáveis apresentando uma superfície plana, lisa e facilmente lavável.

Artigoº 42.º

As coberturas das edificações serão construídas com materiais impermeáveis, resistentes ao fogo e à acção dos agentes atmosféricos, e capazes de garantir o isolamento calorífico adequado ao fim a que se destina a edificação.

Artigoº 43.º

Nas coberturas de betão armado dispostas em terraços utilizar-se-ão materiais e processos de construção que assegurem a impermeabilidade daqueles e protejam a edificação das variações de temperatura exterior.

§ **1.º** As lajes da cobertura serão construídas de forma que possam dilatar-se ou contrair-se sem originar impulsos consideráveis nas paredes.

§ **2.º** Tomar-se-ão as disposições necessárias para rápido e completo escoamento das águas pluviais e de lavagem, não podendo o declive das superfícies de escoamento ser inferior a 1 por cento.

Artigoº 44.º

Os algerozes dos telhados serão forrados com materiais apropriados para impedir infiltrações nas paredes. o forro deve ser prolongado sob o revestimento da cobertura, formando aba protectora, de largura variável com a área e inclinação do telhado, e nunca inferior a 25 centímetros. As dimensões dos algerozes serão proporcionadas à extensão da cobertura. O seu declive, no sentido longitudinal, será o suficiente para assegurar rápido escoamento das águas que receberem e nunca inferior a 2 milímetros por metro.

A área útil da secção transversal será, pelo menos, de 2 centímetros quadrados por cada metro quadrado de superfície coberta horizontal.

Tomar-se-ão as disposições necessárias para assegurar, nas condições menos nocivas possível, a extravasão das águas dos algerozes, no caso de entupimento acidental de um tubo de queda.

CAPÍTULO V – Comunicações verticais

Artigo.º 45.º

As escadas de acesso aos diferentes andares das edificações devem ser seguras, suficientemente amplas, bem iluminadas e ventiladas e proporcionar cómoda utilização.

Artigo.º 46.º

1 – A largura dos lanços das escadas nas moradias unifamiliares será, no mínimo, de 0,80 m.

2 – Nas edificações para habitação colectiva até dois pisos ou quatro habitações, servidas pela mesma escada, os lanços desta terão a largura mínima de 0,90 m.

3 – Nas edificações para habitação colectiva com mais de dois pisos ou com mais de quatro habitações, servidas pela mesma escada, os lanços terão a largura mínima de 1,10 m.

4 – Nas edificações para habitação colectiva, quando os lanços se situem entre paredes, a sua largura mínima será, nos casos referidos no n.º 2, de 1,10 m e, nos casos do n.º 3, de 1,20 m.

5 – Para edifícios que integrem um corpo de altura superior a 30 m, a largura mínima admissível das escadas é de 1,40 m.

6 – As larguras mínimas dos patamares para onde se abrem as portas de acesso às habitações serão de 1,10 m, nos casos contemplados no n.º 2, de 1,40 m, nos casos referidos no n.º 3, e de 1,50 m, nos casos do n.º 5.

7 – Os degraus das escadas das edificações para habitação colectiva terão a largura (cobertor) mínima de 0,25 m e a altura (espelho) máxima de 0,193 m.

No entanto, nos edifícios de três, quatro ou cinco pisos e sempre que não seja instalado ascensor, a largura (cobertor) mínima será de 0,280 m e a altura (espelho) máxima será de 0,175 m.

As dimensões adoptadas manter-se-ão constantes nos lanços entre pisos consecutivos.

Artigo.º 47.º

As escadas de acesso comum nas edificações com mais de três pisos serão, sempre que possível, iluminadas e ventiladas por meio de aberturas praticadas nas paredes em comunicação directa com o exterior. Todavia, nos dois andares superiores destas edificações, bem como no seu conjunto nas edificações até três pisos, a iluminação e ventilação das escadas de acesso comum poderão fazer-se por clarabóias providas de ventiladores, devendo as escadas ter no seu eixo um espaço vazio com largura não inferior a 40 centímetros. Em todos os casos deverá ter-se em atenção o disposto no artigo 144.º

Artigoº 48.º
(Revogado)

Artigoº 49.º
(Revogado)

Artigoº 50.º
1 – Nas edificações para habitação colectiva, quando a altura do último piso destinado a habitação exceder 11,5 m, é obrigatória a instalação de ascensores.

A altura referida é medida a partir da cota mais baixa do arranque dos degraus ou rampas de acesso do interior do edifício.

2 – Os ascensores, no mínimo de dois, serão dimensionados de acordo com o número de habitantes e com a capacidade mínima correspondente a quatro pessoas e deverão servir todos os pisos de acesso aos fogos.

3 – Nas edificações para habitação colectiva com mais de três pisos e em que a altura do último piso, destinado à habitação, medida nos termos do n.º 1 deste artigo, for inferior a 11,5 m deve prever-se espaço para futura instalação no mínimo de um ascensor.

Artigoº 51.º
Nas edificações com características especiais, e particularmente naquelas que sejam ocupadas ou frequentadas por grande número de pessoas e nas de grande desenvolvimento em planta, o número e natureza das escadas e dos meios de comunicação vertical, bem como a sua distribuição, serão fixados de modo que seja fácil utilizá-los em todas as circunstâncias.

Artigoº 52.º
As edificações não destinadas a habitação deverão, quando o seu destino o justifique, ser providas, além de escadas ou rampas, de meios mecânicos de transporte vertical-ascensores, monta-cargas, escadas ou tapetes rolantes-em número e com a capacidade que forem necessários. Estes meios mecânicos servirão, obrigatoriamente, todos os pisos acima do terceiro.

TÍTULO III – Condições especiais relativas à salubridade das edificações e dos terrenos de construção

CAPÍTULO I – Salubridade dos terrenos

Artigoº 53.º

Nenhuma edificação poderá ser construída ou reconstruída em terreno que não seja reconhecidamente salubre ou sujeito previamente às necessárias obras de saneamento.

Artigoº 54.º

Em terrenos alagadiços ou húmidos a construção ou reconstrução de qualquer edificação deverá ser precedida das obras necessárias para o enxugar e desviar as águas pluviais, de modo que o prédio venha a ficar preservado de toda a humidade.

Artigoº 55.º

Em terrenos onde se tenham feito depósitos ou despejos de imundícies ou de águas sujas provenientes de usos domésticos ou de indústrias nocivas à saúde não poderá executar-se qualquer construção sem previamente se proceder à limpeza e beneficiação completas do mesmo terreno.

Artigoº 56.º

Nas zonas urbanas não poderão executar-se quaisquer construções ou instalações onde possam depositar-se imundícies-tais como cavalariças, currais, vacarias, pocilgas, lavadouros, fabricas de produtos corrosivos ou prejudiciais à saúde pública e estabelecimentos semelhantes-sem que os respectivos pavimentos fiquem perfeitamente impermeáveis e se adoptem as demais disposições próprias para evitar a poluição dos terrenos e das águas potáveis ou mineromedicinais.

§ **único.** O disposto neste artigo aplica-se às construções ou depósitos de natureza agrícola ou industrial nas zonas rurais, sempre que no terreno em que assentarem e a distância inferior a 100 metros -ou a distância superior quando não seja manifesta a ausência de perigo de poluição- haja nascentes, fontes, depósitos, canalizações ou cursos de água que importe defender.

Artigoº 57.º

Em terrenos próximos de cemitérios não se poderá construir qualquer edificação sem se fazerem as obras porventura necessárias para os tornar inacessíveis às águas de infiltração provenientes do cemitério.

CAPÍTULO II – Da edificação em conjunto

Artigoº 58.º

A construção ou reconstrução de qualquer edifício deve executar-se por forma que fiquem assegurados o arejamento, iluminação natural a exposição prolongada à acção directa dos raios solares, e bem assim o seu abastecimento de água potável a evacuação inofensiva dos esgotos

§ único. As câmaras municipais poderão condicionar a licença para se executarem obras importantes em edificações existentes à execução simultânea dos trabalhos acessórios indispensáveis para lhes assegurar as condições mínimas de salubridade prescritas neste regulamento.

Artigoº 59.º

A altura de qualquer edificação será fixada de forma que em todos os planos verticais perpendiculares à fachada nenhum dos seus elementos com excepção de chaminés e acessórios decorativos, ultrapasse o limite definido pela linha recta a 45.º, traçada em cada um desses planos a partir do alinhamento da edificação fronteira, definido pela intersecção do seu plano com o terreno exterior.

§ 1.º Nas edificações construídas sobre terrenos em declive consentir-se-á, na parte descendente a partir do referido plano médio, uma tolerância de altura até ao máximo de 1m,50.

§ 2.º Nos edifícios de gaveto formado por dois arruamentos de largura ou de níveis diferentes, desde que se não imponham soluções especiais, a fachada sobre o arruamento mais estreito ou mais baixo poderá elevar-se até à altura permitida para o outro arruamento, na extensão máxima de 15 metros.

§ 3.º Nas edificações que ocupem todo o intervalo entre dois arruamentos de larguras ou níveis diferentes, salvo nos casos que exijam soluções especiais, as alturas das fachadas obedecerão ao disposto neste artigo.

§ 4.º Em caso de simples interrupção de continuidade numa fila de construções poderá o intervalo entre as duas edificações confinantes ser igual à média das alturas dessas edificações, sem prejuízo, no entanto, do disposto no artigo 60.º

Artigoº 60.º

Independentemente do estabelecido no artigo anterior, a distância mínima entre fachadas de edificações nas quais existam vãos de compartimentos de habitação não poderá ser inferior a 10 metros.

§ único. Tratando-se de arruamentos já ladeados, no todo ou na maior parte, por edificações, as câmaras municipais poderão, sem prejuízo do que esteja previsto em plano de urbanização aprovado, estabelecer alinhamentos com menor intervalo, não inferior, contudo, ao definido pelas construções existentes.

Artigoº 61.º

Independentemente do disposto nos artigos 59.º e 60.º, e sem prejuízo do que esteja previsto em plano de urbanização aprovado, as câmaras municipais poderão estabelecer a obrigatoriedade, generalizada ou circunscrita apenas a arruamentos ou zonas determinadas em cada localidade, da construção de edificações recuadas em relação aos limites do arruamento, qualquer que seja a largura deste, e fixar também quer a profundidade mínima deste recuo, quer a natureza do arranjo e o tipo da vedação dos terrenos livres entre o arruamento e as fachadas.

Artigoº 62.º

Às edificações para habitação multifamiliar ou colectiva deverão dispor-se nos respectivos lotes de forma que o menor intervalo entre fachadas posteriores esteja de acordo com o estabelecido no artigo 59.º

§ 1.º Para os efeitos do corpo deste artigo, sempre que não tenha sido organizado logradouro comum que assegure condição nele estabelecida, cada edificação deverá ser provida de um logradouro próprio, com toda a largura do lote e com fácil acesso do exterior.

§ 2.º O logradouro a que alude o parágrafo anterior deverá ter em todos os seus pontos profundidade não inferior a metade da altura correspondente da fachada adjacente, medida na perpendicular a esta fachada no ponto mais desfavorável, com o mínimo de 6 metros e sem que a área livre e descoberta seja inferior a 40 metros quadrados.

§ 3.º Nos prédios de gaveto poderão dispensar-se as condições de largura e profundidade mínima de logradouro referidas no corpo deste artigo desde que fiquem satisfatoriamente asseguradas a iluminação, ventilação e insolação da própria edificação e das contíguas.

Artigoº 63.º

As câmaras municipais, salvo o disposto no artigo seguinte, não poderão consentir qualquer tolerância quanto ao disposto nos artigos anteriores deste capítulo, a não ser que reconhecidamente se justifiquem por condições excepcionais e ir remediáveis, criadas antes da publicação deste regulamento, e somente se ficarem garantidas, em condições satisfatórias, a ventilação e iluminação natural e, tanto quanto possível, a insolação do edifício em todos os seus pisos habitáveis.

§ único. As concessões ao abrigo do disposto no presente artigo basear-se-ão sempre em parecer favorável da respectiva comissão municipal de higiene.

Artigoº 64.º

Poderão admitir-se outras soluções em desacordo com o disposto nos artigos anteriores, desde que fiquem em todo o caso estritamente asseguradas ai condições mínimas de salubridade exigíveis, mas só quando se trate de edificações cuja natureza, destino ou carácter arquitectónico requeiram disposições especiais.

CAPÍTULO III – Disposições interiores das edificações e espaços livres

Artigoº 65.º

1 – A altura mínima, piso a piso, em edificações destinadas à habitação é de 2,70 m (27M), não podendo ser o pé-direito livre mínimo inferior a 2,40 m (24M).

2 – Excepcionalmente, em vestíbulos, corredores, instalações sanitárias, despensas e arrecadações será admissível que o pé-direito se reduza ao mínimo de 2,20 m (22M).

3 – O pé-direito livre mínimo dos pisos destinados a estabelecimentos comerciais é de 3 m (30M).

4 – Nos tectos com vigas, inclinados, abobadados ou, em geral, contendo superfícies salientes, a altura piso a piso e ou o pé-direito mínimos definidos nos n.os 1 e 3 devem ser mantidos, pelo menos, em 80% da superfície do tecto, admitindo-se na superfície restante que o pé-direito livre possa descer até ao mínimo de 2,20 m ou de 2,70 m, respectivamente, nos casos de habitação e de comércio.

Artigoº 66.º

1 – Os compartimentos de habitação não poderão ser em número e área inferiores aos indicados no quadro seguinte:

2 – No número de compartimentos acima referidos não se incluem vestíbulos, instalações sanitárias, arrumos e outros compartimentos de função similar.

3 – O suplemento de área obrigatório referido no n.º 1 não pode dar origem a um espaço autónomo e encerrado, deve distribuir-se pela cozinha e sala, e terá uma sua parcela afectada ao tratamento de roupa, na proporção que estiver mais de acordo com os objectivos da solução do projecto.

4 – Quando o tratamento de roupa se fizer em espaço delimitado, a parcela do suplemento de área referida no n.º 3, destinada a essa função, não deve ser inferior a 2 m^2.

5 – O tipo de fogo é definido pelo número de quartos de dormir, e para a sua identificação utiliza-se o símbolo Tx, em que x representa o número de quartos de dormir.

Artigoº 67.º

1 – As áreas brutas dos fogos terão os seguintes valores mínimos:

2 – Para os fins do disposto neste Regulamento, considera-se:

a) Área bruta (Ab) é a superfície total do fogo, medida pelo perímetro exterior das paredes exteriores e eixos das paredes separadoras dos fogos, e inclui varandas privativas, locais acessórios e a quota-parte que lhe corresponda nas circulações comuns do edifício;

b) Área útil (Au) é a soma das áreas de todos os compartimentos da habitação, incluindo vestíbulos, circulações interiores, instalações sanitárias, arrumos, outros compartimentos de função similar e armários nas paredes, e mede-se pelo perímetro interior das paredes que limitam o fogo, descontando encalços até 30 cm, paredes interiores, divisórias e condutas;

c) Área habitável (Ah) é a soma das áreas dos compartimentos da habitação, com excepção de vestíbulos, circulações interiores, instalações sanitárias, arrumos e outros compartimentos de função similar, e mede-se pelo perímetro interior das paredes que limitam o fogo, descontando encalços até 30 cm, paredes interiores, divisórias e condutas.

Artigoº 68.º

1 – Nas habitações T0, T1 e T2, a área mínima para instalações sanitárias é de 3,5 m^2, sendo o equipamento mínimo definido de acordo com o artigo 84.º

2 – Nas habitações T3 e T4, a área mínima para instalações sanitárias é de 4,5 m^2, subdividida em dois espaços com acesso independente.

3 – Nas instalações sanitárias subdivididas haverá como equipamento mínimo uma banheira e um lavatório, num dos espaços; uma bacia de retrete, um bidé e um lavatório, no outro espaço.

4 – Nas habitações T5 ou com mais de seis compartimentos, a área mínima para instalações sanitárias é de 6 m^2, desdobrada em dois espaços com acesso independente.

5 – Nas instalações sanitárias desdobradas haverá como equipamento mínimo uma banheira, uma bacia de retrete, um bidé e um lavatório, num dos espaços; e uma bacia de duche, uma bacia de retrete e um lavatório, no outro.

Artigoº 69.º

1 – As dimensões dos compartimentos das habitações referidas no n.º 1 do artigo 66.º obedecerão às exigências seguintes:

a) Quando a respectiva área for menor que 9,5 m^2, a dimensão mínima será 2,10 m;

b) Quando a respectiva área for maior ou igual a 9,5 m^2 e menor que 12 m^2, deverá inscrever-se nela um círculo de diâmetro não inferior a 2,40 m;

c) Quando a respectiva área for maior ou igual a 12 m^2 e menor que 15 m^2, deverá inscrever-se nela um círculo de diâmetro não inferior a 2,70 m;

d) Quando a respectiva área for maior ou igual a 15 m^2, o comprimento não poderá exceder o dobro da largura, ressalvando-se as situações em que nas duas paredes opostas mais afastadas se pratiquem vãos, sem prejuízo de que possa inscrever-se nessa área um círculo de diâmetro não inferior a 2,70 cm.

2 – Quando um compartimento se articular em dois espaços não autónomos, a dimensão horizontal que define o seu contacto nunca será inferior a dois terços da dimensão menor do espaço maior, com o mínimo de 2,10 m.

3 – Exceptua-se do preceituado no número anterior o compartimento destinado a cozinha, em que a dimensão mínima admitida será de 1,70 m, sem prejuízo de que a distância mínima livre entre bancadas situadas em paredes opostas seja de 1,10 m.

Artigo.º 70.º

1 – A largura dos corredores das habitações não deve ser inferior a 1,10 m.

2 – No caso de corredores secundários com comprimento igual ou menor que 1,50 m, poderá autorizar-se a largura mínima de 0,90 m.

Artigo.º 71.º

1 – Os compartimentos das habitações referidos no n.º 1 do artigo 66.º serão sempre iluminados e ventilados por um ou mais vãos praticados nas peredes, em comunicação directa com o exterior e cuja área total não será inferior a um décimo da área do compartimento com o mínimo de 1,08 m^2 medidos no tosco.

2 – Nos casos em que as condições climáticas e de ruído tal justifiquem, será permitido o uso de varandas envidraçadas, consideradas para efeito deste artigo como espaço exterior, de acordo com os condicionamentos seguintes:

a) A largura das varandas não poderá exceder 1,80 m;

b) As áreas dos vãos dos compartimentos confinantes não serão inferiores a um quinto da respectiva área nem a 3 m^2;

c) A área do envidraçado da varanda não será inferior a um terço da respectiva área nem a 4,3 m^2;

d) A área de ventilação do envidraçado da varanda será, no mínimo, igual a metade da área total do envidraçado.

3 – As frestas praticadas em paredes confinantes com terrenos ou prédios contíguos não são consideradas vãos de iluminação ou ventilação para os fins do disposto neste artigo.

Artigo.º 72.º

Deverá ficar assegurada a ventilação transversal do conjunto de cada habitação, em regra por meio de janelas dispostas em duas fachadas opostas.

Artigoº 73.º

As janelas dos compartimentos das habitações deverão ser sempre dispostas de forma que o seu afastamento de qualquer muro ou fachada fronteiros, medido perpendicularmente ao plano da janela e atendendo ao disposto no artigo 75.º, não seja inferior a metade da altura desse muro ou fachada acima do nível do pavimento do comportamento, com o mínimo de 3 metros. Além disso não deverá haver a um e outro lado do eixo vertical da janela qualquer obstáculo à iluminação a distância inferior a 2 metros, devendo garantir-se, em toda esta largura, o afastamento mínimo de 3 metros acima fixado.

Artigoº 74.º

A ocupação duradoura de logradouros, pátios ou recantos das edificações com quaisquer construções, designadamente telheiros e coberturas, e o pejamento dos mesmos locais com materiais ou volumes de qualquer natureza só podem efectuar-se com expressa autorização das câmaras municipais quando se verifique não advir daí prejuízo para o bom aspecto e condições de salubridade e segurança de todas as edificações directa ou indirectamente afectadas.

Artigoº 75.º

Sempre que nas fachadas sobre logradouros ou pátios haja varandas, alpendres ou quaisquer outras construções, salientes das paredes, susceptíveis de prejudicar as condições de iluminação ou ventilação, as distâncias ou dimensões mínimas fixadas no artigo 73.º serão contadas a partir dos limites extremos dessas construções.

Artigoº 76.º

Nos logradouros e outros espaços livres deverá haver ao longo da construção uma faixa de, pelo menos, 1 metro de largura, revestida de material impermeável ou outra disposição igualmente eficiente para proteger as paredes contra infiltrações. A área restante deverá ser ajardinada ou ter outro arranjo condigno.

Os pavimentos dos pátios e as faixas impermeáveis dos espaços livres deverão ser construídos com inclinações que assegurem rápido e completo escoamento das águas pluviais ou de lavagem para uma abertura com ralo e vedação hidráulica, que poderá ser ligada ao esgoto do prédio.

Artigoº 77.º

1 – Só é permitida a construção de caves destinadas a habitação em casos excepcionais, em que a orientação e o desafogo do local permitam assegurar-lhes boas condições de habitabilidade, reconhecidas pelas câmaras municipais, devendo, neste caso, todos os compartimentos satisfazer às condições especificadas neste Regulamento para os andares de habitação e ainda ao seguinte:

a) A cave deverá ter, pelo menos, uma parede exterior completamente desafogada a partir de 0,15 m abaixo do nível do pavimento interior;

b) Todos os compartimentos habitáveis referidos no n.º 1 do artigo 66.º deverão ser contíguos à fachada completamente desafogada;

c) Serão adoptadas todas as disposições construtivas necessárias para garantir a defesa da cave contra infiltrações de águas superficiais e contra a humidade telúrica e para impedir que quaisquer emanações subterrâneas penetrem no seu interior;

d) O escoamento dos esgotos deverá ser conseguido por gravidade.

2. No caso de habitações unifamiliares isoladas que tenham uma fachada completamente desafogada e, pelo menos, duas outras também desafogadas, só a partir de 1 m de altura acima do pavimento interior poderão dispor-se compartimentos habitacionais contíguos a qualquer das fachadas. Para o caso de habitações unifamiliares geminadas, exigir-se-á, para este efeito, além de uma fachada completamente desafogada, apenas uma outra desafogada, nos termos já referidos para a outra hipótese.

3 – Se da construção da cave resultar a possibilidade de se abrirem janelas sobre as ruas ou sobre o terreno circundante, não poderão aquelas, em regra, ter os seus peitoris a menos de 0,40 m acima do nível exterior.

Artigoº 78.º

Poderá autorizar-se a construção de caves que sirvam exclusivamente de arrecadação para uso dos inquilinos do próprio prédio ou de armazém ou arrecadação de estabelecimentos comerciais ou industriais existentes no mesmo prédio. Neste caso o pé- direito mínimo será de 2m,20 e as caves deverão ser suficientemente arejadas e protegidas contra a humidade e não possuir qualquer comunicação directa com a parte do prédio destinada a habitação.

§ único. As câmaras municipais poderão ainda fixar outras disposições especiais a que devam obedecer as arrecadações nas caves, tendentes a impedir a sua utilização eventual para fins de habitação.

Artigoº 79.º

Os sótãos, águas-furtadas e mansardas só poderão ser utilizados para fins de habitação quando satisfaçam a todas as condições de salubridade previstas neste regulamento para os andares de habitação. Será, no entanto, permitido que os respectivos compartimentos tenham o pé-direito mínimo regulamentar só em metade da sua área, não podendo, porém, em qualquer ponto afastado mais de 30 centímetros do perímetro do compartimento, o pé-direito ser inferior a 2 metros. Em todos os casos deverão ficar devidamente asseguradas boas condições de isolamento térmico.

Artigoº 80.º

As caves, sótãos, águas-furtadas e mansardas só poderão ter acesso pela escada principal da edificação ou elevador quando satisfaçam às condições mínimas de habitabilidade fixadas neste regulamento. É interdita a construção de cozinhas ou retretes nestes locais quando não reúnam as demais condições de habitalidade.

Artigoº 81.º

As câmaras municipais poderão estabelecer nos seus regulamentos a obrigatoriedade de adopção, em zonas infestadas pelos ratos, de disposições construtivas especiais tendo por fim impossibilitar o acesso destes animais ao interior das edificações.

Artigoº 82.º

As câmaras municipais, nas regiões sezonáticas ou infestadas por moscas, mosquitos e outros insectos prejudiciais à saúde, poderão determinar que os vãos das portas e janelas sejam convenientemente protegidos com caixilhos fixos ou adequadamente mobilizáveis, com rede mosquiteira ou com outras modalidades construtivas de adequada eficiência.

CAPÍTULO IV – Instalações sanitárias e esgotos

Artigoº 83.º

Todas as edificações serão providas de instalações sanitárias adequadas ao destino e utilização efectiva da construção e reconhecidamente salubres, tendo em atenção, além das disposições deste regulamento, as do Regulamento Geral das Canalizações de Esgoto.

Artigoº 84.º

1 – Em cada habitação, as instalações sanitárias serão quantitativamente proporcionadas ao número de compartimentos e terão, como mínimo, uma instalação com lavatório, banheira, uma bacia de retrete e um bidé.

2 – Em cada cozinha é obrigatória a instalação de um lava-louça e uma saída de esgoto através de um ramal de ligação com 50 mm de diâmetro e construída com materiais que permitam o escoamento a temperaturas até 70ºC, sem alteração no tempo das características físicas das tubagens desse ramal.

Artigoº 85.º

As instalações sanitárias das habitações serão normalmente incorporadas no perímetro da construção, em locais iluminados e arejados. Quando seja impossível ou inconveniente fazê-lo e, especialmente, tratando-se de prédios já existentes, as instalações sanitárias poderão dispor-se em espaços contíguos à habitação, de acesso fácil e abrigado, localizado por forma que não prejudique o aspecto exterior da edificação.

Artigoº 86.º

As retretes não deverão normalmente ter qualquer comunicação directa com os compartimentos de habitação. Poderá, todavia, consentir-se tal comunicação quando se adoptem as disposições necessárias para que desse facto não resulte difusão de maus cheiros nem prejuízo para a salubridade dos compartimentos comunicantes e estes não sejam a sala de refeições, cozinha, copa ou despensa.

Artigoº 87.º

1 – As instalações sanitárias terão iluminação e renovação permanente de ar asseguradas directamente do exterior da edificação, e a área total envidraçada do vão ou vãos abertos na parede, em contacto directo com o exterior, não poderá ser inferior a 0,54 m^2, medida no tosco, devendo a parte de abrir ter, pelo menos, 0,36 m^2.

2 – Em casos especiais, justificados por características próprias da edificação no seu conjunto, poderá exceptuar-se o disposto no número anterior, desde que fique eficazmente assegurada a renovação constante e suficiente do ar, por ventilação natural ou forçada, desde que o respectivo sistema obedeça ao condicionalismo previsto no artigo 17.º

3 – Em caso algum será prevista a utilização de aparelhos de combustão, designadamente esquentador a gás, nas instalações sanitárias.

Artigoº 88.º

Todas as retretes serão providas de uma bacia munida de sifão e de um dispositivo para a sua lavagem. Onde exista rede pública de distribuição de água será obrigatória a instalação de autoclismo de capacidade conveniente ou de outro dispositivo que assegure a rápida remoção das matérias depositadas na bacia.

Artigoº 89.º

Serão aplicáveis aos urinóis as disposições deste regulamento relativas às condições de salubridade das retretes.

Artigoº 90.º

As canalizações de esgoto dos prédios serão delineadas e estabelecidas de maneira a assegurar em todas as circunstâncias a boa evacuação das matérias recebidas. Deverão ser acessíveis e facilmente inspeccionáveis, tanto quanto possível, em toda a sua extensão, sem prejuízo do bom aspecto exterior da edificação. Nas canalizações dos prédios é interdito o emprego de tubagem de barro comum, mesmo vidrada.

Artigoº 91.º

Será assegurado o rápido e completo escoamento das águas pluviais caídas em qualquer local do prédio. Os tubos de queda das águas pluviais serão independentes dos tubos de queda destinados ao esgoto de dejectos e águas servidas.

Artigoº 92.º

Serão tomadas todas as disposições necessárias para rigorosa defesa da habitação contra emanações doa esgotos susceptíveis de prejudicar a saúde ou a comodidade dos ocupantes. Qualquer aparelho ou orifício de escoamento, sem excepção, desde que possa estabelecer comunicação entre canalizações ou reservatórios de águas servidas ou de dejectos e a habitação, incluindo os escoadouros colocados nos logradouros ou em outro qualquer local do prédio, será ligado ao ramal da evacuação por intermédio de um sifão acessível e de fácil limpeza e em condições de garantir uma vedação hidráulica efectiva e permanente.

Artigoº 93.º

Serão adoptadas todas as precauções tendentes a assegurar a ventilação das canalizações de esgoto e a impedir o esvaziamento, mesmo temporário, dos sifões e a consequente descontinuidade da vedação hidráulica.

§ 1.º Os tubos de queda dos dejectos e águas servidas dos prédios serão sempre prolongados além da ramificação mais elevada, sem diminuição de secção, abrindo livremente na atmosfera a, pelo menos, 50 centímetros acima do telhado ou, quando a cobertura formar terraço, a 2 metros acima do seu nível e a 1 metro acima de qualquer vão ou simples abertura em comunicação com os locais de habitação, quando situados a uma distância horizontal inferior a 4 metros da desembocadura do tubo.

§ 2.º Nas edificações com instalações sanitárias distribuídas por mais de um piso é ainda obrigatória a instalação de um tubo geral de ventilação, de secção útil constante, adequada à sua extensão e ao número e natureza dos aparelhos servidos. Este tubo, a que se ligarão os ramais da ventilação dos sifões ou grupos de sifões a ventilar, poderá inserir-se no tubo de queda 1 metro acima da última ramificação ou abrir-se livremente na atmosfera nas condições estabelecidas para os tubos de queda. Inferiormente o tubo geral de ventilação será inserido no tubo de queda a jusante da ligação do primeiro ramal de descarga.

Artigoº 94.º

Os dejectos e águas servidas deverão ser afastados dos prédios prontamente e por forma tal que não possam originar quaisquer condições de insalubridade.

§ único. Toda a edificação existente ou a construir será obrigatoriamente ligada à rede pública de esgotos por um ou mais ramais, em regra privativos da edificação, que sirvam para a evacuação dos seus esgotos.

Artigoº 95.º

Nos locais ainda não servidos por colector público acessível os esgotos dos prédios serão dirigidos para instalações cujos efluentes sejam suficientemente depurados. É interdita a utilização de poços perdidos ou outros dispositivos susceptíveis de poluir o subsolo ou estabelecidos em condições de causarem quaisquer outros danos à salubridade pública.

§ único. As instalações referidas neste artigo não poderão continuar a ser utilizadas logo que aos prédios respectivos for assegurado esgoto para colector público e, ao cessar a sua utilização, serão demolidas ou entulhadas, depois de cuidadosamente limpas e desinfectadas.

Artigoº 96.º

É proibido o escoamento, mesmo temporário, para cursos de água, lagos ou para o mar dos dejectos ou águas servidas de qualquer natureza não sujeitos a tratamento prévio conveniente, quando daí possam advir condições de insalubridade ou prejuízo público.

Artigoº 97.º

Em todas as edificações com mais de quatro pisos, incluindo cave e sótão, sempre que habitáveis e quando não se preveja outro sistema mais aperfeiçoado de evacuação de lixos, deverá, pelo menos, existir um compartimento facilmente acessível, destinado a nele se depositarem contentores dos lixos dos diversos pisos.

§ único. Os compartimentos a que se refere o corpo deste artigo deverão ser bem ventilados e possuir disposições apropriadas para a sua lavagem frequente.

Artigoº 98.º

As canalizações destinadas à evacuação dos lixos dos inquilinos dos diversos pisos- quando previstas-deverão ser verticais, ter secção útil proporcionada ao número de inquilinos e diâmetro mínimo de 30 centímetros.

Em cada piso haverá, pelo menos, uma boca de despejo facilmente acessível e ligada à canalização vertical por meio de ramais, cuja inclinação sobre a horizontal nunca deve ser inferior a 45.º

§ 1.º Tanto a canalização vertical como os ramais de evacuação deverão ser constituídos por tubagens de grés vidrado ou outro material não sujeito a corrosão e de superfície interior perfeitamente lisa em toda a sua extensão e devem, além disso, possuir disposições eficazes de ventilação, lavagem e limpeza.

§ 2.º As bocas de despejo devem funcionar facilmente e satisfazer aos requisitos de perfeita vedação e higiene na sua utilização.

Artigoº 99.º

A introdução em colectores públicos de produtos ou líquidos residuais de fábricas, garagens ou de outros estabelecimentos, e susceptíveis de prejudicarem a exploração ou o funcionamento das canalizações e instalações do sistema de esgotos públicos, só poderá ser autorizada quando se verifique ter sido precedida das operações necessárias para garantir a inocuidade do efluente.

Artigoº 100.º

Os ramais de ligação dos prédios aos colectores públicos ou a quaisquer outros receptores terão secções úteis adequadas ao número e natureza dos aparelhos que servirem à área de drenagem e aos caudais previstos. Serão solidamente assentes e facilmente inspeccionáveis em toda a sua extensão, particularmente nos troços em que não for possível evitar a sua colocação sob as edificações. Não serão permitidas, em regra, inclinações inferiores a 2 centímetros nem superiores a 4 centímetros por metro, devendo, em todos os casos, tornar-se as disposições complementares porventura necessárias, quer para garantir o perfeito escoamento e impedir acumulação de matérias sólidas depositadas, quer para obstar ao retrocesso dos esgotos para as edificações, especialmente em zonas inundáveis.

CAPÍTULO V – Abastecimento de água potável

Artigoº 101.º

As habitações deverão normalmente ter assegurado o seu abastecimento de água potável na quantidade bastante para a alimentação e higiene dos seus ocupantes.

§ único. Salvo os casos de isenção legal, os prédios situados em locais servidos por rede pública de abastecimento da água serão providos de sistemas de canalizações interiores de distribuição, ligadas àquela rede por meio de ramais privativos, devendo dar-se a uns e outros traçados e dimensões tais que permitam o abastecimento directo e contínuo de todos os inquilinos.

Artigoº 102.º

As canalizações, dispositivos de utilização e acessórios de qualquer natureza das instalações de água potável dos prédios serão estabelecidos e explorados tendo em atenção as disposições do presente regulamento e as do Regulamento Geral do Abastecimento de Água, de forma que possam rigorosamente assegurar a protecção da água contra contaminação ou simples alteração das suas qualidades.

§ 1.º As instalações de distribuição de água potável serão inteiramente distintas de qualquer outra instalação de distribuição de água ou de drenagem. As canalizações de esgoto em todo o seu traçado.

§ 2.º A alimentação, pelas instalações de água potável, das bacias de retretes, urinóis ou quaisquer outros recipientes ou canalizações insalubres só poderá ser feita mediante interposição de um dispositivo isolador adequado.

§ 3.º Nas instalações de água potável é interdita a utilização de materiais que não sejam reconhecidamente impermeáveis e resistentes ou que não ofereçam suficientes garantias de inalterabilidade da água até à sua utilização.

Artigoº 103.º

As instalações de distribuição de água potável devem estabelecer-se de modo que ela siga directamente da origem do abastecimento do prédio até aos dispositivos de utilização, sem retenção prolongada em quaisquer reservatórios.

§ único. Quando seja manifestamente indispensável o emprego de depósitos de água potável, terão estes disposições que facilitem o seu esvaziamento total e limpeza frequentes. Serão instalados em locais salubres e arejados, distantes das embocaduras dos tubos de ventilação dos esgotos e protegidos contra o calor. Quando necessário, serão ventilados, mas sempre protegidos eficazmente contra a entrada de mosquitos, de poeiras ou de outras matérias estranhas.

Artigoº 104.º

Os poços e cisternas deverão ficar afastados de origens de possíveis conspurcações da água. Tomar-se-ão, além disso, as precauções necessárias para impedir a infiltração de águas superficiais, assegurar conveniente ventilação e opor-se à entrada de mosquitos, poeiras ou de quaisquer outras matérias nocivas. Para extrair a água apenas se poderão utilizar sistemas que não possam ocasionar a sua inquinação.

Artigoº 105.º

As paredes dos poços serão guarnecidas de revestimento impermeável nos seus primeiros metros e elevar-se-ão acima do terreno no mínimo de 0m,50, devendo evitar- se, em todos os casos, a infiltração de águas sujas, protegendo o terreno adjacente ao perímetro da boca numa faixa de largura não inferior a 1m,50 e com declive para a periferia. As coberturas dos poços serão sempre estanques. Qualquer abertura de ventilação deve obedecer às exigências mencionadas na última parte do § único do artigo 103.º

Artigoº 106.º

As cisternas deverão ser providas de dispositivos eficazes que impeçam a recolha das primeiras águas caídas nas coberturas do prédio e que retenham a todo o momento quaisquer matérias sólidas arrastadas pela água recolhida.

Terão sempre cobertura rigorosamente estanque e qualquer abertura para arejamento deverá ser protegida contra a entrada de mosquitos, poeiras ou outras matérias estranhas.

Artigoº 107.º

Será interdita a utilização de poços ou cisternas para o abastecimento de água de alimentação sempre que se verifiquem condições de deficiente segurança contra quaisquer possibilidades de contaminação.

CAPÍTULO VI – Evacuação dos fumos e gases

Artigoº 108.º

Os compartimentos das habitações e quaisquer outros destinados à permanência de pessoas nos quais se preveja que venham a funcionar aparelhos de aquecimento por combustão serão providos dos dispositivos necessários para a sua ventilação e completa evacuação dos gases ou fumos susceptíveis de prejudicar a saúde ou o bem-estar dos ocupantes.

§ único. Quando as condições climatéricas locais o justifiquem, as câmaras municipais poderão tornar obrigatória a previsão, nos projectos de edificação, do aquecimento por aparelhos de combustão de todos os compartimentos destinados a habitação ou a maior permanência de pessoas a impor a consequente realização dos dispositivos mencionados no presente artigo.

Artigoº 109.º

As cozinhas serão sempre providas de dispositivos eficientes para a evacuação de fumos e gases e eliminação dos maus cheiros.

§ único. Quando nelas se instalar chaminé com lareira, esta terá sempre profundidade de 0m,50, pelo menos, e conduta privativa para a evacuação do fumo e eliminação dos maus cheiros.

Artigoº 110.º

1 – As condutas de fumo que sirvam chaminés, fogões de aquecimento, caloríferos e outras origens de fumo semelhantes serão independentes.

2 – No entanto, poderão ser aplicadas soluções de execução de condutas colectivas a que se ligam, com desfasamento de um piso, as fugas individuais.

3 – É indispensável, como complemento às soluções definidas no n.º 2, instalação nas saídas das chaminés de exaustores estáticos, convenientemente conformados e dimensionados.

Artigoº 111.º

As chaminés de cozinha ou de aparelhos de aquecimento e as condutas de fumo serão construídas com materiais incombustíveis e ficarão afastadas, pelo menos, 0m,20 de qualquer peça de madeira ou de outro material combustível. As condutas de fumo, quando agrupadas, deverão ficar separadas umas das outras por panos de material incombustível, de espessura conveniente e sem quaisquer aberturas. As embocadas das chaminés e as condutas de fumo terão superfícies interiores lisas e desempenhadas. Os registos das condutas de fumo, quando previstos, não deverão poder interceptar por completo a secção de evacuação.

Artigoº 112.º

As condutas de fumo deverão formar com a vertical ângulo não superior a 30°. A sua secção será a necessária para assegurar boa tiragem até ao capelo, porém sem descer a menos de 4 decímetros quadrados e sem que a maior dimensão exceda três vezes a menor.

Artigoº 113.º

As condutas de fumo elevar-se-ão, em regra, pelos menos, 0m,50 acima da parte mais elevada das coberturas do prédio e, bem assim, das edificações contíguas existentes num raio de 10 metros. As bocas não deverão distar menos de 1m,50 de quaisquer vãos de compartimentos de habitação e serão facilmente acessíveis para limpeza.

Artigoº 114.º

As chaminés de instalações cujo funcionamento possa constituir causa de insalubridade ou de outros prejuízos para as edificações vizinhas serão providas dos dispositivos necessários para remediar estes inconvenientes.

CAPÍTULO VII – Alojamento de animais

Artigo.º 115.º

As instalações para alojamento de animais somente poderão ser consentidas nas áreas habitadas ou suas imediações quando construídas e exploradas em condições de não originarem, directa ou indirectamente, qualquer prejuízo para a salubridade e conforto das habitações.

Os anexos para alojamento de animais domésticos construídos nos logradouros dos prédios, quando expressamente autorizados, não poderão ocupar mais do que 1/15 da área destes logradouros.

§ único. As câmaras municipais poderão interdizer a construção ou utilização de anexos para instalação de animais nos logradouros ou terrenos vizinhos dos prédios situados em zonas urbanas quando as condições locais de aglomeração de habitações não permitirem a exploração desses anexos sem riscos para a saúde e comodidade dos habitantes.

Artigo.º 116.º

As instalações para alojamento de animais constituirão, em regra construções distintas das de habitação e afastadas delas. Quando tal, porém, não seja possível, serão, pelo menos, separadas das habitações por paredes cheias ou pavimentos contínuos que dêem garantia de isolamento perfeito. Qualquer comunicação directa com os compartimentos das habitações será sempre interdita.

Artigo.º 117.º

As cavalariças, vacarias, currais e instalações semelhantes serão convenientemente iluminados e providos de meios eficazes de ventilação permanente, devendo na sua construção ter-se em atenção, além das disposições do presente regulamento, as constantes da legislação especial aplicável.

Artigo.º 118.º

As paredes das cavalariças, vacarias, currais e instalações semelhantes serão revistadas interiormente, até à altura mínima de 1m,50 acima do pavimento, de material resistente, impermeável e com superfície lisa que permita facilmente frequentes lavagens. Os tectos e as paredes acima desta altura serão rebocados e pintados ou, pelo menos, caiados, desde que a caiação seja mantida em condições de eficácia. O revestimento do solo será sempre estabelecido de forma a impedir a infiltração ou a estagnação dos líquidos e a assegurar a sua pronta drenagem para a caleira de escoamento, ligada por intermédio de um sifão à tubagem de evacuação dos esgotos de prédio.

§ único. Quando, nas zonas rurais, haja em vista o ulterior aproveitamento dos líquidos acima referidos, o seu escoamento poderá fazer-se para depósitos distantes das habitações, solidamente construídos e perfeitamente estanques, cuja exploração só será permitida em condições de rigorosa garantia da salubridade pública e quando não haja dano para os moradores dos prédios vizinhos.

Artigoº 119.º

Os estrumes produzidos nas cavalariças, vacarias, currais e instalações semelhantes serão tirados com frequência e prontamente conduzidos para longe das áreas habitadas, dos arruamentos e logradouros públicos e bem assim das nascentes, poços, cisternas ou outras origens ou depósitos de águas potáveis e das respectivas condutas.

§ único. Nas zonas rurais pode autorizar-se o depósito dos estrumes em estrumeiras ou nitreiras desde que não haja prejuízo para a salubridade pública. As estrumeiras ou nitreiras devem ficar afastadas das habitações ou locais públicos e serão construídas de modo que delas não possam advir infiltrações prejudiciais no terreno e fiquem asseguradas, em condições inofensivas, a evacuação e eliminação dos líquidos exsudados ou a recolha destes em fossas que satisfaçam às condições especificadas no § único do artigo anterior.

Artigoº 120.º

Serão sempre tomadas precauções rigorosas para impedir que as instalações ocupadas por animais e as estrumeiras ou nitreiras possam favorecer a propagação de moscas ou mosquitos.

TÍTULO IV – Condições especiais relativas à estética das edificações

CAPÍTULO ÚNICO

Artigoº 121.º

As construções em zonas urbanas ou rurais, seja qual for a sua natureza e o fim a que se destinem, deverão ser delineadas, executadas e mantidas de forma que contribuam para dignificação e valorização estética do conjunto em que venham a integrar-se. Não poderão erigir-se quaisquer construções susceptíveis de comprometerem, pela localização, aparência ou porpoções, o aspecto das povoações ou dos conjuntos arquitectónicos, edifícios e locais de reconhecido interesse histórico ou artístico ou de prejudicar a beleza das paisagens.

Artigo.º 122.º

O disposto no artigo anterior aplica-se integralmente às obras de conservação, reconstrução ou transformação de construções existentes.

Artigo.º 123.º

Nas zonas de protecção dos monumentos nacionais ou dos imóveis de interesse público, devidamente classificadas, não podem as câmaras municipais autorizar qualquer obra de construção ou de alteração de edificações existentes sem prévio parecer da entidade que tiver feito a classificação.

Artigo.º 124.º

Não são autorizáveis quaisquer alterações em construções ou elementos naturais classificados como valores concelhios nos termos da Lei n.º 2:032, quando delas possam resultar prejuízos para esses valores.

§ 1.º As câmaras municipais poderão condicionar a licença para se executarem trabalhos de reconstrução ou de transformação em construções de interesse histórico, artístico ou arqueológico que, precedentemente, tenham sofrido obras parciais em desacordo com o estabelecido neste artigo, à simultânea execução dos trabalhos complementares de correcção necessários para reintegrar a construção nas suas características primitivas. Este condicionamento só poderá ser imposto se a importância das obras requeridas ou o valor histórico, arqueológico ou artístico da construção o justificar.

§ 2.º Das deliberações camarárias tomadas nos termos do presente artigo haverá recurso para a entidade que tiver feito a classificação.

Artigo.º 125.º

As câmaras municipais poderão proibir a instalação de elementos ou objectos de mera publicidade e impor a supressão dos já existentes quando prejudiquem o bom aspecto dos arruamentos e praças ou das construções onde se apliquem.

Artigo.º 126.º

As árvores ou os maciços de arborização que, embora situados em logradouros de edificações ou outros terrenos particulares, constituam, pelo seu porte, beleza e condições de exposição, elementos de manifesto interesse público, e como tais oficialmente classificados, não poderão ser suprimidos, salvo em casos de perigo iminente, ou precedendo licença municipal, em casos de reconhecido prejuízo para a salubridade ou segurança dos edifícios vizinhos.

Artigoº 127.º

As decisões das câmaras municipais que envolvam recusa ou condicionamento, ao abrigo das disposições do presente capítulo, de autorização para obras ou para modificação de elementos naturais, quando não resultem de imposição legal taxativa, serão sempre fundamentadas em parecer prévio da respectiva comissão municipal de arte e arqueologia, com recurso para o Ministro da Educação Nacional.

TÍTULO V – Condições especiais relativas à segurança das edificações

CAPÍTULO I – Solidez das edificações

Artigoº 128.º

As edificações serão delineadas e construídas de forma a ficar sempre assegurada a sua solidez, e serão permanentemente mantidas em estado de não poderem constituir perigo para a segurança pública e dos seus ocupantes ou para a dos prédios vizinhos.

Artigoº 129.º

As disposições do artigo anterior são aplicáveis às obras de reconstrução ou transformação de edificações existentes. Quando se trate de ampliação ou outra transformação de que resulte aumento das cargas transmitidas aos elementos não transformados da edificação ou às fundações, não poderão as obras ser iniciadas sem que se demonstre que a edificação suportará com segurança o acréscimo de solicitação resultante da obra projectada.

Artigoº 130.º

A nenhuma edificação ou parte da edificação poderá ser dada, mesmo temporariamente, aplicação diferente daquela para que foi projectada e construída, e da qual resulte agravamento das sobrecargas inicialmente previstas, sem que se verifique que os elementos da edificação e as respectivas fundações suportarão com segurança o correspondente aumento de solicitação ou se efectuem as necessárias obras de reforço.

Artigoº 131.º

Quando as edificações, no todo ou em parte, se destinem a aplicações que envolveram sobrecargas consideráveis, deverá ser afixada de forma bem visível em cada pavimento a indicação da sobrecarga máxima de utilização admissível.

Artigoº **132.**º

Os materiais de que forem construídos os elementos das edificações deverão ser sempre de boa qualidade e de natureza adequada às condições da sua utilização. Todos os elementos activos das edificações e respectivas fundações deverão ser estabelecidos dc forma que possam suportar, com toda a segurança e sem deformações inconvenientes, as máximas solicitações a que sejam submetidos. As tensões limites correspondentes à solicitação mais desfavorável em ponto algum deverão ultrapassar valores deduzidos dos limites de resistência dos materiais constituintes, por aplicação de coeficientes de segurança convenientemente fixados.

Artigoº **133.**º

Antes da execução das obras ou no seu decurso, especialmente quando se trate de edificações de grande importância ou destinados a suportar cargas clcvadas, ou ainda quando se utilizem materiais ou processo de construção não correntes, poderá ser exigida a execução de ensaios para demonstração das qualidades dos terrenos ou dos materiais, ou para justificação dos limites de tensão admitidos. Igualmente poderá exigir-se que tais edificações sejam submetidas a provas, antes de utilizadas, com o fim de se verificar directamente a sua solidez.

Artigoº **134.**º

Nas zonas sujeitas a sismos violentos deverão ser fixadas condições restritivas especiais para as edificações, ajustadas à máxima violência provável aos abalos e incidindo especialmente sobre a altura máxima permitida para as edificações, a estrutura destas e a constituição dos seus elementos, as sobrecargas adicionais que se devam considerar, os valores dos coeficientes de segurança e a continuidade e homogeneidade do terreno de fundação.

CAPÍTULO II – Segurança pública e dos operários no decurso das obras

Artigoº **135.**º

Durante a execução de obras de qualquer natureza serão obrigatoriamente adoptadas as precauções e as disposições necessárias para garantir a segurança do público e dos operários, para salvaguardar, quanto possível, as condições normais do trânsito na via pública e, bem assim, para evitar danos materiais, mormente os que possam afectar os bens do domínio público do Estado ou dos municípios, as instalações de serviços públicos e os imóveis de valor histórico ou artístico.

Serão interditos quaisquer processos de trabalho susceptíveis de comprometer o exacto cumprimento do disposto neste artigo.

Artigoº 136.º

Os estaleiros das obras de construção, demolição ou outras que interessem à segurança dos transeuntes, quando no interior de povoações, deverão em regra ser fechados ao longo dos arruamentos ou logradouros públicos por vedações do tipo fixado pelas respectivas câmaras municipais, tendo em vista a natureza da obra e as características do espaço público confiante.

§ único. Quando as condições do trânsito na via pública impossibilitem ou tornem inconveniente a construção da vedação, poderão ser impostas, em sua substituição, disposições especiais que garantam por igual a segurança pública, sem embaraço para o trânsito.

Artigoº 137.º

Os andaimes, escadas e pontes de serviço, passadiços, aparelhos de elevação de materiais e, de um modo geral, todas as construções ou instalações acessórias e dispositivos de trabalho utilizados para a execução das obras deverão ser construídos e conservados em condições de perfeita segurança dos operários e do público e de forma que constituam o menor embaraço possível para o trânsito.

§ único. As câmaras municipais poderão exigir disposições especiais, no que se refere à constituição e modo de utilização dos andaimes e outros dispositivos em instalações acessórias das obras, tendo em vista a salvaguarda do trânsito nas artérias mais importantes.

Artigoº 138.º

Na execução de terraplanagens, abertura de poços galerias, valas e caboucos, ou outros trabalhos de natureza semelhante, os revestimentos e escoramentos deverão ser cuidadosamente construídos e conservados, adoptando-se demais disposições necessárias para impedir qualquer acidente, tendo em atenção a natureza do terreno, as condições de trabalho do pessoal e a localização da obra em relação aos prédios vizinhos.

Artigoº 139.º

Além das medidas de segurança referidas no presente capítulo, poderão as câmaras municipais, tendo em vista a comodidade e a higiene públicas e dos operários, impor outras relativas à organização dos estaleiros.

CAPÍTULO III – Segurança contra incêndios

Artigoº 140.º

Todas as edificações deverão ser delineadas e construídas tendo em atenção a segurança dos seus futuros ocupantes em caso de incêndio. Adoptar-se-ão as disposições necessárias para facilitar a extinção do fogo, impedir ou retardar o seu alastramento e evitar a propagação aos prédios vizinhos.

Artigoº 141.º

A nenhuma edificação ou parte de edificação poderá ser dada, mesmo temporariamente, aplicação diferente daquela para que for autorizada, de que resulte maior risco de incêndio, sem que previamente sejam executadas as obras de defesa indispensáveis para garantia da segurança dos ocupantes do próprio prédio ou dos vizinhos.

Artigoº 142.º

Todas as edificações disporão de meios de saída para a via pública, directamente ou por intermédio de logradouros. O número, dimensões, localização e constituição destes meios de saída serão fixados tendo em atenção a natureza da ocupação e a capacidade de resistência da construção ao fogo, por forma a permitir com segurança a rápida evacuação dos ocupantes em caso de incêndio.

§ único. Todas as edificações sem acesso directo pela via pública ou dela afastadas deverão ser servidas por arruamento de largura não inferior a 3 metros, destinado a viaturas.

Artigoº 143.º

As saídas das edificações devem conservar-se permanentemente desimpedidas em toda a sua largura e extensão. É interdito qualquer aproveitamento ou pejamento, mesmo temporário, das saídas, susceptíveis de afectar a segurança permanente da edificação ou dificultar a evacuação em caso de incêndio.

Artigoº 144.º

As escadas de acesso aos andares ocupados das edificações, incluindo os respectivos patamares, e bem assim os acessos comuns a estas escadas, salvo nos casos referidos nos artigos 145.º e 146.º, serão construídos com materiais resistentes ao fogo, podendo, no entanto, ser revestidos com outros materiais. As escadas, desde que sirvam mais de dois pisos, serão encerradas em caixas de paredes igualmente resistentes ao fogo, nas quais não serão permitidos outros vãos em comunicação com o interior das edificações além das portas de ligação com os diversos pisos.

§ único. As caixas das escadas que sirvam mais de três pisos serão sempre providas de dispositivos de ventilação na parte superior.

Artigoº 145.º

Nas habitações com o máximo de dois andares sobre o rés-do-chão, incluindo sótão, quando habitável, as escadas poderão ser construídas de materiais não resistentes ao fogo desde que sejam dotadas inferiormente de um revestimento contínuo, sem fendas ou juntas, resistente ao fogo.

§ **único.** Nas pequenas habitações com o máximo de um andar sobre o rés-do-chão poderá ser dispensado este revestimento.

Artigoº 146.º

Ao disposto no corpo do artigo anterior poderá ser aplicável a uma das escadas de acesso comum das habitações com maior número de andares, providas de escadas de serviço, desde que o número total de pisos habitáveis, incluindo cave e sótão, não exceda cinco.

Artigoº 147.º

Tanto nas habitações desatinadas ao alojamento de três ou mais inquilinos acima do rés- do-chão como em todas as edificações com mais de três pisos, incluindo o rés-do-chão e o sótão, quando habitável, todas as paredes e os revestimentos dos tectos serão resistentes ao fogo.

Todas as estruturas metálicas que suportem elementos de construção em edificações abrangidas pelo presente artigo serão eficazmente protegidas contra a acção do fogo por revestimentos de materiais isoladores com a necessária espessura.

Artigoº 148.º

Nas educações com mais de cinco pisos, incluindo cave e sótão, quando habitáveis, as paredes exteriores e das caixas das escadas, bem como os pavimentos e a estrutura das escadas, serão construídos com materiais resistentes ao fogo. Não se consideram abrangidos nesta disposição os revestimentos nem as portas e janelas ou outros acessórios ou guarnecimentos de construção.

Artigoº 149.º

As edificações contíguas serão separadas por paredes guarda-fogo, as quais, quando se não prevejam outras disposições igualmente eficazes, serão elevadas 60 centímetros acima da cobertura mais baixa, sempre que esta assente em estrutura não resistente ao fogo. Quando as edificações tiverem grande extensão, serão estabelecidas paredes guarda-fogo intermédias a distâncias não superiores a 40 metros, excepto quando tal solução for incompatível com as necessidades funcionais das edificações, devendo neste caso ser adoptadas outras medidas de protecção contra o fogo, determinadas pelos serviços competentes.

Nas construções em zonas rurais que compreendam locais de habitação e dependências de carácter rural, como adegas, palheiros, celeiros e instalações de animais, a parte habitada será separada da parte rural por uma parede guarda-fogo.

Artigoº 150.º

As paredes guarda-fogo terão uma espessura mínima, que garanta resistência ao fogo, não inferior à de uma parede de alvenaria de pedra irregular de 40 centímetros. Quaisquer vigamentos combustíveis apoiados dum e noutro lado de uma parede guarda- fogo deverão ficar separados por uma espessura de alvenaria não inferior a 15 centímetros. Os vãos abertos em paredes guarda-fogo só serão admissíveis quando estritamente indispensáveis e serão sempre vedados por portas resistentes ao fogo.

Artigoº 151.º

Quando numa edificação parte for destinada a fins de habitação ou semelhantes quanto aos riscos de incêndio e parte a instalação de estabelecimentos comerciais ou industriais, as duas partes ficarão separadas por elementos resistentes ao fogo, nos quais não será, em regra, permitida a abertura de quaisquer vãos. As duas partes disporão de meios de saída inteiramente independentes.

§ único. Compete às câmaras municipais impor aos proprietários ou arrendatários dos estabelecimentos comerciais ou industriais já existentes nas condições referidas no presente artigo a execução das obras necessárias para impedir a propagação do fogo.

Artigoº 152.º

As caixas dos ascensores não instalados nas bombas das escadas, as dos monta-cargas, os poços de ventilação, as chaminés de evacuação de lixo, quando interiores, e quaisquer outras instalações semelhantes serão completamente encerradas em paredes resistentes ao fogo e os vãos de acesso serão dotados de portas igualmente resistentes ao fogo, que vedem perfeitamente e se mantenham sempre fechadas por intermédio de dispositivos convenientes.

Artigoº 153.º

É interdito, em regra, o emprego de colmo ou de outros materiais combustíveis no revestimento das coberturas das edificações. Exceptuam-se as pequenas construções servindo de dependências de carácter rústico e que fiquem afastadas de qualquer habitação.

Artigoº 154.º

Para o acesso aos telhados das edificações será estabelecida, pelo menos, uma escada entre cada duas paredes guarda-fogo consecutivas. Igualmente serão estabelecidos dispositivos de acesso às chaminés.

Artigoº 155.º

As paredes, pavimentos e tectos de garagens, instalações de caldeiras, forjas ou fornos de qualquer natureza, depósitos de madeira e outros materiais inflamáveis, oficinas e estabelecimentos em que sejam trabalhados estes materiais resistentes ao fogo.

Artigoº 156.º

Os pavimentos, paredes e tectos dos compartimentos destinados a cozinhas serão resistentes ao fogo ou, pelo menos, revestidos de materiais com essas características e de espessura convenientes.

Artigoº 157.º

Os pavimentos de suporte das chaminés ou lareiras serão sempre resistentes ao fogo numa área que exceda em todos os sentidos a área por elas ocupada.

Artigoº 158.º

As instalações de gás e de electricidade deverão ser estabelecidas e mantidas em condições de rigorosa segurança contra o risco de incêndio originado pela sua utilização.

§ único A instalação eléctrica relativa aos ascensores e monta-cargas, incluindo iluminação e sinalização, será inteiramente independente da instalação geral da edificação.

Artigoº 159.º

Nas edificações com dez ou mais pisos ou de grande desenvolvimento horizontal e bem assim em edificações de natureza especial, seja qual for o número de pisos, outras disposições de segurança contra incêndios poderão ser exigidas pelas câmaras municipais, mediante prévia consulta dos peritos competentes.

TÍTULO VI – Sanções e disposições diversas

CAPÍTULO ÚNICO

Artigoº 160.º

As câmaras municipais terão competência para cominar, nos seus regulamentos, as penalidades aplicáveis aos infractores do presente diploma, dentro dos limites assinados nos artigos seguintes, bem como poderão tomar as demais medidas adiante enunciadas, a fim de dar execução aos seus preconceitos.

Artigoº 161.º

Constituem contra-ordenações a violação do disposto no presente Regulamento e nos regulamentos municipais neste previstos, competindo aos serviços de fiscalização da câmara municipal competente a instrução do respectivo processo, sem prejuízo das competências de fiscalização das autoridades policiais, cumulativamente.

Artigoº 162.º

A execução de quaisquer obras em violação das disposições deste Regulamento, que não seja já objecto de sanção por via do disposto no Decreto-Lei n.º 445/91, de 20 de Novembro, é punida com coima de 5000$00 a 500000$00.

§ **1.º** A supressão das árvores ou maciços abrangidos pela disposição do artigo 126.º, quando os proprietários tenham sido previamente notificados de interdição do respectivo corte, será punida com coima de 5000$00 a 500000$00.

§ **2.º** A existência de meios de transporte vertical – ascensores, monta-cargas, escadas ou tapetes rolantes -, quando exigidos pelo presente Regulamento, em condições de não poderem ser utilizados permanentemente será punida com coima de 2000$00 a 5000$00 por aparelho e por dia.

§ **3.º** A violação de disposições deste Regulamento para que não se preveja sanção especial, quer nos parágrafos anteriores, quer no Decreto-Lei n.º 445/91, de 20 de Novembro, é sancionada com coima de 5000$00 a 500000$00.

Artigoº 163.º

Quando as coimas forem aplicadas a pessoas colectivas os mínimos fixados no artigo anterior são elevados para o dobro, podendo os máximos atingir os limites fixados no artigo 17.º do Decreto-Lei n.º 433/82, de 27 de Outubro.

Artigoº 164.º

A negligência é sempre punida.

Artigoº 165.º

(Revogado)

Artigoº 166.º

(Revogado)

Artigoº 167.º

(Revogado)

Artigoº 168.º

(Revogado)

REGIME JURÍDICO DA URBANIZAÇÃO E EDIFICAÇÃO

Decreto-Lei n.º 555/99, de 16 de Dezembro
Estabelece o regime jurídico da urbanização e edificação

A revisão dos regimes jurídicos do licenciamento municipal de loteamentos urbanos e obras de urbanização e de obras particulares constitui uma necessidade porque, embora recente, a legislação actualmente em vigor não tem conseguido compatibilizar as exigências de salvaguarda do interesse público com a eficiência administrativa a que legitimamente aspiram os cidadãos.

Os regimes jurídicos que regem a realização destas operações urbanísticas encontram-se actualmente estabelecidos em dois diplomas legais, nem sempre coerentes entre si, e o procedimento administrativo neles desenhado é excessivamente complexo, determinando tempos de espera na obtenção de uma licença de loteamento ou de construção que ultrapassam largamente os limites do razoável.

Neste domínio, a Administração move-se num tempo que não tem correspondência na vida real, impondo um sacrifício desproporcional aos direitos e interesses dos particulares.

Mas, porque a revisão daqueles regimes jurídicos comporta também alguns riscos, uma nova lei só é justificável se representar um esforço sério de simplificação do sistema sem, contudo, pôr em causa um nível adequado de controlo público, que garanta o respeito intransigente dos interesses públicos urbanísticos e ambientais.

Se é certo que, por via de um aumento da responsabilidade dos particulares, é possível diminuir a intensidade do controlo administrativo a que actualmente se sujeita a realização de certas operações urbanísticas, designadamente no que respeita ao respectivo controlo prévio, isso não pode nem deve significar menor responsabilidade da Administração.

A Administração tem de conservar os poderes necessários para fiscalizar a actividade dos particulares e garantir que esta se desenvolve no estrito cumprimento das disposições legais e regulamentares aplicáveis.

O regime que agora se institui obedece, desde logo, a um propósito de simplificação legislativa.

Na impossibilidade de avançar, desde já, para uma codificação integral do direito do urbanismo, a reunião num só diploma destes dois regimes jurídicos, a par da adopção de um único diploma para regular a elaboração, aprovação, execução e avaliação dos instrumentos de gestão territorial, constitui um passo decisivo nesse sentido.

Pretende-se, com isso, ganhar em clareza e coerência dos respectivos regimes jurídicos, evitando-se a dispersão e a duplicação desnecessárias de normas legais.

Numa época em que a generalidade do território nacional já se encontra coberto por planos municipais, e em que se renova a consciência das responsabilidades públicas na sua execução, o loteamento urbano tem de deixar de ser visto como um mecanismo de substituição da Administração pelos particulares no exercício de funções de planeamento e gestão urbanística.

As operações de loteamento urbano e obras de urbanização, tal como as obras particulares, concretizam e materializam as opções contidas nos instrumentos de gestão territorial, não se distinguindo tanto pela sua natureza quanto pelos seus fins. Justifica-se, assim, que a lei regule num único diploma o conjunto daquelas operações urbanísticas, tanto mais que, em regra, ambas são de iniciativa privada e a sua realização está sujeita a idênticos procedimentos de controlo administrativo.

A designação adoptada para o diploma – regime jurídico da urbanização e edificação – foge à terminologia tradicional no intuito de traduzir a maior amplitude do seu objecto.

Desde logo, porque, não obstante a particular atenção conferida às normas de procedimento administrativo, o mesmo não se esgota no regime de prévio licenciamento ou autorização das operações de loteamento urbano, obras de urbanização e obras particulares.

Para além de conter algumas normas do regime substantivo daquelas operações urbanísticas, o diploma abrange a actividade desenvolvida por entidades públicas ou privadas em todas as fases do processo urbano, desde a efectiva afectação dos solos à construção urbana até à utilização das edificações nele implantadas.

É no âmbito da regulamentação do controlo prévio que se faz sentir mais intensamente o propósito de simplificação de procedimentos que este anteprojecto visa prosseguir.

O sistema proposto diverge essencialmente daquele que vigora actualmente, ao fazer assentar a distinção das diferentes formas de procedimento não apenas na densidade de planeamento vigente na área de realização da operação urbanística mas também no tipo de operação a realizar.

Na base destes dois critérios está a consideração de que a intensidade do controlo que a administração municipal realiza preventivamente pode e deve variar em função do grau de concretização da posição subjectiva do particular perante determinada pretensão.

Assim, quando os parâmetros urbanísticos de uma pretensão já se encontram definidos em plano ou anterior acto da Administração, ou quando a mesma tenha escassa ou nenhuma relevância urbanística, o tradicional procedimento de licenciamento é substituído por um procedimento simplificado de autorização ou por um procedimento de mera comunicação prévia.

O procedimento de licença não se distingue, no essencial, do modelo consagrado na legislação em vigor.

Como inovações mais significativas são de salientar o princípio da sujeição a prévia discussão pública dos procedimentos de licenciamento de operações de loteamento urbano e a possibilidade de ser concedida uma licença parcial para a construção da estrutura de um edifício, mesmo antes da aprovação final do projecto da obra.

No primeiro caso, por se entender que o impacte urbanístico causado por uma operação de loteamento urbano em área não abrangida por plano de pormenor tem implicações no ambiente urbano que justificam a participação das populações locais no respectivo processo de decisão, não obstante poder existir um plano director municipal ou plano de urbanização, sujeitos, eles próprios, a prévia discussão pública.

No segundo caso, por existir a convicção de que, ultrapassada a fase de apreciação urbanística do projecto da obra, é razoavelmente seguro permitir o início da execução da mesma enquanto decorre a fase de apreciação dos respectivos projectos de especialidade, reduzindo-se assim, em termos úteis, o tempo de espera necessário para a concretização de um projecto imobiliário.

O procedimento de autorização caracteriza-se pela dispensa de consultas a entidades estranhas ao município, bem como de apreciação dos projectos de arquitectura e das especialidades, os quais são apresentados em simultâneo juntamente com o requerimento inicial.

Ao diminuir substancialmente a intensidade do controlo realizado preventivamente pela Administração, o procedimento de autorização envolve necessariamente uma maior responsabilização do requerente e dos autores dos respectivos projectos, pelo que tem como «contrapartida» um regime mais apertado de fiscalização.

Deste modo, nenhuma obra sujeita a autorização pode ser utilizada sem que tenha, pelo menos uma vez, sido objecto de uma inspecção ou vistoria pelos fiscais municipais de obras, seja no decurso da sua execução, seja após a sua conclusão e como condição prévia da emissão da respectiva autorização de utilização.

Também nos casos em que a realização de uma obra depende de mera comunicação prévia, a câmara municipal pode, através do seu presidente, determinar se a mesma se subsume ou não à previsão normativa que define a respectiva forma de procedimento, sujeitando-a, se for caso disso, a licenciamento ou autorização.

Do mesmo modo, a dispensa de licença ou autorização não envolve diminuição dos poderes de fiscalização, podendo a obra ser objecto de qualquer das medidas de tutela da legalidade urbanística previstas no diploma, para além da aplicação das sanções que ao caso couberem.

Para além do seu tronco comum, os procedimentos de licenciamento ou autorização sujeitam-se ainda às especialidades resultantes do tipo de operação urbanística a realizar.

Em matéria de operações de loteamento urbano, e no que se refere a cedências gratuitas ao município de parcelas para implantação de espaços verdes públicos, equipamentos de utilização colectiva e infra-estruturas urbanísticas, estabelece-se, para além do direito de reversão sobre as parcelas cedidas quando as mesmas não sejam afectas pelo município aos fins para as quais hajam sido cedidas, que o cedente tem a possibilidade de, em alternativa, exigir o pagamento de uma indemnização, nos termos estabelecidos para a expropriação por utilidade pública.

Consagra-se ainda expressamente o princípio da protecção do existente em matéria de obras de edificação, retomando assim um princípio já aflorado nas disposições do Regulamento Geral das Edificações Urbanas mas esquecido nas sucessivas revisões do regime do licenciamento municipal de obras particulares.

Assim, à realização de obras em construções já existentes não se aplicam as disposições legais e regulamentares que lhe sejam supervenientes, desde que tais obras não se configurem como obras de ampliação e não agravem a desconformidade com as normas em vigor.

Por esta via se dá um passo importante na recuperação do património construído, já que, sem impor um sacrifício desproporcional aos proprietários, o regime proposto permite a realização de um conjunto de obras susceptíveis de melhorar as condições de segurança e salubridade das construções existentes.

A realização de uma vistoria prévia à utilização das edificações volta a constituir a regra geral nos casos de obras sujeitas a mera autorização, em virtude da menor intensidade do controlo prévio a que as mesmas foram sujeitas.

Porém, mesmo nesses casos é possível dispensar a realização daquela vistoria prévia, desde que no decurso da sua execução a obra tenha sido inspeccionada ou vistoriada pelo menos uma vez.

Manifesta-se, aqui, uma clara opção pelo reforço da fiscalização em detrimento do controlo prévio, na expectativa de que este regime constitua um incentivo à reestruturação e modernização dos serviços municipais de fiscalização de obras.

Para além da definição das condições legais do início dos trabalhos, em conjugação com o novo regime de garantias dos particulares, estabelece-se um conjunto de regras que acompanham todas as fases da execução de uma operação urbanística.

No que respeita à utilização e conservação do edificado, foram recuperadas e actualizadas disposições dispersas por diversos diplomas legais, designadamente o Regulamento Geral das Edificações Urbanas e a Lei das Autarquias Locais, obtendo-se assim um ganho de sistematização e de articulação das normas respeitantes às tradicionais atribuições municipais de polícia das edificações com as relativas aos seus poderes de tutela da legalidade urbanística.

No domínio da fiscalização da execução das operações urbanísticas estabelece-se uma distinção clara entre as acções de verificação do cumprimento das disposições legais e regulamentares aplicáveis e de repressão das infracções cometidas, distinguindo neste último caso as sanções propriamente ditas das medidas de tutela da legalidade urbanística.

Quanto a estas medidas, e porque a sua função é única e exclusivamente a de reintegrar a legalidade urbanística violada, estabelece-se um regime que, sem diminuir a intensidade dos poderes atribuídos às entidades fiscalizadoras, submete o seu exercício ao cumprimento estrito do princípio da proporcionalidade.

Merece especial destaque a este propósito o reconhecimento da natureza provisória do embargo de obras, cuja função é a de acautelar a utilidade das medidas que, a título definitivo, reintegrem a legalidade urbanística violada, incluindo nestas o licenciamento ou autorização da obra.

Procura-se assim evitar o prolongamento indefinido da vigência de ordens de embargo que, a pretexto da prossecução do interesse público, consolidam situações de facto que se revelam ainda mais prejudiciais ao ambiente e à qualidade de vida dos cidadãos do que aquelas que o próprio embargo procurava evitar.

Em matéria de garantias, procede-se à alteração da função do deferimento tácito nas operações urbanísticas sujeitas a licenciamento, sem que daí advenha qualquer prejuízo para os direitos dos particulares.

Com efeito, na sequência da revisão do artigo 268.º da CRP propõe-se a substituição da intimação judicial para a emissão do alvará pela intimação judicial para a prática de acto legalmente devido como instrumento privilegiado de protecção jurisdicional.

Significa isto que deixa de ser necessário ficcionar a existência de um acto tácito de deferimento do projecto para permitir o recurso do requerente aos tribunais para a obtenção de uma intimação judicial para a emissão do alvará.

O particular pode agora recorrer aos tribunais no primeiro momento em que se verificar o silêncio da Administração, já não lhe sendo exigível que percorra todas as fases do procedimento com base em sucessivos actos de deferimento tácito, com os riscos daí inerentes.

E, se o silêncio da Administração só se verificar no momento da emissão do alvará, o particular dispõe do mesmo mecanismo para obter uma intimação para a sua emissão.

O deferimento tácito tem, assim, a sua função restrita às operações sujeitas a mera autorização, o que também é reflexo da maior concretização da posição jurídica do particular e da consequente menor intensidade do controlo prévio da sua actividade.

Diferentemente do que acontece hoje, porém, nestes casos o particular fica dispensado de recorrer aos tribunais, podendo dar início à execução da sua operação urbanística sem a prévia emissão do respectivo alvará desde que se mostrem pagas as taxas urbanísticas devidas.

Propõe-se igualmente um novo regime das taxas urbanísticas devidas pela realização de operações urbanísticas, no sentido de terminar com a polémica sobre se no licenciamento de obras particulares pode ou não ser cobrada a taxa pela realização, manutenção e reforço das infra-estruturas urbanísticas actualmente prevista no artigo 19.º, alínea *a)*, da Lei das Finanças Locais, clarificando-se que a realização daquelas obras está sujeita ao pagamento da aludida taxa, sempre que pela sua natureza impliquem um acréscimo dos encargos públicos de realização, manutenção e reforço das infra-estruturas e serviços gerais do município equivalente ou até mesmo superior ao que resulta do licenciamento de uma operação de loteamento urbano.

Sujeita-se, assim, a realização de obras de construção e de ampliação ao pagamento daquela taxa, excepto se as mesmas se situarem no âmbito de uma operação de loteamento urbano onde aquelas taxas já tenham sido pagas.

Desta forma se alcança uma solução que, sem implicar com o equilíbrio precário das finanças municipais, distingue de forma equitativa o regime tributário da realização de obras de construção em função da sua natureza e finalidade.

Pelas mesmas razões, se prevê que os regulamentos municipais de taxas possam e devam distinguir o montante das taxas devidas, não apenas em função das necessidades concretas de infra-estruturas e serviços gerais do município, justificadas no respectivo programa plurianual de investimentos, como também em função dos usos e tipologias das edificações e, eventualmente, da respectiva localização.

Tendo sido ouvida a Associação Nacional de Municípios Portugueses, foram ouvidos os órgãos de Governo próprio dos Regiões Autónomas.

Assim, no uso da autorização legislativa concedida pelo artigo 1.º da Lei n.º 110/99, de 3 de Agosto, e nos termos da alínea b) do n.º 1 do artigo 198.º da Constituição, o Governo decreta o seguinte:

REGIME JURÍDICO DA URBANIZAÇÃO E DA EDIFICAÇÃO

CAPÍTULO I – Disposições preliminares

Artigo 1.º – Objecto

O presente diploma estabelece o regime jurídico da urbanização e da edificação.

Artigo 2.º – Definições

Para efeitos do presente diploma, entende-se por:

a) Edificação: a actividade ou o resultado da construção, reconstrução, ampliação, alteração ou conservação de um imóvel destinado a utilização humana, bem como de qualquer outra construção que se incorpore no solo com carácter de permanência;

b) Obras de construção: as obras de criação de novas edificações;

c) «Obras de reconstrução», as obras de construção subsequentes à demolição, total ou parcial, de uma edificação existente, das quais resulte a reconstituição da estrutura das fachadas;

d) «Obras de alteração», as obras de que resulte a modificação das características físicas de uma edificação existente, ou sua fração, designadamente a respetiva estrutura resistente, o número de fogos ou divisões interiores, ou a natureza e cor dos materiais de revestimento exterior, sem aumento da área total de construção, da área de implantação ou da altura da fachada;

e) «Obras de ampliação», as obras de que resulte o aumento da área de implantação, da área total de construção, da altura da fachada ou do volume de uma edificação existente;

f) Obras de conservação: as obras destinadas a manter uma edificação nas condições existentes à data da sua construção, reconstrução, ampliação ou alteração, designadamente as obras de restauro, reparação ou limpeza;

g) Obras de demolição: as obras de destruição, total ou parcial, de uma edificação existente;

h) Obras de urbanização: as obras de criação e remodelação de infra-estruturas destinadas a servir directamente os espaços urbanos ou as edificações, designadamente arruamentos viários e pedonais, redes de esgotos e de abastecimento de água, electricidade, gás e telecomunicações, e ainda espaços verdes e outros espaços de utilização colectiva;

i) "Operações de loteamento" as acções que tenham por objecto ou por efeito a constituição de um ou mais lotes destinados, imediata ou subsequentemente, à edificação urbana e que resulte da divisão de um ou vários prédios ou do seu reparcelamento;

j) "Operações urbanísticas" as operações materiais de urbanização, de edificação, utilização dos edifícios ou do solo, desde que, neste último caso, para fins não exclusivamente agrícolas, pecuários, florestais, mineiros ou de abastecimento público de água;

l) "Obras de escassa relevância urbanística" as obras de edificação ou demolição que, pela sua natureza, dimensão ou localização tenham escasso impacte urbanístico;

m) Trabalhos de remodelação dos terrenos: as operações urbanísticas não compreendidas nas alíneas anteriores que impliquem a destruição do revestimento vegetal, a alteração do relevo natural e das camadas de solo arável ou o derrube de árvores de alto porte ou em maciço para fins não exclusivamente agrícolas, pecuários, florestais ou mineiros;

n) (Revogada)

o) "Zona urbana consolidada" a zona caracterizada por uma densidade de ocupação que permite identificar uma malha ou estrutura urbana já definida, onde existem as infra-estruturas essenciais e onde se encontram definidos os alinhamentos dos planos marginais por edificações em continuidade.

p) 'Arrendamento forçado', o arrendamento de edifícios ou frações autónomas, assumido por uma entidade administrativa, pelo prazo estritamente necessário para o efeito, com o objetivo de garantir o ressarcimento das despesas incorridas com a realização de obras coercivas, através do recebimento das rendas relativas a contrato previamente existente à intervenção que se mantenha em vigor ou, quando este não exista ou tenha cessado a sua vigência, pela celebração de novo contrato.

Artigo 3.º – Regulamentos municipais

1 – No exercício do seu poder regulamentar próprio, os municípios aprovam regulamentos municipais de urbanização e ou de edificação, bem como regulamentos relativos ao lançamento e liquidação das taxas e prestação de caução que, nos termos da lei, sejam devidas pela realização de operações urbanísticas.

2 – Os regulamentos previstos no número anterior devem ter como objetivo a concretização e execução do presente diploma, designadamente:

a) Concretizar quais as obras de escassa relevância urbanística para efeitos de delimitação das situações isentas de controlo prévio;

b) Pormenorizar, sempre que possível, os aspetos que envolvam a formulação de valorações próprias do exercício da função administrativa, em especial os aspetos morfológicos e estéticos a que devem obedecer os projetos de urbanização e edificação, assim como as condições exigíveis para avaliar a idoneidade da utilização dos edifícios e suas frações;

c) Disciplinar os aspetos relativos ao projeto, execução, receção e conservação das obras e serviços de urbanização, podendo, em particular, estabelecer normas para o controlo da qualidade da execução e fixar critérios morfológicos e estéticos a que os projetos devam conformar-se;

d) Disciplinar os aspetos relativos à segurança, funcionalidade, economia, harmonia e equilíbrio socioambiental, estética, qualidade, conservação e utilização dos edifícios, suas frações e demais construções e instalações;

e) Fixar os critérios e trâmites do reconhecimento de que as edificações construídas se conformam com as regras em vigor à data da sua construção, assim como do licenciamento ou comunicação prévia de obras de reconstrução ou de alteração das edificações para efeitos da aplicação do regime da garantia das edificações existentes;

f) Fixar os montantes das taxas a cobrar;

g) Indicar a instituição e o número da conta bancária do município onde é possível efetuar o depósito dos montantes das taxas devidas, identificando o órgão à ordem do qual é efetuado o pagamento;

h) Condições a observar na execução de operações urbanísticas objeto de comunicação prévia;

i) Determinar quais os atos e operações que devem estar submetidos a discussão pública, designadamente, concretizar as operações de loteamento com significativa relevância urbanística e definir os termos do procedimento da sua discussão;

j) Regular outros aspetos relativos à urbanização e edificação cuja disciplina não esteja reservada por lei a instrumentos de gestão territorial.

3 – Os projectos dos regulamentos referidos no n.º 1 são submetidos a discussão pública, por prazo não inferior a 30 dias, antes da sua aprovação pelos órgãos municipais.

4 – Os regulamentos referidos no n.º 1 são objecto de publicação na 2.ª série do Diário da República, sem prejuízo das demais formas de publicidade previstas na lei.

CAPÍTULO II – Controlo prévio

Secção I – Âmbito e competência

Artigo 4.º – Licença, comunicação prévia e autorização de utilização

1 – A realização de operações urbanísticas depende de licença, comunicação prévia com prazo, adiante designada abreviadamente por comunicação prévia ou comunicação, ou autorização de utilização, nos termos e com as exceções constantes da presente secção.

2 – Estão sujeitas a licença administrativa:

a) As operações de loteamento;

b) As obras de urbanização e os trabalhos de remodelação de terrenos em área não abrangida por operação de loteamento;

c) As obras de construção, de alteração ou de ampliação em área não abrangida por operação de loteamento ou por plano de pormenor que contenha os elementos referidos nas alíneas c), d) e f) do n.º 1 do artigo 91.º do Decreto-Lei n.º 380/99, de 22 de Setembro, que estabelece o regime jurídico dos instrumentos de gestão territorial;

d) As obras de conservação, reconstrução, ampliação, alteração ou demolição de imóveis classificados ou em vias de classificação, bem como de imóveis integrados em conjuntos ou sítios classificados ou em vias de classificação, e as obras de construção, reconstrução, ampliação, alteração exterior ou demolição de imóveis situados em zonas de proteção de imóveis classificados ou em vias de classificação;

e) Obras de reconstrução das quais resulte um aumento da altura da fachada ou do número de pisos;

f) As obras de demolição das edificações que não se encontrem previstas em licença de obras de reconstrução;

g) (Revogada)

h) As obras de construção, reconstrução, ampliação, alteração ou demolição de imóveis em áreas sujeitas a servidão administrativa ou restrição de utilidade pública, sem prejuízo do disposto em legislação especial;

i) Operações urbanísticas das quais resulte a remoção de azulejos de fachada, independentemente da sua confrontação com a via pública ou logradouros;

j) As demais operações urbanísticas que não estejam sujeitas a comunicação prévia ou isentas de controlo prévio, nos termos do presente diploma.

3 – A sujeição a licenciamento dos actos de reparcelamento da propriedade de que resultem parcelas não destinadas imediatamente a urbanização ou edificação depende da vontade dos proprietários.

4 – Estão sujeitas a comunicação prévia as seguintes operações urbanísticas:

a) As obras de reconstrução das quais não resulte um aumento da altura da fachada ou do número de pisos;

b) As obras de urbanização e os trabalhos de remodelação de terrenos em área abrangida por operação de loteamento;

c) As obras de construção, de alteração ou de ampliação em área abrangida por operação de loteamento ou plano de pormenor;

d) As obras de construção, de alteração ou de ampliação em zona urbana consolidada que respeitem os planos municipais ou intermunicipais e das quais não resulte edificação com cércea superior à altura mais frequente das fachadas da frente edificada do lado do arruamento onde se integra a nova edificação, no troço de rua compreendido entre as duas transversais mais próximas, para um e para outro lado;

e) (Revogada)

e) A edificação de piscinas associadas a edificação principal;

f) As operações urbanísticas precedidas de informação prévia favorável, nos termos dos n.os 2 e 3 do artigo 14.º;

g) (Revogada)

h) (Revogada)

i) As obras resultantes de uma intimação da câmara municipal, nos termos previsto no artigo 90.º-A.

5 – Está sujeita a autorização a utilização dos edifícios ou suas fracções, bem como as alterações da utilização dos mesmos.

6 – Nas operações urbanísticas sujeitas a comunicação prévia pode o interessado, no requerimento inicial, optar pelo regime de licenciamento.

Artigo 5.º – Competência

1 – A concessão da licença prevista no n.º 2 do artigo anterior é da competência da câmara municipal, com faculdade de delegação no presidente e de subdelegação deste nos vereadores.

2 – (Revogado)

3 – A concessão da autorização prevista no n.º 5 do artigo anterior é da competência do presidente da câmara, podendo ser delegada nos vereadores, com faculdade de subdelegação, ou nos dirigentes dos serviços municipais.

4 – A aprovação da informação prévia regulada no presente diploma é da competência da câmara municipal, podendo ser delegada no seu presidente, com faculdade de subdelegação nos vereadores.

Artigo 6.º – Isenção de controlo prévio

1 – Sem prejuízo do disposto na alínea d) do n.º 2 do artigo 4.º, estão isentas de controlo prévio:

a) As obras de conservação;

b) As obras de alteração no interior de edifícios ou suas frações que não impliquem modificações na estrutura de estabilidade, das cérceas, da forma das fachadas, da forma dos telhados ou coberturas ou que não impliquem a remoção de azulejos de fachada, independentemente da sua confrontação com a via pública ou logradouros;

c) As obras de escassa relevância urbanística;

d) Os destaques referidos nos n.os 4 e 5 do presente artigo.

2 – (Revogado)

3 – (Revogado)

4 – Os actos que tenham por efeito o destaque de uma única parcela de prédio com descrição predial que se situe em perímetro urbano estão isentos de licença desde que as duas parcelas resultantes do destaque confrontem com arruamentos públicos.

5 – Nas áreas situadas fora dos perímetros urbanos, os actos a que se refere o número anterior estão isentos de licença quando, cumulativamente, se mostrem cumpridas as seguintes condições:

a) Na parcela destacada só seja construído edifício que se destine exclusivamente a fins habitacionais e que não tenha mais de dois fogos;

b) Na parcela restante se respeite a área mínima fixada no projecto de intervenção em espaço rural em vigor ou, quando aquele não exista, a área de unidade de cultura fixada nos termos da lei geral para a região respectiva.

6 – Nos casos referidos nos n.os 4 e 5 não é permitido efectuar na área correspondente ao prédio originário novo destaque nos termos aí referidos por um prazo de 10 anos contados da data do destaque anterior.

7 – O condicionamento da construção bem como o ónus do não fraccionamento previstos nos n.os 5 e 6 devem ser inscritos no registo predial sobre as parcelas resultantes do destaque, sem o que não pode ser licenciada ou comunicada qualquer obra de construção nessas parcelas.

8 – O disposto no presente artigo não isenta a realização das operações urbanísticas nele previstas da observância das normas legais e regulamentares aplicáveis, designadamente as constantes de planos municipais, intermunicipais ou especiais de ordenamento do território, de servidões ou restrições de utilidade pública, as normas técnicas de construção, as de proteção do património cultural imóvel, e a obrigação de comunicação prévia nos termos do artigo 24.º do Decreto-Lei n.º 73/2009, de 31 de março, que estabelece o regime jurídico da Reserva Agrícola Nacional.

9 – A certidão emitida pela câmara municipal, comprovativa da verificação dos requisitos do destaque, constitui documento bastante para efeitos de registo predial da parcela destacada.

10 – Os actos que tenham por efeito o destaque de parcela com descrição predial que se situe em perímetro urbano e fora deste devem observar o disposto nos n.os 4 ou 5, consoante a localização da parcela a destacar, ou, se também ela se situar em perímetro urbano e fora deste, consoante a localização da área maior.

Artigo 6.º-A Obras de escassa relevância urbanística

1 – São obras de escassa relevância urbanística:

a) As edificações, contíguas ou não, ao edifício principal com altura não superior a 2,2 m ou, em alternativa, à cércea do rés-do-chão do edifício principal com área igual ou inferior a 10 m^2 e que não confinem com a via pública;

b) A edificação de muros de vedação até 1,8 m de altura que não confinem com a via pública e de muros de suporte de terras até uma altura de 2 m ou que não alterem significativamente a topografia dos terrenos existentes;

c) A edificação de estufas de jardim com altura inferior a 3 m e área igual ou inferior a 20 m^2;

d) As pequenas obras de arranjo e melhoramento da área envolvente das edificações que não afectem área do domínio público;

e) A edificação de equipamento lúdico ou de lazer associado a edificação principal com área inferior à desta última;

f) A demolição das edificações referidas nas alíneas anteriores;

g) A instalação de painéis solares fotovoltaicos ou geradores eólicos associada a edificação principal, para produção de energias renováveis, incluindo de microprodução, que não excedam, no primeiro caso, a área de cobertura da edificação e a cércea desta em 1 m de altura, e, no segundo, a cércea da mesma em 4 m e que o equipamento gerador não tenha raio superior a 1,5 m, bem como de colectores solares térmicos para aquecimento de águas sanitárias que não excedam os limites previstos para os painéis solares fotovoltaicos;

h) A substituição dos materiais de revestimento exterior ou de cobertura ou telhado por outros que, conferindo acabamento exterior idêntico ao original, promovam a eficiência energética;

i) Outras obras, como tal qualificadas em regulamento municipal.

2 – Exceptuam-se do disposto no número anterior as obras e instalações em:

a) Imóveis classificados ou em vias de classificação, de interesse nacional ou de interesse público;

b) Imóveis situados em zonas de protecção de imóveis classificados ou em vias de classificação;

c) Imóveis integrados em conjuntos ou sítios classificados ou em vias de classificação.

3 – O regulamento municipal a que se refere a alínea *i)* do n.º 1 pode estabelecer limites além dos previstos nas alíneas *a)* a *c)* do mesmo número.

4 – A descrição predial pode ser actualizada mediante declaração de realização de obras de escassa relevância urbanística nos termos do presente diploma.

5 – A instalação de geradores eólicos referida na alínea *g)* do n.º 1 é precedida de notificação à câmara municipal.

6 – A notificação prevista no número anterior destina-se a dar conhecimento à câmara municipal da instalação do equipamento e deve ser instruída com:

a) A localização do equipamento;

b) A cércea e raio do equipamento;

c) O nível de ruído produzido pelo equipamento;

d) Termo de responsabilidade onde o apresentante da notificação declare conhecer e cumprir as normas legais e regulamentares aplicáveis à instalação de geradores eólicos.

Artigo 7.º – Operações urbanísticas promovidas pela Administração Pública

1 – Estão igualmente isentas de controlo prévio:

a) As operações urbanísticas promovidas pelas autarquias locais e suas associações em área abrangida por plano municipal ou intermunicipal de ordenamento do território;

b) As operações urbanísticas promovidas pelo Estado relativas a equipamentos ou infra-estruturas destinados à instalação de serviços públicos ou afectos ao uso directo e imediato do público, sem prejuízo do disposto no n.º 4;

c) As obras de edificação ou demolição promovidas por institutos públicos ou entidades da Administração Pública que tenham por atribuições específicas a salvaguarda do património cultural ou a promoção e gestão do parque habitacional do Estado e que estejam directamente relacionadas com a prossecução destas atribuições;

d) As obras de edificação ou demolição promovidas por entidades públicas que tenham por atribuições específicas a administração das áreas portuárias ou do domínio público ferroviário ou aeroportuário, quando realizadas na respectiva área de jurisdição e directamente relacionadas com a prossecução daquelas atribuições;

e) As obras de edificação ou de demolição e os trabalhos promovidos por entidades concessionárias de obras ou serviços públicos, quando se reconduzam à prossecução do objecto da concessão;

f) As operações urbanísticas promovidas por empresas públicas relativamente a parques empresariais e similares, nomeadamente zonas empresariais responsáveis (ZER), zonas industriais e de logística.

2 – A execução das operações urbanísticas previstas no número anterior, com excepção das promovidas pelos municípios, fica sujeita a parecer prévio não vinculativo da câmara municipal, que deve ser emitido no prazo de 20 dias a contar da data da recepção do respectivo pedido.

3 – As operações de loteamento e as obras de urbanização promovidas pelas autarquias locais e suas associações em área não abrangida por plano municipal ou intermunicipal de ordenamento do território devem ser previamente autorizadas pela assembleia municipal, depois de submetidas a parecer prévio não vinculativo da Comissão de Coordenação e Desenvolvimento Regional (CCDR), a qual deve pronunciar-se no prazo de 20 dias a contar da receção do respetivo pedido.

4 – As operações de loteamento e as obras de urbanização promovidas pelo Estado devem ser previamente autorizadas pelo ministro da tutela e pelo ministro responsável pelo ordenamento do território, depois de ouvida a câmara municipal, a qual se deve pronunciar no prazo de 20 dias após a recepção do respectivo pedido.

5 – As operações de loteamento e as obras de urbanização promovidas pelas autarquias locais e suas associações ou pelo Estado, em área não abrangida por plano de urbanização ou plano de pormenor, são submetidas a discussão pública, nos termos estabelecidos no regime jurídico dos instrumentos de gestão territorial, com as necessárias adaptações, exceto no que se refere aos períodos de anúncio e de duração da discussão pública que são, respetivamente, de 8 e de 15 dias.

6 – A realização das operações urbanísticas previstas neste artigo deve observar as normas legais e regulamentares que lhes forem aplicáveis, designadamente as constantes de instrumento de gestão territorial, do regime jurídico de protecção do património cultural, do regime jurídico aplicável à gestão de resíduos de construção e demolição, e as normas técnicas de construção.

7 – À realização das operações urbanísticas previstas no presente artigo aplica-se o disposto no presente diploma no que se refere ao termo de responsabilidade, à publicitação do início e do fim das operações urbanísticas e ao pagamento de taxas urbanísticas, o qual deve ser realizado por autoliquidação antes do início da obra, nos termos previstos nos regulamentos municipais referidos no artigo 3.º.

8 – As operações urbanísticas previstas no presente artigo só podem iniciar-se depois de emitidos os pareceres ou autorizações referidos no presente artigo ou após o decurso dos prazos fixados para a respetiva emissão.

9 – Até cinco dias antes do início das obras que estejam isentas de controlo prévio, nos termos do presente artigo, o interessado deve notificar a câmara municipal dessa intenção, comunicando também a identidade da pessoa, singular ou coletiva, encarregada da execução dos mesmos, para efeitos de eventual fiscalização e de operações de gestão de resíduos de construção e demolição.

Secção II – Formas de procedimento

Subsecção I – Disposições gerais

Artigo 8.º – Procedimento

1 – O controlo prévio das operações urbanísticas obedece às formas de procedimento previstas na presente secção, devendo ainda ser observadas as condições especiais de licenciamento previstas na secção iii do presente capítulo.

2 – Sem prejuízo das competências do gestor de procedimento, a direcção da instrução do procedimento compete ao presidente da câmara municipal, podendo ser delegada nos vereadores, com faculdade de subdelegação nos dirigentes dos serviços municipais.

3 – Cada procedimento é acompanhado por gestor de procedimento, a quem compete assegurar o normal desenvolvimento da tramitação processual, acompanhando, nomeadamente, a instrução, o cumprimento de prazos, a prestação de informação e os esclarecimentos aos interessados.

4 – O comprovativo eletrónico de apresentação do requerimento de licenciamento, informação prévia ou comunicação prévia contém a identificação do gestor do procedimento, bem como a indicação do local, do horário e da forma pelo qual pode ser contactado.

5 – Em caso de substituição do gestor de procedimento, é notificada ao interessado a identidade do novo gestor, bem como os elementos referidos no número anterior.

Artigo 8.º-A – Tramitação do procedimento através de sistema eletrónico

1 – A tramitação dos procedimentos previstos no presente diploma é realizada informaticamente através de plataforma eletrónica, nos termos a regulamentar em portaria dos membros do Governo responsáveis pelas áreas da modernização administrativa, das autarquias locais e do ordenamento do território.

2 – A tramitação dos procedimentos previstos no presente diploma na plataforma eletrónica referida no número anterior permite, nos termos a fixar na portaria aí referida, nomeadamente:

a) A entrega de requerimentos e comunicações;

b) A consulta pelos interessados do estado dos procedimentos;

c) A submissão dos procedimentos a consulta por entidades externas ao município;

d) A obtenção de comprovativos automáticos de submissão de requerimentos e comunicações e de ocorrência de deferimento tácito, quando decorridos os respetivos prazos legais;

e) A disponibilização de informação relativa aos procedimentos de comunicação prévia para efeitos de registo predial e matricial.

3 – No caso de instalação ou alteração de estabelecimentos abrangidos pelo Decreto-Lei n.º 48/2011, de 1 de abril, alterado pelo Decreto-Lei n.º 141/2012, de 11 de julho, ou pelo Decreto-Lei n.º 169/2012, de 1 de agosto, que envolvam operações urbanísticas sujeitas aos procedimentos previstos no artigo 4.º do presente decreto-lei, tais procedimentos, bem como os documentos necessários à sua instrução, podem ser iniciados através do balcão eletrónico previsto nos referidos diplomas, adiante designado por «Balcão do Empreendedor».

4 – A integração da plataforma eletrónica referida no n.º 1 com o balcão único eletrónico dos serviços a que se referem os artigos 5.º e 6.º do Decreto-Lei n.º 92/2010, de 26 de julho, com o «Balcão do Empreendedor» e com todas as entidades externas com competências para intervir e se pronunciar no âmbito dos procedimentos regulados pelo presente diploma é regulada por portaria dos membros do Governo responsáveis pelas áreas da economia, da administração local, da modernização administrativa e do ordenamento do território, tendo em conta, na interoperabilidade com sistemas externos às integrações já presentes no SIRJUE, as plataformas já existentes na Administração Pública, nomeadamente a plataforma de interoperabilidade da administração pública e o previsto no regulamento nacional da interoperabilidade digital.

5 – A apresentação de requerimentos deve assegurar que o acesso à plataforma pelos seus utilizadores é feito mediante mecanismos de autenticação proporcional às operações em causa, havendo lugar a autenticação nos termos definidos na portaria referida no número anterior.

6 – Nas situações de inexistência ou indisponibilidade do sistema informático, os procedimentos podem decorrer com recurso a outros suportes digitais, ou com recurso ao papel.

7 – Nos casos previstos no número anterior, o processo administrativo ou os seus elementos entregues através de outros suportes digitais ou em papel são obrigatoriamente integrados no sistema informático pelos serviços requeridos, após a cessação da situação de inexistência ou indisponibilidade do sistema informático.

Artigo 9.º – Requerimento e comunicação

1 – Salvo disposição em contrário, os procedimentos previstos no presente diploma iniciam-se através de requerimento ou comunicação apresentados com recurso a meios eletrónicos e através do sistema previsto no artigo anterior, dirigidos ao presidente da câmara municipal, dos quais devem constar a identificação do requerente ou comunicante, incluindo o domicílio ou sede, bem como a indicação da qualidade de titular de qualquer direito que lhe confira a faculdade de realizar a operação urbanística.

2 – Do requerimento ou comunicação consta igualmente a indicação do pedido ou objeto em termos claros e precisos, identificando o tipo de operação urbanística a realizar por referência ao disposto no artigo 2.º, bem como a respetiva localização.

3 – Quando respeite a mais de um dos tipos de operações urbanísticas referidos no artigo 2.º diretamente relacionadas, devem ser identificadas todas as operações abrangidas, aplicando-se neste caso a forma de procedimento correspondente a cada tipo de operação, sem prejuízo da tramitação e apreciação conjunta.

4 – O pedido ou comunicação é acompanhado dos elementos instrutórios previstos em portaria aprovada pelos ministros responsáveis pelas obras públicas e pelo ordenamento do território, para além dos documentos especialmente referidos no presente diploma.

5 – [Revogado].

6 – Com a apresentação de requerimento ou comunicação, ou nas situações referidas no n.º 6 do artigo anterior, quando cesse a inexistência ou indisponibilidade, é emitido comprovativo eletrónico.

7 – No requerimento inicial pode o interessado solicitar a indicação das entidades que, nos termos da lei, devam emitir parecer, autorização ou aprovação relativamente ao pedido apresentado, sendo-lhe prestada tal informação no prazo de 15 dias, através do sistema informático a que se refere o artigo anterior, sem prejuízo do disposto no artigo 121.º

8 – O disposto no número anterior não se aplica nos casos de rejeição liminar do pedido, nos termos do disposto no artigo 11.º

9 – O gestor do procedimento regista no processo a junção subsequente de quaisquer novos documentos e a data das consultas a entidades exteriores ao município e da receção das respetivas respostas, quando for caso disso, bem como a data e o teor das decisões dos órgãos municipais.

10 – A substituição do requerente ou comunicante, do titular do alvará de construção ou do título de registo emitidos pelo Instituto da Construção e do Imobiliário, I. P. (InCI, I. P.), do responsável por qualquer dos projetos apresentados, do diretor de obra ou do diretor de fiscalização de obra deve ser comunicada ao gestor do procedimento para que este proceda ao respetivo averbamento no prazo de 15 dias a contar da data da substituição.

11 – Cabe ao gestor do procedimento verificar a adequação das habilitações do titular do alvará de construção ou do título de registo emitidos pelo InCI, I. P., à natureza e à estimativa de custo da operação urbanística.

Artigo 10.º – Termo de responsabilidade

1 – O requerimento ou comunicação é sempre instruído com declaração dos autores dos projectos, da qual conste que foram observadas na elaboração dos mesmos as normas legais e regulamentares aplicáveis, designadamente as normas técnicas de construção em vigor, e do coordenador dos projectos, que ateste a compatibilidade entre os mesmos.

2 – Das declarações mencionadas no número anterior deve, ainda, constar referência à conformidade do projeto com os planos municipais ou intermunicipais de ordenamento do território aplicáveis à pretensão, bem como com a licença de loteamento, quando exista.

3 – Sem prejuízo do disposto no número seguinte e em legislação especial, só podem subscrever projectos os técnicos legalmente habilitados que se encontrem inscritos em associação pública de natureza profissional e que façam prova da validade da sua inscrição aquando da apresentação do requerimento inicial.

4 – Os técnicos cuja actividade não esteja abrangida por associação pública podem subscrever os projectos para os quais possuam habilitação adequada, nos termos do disposto no regime da qualificação profissional exigível aos técnicos responsáveis pela elaboração e subscrição de projectos ou em legislação especial relativa a organismo público legalmente reconhecido.

5 – Os autores e coordenador dos projectos devem declarar, nomeadamente nas situações previstas no artigo 60.º, quais as normas técnicas ou regulamentares em vigor que não foram observadas na elaboração dos mesmos, fundamentando as razões da sua não observância.

6 – Sempre que forem detetadas irregularidades nos termos de responsabilidade, no que respeita às normas legais e regulamentares aplicáveis e à conformidade do projeto com os planos municipais ou intermunicipais de ordenamento do território ou licença de loteamento, quando exista, devem as mesmas ser comunicadas à associação pública de natureza profissional onde o técnico está inscrito ou ao organismo público legalmente reconhecido no caso dos técnicos cuja atividade não esteja abrangida por associação pública.

Artigo 11.º – Saneamento e apreciação liminar

1 – Compete ao presidente da câmara municipal, por sua iniciativa ou por indicação do gestor do procedimento, decidir as questões de ordem formal e processual que possam obstar ao conhecimento de qualquer pedido ou comunicação apresentados no âmbito do presente diploma.

2 – No prazo de oito dias a contar da apresentação do requerimento, o presidente da câmara municipal profere despacho:

a) De aperfeiçoamento do pedido, sempre que o requerimento não contenha a identificação do requerente, do pedido ou da localização da operação urbanística a realizar, bem como no caso de faltar documento instrutório exigível que seja indispensável ao conhecimento da pretensão e cuja falta não possa ser oficiosamente suprida;

b) De rejeição liminar, oficiosamente ou por indicação do gestor do procedimento, quando da análise dos elementos instrutórios resultar que o pedido é manifestamente contrário às normas legais ou regulamentares aplicáveis;

c) De extinção do procedimento, nos casos em que a operação urbanística em causa está isenta de controlo prévio ou sujeita a comunicação prévia exceto se o interessado estiver a exercer a faculdade prevista no n.º 6 do artigo 4.º

3 – No caso previsto na alínea *a)* do número anterior, o requerente é notificado, por uma única vez, para no prazo de 15 dias corrigir ou completar o pedido, ficando suspensos os termos ulteriores do procedimento, sob pena de rejeição liminar.

4 – (Revogado)

5 – Não ocorrendo rejeição liminar ou convite para corrigir ou completar o pedido ou comunicação, no prazo previsto no n.º 2, presume-se que o requerimento ou comunicação se encontram corretamente instruídos.

6 – Sem prejuízo do disposto nos números anteriores, o gestor do procedimento deve dar a conhecer ao presidente da câmara municipal, até à decisão final, qualquer questão que prejudique o desenvolvimento normal do procedimento ou impeça a tomada de decisão sobre o objecto do pedido, nomeadamente a ilegitimidade do requerente e a caducidade do direito que se pretende exercer.

7 – Salvo no que respeita às consultas a que se refere o artigo 13.º, se a decisão final depender da decisão de uma questão que seja da competência de outro órgão administrativo ou dos tribunais, deve o presidente da câmara municipal suspender o procedimento até que o órgão ou o tribunal competente se pronunciem, notificando o requerente desse acto, sem prejuízo do disposto no n.º 2 do artigo 31.º do Código do Procedimento Administrativo.

8 – Sem prejuízo do disposto no número anterior, o interessado pode requerer a continuação do procedimento em alternativa à suspensão, ficando a decisão final condicionada, na sua execução, à decisão que vier a ser proferida pelo órgão administrativo ou tribunal competente.

9 – Havendo rejeição do pedido ou comunicação, nos termos do presente artigo, o interessado que apresente novo pedido ou comunicação para o mesmo fim está dispensado de juntar os documentos utilizados anteriormente que se mantenham válidos e adequados.

10 – O presidente da câmara municipal pode delegar nos vereadores, com faculdade de subdelegação, ou nos dirigentes dos serviços municipais, as competências referidas nos n.ºs 1, 2 e 7.

11 – (Revogado)

Artigo 12.º – Publicidade do pedido

O pedido de licenciamento ou a comunicação prévia de operação urbanística devem ser publicitados sob forma de aviso, segundo o modelo aprovado por portaria do membro do Governo responsável pelo ordenamento do território, a colocar no local de execução da operação de forma visível da via pública, no prazo de 10 dias a contar da apresentação do requerimento inicial ou comunicação.

Artigo 12.º-A – Suspensão do procedimento

Nas áreas a abranger por novas regras urbanísticas constantes de instrumento de gestão territorial diretamente vinculativo dos particulares ou sua revisão, aplica-se o disposto no regime jurídico dos instrumentos de gestão territorial em matéria de suspensão de procedimentos.

Artigo 13.º – Disposições gerais sobre a consulta a entidades externas

1 – A consulta às entidades que, nos termos da lei, devam emitir parecer, autorização ou aprovação sobre o pedido, que não respeitem a aspetos relacionados com a localização, é promovida pelo gestor do procedimento, e é efetuada em simultâneo, através da plataforma eletrónica referida no n.º 1 do artigo 8.º-A.

2 – É dispensada a consulta a entidades externas em procedimentos relativos a operações urbanísticas que já tenham sido objeto de apreciação favorável no âmbito do procedimento de informação prévia, de aprovação de operações de loteamento urbano ou de aprovação de planos de pormenor, com exceção dos planos de salvaguarda que estabeleçam a necessidade dessa consulta.

3 – Nos casos previstos no artigo seguinte, o gestor do procedimento comunica o pedido, com a identificação das entidades a consultar, à CCDR.

4 – As entidades exteriores ao município pronunciam-se exclusivamente no âmbito das suas atribuições e competências.

5 – As entidades consultadas devem pronunciar-se no prazo de 20 dias a contar da data de disponibilização do processo.

6 – Considera-se haver concordância daquelas entidades com a pretensão formulada se os respetivos pareceres, autorizações ou aprovações não forem recebidos dentro do prazo fixado no número anterior.

7 – Os pareceres das entidades exteriores ao município só têm caráter vinculativo quando tal resulte da lei, desde que se fundamentem em condicionamentos legais ou regulamentares e sejam recebidos dentro do prazo previsto no n.º 5.

8 – Constam de diploma próprio os projetos, estudos e certificações técnicas que carecem de consulta, de aprovação ou de parecer, interno ou externo, bem como as condições a que deve obedecer a sua elaboração.

9 – Os projetos de arquitetura e os de especialidades, bem como os pedidos de autorização de utilização, quando acompanhados por termo de responsabilidade subscrito por técnico autor de projeto legalmente habilitado nos termos da lei da qualificação profissional exigível aos técnicos responsáveis pela elaboração e subscrição de projetos, fiscalização de obra e direção de obra que ateste o cumprimento das normas legais e regulamentares aplicáveis, incluindo a menção a plano municipal ou intermunicipal de ordenamento do território em vigor ou licença de loteamento, ficam dispensados da apresentação na câmara municipal de consultas, certificações, aprovações ou pareceres externos, sem prejuízo da necessidade da sua obtenção quando legalmente prevista.

10 – A realização de vistoria, certificação, aprovação ou parecer, pelo município ou por entidade exterior, sobre a conformidade da execução dos projetos das especialidades e outros estudos com o projeto aprovado ou apresentado é dispensada mediante emissão de termo de responsabilidade por técnico legalmente habilitado para esse efeito, de acordo com o respetivo regime legal, que ateste essa conformidade.

11 – (Revogado)

12 – No termo do prazo fixado para a promoção das consultas, o interessado pode solicitar a passagem de certidão dessa promoção, a qual é emitida pela câmara municipal no prazo de oito dias e, se esta for negativa, promover diretamente as consultas que não hajam sido realizadas, nos termos do artigo 13.º-B, ou pedir ao tribunal administrativo que intime a câmara municipal, nos termos do artigo 112.º

13 – Para efeitos do número anterior, e nos termos a regulamentar na portaria a que se refere o n.º 4 do artigo 8.º-A, o interessado pode:

a) Obter comprovativo eletrónico da promoção ou não promoção da consulta das entidades externas pela câmara municipal;

b) Promover diretamente a consulta das entidades externas.

Artigo 13.º-A – Parecer, aprovação ou autorização em razão da localização

1 – A consulta de entidades da administração central, direta ou indireta, do setor empresarial do Estado, bem como de entidades concessionárias que exerçam poderes de autoridade, que se devam pronunciar sobre a operação urbanística em razão da localização, é efetuada através de uma única entidade coordenadora, a CCDR territorialmente competente, a qual emite uma decisão global e vinculativa de toda a administração.

2 – A CCDR identifica, no prazo de cinco dias a contar da receção dos elementos através do sistema previsto no artigo 8.º-A, as entidades que nos termos da lei devam emitir parecer, aprovação ou autorização de localização, promovendo dentro daquele prazo a respetiva consulta, a efetivar em simultâneo e com recurso ao referido sistema informático.

3 – As entidades consultadas devem pronunciar-se no prazo de 20 dias, sendo este prazo imperativo.

4 – [Revogado].

5 – Os prazos referidos nos números anteriores suspendem-se, por uma única vez, nas seguintes situações:

a) Quando as entidades consultadas verificarem que existem omissões ou irregularidades no requerimento e nos elementos instrutórios cuja junção é obrigatória e requererem à CCDR, no prazo de 8 dias, que convide o requerente a supri-las, no prazo de 15 dias, retomando o seu curso com a receção pela entidade consultada dos elementos adicionais solicitados ou com o indeferimento do requerimento de aperfeiçoamento pela CCDR;

b) Quando as entidades consultadas estejam, por força de compromissos assumidos no âmbito de tratados internacionais, ou de obrigação decorrente da legislação comunitária, sujeitas à obtenção de parecer prévio de entidade sediada fora do território nacional, devendo essa circunstância ser comunicada à CCDR e não podendo a suspensão ter uma duração superior a 20 dias.

6 – Caso não existam posições divergentes entre as entidades consultadas, a CCDR toma a decisão final no prazo de cinco dias a contar do fim do prazo previsto no n.º 3.

7 – Caso existam pareceres negativos das entidades consultadas, a CCDR promove uma reunião, preferencialmente por videoconferência, a realizar no prazo de 10 dias a contar do último parecer recebido dentro do prazo fixado nos termos do n.º 3, com todas as entidades e com o requerente, tendo em vista obter uma solução concertada que permita ultrapassar as objeções formuladas, e toma decisão final vinculativa no prazo de 10 dias.

8 – Na conferência decisória referida no número anterior, as entidades consultadas são representadas por pessoas com poderes para as vincular.

9 – Não sendo possível obter a posição de todas as entidades, por motivo de falta de comparência de algum representante ou por ter sido submetida a apreciação alguma questão nova, os trabalhos da conferência podem ser suspensos por um período máximo de cinco dias.

10 – Quando a CCDR não adote posição favorável a uma operação urbanística por esta ser desconforme com instrumento de gestão territorial, pode a CCDR, quando a operação se revista de especial relevância regional ou local, por sua iniciativa ou a solicitação do município, respetivamente, propor ao Governo a aprovação em resolução do Conselho de Ministros da alteração, suspensão ou ratificação, total ou parcial, de plano da sua competência relativamente ao qual a desconformidade se verifica.

11 – Quando a decisão seja proferida em conferência decisória, os pareceres emitidos têm natureza não vinculativa, independentemente da sua classificação em legislação especial.

12 – O procedimento de decisão da administração central previsto nos números anteriores é objeto de portaria dos membros do Governo responsáveis pelo ordenamento do território e pela administração local.

13 – A CCDR comunica ao município a decisão da conferência decisória no prazo de cinco dias após a sua realização.

14 – Caso a CCDR não cumpra o prazo previsto no número anterior, considera-se que as consultas tiveram um sentido favorável.

Artigo 13.º-B – Consultas prévias

1 – Sem prejuízo do disposto no número seguinte, o interessado na consulta a entidades externas pode solicitar previamente os pareceres, autorizações ou aprovações legalmente exigidos junto das entidades competentes, entregando-os com o requerimento inicial, caso em que não há lugar a nova consulta desde que, até à data da apresentação de tal pedido ou comunicação na câmara municipal, não haja decorrido mais de dois anos desde a emissão dos pareceres, autorizações ou aprovações emitidos ou desde que, caso tenha sido esgotado este prazo, não se tenham verificado alterações dos pressupostos de facto ou de direito em que os mesmos se basearam.

2 – As comunicações prévias de operações urbanísticas são sempre precedidas das consultas às entidades externas a que haja lugar.

3 – Para os efeitos dos números anteriores, na falta de pronúncia da entidade consultada no prazo legal, o requerimento inicial ou a comunicação prévia podem ser instruídos com prova da solicitação das consultas e declaração do requerente ou comunicante de que os mesmos não foram emitidos dentro daquele prazo.

4 – Nos procedimentos de controlo prévio, com exceção das comunicações prévias, não tendo o interessado promovido todas as consultas necessárias, o gestor do procedimento promove as consultas a que haja lugar, de acordo com o previsto no artigo 13.º

5 – A utilização da plataforma eletrónica referida no n.º 1 do artigo 8.º-A pelo interessado para os efeitos previstos no n.º 1 faz-se em termos a regulamentar na portaria a que se refere o mesmo número.

Subsecção II – Informação prévia

Artigo 14.º – Pedido de informação prévia

1 – Qualquer interessado pode pedir à câmara municipal, a título prévio, informação sobre a viabilidade de realizar determinada operação urbanística ou conjunto de operações urbanísticas directamente relacionadas, bem como sobre os respectivos condicionamentos legais ou regulamentares, nomeadamente relativos a infra-estruturas, servidões administrativas e restrições de utilidade pública, índices urbanísticos, cérceas, afastamentos e demais condicionantes aplicáveis à pretensão.

2 – O interessado pode, em qualquer circunstância, designadamente quando o pedido respeite a operação de loteamento em área não abrangida por plano de pormenor, ou a obra de construção, ampliação ou alteração em área não abrangida por plano de pormenor ou operação de loteamento, requerer que a informação prévia contemple especificamente os seguintes aspetos, em função da informação pretendida e dos elementos apresentados:

a) A volumetria, alinhamento, cércea e implantação da edificação e dos muros de vedação;

b) Projeto de arquitetura e memória descritiva;

c) Programa de utilização das edificações, incluindo a área total de construção a afetar aos diversos usos e o número de fogos e outras unidades de utilização, com identificação das áreas acessórias, técnicas e de serviço;

d) Infra-estruturas locais e ligação às infra-estruturas gerais;

e) Estimativa de encargos urbanísticos devidos.

f) Áreas de cedência destinadas à implantação de espaços verdes, equipamentos de utilização colectiva e infra-estruturas viárias.

3 – Quando o interessado não seja o proprietário do prédio, o pedido de informação prévia inclui a identificação daquele bem como dos titulares de qualquer outro direito real sobre o prédio, através de certidão emitida pela conservatória do registo predial.

4 – No caso previsto no número anterior, a câmara municipal deve notificar o proprietário e os demais titulares de qualquer outro direito real sobre o prédio da abertura do procedimento.

Artigo 15.º – Consultas no âmbito do procedimento de informação prévia

1 – No âmbito do procedimento de informação prévia há lugar a consultas externas, nos termos dos artigos 13.º a 13.º-B, às entidades cujos pareceres, autorizações ou aprovações condicionem, nos termos da lei, a informação a prestar, sempre que tal consulta seja exigível num eventual pedido de licenciamento ou com a apresentação de comunicação prévia.

2 – A pronúncia das entidades referidas no número anterior não incide sobre avaliação de impacte ambiental.

Artigo 16.º – Deliberação

1 – A câmara municipal delibera sobre o pedido de informação prévia no prazo de 20 dias ou, no caso previsto no n.º 2 do artigo 14.º, no prazo de 30 dias contados a partir:

a) Da data da recepção do pedido ou dos elementos solicitados nos termos do n.º 3 do artigo 11.º; ou

b) Da data da recepção do último dos pareceres, autorizações ou aprovações emitidos pelas entidades exteriores ao município, quando tenha havido lugar a consultas; ou ainda

c) Do termo do prazo para a recepção dos pareceres, autorizações ou aprovações, sempre que alguma das entidades consultadas não se pronuncie até essa data.

2 – Os pareceres, autorizações ou aprovações emitidos pelas entidades exteriores ao município são obrigatoriamente notificados ao requerente juntamente com a informação prévia aprovada pela câmara municipal, dela fazendo parte integrante.

3 – A câmara municipal indica sempre, na informação favorável, o procedimento de controlo prévio a que se encontra sujeita a realização da operação urbanística projectada, de acordo com o disposto na secção i do capítulo ii do presente diploma.

4 – No caso de a informação ser desfavorável, dela deve constar a indicação dos termos em que a mesma, sempre que possível, pode ser revista por forma a serem cumpridas as prescrições urbanísticas aplicáveis, designadamente as constantes de plano municipal ou intermunicipal de ordenamento do território ou de operação de loteamento.

Artigo 17.º – Efeitos

1 – A informação prévia favorável vincula as entidades competentes na decisão sobre um eventual pedido de licenciamento e no controlo sucessivo de operações urbanísticas sujeitas a comunicação prévia.

2 – Quando seja proferida nos termos dos n.os 2 e 3 do artigo 14.º, ou respeite a área sujeita a plano de pormenor ou a operação de loteamento, tem por efeito a sujeição da operação urbanística em causa ao regime da comunicação prévia, a efetuar nos exatos termos em que foi apreciada, e dispensa a realização de novas consultas externas.

3 – O pedido de licenciamento ou a apresentação de comunicação prévia a que se refere o número anterior deve ser efetuado no prazo de um ano após a decisão favorável do pedido de informação prévia e é sempre acompanhado de declaração dos autores e coordenador dos projetos de que aquela respeita os limites constantes da informação prévia favorável.

4 – Decorrido o prazo fixado no número anterior, o particular pode requerer ao presidente da câmara a declaração de que se mantêm os pressupostos de facto e de direito que levaram à anterior decisão favorável, devendo o mesmo decidir no prazo de 20 dias e correndo novo prazo de um ano para efetuar a apresentação dos pedidos de licenciamento ou de comunicação prévia se os pressupostos se mantiverem ou se o presidente da câmara municipal não tiver respondido no prazo legalmente previsto.

5 – Não se suspendem os procedimentos de licenciamento ou comunicação prévia requeridos ou apresentados com suporte em informação prévia nas áreas a abranger por novas regras urbanísticas, constantes de plano municipal, intermunicipal ou especial de ordenamento do território ou sua revisão, a partir da data fixada para o início da discussão pública e até à data da entrada em vigor daquele instrumento.

Subsecção III – Licença

Artigo 18.º – *Âmbito*

1 – Obedece ao procedimento regulado na presente subsecção a apreciação dos pedidos relativos às operações urbanísticas previstas no n.º 2 do artigo 4.º

2 – (Revogado)

Artigo 19.º – Consultas a entidades exteriores ao município

(Revogado)

Artigo 20.º – Apreciação dos projectos de obras de edificação

1 – A apreciação do projeto de arquitetura, no caso de pedido de licenciamento relativo a obras previstas nas alíneas *c)* a *f)* do n.º 2 do artigo 4.º, incide sobre a sua conformidade com planos municipais ou intermunicipais de ordenamento no território, planos especiais de ordenamento do território, medidas preventivas, área de desenvolvimento urbano prioritário, área de construção prioritária, servidões administrativas, restrições de utilidade pública e quaisquer outras normas legais e regulamentares relativas ao aspeto exterior e a inserção urbana e paisagística das edificações, bem como sobre o uso proposto.

2 – Para os efeitos do número anterior, a apreciação da inserção urbana das edificações é efectuada na perspectiva formal e funcional, tendo em atenção o edificado existente, bem como o espaço público envolvente e as infra-estruturas existentes e previstas.

3 – A câmara municipal delibera sobre o projecto de arquitectura no prazo de 30 dias contado a partir:

a) Da data da recepção do pedido ou dos elementos solicitados nos termos do n.º 3 do artigo 11.º; ou

b) Da data da recepção do último dos pareceres, autorizações ou aprovações emitidos pelas entidades exteriores ao município, quando tenha havido lugar a consultas; ou ainda

c) Do termo do prazo para a recepção dos pareceres, autorizações ou aprovações, sempre que alguma das entidades consultadas não se pronuncie até essa data.

4 – O interessado deve apresentar os projectos das especialidades e outros estudos necessários à execução da obra no prazo de seis meses a contar da notificação do acto que aprovou o projecto de arquitectura caso não tenha apresentado tais projectos com o requerimento inicial.

5 – O presidente da câmara pode prorrogar o prazo referido no número anterior, por uma só vez e por período não superior a três meses, mediante requerimento fundamentado apresentado antes do respectivo termo.

6 – A falta de apresentação dos projectos das especialidades e outros estudos no prazo estabelecido no n.º 4 ou naquele que resultar da prorrogação concedida nos termos do número anterior implica a suspensão do processo de licenciamento pelo período máximo de seis meses, findo o qual é declarada a caducidade após audiência prévia do interessado.

7 – (Revogado)

8 – As declarações de responsabilidade dos autores dos projetos de arquitetura, no que respeita aos aspetos interiores das edificações, bem como dos autores dos projetos das especialidades e de outros estudos nos termos do n.º 4 do artigo 10.º, constituem garantia bastante do cumprimento das normas legais e regulamentares aplicáveis, excluindo a sua apreciação prévia, salvo quando as declarações sejam formuladas nos termos do n.º 5 do artigo 10.º

Artigo 21.º – Apreciação dos projetos de loteamento, de obras de urbanização e trabalhos de remodelação de terrenos

A apreciação dos projetos de loteamento, obras de urbanização e dos trabalhos de remodelação de terrenos pela câmara municipal incide sobre a sua conformidade com planos municipais ou intermunicipais de ordenamento do território, planos especiais de ordenamento do território, medidas preventivas, área de desenvolvimento urbano prioritário, área de construção prioritária, servidões administrativas, restrições de utilidade pública e quaisquer outras normas legais e regulamentares aplicáveis, bem como sobre o uso e a integração urbana e paisagística.

Artigo 22.º – Consulta pública

1 – Os municípios podem determinar, através de regulamento municipal, a prévia sujeição a discussão pública do licenciamento de operações de loteamento com significativa relevância urbanística.

2 – A consulta prevista no número anterior tem sempre lugar quando a operação de loteamento exceda algum dos seguintes limites:

a) 4 ha;

b) 100 fogos;

c) 10 % da população do aglomerado urbano em que se insere a pretensão.

Artigo 23.º – Deliberação final

1 – A câmara municipal delibera sobre o pedido de licenciamento:

a) No prazo de 45 dias, no caso de operação de loteamento;

b) No prazo de 30 dias, no caso de obras de urbanização;

c) No prazo de 45 dias, no caso de obras previstas nas alíneas *c)* a *f)* do n.º 2 do artigo 4.º;

d) (Revogada)

2 – (Revogado)

3 – Os prazos previstos nas alíneas *a)* e *b)* do n.º 1 contam-se a partir:

a) Da data da recepção do pedido ou dos elementos solicitados nos termos do n.º 3 do artigo 11.º;

b) Da data da recepção do último dos pareceres, autorizações ou aprovações emitidos pelas entidades exteriores ao município, quando tenha havido lugar a consultas; ou ainda

c) Do termo do prazo para a recepção dos pareceres, autorizações ou aprovações, sempre que alguma das entidades consultadas não se pronuncie até essa data.

4 – O prazo previsto na alínea *c)* do n.º 1 conta-se:

a) Da data da apresentação dos projectos das especialidades e outros estudos ou da data da aprovação do projecto de arquitectura se o interessado os tiver apresentado juntamente com o requerimento inicial; ou

b) Quando haja lugar a consulta de entidades externas, a partir da data da recepção do último dos pareceres, autorizações ou aprovações; ou ainda

c) Do termo do prazo para a recepção dos pareceres, autorizações ou aprovações, sempre que alguma das entidades consultadas não se pronuncie até essa data.

5 – Quando o pedido de licenciamento de obras de urbanização seja apresentado em simultâneo com o pedido de licenciamento de operação de loteamento, o prazo previsto na alínea b) do n.º 1 conta-se a partir da deliberação que aprove o pedido de loteamento.

6 – No caso das obras previstas nas alíneas *c)* a *e)* do n.º 2 do artigo 4.º, a câmara municipal pode, a requerimento do interessado, aprovar uma licença parcial para construção da estrutura, imediatamente após a entrega de todos os projectos das especialidades e outros estudos e desde que se mostrem aprovado o projecto de arquitectura e prestada caução para demolição da estrutura até ao piso de menor cota em caso de indeferimento.

7 – Nos casos referidos no número anterior, o deferimento do pedido de licença parcial dá lugar à emissão de alvará.

Artigo 24.º – Indeferimento do pedido de licenciamento

1 – O pedido de licenciamento é indeferido quando:

a) Violar plano municipal e intermunicipal de ordenamento do território, plano especial de ordenamento do território, medidas preventivas, área de desenvolvimento urbano prioritário, área de construção prioritária, servidão administrativa, restrição de utilidade pública ou quaisquer outras normas legais e regulamentares aplicáveis;

b) Existir declaração de utilidade pública para efeitos de expropriação que abranja o prédio objecto do pedido de licenciamento, salvo se tal declaração tiver por fim a realização da própria operação urbanística;

c) Tiver sido objecto de parecer negativo, ou recusa de aprovação ou autorização de qualquer entidade consultada nos termos do presente diploma cuja decisão seja vinculativa para os órgãos municipais.

2 – Quando o pedido de licenciamento tiver por objeto a realização das operações urbanísticas referidas nas alíneas *a)* a *e)* e *i)* do n.º 2 do artigo 4.º, o indeferimento pode ainda ter lugar com fundamento em:

a) A operação urbanística afectar negativamente o património arqueológico, histórico, cultural ou paisagístico, natural ou edificado;

b) A operação urbanística constituir, comprovadamente, uma sobrecarga incomportável para as infra-estruturas ou serviços gerais existentes ou implicar, para o município, a construção ou manutenção de equipamentos, a realização de trabalhos ou a prestação de serviços por este não previstos, designadamente quanto a arruamentos e redes de abastecimento de água, de energia eléctrica ou de saneamento.

c) A operação urbanística implicar a demolição de fachadas revestidas a azulejos, a remoção de azulejos de fachada, independentemente da sua confrontação com a via pública ou logradouros, salvo em casos devidamente justificados, autorizados pela Câmara Municipal em razão da ausência ou diminuto valor patrimonial relevante destes.

3 – (Revogado)

4 – Quando o pedido de licenciamento tiver por objecto a realização das obras referidas nas alíneas *c)* e *d)* do n.º 2 do artigo 4.º, pode ainda ser indeferido quando a obra seja susceptível de manifestamente afectar o acesso e a utilização de imóveis classificados de interesse nacional ou interesse público, a estética das povoações, a sua adequada inserção no ambiente urbano ou a beleza das paisagens, designadamente em resultado da desconformidade com as cérceas dominantes, a volumetria das edificações e outras prescrições expressamente previstas em regulamento.

5 – O pedido de licenciamento das obras referidas na alínea *c)* do n.º 2 do artigo 4.º deve ser indeferido na ausência de arruamentos ou de infra-estruturas de abastecimento de água e saneamento ou se a obra projectada constituir, comprovadamente, uma sobrecarga incomportável para as infra-estruturas existentes.

6 – (Revogado)

Artigo 25.º – Reapreciação do pedido

1 – Quando exista projecto de decisão de indeferimento com os fundamentos referidos na alínea b) do n.º 2 e no n.º 5 do artigo anterior, pode haver deferimento do pedido desde que o requerente, na audiência prévia, se comprometa a realizar os trabalhos necessários ou a assumir os encargos inerentes à sua execução, bem como os encargos de funcionamento das infra-estruturas por um período mínimo de 10 anos.

2 – (Revogado)

3 – Em caso de deferimento nos termos do n.º 1, o requerente deve, antes da emissão do alvará, celebrar com a câmara municipal contrato relativo ao cumprimento das obrigações assumidas e prestar caução adequada, beneficiando de redução proporcional ou isenção das taxas por realização de infra-estruturas urbanísticas, nos termos a fixar em regulamento municipal.

4 – A prestação da caução referida no número anterior, bcm como a execução ou manutenção das obras de urbanização que o interessado se compromete a realizar ou a câmara municipal entenda indispensáveis, devem ser mencionadas expressamente como condição do deferimento do pedido.

5 – À prestação da caução referida no n.º 3 aplica-se, com as necessárias adaptações, o disposto no artigo 54.º

6 – Os encargos a suportar pelo requerente ao abrigo do contrato referido no n.º 3 devem ser proporcionais à sobrecarga para as infra-estruturas existentes resultante da operação urbanística.

Artigo 26.º – Licença

A deliberação final de deferimento do pedido de licenciamento consubstancia a licença para a realização da operação urbanística.

Artigo 27.º – Alterações à licença

1 – A requerimento do interessado, podem ser alterados os termos e condições da licença.

2 – A alteração da licença de operação de loteamento é precedida de consulta pública quando a mesma esteja prevista em regulamento municipal ou quando sejam ultrapassados alguns dos limites previstos no n.º 2 do artigo 22.º

3 – Sem prejuízo do disposto no artigo 48.º, a alteração da licença de operação de loteamento não pode ser aprovada se ocorrer oposição escrita dos titulares da maioria da área dos lotes constantes do alvará, devendo, para o efeito, o gestor de procedimento proceder à sua notificação para pronúncia no prazo de 10 dias.

4 – A alteração à licença obedece ao procedimento estabelecido na presente subsecção, com as especialidades constantes dos números seguintes.

5 – É dispensada a consulta às entidades exteriores ao município desde que o pedido de alteração se conforme com os pressupostos de facto e de direito dos pareceres, autorizações ou aprovações que hajam sido emitidos no procedimento.

6 – No procedimento de alteração são utilizados os documentos constantes do processo que se mantenham válidos e adequados, promovendo a câmara municipal, quando necessário, a actualização dos mesmos.

7 – A alteração da licença dá lugar a aditamento ao alvará, que, no caso de operação de loteamento, deve ser comunicado oficiosamente à conservatória do registo predial competente para efeitos de averbamento, contendo a comunicação os elementos em que se traduz a alteração.

8 – As alterações à licença de loteamento, com ou sem variação do número de lotes, que se traduzam na variação das áreas de implantação, de construção ou variação do número de fogos até 3 %, desde que observem os parâmetros urbanísticos ou utilizações constantes de plano municipal ou intermunicipal de ordenamento do território, são aprovadas por simples deliberação da câmara municipal, com dispensa de quaisquer outras formalidades, sem prejuízo das demais disposições legais e regulamentares aplicáveis.

9 – Exceptuam-se do disposto nos n.os 3 a 6 as alterações às condições da licença que se refiram ao prazo de conclusão das operações urbanísticas licenciadas ou ao montante da caução para garantia das obras de urbanização, que se regem pelos artigos 53.º, 54.º e 58.º

Subsecção IV – Autorização

Artigo 28.º – Âmbito

(Revogado)

Artigo 29.º – Apreciação liminar

(Revogado)

Artigo 30.º – Decisão final

(Revogado)

Artigo 31.º – Indeferimento do pedido de autorização

(Revogado)

Artigo 32.º – Autorização

(Revogado)

Artigo 33.º – Alterações à autorização

(Revogado)

Subsecção V – Comunicação prévia

Artigo 34.º – Âmbito

1 – Obedece ao procedimento regulado na presente subsecção a realização das operações urbanísticas referidas no n.º 4 do artigo 4.º

2 – A comunicação prévia consiste numa declaração que, desde que corretamente instruída, permite ao interessado proceder imediatamente à realização de determinadas operações urbanísticas após o pagamento das taxas devidas, dispensando a prática de quaisquer atos permissivos.

3 – O pagamento das taxas a que se refere o número anterior faz-se por autoliquidação nos termos e condições definidos nos regulamentos municipais previstos no artigo 3.º, não podendo o prazo de pagamento ser inferior a 60 dias, contados do termo do prazo para a notificação a que se refere o n.º 2 do artigo 11.º

4 – As operações urbanísticas realizadas ao abrigo de comunicação prévia observam as normas legais e regulamentares aplicáveis, designadamente as relativas às normas técnicas de construção e o disposto nos instrumentos de gestão territorial.

5 – Sempre que seja obrigatória a realização de consultas externas nos termos previstos na lei, a comunicação prévia pode ter lugar quando tais consultas já tenham sido efetuadas no âmbito de pedido de informação prévia, de aprovação de planos de pormenor ou de operações de loteamento urbano, ou se o interessado instruir a comunicação prévia com as consultas por ele promovidas nos termos do artigo 13.º-B.

Artigo 35.º – Regime da comunicação prévia

1 – A comunicação prévia é dirigida ao presidente da câmara municipal e efetuada através da plataforma eletrónica referida no n.º 1 do artigo 8.º-A nos termos a regulamentar na portaria a que se refere o mesmo número.

2 – Na comunicação prévia o interessado indica o prazo de execução das obras, sem prejuízo do disposto nos artigos 71.º e 72.º

3 – [Revogado].

4 – Os elementos instrutórios da comunicação prévia são regulados por portaria dos membros do Governo responsáveis pelas áreas do ordenamento do território e da administração local, neles se incluindo obrigatoriamente o termo de responsabilidade subscrito por técnico legalmente habilitado que ateste o cumprimento das normas legais e regulamentares aplicáveis.

5 – As operações urbanísticas objeto de comunicação prévia são disponibilizadas diariamente através da plataforma eletrónica referida no n.º 1 do artigo 8.º-A que emite o comprovativo eletrónico da sua apresentação.

6 – O comunicante pode solicitar aos serviços municipais que seja emitida, sem dependência de qualquer despacho, certidão na qual conste a identificação

da operação urbanística objeto de comunicação prévia bem como a data da sua apresentação.

7 – É aplicável à comunicação prévia o disposto na alínea *a)* do n.º 2 e no n.º 3 do artigo 11.º, com as devidas adaptações, sendo o despacho notificado ao interessado nos termos do disposto no artigo 121.º

8 – Sem prejuízo do disposto nos números anteriores, a câmara municipal deve, em sede de fiscalização sucessiva, inviabilizar a execução das operações urbanísticas objeto de comunicação prévia e promover as medidas necessárias à reposição da legalidade urbanística, quando verifique que não foram cumpridas as normas e condicionantes legais e regulamentares, ou que estas não tenham sido precedidas de pronúncia, obrigatória nos termos da lei, das entidades externas competentes, ou que com ela não se conformem.

9 – O dever de fiscalização previsto no número anterior caduca 10 anos após a data de emissão do título da comunicação prévia.

Artigo 36.º – Rejeição da comunicação prévia

(Revogado)

Artigo 36.º-A – Acto administrativo

(Revogado)

Subsecção VI – Procedimentos especiais

Artigo 37.º – Operações urbanísticas cujo projecto carece de aprovação da administração central

(Revogado)

Artigo 38.º – Empreendimentos turísticos

1 – Os empreendimentos turísticos estão sujeitos ao regime jurídico das operações de loteamento nos casos em que se pretenda efectuar a divisão jurídica do terreno em lotes.

2 – Nas situações referidas no número anterior não é aplicável o disposto no artigo 41.º, podendo a operação de loteamento realizar-se em áreas em que o uso turístico seja compatível com o disposto nos instrumentos de gestão territorial válidos e eficazes.

Artigo 39.º Dispensa de autorização prévia de localização

Sempre que as obras se situem em área que nos termos de plano de urbanização, plano de pormenor ou licença ou comunicação prévia de loteamento em vigor esteja expressamente afecta ao uso proposto, é dispensada a autorização prévia de localização que, nos termos da lei, devesse ser emitida por parte de órgãos da administração central, sem prejuízo das demais autorizações ou aprovações exigidas por lei relativas a servidões administrativas ou restrições de utilidade pública.

Artigo 40.º – Licença ou autorização de funcionamento

(Revogado)

Secção III – Condições especiais de licenciamento ou comunicação prévia

Subsecção I – Operações de loteamento

Artigo 41.º – Localização

As operações de loteamento só podem realizar-se em áreas situadas dentro do perímetro urbano e em terrenos já urbanizados ou cuja urbanização se encontre programada em plano municipal ou intermunicipal de ordenamento do território.

Artigo 42.º – Parecer da CCDR

1 – O licenciamento de operação de loteamento que se realize em área não abrangida por qualquer plano municipal ou intermunicipal de ordenamento do território está sujeito a parecer prévio favorável da CCDR ao qual se aplica, com as necessárias adaptações, o disposto nos n.os 5 e 6 do artigo 13.º

2 – O parecer da CCDR destina-se a avaliar a operação de loteamento do ponto de vista do ordenamento do território e a verificar a sua articulação com os instrumentos de desenvolvimento territorial previstos na lei.

3 – O parecer da CCDR caduca no prazo de dois anos, salvo se, dentro desse prazo, for licenciada a operação de loteamento, ou, uma vez esgotado, não existirem alterações nos pressupostos de facto e de direito em que se fundamentou o parecer.

4 – A apresentação de requerimento nos termos referidos no artigo 112.º suspende a contagem do prazo referido no número anterior.

Artigo 43.º – Áreas para espaços verdes e de utilização colectiva, infra-estruturas e equipamentos

1 – Os projectos de loteamento devem prever áreas destinadas à implantação de espaços verdes e de utilização colectiva, infra-estruturas viárias e equipamentos.

2 – Os parâmetros para o dimensionamento das áreas referidas no número anterior são os que estiverem definidos em plano municipal ou intermunicipal de ordenamento do território.

3 – Para aferir se o projecto de loteamento respeita os parâmetros a que alude o número anterior consideram-se quer as parcelas de natureza privada a afectar àqueles fins quer as parcelas a ceder à câmara municipal nos termos do artigo seguinte.

4 – Os espaços verdes e de utilização colectiva, infra-estruturas viárias e equipamentos de natureza privada constituem partes comuns dos lotes resultantes da operação de loteamento e dos edifícios que neles venham a ser construídos e regem-se pelo disposto nos artigos 1420.º a 1438.º-A do Código Civil.

Artigo 44.º – Cedências

1 – O proprietário e os demais titulares de direitos reais sobre o prédio a lotear cedem gratuitamente ao município as parcelas para implantação de espaços verdes públicos e equipamentos de utilização colectiva e as infra-estruturas que, de acordo com a lei e a licença ou comunicação prévia, devam integrar o domínio municipal.

2 – Para os efeitos do número anterior, o requerente deve assinalar as áreas de cedência ao município em planta a entregar com o pedido de licenciamento ou comunicação prévia.

3 – As parcelas de terreno cedidas ao município integram-se no domínio municipal com a emissão do alvará ou, nas situações previstas no artigo 34.º, através de instrumento notarial próprio a realizar no prazo de 20 dias após a receção da comunicação prévia, devendo a câmara municipal definir, no alvará ou no instrumento notarial, as parcelas afetas aos domínios público e privado do município.

4 – Se o prédio a lotear já estiver servido pelas infra-estruturas a que se refere a alínea *h)* do artigo 2.º ou não se justificar a localização de qualquer equipamento ou espaço verde públicos no referido prédio, ou ainda nos casos referidos no n.º 4 do artigo anterior, não há lugar a qualquer cedência para esses fins, ficando, no entanto, o proprietário obrigado ao pagamento de uma compensação ao município, em numerário ou em espécie, nos termos definidos em regulamento municipal.

5 – O proprietário e demais titulares de direitos reais sobre prédio a sujeitar a qualquer operação urbanística que nos termos de regulamento municipal seja considerada como de impacte relevante ficam também sujeitos às cedências e compensações previstas para as operações de loteamento.

Artigo 45.º – Reversão

1 – O cedente tem o direito de reversão sobre as parcelas cedidas nos termos do artigo anterior sempre que estas sejam afetas a fins diversos daqueles para que hajam sido cedidas.

2 – Para os efeitos previstos no número anterior, considera-se que não existe alteração de afetação sempre que as parcelas cedidas sejam afetas a um dos fins previstos no n.º 1 do artigo anterior, independentemente das especificações eventualmente constantes do documento que titula a transmissão.

3 – Ao exercício do direito de reversão previsto no número anterior aplica-se, com as necessárias adaptações, o disposto no Código das Expropriações.

4 – Em alternativa ao exercício do direito referido no n.º 1 ou no caso do n.º 10, o cedente pode exigir ao município uma indemnização, a determinar nos termos estabelecidos no Código das Expropriações com referência ao fim a que se encontre afeta a parcela, calculada à data em que pudesse haver lugar à reversão.

5 – As parcelas que, nos termos do n.º 1, tenham revertido para o cedente ficam sujeitas às mesmas finalidades a que deveriam estar afetas aquando da cedência, salvo quando se trate de parcela a afetar a equipamento de utilização coletiva, devendo nesse caso ser afeta a espaço verde, procedendo-se ainda ao averbamento desse facto no respetivo alvará ou à sua integração na comunicação prévia.

6 – Os direitos previstos nos n.os 1, 3 e 4 podem ser exercidos pelos proprietários de, pelo menos, um terço dos lotes constituídos em consequência da operação de loteamento.

7 – Havendo imóveis construídos na parcela revertida, o tribunal pode ordenar a sua demolição, a requerimento do cedente, nos termos estabelecidos nos artigos 37.º e seguintes da Lei n.º 15/2002, de 22 de fevereiro.

8 – O município é responsável pelos prejuízos causados aos proprietários dos imóveis referidos no número anterior, nos termos estabelecidos na Lei n.º 67/2007, de 31 de dezembro, alterada pela Lei n.º 31/2008, de 17 de julho, em matéria de atos ilícitos.

9 – A demolição prevista no n.º 7 não prejudica os direitos legalmente estabelecidos de realojamento dos ocupantes.

10 – O direito de reversão previsto no n.º 1 não pode ser exercido quando os fins das parcelas cedidas sejam alterados ao abrigo do disposto no n.º 1 do artigo 48.º

Artigo 46.º – Gestão das infra-estruturas e dos espaços verdes e de utilização colectiva

1 – A gestão das infra-estruturas e dos espaços verdes e de utilização colectiva pode ser confiada a moradores ou a grupos de moradores das zonas loteadas e urbanizadas, mediante a celebração com o município de acordos de cooperação ou de contratos de concessão do domínio municipal.

2 – Os acordos de cooperação podem incidir, nomeadamente, sobre os seguintes aspectos:

a) Limpeza e higiene;

b) Conservação de espaços verdes existentes;

c) Manutenção dos equipamentos de recreio e lazer;

d) Vigilância da área, por forma a evitar a sua degradação.

3 – Os contratos de concessão devem ser celebrados sempre que se pretenda realizar investimentos em equipamentos de utilização colectiva ou em instalações fixas e não desmontáveis em espaços verdes, ou a manutenção de infra-estruturas.

Artigo 47.º – Contrato de concessão

1 – Os princípios a que devem subordinar-se os contratos administrativos de concessão do domínio municipal a que se refere o artigo anterior são estabelecidos em diploma próprio, no qual se fixam as regras a observar em matéria de prazo de vigência, conteúdo do direito de uso privativo, obrigações do concessionário e do município em matéria de realização de obras, prestação de serviços e manutenção de infra-estruturas, garantias a prestar e modos e termos do sequestro e rescisão.

2 – A utilização das áreas concedidas nos termos do número anterior e a execução dos contratos respectivos estão sujeitas a fiscalização da câmara municipal, nos termos a estabelecer no diploma aí referido.

3 – Os contratos referidos no número anterior não podem, sob pena de nulidade das cláusulas respectivas, proibir o acesso e utilização do espaço concessionado por parte do público, sem prejuízo das limitações a tais acesso e utilização que sejam admitidas no diploma referido no n.º 1.

Artigo 48.º – Execução de instrumentos de gestão territorial e outros instrumentos urbanísticos

1 – As operações de loteamento com as condições definidas na licença ou comunicação prévia podem ser alteradas por iniciativa da câmara municipal desde que tal alteração se mostre necessária à execução de plano municipal ou intermunicipal de ordenamento do território ou área de reabilitação urbana.

2 – A deliberação da câmara municipal que determine as alterações referidas no número anterior é devidamente fundamentada e implica a emissão de novo alvará e a publicação e submissão a registo deste, a expensas do município.

3 – A deliberação referida no número anterior é precedida da audiência prévia do titular do alvará e demais interessados, que dispõem do prazo de 30 dias para se pronunciarem sobre o projeto de decisão.

4 – A pessoa coletiva que aprovar os instrumentos referidos no n.º 1 que determinem direta ou indiretamente os danos causados ao titular do alvará e demais interessados, em virtude do exercício da faculdade prevista no n.º 1, é responsável pelos mesmos nos termos do regime geral aplicável às situações de indemnização pelo sacrifício.

5 – Sem prejuízo do disposto no número anterior, nas situações de afetação das condições da licença ou comunicação prévia que, pela sua gravidade ou intensidade, eliminem ou restrinjam o seu conteúdo económico, o titular do alvará e demais interessados têm direito a uma indemnização correspondente ao valor económico do direito eliminado ou da parte do direito que tiver sido restringido.

6 – Enquanto não forem alteradas as condições das operações de loteamento nos termos previstos no n.º 1, as obras de construção, de alteração ou de ampliação, na área abrangida por aquelas operações de loteamento, não têm que se conformar com planos municipais ou intermunicipais de ordenamento do território ou áreas de reabilitação urbana posteriores à licença ou comunicação prévia da operação de loteamento.

Artigo 48.º-A – Alterações à operação de loteamento objeto de comunicação prévia

Sem prejuízo do disposto no artigo anterior, a alteração de operação de loteamento objeto de comunicação prévia só pode ser apresentada se for demonstrada a não oposição dos titulares da maioria dos lotes constantes da comunicação.

Artigo 49.º – Negócios jurídicos

1 – Nos títulos de arrematação ou outros documentos judiciais, bem como nos instrumentos relativos a atos ou negócios jurídicos de que resulte, direta ou indiretamente, a constituição de lotes nos termos da alínea i) do artigo 2.º, sem prejuízo do disposto nos artigos 6.º e 7.º, ou a transmissão de lotes legalmente constituídos, devem constar o número do alvará ou da comunicação prévia, a data de emissão do título, a data de caducidade e a certidão do registo predial.

2 – Não podem ser realizados actos de primeira transmissão de imóveis construídos nos lotes ou de fracções autónomas desses imóveis sem que seja exibida, perante a entidade que celebre a escritura pública ou autentique o documento particular, certidão emitida pela câmara municipal, comprovativa da recepção provisória das obras de urbanização ou certidão, emitida pela câmara municipal, comprovativa de que a caução a que se refere o artigo 54.º é suficiente para garantir a boa execução das obras de urbanização.

3 – Caso as obras de urbanização sejam realizadas nos termos dos artigos 84.º e 85.º, os actos referidos no número anterior podem ser efectuados mediante a exibição de certidão, emitida pela câmara municipal, comprovativa da conclusão de tais obras, devidamente executadas em conformidade com os projectos aprovados.

4 – A exibição das certidões referidas nos n.ºs 2 e 3 é dispensada sempre que o alvará de loteamento tenha sido emitido ao abrigo dos Decretos-Leis n.ºs 289/73, de 6 de Junho, e 400/84, de 31 de Dezembro.

Artigo 50.º – Fraccionamento de prédios rústicos

(Revogado)

Artigo 51.º – Informação registral

1 – O conservador do registo predial remete mensalmente à CCDR, até ao dia 15 de cada mês, cópia dos elementos respeitantes a operações de loteamento e respectivos anexos cujos registos tenham sido requeridos no mês anterior.

2 – (Revogado)

Artigo 52.º – Publicidade à alienação

Na publicidade à alienação de lotes de terreno, de edifícios ou frações autónomas neles construídos, em construção ou a construir, é obrigatório mencionar o número do alvará de loteamento ou da comunicação prévia e a data da sua emissão ou receção pela câmara municipal, bem como o respetivo prazo de validade.

Subsecção II – Obras de urbanização

Artigo 53.º – Condições e prazo de execução

1 – Com a deliberação prevista no artigo 26.º ou através de regulamento municipal nas situações previstas no artigo 34.º, o órgão competente para o licenciamento das obras de urbanização estabelece:

a) As condições a observar na execução das mesmas, onde se inclui o cumprimento do disposto no regime da gestão de resíduos de construção e demolição nelas produzidos, e o prazo para a sua conclusão;

b) O montante da caução destinada a assegurar a boa e regular execução das obras;

c) As condições gerais do contrato de urbanização a que se refere o artigo 55.º, se for caso disso.

2 – Nas situações previstas no artigo 34.º o prazo de execução é o fixado pelo interessado, não podendo, no entanto, ultrapassar os limites fixados mediante regulamento municipal.

3 – O prazo estabelecido nos termos da alínea *a)* do n.º 1 e do n.º 2 pode ser prorrogado a requerimento fundamentado do interessado, por uma única vez e por período não superior a metade do prazo inicial, quando não seja possível concluir as obras dentro do prazo para o efeito estabelecido.

4 – Quando a obra se encontre em fase de acabamentos, pode ainda o presidente da câmara municipal, a requerimento fundamentado do interessado, conceder nova prorrogação, mediante o pagamento de um adicional à taxa referida no n.º 2 do artigo 116.º, de montante a fixar em regulamento municipal.

5 – O prazo referido no n.º 2 pode ainda ser prorrogado em consequência de alteração da licença ou da comunicação prévia.

6 – A prorrogação do prazo nos termos referidos nos números anteriores não dá lugar à emissão de novo alvará nem à apresentação de nova comunicação prévia, devendo ser averbada no alvará ou comunicação existentes.

7 – As obras de urbanização com as condições definidas na licença ou comunicação prévia podem ser alteradas por iniciativa da câmara municipal, nos termos e com os fundamentos estabelecidos no artigo 48.º

Artigo 54.º – Caução

1 – O requerente ou comunicante presta caução destinada a garantir a boa e regular execução das obras de urbanização.

2 – A caução referida no número anterior é prestada a favor da câmara municipal, mediante garantia bancária autónoma à primeira solicitação, hipoteca sobre bens imóveis propriedade do requerente, depósito em dinheiro ou seguro-caução, devendo constar do próprio título que a mesma está sujeita a actualização nos termos do n.º 4 e se mantém válida até à recepção definitiva das obras de urbanização.

3 – O montante da caução é igual ao valor constante dos orçamentos para execução dos projectos das obras a executar, eventualmente corrigido pela câmara municipal com a emissão da licença, a que pode ser acrescido um montante, não superior a 5 % daquele valor, destinado a remunerar encargos de administração caso se mostre necessário aplicar o disposto nos artigos 84.º e 85.º

4 – O montante da caução deve ser:

a) Reforçado, precedendo deliberação fundamentada da câmara municipal, tendo em atenção a correcção do valor dos trabalhos por aplicação das regras legais e regulamentares relativas a revisões de preços dos contratos de empreitada de obras públicas, quando se mostre insuficiente para garantir a conclusão dos trabalhos, em caso de prorrogação do prazo de conclusão ou em consequência de acentuada subida no custo dos materiais ou de salários;

b) Reduzido, nos mesmos termos, em conformidade com o andamento dos trabalhos a requerimento do interessado, que deve ser decidido no prazo de 15 dias.

5 – O conjunto das reduções efectuadas ao abrigo do disposto na alínea *b)* do número anterior não pode ultrapassar 90% do montante inicial da caução, sendo o remanescente libertado com a recepção definitiva das obras de urbanização.

6 – O reforço ou a redução da caução, nos termos do n.º 4, não dá lugar à emissão de novo alvará ou a nova comunicação.

Artigo 55.º – Contrato de urbanização

1 – Quando a execução de obras de urbanização envolva, em virtude de disposição legal ou regulamentar ou por força de convenção, mais de um responsável, a realização das mesmas pode ser objecto de contrato de urbanização.

2 – São partes no contrato de urbanização, obrigatoriamente, o município e o proprietário e outros titulares de direitos reais sobre o prédio e, facultativamente, as empresas que prestem serviços públicos, bem como outras entidades envolvidas na operação de loteamento ou na urbanização dela resultante, designadamente interessadas na aquisição dos lotes.

3 – O contrato de urbanização estabelece as obrigações das partes contratantes relativamente à execução das obras de urbanização e as responsabilidades a que ficam sujeitas, bem como o prazo para cumprimento daquelas.

4 – Quando haja lugar à celebração de contrato de urbanização, a ele se fará menção no alvará ou comunicação.

5 – Juntamente com o requerimento inicial, comunicação e a qualquer momento do procedimento até à aprovação das obras de urbanização, o interessado pode apresentar proposta de contrato de urbanização.

Artigo 56.º – Execução por fases

1 – O interessado pode requerer a execução por fases das obras de urbanização, identificando as obras incluídas em cada fase, o orçamento correspondente e os prazos dentro dos quais se propõe requerer a respectiva licença.

2 – O requerimento referido no número anterior deve ser preferencialmente apresentado com o pedido de licenciamento de loteamento ou, quando as obras de urbanização não se integrem em operação de loteamento, com o pedido de licenciamento das mesmas, podendo, contudo, ser apresentado em qualquer momento do procedimento, desde que não tenha ainda sido proferida decisão final.

3 – Cada fase deve ter coerência interna e corresponder a uma zona da área a lotear ou a urbanizar que possa funcionar autonomamente.

4 – O requerimento é decidido no prazo de 30 dias a contar da data da sua apresentação.

5 – Admitida a execução por fases, o alvará abrange apenas a primeira fase das obras de urbanização, implicando cada fase subsequente um aditamento ao alvará.

6 – Quando se trate de operação efectuada ao abrigo de comunicação prévia, o interessado identifica na comunicação as fases em que pretende proceder à execução das obras de urbanização, aplicando-se, com as necessárias adaptações, o disposto nos n.os 1, 2 e 3.

Subsecção III – Obras de edificação

Artigo 57.º – Condições de execução

1 – A câmara municipal fixa as condições a observar na execução da obra com o deferimento do pedido de licenciamento das operações urbanísticas e, no caso das obras sujeitas a comunicação prévia, através de regulamento municipal, devendo salvaguardar o cumprimento do disposto no regime da gestão de resíduos de construção e demolição.

2 – As condições relativas à ocupação da via pública ou à colocação de tapumes e vedações são estabelecidas mediante proposta do requerente, a qual, nas situações previstas no n.º 4 do artigo 4.º, deve acompanhar a comunicação prévia, não podendo a câmara municipal alterá-las senão com fundamento na violação de normas legais ou regulamentares aplicáveis ou na necessidade de articulação com outras ocupações previstas ou existentes.

3 – No caso previsto no artigo 113.º, as condições a observar na execução das obras são aquelas que forem propostas pelo requerente.

4 – A comunicação prévia para obras em área abrangida por operação de loteamento não pode ter lugar antes da recepção provisória das respectivas obras de urbanização ou da prestação de caução a que se refere o artigo 54.º

5 – O disposto no artigo 43.º e nos n.os 1 a 3 do artigo 44.º aplica-se aos procedimentos de licenciamento ou de comunicação prévia de obras quando respeitem a edifícios contíguos e funcionalmente ligados entre si que determinem, em termos urbanísticos, impactes semelhantes a uma operação de loteamento, nos termos a definir por regulamento municipal.

6 – O disposto no n.º 4 do artigo 44.º é aplicável aos procedimentos de licenciamento e de comunicação prévia de obras quando a operação contemple a criação de áreas de circulação viária e pedonal, espaços verdes e equipamento de uso privativo.

7 – (Revogado)

Artigo 58.º – Prazo de execução

1 – A câmara municipal fixa, com o deferimento do pedido de licenciamento das obras referidas nas alíneas c) a f) do n.º 2 do artigo 4.º, o prazo de execução da obra, em conformidade com a programação proposta pelo requerente.

2 – Nas situações previstas no n.º 4 do artigo 4.º, o prazo de execução é o fixado pelo interessado, não podendo, no entanto, ultrapassar os limites fixados mediante regulamento municipal.

3 – Os prazos referidos nos números anteriores começam a contar da data de emissão do respetivo alvará, da data do pagamento ou do depósito das taxas ou da caução nas situações previstas no artigo 113.º, ou da data em que a comunicação prévia se encontre titulada nos termos do n.º 2 do artigo 74.º

4 – O prazo para a conclusão da obra pode ser alterado por motivo de interesse público, devidamente fundamentado, no ato de deferimento a que se refere o n.º 1, e, no caso de comunicação prévia, até ao termo do prazo previsto no n.º 2 do artigo 11.º

5 – Quando não seja possível concluir as obras no prazo previsto, este pode ser prorrogado, a requerimento fundamentado do interessado, por uma única vez e por período não superior a metade do prazo inicial, salvo o disposto nos números seguintes.

6 – Quando a obra se encontre em fase de acabamentos, pode o presidente da câmara municipal, a requerimento fundamentado do interessado, conceder nova prorrogação, mediante o pagamento de um adicional à taxa referida no n.º 1 do artigo 116.º, de montante a fixar em regulamento municipal.

7 – O prazo estabelecido nos termos dos números anteriores pode ainda ser prorrogado em consequência da alteração da licença, bem como da apresentação de alteração aos projetos apresentados com a comunicação prévia.

8 – A prorrogação do prazo nos termos referidos nos números anteriores não dá lugar à emissão de novo alvará nem à apresentação de nova comunicação, devendo apenas ser nestes averbada.

9 – No caso previsto no artigo 113.º, o prazo para a conclusão da obra é aquele que for proposto pelo requerente.

Artigo 59.º – Execução por fases

1 – O requerente pode optar pela execução faseada da obra, devendo para o efeito, em caso de operação urbanística sujeita a licenciamento, identificar no projecto de arquitectura os trabalhos incluídos em cada uma das fases e indicar os prazos, a contar da data de aprovação daquele projecto, em que se propõe requerer a aprovação dos projectos das especialidades e outros estudos relativos a cada uma dessas fases, podendo a câmara municipal fixar diferentes prazos por motivo de interesse público devidamente fundamentado.

2 – Cada fase deve corresponder a uma parte da edificação passível de utilização autónoma.

3 – Nos casos referidos no n.º 1, o requerimento referido no n.º 4 do artigo 20.º deverá identificar a fase da obra a que se reporta.

4 – A falta de apresentação do requerimento referido no número anterior dentro dos prazos previstos no n.º 1 implica a caducidade do acto de aprovação do projecto de arquitectura e o arquivamento oficioso do processo.

5 – (Revogado)

6 – Admitida a execução por fases, o alvará abrange apenas a primeira fase das obras, implicando cada fase subsequente um aditamento ao alvará.

7 – Quando se trate de operação urbanística sujeita a comunicação prévia, o interessado identifica na comunicação as fases em que pretende proceder à execução da obra, aplicando-se com as necessárias adaptações o disposto nos n.os 1 e 2.

Artigo 60.º – Edificações existentes

1 – As edificações construídas ao abrigo do direito anterior e as utilizações respetivas não são afetadas por normas legais e regulamentares supervenientes.

2 – A licença de obras de reconstrução ou de alteração das edificações não pode ser recusada com fundamento em normas legais ou regulamentares supervenientes à construção originária, desde que tais obras não originem ou agravem desconformidade com as normas em vigor ou tenham como resultado a melhoria das condições de segurança e de salubridade da edificação.

3 – O disposto no número anterior aplica-se em sede de fiscalização sucessiva de obras sujeitas a comunicação prévia.

4 – Sem prejuízo do disposto nos números anteriores, a lei pode impor condições específicas para o exercício de certas atividades em edificações já afetas a tais atividades ao abrigo do direito anterior, bem como condicionar a execução das obras referidas no número anterior à realização dos trabalhos acessórios que se mostrem necessários para a melhoria das condições de segurança e salubridade da edificação.

Artigo 61.º – Identificação do director de obra

O titular da licença de construção e apresentante da comunicação prévia ficam obrigados a afixar numa placa em material imperecível no exterior da edificação ou a gravar num dos seus elementos externos a identificação do director de obra.

Subsecção IV – Utilização de edifícios ou suas fracções

Artigo 62.º – Âmbito

1 – A autorização de utilização de edifícios ou suas frações autónomas na sequência de realização de obra sujeita a controlo prévio destina-se a verificar a conclusão da operação urbanística, no todo ou em parte, e a conformidade da obra com o projeto de arquitetura e arranjos exteriores aprovados e com as condições do respetivo procedimento de controlo prévio, assim como a conformidade da utilização prevista com as normas legais e regulamentares que fixam os usos e utilizações admissíveis, podendo contemplar utilizações mistas.

2 – No caso dos pedidos de autorização de utilização, de alteração de utilização ou de alguma informação constante de licença de utilização que já tenha sido emitida, que não sejam precedidos de operações urbanísticas sujeitas a controlo prévio, a autorização de utilização de edifícios ou suas frações autónomas destina-se a verificar a conformidade da utilização prevista com as normas legais e regulamentares que fixam os usos e utilizações admissíveis, bem como a idoneidade do edifício ou sua fração autónoma para o fim pretendido, podendo contemplar utilizações mistas.

Artigo 63.º – Instrução do pedido

1 – O pedido de autorização de utilização deve ser instruído com as telas finais, acompanhadas de termo de responsabilidade subscrito pelo diretor de obra ou pelo diretor de fiscalização de obra, no qual aqueles devem declarar que a obra está concluída e que foi executada de acordo com os projetos de arquitetura e especialidades, bem como com os arranjos exteriores aprovados e com as condições do respetivo procedimento de controlo prévio e que as alterações efetuadas ao projeto estão em conformidade com as normas legais e regulamentares que lhe são aplicáveis.

2 – O pedido de autorização de utilização pode ainda ser instruído com termo de responsabilidade subscrito por pessoa legalmente habilitada a ser autor de projeto, nos termos do regime jurídico que define a qualificação profissional exigível aos técnicos responsáveis pela elaboração e subscrição de projetos, pela fiscalização de obra e pela direção de obra.

3 – O pedido de autorização de utilização, bem como as suas alterações, é apresentado através da plataforma eletrónica referida no n.º 1 do artigo 8.º-A, podendo ser utilizado o «Balcão do Empreendedor», para os pedidos relativos à instalação de estabelecimento e respetivas alterações de utilização, nos termos a regulamentar na portaria a que se refere o n.º 4 do artigo 8.º-A.

Artigo 64.º – Concessão da autorização de utilização

1 – A autorização de utilização é concedida no prazo de 10 dias a contar da receção do requerimento, com base nos termos de responsabilidade referidos no artigo anterior, salvo na situação prevista no número seguinte.

2 – O presidente da câmara municipal, oficiosamente ou a requerimento do gestor do procedimento e no prazo previsto no número anterior, determina a realização de vistoria, a efetuar nos termos do artigo seguinte, quando se verifique alguma das seguintes situações:

a) O pedido de autorização de utilização não estar instruído com os termos de responsabilidade previsto no artigo anterior;

b) Existirem indícios sérios, nomeadamente com base nos elementos constantes do processo ou do livro de obra, a concretizar no despacho que determina a vistoria, de que a obra se encontra em desconformidade com o respetivo projeto ou condições estabelecidas;

c) Tratando-se da autorização prevista no n.º 2 do artigo 62.º, existam indícios sérios de que o edifício, ou sua fração autónoma, não é idóneo para o fim pretendido.

3 – Quando o pedido de autorização de utilização for instruído com termo de responsabilidade referido no n.º 2 do artigo anterior, é dispensada a realização de vistoria municipal, bem como a apresentação na câmara municipal de certificações, aprovações e pareceres externos, bastando a comunicação da conclusão dos trabalhos, acompanhada de declaração subscrita pelo autor do projeto e pelo diretor de obra ou diretor de fiscalização de obra, de que tais elementos foram obtidos.

4 – Não sendo determinada a realização de vistoria no prazo referido no n.º 1, o requerente pode solicitar a emissão do alvará de autorização de utilização, a emitir no prazo de cinco dias, mediante a apresentação do comprovativo do requerimento da mesma nos termos do artigo 63.º

Artigo 65.º – Realização da vistoria

1 – A vistoria realiza-se no prazo de 15 dias a contar da decisão do presidente da câmara referida no n.º 2 do artigo anterior, decorrendo sempre que possível em data a acordar com o requerente.

2 – A vistoria é efectuada por uma comissão composta, no mínimo, por três técnicos, a designar pela câmara municipal, dos quais pelo menos dois devem ter habilitação legal para ser autor de projecto, correspondente à obra objecto de vistoria, segundo o regime da qualificação profissional dos técnicos responsáveis pela elaboração e subscrição de projectos.

3 – A data da realização da vistoria é notificada pela câmara municipal ao requerente da autorização de utilização, o qual pode fazer-se acompanhar dos autores dos projectos e do técnico responsável pela direcção técnica da obra, que participam, sem direito a voto, na vistoria.

4 – As conclusões da vistoria são obrigatoriamente seguidas na decisão sobre o pedido de autorização.

5 – No caso da imposição de obras de alteração decorrentes da vistoria, a emissão da autorização requerida depende da verificação da adequada realização dessas obras, mediante nova vistoria a requerer pelo interessado, a qual deve decorrer no prazo de 15 dias a contar do respectivo requerimento.

6 – Não sendo a vistoria realizada nos prazos referidos nos n.os 1 ou 5, o requerente pode solicitar a emissão do título de autorização de utilização, mediante a apresentação do comprovativo do requerimento da mesma nos termos do artigo 63.º ou do número anterior, o qual é emitido no prazo de cinco dias e sem a prévia realização de vistoria.

Artigo 66.º – Propriedade horizontal

1 – No caso de edifícios constituídos em regime de propriedade horizontal, a autorização pode ter por objecto o edifício na sua totalidade ou cada uma das suas fracções autónomas.

2 – A autorização de utilização só pode ser concedida autonomamente para uma ou mais fracções autónomas quando as partes comuns dos edifícios em que se integram estejam também em condições de serem utilizadas.

3 – Caso o interessado não tenha ainda requerido a certificação pela câmara municipal de que o edifício satisfaz os requisitos legais para a sua constituição em regime de propriedade horizontal, tal pedido pode integrar o requerimento de autorização de utilização.

4 – O disposto nos n.os 2 e 3 é aplicável, com as necessárias adaptações, aos edifícios compostos por unidades susceptíveis de utilização independente que não estejam sujeitos ao regime da propriedade horizontal.

Secção IV – Validade e eficácia dos atos de licenciamento e autorização de utilização e efeitos da comunicação prévia

Subsecção I – Validade

Artigo 67.º – Requisitos

A validade das licenças ou das autorizações de utilização depende da sua conformidade com as normas legais e regulamentares aplicáveis em vigor à data da sua prática, sem prejuízo do disposto no artigo 60.º

Artigo 68.º – Nulidades

Sem prejuízo da possibilidade de atribuição de efeitos jurídicos a situações de facto decorrentes de atos nulos nos termos gerais de direito, bem como do disposto no artigo 70.º, são nulas as licenças, as autorizações de utilização e as decisões relativas a pedidos de informação prévia previstos no presente diploma que:

a) Violem o disposto em plano municipal ou intermunicipal de ordenamento do território, plano especial de ordenamento do território, medidas preventivas ou licença ou comunicação prévia de loteamento em vigor;

b) (Revogada)

c) Não tenham sido precedidas de consulta das entidades cujos pareceres, autorizações ou aprovações sejam legalmente exigíveis, bem como quando não estejam em conformidade com esses pareceres, autorizações ou aprovações.

Artigo 69.º - Alteração ao Regime Jurídico da Urbanização e da Edificação

1 - Os factos geradores das nulidades previstas no artigo anterior e quaisquer outros factos de que possa resultar a invalidade dos atos administrativos previstos no presente diploma devem ser participados, por quem deles tenha conhecimento, ao Ministério Público, para efeitos de propositura da competente ação administrativa e respetivos meios processuais acessórios.

2 - Quando tenha por objeto atos de licenciamento ou autorizações de utilização com fundamento em qualquer das invalidades previstas no artigo anterior, a citação ao titular da licença ou da autorização de utilização para contestar a ação referida no número anterior tem os efeitos previstos no artigo 103.º para o embargo, sem prejuízo do disposto no número seguinte.

3 - O tribunal pode, oficiosamente ou a requerimento dos interessados, autorizar o prosseguimento total ou parcial dos trabalhos, caso da ação administrativa resultem indícios de ilegalidade da sua interposição ou da sua improcedência total ou parcial, ou adotar medidas cautelares alternativas, adicionais ou preventivas, nos termos do artigo 120.º do Código de Processo nos Tribunais Administrativos, devendo o juiz decidir esta questão, quando a ela houver lugar, no prazo de 10 dias, tendo o recurso da decisão caráter urgente e os efeitos previstos no n.º 4 do artigo 115.º

4 - A possibilidade de o órgão que emitiu o acto ou deliberação declarar a nulidade caduca no prazo de 10 anos, caducando também o direito de propor a acção prevista no n.º 1 se os factos que determinaram a nulidade não forem participados ao Ministério Público nesse prazo, excepto relativamente a monumentos nacionais e respectiva zona de protecção.

Artigo 70.º - Responsabilidade civil da Administração

1 - O município responde civilmente nos termos gerais por ações e omissões cometidas em violação do estabelecido no presente decreto-lei.

2 - O disposto no número anterior inclui a responsabilidade por prejuízos resultantes de operações urbanísticas executadas com base em atos de controlo prévio ilegais, nomeadamente em caso de revogação, anulação ou declaração de nulidade de licenças ou autorizações de utilização, sempre que a causa de revogação, anulação ou declaração de nulidade resulte de uma conduta ilícita dos titulares dos seus órgãos ou dos seus funcionários e agentes.

3 - Para efeitos do disposto no número anterior são solidariamente responsáveis:

a) O titular do órgão administrativo singular que haja praticado os atos ao abrigo dos quais foram executadas ou desenvolvidas as operações urbanísticas referidas sem que tivesse sido promovida a consulta de entidades externas ou em desrespeito do parecer, autorização ou aprovação emitidos, quando vinculativos;

b) Os membros dos órgãos colegiais que tenham votado a favor dos atos referidos na alínea anterior;

c) Os trabalhadores que tenham prestado informação favorável à prática do ato de controlo prévio ilegal, em caso de dolo ou culpa grave;

d) Os membros da câmara municipal quando não promovam as medidas necessárias à reposição da legalidade, nos termos do disposto no n.º 8 do artigo 35.º, em caso de dolo ou culpa grave.

4 – Quando a ilegalidade que fundamenta a revogação, anulação ou declaração de nulidade de ato administrativo resulte de parecer vinculativo, autorização ou aprovação legalmente exigível, a entidade que o emitiu responde solidariamente com o município, que tem sobre aquela direito de regresso nos termos gerais de direito.

5 – Impende sobre os titulares dos órgãos municipais o dever de desencadear procedimentos disciplinares aos trabalhadores sempre que se verifique alguma das situações referidas no artigo 101.º

Subsecção II – Caducidade e revogação da licença e autorização de utilização e cessação de efeitos da comunicação prévia

Artigo 71.º – Caducidade

1 – A licença ou comunicação prévia para a realização de operação de loteamento caduca se:

a) Não for apresentada a comunicação prévia para a realização das respetivas obras de urbanização no prazo de um ano a contar da notificação do ato de licenciamento ou, na hipótese de comunicação prévia, não for apresentada comunicação prévia para a realização de obras de urbanização no prazo de um ano a contar da data daquela; ou se

b) Não for requerido o alvará a que se refere o n.º 3 do artigo 76.º no prazo de um ano a contar da comunicação prévia das respetivas obras de urbanização;

c) Não forem concluídas as obras de edificação previstas na operação de loteamento no prazo fixado para esse efeito, nos termos da alínea *g)* do n.º 1 do artigo 77.º.

2 – A licença ou comunicação prévia para a realização de operação de loteamento que não exija a realização de obras de urbanização, bem como a licença para a realização das operações urbanísticas previstas nas alíneas *b)* a *e)* do n.º 2 e no n.º 4 do artigo 4.º, caducam, no caso da licença, se no prazo de um ano a contar da notificação do ato de licenciamento não for requerida a emissão do respetivo alvará ou, no caso da comunicação prévia e sendo devida, não ocorra o pagamento das taxas no prazo previsto para o efeito, determinando, em qualquer dos casos, a imediata cessação da operação urbanística.

3 – Para além das situações previstas no número anterior, a licença ou a comunicação prévia para a realização das operações urbanísticas referidas no número anterior, bem como a licença ou a comunicação prévia para a realização de operação de loteamento que exija a realização de obras de urbanização, caducam ainda:

a) Se as obras não forem iniciadas no prazo de 12 meses a contar da data de emissão do alvará ou do pagamento das taxas no caso de comunicação prévia, ou nos casos previstos no artigo 113.º;

b) Se as obras estiverem suspensas por período superior a seis meses, salvo se a suspensão decorrer de facto não imputável ao titular da licença ou da comunicação prévia;

c) Se as obras estiverem abandonadas por período superior a seis meses;

d) Se as obras não forem concluídas no prazo fixado na licença ou comunicação prévia, ou suas prorrogações, contado a partir da data de emissão do alvará ou do pagamento das taxas no caso da comunicação prévia.

e) [Revogada].

4 – Para os efeitos do disposto na alínea *c)* do número anterior, presumem-se abandonadas as obras ou trabalhos sempre que:

a) Se encontrem suspensos sem motivo justificativo registado no respetivo livro de obra;

b) Decorram na ausência do diretor da obra;

c) Se desconheça o paradeiro do titular da respetiva licença ou comunicação prévia sem que este haja indicado à câmara municipal procurador bastante que o represente.

5 – As caducidades previstas no presente artigo devem ser declaradas pela câmara municipal, verificadas as situações previstas no presente artigo, após audiência prévia do interessado.

6 – Os prazos a que se referem os números anteriores contam-se de acordo com o disposto no artigo 279.º do Código Civil.

7 – Tratando-se de licença para a realização de operação de loteamento ou de obras de urbanização, a caducidade pelos motivos previstos na alínea *c)* do n.º 1 e nos n.os 3 e 4 observa os seguintes termos:

a) A caducidade não produz efeitos relativamente aos lotes para os quais já haja sido deferido pedido de licenciamento para obras de edificação ou já tenha sido apresentada comunicação prévia da realização dessas obras;

b) A caducidade não produz efeitos relativamente às parcelas cedidas para implantação de espaços verdes públicos e equipamentos de utilização coletiva e infraestruturas que sejam indispensáveis aos lotes referidos no número anterior e sejam identificadas pela Câmara Municipal na declaração prevista no n.º 5;

c) Nas situações previstas na alínea c) do n.º 1, a caducidade não produz efeitos, ainda, quanto à divisão ou reparcelamento fundiário resultante da operação de loteamento, mantendo-se os lotes constituídos por esta operação, a respetiva área e localização e extinguindo-se as demais especificações relativas aos lotes, previstas na alínea *e)* do n.º 1 do artigo 77.º

Artigo 72.º – Renovação

1 – O titular de licença ou comunicação prévia que haja caducado pode requerer nova licença ou apresentar nova comunicação prévia.

2 – No caso referido no número anterior, serão utilizados no novo processo os elementos que instruíram o processo anterior desde que o novo requerimento seja apresentado no prazo de 18 meses a contar da data da caducidade ou, se este prazo estiver esgotado, não existirem alterações de facto e de direito que justifiquem nova apresentação.

3 – (Revogado)

Artigo 73.º – Revogação

1 – Sem prejuízo do que se dispõe no número seguinte, a licença ou as autorizações de utilização só podem ser revogadas nos termos estabelecidos na lei para os atos constitutivos de direitos.

2 – Nos casos a que se refere o n.º 2 do artigo 105.º, a licença pode ser revogada pela câmara municipal decorrido o prazo de seis meses a contar do termo do prazo estabelecido de acordo com o n.º 1 do mesmo artigo.

Subsecção III – Títulos das operações urbanísticas

Artigo 74.º – Título da licença, da comunicação prévia e da autorização de utilização

1 – As operações urbanísticas objecto de licenciamento são tituladas por alvará, cuja emissão é condição de eficácia da licença.

2 – A comunicação prévia relativa a operações urbanísticas é titulada pelo comprovativo eletrónico da sua apresentação emitido pela plataforma eletrónica referida no n.º 1 do artigo 8.º-A, acompanhado do documento comprovativo do pagamento das taxas e, no caso de operações de loteamento, é titulada, ainda, por documento comprovativo da prestação de caução e da celebração do instrumento notarial a que se refere o n.º 3 do artigo 44.º ou por declaração da câmara municipal relativa à sua inexigibilidade.

3 – A autorização de utilização dos edifícios é titulada por alvará.

Artigo 75.º – Competência

Compete ao presidente da câmara municipal emitir o alvará para a realização das operações urbanísticas, podendo delegar esta competência nos vereadores, com faculdade de subdelegação, ou nos dirigentes dos serviços municipais.

Artigo 76.º - Requerimento

1 - O interessado deve, no prazo de um ano a contar da data da notificação do acto de licenciamento ou da autorização de utilização, requerer a emissão do respectivo alvará, apresentando para o efeito os elementos previstos em portaria aprovada pelo membro do Governo responsável pelo ordenamento do território.

2 - Pode ainda o presidente da câmara municipal, a requerimento fundamentado do interessado, conceder prorrogação, por uma única vez, do prazo previsto no número anterior.

3 - No caso de operação de loteamento que exija a realização de obras de urbanização, é emitido um único alvará, que deve ser requerido no prazo de um ano a contar da comunicação prévia das obras de urbanização.

4 - Sem prejuízo do disposto nos artigos 64.º e 65.º, o alvará é emitido no prazo de 30 dias a contar da apresentação do requerimento previsto nos números anteriores ou da recepção dos elementos a que se refere o n.º 3 do artigo 11.º desde que se mostrem pagas as taxas devidas.

5 - O requerimento de emissão de alvará só pode ser indeferido com fundamento na caducidade, suspensão, revogação, anulação ou declaração de nulidade da licença, na caducidade ou cassação do título da comunicação prévia nos termos do artigo 79.º, ou na falta de pagamento das taxas referidas no número anterior.

6 - O alvará obedece a um modelo tipo a estabelecer por portaria aprovada pelo membro do Governo responsável pelo ordenamento do território.

Artigo 77.º - Especificações

1 - O alvará de licença de operação de loteamento ou de obras de urbanização deve conter, nos termos da licença, a especificação dos seguintes elementos, consoante forem aplicáveis:

a) Identificação do titular do alvará;

b) Identificação do prédio objecto da operação de loteamento ou das obras de urbanização;

c) Identificação dos actos dos órgãos municipais relativos ao licenciamento da operação de loteamento e das obras de urbanização;

d) Enquadramento da operação urbanística em plano municipal ou intermunicipal de ordenamento do território em vigor, bem como na respetiva unidade de execução, se a houver;

e) Número de lotes e indicação da área, localização, finalidade, área de implantação, área de construção, número de pisos e número de fogos de cada um dos lotes, com especificação dos fogos destinados a habitações a custos controlados, quando previstos;

f) Cedências obrigatórias, sua finalidade e especificação das parcelas a integrar no domínio municipal;

g) Prazo máximo para a conclusão das operações de edificação previstas na operação de loteamento, o qual deve observar o prazo previsto no instrumento de programação da execução do plano territorial de âmbito municipal ou intermunicipal aplicável e não pode ser superior a 10 anos;

h) Prazo para a conclusão das obras de urbanização;

i) Montante da caução prestada e identificação do respectivo título.

2 – O alvará a que se refere o número anterior deve conter, em anexo, as plantas representativas dos elementos referidos nas alíneas *e)* e *f)*.

3 – As especificações do alvará a que se refere o n.º 1 vinculam a câmara municipal, o proprietário do prédio, bem como os adquirentes dos lotes.

4 – O alvará de licença para a realização das operações urbanísticas a que se referem as alíneas *b)* a *g)* e *l)* do artigo 2.º deve conter, nos termos da licença, os seguintes elementos, consoante sejam aplicáveis:

a) Identificação do titular da licença;

b) Identificação do lote ou do prédio onde se realizam as obras ou trabalhos;

c) Identificação dos actos dos órgãos municipais relativos ao licenciamento das obras ou trabalhos;

d) Enquadramento das obras em operação de loteamento ou plano municipal ou intermunicipal de ordenamento do território em vigor, no caso das obras previstas nas alíneas *b)*, *c)* e *e)* do artigo 2.º;

e) Os condicionamentos a que fica sujeita a licença;

f) As cérceas e o número de pisos acima e abaixo da cota de soleira;

g) A área de construção e a volumetria dos edifícios;

h) O uso a que se destinam as edificações;

i) O prazo de validade da licença, o qual corresponde ao prazo para a conclusão das obras ou trabalhos.

5 – O alvará de autorização de utilização relativo à utilização de edifício ou de sua fracção deve conter a especificação dos seguintes elementos:

a) Identificação do titular da autorização;

b) Identificação do edifício ou fracção autónoma;

c) O uso a que se destina o edifício ou fracção autónoma.

6 – O alvará a que se refere o número anterior deve ainda mencionar, quando for caso disso, que o edifício a que respeita preenche os requisitos legais para a constituição da propriedade horizontal.

7 – No caso de substituição do titular de alvará de licença, o substituto deve disso fazer prova junto do presidente da câmara para que este proceda ao respectivo averbamento no prazo de 15 dias a contar da data da substituição.

8 – A titularidade do alvará de autorização de utilização de edifícios ou fracções autónomas é transmitida automaticamente com a propriedade a que respeita.

Artigo 78.º - Publicidade

1 - O titular do alvará deve promover, no prazo de 10 dias após a emissão do alvará, a afixação no prédio objecto de qualquer operação urbanística de um aviso, visível do exterior, que deve permanecer até à conclusão das obras.

2 - A emissão do alvará de licença de loteamento deve ainda ser publicitada pela câmara municipal, no prazo estabelecido no n.º 1, através de:

a) Publicação de aviso em boletim municipal e na página da Internet do município ou, quando estes não existam, através de edital a afixar nos paços do concelho e nas sedes das juntas de freguesia abrangidas;

b) Publicação de aviso num jornal de âmbito local, quando o número de lotes seja inferior a 20, ou num jornal de âmbito nacional, nos restantes casos.

3 - Compete ao membro do Governo responsável pelo ordenamento do território aprovar, por portaria, o modelo do aviso referido no n.º 1.

4 - O aviso previsto no número anterior deve mencionar, consoante os casos, as especificações previstas nas alíneas *a)* a *g)* do n.º 1 e *a)* a *c)* e *f)* a *i)* do n.º 4 do artigo 77.º

5 - O disposto nos números anteriores aplica-se, com as necessárias adaptações, às situações objecto de comunicação prévia.

Artigo 79.º - Cassação

1 - O alvará ou o título da comunicação prévia é cassado pelo presidente da câmara municipal quando:

a) A licença caduque, seja revogada, anulada ou declarada nula;

b) A comunicação prévia caduque, não cumpra as normas legais ou regulamentares aplicáveis, não tenha sido antecedida dos pareceres, autorizações ou aprovações legalmente exigidos ou não se conforme com os mesmos.

2 - A cassação do alvará ou do título da comunicação prévia de loteamento é comunicada pelo presidente da câmara municipal à conservatória do registo predial competente, para efeitos de anotação à descrição ou de cancelamento do correspondente registo.

3 - Com a comunicação referida no número anterior, o presidente da câmara municipal dá igualmente conhecimento à conservatória do registo predial dos lotes que se encontrem na situação referida no n.º 7 do artigo 71.º, requerendo a esta o cancelamento parcial do correspondente registo nos termos da alínea *g)* do n.º 2 do artigo 101.º do Código do Registo Predial e indicando as descrições a manter.

4 - O alvará cassado é apreendido pela câmara municipal, na sequência de notificação ao respectivo titular.

5 - O título da comunicação prévia é cassado através do averbamento da cassação à informação constante da plataforma eletrónica referida no n.º 1 do artigo 8.º-A.

CAPÍTULO III – Execução e fiscalização

Secção I – Início dos trabalhos

Artigo 80.º – Início dos trabalhos

1 – A execução das obras e trabalhos sujeitos a licença nos termos do presente diploma só pode iniciar-se depois de emitido o respectivo alvará, com excepção das situações referidas no artigo seguinte e salvo o disposto no artigo 113.º

2 – As obras e os trabalhos sujeitos ao regime da comunicação prévia podem iniciar-se nos termos do disposto no n.º 2 do artigo 34.º

3 – As obras e trabalhos referidos no artigo 7.º só podem iniciar-se depois de emitidos os pareceres ou autorizações aí referidos, ou após o decurso dos prazos fixados para a respectiva emissão.

4 – No prazo de 60 dias a contar do início dos trabalhos relativos às operações urbanísticas referidas nas alíneas c) a e) do n.º 2 do artigo 4.º deve o promotor da obra apresentar na câmara municipal cópia das especialidades e outros estudos.

Artigo 80.º-A – Informação sobre o início dos trabalhos e o responsável pelos mesmos

1 – Até cinco dias antes do início dos trabalhos, o promotor informa a câmara municipal dessa intenção, comunicando também a identidade da pessoa, singular ou colectiva, encarregada da execução dos mesmos.

2 – A pessoa encarregada da execução dos trabalhos está obrigada à execução exacta dos projectos e ao respeito pelas condições do licenciamento ou comunicação prévia.

Artigo 81.º – Demolição, escavação e contenção periférica

1 – Quando o procedimento de licenciamento haja sido precedido de informação prévia favorável que vincule a câmara municipal, pode o presidente da câmara municipal, a pedido do interessado, permitir a execução de trabalhos de demolição ou de escavação e contenção periférica até à profundidade do piso de menor cota, logo após o saneamento referido no artigo 11.º, desde que seja prestada caução para reposição do terreno nas condições em que se encontrava antes do início dos trabalhos.

2 – Nas obras sujeitas a licença nos termos do presente diploma, a decisão referida no número anterior pode ser proferida em qualquer momento após a aprovação do projecto de arquitectura.

3 – Para os efeitos dos números anteriores, o requerente deve apresentar, consoante os casos, o plano de demolições, o projecto de estabilidade ou o projecto de escavação e contenção periférica até à data da apresentação do pedido referido no mesmo número.

4 – O presidente da câmara decide sobre o pedido previsto no n.º 1 no prazo de 15 dias a contar da data da sua apresentação.

5 – É título bastante para a execução dos trabalhos de demolição, escavação ou contenção periférica a notificação do deferimento do respectivo pedido, que o requerente, a partir do início da execução dos trabalhos por ela abrangidos, deverá guardar no local da obra.

Artigo 82.º – Ligação às redes públicas

1 – Os alvarás a que se referem os n.os 1 e 4 do artigo 77.º e a notificação referida no n.º 5 do artigo anterior constituem título bastante para instruir os pedidos de ligação dos sistemas de água, de saneamento, de gás, de eletricidade e de telecomunicações, podendo os requerentes optar, mediante autorização das entidades gestoras, pela realização das obras indispensáveis à sua concretização nas condições regulamentares e técnicas definidas por aquelas entidades.

2 – No caso de obras sujeitas a comunicação prévia, constitui título bastante para os efeitos previstos no número anterior a apresentação dos documentos referidos no n.º 2 do artigo 74.º

3 – Até à apresentação do alvará de autorização de utilização, as ligações referidas no número anterior são efetuadas pelo prazo fixado no alvará respetivo ou no título da comunicação prévia, e apenas podem ser prorrogadas pelo período correspondente à prorrogação daquele prazo, salvo nos casos em que aquele alvará não haja sido emitido por razões exclusivamente imputáveis à câmara municipal.

4 – No caso de obras sujeitas a comunicação prévia, se for necessária a compatibilização de projetos com as infraestruturas existentes ou a sua realização no caso de inexistência, estas serão promovidas pela entidade prestadora ou pelo requerente, nos termos da parte final do n.º 1.

Secção II – Execução dos trabalhos

Artigo 83.º – Alterações durante a execução da obra

1 – Podem ser realizadas em obra alterações ao projecto, mediante comunicação prévia nos termos previstos no artigo 35.º, desde que essa comunicação seja efectuada com a antecedência necessária para que as obras estejam concluídas antes da apresentação do requerimento a que se refere o n.º 1 do artigo 63.º

2 – Podem ser efectuadas sem dependência de comunicação prévia à câmara municipal as alterações em obra que não correspondam a obras que estivessem sujeitas a controlo prévio.

3 – As alterações em obra ao projecto inicialmente aprovado ou apresentado que envolvam a realização de obras de ampliação ou de alterações à implantação das edificações estão sujeitas ao procedimento previsto nos artigos 27.º ou 35.º, consoante os casos.

4 – Nas situações previstas nos números anteriores, apenas são apresentados os elementos instrutórios que sofreram alterações.

Artigo 84.º – Execução das obras pela câmara municipal

1 – Sem prejuízo do disposto no presente diploma em matéria de suspensão, caducidade das licenças, autorizações ou comunicação prévia ou de cassação dos respetivos títulos, a câmara municipal, para salvaguarda do património cultural, da qualidade do meio urbano e do meio ambiente, da segurança das edificações e do público em geral ou, no caso de obras de urbanização, também para proteção de interesses de terceiros adquirentes de lotes, pode promover a realização das obras por conta do titular do alvará ou do apresentante da comunicação prévia quando, por causa que seja imputável a este último:

a) Não tiverem sido iniciadas no prazo de um ano a contar da data da emissão do alvará ou do título da comunicação prévia;

b) Permanecerem interrompidas por mais de um ano;

c) Não tiverem sido concluídas no prazo fixado ou suas prorrogações, nos casos em que a câmara municipal tenha declarado a caducidade;

d) Não hajam sido efectuadas as correcções ou alterações que hajam sido intimadas nos termos do artigo 105.º

2 – A execução das obras referidas no número anterior e o pagamento das despesas suportadas com as mesmas efectuam-se nos termos dos artigos 107.º e 108.º

3 – A câmara municipal pode ainda accionar as cauções referidas nos artigos 25.º e 54.º

4 – Logo que se mostre reembolsada das despesas efetuadas nos termos do presente artigo, a câmara municipal procede ao levantamento do embargo que possa ter sido decretado ou, quando se trate de obras de urbanização, emite oficiosamente alvará, competindo ao presidente da câmara dar conhecimento das respetivas deliberações, quando seja caso disso, à Direção-Geral do Território, para efeitos cadastrais, e à conservatória do registo predial.

Artigo 85.º – Execução das obras de urbanização por terceiro

1 – Qualquer adquirente dos lotes, de edifícios construídos nos lotes ou de fracções autónomas dos mesmos tem legitimidade para requerer a autorização judicial para promover directamente a execução das obras de urbanização quando, verificando-se as situações previstas no n.º 1 do artigo anterior, a câmara municipal não tenha promovido a sua execução.

2 – O requerimento é instruído com os seguintes elementos:

a) Cópia do alvará ou do título da comunicação prévia, nos termos do n.º 2 do artigo 74.º;

b) Orçamento, a preços correntes do mercado, relativo à execução das obras de urbanização em conformidade com os projectos aprovados e condições fixadas no licenciamento;

c) Quaisquer outros elementos que o requerente entenda necessários para o conhecimento do pedido.

3 – Antes de decidir, o tribunal notifica a câmara municipal, o titular do alvará ou o apresentante da comunicação prévia para responderem no prazo de 30 dias e ordena a realização das diligências que entenda úteis para o conhecimento do pedido, nomeadamente a inspecção judicial do local.

4 – Se deferir o pedido, o tribunal fixa especificadamente as obras a realizar e o respectivo orçamento e determina que a caução a que se refere o artigo 54.º fique à sua ordem, a fim de responder pelas despesas com as obras até ao limite do orçamento.

5 – Na falta ou insuficiência da caução, o tribunal determina que os custos sejam suportados pelo município, sem prejuízo do direito de regresso deste sobre o titular do alvará ou o apresentante da comunicação prévia.

6 – O processo a que se referem os números anteriores é urgente e isento de custas.

7 – Da sentença cabe recurso nos termos gerais.

8 – Compete aos tribunais administrativos de círculo onde se localiza o prédio no qual se devam realizar as obras de urbanização conhecer os pedidos previstos no presente artigo.

9 – A câmara municipal emite oficiosamente alvará para execução de obras por terceiro, competindo ao seu presidente dar conhecimento das respetivas deliberações à Direção-Geral do Território, para efeitos cadastrais, e à conservatória do registo predial, quando:

a) Tenha havido recepção provisória das obras; ou

b) Seja integralmente reembolsada das despesas efectuadas, caso se verifique a situação prevista no n.º 5.

Secção III – Conclusão e recepção dos trabalhos

Artigo 86.º – Limpeza da área e reparação de estragos

1 – Concluída a obra, o dono da mesma é obrigado a proceder ao levantamento do estaleiro, à limpeza da área, de acordo com o regime da gestão de resíduos de construção e demolição nela produzidos, e à reparação de quaisquer estragos ou deteriorações que tenha causado em infra-estruturas públicas.

2 – O cumprimento do disposto no número anterior é condição da emissão do alvará de autorização de utilização ou da recepção provisória das obras de urbanização, salvo quando tenha sido prestada, em prazo a fixar pela câmara municipal, caução para garantia da execução das operações referidas no mesmo número.

Artigo 87.º – Recepção provisória e definitiva das obras de urbanização

1 – É da competência da câmara municipal deliberar sobre a recepção provisória e definitiva das obras de urbanização após a sua conclusão e o decurso do prazo de garantia, respectivamente, mediante requerimento do interessado.

2 – A recepção é precedida de vistoria, a realizar por uma comissão da qual fazem parte o interessado ou um seu representante e, pelo menos, dois representantes da câmara municipal.

3 – À recepção provisória e definitiva, bem como às respectivas vistorias, é aplicável, com as necessárias adaptações, o regime aplicável à recepção provisória e definitiva das empreitadas de obras públicas.

4 – Em caso de deficiência das obras de urbanização, como tal assinaladas no auto de vistoria, se o titular das obras de urbanização não reclamar ou vir indeferida a sua reclamação e não proceder à sua correcção no prazo para o efeito fixado, a câmara municipal procede em conformidade com o disposto no artigo 84.º

5 – O prazo de garantia das obras de urbanização é de cinco anos.

Artigo 88.º – Obras inacabadas

1 – Quando as obras já tenham atingido um estado avançado de execução mas a licença ou comunicação prévia haja caducado, pode ser requerida a concessão de licença especial para a sua conclusão, desde que não se mostre aconselhável a demolição da obra, por razões ambientais, urbanísticas, técnicas ou económicas.

2 – (Revogado)

3 – (Revogado)

4 – (Revogado)

Secção IV – Utilização e conservação do edificado

Artigo 89.º – Dever de conservação

1 – As edificações devem ser objecto de obras de conservação pelo menos uma vez em cada período de oito anos, devendo o proprietário, independentemente desse prazo, realizar todas as obras necessárias à manutenção da sua segurança, salubridade e arranjo estético.

2 – Sem prejuízo do disposto no número anterior, a câmara municipal pode a todo o tempo, oficiosamente ou a requerimento de qualquer interessado, determinar a execução das obras necessárias à correção de más condições de segurança ou de salubridade ou das obras de conservação necessárias à melhoria do arranjo estético.

3 – A câmara municipal pode, oficiosamente ou a requerimento de qualquer interessado, ordenar a demolição total ou parcial das construções que ameacem ruína ou ofereçam perigo para a saúde pública e para a segurança das pessoas.

4 – A notificação dos atos referidos nos números anteriores é acompanhada da indicação dos elementos instrutórios necessários para a execução daquelas obras, incluindo a indicação de medidas urgentes, quando sejam necessárias, bem como o prazo em que os mesmos devem ser submetidos, sob pena de o notificando incorrer em incumprimento do ato, designadamente para os efeitos previstos nos artigos 91.º e 100.º

5 – Os atos referidos nos números anteriores são eficazes a partir da sua notificação ao proprietário, sendo o registo predial da intimação para a execução de obras ou para a demolição promovido oficiosamente para efeitos de averbamento, servindo de título para o efeito a certidão passada pelo município competente.

6 – O registo referido no número anterior é cancelado através da exibição de certidão emitida pela câmara municipal que ateste a conclusão das obras ou o cumprimento da ordem de demolição, consoante o caso, ou pela junção da autorização de utilização emitida posteriormente.

Artigo 89.º-A – Proibição de deterioração

1 – O proprietário não pode, dolosamente, provocar ou agravar uma situação de falta de segurança ou de salubridade, provocar a deterioração do edifício ou prejudicar o seu arranjo estético.

2 – Presume-se, salvo prova em contrário, existir violação pelo proprietário do disposto no número anterior nas seguintes situações:

a) Quando o edifício, encontrando-se total ou parcialmente devoluto, tenha apenas os vãos do piso superior ou dos pisos superiores desguarnecidos;

b) Quando estejam em falta elementos decorativos, nomeadamente cantarias ou revestimento azulejar relevante, em áreas da edificação que não sejam acessíveis pelos transeuntes, sendo patente que tal falta resulta de actuação humana.

3 – A proibição constante do n.º 1 é aplicável, além do proprietário, a qualquer pessoa singular ou colectiva.

Artigo 90.º – Vistoria prévia

1 – As deliberações referidas nos n.os 2 e 3 do artigo 89.º são precedidas de vistoria a realizar por três técnicos a nomear pela câmara municipal, dois dos quais com habilitação legal para ser autor de projecto, correspondentes à obra objecto de vistoria, segundo o regime da qualificação profissional dos técnicos responsáveis pela elaboração e subscrição de projectos.

2 – Do ato que determinar a realização da vistoria e respetivos fundamentos é notificado o proprietário do imóvel, mediante carta registada expedida com, pelo menos, sete dias de antecedência, ou, não sendo esta possível em virtude do desconhecimento da identidade ou do paradeiro do proprietário, mediante edital, nos termos estabelecidos no Código do Procedimento Administrativo, sendo, para este efeito, obrigatória a afixação de um edital no imóvel.

3 – Até à véspera da vistoria, o proprietário pode indicar um perito para intervir na realização da vistoria e formular quesitos a que deverão responder os técnicos nomeados.

4 – Da vistoria é imediatamente lavrado auto, do qual constam obrigatoriamente a identificação do imóvel, a descrição do estado do mesmo e as obras preconizadas e, bem assim, as respostas aos quesitos que sejam formuladas pelo proprietário.

5 – A descrição do estado do imóvel, a que se refere o número anterior, inclui a identificação do seu estado de conservação, apurado através da determinação do nível de conservação do imóvel de acordo com o disposto no artigo 5.º do Decreto-Lei n.º 266-B/2012, de 31 de Dezembro, e na respectiva regulamentação.

6 – O auto referido no n.º 4 é assinado por todos os técnicos e pelo perito que hajam participado na vistoria e, se algum deles não quiser ou não puder assiná-lo, faz-se menção desse facto.

7 – Quando o proprietário não indique perito até à data referida no n.º 3, a vistoria é realizada sem a presença deste, sem prejuízo de, em eventual impugnação administrativa ou contenciosa da deliberação em causa, o proprietário poder alegar factos não constantes do auto de vistoria, quando prove que não foi regularmente notificado nos termos do n.º 2.

8 – As formalidades previstas no presente artigo podem ser preteridas quando exista risco iminente de desmoronamento ou grave perigo para a saúde pública, nos termos previstos na lei para o estado de necessidade.

9 – Aplica-se à vistoria o disposto no artigo 95.º, com as devidas adaptações.

Artigo 90.º-A Obras determinadas pela câmara municipal

1 – Após a entrega dos elementos referidos no n.º 4 do artigo 89.º, é verificada a sua conformidade com os termos da intimação e com as normas legais e regulamentares em vigor.

2 – A entrega dos elementos referidos no n.º 4 do artigo 89.º vale como comunicação prévia.

3 – Durante a execução da obra, a comissão de vistorias que tiver efetuado a vistoria referida no artigo 90.º, ou quem a substitua, acompanha periodicamente o andamento dos trabalhos, para garantia do cumprimento integral da notificação inicial, inscrevendo no livro de obra a data e as conclusões das visitas.

4 – A comissão verifica igualmente, com o proprietário, a necessidade de se proceder a alterações aos trabalhos inicialmente previstos, em função de alterações supervenientes detetadas durante a execução da obra e imprevisíveis aquando daquela notificação.

Artigo 91.º Obras coercivas

1 – Quando o proprietário não iniciar as obras que lhe sejam determinadas nos termos do artigo 89.º, não apresentar os elementos instrutórios no prazo fixado para o efeito, ou estes forem objeto de rejeição, ou não concluir aquelas obras dentro dos prazos que para o efeito lhe forem fixados, pode a câmara municipal tomar posse administrativa do imóvel para lhes dar execução imediata.

2 – À execução coerciva das obras referidas no número anterior, incluindo todos os atos preparatórios necessários, como sejam levantamentos, sondagens, realização de estudos ou projetos, aplica-se, com as devidas adaptações, o disposto nos artigos 107.º, 108.º e 108.º-B.

Artigo 92.º Despejo administrativo

1 – A câmara municipal pode ordenar o despejo sumário dos prédios ou parte de prédios nos quais haja de realizar-se as obras referidas nos n.os 2 e 3 do artigo 89.º, sempre que tal se mostre necessário à execução das mesmas.

2 – O despejo referido no número anterior pode ser determinado oficiosamente ou, quando o proprietário pretenda proceder às mesmas, a requerimento deste.

3 – A deliberação que ordene o despejo é eficaz a partir da sua notificação aos ocupantes.

4 – O despejo deve executar-se no prazo de 45 dias a contar da sua notificação aos ocupantes, salvo quando houver risco iminente de desmoronamento ou grave perigo para a saúde pública, em que poderá executar-se imediatamente.

5 – Ao despejo de ocupante titular de contrato de arrendamento aplica-se o disposto no Decreto-Lei n.º 157/2006, de 8 de Agosto.

Secção V – Fiscalização

Subsecção I – Disposições gerais

Artigo 93.º – Âmbito

1 – A realização de quaisquer operações urbanísticas está sujeita a fiscalização administrativa, independentemente de estarem isentas de controlo prévio ou da sua sujeição a prévio licenciamento, comunicação prévia ou autorização de utilização.

2 – A fiscalização administrativa destina-se a assegurar a conformidade daquelas operações com as disposições legais e regulamentares aplicáveis e a prevenir os perigos que da sua realização possam resultar para a saúde e segurança das pessoas.

Artigo 94.º Competência

1 – Sem prejuízo das competências atribuídas por lei a outras entidades, a fiscalização prevista no artigo anterior compete ao presidente da câmara municipal, com a faculdade de delegação em qualquer dos vereadores.

2 – Os actos praticados pelo presidente da câmara municipal no exercício dos poderes de fiscalização previstos no presente diploma e que envolvam um juízo de legalidade de actos praticados pela câmara municipal respectiva, ou que suspendam ou ponham termo à sua eficácia, podem ser por esta revogados ou suspensos.

3 – No exercício da actividade de fiscalização, o presidente da câmara municipal é auxiliado por funcionários municipais com formação adequada, a quem incumbe preparar e executar as suas decisões.

4 – O presidente da câmara municipal pode ainda solicitar colaboração de quaisquer autoridades administrativas ou policiais.

5 – A câmara municipal pode contratar com empresas privadas habilitadas a efectuar fiscalização de obras a realização das inspecções a que se refere o artigo seguinte, bem como as vistorias referidas no artigo 64.º

6 – A celebração dos contratos referidos no número anterior depende da observância das regras constantes de decreto regulamentar, de onde constam o âmbito das obrigações a assumir pelas empresas, o respectivo regime da responsabilidade e as garantias a prestar.

Artigo 95.º Inspecções

1 – Os fiscais municipais ou os trabalhadores das empresas privadas a que se refere o n.º 5 do artigo anterior, podem realizar inspeções aos locais onde se desenvolvam atividades sujeitas a fiscalização nos termos do presente diploma, sem dependência de prévia notificação.

2 – Os fiscais municipais e os trabalhadores das empresas mencionados no número anterior podem fazer-se acompanhar de elementos das forças de segurança e do serviço municipal de proteção civil, sempre que haja fundadas dúvidas ou possa estar em causa a segurança de pessoas, bens e animais.

3 – Na inspeção de operações urbanísticas sujeitas a fiscalização nos termos do presente diploma é necessária a obtenção de prévio mandado judicial para a entrada no domicílio de qualquer pessoa sem o seu consentimento.

4 – O mandado previsto no número anterior é requerido pelo presidente da câmara municipal junto dos tribunais administrativos e segue os termos previstos no código do processo nos tribunais administrativos para os processos urgentes.

5 – Para as operações urbanísticas em curso, a falta de consentimento decorre de ser vedado o acesso ao local por parte do proprietário, locatário, usufrutuário, superficiário, ou de quem se arrogue de outros direitos sobre o imóvel, ainda que por intermédio de alguma das demais pessoas mencionadas no n.º 2 do artigo 102.º-B, ou de ser comprovadamente inviabilizado o contacto pessoal com as pessoas antes mencionadas.

6 – Para as operações urbanísticas concluídas, a falta de consentimento decorre de o proprietário não facultar o acesso ao local, quando regularmente notificado.

7 – A entrada e a permanência no domicílio devem respeitar o princípio da proporcionalidade, ocorrer pelo tempo estritamente necessário à atividade de inspeção, incidir sobre o local onde se realizam ou realizaram operações urbanísticas e a prova a recolher deve limitar-se à atividade sujeita a inspeção.

Artigo 96.º Vistorias

1 – Para além dos casos especialmente previstos no presente diploma, o presidente da câmara municipal pode ordenar a realização de vistorias aos imóveis em que estejam a ser executadas operações urbanísticas quando o exercício dos poderes de fiscalização dependa da prova de factos que, pela sua natureza ou especial complexidade, impliquem uma apreciação valorativa de carácter pericial.

2 – As vistorias ordenadas nos termos do número anterior regem-se pelo disposto no artigo 90.º e as suas conclusões são obrigatoriamente seguidas na decisão a que respeita.

Artigo 97.º Livro de obra

1 – Todos os factos relevantes relativos à execução de obras licenciadas ou objeto de comunicação prévia devem ser registados pelo respetivo diretor de obra no livro de obra, a conservar no local da sua realização para consulta pelos funcionários municipais responsáveis pela fiscalização de obras.

2 – São obrigatoriamente registados no livro de obra, para além das respectivas datas de início e conclusão, todos os factos que impliquem a sua paragem ou suspensão, bem como todas as alterações feitas ao projecto licenciado ou comunicado.

3 – O modelo e demais registos a inscrever no livro de obra são definidos por portaria conjunta dos membros do Governo responsáveis pelas obras públicas e pelo ordenamento do território, a qual fixa igualmente as características do livro de obra electrónico.

Subsecção II – Sanções

Artigo 98.º Contra-ordenações

1 – Sem prejuízo da responsabilidade civil, criminal ou disciplinar, são puníveis como contra-ordenação:

a) A realização de quaisquer operações urbanísticas sujeitas a prévio licenciamento sem o respectivo alvará de licenciamento, excepto nos casos previstos nos artigos 81.º e 113.º;

b) A realização de quaisquer operações urbanísticas em desconformidade com o respetivo projeto ou com as condições do licenciamento ou da comunicação prévia;

c) A execução de trabalhos em violação do disposto no n.º 2 do artigo 80.º-A;

d) A ocupação de edifícios ou suas frações autónomas sem autorização de utilização ou em desacordo com o uso fixado no respetivo alvará ou comunicação prévia, salvo se estes não tiverem sido emitidos no prazo legal por razões exclusivamente imputáveis à câmara municipal;

e) As falsas declarações dos autores e coordenador de projectos no termo de responsabilidade relativamente à observância das normas técnicas gerais e específicas de construção, bem como das disposições legais e regulamentares aplicáveis ao projecto;

f) As falsas declarações no termo de responsabilidade do director de obra e do director de fiscalização de obra ou de outros técnicos relativamente:

i) À conformidade da execução da obra com o projeto aprovado e com as condições da licença ou da comunicação prévia apresentada;

ii) À conformidade das alterações efectuadas ao projecto com as normas legais e regulamentares aplicáveis;

g) A subscrição de projecto da autoria de quem, por razões de ordem técnica, legal ou disciplinar, se encontre inibido de o elaborar;

h) O prosseguimento de obras cujo embargo tenha sido legitimamente ordenado;

i) A não afixação ou a afixação de forma não visível do exterior do prédio, durante o decurso do procedimento de licenciamento ou autorização, do aviso que publicita o pedido de licenciamento ou autorização;

j) A não manutenção de forma visível do exterior do prédio, até à conclusão da obra, do aviso que publicita o alvará ou a comunicação prévia;

l) A falta do livro de obra no local onde se realizam as obras;

m) A falta dos registos do estado de execução das obras no livro de obra;

n) A não remoção dos entulhos e demais detritos resultantes da obra nos termos do artigo 86.º;

o) A ausência de requerimento a solicitar à câmara municipal o averbamento de substituição do requerente, do autor de projecto, de director de obra ou director de fiscalização de obra, do titular do alvará de construção ou do título de registo emitido pelo InCI, I. P., bem como do titular de alvará de licença ou apresentante da comunicação prévia;

p) A ausência do número de alvará de loteamento ou da comunicação prévia nos anúncios ou em quaisquer outras formas de publicidade à alienação dos lotes de terreno, de edifícios ou frações autónomas nele construídos;

q) A não comunicação à câmara municipal dos negócios jurídicos de que resulte o fraccionamento ou a divisão de prédios rústicos no prazo de 20 dias a contar da data de celebração;

r) A realização de operações urbanísticas sujeitas a comunicação prévia sem que esta tenha ocorrido;

s) A não conclusão das operações urbanísticas referidas nos n.os 2 e 3 do artigo 89.º nos prazos fixados para o efeito;

t) A deterioração dolosa da edificação pelo proprietário ou por terceiro ou a violação grave do dever de conservação.

2 – A contra-ordenação prevista nas alíneas *a)* e *r)* do número anterior é punível com coima graduada de € 500 até ao máximo de € 200 000, no caso de pessoa singular, e de € 1500 até € 450 000, no caso de pessoa colectiva.

3 – A contra-ordenação prevista na alínea *b)* do n.º 1 é punível com coima graduada de € 1500 até ao máximo de € 200 000, no caso de pessoa singular, e de € 3000 até € 450 000, no caso de pessoa colectiva.

4 – A contra-ordenação prevista nas alíneas *c)*, *d)*, *s)* e *t)* do n.º 1 é punível com coima graduada de € 500 até ao máximo de € 100 000, no caso de pessoa singular, e de € 1500 até € 250 000, no caso de pessoa colectiva.

5 – As contra-ordenações previstas nas alíneas *e)* a *h)* do n.º 1 são puníveis com coima graduada de € 1500 até ao máximo de € 200 000.

6 – As contra-ordenações previstas nas alíneas *i)* a *n)* e *p)* do n.º 1 são puníveis com coima graduada de € 250 até ao máximo de € 50 000, no caso de pessoa singular, e de € 1000 até € 100 000, no caso de pessoa colectiva.

7 – A contra-ordenação prevista nas alíneas *o)* e *q)* do n.º 1 é punível com coima graduada de € 100 até ao máximo de € 2500, no caso de pessoa singular, e de € 500 até € 10 000, no caso de pessoa colectiva.

8 – Quando as contra-ordenações referidas no n.º 1 sejam praticadas em relação a operações urbanísticas que hajam sido objecto de comunicação prévia nos termos do presente diploma, os montantes máximos das coimas referidos nos n.os 3 a 5 anteriores são agravados em € 50 000 e os das coimas referidas nos n.os 6 e 7 em € 25 000.

9 – A tentativa e a negligência são puníveis.

10 – A competência para determinar a instauração dos processos de contra-ordenação, para designar o instrutor e para aplicar as coimas pertence ao presidente da câmara municipal, podendo ser delegada em qualquer dos seus membros.

11 – O produto da aplicação das coimas referidas no presente artigo reverte para o município, inclusive quando as mesmas sejam cobradas em juízo.

12 – Após o decurso dos prazos do recurso de impugnação judicial e de pagamento voluntário da coima, segue-se o regime de execução de obrigações pecuniárias, previsto no artigo 179.º do Código de Procedimento Administrativo.

Artigo 99.º Sanções acessórias

1 – As contra-ordenações previstas no n.º 1 do artigo anterior podem ainda determinar, quando a gravidade da infracção o justifique, a aplicação das seguintes sanções acessórias:

a) A apreensão dos objectos pertencentes ao agente que tenham sido utilizados como instrumento na prática da infracção;

b) A interdição do exercício no município, até ao máximo de quatro anos, da profissão ou actividade conexas com a infracção praticada;

c) A privação do direito a subsídios outorgados por entidades ou serviços públicos.

2 – As sanções previstas no n.º 1, bem como as previstas no artigo anterior, quando aplicadas a empresas de construção, empreiteiros ou construtores, são comunicadas ao InCI, I. P.

3 – As sanções aplicadas ao abrigo do disposto nas alíneas *e)*, *f)* e *g)* do n.º 1 do artigo anterior aos autores dos projectos, responsáveis pela direcção técnica da obra ou a quem subscreva o termo de responsabilidade previsto no artigo 63.º são comunicadas à respectiva ordem ou associação profissional, quando exista.

4 – A interdição de exercício de actividade prevista na alínea *b)* do n.º 1, quando aplicada a pessoa colectiva, estende-se a outras pessoas colectivas constituídas pelos mesmos sócios.

Artigo 100.º Responsabilidade criminal

1 – O desrespeito dos actos administrativos que determinem qualquer das medidas de tutela da legalidade urbanística previstas no presente diploma constitui crime de desobediência, nos termos do artigo 348.º do Código Penal.

2 – As falsas declarações ou informações prestadas pelos responsáveis referidos nas alíneas *e)* e *f)* do n.º 1 do artigo 98.º, nos termos de responsabilidade ou no livro de obra integram o crime de falsificação de documentos, nos termos do artigo 256.º do Código Penal.

Artigo 100.º-A Responsabilidade civil dos intervenientes nas operações urbanísticas

1 – As pessoas jurídicas que violem, com dolo ou negligência, por ação ou omissão, os deveres inerentes ao exercício da atividade a que estejam obrigados por contrato ou por norma legal ou regulamentar aplicável são responsáveis pelo ressarcimento dos danos causados a terceiros e pelos custos e encargos das medidas específicas de reconstituição da situação que existiria caso a ordem jurídica urbanística não tivesse sido violada.

2 – Relativamente a operações urbanísticas sujeitas a controlo prévio que tenham sido desenvolvidas em violação das condições previstas na licença, comunicação prévia ou autorização, consideram-se solidariamente responsáveis os empreiteiros, os diretores da obra e os responsáveis pela fiscalização, sem prejuízo da responsabilidade dos promotores e dos donos da obra, nos termos gerais.

3 – Relativamente a operações urbanísticas sujeitas a controlo prévio que tenham sido realizadas sem tal controlo ou estejam em desconformidade com os seus pressupostos ou com qualquer das condições previstas na lei para a isenção de controlo prévio, consideram-se solidariamente responsáveis os promotores e donos da obra, os responsáveis pelos usos e utilizações existentes, bem como os empreiteiros e os diretores da obra.

4 – No caso de operações urbanísticas incompatíveis com os instrumentos de gestão territorial aplicáveis são solidariamente responsáveis:

a) Os autores e coordenadores dos projetos e dos demais documentos técnicos;

b) Os diretores da obra;

c) Os responsáveis pela fiscalização.

5 – Consideram-se promotores, para os efeitos do disposto nos n.os 2 e 3:

a) A pessoa jurídica, pública ou privada, seja ou não proprietária dos terrenos relativamente aos quais se refere a operação urbanística, que é responsável pela sua execução ou desenvolvimento;

b) O proprietário do imóvel no qual foram executadas ou desenvolvidas operações urbanísticas, quando tenha tido conhecimento das obras, trabalhos, edificações, usos e utilizações ilícitos, presumindo-se tal conhecimento, salvo prova em contrário, quando o proprietário tenha permitido, por qualquer ato, ao responsável direto da violação o acesso à utilização do imóvel.

6 – Considera-se empreiteiro, para os efeitos do disposto nos n.os 2 e 3, a pessoa jurídica, pública ou privada, que exerce a atividade de execução das obras de edificação e urbanização e se encontre devidamente habilitada pelo InCI, I. P.

7 – As pessoas coletivas são responsáveis pelas infrações cometidas pelos seus órgãos, funcionários e agentes.

8 – Todos os intervenientes na realização de operações urbanísticas respondem solidariamente quando se verifique a impossibilidade de determinar o autor do dano ou, havendo concorrência de culpas, não seja possível precisar o grau de intervenção de cada interveniente no dano produzido.

9 – A aprovação do projeto ou o exercício da fiscalização municipal não isentam os técnicos responsáveis pela sua fiscalização ou direção, da responsabilidade pela condução dos trabalhos em estrita observância pelas condições da licença ou da comunicação prévia.

Artigo 101.º Responsabilidade dos funcionários e agentes da Administração Pública

Os funcionários e agentes da Administração Pública que deixem de participar infracções às entidades fiscalizadoras ou prestem informações falsas ou erradas sobre as infracções à lei e aos regulamentos de que tenham conhecimento no exercício das suas funções incorrem em responsabilidade disciplinar, punível com pena de suspensão a demissão.

Artigo 101.º-A Legitimidade para a denúncia

1 – Qualquer pessoa tem legitimidade para comunicar à câmara municipal, ao Ministério Público, às ordens ou associações profissionais, ao Instituto da Construção e do Imobiliário, I. P., ou a outras entidades competentes a violação das normas do presente diploma.

2 – Não são admitidas denúncias anónimas.

Subsecção III – Medidas de tutela da legalidade urbanística

Artigo 102.º Reposição da legalidade urbanística

1 – Os órgãos administrativos competentes estão obrigados a adotar as medidas adequadas de tutela e restauração da legalidade urbanística quando sejam realizadas operações urbanísticas:

a) Sem os necessários atos administrativos de controlo prévio;

b) Em desconformidade com os respetivos atos administrativos de controlo prévio;

c) Ao abrigo de ato administrativo de controlo prévio revogado ou declarado nulo;

d) Em desconformidade com as condições da comunicação prévia;

e) Em desconformidade com as normas legais ou regulamentares aplicáveis.

2 – As medidas a que se refere o número anterior podem consistir:

a) No embargo de obras ou de trabalhos de remodelação de terrenos;

b) Na suspensão administrativa da eficácia de ato de controlo prévio;

c) Na determinação da realização de trabalhos de correção ou alteração, sempre que possível;

d) Na legalização das operações urbanísticas;

e) Na determinação da demolição total ou parcial de obras;

f) Na reposição do terreno nas condições em que se encontrava antes do início das obras ou trabalhos;

g) Na determinação da cessação da utilização de edifícios ou suas frações autónomas.

3 – Independentemente das situações previstas no n.º 1, a câmara municipal pode:

a) Determinar a execução de obras de conservação necessárias à correção de más condições de segurança ou salubridade ou à melhoria do arranjo estético;

b) Determinar a demolição, total ou parcial, das construções que ameacem ruína ou ofereçam perigo para a saúde pública e segurança das pessoas.

4 – (Revogado)

5 – (Revogado)

6 – (Revogado)

7 – (Revogado)

8 – (Revogado)

Artigo 102.º-A Legalização

1 – Quando se verifique a realização de operações urbanísticas ilegais nos termos do n.º 1 do artigo anterior, se for possível assegurar a sua conformidade com as disposições legais e regulamentares em vigor, a câmara municipal notifica os interessados para a legalização das operações urbanísticas, fixando um prazo para o efeito.

2 – O procedimento de legalização deve ser instruído com os elementos exigíveis em função da pretensão concreta do requerente, com as especificidades constantes dos números seguintes.

3 – A câmara municipal pode solicitar a entrega dos documentos e elementos, nomeadamente os projetos das especialidade e respetivos termos de responsabilidade ou os certificados de aprovação emitidos pelas entidades certificadoras competentes, que se afigurem necessários, designadamente, para garantir a segurança e saúde públicas.

4 – Para efeitos do disposto no número anterior, é dispensada, nos casos em que não haja obras de ampliação ou de alteração a realizar, a apresentação dos seguintes elementos:

a) Calendarização da execução da obra;

b) Estimativa do custo total da obra;

c) Documento comprovativo da prestação de caução;

d) Apólice de seguro de construção;

e) Apólice de seguro que cubra a responsabilidade pela reparação dos danos emergentes de acidentes de trabalho;

f) Títulos habilitantes para o exercício da atividade de construção válidos à data da construção da obra;

g) Livro de obra;

h) Plano de segurança e saúde.

5 – Pode ser dispensado o cumprimento de normas técnicas relativas à construção cujo cumprimento se tenha tornado impossível ou que não seja razoável exigir, desde que se verifique terem sido cumpridas as condições técnicas vigentes à data da realização da operação urbanística em questão, competindo ao requerente fazer a prova de tal data.

6 – O interessado na legalização da operação urbanística pode solicitar à câmara municipal informação sobre os termos em que esta se deve processar, devendo a câmara municipal fornecer essa informação no prazo máximo de 15 dias.

7 – Os municípios aprovam os regulamentos necessários para concretizar e executar o disposto no presente artigo devendo, designadamente, concretizar os procedimentos em função das operações urbanísticas e pormenorizar, sempre que possível, os aspetos que envolvam a formulação de valorações próprias do exercício da função administrativa, em especial os morfológicos e estéticos.

8 – Nos casos em que os interessados não promovam as diligências necessárias à legalização voluntária das operações urbanísticas, a câmara municipal pode proceder oficiosamente à legalização, exigindo o pagamento das taxas fixadas em regulamento municipal.

9 – A faculdade concedida no número anterior apenas pode ser exercida quando estejam em causa obras que não impliquem a realização de cálculos de estabilidade.

10 – Caso o requerente, tendo sido notificado para o pagamento das taxas devidas, não proceda ao respetivo pagamento, é promovido o procedimento de execução fiscal do montante liquidado.

11 – A legalização oficiosa tem por único efeito o reconhecimento de que as obras promovidas cumprem os parâmetros urbanísticos previstos nos instrumentos de gestão territorial aplicáveis, sendo efetuada sob reserva de direitos de terceiros.

Artigo 102.º-B Embargo

1 – Sem prejuízo das competências atribuídas por lei a outras entidades, o presidente da câmara municipal é competente para embargar obras de urbanização, de edificação ou de demolição, bem como quaisquer trabalhos de remodelação de terrenos, quando estejam a ser executadas:

a) Sem a necessária licença ou comunicação prévia;

b) Em desconformidade com o respetivo projeto ou com as condições do licenciamento ou comunicação prévia, salvo o disposto no artigo 83.º; ou

c) Em violação das normas legais e regulamentares aplicáveis.

2 – A notificação é feita ao responsável pela direção técnica da obra, bem como ao titular do alvará de licença ou apresentante da comunicação prévia e, quando possível, ao proprietário do imóvel no qual estejam a ser executadas as obras ou seu representante, sendo suficiente para obrigar à suspensão dos trabalhos qualquer dessas notificações ou a de quem se encontre a executar a obra no local.

3 – Após o embargo, é de imediato lavrado o respetivo auto, que contém, obrigatória e expressamente, a identificação do funcionário municipal responsável pela fiscalização de obras, das testemunhas e do notificado, a data, a hora e o local da diligência e as razões de facto c de direito que a justificam, o estado da obra e a indicação da ordem de suspensão e proibição de prosseguir a obra e do respetivo prazo, bem como as cominações legais do seu incumprimento.

4 – O auto é redigido em duplicado e assinado pelo funcionário e pelo notificado, ficando o duplicado na posse deste.

5 – No caso de a ordem de embargo incidir apenas sobre parte da obra, o respetivo auto faz expressa menção de que o embargo é parcial e identifica claramente qual é a parte da obra que se encontra embargada.

6 – O auto de embargo é notificado às pessoas identificadas no n.º 2 e disponibilizado no sistema informático referido no artigo 8.º-A, no prazo de cinco dias úteis.

7 – No caso de as obras estarem a ser executadas por pessoa coletiva, o embargo e o respetivo auto são ainda comunicados para a respetiva sede social ou representação em território nacional.

8 – O embargo, assim como a sua cessação ou caducidade, é objeto de registo na conservatória do registo predial, mediante comunicação do despacho que o determinou, procedendo-se aos necessários averbamentos.

Artigo 103.º Efeitos do embargo

1 – O embargo obriga à suspensão imediata, no todo ou em parte, dos trabalhos de execução da obra.

2 – Tratando-se de obras licenciadas ou objeto de comunicação prévia, o embargo determina também a suspensão da eficácia da respetiva licença ou, no caso de comunicação prévia, a imediata cessação da operação urbanística, bem como, no caso de obras de urbanização, a suspensão de eficácia da licença de loteamento urbano a que a mesma respeita ou a cessação das respetivas obras.

3 – É interdito o fornecimento de energia eléctrica, gás e água às obras embargadas, devendo para o efeito ser notificado o acto que o ordenou às entidades responsáveis pelos referidos fornecimentos.

4 – O embargo, ainda que parcial, suspende o prazo que estiver fixado para a execução das obras no respetivo alvará de licença ou estabelecido na comunicação prévia.

Artigo 104.º Caducidade do embargo

1 – A ordem de embargo caduca logo que for proferida uma decisão que defina a situação jurídica da obra com carácter definitivo ou no termo do prazo que tiver sido fixado para o efeito.

2 – Na falta de fixação de prazo para o efeito, a ordem de embargo caduca se não for proferida uma decisão definitiva no prazo de seis meses, prorrogável uma única vez por igual período.

Artigo 105.º Trabalhos de correcção ou alteração

1 – Nas situações previstas nas alíneas b) e c) do n.º 1 do artigo 102.º, o presidente da câmara municipal pode ainda, quando for caso disso, ordenar a realização de trabalhos de correcção ou alteração da obra, fixando um prazo para o efeito, tendo em conta a natureza e o grau de complexidade dos mesmos.

2 – Decorrido o prazo referido no número anterior sem que aqueles trabalhos se encontrem integralmente realizados, a obra permanece embargada até ser proferida uma decisão que defina a sua situação jurídica com carácter definitivo.

3 – Tratando-se de obras de urbanização ou de outras obras indispensáveis para assegurar a protecção de interesses de terceiros ou o correcto ordenamento urbano, a câmara municipal pode promover a realização dos trabalhos de correcção ou alteração por conta do titular da licença ou do apresentante da comunicação prévia, nos termos dos artigos 107.º e 108.º

4 – A ordem de realização de trabalhos de correcção ou alteração suspende o prazo que estiver fixado no respectivo alvará de licença ou estabelecido na comunicação prévia pelo período estabelecido nos termos do n.º 1.

5 – O prazo referido no n.º 1 interrompe-se com a apresentação de pedido de alteração à licença ou comunicação prévia, nos termos, respectivamente, dos artigos 27.º e 35.º

Artigo 106.º Demolição da obra e reposição do terreno

1 – O presidente da câmara municipal pode igualmente, quando for caso disso, ordenar a demolição total ou parcial da obra ou a reposição do terreno nas condições em que se encontrava antes da data de início das obras ou trabalhos, fixando um prazo para o efeito.

2 – A demolição pode ser evitada se a obra for susceptível de ser licenciada ou objecto de comunicação prévia ou se for possível assegurar a sua conformidade com as disposições legais e regulamentares que lhe são aplicáveis mediante a realização de trabalhos de correcção ou de alteração.

3 – A ordem de demolição ou de reposição a que se refere o n.º 1 é antecedida de audição do interessado, que dispõe de 15 dias a contar da data da sua notificação para se pronunciar sobre o conteúdo da mesma.

4 – Decorrido o prazo referido no n.º 1 sem que a ordem de demolição da obra ou de reposição do terreno se mostre cumprida, o presidente da câmara municipal determina a demolição da obra ou a reposição do terreno por conta do infractor.

Artigo 107.º Posse administrativa e execução coerciva

1 – Sem prejuízo da responsabilidade criminal, em caso de incumprimento de qualquer das medidas de tutela da legalidade urbanística previstas nos artigos anteriores o presidente da câmara pode determinar a posse administrativa do imóvel onde está a ser realizada a obra, por forma a permitir a execução coerciva de tais medidas.

2 – O acto administrativo que tiver determinado a posse administrativa é notificado ao dono da obra e aos demais titulares de direitos reais sobre o imóvel por carta registada com aviso de recepção.

3 – Sempre que não seja possível a notificação postal referida no número anterior, designadamente em virtude do desconhecimento da identidade ou do paradeiro do proprietário, esta é efetuada por edital, nos termos estabelecidos no Código do Procedimento Administrativo, sendo, para este efeito, obrigatória a afixação de um edital no imóvel.

4 – A posse administrativa é realizada pelos funcionários municipais responsáveis pela fiscalização de obras, mediante a elaboração de um auto onde, para além de se identificar o acto referido no número anterior, é especificado o estado em que se encontra o terreno, a obra e as demais construções existentes no local, bem como os equipamentos que ali se encontrarem.

5 – Tratando-se da execução coerciva de uma ordem de embargo, os funcionários municipais responsáveis pela fiscalização de obras procedem à selagem do estaleiro da obra e dos respectivos equipamentos.

6 – Em casos devidamente justificados, o presidente da câmara pode autorizar a transferência ou a retirada dos equipamentos do local de realização da obra, por sua iniciativa ou a requerimento do dono da obra ou do seu empreiteiro.

7 – O dono da obra ou o seu empreiteiro devem ser notificados sempre que os equipamentos sejam depositados noutro local.

8 – A posse administrativa do terreno e dos equipamentos mantém-se pelo período necessário à execução coerciva da respectiva medida de tutela da legalidade urbanística, caducando no termo do prazo fixado para a mesma.

9 – (Revogado)

10 – Tratando-se de execução coerciva de uma ordem de demolição ou de trabalhos de correcção ou alteração de obras, estas devem ser executadas no mesmo prazo que havia sido concedido para o efeito ao seu destinatário, contando-se aquele prazo a partir da data de início da posse administrativa.

11 – O prazo referido no número anterior pode ser prorrogado nos termos em que seja admissível no regime das empreitadas de obras públicas, previstos no Código dos Contratos Públicos.

12 – O prazo referido no n.º 10 suspende-se, com o limite de 150 dias, pelo período em que decorrerem os procedimentos de contratação legalmente devidos relativos à intervenção, entre a decisão de contratar e o começo de execução do contrato ou, no caso das empreitadas, o início dos trabalhos.

Artigo 108.º Despesas realizadas com a execução coerciva

1 – As quantias relativas às despesas realizadas nos termos do artigo anterior, incluindo os custos com o realojamento dos inquilinos a que haja lugar, bem como quaisquer indemnizações ou sanções pecuniárias que a Administração tenha de suportar para o efeito, são de conta do infrator.

2 – Quando, no prazo de 20 dias a contar da notificação para o efeito, efetuada nos termos do artigo anterior, aquelas quantias não forem pagas voluntariamente nem tenha sido proposta pelo devedor, em alternativa para extinção da dívida, a dação em cumprimento ou em função do cumprimento ou ainda a consignação de rendimentos do imóvel nos termos da lei, as referidas quantias são cobradas judicialmente em processo de execução fiscal, servindo de título executivo a certidão, passada pelos serviços competentes, comprovativa das despesas efetuadas.

3 – Em alternativa à cobrança judicial da dívida em processo de execução fiscal, e em função de um juízo de proporcionalidade, a câmara municipal pode optar pelo arrendamento forçado, nos termos do presente decreto-lei, notificando o proprietário nos termos previstos no artigo anterior, devendo esta notificação conter ainda o local, o dia e a hora do ato de transmissão da posse.

4 – O crédito referido no n.º 1 goza de privilégio imobiliário sobre o lote ou terrenos onde se situa a edificação, graduado a seguir aos créditos referidos na alínea b) do artigo 748.º do Código Civil.

Artigo 108.º-A Intervenção da CCDR

(Revogado)

Artigo 108.º-B Arrendamento forçado

1 – Findo o prazo previsto no n.º 2 do artigo 108.º sem que se encontrem liquidadas as quantias devidas pelo proprietário, o município, em alternativa à cobrança judicial da dívida em processo de execução fiscal, pode optar pelo ressarcimento através do arrendamento forçado, sendo lavrado auto de posse do imóvel para esse efeito.

2 – O auto é notificado ao proprietário, bem como aos demais titulares de direitos reais, sendo eficaz a partir da data do ato de transmissão da posse.

3 – Ao arrendamento forçado aplicam-se, em tudo quanto não estiver especialmente previsto no presente artigo, os artigos 656.º e seguintes do Código Civil, quanto à relação entre o município e o proprietário do imóvel.

4 – O arrendamento forçado está sujeito a inscrição no registo predial, servindo de título para o efeito, certidão passada pelo município competente, onde conste a indicação do valor total da dívida, e implica o cancelamento do registo referido no artigo 89.º, caso este ainda não tenha sido cancelado.

5 – A câmara municipal procede ao arrendamento forçado do imóvel mediante procedimento concursal ou através da aplicação de regulamento municipal para a atribuição de fogos.

6 – Em caso de celebração de novo contrato de arrendamento no prédio urbano ou nas frações autónomas intervencionadas, a renda a praticar não pode ser inferior a 80 % do valor mediano das rendas por m^2 de novos contratos de arrendamento de alojamentos familiares no município respetivo, de acordo com a última atualização divulgada pelo Instituto Nacional de Estatística, I. P. (INE, I. P.).

7 – Quando a atualização divulgada pelo INE, I. P., se reporte a nível de unidade territorial para fins estatísticos superior ao concelho, deve ser considerado o valor relativo à unidade territorial para fins estatísticos de menor amplitude em que o município esteja integrado.

8 – Durante a vigência do arrendamento forçado, a câmara municipal pode executar as obras de conservação e ou de reparação necessárias, cumprindo as seguintes regras:

a) A escolha do empreiteiro para a realização das obras, quando as mesmas não sejam executadas por administração direta, é precedida, se outro procedimento mais exigente não resultar da lei, do pedido de três orçamentos para o efeito, com base num caderno de encargos que defina os trabalhos a realizar e o tipo de materiais a utilizar, sendo escolhida a proposta de preço mais baixo;

b) Apurada a conta final da empreitada, ou calculado o custo total da intervenção em caso de administração direta, é esse valor adicionado ao valor da dívida ainda existente, sendo dado conhecimento ao proprietário desse facto, nos termos previstos no artigo 107.º

9 – A câmara municipal procede à prestação anual de contas, operando a atualização do valor em dívida correspondente, notificando o proprietário, nos termos previstos no artigo 107.º

10 – O registo referido no n.º 4 é cancelado apenas através da exibição de certidão passada pela câmara municipal que ateste a inexistência de dívida.

11 – O proprietário interessado em retomar a posse do imóvel deve manifestar por escrito essa intenção, com 120 dias de antecedência e, havendo montantes em dívida ainda por liquidar, a comunicação por escrito é acompanhada com comprovativo do seu pagamento integral.

12 – Encontrando-se liquidada a totalidade da dívida e caso o proprietário não retome a posse no prazo de 20 dias, ou, sendo desconhecido o seu proprietário, a partir daquela data, pode a câmara municipal disponibilizar o imóvel para arrendamento, nos termos previstos anteriormente, com as seguintes especificações:

a) O valor das rendas é depositado em conta bancária aberta especificamente para o efeito, caso o proprietário não tenha procedido à indicação de conta bancária para o efeito;

b) A câmara municipal pode ressarcir-se das despesas realizadas para fazer face aos encargos de gestão e manutenção do imóvel que comprovadamente realizar durante o período em que durar o arrendamento, sendo emitida certidão comprovativa para o efeito, pelos serviços municipais competentes.

Artigo 109.º Cessação da utilização

1 – Sem prejuízo do disposto nos n.os 1 e 2 do artigo 2.º do Decreto-Lei n.º 281/99, de 26 de Julho, o presidente da câmara municipal é competente para ordenar e fixar prazo para a cessação da utilização de edifícios ou de suas fracções autónomas quando sejam ocupados sem a necessária autorização de utilização ou quando estejam a ser afectos a fim diverso do previsto no respectivo alvará.

2 – Quando os ocupantes dos edifícios ou suas fracções não cessem a utilização indevida no prazo fixado, pode a câmara municipal determinar o despejo administrativo, aplicando-se, com as devidas adaptações, o disposto no artigo 92.º

3 – O despejo determinado nos termos do número anterior deve ser sobrestado quando, tratando-se de edifício ou sua fracção que estejam a ser utilizados para habitação, o ocupante mostre, por atestado médico, que a execução do mesmo põe em risco de vida, por razão de doença aguda, a pessoa que se encontre no local.

4 – Na situação referida no número anterior, o despejo não pode prosseguir enquanto a câmara municipal não providencie pelo realojamento da pessoa em questão, a expensas do responsável pela utilização indevida, nos termos do artigo anterior.

CAPÍTULO IV – Garantias dos particulares

Artigo 110.º Direito à informação

1 – Qualquer interessado tem o direito de ser informado pela respectiva câmara municipal:

a) Sobre os instrumentos de desenvolvimento e de gestão territorial em vigor para determinada área do município, bem como das demais condições gerais a que devem obedecer as operações urbanísticas a que se refere o presente diploma;

b) Sobre o estado e andamento dos processos que lhes digam directamente respeito, com especificação dos actos já praticados e do respectivo conteúdo, e daqueles que ainda devam sê-lo, bem como dos prazos aplicáveis a estes últimos.

2 – As informações previstas no número anterior devem ser prestadas independentemente de despacho e no prazo de 15 dias.

3 – Os interessados têm o direito de consultar os processos que lhes digam directamente respeito, nomeadamente por via electrónica, e de obter as certidões ou reproduções autenticadas dos documentos que os integram, mediante o pagamento das importâncias que forem devidas.

4 – O acesso aos processos e passagem de certidões deve ser requerido por escrito, salvo consulta por via electrónica, e é facultado independentemente de despacho e no prazo de 10 dias a contar da data da apresentação do respectivo requerimento.

5 – A câmara municipal fixa, no mínimo, um dia por semana para que os serviços municipais competentes estejam especificadamente à disposição dos cidadãos para a apresentação de eventuais pedidos de esclarecimento ou de informação ou reclamações.

6 – Os direitos referidos nos n.os 1 e 3 são extensivos a quaisquer pessoas que provem ter interesse legítimo no conhecimento dos elementos que pretendem e ainda, para defesa de interesses difusos definidos na lei, quaisquer cidadãos no gozo dos seus direitos civis e políticos e as associações e fundações defensoras de tais interesses.

Artigo 111.º Silêncio da Administração

Decorridos os prazos fixados para a prática de qualquer acto especialmente regulado no presente diploma sem que o mesmo se mostre praticado, observa-se o seguinte:

a) Tratando-se de acto que devesse ser praticado por qualquer órgão municipal no âmbito do procedimento de licenciamento, o interessado pode recorrer ao processo regulado no artigo 112.º;

b) (Revogada)

c) Tratando-se de qualquer outro acto, considera-se tacitamente deferida a pretensão, com as consequências gerais.

Artigo 112.º Intimação judicial para a prática de acto legalmente devido

1 – No caso previsto na alínea *a)* do artigo anterior, o interessado pode deduzir junto dos tribunais administrativos um pedido de intimação dirigido à interpelação da entidade competente para o cumprimento do dever de decisão.

2 – O requerimento de intimação deve ser instruído com cópia do requerimento apresentado.

3 – O prazo para a contestação da entidade requerida é de 14 dias e, apresentada a contestação ou decorrido o respetivo prazo, o processo é concluso ao juiz para decisão no prazo de 5 dias.

4 – A intimação pode ser rejeitada por falta de preenchimento dos pressupostos para a constituição do dever de decisão, por violação de disposições legais ou regulamentares.

5 – O processo pode terminar por inutilidade superveniente da lide se for provada a prática do ato pretendido dentro do prazo da contestação.

6 – Na decisão, o juiz estabelece prazo não inferior a 30 dias para o cumprimento do dever de decisão e fixa sanção pecuniária compulsória, nos termos previstos no Código de Processo nos Tribunais Administrativos.

7 – Ao pedido de intimação é aplicável o disposto no Código de Processo nos Tribunais Administrativos quanto aos processos urgentes.

8 – O recurso da decisão tem efeito meramente devolutivo.

9 – Decorrido o prazo fixado pelo tribunal sem que se mostre praticado o acto devido, o interessado pode prevalecer-se do disposto no artigo 113.º, com excepção do disposto no número seguinte.

10 – Na situação prevista no número anterior, tratando-se de aprovação do projecto de arquitectura, o interessado pode juntar os projectos das especialidades e outros estudos ou, caso já o tenha feito no requerimento inicial, inicia-se a contagem do prazo previsto na alínea *c)* do n.º 1 do artigo 23.º

Artigo 113.º Deferimento tácito

1 – Nas situações referidas no n.º 9 do artigo anterior, o interessado pode iniciar e prosseguir a execução dos trabalhos de acordo com o requerimento apresentado nos termos do n.º 4 do artigo 9.º ou dar de imediato utilização à obra.

2 – O início dos trabalhos ou da utilização depende do prévio pagamento das taxas que se mostrem devidas nos termos do presente diploma.

3 – Quando a câmara municipal se recuse a liquidar ou a receber as taxas devidas, o interessado pode proceder ao depósito do respectivo montante em instituição de crédito à ordem da câmara municipal, ou, quando não esteja efectuada a liquidação, provar que se encontra garantido o seu pagamento mediante caução, por qualquer meio em direito admitido, por montante calculado nos termos do regulamento referido no artigo 3.º

4 – Para os efeitos previstos no número anterior, devem ser afixados nos serviços de tesouraria da câmara municipal o número e a instituição bancária em que a mesma tenha conta e onde seja possível efectuar o depósito, bem como a indicação do regulamento municipal no qual se encontram previstas as taxas a que se refere o n.º 2.

5 – Caso a câmara municipal não efectue a liquidação da taxa devida nem dê cumprimento ao disposto no número anterior, o interessado pode iniciar os trabalhos ou dar de imediato utilização à obra, dando desse facto conhecimento à câmara municipal e requerendo ao tribunal administrativo de círculo da área da sede da autarquia que intime esta a emitir o alvará de licença ou autorização de utilização.

6 – Ao pedido de intimação referido no número anterior aplica-se o disposto no n.º 7 do artigo anterior.

7 – A certidão da sentença transitada em julgado que haja intimado à emissão do alvará de licença ou autorização de utilização substitui, para todos os efeitos legais, o alvará não emitido.

8 – Nas situações referidas no presente artigo, a obra não pode ser embargada por qualquer autoridade administrativa com fundamento na falta de licença.

Artigo 114.º Impugnação administrativa

1 – Os pareceres expressos que sejam emitidos por órgãos da administração central no âmbito dos procedimentos regulados no presente diploma podem ser objecto de impugnação administrativa autónoma.

2 – A impugnação administrativa de quaisquer actos praticados ou pareceres emitidos nos termos do presente diploma deve ser decidida no prazo de 30 dias, findo o qual se considera deferida.

Artigo 115.º Acção administrativa especial

1 – A acção administrativa especial dos actos previstos no artigo 106.º tem efeito suspensivo.

2 – Com a citação da petição de recurso, a autoridade administrativa tem o dever de impedir, com urgência, o início ou a prossecução da execução do acto recorrido.

3 – A todo o tempo e até à decisão em 1.ª instância, o juiz pode conceder o efeito meramente devolutivo à acção, oficiosamente ou a requerimento do recorrido ou do Ministério Público, caso do mesmo resultem indícios da ilegalidade da sua interposição ou da sua improcedência.

4 – Da decisão referida no número anterior cabe recurso com efeito meramente devolutivo, que sobe imediatamente, em separado.

CAPÍTULO V – Taxas inerentes às operações urbanísticas

Artigo 116.º Taxa pela realização, manutenção e reforço de infra-estruturas urbanísticas

1 – A emissão dos alvarás de licença e autorização de utilização previstas no presente diploma estão sujeitas ao pagamento das taxas a que se refere a alínea *b)* do artigo 6.º da Lei n.º 53-E/2006, de 29 de dezembro, alterada pelas Leis n.os 64-A/2008, de 31 de dezembro, e 117/2009, de 29 de dezembro.

2 – A emissão do alvará de licença e a comunicação prévia de loteamento estão sujeitas ao pagamento das taxas a que se refere a alínea *a)* do artigo 6.º da Lei n.º 53-E/2006, de 29 de dezembro, alterada pelas Leis n.os 64-A/2008, de 31 de dezembro, e 117/2009, de 29 de dezembro.

3 – A emissão do alvará de licença e a comunicação prévia de obras de construção ou ampliação em área não abrangida por operação de loteamento estão igualmente sujeitas ao pagamento da taxa referida no número anterior.

4 – A emissão do alvará de licença parcial a que se refere o n.º 6 do artigo 23.º está também sujeita ao pagamento da taxa referida no n.º 1, não havendo lugar à liquidação da mesma aquando da emissão do alvará definitivo.

5 – Os projectos de regulamento municipal da taxa pela realização, manutenção e reforço de infra-estruturas urbanísticas devem ser acompanhados da fundamentação do cálculo das taxas previstas, tendo em conta, designadamente, os seguintes elementos:

a) Programa plurianual de investimentos municipais na execução, manutenção e reforço das infra-estruturas gerais, que pode ser definido por áreas geográficas diferenciadas;

b) Diferenciação das taxas aplicáveis em função dos usos e tipologias das edificações e, eventualmente, da respectiva localização e correspondentes infra-estruturas locais.

Artigo 117.º Liquidação das taxas

1 – O presidente da câmara municipal, com o deferimento do pedido de licenciamento, procede à liquidação das taxas, em conformidade com o regulamento aprovado pela assembleia municipal.

2 – O pagamento das taxas referidas nos n.os 2 a 4 do artigo anterior pode, por deliberação da câmara municipal, com faculdade de delegação no presidente e de subdelegação deste nos vereadores ou nos dirigentes dos serviços municipais, ser fraccionado até ao termo do prazo de execução fixado no alvará, desde que seja prestada caução nos termos do artigo 54.º

3 – Da liquidação das taxas cabe reclamação graciosa ou impugnação judicial, nos termos e com os efeitos previstos no Código de Procedimento e do Processo Tributário.

4 – A exigência, pela câmara municipal ou por qualquer dos seus membros, de mais-valias não previstas na lei ou de quaisquer contrapartidas, compensações ou donativos confere ao titular da licença ou comunicação prévia para a realização de operação urbanística, quando dê cumprimento àquelas exigências, o direito a reaver as quantias indevidamente pagas ou, nos casos em que as contrapartidas, compensações ou donativos sejam realizados em espécie, o direito à respectiva devolução e à indemnização a que houver lugar.

5 – Nos casos de autoliquidação previstos no presente diploma, as câmaras municipais devem obrigatoriamente disponibilizar os regulamentos e demais elementos necessários à sua efectivação, podendo os requerentes usar do expediente previsto no n.º 3 do artigo 113.º

CAPÍTULO VI – Disposições finais e transitórias

Artigo 118.º Conflitos decorrentes da aplicação dos regulamentos municipais

1 – Para a resolução de conflitos na aplicação dos regulamentos municipais previstos no artigo 3.º podem os interessados requerer a intervenção de uma comissão arbitral.

2 – Sem prejuízo do disposto no n.º 5, a comissão arbitral é constituída por um representante da câmara municipal, um representante do interessado e um técnico designado por cooptação, especialista na matéria sobre que incide o litígio, o qual preside.

3 – Na falta de acordo, o técnico é designado pelo presidente do tribunal administrativo de círculo competente na circunscrição administrativa do município.

4 – À constituição e funcionamento das comissões arbitrais aplica-se o disposto na lei sobre a arbitragem voluntária.

5 – As associações públicas de natureza profissional e as associações empresariais do sector da construção civil podem promover a criação de centros de arbitragem institucionalizada para a realização de arbitragens no âmbito das matérias previstas neste artigo, nos termos da lei.

Artigo 119.º Relação dos instrumentos de gestão territorial, das servidões e restrições de utilidade pública e de outros instrumentos relevantes

1 – As câmaras municipais devem manter actualizada a relação dos instrumentos de gestão territorial e as servidões administrativas e restrições de utilidade pública especialmente aplicáveis na área do município, nomeadamente:

a) Os referentes a programa e plano regional de ordenamento do território, planos especiais de ordenamento do território, planos municipais e intermunicipais de ordenamento do território, medidas preventivas, áreas de desenvolvimento urbano prioritário, áreas de construção prioritária, áreas de reabilitação urbana e alvarás de loteamento em vigor;

b) Zonas de protecção de imóveis classificados ou em vias de classificação, reservas arqueológicas de protecção e zonas especiais de protecção de parque arqueológico a que se refere a Lei n.º 107/2001, de 8 de Setembro, e o Decreto-Lei n.º 309/2009, de 23 de Outubro;

c) (Revogada)

d) Zonas de protecção a edifícios e outras construções de interesse público a que se referem os Decretos-Leis n.os 40 388, de 21 de Novembro de 1955, e 309/2009, de 23 de Outubro;

e) Imóveis ou elementos naturais classificados como de interesse municipal a que se refere a Lei n.º 107/2001, de 8 de Setembro, e o Decreto-Lei n.º 309/2009, de 23 de Outubro;

f) Zonas terrestres de protecção das albufeiras, lagoas ou lagos de águas públicas a que se refere o Decreto-Lei n.º 107/2009, de 15 de Maio;

g) Zonas terrestres de protecção dos estuários a que se refere o Decreto-Lei n.º 129/2008, de 21 de Julho;

h) Áreas integradas no domínio hídrico público ou privado a que se referem as Leis n.os 54/2005, de 15 de Novembro, e 58/2005, de 29 de Dezembro;

i) Áreas classificadas a que se refere o Decreto-Lei n.º 142/2008, de 24 de Julho;

j) Áreas integradas na Reserva Agrícola Nacional a que se refere o Decreto-Lei n.º 73/2009, de 31 de Março;

l) Áreas integradas na Reserva Ecológica Nacional a que se refere o Decreto-Lei n.º 166/2008, de 22 de Agosto;

m) Zonas de protecção estabelecidas pelo Decreto-Lei n.º 173/2006, de 24 de Agosto.

2 – As câmaras municipais mantêm igualmente actualizada a relação dos regulamentos municipais referidos no artigo 3.º, dos programas de acção territorial em execução, bem como das unidades de execução delimitadas.

3 – A informação referida nos números anteriores deve ser disponibilizada no sítio da Internet do município.

4 – Para efeitos do disposto no Decreto-Lei n.º 151-B/2013, de 31 de outubro, alterado pelo Decreto-Lei n.º 47/2014, de 24 de março, que aprova o regime de avaliação de impacte ambiental, sempre que esteja em causa a realização de operação urbanística sujeita a avaliação de impacte ambiental (AIA), não pode ser emitida licença ou apresentada comunicação prévia ao abrigo do presente decreto-lei sem previamente ter sido emitida declaração de impacte ambiental (DIA) favorável ou condicionalmente favorável ou, no caso de o procedimento de AIA ter decorrido em fase de estudo prévio ou de anteprojeto, emitida decisão favorável sobre a conformidade do projeto de execução com a DIA.

Artigo 120.º Dever de informação

1 – As câmaras municipais e as comissões de coordenação e desenvolvimento regional têm o dever de informação mútua sobre processos relativos a operações urbanísticas, o qual deve ser cumprido mediante comunicação a enviar no prazo de 20 dias a contar da data de recepção do respectivo pedido.

2 – Não sendo prestada a informação prevista no número anterior, as entidades que a tiverem solicitado podem recorrer ao processo de intimação regulado nos artigos 104.º e seguintes da Lei n.º 15/2002, de 22 de fevereiro, alterada pela Lei n.º 63/2011, de 14 de dezembro.

Artigo 121.º Regime das notificações e comunicações

As notificações e comunicações referidas no presente diploma e dirigidas aos requerentes efetuam-se através do sistema eletrónico a que se refere o artigo 8.º-A, por correio eletrónico ou outro meio de transmissão eletrónica de dados, salvo quando estes não forem possíveis ou se mostrarem inadequados.

Artigo 122.º Legislação subsidiária

A tudo o que não esteja especialmente previsto no presente diploma aplica-se subsidiariamente o Código do Procedimento Administrativo.

Artigo 123.º Relação das disposições legais referentes à construção

Até à codificação das normas técnicas de construção, compete aos membros do Governo responsáveis pelas obras públicas e pelo ordenamento do território promover a publicação da relação das disposições legais e regulamentares a observar pelos técnicos responsáveis dos projectos de obras e sua execução, devendo essa relação constar dos sítios na Internet dos ministérios em causa.

Artigo 124.º Depósito legal dos projectos

O Governo regulamentará, no prazo de seis meses a contar da data de entrada em vigor do presente diploma, o regime do depósito legal dos projectos de urbanização e edificação.

Artigo 125.º Alvarás anteriores

As alterações aos alvarás emitidos ao abrigo da legislação agora revogada e dos Decretos-Leis n.os 166/70, de 15 de Abril, 46 673, de 29 de Novembro de 1965, 289/73, de 6 de Junho, e 400/84, de 31 de Dezembro, regem-se pelo disposto no presente diploma.

Artigo 126.º Elementos estatísticos

1 – A câmara municipal envia mensalmente para o Instituto Nacional de Estatística os elementos estatísticos identificados em portaria dos membros do Governo responsáveis pela administração local e pelo ordenamento do território.

2 – Os suportes a utilizar na prestação da informação referida no número anterior serão fixados pelo Instituto Nacional de Estatística, após auscultação das entidades envolvidas.

Artigo 127.º Regiões Autónomas

O regime previsto neste diploma é aplicável às Regiões Autónomas, sem prejuízo do diploma legal que procede às necessárias adaptações.

Artigo 128.º Regime transitório

(Revogado)

Artigo 129.º Revogações

São revogados:

a) O Decreto-Lei n.º 445/91, de 20 de Novembro;

b) O Decreto-Lei n.º 448/91, de 29 de Novembro;

c) O Decreto-Lei n.º 83/94, de 14 de Março;

d) O Decreto-Lei n.º 92/95, de 9 de Maio;

e) Os artigos 9.º, 10.º e 165.º a 168.º do Regulamento Geral das Edificações Urbanas, aprovado pelo Decreto-Lei n.º 38 382, de 7 de Agosto de 1951.

Artigo 130.º Entrada em vigor

O presente diploma entra em vigor 120 dias após a data da sua publicação.

Visto e aprovado em Conselho de Ministros
de 9 de Setembro de 1999. –
António Manuel de Oliveira Guterres –
Jaime José Matos da Gama –
António Luciano Pacheco de Sousa Franco –
Jorge Paulo Sacadura Almeida Coelho –
João Cardona Gomes Cravinho –
José Manuel de Matos Fernandes –
Joaquim Augusto Nunes de Pina Moura –
Luís Manuel Capoulas Santos –
Elisa Maria da Costa Guimarães Ferreira –
Manuel Maria Ferreira Carrilho.

Promulgado em 19 de Novembro de 1999.

Publique-se.
O Presidente da República,
Jorge Sampaio.

Referendado em 25 de Novembro de 1999.

O Primeiro-Ministro,
António Manuel de Oliveira Guterres.

IDENTIFICA OS ELEMENTOS INSTRUTÓRIOS DOS PROCEDIMENTOS

Portaria n.º 113/2015, de 22 de abril Identifica os elementos instrutórios dos procedimentos previstos no Regime Jurídico da Urbanização e Edificação e revoga a Portaria n.º 232/2008, de 11 de março

O Decreto-Lei n.º 136/2014, de 9 de setembro, introduziu alterações ao regime jurídico da urbanização e edificação (RJUE) aprovado pelo Decreto-Lei n.º 555/99, de 16 de dezembro, que visam simplificar procedimentos, permitindo, designadamente, que, reunidas determinadas condições, os interessados possam realizar determinadas operações, uma vez efetuada a comunicação prévia e pagas as taxas devidas, sem dependência de qualquer ato permissivo expresso.

A agilização procedimental só é, contudo, exequível se tiver igualmente expressão a nível regulamentar, pelo que se impõe a revisão da Portaria n.º 232/2008, de 11 de março, que define os elementos instrutores dos pedidos de realização de operações urbanísticas.

Assim, optou-se pela manutenção da definição dos elementos assente nos diversos tipos e procedimentos de operações urbanísticas, conforme já constava dos diplomas anteriores, que se descriminam, quando for o caso, na parte dedicada ao controlo prévio tradicional, ou seja o licenciamento e autorização, e na parte relativa à comunicação prévia.

Sem prejuízo do disposto no Decreto-Lei n.º 135/99, de 22 de abril, com a redação dada pelo Decreto-Lei n.º 73/2014, de 13 de maio, em relação à obtenção de informação já seja detida pela própria Administração com preferência pela utilização da plataforma de interoperabilidade da Administração Pública para o efeito, e uma vez que os elementos instrutórios dos procedimentos administrativos em causa não correspondem necessariamente a documentos a entregar pelos requerentes, estabeleceu-se ainda a possibilidade de substituição de determinada informação pela inclusão de uma referência que permita o conhecimento do respetivo procedimento administrativo, em casos como o da junção da notificação de aprovação de um pedido de informação prévia no âmbito de procedimentos de licenciamento.

Assim:

Ao abrigo do disposto no n.º 4 do artigo 9.º e do n.º 4 do artigo 35.º do Decreto-Lei n.º 555/99, de 16 de dezembro, alterado e republicado pelo Decreto-Lei n.º 136/2014, de 9 de setembro:

Manda o Governo, pelos Ministros Adjunto e do Desenvolvimento Regional, da Economia e do Ambiente, Ordenamento do Território e Energia, o seguinte:

Artigo 1.º – Objeto

A presente portaria identifica os elementos instrutórios dos procedimentos previstos no Regime Jurídico da Urbanização e Edificação (RJUE) aprovado pelo Decreto-Lei n.º 555/99 de 16 de dezembro, alterado e republicado pelo Decreto-Lei n.º 136/2014, de 9 de setembro.

Artigo 2.º – Âmbito

1 – É aprovada a lista dos elementos que, em função do tipo e complexidade da operação urbanística, deve instruir os processos apresentados no âmbito do RJUE, bem como as condições de apresentação desses elementos, constantes, respetivamente, dos Anexos I e II a esta portaria e que dela fazem parte integrante.

2 – São aprovados os modelos dos termos de responsabilidade que, sem prejuízo do disposto no número seguinte, devem ser apresentados no âmbito do RJUE, constantes do anexo III à presente portaria e que dela faz parte integrante.

3 – Os termos de responsabilidade dos autores dos projetos de especialidade de infraestruturas de telecomunicações regem-se pelo disposto no Decreto-Lei n.º 123/2009, de 21 de maio, alterado e republicado pela Lei n.º 47/2013, de 10 de julho.

4 – Só podem ser exigidos documentos não constantes dos anexos a esta portaria quando previstos em lei especial ou em plano municipal ou intermunicipal de ordenamento do território.

5 – Os requerentes e comunicantes podem apresentar documentos adicionais não enunciados no anexo I, que entendam pertinentes para o licenciamento e fiscalização das operações urbanísticas, assim como justificar a não instrução do pedido com alguns dos elementos obrigatórios previstos naquele anexo quando desnecessários face à pretensão em concreto.

Artigo 3.º – Disposição transitória

Até à conclusão dos processos de transposição do conteúdo dos planos especiais de ordenamento do território nos termos previstos no artigo 78.º da Lei n.º 31/2014, de 30 de maio, as operações urbanísticas que incidam sobre áreas abrangidas por planos especiais devem ser instruídas com extratos das respetivas plantas.

Artigo 4.º – Norma revogatória

É revogada a Portaria n.º 232/2008, de 11 de março.

Artigo 5.º – Entrada em vigor

A presente portaria produz efeitos no dia seguinte ao da sua publicação.

O Ministro Adjunto e do Desenvolvimento Regional, Luís Miguel Poiares Pessoa Maduro, em 8 de abril de 2015. – O Ministro da Economia, António de Magalhães Pires de Lima, em 9 de abril de 2015. – O Ministro do Ambiente, Ordenamento do Território e Energia, Jorge Manuel Lopes Moreira da Silva, em 6 de abril de 2015.

ANEXO I (a que se refere o n.º 1 do artigo 2.º)
ELEMENTOS INSTRUTÓRIOS

I – Elementos comuns aos procedimentos de controlo prévio

1 – Certidão da descrição e de todas as inscrições em vigor emitida pela conservatória do registo predial referente ao prédio ou prédios abrangidos, ou indicação do código de acesso à certidão permanente do registo predial; quando omissos, a respetiva certidão negativa do registo predial, acompanhada da caderneta predial onde constem os correspondentes artigos matriciais.

2 – Delimitação da área objeto da operação e sua área de enquadramento em planta de localização fornecida pela câmara municipal ou planta de localização à escala 1:1.000, com indicação das coordenadas geográficas dos limites da área da operação urbanística, no sistema de coordenadas geográficas utilizado pelo município.

3 – Levantamento topográfico, sempre que haja alteração da topografia ou da implantação das construções, à escala de 1:200, ou de 1:500 no caso de loteamentos, devidamente cotado, que identifique o prédio e a respetiva área, assim como o espaço público envolvente (vias, passeios, estacionamentos, árvores e infraestruturas ou instalações aí localizadas, incluindo postes, tampas, sinalização e mobiliário urbano).

4 – Planta de implantação, desenhada sobre o levantamento topográfico, quando este for exigível, indicando a construção e as áreas impermeabilizadas e os respetivos materiais e, quando houver alterações na via pública, planta dessas alterações.

5 – Memória descritiva contendo:

a) Área objeto do pedido;

b) Caracterização da operação urbanística;

c) Enquadramento da pretensão nos planos territoriais aplicáveis;

d) Justificação das opções técnicas e da integração urbana e paisagística da operação;

e) Indicação das condicionantes para um adequado relacionamento formal e funcional com a envolvente, incluindo com a via pública e as infraestruturas ou equipamentos aí existentes;

f) Programa de utilização das edificações, quando for o caso, incluindo a área a afetar aos diversos usos;

g) Áreas destinadas a infraestruturas, equipamentos, espaços verdes e outros espaços de utilização coletiva e respetivos arranjos, quando estejam previstas;

h) Quadro sinóptico identificando a superfície total do terreno objeto da operação e, em função da operação urbanística em causa, a área total de implantação, a área de implantação do edifício, a área total de construção, a área de construção do edifício, o número de pisos, a altura da fachada, as áreas a afetar aos usos pretendidos e as áreas de cedência, assim como a demonstração do cumprimento de outros parâmetros constantes de normas legais e regulamentares aplicáveis;

i) Quando se trate de operações de loteamento:

(i) Número de lotes e respetivas áreas, bem como as áreas e os condicionamentos relativos à implantação dos edifícios e construções anexas;

(ii) Área de construção e volumetria dos edifícios, número de pisos e de fogos de cada um dos lotes, com especificação dos fogos destinados a habitações a custos controlados, quando previstos, e com indicação dos índices urbanísticos adotados, nomeadamente a distribuição percentual das diferentes ocupações propostas para o solo, os índices de implantação e de construção e a densidade habitacional, quando for o caso;

(iii) Redes de infraestruturas e sobrecarga que a pretensão pode implicar, no caso de operações de loteamento em área não abrangida por plano de pormenor;

(iv) Solução adotada para o funcionamento das redes de abastecimento de água, de energia elétrica, de saneamento, de gás e de telecomunicações e suas ligações às redes gerais, quando for o caso;

(v) Estrutura viária adotada, especificando as áreas destinadas às vias, acessos e estacionamentos de veículos, incluindo as previstas em cave, quando for o caso.

6 – Extratos das cartas da Reserva Agrícola Nacional e da Reserva Ecológica Nacional com a delimitação da área objeto da pretensão, quando se trate de operações não abrangidas por plano municipal ou intermunicipal de ordenamento do território e as operações não tenham sido precedidas por operação de loteamento, nem exista pedido de informação prévia em vigor.

II – Elementos específicos da Informação Prévia(requerida nos termos do n.º 2 do artigo 14.º do RJUE)

7 – No caso de operações de loteamento em área abrangida por plano de urbanização ou plano diretor municipal:

a) Projeto de loteamento, incluindo:

(i) Planta da situação existente, à escala de 1:1.000 ou superior, correspondente ao estado e uso atual do terreno e de uma faixa envolvente com dimensão adequada à avaliação da integração da operação na área em que se insere, com indicação dos valores naturais e construídos, de servidões administrativas e restrições de utilidade pública e infraestruturas existentes;

(ii) Planta síntese do loteamento à escala de 1:1.000 ou superior contendo os elementos técnicos definidores da modelação do terreno, da volumetria, alinhamentos, altura da fachada e implantação da edificação e dos muros de vedação;

(iii) Planta das infraestruturas locais e ligação às infraestruturas gerais;

(iv) Planta com indicação das áreas de cedência destinadas à implantação de espaços verdes e de utilização coletiva, infraestruturas viárias e equipamentos, acompanhada de quadros com as medições das áreas respetivas, exceto se não houver lugar a cedências para esses fins nos termos do n.º 4 do artigo 44.º do RJUE, caso em que será indicado o valor e a forma de pagamento da compensação;

b) Termo de responsabilidade de técnico legalmente habilitado a subscrever projetos que ateste que a execução da operação de loteamento se conforma com o Regulamento Geral do Ruído, aprovado pelo Decreto-Lei n.º 9/2007, de 17 de janeiro;

c) Plano de acessibilidades que apresente a rede de espaços e equipamentos acessíveis, acompanhado do termo de responsabilidade do seu autor que ateste que a execução da operação se conforma com o Decreto-Lei n.º 163/2006, de 8 de agosto, desde que inclua tipologias do seu artigo 2.º

8 – Quando se trate de obras de urbanização:

a) Planta da situação existente, à escala de 1:1.000 ou superior, correspondente ao estado e uso atual do terreno e de uma faixa envolvente com dimensão adequada à avaliação da integração da operação na área em que se insere, com indicação dos valores naturais e construídos, de servidões administrativas e restrições de utilidade pública e infraestruturas existentes;

b) Termo de responsabilidade de técnico legalmente habilitado a subscrever projetos que ateste que a execução das obras de urbanização se conforma com o disposto no Regulamento Geral do Ruído, aprovado pelo Decreto-Lei n.º 9/2007, de 17 de janeiro;

c) Plano de acessibilidades que apresente a rede de espaços e equipamentos acessíveis, acompanhado do termo de responsabilidade do seu autor que ateste que a execução da operação se conforma com o Decreto-Lei n.º 163/2006, de 8 de agosto, desde que inclua tipologias do seu artigo 2.º, quando se trate de obras em área não abrangida por operação de loteamento.

9 – No caso de obras de edificação:

a) Quando a edificação esteja abrangida por operação de loteamento, indicação do respetivo procedimento administrativo;

b) Projeto de arquitetura, incluindo plantas à escala de 1:500 ou superior, definindo a volumetria, alinhamento, altura da fachada e implantação da edificação, dos muros de vedação e das construções anexas;

c) Planta das infraestruturas locais e ligação às infraestruturas gerais;

d) Planta com a definição das áreas de cedência destinadas à implantação de espaços verdes, equipamentos de utilização coletiva e infraestruturas viárias, acompanhada de quadros com as medições das áreas respetivas, exceto se não houver lugar a cedências para esses fins;

e) Fotografias do imóvel sempre que se trate de obras de alteração, reconstrução, ampliação ou existam edificações adjacentes;

f) Indicação da localização e dimensionamento das construções anexas, incluindo alçados a uma escala de 1:500 ou superior, para os efeitos previstos na alínea *d)* do n.º 4 do artigo 4.º do RJUE;

g) Termo de responsabilidade de técnico legalmente habilitado a subscrever projetos que ateste que a execução das obras de urbanização se conforma com o disposto no Regulamento Geral do Ruído, aprovado pelo Decreto-Lei n.º 9/2007, de 17 de janeiro;

h) Plano de acessibilidades que apresente a rede de espaços e equipamentos acessíveis, acompanhado do termo de responsabilidade do seu autor que ateste que a execução da operação se conforma com o Decreto-Lei n.º 163/2006, de 8 de agosto, desde que inclua tipologias do seu artigo 2.º

10 – Quando se trate de obras de demolição:

a) Descrição sumária do estado de conservação do imóvel e da utilização futura do terreno;

b) Peças desenhadas demonstrativas das técnicas de demolição e das estruturas de contenção indicadas na memória descritiva, quando aplicável;

c) Fotografias do imóvel.

11 – Quando se trate de alteração de utilização:

Planta do edifício ou da fração com identificação do respetivo prédio.

12 – Quando se trate de outras operações urbanísticas:

a) Planta à escala de 1:1.000 ou superior contendo os elementos técnicos definidores da operação urbanística, nomeadamente da modelação do terreno;

b) Termo de responsabilidade de técnico legalmente habilitado a subscrever projetos que ateste da conformidade da operação com o Regulamento Geral do Ruído, aprovado pelo Decreto-Lei n.º 9/2007, de 17 de janeiro;

c) Plano de acessibilidades que apresente a rede de espaços e equipamentos acessíveis, acompanhado do termo de responsabilidade do seu autor que ateste que a execução da operação se conforma com o Decreto-Lei n.º 163/2006, de 8 de agosto, desde que inclua tipologias do seu artigo 2.º

III – Elementos específicos do licenciamento

13 – No caso de operações de loteamento:

a) Documentos comprovativos da qualidade de titular de qualquer direito que lhe confira a faculdade de realização da operação ou da atribuição dos poderes necessários para agir em sua representação, sempre que tal comprovação não resulte diretamente do n.º 1;

b) Cópia da notificação da câmara municipal a comunicar a aprovação de um pedido de informação prévia, caso exista e esteja em vigor, ou indicação do respetivo procedimento administrativo, acompanhada de declaração dos autores e coordenador dos projetos de que a operação respeita os limites constantes da informação prévia favorável, nos termos do disposto no n.º 3 do artigo 17.º do RJUE, se o requerente estiver a exercer a faculdade prevista no n.º 6 do artigo 4.º do RJUE;

c) Termos de responsabilidade subscritos pelos autores dos projetos, incluindo o de loteamento e os projetos de obras de urbanização, e pelo coordenador do projeto, quanto ao cumprimento das disposições legais e regulamentares aplicáveis;

d) Comprovativo da contratação de seguro de responsabilidade civil dos técnicos, nos termos da Lei n.º 31/2009, de 3 de julho;

e) Planta da situação existente, à escala de 1:1.000 ou superior, correspondente ao estado e uso atual do terreno e de uma faixa envolvente com dimensão adequada à avaliação da integração da operação na área em que se insere, com indicação dos valores naturais e construídos, de servidões administrativas e restrições de utilidade pública e infraestruturas existentes;

f) Planta de síntese do loteamento, à escala de 1:1.000 ou superior, indicando, nomeadamente, a modelação proposta para o terreno, a estrutura viária, as redes de abastecimento de água e de saneamento, de energia elétrica, de gás e de condutas destinadas à instalação de infraestruturas de telecomunicações, a divisão em lotes e sua numeração, finalidade, áreas de implantação e de construção, número de pisos acima e abaixo da cota de soleira e número de fogos, com especificação dos destinados a habitações a custos controlados, quando previstos, e a localização dos equipamentos e das áreas que lhes sejam destinadas, bem como das áreas para espaços verdes e de utilização coletiva;

g) Planta com identificação dos percursos acessíveis, detalhes métricos, técnicos e construtivos e uma peça escrita descrevendo e justificando as soluções adotadas;

h) Estudo que demonstre a conformidade com o Regulamento Geral do Ruído, contendo informação acústica relativa à situação atual e à decorrente da execução da operação de loteamento e termo de responsabilidade do respetivo técnico;

i) Plano de acessibilidades que apresente a rede de espaços e equipamentos acessíveis, acompanhado do termo de responsabilidade do seu autor que ateste que a execução da operação se conforma com o Decreto-Lei n.º 163/2006, de 8 de agosto, desde que inclua tipologias do seu artigo 2.º;

j) Planta com identificação das áreas de cedência para o domínio municipal, a qual será vertida para a planta do cadastro predial a apresentar após a conclusão da operação;

k) Simulação virtual tridimensional, nos casos em que seja exigida discussão pública;

l) Ficha de elementos estatísticos previstos na Portaria n.º 235/2013, de 24 de julho.

14 – No caso de obras de urbanização:

a) Documentos comprovativos da qualidade de titular de qualquer direito que lhe confira a faculdade de realização da operação ou da atribuição dos poderes necessários para agir em sua representação, sempre que tal comprovação não resulte diretamente do n.º 1;

b) Cópia da notificação da câmara municipal a comunicar a aprovação de um pedido de informação prévia, caso exista e esteja em vigor, ou indicação do respetivo procedimento administrativo, acompanhada de declaração dos autores e coordenador dos projetos de que a operação respeita os limites constantes da informação prévia favorável, nos termos do disposto no n.º 3 do artigo 17.º do RJUE, se o requerente estiver a exercer a faculdade prevista no n.º 6 do artigo 4.º do RJUE;

c) Termos de responsabilidade subscritos pelos autores dos projetos e coordenador do projeto quanto ao cumprimento das disposições legais e regulamentares aplicáveis;

d) Comprovativo da contratação de seguro de responsabilidade civil dos técnicos, nos termos da Lei n.º 31/2009, de 3 de julho;

e) Termo de responsabilidade de técnico legalmente habilitado a subscrever projetos que ateste que a execução das obras de urbanização se conforma com o Regulamento Geral do Ruído, aprovado pelo Decreto-Lei n.º 9/2007, de 17 de janeiro;

f) Plano de acessibilidades que apresente a rede de espaços e equipamentos acessíveis, acompanhado do termo de responsabilidade do seu autor que ateste que a execução da operação se conforma com o Decreto-Lei n.º 163/2006, de 8 de agosto, desde que inclua tipologias do seu artigo 2.º, quando se trate de obras em área não abrangida por operação de loteamento;

g) Planta da situação existente, à escala de 1:1.000 ou superior, correspondente ao estado e uso atual do terreno e de uma faixa envolvente com dimensão adequada à avaliação da integração da operação na área em que se insere, com indicação dos valores naturais e construídos, de servidões administrativas e restrições de utilidade pública e infraestruturas existentes;

h) Projetos de especialidades que integrem a obra, designadamente, infraestruturas viárias, redes de abastecimento de águas, esgotos e drenagem, de gás, de eletricidade, de telecomunicações, arranjos exteriores, contendo cada projeto memória descritiva e justificativa, bem como os cálculos, se for caso disso, e as peças desenhadas, em escala tecnicamente adequada, e os respetivos termos de responsabilidade dos técnicos autores dos projetos;

i) Calendarização da execução da obra, com estimativa do prazo de início e de conclusão dos trabalhos;

j) Estimativa do custo total da obra e custo por especialidades, baseado em quantidades e qualidades dos trabalhos necessários à sua execução, devendo ser adotadas as normas europeias e portuguesas em vigor ou as especificações do Laboratório Nacional de Engenharia Civil.

15 – No caso de obras de edificação, para efeitos de aprovação do projeto de arquitetura:

a) Documentos comprovativos da qualidade de titular de qualquer direito que lhe confira a faculdade de realização da operação ou da atribuição dos poderes necessários para agir em sua representação, sempre que tal comprovação não resulte diretamente do n.º 1;

b) Cópia da notificação da câmara municipal a comunicar a aprovação de um pedido de informação prévia, caso exista e esteja em vigor, ou indicação do respetivo procedimento administrativo, acompanhada de declaração dos autores e coordenador dos projetos de que a operação respeita os limites constantes da informação prévia favorável, nos termos do disposto no n.º 3 do artigo 17.º do RJUE, se o requerente estiver a exercer a faculdade prevista no n.º 6 do artigo 4.º do RJUE;

c) Caso a operação seja abrangida por operação de loteamento e o procedimento adotado for o do licenciamento nos termos do n.º 6 do artigo 4.º do RJUE, indicação do respetivo procedimento administrativo;

d) Termos de responsabilidade subscritos pelos autores dos projetos e coordenador do projeto quanto ao cumprimento das disposições legais e regulamentares aplicáveis;

e) Comprovativo da contratação de seguro de responsabilidade civil dos técnicos, nos termos da Lei n.º 31/2009, de 3 de julho;

f) Projeto de arquitetura, incluindo:

(i) Plantas à escala de 1:50 ou de 1:100 contendo as dimensões e áreas e utilizações de todos os compartimentos, bem como a representação do mobiliário fixo e equipamento sanitário;

(ii) Alçados à escala de 1:50 ou de 1:100 com a indicação das cores e dos materiais dos elementos que constituem as fachadas e a cobertura, bem como as construções adjacentes, quando existam;

(iii) Cortes longitudinais e transversais à escala de 1:50 ou de 1:100 abrangendo o terreno, com indicação do perfil existente e o proposto, bem como das cotas dos diversos pisos, da cota de soleira e dos acessos ao estacionamento;

(iv) Pormenores de construção, à escala adequada, esclarecendo a solução construtiva adotada para as paredes exteriores do edifício e sua articulação com a cobertura, vãos de iluminação/ventilação e de acesso, bem como com o pavimento exterior envolvente;

(v) Discriminação das partes do edifício correspondentes às várias frações e partes comuns, valor relativo de cada fração, expressa em percentagem ou permilagem, do valor total do prédio, caso se pretenda que o edifício fique sujeito ao regime da propriedade horizontal.

g) Calendarização da execução da obra, com estimativa do prazo de início e de conclusão dos trabalhos;

h) Estimativa do custo total da obra;

i) Plano de acessibilidades que apresente a rede de espaços e equipamentos acessíveis, acompanhado do termo de responsabilidade do seu autor que ateste que a execução da operação se conforma com o Decreto-Lei n.º 163/2006, de 8 de agosto, desde que inclua tipologias do seu artigo 2.º;

j) Termo de responsabilidade de técnico autor do projeto de condicionamento acústico que ateste da conformidade da operação com o Regulamento Geral do Ruído, aprovado pelo Decreto-Lei n.º 9/2007, de 17 de janeiro;

k) Fotografias do imóvel;

l) Ficha de elementos estatísticos previstos na Portaria n.º 235/2013, de 24 de julho;

m) Facultativamente o requerente pode entregar, desde logo, os projetos de especialidades.

16 – Quando se trate de obras de edificação, na sequência da aprovação do projeto de arquitetura, projetos de especialidades em função do tipo de obra a executar, nomeadamente:

a) Projeto de estabilidade que inclua o projeto de escavação e contenção periférica;

b) Projeto de alimentação e distribuição de energia elétrica e projeto de instalação de gás, quando exigível, nos termos da lei;

c) Projeto de redes prediais de água e esgotos;

d) Projeto de águas pluviais;

e) Projeto de arranjos exteriores, quando exista logradouro privativo não pavimentado;

f) Projeto de infraestruturas de telecomunicações;

g) Estudo de comportamento térmico e demais elementos previstos na Portaria n.º 349-C/2013, de 2 de dezembro;

h) Projeto de instalações eletromecânicas, incluindo as de transporte de pessoas e ou mercadorias;

i) Projeto de segurança contra incêndios em edifícios;

j) Projeto de condicionamento acústico;

k) Termos de responsabilidade subscritos pelos autores dos projetos quanto ao cumprimento das disposições legais e regulamentares aplicáveis;

l) Comprovativo da contratação de seguro de responsabilidade civil dos técnicos, nos termos da Lei n.º 31/2009, de 3 de julho.

17 – Quando se trate de obras de demolição:

a) Documentos comprovativos da qualidade de titular de qualquer direito que lhe confira a faculdade de realização da operação ou da atribuição dos poderes necessários para agir em sua representação, sempre que tal comprovação não resulte diretamente do n.º 1;

b) Cópia da notificação da câmara municipal a comunicar a aprovação de um pedido de informação prévia, caso exista e esteja em vigor, ou indicação do respetivo procedimento administrativo, acompanhada de declaração dos autores e coordenador dos projetos de que a operação respeita os limites constantes da informação prévia favorável, nos termos do disposto no n.º 3 do artigo 17.º do RJUE, se o requerente estiver a exercer a faculdade prevista no n.º 6 do artigo 4.º do RJUE;

c) Caso a operação seja abrangida por operação de loteamento, indicação do respetivo procedimento administrativo;

d) Descrição da utilização futura do terreno;

e) Indicação do local de depósito dos entulhos;

f) Projetos de especialidades necessários à execução dos trabalhos, incluindo o projeto de estabilidade ou de contenção de construções adjacentes e termos de responsabilidade dos seus autores;

g) Comprovativo da contratação de seguro de responsabilidade civil dos técnicos, nos termos da Lei n.º 31/2009, de 3 de julho;

h) Calendarização da execução da obra, com estimativa do prazo de início e de conclusão dos trabalhos;

i) Estimativa do custo total da obra;

j) Termos de responsabilidade assinados pelo diretor de fiscalização de obra e pelo diretor de obra;

k) Número do alvará, ou de registo, ou número de outro título habilitante emitido pelo InCI, I. P. que confira habilitações adequadas à natureza ou valor da obra;

l) Ficha de elementos estatísticos previstos na Portaria n.º 235/2013, de 24 de julho.

18 – No caso de trabalhos de remodelação de terrenos:

a) Documentos comprovativos da qualidade de titular de qualquer direito que lhe confira a faculdade de realização da operação ou da atribuição dos poderes necessários para agir em sua representação, sempre que tal comprovação não resulte diretamente do n.º 1;

b) Cópia da notificação da câmara municipal a comunicar a aprovação de um pedido de informação prévia, caso exista e esteja em vigor, ou indicação do respetivo procedimento administrativo, acompanhada de declaração dos autores e coordenador dos projetos de que a operação respeita os limites constantes da informação prévia favorável, nos termos do disposto no n.º 3 do artigo 17.º do RJUE, se o requerente estiver a exercer a faculdade prevista no n.º 6 do artigo 4.º do RJUE;

c) Termos de responsabilidade subscritos pelos autores dos projetos e coordenador do projeto quanto ao cumprimento das normas legais e regulamentares aplicáveis;

d) Comprovativo da contratação de seguro de responsabilidade civil dos técnicos, nos termos da Lei n.º 31/2009, de 3 de julho;

e) Projetos de especialidades necessários à execução dos trabalhos;

f) Projeto de execução dos trabalhos;

g) Calendarização da execução da obra, com estimativa do prazo de início e de conclusão dos trabalhos;

h) Estimativa do custo total da obra;

i) Ficha de elementos estatísticos previstos na Portaria n.º 235/2013, de 24 de julho.

IV – Elementos específicos da comunicação prévia

19 – No caso de operações de loteamento:

a) Documentos comprovativos da qualidade de titular de qualquer direito que lhe confira a faculdade de realização da operação ou da atribuição dos poderes necessários para agir em sua representação, sempre que tal comprovação não resulte diretamente do n.º 1;

b) Cópia da notificação da câmara municipal a comunicar a aprovação do pedido de informação prévia, ou indicação do respetivo procedimento administrativo, e indicação da sua vigência acompanhado de declaração dos autores e coordenador os projetos de que aquela respeita os limites constantes da informação prévia favorável, nos termos do disposto no n.º 3 do artigo 17.º do RJUE;

c) Discriminação dos elementos apresentados em sede de pedido de informação prévia, cuja alteração tenha sido imposta com a aprovação daquele pedido;

d) Pareceres, autorizações ou aprovações das entidades externas cuja consulta seja obrigatória nos termos da lei, exceto se estas já se pronunciaram favoravelmente no âmbito de procedimento de informação prévia ou de aprovação de plano de pormenor, nos termos do n.º 2 do artigo 13.º do RJUE, caso em que será indicado o procedimento em que tal pronúncia ocorreu e em que termos;

e) Termos de responsabilidade subscritos pelos autores dos projetos e coordenador do projeto quanto ao cumprimento das disposições legais e regulamentares aplicáveis;

f) Comprovativo da contratação de seguro de responsabilidade civil dos técnicos, nos termos da Lei n.º 31/2009, de 3 de julho;

g) Planta da situação existente, à escala de 1:1.000 ou superior, correspondente ao estado e uso atual do terreno e de uma faixa envolvente com dimensão adequada à avaliação da integração da operação na área em que se insere, com indicação dos valores naturais e construídos, de servidões administrativas e restrições de utilidade pública e infraestruturas existentes;

h) Planta de síntese da operação de loteamento em formato digital;

i) Descrição pormenorizada dos lotes com indicação dos artigos matriciais de proveniência, a qual é substituída pela planta de cadastro predial, na qual se inclui as áreas de cedência, uma vez concluídos os trabalhos;

j) Calendarização da execução da obra, com estimativa do prazo de início e de conclusão dos trabalhos;

k) Estimativa do custo total da obra;

l) Documento comprovativo da prestação de caução;

m) Apólice de seguro que cubra a responsabilidade pela reparação dos danos emergentes de acidentes de trabalho, nos termos previstos na Lei n.º 100/97, de 13 de setembro;

n) Termo de responsabilidade assinado pelo diretor de fiscalização de obra e pelo diretor de obra;

o) Número do alvará, ou de registo, ou número de outro título habilitante emitido pelo InCI, I. P. que confira habilitações adequadas à natureza ou valor da obra, quando as operações de loteamento incluam obras de urbanização;

p) Plano de segurança e saúde;

q) Ficha de elementos estatísticos previstos na Portaria n.º 235/2013, de 24 de julho.

20 – No caso de obras de urbanização:

a) Documentos comprovativos da qualidade de titular de qualquer direito que lhe confira a faculdade de realização da operação ou da atribuição dos poderes necessários para agir em sua representação, sempre que tal comprovação não resulte diretamente do n.º 1;

b) Cópia da notificação da câmara municipal a comunicar a aprovação de um pedido de informação prévia, quando esta exista e esteja em vigor, ou indicação do respetivo procedimento administrativo, acompanhado de declaração dos autores e coordenador os projetos de que aquela respeita os limites constantes da informação prévia favorável, nos termos do disposto no n.º 3 do artigo 17.º do RJUE;

c) Cópia da notificação do deferimento do pedido de licenciamento da operação de loteamento ou indicação do respetivo procedimento administrativo;

d) Termos de responsabilidade subscritos pelos autores dos projetos e coordenador de projeto quanto ao cumprimento das disposições legais e regulamentares aplicáveis;

e) Comprovativo da contratação de seguro de responsabilidade civil dos técnicos, nos termos da Lei n.º 31/2009, de 3 de julho;

f) Pareceres, autorizações ou aprovações das entidades externas cuja consulta seja obrigatória nos termos da lei, exceto se estas já se pronunciaram favoravelmente no âmbito da operação de loteamento ou plano de pormenor, nos termos do n.º 2 do artigo 13.º do RJUE, caso em que será indicado o procedimento e os termos em que tal pronúncia ocorreu;

g) Planta da situação existente, à escala de 1:1.000 ou superior, correspondente ao estado e uso atual do terreno e de uma faixa envolvente com dimensão adequada à avaliação da integração da operação na área em que se insere, com indicação dos valores naturais e construídos, de servidões administrativas e restrições de utilidade pública e infraestruturas existentes;

h) Projetos das especialidades que integrem a obra, designadamente das infraestruturas viárias, redes de abastecimento de águas, esgotos e drenagem, de gás, de eletricidade, de telecomunicações, arranjos exteriores, devendo cada projeto conter memória descritiva e justificativa, bem como os cálculos, se for caso disso, e as peças desenhadas, em escala tecnicamente adequada, com os respetivos termos de responsabilidade dos técnicos autores dos projetos;

i) Calendarização da execução da obra, com estimativa do prazo de início e de conclusão dos trabalhos;

j) Estimativa do custo total da obra e custo por especialidades, baseado em quantidades e qualidades dos trabalhos necessários à sua execução, devendo ser adotadas as normas europeias e portuguesas em vigor ou as especificações do Laboratório Nacional de Engenharia Civil;

k) Documento comprovativo da prestação de caução;

l) Apólice de seguro que cubra a responsabilidade pela reparação dos danos emergentes de acidentes de trabalho, nos termos previstos na Lei n.º 100/97, de 13 de setembro;

m) Termo de responsabilidade assinado pelo diretor de fiscalização de obra e pelo diretor de obra;

n) Número do alvará, ou de registo, ou número de outro título habilitante emitido pelo InCI, I. P. que confira habilitações adequadas à natureza ou valor da obra;

o) Livro de obra, com menção de termo de abertura;

p) Plano de segurança e saúde;

q) Projeto de contrato de urbanização, quando exista;

r) Plano de acessibilidades que apresente a rede de espaços e equipamentos acessíveis, acompanhado do termo de responsabilidade do seu autor que ateste que a execução da operação se conforma com o Decreto-Lei n.º 163/2006, de 8 de agosto, desde que inclua tipologias do seu artigo 2.º;

s) Projeto de condicionamento acústico e termo de responsabilidade do respetivo técnico.

21 – Quando se trate de trabalhos de remodelação de terrenos:

a) Documentos comprovativos da qualidade de titular de qualquer direito que lhe confira a faculdade de realização da operação ou da atribuição dos poderes necessários para agir em sua representação, sempre que tal comprovação não resulte diretamente do n.º 1;

b) Cópia da notificação da câmara municipal a comunicar a aprovação de um pedido de informação prévia, quando esta exista e esteja em vigor, ou indicação do respetivo procedimento administrativo, acompanhado de declaração dos autores e coordenador os projetos de que aquela respeita os limites constantes da informação prévia favorável, nos termos do disposto no n.º 3 do artigo 17.º do RJUE;

c) Pareceres, autorizações ou aprovações das entidades externas cuja consulta seja obrigatória nos termos da lei, exceto se estas já se pronunciaram favoravelmente no âmbito da operação de loteamento, nos termos do n.º 2 do artigo 13.º do RJUE, caso em que será indicado os termos em que tal pronúncia ocorreu;

d) Projetos das especialidades que integrem a obra, devendo cada projeto conter memória descritiva e justificativa, bem como os cálculos, se for caso disso, e as peças desenhadas, em escala tecnicamente adequada, com os respetivos termos de responsabilidade dos técnicos autores dos projetos quanto ao cumprimento das normas legais e regulamentares aplicáveis;

e) Calendarização da execução da obra, com estimativa do prazo de início e de conclusão dos trabalhos;

f) Estimativa do custo total da obra;

g) Documento comprovativo da prestação de caução;

h) Apólice de seguro que cubra a responsabilidade pela reparação dos danos emergentes de acidentes de trabalho, nos termos previstos na Lei n.º 100/97, de 13 de setembro;

i) Termo de responsabilidade assinado pelo diretor de fiscalização de obra e pelo diretor de obra;

j) Comprovativo da contratação de seguro de responsabilidade civil dos técnicos, nos termos da Lei n.º 31/2009, de 3 de julho;

k) Número do alvará, ou de registo, ou número de outro título habilitante emitido pelo InCI, I. P. que confira habilitações adequadas à natureza ou valor da obra;

l) Livro de obra, com menção de termo de abertura;

m) Plano de segurança e saúde;

n) Ficha de elementos estatísticos previstos na Portaria n.º 235/2013, de 24 de julho.

22 – Quando se trate de comunicação prévia de obras de edificação:

a) Documentos comprovativos da qualidade de titular de qualquer direito que lhe confira a faculdade de realização da operação ou da atribuição dos poderes necessários para agir em sua representação, sempre que tal comprovação não resulte diretamente do n.º 1;

b) Cópia da notificação da câmara municipal a comunicar a aprovação de um pedido de informação prévia, quando esta exista e esteja em vigor, ou indicação do respetivo procedimento administrativo, acompanhado de declaração dos autores e coordenador dos projetos de que aquela respeita os limites constantes da informação prévia favorável, nos termos do disposto no n.º 3 do artigo 17.º do RJUE;

c) Termos de responsabilidade subscritos pelos autores dos projetos e coordenador do projeto quanto ao cumprimento das disposições legais e regulamentares aplicáveis;

d) Comprovativo da contratação de seguro de responsabilidade civil dos técnicos, nos termos da Lei n.º 31/2009, de 3 de julho;

e) Pareceres, autorizações ou aprovações das entidades externas cuja consulta seja obrigatória nos termos da lei, exceto se estas já se pronunciaram favoravelmente no âmbito da operação de loteamento ou plano de pormenor, nos termos do n.º 2 do artigo 13.º do RJUE, caso em que será indicado o procedimento e os termos em que tal pronúncia ocorreu;

f) Projeto de arquitetura, a apresentar nos termos da alínea *f)* do n.º 15;

g) Projetos de especialidades, a apresentar em função do tipo de obra a executar, com os respetivos termos de responsabilidade dos técnicos autores dos projetos quanto ao cumprimento das normas legais e regulamentares aplicáveis, nomeadamente:

(i) Projeto de estabilidade que inclua o projeto de escavação e contenção periférica;

(ii) Projeto de alimentação e distribuição de energia elétrica e projeto de instalação de gás, quando exigível, nos termos da lei;

(iii) Projeto de redes prediais de água e esgotos;

(iv) Projeto de águas pluviais;

(v) Projeto de arranjos exteriores, quando exista logradouro privativo não pavimentado;

(vi) Projeto de infraestruturas de telecomunicações;

(vii) Estudo de comportamento térmico e demais elementos previstos na Portaria n.º 349-C/2013, de 2 de dezembro;

(viii) Projeto de instalações eletromecânicas, incluindo as de transporte de pessoas e ou mercadorias;

(ix) Projeto de segurança contra incêndios em edifícios;

(x) Projeto de condicionamento acústico.

h) Plano de acessibilidades que apresente a rede de espaços e equipamentos acessíveis, acompanhado do termo de responsabilidade do seu autor que ateste que a execução da operação se conforma com o Decreto-Lei n.º 163/2006, de 8 de agosto, desde que inclua tipologias do seu artigo 2.º;

i) Quando se trate de obras de construção, reconstrução, ampliação, alteração, ou conservação de imóvel de edifícios de habitação, os elementos previstos no ponto 1.1 do anexo à Portaria n.º 349-C/2013, de 2 de dezembro, relativa ao desempenho energético de edifícios:

(i) Termo de responsabilidade subscrito pelo autor do projeto de comportamento térmico;

(ii) Projeto de comportamento térmico elaborado por técnico responsável, onde devem constar evidências das soluções adotadas e os cálculos efetuados e cumprimento do Regulamento de Desempenho Energético dos Edifícios de Habitação;

(iii) Ficha resumo caracterizadora do edifício e da intervenção preconizada;

(iv) Pré-certificado do SCE, emitido por perito qualificado no âmbito do Sistema de Certificação Energética dos Edifícios.

j) Quando se trate de obras de construção, reconstrução, ampliação, alteração, ou conservação de imóvel de edifícios de comércio e serviços, os elementos previstos no ponto 2.1 do anexo à Portaria n.º 349-C/2013, de 2 de dezembro, relativa ao desempenho energético de edifícios:

(i) Termo(s) de responsabilidade subscrito(s) pelo autor(es) do(s) projeto(s) do(s) sistema(s) técnicos(s) objeto de requisitos, no âmbito do Regulamento de Desempenho Energético dos Edifícios de Comércio e Serviços (RECS), quanto ao cumprimento das disposições legais e regulamentares aplicáveis;

(ii) Declaração ou outra prova de reconhecimento de capacidade profissional dos técnicos responsáveis pelo(s) projeto(s) do(s) sistema(s) técnico(s) objeto de requisitos no âmbito do Regulamento de Desempenho Energético dos Edifícios de Comércio e Serviços (RECS), emitida pela respetiva ordem profissional;

(iii) Projeto(s) do(s) sistema(s) técnico(s) objeto de requisitos no âmbito do Regulamento de Desempenho Energético dos Edifícios de Comércio e Serviços (RECS), elaborado(s) pelo(s) técnico(s) responsável(is) pelo(s) mesmo(s), onde devem constar evidências das soluções adotadas e os cálculos efetuados;

(iv) Pré-certificado do SCE, emitido por perito qualificado no âmbito do Regulamento de Desempenho Energético dos Edifícios de Comércio e Serviços.

k) Fotografias do imóvel sempre que se trate de obras de alteração, reconstrução, ampliação ou existam edificações adjacentes;

l) Calendarização da execução da obra, incluindo prazos para o início e para o termo da execução dos trabalhos;

m) Estimativa do custo total da obra;

n) Apólice de seguro que cubra a responsabilidade pela reparação dos danos emergentes de acidentes de trabalho, nos termos previstos na Lei n.º 100/97, de 13 de setembro;

o) Apólice de seguro de construção, quando for legalmente exigível;

p) Termo de responsabilidade assinado pelo diretor de fiscalização de obra e pelo diretor de obra;

q) Número do alvará ou de registo emitido pelo InCI, I. P., que confira habilitações adequadas à natureza e valor da obra;

r) Livro de obra, com menção de termo de abertura;

s) Plano de segurança e saúde;

t) Ficha de elementos estatísticos previstos na Portaria n.º 235/2013, de 24 de julho.

23 – Quando se trate de obras de demolição:

a) Documentos comprovativos da qualidade de titular de qualquer direito que lhe confira a faculdade de realização da operação ou da atribuição dos poderes necessários para agir em sua representação, sempre que tal comprovação não resulte diretamente do n.º 1;

b) Cópia da notificação da câmara municipal a comunicar a aprovação de um pedido de informação prévia, caso exista e esteja em vigor, ou indicação do respetivo procedimento administrativo, acompanhada de declaração dos autores e coordenador dos projetos de que a operação respeita os limites constantes da informação prévia favorável, nos termos do disposto no n.º 3 do artigo 17.º do RJUE, se o requerente estiver a exercer a faculdade prevista no n.º 6 do artigo 4.º do RJUE;

c) Caso a operação seja abrangida por operação de loteamento, indicação do respetivo procedimento administrativo;

d) Pareceres, autorizações ou aprovações das entidades externas cuja consulta seja obrigatória nos termos da lei, exceto se estas já se pronunciaram favoravelmente no âmbito da operação de loteamento ou plano de pormenor, nos termos do n.º 2 do artigo 13.º do RJUE, caso em que será indicado o procedimento e os termos em que tal pronúncia ocorreu;

e) Descrição da utilização futura do terreno;

f) Indicação do local de depósito dos entulhos;

g) Projetos de especialidades necessários à execução dos trabalhos, incluindo o projeto de estabilidade ou de contenção de construções adjacentes;

h) Calendarização da execução da obra, com estimativa do prazo de início e de conclusão dos trabalhos;

i) Estimativa do custo total da obra;

j) Comprovativo da contratação de seguro de responsabilidade civil dos técnicos, nos termos da Lei n.º 31/2009, de 3 de julho;

k) Ficha de elementos estatísticos previstos na Portaria n.º 235/2013, de 24 de julho;

l) Apólice de seguro que cubra a responsabilidade pela reparação dos danos emergentes de acidentes de trabalho, nos termos previstos na Lei n.º 100/97, de 13 de setembro;

m) Termo de responsabilidade assinado pelo diretor de fiscalização de obra e pelo diretor de obra;

n) Número do alvará, ou de registo, ou número de outro título habilitante emitido pelo InCI, I. P. que confira habilitações adequadas à natureza ou valor da obra;

o) Livro de obra, com menção de termo de abertura;

p) Plano de segurança e saúde.

24 – No caso de comunicação prévia de outras operações urbanísticas:

a) Documentos comprovativos da qualidade de titular de qualquer direito que lhe confira a faculdade de realização da operação ou da atribuição dos poderes necessários para agir em sua representação, sempre que tal comprovação não resulte diretamente do n.º 1;

b) Cópia da notificação da câmara municipal a comunicar a aprovação de um pedido de informação prévia, quando esta exista e esteja em vigor, ou indicação do respetivo procedimento administrativo, acompanhado de declaração dos autores e coordenador os projetos de que aquela respeita os limites constantes da informação prévia favorável, nos termos do disposto no n.º 3 do artigo 17.º do RJUE;

c) Pareceres, autorizações ou aprovações das entidades externas cuja consulta seja obrigatória nos termos da lei, exceto se estas já se pronunciaram favoravelmente no âmbito da operação de loteamento ou plano de pormenor, nos termos do n.º 2 do artigo 13.º do RJUE, caso em que será indicado o procedimento e os termos em que tal pronúncia ocorreu;

d) Projetos das especialidades que integrem a obra bem como os cálculos, se for caso disso, e as peças desenhadas, em escala tecnicamente adequada, com os respetivos termos de responsabilidade dos técnicos autores dos projetos quanto ao cumprimento das normas legais e regulamentares aplicáveis;

e) Calendarização da execução da obra, com estimativa do prazo de início e de conclusão dos trabalhos;

f) Estimativa do custo total da obra;

g) Documento comprovativo da prestação de caução;

h) Apólice de seguro que cubra a responsabilidade pela reparação dos danos emergentes de acidentes de trabalho, nos termos previstos na Lei n.º 100/97, de 13 de setembro;

i) Termo de responsabilidade assinado pelo diretor de fiscalização de obra e pelo diretor de obra;

j) Comprovativo da contratação de seguro de responsabilidade civil dos técnicos, nos termos da Lei n.º 31/2009, de 3 de julho;

k) Número do alvará, ou de registo, ou número de outro título habilitante emitido pelo InCI, I. P. que confira habilitações adequadas à natureza ou valor da obra;

l) Livro de obra, com menção de termo de abertura;

m) Plano de segurança e saúde;

n) Ficha de elementos estatísticos previstos na Portaria n.º 235/2013, de 24 de julho.

V – Elementos específicos dos pedidos de autorização e alteração de utilização

25 – Quando se trate de autorização de utilização de edifícios ou suas frações formulado na sequência de realização de obra sujeita a controlo prévio:

a) Documentos comprovativos da qualidade de titular de qualquer direito que lhe confira a faculdade de realização da operação ou da atribuição dos poderes necessários para agir em sua representação, sempre que tal comprovação não resulte diretamente do n.º 1;

b) Termo de responsabilidade subscrita pelo diretor da obra ou do diretor de fiscalização da obra, nos termos do n.º 1 do artigo 63.º do RJUE e, ainda, nos termos e para os efeitos do disposto nas alíneas *a)* e *b)* do n.º 1.2 e 2.2 do anexo à Portaria n.º 349-C/2013, de 2 de dezembro;

c) Declaração ou outra prova de reconhecimento da capacidade profissional dos técnicos responsáveis mencionados nas alíneas anteriores, emitida pela respetiva ordem profissional, nos termos na alínea c) do n.º 1.2 e 2.2 do anexo à Portaria n.º 349-C/2013 de 2 de dezembro;

d) Ficha resumo caracterizadora do edifício e da intervenção realizada, de acordo com o modelo ficha 2, constante do anexo à Portaria n.º 349-C/2013, de 2 de dezembro, caso se trate de edifício de habitação;

e) Certificado SCE, emitido por perito qualificado no âmbito do Sistema de Certificação Energética dos Edifícios;

f) Termo de responsabilidade subscrito por pessoa legalmente habilitada a ser autor de projeto, nos termos de regime jurídico que define a qualificação profissional exigível aos técnicos responsáveis pela elaboração e subscrição de projetos, pela fiscalização e pela direção da obra, caso o requerente queira fazer uso da faculdade concedida pelo n.º 3 do artigo 64.º do RJUE;

g) Termo de responsabilidade subscrito por pessoa legalmente habilitada a ser autor de projeto, nos termos de regime jurídico que define a qualificação profissional exigível aos técnicos responsáveis pela elaboração e subscrição de projetos, relativo à conformidade da obra com o projeto acústico;

h) Cópia do título da operação urbanística ao abrigo da qual foram realizadas as obras;

i) Telas finais, quando aplicável;

j) Ficha de elementos estatísticos previstos na Portaria n.º 235/2013, de 24 de julho.

26 – Quando se trate de pedido de autorização ou alteração de utilização de edifícios ou suas frações não precedido de operação urbanística sujeita a controlo prévio:

a) Documentos previstos no número anterior, com exceção dos referidos nas alíneas *b)*, *c)*, *f)*, *g)* e *h)*;

b) Cópia da notificação da câmara municipal a comunicar a aprovação de um pedido de informação prévia, quando esta existir e estiver em vigor, ou indicação do respetivo procedimento administrativo, acompanhado de declaração dos autores e coordenador os projetos de que aquela respeita os limites constantes da informação prévia favorável, nos termos do disposto no n.º 3 do artigo 17.º do RJUE;

c) Termo de responsabilidade subscrito por pessoa legalmente habilitada a ser autor de projeto, nos termos de regime jurídico que define a qualificação profissional exigível aos técnicos responsáveis pela elaboração e subscrição de projetos, relativo à conformidade da utilização prevista com as normas legais e regulamentares que fixam os usos e utilizações admissíveis, bem como à idoneidade do edifício ou sua fração autónoma para o fim pretendido.

ANEXO II – Condições de apresentação dos elementos instrutórios

1 – Os elementos instrutórios que devam ser apresentados em formato digital, devem assumir o formato "pdf", ou, caso contenham peças desenhadas, o formato ".dwf" e o formato ".dwg" ou formatos abertos equivalentes, adotados nos termos da Lei n.º 36/2011, de 21 de junho no que respeita à implantação da operação urbanística.

2 – As peças escritas devem respeitar o formato A4.

3 – Os elementos instrutórios devem incluir um índice que indique os documentos apresentados e estes devem ser paginados.

4 – As peças desenhadas devem incluir legendas, contendo todos os elementos necessários à identificação da peça: o nome do requerente, a localização, o número do desenho, a escala, a especificação da peça desenhada e o nome do autor do projeto.

5 – Todas as peças escritas e desenhadas dos projetos devem ser datadas e assinadas pelo autor ou autores do projeto.

6 – Sempre que a operação urbanística a apreciar compreenda alterações ou demolições parciais e/ ou afetar a via pública, devem ser utilizadas para a sua representação as seguintes cores convencionais:

a) A vermelha para os elementos a construir;

b) A amarela para os elementos a demolir;

c) A preta para os elementos a manter;

d) A azul para elementos a legalizar.

7 – As escalas indicadas nos desenhos não dispensam a cotagem, quer nos desenhos com as cores convencionais, quer nos desenhos com a proposta final.

ANEXO III (a que se refere o n.º 2 do artigo 2.º)
TERMOS DE RESPONSABILIDADE

I – Termo de responsabilidade do autor do projeto de... (a)

... (b), morador na..., contribuinte n.º..., inscrito na... (c) sob o n.º..., declara, para efeitos do disposto no n.º 1 do artigo 10.º do Decreto-Lei n.º 555/99, de 16 de dezembro, na redação que lhe foi conferida pela Decreto-Lei n.º 136/2014, de 9 de setembro, que o projeto de... (a), de que é autor, relativo à obra de... (d), localizada em... (e), cujo... (f) foi... (g) por ... (h):

a) Observa as normas legais e regulamentares aplicáveis, designadamente ... (i);

b) Está conforme com os planos municipais ou intermunicipais de ordenamento do território aplicáveis à pretensão, bem como com ... (j).

... (data).

... (assinatura) (k).

Instruções de preenchimento

(a) Identificar o tipo de operação urbanística, projeto de arquitetura ou de especialidade em questão.

(b) Indicar nome e habilitação do autor do projeto.

(c) Indicar associação pública de natureza profissional, quando for o caso;

(d) Indicar a natureza da operação urbanística a realizar.

(e) Indicar a localização da obra (rua, número de polícia e freguesia).

(f) Indicar se se trata de licenciamento ou comunicação prévia.

(g) Indicar que foi "requerido" no caso de licenciamento ou "apresentado" no caso de comunicação prévia.

(h) Indicar o nome e morada do requerente ou comunicante.

(i) Discriminar, designadamente, as normas técnicas gerais e específicas de construção, o alvará de loteamento ou a informação prévia, quando aplicáveis, bem como justificar de forma fundamentada os motivos da não observância das normas técnicas e regulamentares, nos casos previstos no n.º 5 do artigo 10.º RJUE.

(j) Indicar a licença de loteamento ou informação prévia, quando aplicável.

(k) Assinatura reconhecida nos termos gerais de direito ou assinatura digital qualificada, nomeadamente através do cartão de cidadão.

II – Termo de responsabilidade do coordenador do projeto de... (a)

... (b), morador na..., contribuinte n.º..., inscrito na... (c) sob o n.º..., declara, para efeitos do disposto no n.º 1 do artigo 10.º do Decreto-Lei n.º 555/99, de 16 de dezembro, na redação que lhe foi conferida pelo Decreto-Lei n.º 136/2014, de 9 de setembro, que o projeto de... (a), de que é coordenador, relativo à obra de... (d), localizada em... (e), cujo... (f) foi ... (g) por ... (h):

a) Observa as normas legais e regulamentares aplicáveis, designadamente ... (i);

b) Está conforme com os planos municipais ou intermunicipais de ordenamento do território aplicáveis à pretensão, bem como com (j).

... (data).

... (assinatura) (k).

Instruções de preenchimento

(a) Identificar o tipo de operação urbanística, projeto de arquitetura ou de especialidade em questão

(b) Indicar nome e habilitação do autor do projeto.

(c) Indicar associação pública de natureza profissional, quando for o caso;

(d) Indicar a natureza da operação urbanística a realizar.

(e) Indicar a localização da obra (rua, número de polícia e freguesia).

(f) Indicar se se trata de licenciamento ou comunicação prévia.

(g) Indicar que foi "requerido" no caso de licenciamento ou "apresentado" no caso de comunicação prévia.

(h) Indicar o nome e morada do requerente ou comunicante.

(i) Discriminar, designadamente, as normas técnicas gerais e específicas de construção, o alvará de loteamento ou a informação prévia, quando aplicáveis, bem como justificar de forma fundamentada os motivos da não observância das normas técnicas e regulamentares, nos casos previstos no n.º 5 do artigo 10.º RJUE.

(j) Indicar a licença de loteamento ou informação prévia, quando aplicável.

(k) Assinatura reconhecida nos termos gerais de direito ou assinatura digital qualificada, nomeadamente através do cartão de cidadão.

III – Termo de responsabilidade do diretor de fiscalização e do diretor de obra

... (a), morador na ..., contribuinte n.º ..., inscrito na ... (b) sob o n.º ..., declara, na qualidade de diretor de fiscalização da obras, que a obra localizada em ... (c), à qual foi atribuído o alvará de licença ou titulo de comunicação prévia de obras de edificação n.º ..., cujo titular é ... (d), se encontra concluída desde ... (e), em conformidade com o projeto aprovado ou apresentado, com as condicionantes da licença, com a utilização prevista no alvará de licença ou titulo de comunicação prévia, e que as alterações efetuadas ao projeto estão em conformidade com normas legais e regulamentares que lhe são aplicáveis;

(f) ... (g), morador na ..., contribuinte n.º ..., inscrito na ... (b) sob o n.º ..., declara, na qualidade de ... (h), que a obra localizada em... (c), à qual foi atribuído o alvará de licença ou título de comunicação prévia de obras de edificação n.º ..., cujo titular é ... (d), se encontra concluída em conformidade com o projeto aprovado ou apresentado, com as condicionantes da licença, com a utilização prevista no alvará de licença ou título de comunicação prévia, e que as alterações efetuadas ao projeto estão em conformidade com normas legais e regulamentares que lhe são aplicáveis

... (data).

... (assinatura) (i).

Instruções de preenchimento

(a) Indicar o nome e habilitação profissional do diretor da obra ou diretor de fiscalização de obra.

(b) Indicar associação pública de natureza profissional, quando for o caso.

(c) Identificar a localização da obra (rua, número de polícia e freguesia).

(d) Indicar o nome e morada do titular.

(e) Indicar a data da conclusão da obra.

(f) A preencher nos casos previstos no n.º 2 do artigo 63.º do RJUE.

(g) Indicar o nome e habilitação profissional.

(h) Indicar se se trata de técnico autor do projeto ou de mandatário do dono da obra com a habilitação legalmente exigida para o efeito.

(i) Assinatura reconhecida nos termos gerais de direito ou assinatura digital qualificada, nomeadamente através do cartão de cidadão.

IV – Termo de responsabilidade do autor/coordenador do projeto

... (a), morador na ..., contribuinte n.º ..., inscrito na ... (b) sob o n.º ..., declara, para efeitos do disposto no n.º 3 do artigo 17.º do Decreto-Lei n.º 555/99, de 16 de dezembro, na redação que lhe foi conferida pelo Decreto-Lei n.º Lei n.º 136/2014, de 9 de setembro, que ... (c), de que é autor/coordenador dos projetos, relativo à obra de ... (d), localizada em ... (e), cujo pedido de informação prévia foi requerida por ... (f), respeita os limites constantes da informação prévia favorável.

... (data).

... (assinatura) (g)

Instruções de preenchimento

(a) Indicar o nome e habilitação do autor ou do coordenador do projeto.

(b) Indicar associação pública de natureza profissional, quando for o caso.

(c) Indicar o pedido de licenciamento ou apresentação de comunicação prévia.

(d) Indicar a natureza da operação urbanística a realizar.

(e) Identificar a localização da obra (rua, número de polícia e freguesia).

(f) Indicar o nome e morada do requerente ou comunicante.

(g) Assinatura reconhecida nos termos gerais de direito ou assinatura digital qualificada, nomeadamente através do cartão de cidadão.

V – Termo de responsabilidade do autor do Plano de Acessibilidades

... (a), morador na ..., contribuinte n.º ..., inscrito na ... (b) sob o n.º ..., declara, para efeitos do disposto no n.º 1 do artigo 10.º do Decreto-Lei n.º 555/99, de 16 de dezembro, e do n.º 2 do artigo 3.º do Decreto-Lei n.º 163/2006, de 8 de agosto, ambos com a redação conferida pelo Decreto-Lei n.º 136/2014, de 9 de setembro, que o plano de acessibilidades de que é autor, relativo à obra de ... (c), localizada em ... (d), cujo ... (e) foi ... (f) por ... (g) observa as normas legais e regulamentares aplicáveis, com exceção ... (h);

... (data).

... (assinatura) (i).

Instruções de preenchimento

(a) Indicar nome e habilitação do autor do projeto.

(b) Indicar associação pública de natureza profissional, quando for o caso;

(c) Indicar a natureza da operação urbanística a realizar.

(d) Indicar a localização da obra (rua, número de polícia e freguesia).

(e) Indicar se se trata de licenciamento ou comunicação prévia.

(f) Indicar que foi "requerido" no caso de licenciamento ou "apresentado" no caso de comunicação prévia.

(g) Indicar o nome e morada do requerente ou comunicante.

(h) Indicar, quando for o caso, as normas técnicas de acessibilidades que não foram cumpridas e justificação dos motivos que legitimam o incumprimento.

(i) Assinatura reconhecida nos termos gerais de direito ou assinatura digital qualificada, nomeadamente através do cartão de cidadão.

LEI DE BASES DA HABITAÇÃO

Lei n.º 83/2019, de 3 de setembro

A Assembleia da República decreta, nos termos da alínea *c)* do artigo 161.º da Constituição, o seguinte:

CAPÍTULO I – Objeto, âmbito e princípios gerais

Artigo 1.º – Objeto

A presente lei estabelece as bases do direito à habitação e as incumbências e tarefas fundamentais do Estado na efetiva garantia desse direito a todos os cidadãos, nos termos da Constituição.

Artigo 2.º – Âmbito

1 – Todos têm direito à habitação, para si e para a sua família, independentemente da ascendência ou origem étnica, sexo, língua, território de origem, nacionalidade, religião, crença, convicções políticas ou ideológicas, instrução, situação económica, género, orientação sexual, idade, deficiência ou condição de saúde.

2 – A presente lei aplica-se a todo o território nacional.

Artigo 3.º – Princípios gerais

1 – O Estado é o garante do direito à habitação.

2 – Para assegurar o direito à habitação, incumbe ao Estado programar e executar uma política de habitação integrada nos instrumentos de gestão territorial que garantam a existência de uma rede adequada de transportes e de equipamento social.

3 – A vocação do solo ou dos imóveis para uso habitacional depende da sua conformidade com os instrumentos de gestão territorial.

4 – A promoção e defesa da habitação são prosseguidas através de políticas públicas, bem como de iniciativas privada, cooperativa e social, subordinadas ao interesse geral.

5 – As políticas públicas de habitação obedecem aos seguintes princípios:

a) Universalidade do direito a uma habitação condigna para todos os indivíduos e suas famílias;

b) Igualdade de oportunidades e coesão territorial, com medidas de discriminação positiva quando necessárias;

c) Sustentabilidade social, económica e ambiental, promovendo a melhor utilização e reutilização dos recursos disponíveis;

d) Descentralização administrativa, subsidiariedade e cooperação, reforçando uma abordagem de proximidade;

e) Transparência dos procedimentos públicos;

f) Participação dos cidadãos e apoio das iniciativas das comunidades locais e das populações.

6 – O Estado promove o uso efetivo de habitações devolutas de propriedade pública e incentiva o uso efetivo de habitações devolutas de propriedade privada.

Artigo 4.º Função social da habitação

1 – Considera-se função social da habitação o uso efetivo para fins habitacionais de imóveis ou frações com vocação habitacional, nos termos da presente lei e no quadro do interesse geral.

2 – Os imóveis ou frações habitacionais detidos por entidades públicas ou privadas participam, de acordo com a lei, na prossecução do objetivo nacional de garantir a todos o direito a uma habitação condigna.

3 – Para garantir a função social da habitação, o Estado recorre prioritariamente ao património edificado público, mobilizável para programas habitacionais destinados ao arrendamento.

Artigo 5.º Uso efetivo da habitação

1 – A habitação que se encontre, injustificada e continuadamente, durante o prazo definido na lei, sem uso habitacional efetivo, por motivo imputável ao proprietário, é considerada devoluta.

2 – Os proprietários de habitações devolutas estão sujeitos às sanções previstas na lei através do recurso aos instrumentos adequados.

3 – Não são consideradas devolutas as segundas habitações, as habitações de emigrantes e as habitações de pessoas deslocadas por razões profissionais ou de saúde.

4 – São motivos justificados para o não uso efetivo da habitação, nomeadamente, a realização de obras devidamente autorizadas ou comunicadas, durante os prazos para elas definidos, ou a pendência de ações judiciais que impeçam esse uso.

Artigo 6.º Acesso a serviços públicos essenciais, transportes e equipamento social

O direito à habitação implica o acesso a serviços públicos essenciais, definidos em legislação própria e a uma rede adequada de transportes e equipamento social, no quadro das políticas de ordenamento do território e de urbanismo.

CAPÍTULO II – Direito à habitação e ao habitat

SECÇÃO I – Da habitação

Artigo 7.º Direito à habitação

1 – Todos têm direito, para si e para a sua família, a uma habitação de dimensão adequada, em condições de higiene e conforto e que preserve a intimidade pessoal e a privacidade familiar.

2 – Incumbe ao Estado estabelecer a criação de um sistema de acesso à habitação com renda compatível com o rendimento familiar.

Artigo 8.º Pessoas e famílias

1 – A política de habitação é direcionada para as pessoas e famílias.

2 – Para os efeitos da presente lei, as «unidades de convivência», entendidas como conjuntos de pessoas que, de livre vontade, partilham a habitação de forma habitual e permanente, sem economia comum e independentemente da relação existente entre si, gozam de proteção equivalente à das famílias.

3 – A política de habitação integra medidas de proteção especial dirigidas a:

a) Jovens, com vista à sua qualificação, educação e formação, bem como à promoção da sua autonomia e independência social e económica;

b) Cidadãos com deficiência, para garantir condições físicas de acessibilidade nas respetivas habitações, no espaço público e nos equipamentos de utilização coletiva;

c) Pessoas idosas, para garantir habitação adequada e adaptada às suas condições de saúde e mobilidade, com respeito pela sua autonomia pessoal, prevenindo o isolamento ou a marginalização social;

d) Famílias com menores, monoparentais ou numerosas.

4 – É conferida proteção adicional às pessoas e famílias em situação de especial vulnerabilidade, nomeadamente as que se encontram em situação de sem abrigo, os menores que sejam vítimas de abandono ou maus tratos, as vítimas de violência doméstica e as vítimas de discriminação ou marginalização habitacional.

Artigo 9.º Condições da habitação

1 – Uma habitação considera-se de dimensão adequada aos seus residentes se a área, o número das divisões e as soluções de abastecimento de água, saneamento e energia disponíveis forem suficientes e não provocarem situações de insalubridade, sobrelotação ou risco de promiscuidade.

2 – A lei define os requisitos mínimos para a qualificação das habitações, tendo em conta o número e área das divisões, bem como para garantir condições de higiene, salubridade, conforto, segurança e acessibilidade.

3 – Existe risco de promiscuidade e inadequação da habitação para os seus residentes quando não for possível garantir quartos de dormir diferenciados e instalações sanitárias para preservar a intimidade das pessoas e a privacidade familiar.

4 – A lei e a atuação dos poderes públicos promovem a sustentabilidade ambiental, a eficiência energética, a segurança contra incêndios e o reforço da resiliência sísmica dos edifícios e privilegiam as necessidades de evolução dos agregados familiares e das comunidades.

Artigo 10.º Direito à proteção da habitação permanente

1 – A habitação permanente é a utilizada como residência habitual e permanente pelos indivíduos, famílias e unidades de convivência.

2 – Todos têm direito, nos termos da lei, à proteção da sua habitação permanente.

3 – A casa de morada de família é aquela onde, de forma permanente, estável e duradoura, se encontra sediado o centro da vida familiar dos cônjuges ou unidos de facto.

4 – A casa de morada de família goza de especial proteção legal.

Artigo 11.º Direito à escolha do lugar de residência

1 – O Estado respeita e promove o direito dos cidadãos à escolha do lugar de residência, de acordo com as suas necessidades, possibilidades e preferências, sem prejuízo dos condicionamentos urbanísticos.

2 – Em caso de realojamento por entidades públicas, é obrigatória a audição dos envolvidos e promovida, sempre que possível, a permanência das pessoas e famílias a realojar na proximidade do lugar onde anteriormente residiam.

3 – Em caso de realojamento por entidades privadas, determinado por imperativo legal, é obrigatória a auscultação dos envolvidos e promovida, sempre que possível, a permanência dos arrendatários ou cessionários de habitações na proximidade do lugar onde anteriormente residiam.

4 – Na atribuição de habitação adequada em processos públicos de realojamento em bairros e áreas contíguas, são tidos em conta os laços de vizinhança e comunidade preexistentes.

Artigo 12.º Direito à morada

1 – O Estado promove e garante a todos os cidadãos, nomeadamente às pessoas em situação de sem abrigo, o direito a uma morada postal, inerente ao exercício dos direitos de cidadania, incluindo o serviço de entrega de correspondência.

2 – As autarquias locais garantem a identificação toponímica de todas as habitações existentes na sua área, incluindo zonas urbanas recentes, áreas urbanas de génese ilegal (AUGI), núcleos de habitação precária, habitação dispersa ou habitações isoladas.

3 – As organizações de moradores têm o direito de participar no processo de nomeação e identificação toponímica dos respetivos bairros ou zonas de intervenção.

4 – As pessoas na situação de sem abrigo têm o direito de indicar como morada postal um local de sua escolha, ainda que nele não pernoitem, desde que autorizado pelo titular dessa morada postal.

Artigo 13.º Proteção e acompanhamento no despejo

1 – Considera-se despejo o procedimento de iniciativa privada ou pública para promover a desocupação forçada de habitações indevida ou ilegalmente ocupadas.

2 – A lei estabelece os termos e condições em que a habitação é considerada indevida ou ilegalmente ocupada.

3 – O despejo de habitação permanente não se pode realizar no período noturno, salvo em caso de emergência, nomeadamente incêndio, risco de calamidade ou situação de ruína iminente, casos em que deve ser proporcionado apoio habitacional de emergência.

4 – O Estado, as regiões autónomas e as autarquias locais não podem promover o despejo administrativo de indivíduos ou famílias vulneráveis sem garantir previamente soluções de realojamento, nos termos definidos na lei, sem prejuízo do número seguinte.

5 – Em caso de ocupação ilegal de habitações públicas, o despejo obedece a regras procedimentais estabelecidas por lei.

6 – Sempre que estejam reunidas as condições para o procedimento previsto no n.º 1, são garantidos pelo Estado, nomeadamente:

a) Desde o início e até ao termo de qualquer tipo de procedimento de despejo, independentemente da sua natureza e motivação, a existência de serviços informativos, de meios de ação e de apoio judiciário;

b) A obrigação de serem consultadas as partes afetadas no sentido de encontrar soluções alternativas ao despejo;

c) O estabelecimento de um período de pré-aviso razoável relativamente à data do despejo;

d) A não execução de penhora para satisfação de créditos fiscais ou contributivos, nos termos da lei, quando esteja em causa a casa de morada de família;

e) A existência de serviços públicos de apoio e acompanhamento de indivíduos ou famílias vulneráveis alvo de despejo, a fim de serem procuradas atempada e ativamente soluções de realojamento, nos termos da lei.

7 – As pessoas e famílias carenciadas que se encontrem em risco de despejo e não tenham alternativa habitacional têm direito a atendimento público prioritário pelas entidades competentes e ao apoio necessário, após análise caso a caso, para aceder a uma habitação adequada.

SECÇÃO II – Do habitat

Artigo 14.º – Habitat

1 – Entende-se por habitat, para efeitos da presente lei, o contexto territorial e social exterior à habitação em que esta se encontra inserida, nomeadamente no que diz respeito ao espaço envolvente, às infraestruturas e equipamentos coletivos, bem como ao acesso a serviços públicos essenciais e às redes de transportes e comunicações.

2 – A garantia do direito à habitação compreende a existência de um habitat que assegure condições de salubridade, segurança, qualidade ambiental e integração social, permitindo a fruição plena da unidade habitacional e dos espaços e equipamentos de utilização coletiva e contribuindo para a qualidade de vida e bem-estar dos indivíduos e para a constituição de laços de vizinhança e comunidade, bem como para a defesa e valorização do território e da paisagem, a proteção dos recursos naturais e a salvaguarda dos valores culturais e ambientais.

3 – O habitat pode ser urbano ou rural.

4 – A valorização do habitat urbano compreende:

a) A existência de equipamentos de apoio à infância, de ensino pré-escolar e obrigatório, de saúde, de apoio aos idosos e a pessoas com deficiência;

b) A qualificação do espaço público;

c) A salvaguarda da qualidade ambiental e a proteção adequada contra riscos ambientais, naturais ou antrópicos;

d) A manutenção de condições de calma e tranquilidade públicas.

5 – A valorização do habitat rural compreende:

a) A existência de um sistema ordenado de gestão do espaço rural, garantindo a sua sustentabilidade e segurança;

b) A proteção e preservação das características do território e da paisagem que lhe confiram identidade cultural própria;

c) A salvaguarda da qualidade ambiental e a proteção adequada contra riscos ambientais, naturais ou antrópicos.

d) O acesso a serviços de saúde e de apoio educativo e social.

Artigo 15.º – Rede adequada de equipamentos e transportes

1 – Incumbe ao Estado garantir a existência de uma rede adequada de equipamento social e de transportes.

2 – Para efeitos do número anterior, são garantidas pelas entidades públicas competentes:

a) A previsão de áreas para localização de equipamentos e serviços sociais, bem como para infraestruturas de circulação, no âmbito dos instrumentos de gestão territorial à escala regional e local;

b) A efetiva construção e manutenção dos equipamentos sociais públicos e outros equipamentos de uso público, bem como das infraestruturas de circulação;

c) A existência de transportes, incluindo públicos, que permitam as deslocações, nomeadamente as quotidianas entre a habitação e o local de trabalho e o acesso a outras zonas do país.

CAPÍTULO III – Políticas públicas de habitação e reabilitação urbana

SECÇÃO I – Política nacional e políticas regionais e locais de habitação

Artigo 16.º – Política nacional de habitação

1 – A política nacional de habitação concretiza as tarefas e responsabilidades do Estado em matéria de direito à habitação e articula-se com as grandes opções plurianuais do plano e com os Orçamentos do Estado.

2 – A reabilitação urbana integra a política nacional de habitação.

3 – A política nacional de habitação respeita os estatutos político-administrativos das regiões autónomas e os princípios da subsidiariedade e da autonomia das autarquias locais.

4 – A política nacional de habitação incorpora medidas destinadas à mitigação e adaptação às alterações climáticas, à preservação de solos para funções ecológicas e agrícolas e à conservação da natureza.

5 – A política nacional de habitação implica:

a) O levantamento periódico e a divulgação da situação existente no país em matéria de habitação, com identificação das principais carências quantitativas e qualitativas, desagregadas, se for o caso, em função do género e da idade, e eventuais falhas ou disfunções do mercado habitacional;

b) A mobilização do património público para arrendamento;

c) A manutenção e ocupação da habitação pública;

d) A promoção da construção, reabilitação ou aquisição para habitação pública;

e) A melhoria das condições de habitabilidade do parque habitacional;

f) A regulação do mercado habitacional e a garantia de habitação acessível em função dos rendimentos das famílias;

g) A inovação tecnológica e social no domínio da satisfação das necessidades habitacionais da população;

h) A articulação com a política pública de solos, de ordenamento do território e do urbanismo e com a política de ambiente, no quadro das respetivas leis de bases;

i) A integração do direito à habitação nas políticas sociais e nas estratégias nacionais com ele conexas, nomeadamente de combate à pobreza e à exclusão social, de erradicação da condição de pessoas em situação de sem abrigo ou outras direcionadas a grupos especialmente vulneráveis.

6 – O Estado promove a inclusão e a coesão social, nomeadamente através da mobilização de recursos públicos para habitação economicamente acessível em áreas centrais e consolidadas e do desenvolvimento de empreendimentos para pessoas com diversos tipos de rendimento.

7 – O Estado garante a existência de uma entidade pública promotora da política nacional de habitação, que a coordena, garante a articulação com as políticas regionais e locais de habitação e programas de apoio e financiamento e promove a gestão do património habitacional do Estado.

Artigo 17.º – Programa Nacional de Habitação

1 – O Programa Nacional de Habitação (PNH) estabelece os objetivos, prioridades, programas e medidas da política nacional de habitação.

2 – O PNH é proposto pelo Governo, após consulta pública e parecer do Conselho Nacional de Habitação, e aprovado por lei da Assembleia da República.

3 – O PNH é um documento plurianual, prospetivo e dinâmico, com um horizonte temporal não superior a seis anos, que integra:

a) O diagnóstico das carências habitacionais, quantitativas e qualitativas, bem como informação sobre o mercado habitacional, nomeadamente eventuais falhas ou disfunções;

b) O levantamento dos recursos habitacionais disponíveis, públicos e privados, e o seu estado de conservação e utilização;

c) Uma definição estratégica dos objetivos, prioridades e metas a alcançar no prazo de vigência do PNH;

d) O elenco, calendário e enquadramento legislativo e orçamental dos programas e medidas propostos;

e) A identificação das fontes de financiamento e dos recursos financeiros a mobilizar;

f) A identificação dos diversos agentes a quem cabe a concretização dos programas e medidas propostos;

g) O relatório da participação pública na conceção do PNH;

h) O modelo de acompanhamento, monitorização e avaliação da aplicação do PNH.

4 – Durante o período de vigência, o PNH é revisto em função dos resultados da sua aplicação.

Artigo 18.º – Relatório Anual da Habitação

1 – A entidade pública responsável pela monitorização do PNH assegura a elaboração de um relatório anual sobre o estado do direito à habitação, designado Relatório Anual da Habitação, a apresentar ao Governo e por este à Assembleia da República até ao fim do primeiro semestre posterior ao ano a que respeita.

2 – O relatório anual previsto no presente artigo inclui:

a) A avaliação do cumprimento das metas estabelecidas no PNH;

b) Informação consolidada sobre as dotações públicas anuais destinadas à política de habitação a nível nacional, regional e local e sobre as taxas de execução no ano anterior;

c) Propostas e recomendações para o futuro.

3 – O Observatório da Habitação, do Arrendamento e da Reabilitação Urbana contribui com a informação necessária para a elaboração do Relatório Anual da Habitação.

4 – A apresentação do relatório previsto no presente artigo é precedida de parecer do Conselho Nacional de Habitação.

Artigo 19.º – Conselho Nacional de Habitação

1 – O Conselho Nacional de Habitação, doravante denominado de Conselho, é o órgão de consulta do Governo no domínio da política nacional de habitação.

2 – Integram o Conselho:

a) As organizações profissionais, científicas, setoriais e não governamentais mais representativas relacionadas com os setores da habitação e da reabilitação urbana;

b) As associações ou estruturas federativas das cooperativas de habitação, das organizações de moradores e da habitação colaborativa;

c) As associações nacionais dos municípios e das freguesias.

3 – A composição do Conselho é definida pelo ministro responsável pela área da habitação, que a ele preside, com faculdade de delegação num secretário de estado.

4 – Compete ao Conselho:

a) Aprovar o seu regimento;

b) Emitir parecer sobre a proposta de PNH e sobre o Relatório Anual da Habitação;

c) Propor medidas e apresentar sugestões ao Governo.

5 – Os pareceres e propostas do Conselho não são vinculativos e são divulgados no respetivo sítio da internet.

Artigo 20.º – Políticas regionais e locais de habitação

1 – As regiões autónomas e as autarquias locais programam e executam as suas políticas de habitação no âmbito das suas atribuições e competências.

2 – As comunidades intermunicipais e as áreas metropolitanas podem definir políticas de habitação comuns para as respetivas áreas.

3 – O Estado assegura os meios necessários para garantir o desenvolvimento das políticas regionais e locais de habitação.

4 – Até à instituição das regiões administrativas, as competências regionais no âmbito da habitação são exercidas pelo Estado.

Artigo 21.º – Municípios

1 – Para a boa execução da política local de habitação, os municípios devem integrar a política municipal de habitação nos instrumentos de gestão territorial, acautelando a previsão de áreas adequadas e suficientes destinadas ao uso habitacional, e garantir a gestão e manutenção do património habitacional municipal, assegurando a sua manutenção.

2 – Para os efeitos do número anterior, os municípios podem ainda:

a) Construir, reabilitar, arrendar ou adquirir habitações economicamente acessíveis;

b) Promover a construção ou reabilitação de habitações a custos controlados;

c) Contribuir para a melhoria das condições de habitabilidade do parque habitacional;

d) Promover a regeneração urbana das áreas degradadas e a reconversão, sempre que possível, das AUGI;

e) Promover operações de autoconstrução, autoacabamento e autorreabilitação, destinadas a habitação própria;

f) Praticar uma política de solos compatível com os objetivos e metas da política habitacional municipal e adequar aos mesmos a política fiscal municipal;

g) Apoiar as cooperativas de habitação;

h) Incluir os núcleos de habitação precária, as áreas urbanas degradadas e as AUGI não passíveis de reconversão em programas temporários de melhoria da habitabilidade até à prossecução do realojamento;

i) Apoiar processos de autoconstrução devidamente considerados em instrumentos de gestão do território e promover programas locais de autoacabamento;

j) Prevenir a gentrificação urbana;

k) Participar, em articulação com os serviços e redes sociais locais, nos programas e estratégias nacionais dirigidos às pessoas em situação de sem abrigo, ao combate à discriminação racial ou étnica e à proteção das vítimas de violência doméstica;

l) Assegurar uma permanente vigilância e proteção contra riscos naturais ou antrópicos;

m) Fiscalizar o cumprimento das exigências legais por parte dos proprietários habitacionais;

n) Incluir a participação das cooperativas e dos moradores nas decisões sobre a política de habitação.

Artigo 22.º – Carta Municipal de Habitação

1 – A Carta Municipal de Habitação (CMH) é o instrumento municipal de planeamento e ordenamento territorial em matéria de habitação, a articular, no quadro do Plano Diretor Municipal (PDM), com os restantes instrumentos de gestão do território e demais estratégias aprovadas ou previstas para o território municipal.

2 – A CMH é aprovada pela assembleia municipal, sob proposta da câmara municipal, auscultados os órgãos das freguesias e após consulta pública nos termos do Código do Procedimento Administrativo.

3 – A CMH inclui:

a) O diagnóstico das carências de habitação na área do município;

b) A identificação dos recursos habitacionais e das potencialidades locais, nomeadamente em solo urbanizado expectante, em urbanizações ou edifícios abandonados e em fogos devolutos, degradados ou abandonados;

c) O planeamento e ordenamento prospetivo das carências resultantes da instalação e desenvolvimento de novas atividades económicas a instalar;

d) A definição estratégica dos objetivos, prioridades e metas a alcançar no prazo da sua vigência.

4 – A CMH define:

a) As necessidades de solo urbanizado e de reabilitação do edificado que respondem às carências habitacionais;

b) As situações que exijam realojamento por degradação habitacional, a nível social ou urbanístico, do aglomerado ou do edificado;

c) A identificação dos agregados familiares em situação de manifesta carência de meios para acesso à habitação;

d) As intervenções a desenvolver para inverter situações de perda populacional e processos de gentrificação;

e) A identificação dos agentes, públicos ou privados, a quem compete a concretização das intervenções a desenvolver;

f) A identificação dos agentes do setor cooperativo, da rede social e das associações ou comissões de moradores, chamados a cooperar para a concretização das intervenções a desenvolver;

g) O modelo de acompanhamento, monitorização e avaliação da CMH.

5 – No âmbito da elaboração da CMH, a assembleia municipal pode aprovar, sob proposta da câmara municipal, uma declaração fundamentada de carência habitacional, nos termos da presente lei.

6 – A declaração fundamentada referida no número anterior habilita o município, através da câmara municipal, a recorrer aos seguintes instrumentos:

a) Reforço das áreas destinadas a uso habitacional nos PDM ou outros planos territoriais;

b) Condicionamento das operações urbanísticas privadas ao cumprimento das metas habitacionais municipais definidas na CMH para habitação permanente e a custos controlados;

c) Exercício do direito de preferência, nos termos da presente lei e demais legislação aplicável.

7 – Os municípios com declaração de carência habitacional aprovada têm prioridade no acesso a financiamento público destinado à habitação, reabilitação urbana e integração de comunidades desfavorecidas.

Artigo 23.º – Relatório Municipal da Habitação

A câmara municipal elabora anualmente o relatório municipal da habitação, a submeter à apreciação da assembleia municipal, com o balanço da execução da política local de habitação e a sua eventual revisão.

Artigo 24.º – Conselho Local de Habitação

1 – As autarquias locais podem constituir conselhos locais de habitação, com funções consultivas, aplicando-se com as necessárias adaptações o disposto no artigo 19.º

2 – A composição e o funcionamento dos conselhos locais de habitação são aprovados pela assembleia municipal, sob proposta da câmara municipal.

Artigo 25.º – Freguesias

As freguesias cooperam com os municípios na programação e execução da política local de habitação, através da identificação de carências habitacionais e fogos disponíveis e, mediante delegação de competências dos municípios, de intervenções pontuais para melhoria das condições de habitabilidade.

SECÇÃO II – Instrumentos da política de habitação

Artigo 26.º – Instrumentos da política de habitação

A política de habitação compreende os seguintes tipos de instrumentos:

a) Medidas de promoção e gestão da habitação pública;

b) Medidas tributárias e política fiscal;

c) Medidas de apoio financeiro e subsidiação;

d) Medidas legislativas e de regulação.

Artigo 27.º – Promoção e gestão da habitação pública

1 – São instrumentos de promoção da habitação pública, designadamente, os seguintes:

a) Programas e operações públicas de habitação, reabilitação ou realojamento;

b) Programas de repovoamento de territórios em declínio demográfico;

c) Programas de reconversão de AUGI ou regeneração de núcleos de habitação precária;

d) Programas de cooperação entre o Estado e as autarquias locais para aproveitamento do património imobiliário público inativo;

e) Cedência de terrenos ou imóveis para habitação cooperativa;

f) Cedência de terrenos ou imóveis para arrendamento economicamente acessível.

2 – A cedência a cooperativas, entidades do setor social ou entidades privadas de terrenos ou imóveis públicos para fins habitacionais é feita a título oneroso e, preferencialmente, sob a forma de direito de superfície, devendo o ónus resultante ser devidamente registado.

3 – Às entidades detentoras de parque habitacional público cabe assegurar:

a) A manutenção e conservação adequadas, a melhoria dos níveis de habitabilidade existentes e a integração urbana dos conjuntos edificados ou bairros em que se inserem;

b) A gestão eficiente e de acordo com regras prudenciais, de transparência e de boa governação, garantindo a prestação de contas às tutelas e às entidades fiscalizadoras;

c) A participação e envolvimento dos moradores na gestão e conservação dos imóveis, podendo delegar nas suas associações ou organizações tarefas e recursos para o efeito;

d) O acesso à habitação pública em condições de igualdade de oportunidades, transparência e priorização das situações mais carenciadas ou vulneráveis, nos termos da lei.

4 – A gestão do parque habitacional do Estado pode ser descentralizada, de acordo com o princípio da subsidiariedade e desde que acompanhada pelos recursos adequados a esse fim.

Artigo 28.º – Promoção do uso efetivo de habitações devolutas

1 – É dever do Estado, regiões autónomas e autarquias locais atualizar anualmente o inventário do respetivo património com aptidão para uso habitacional.

2 – O Estado, as regiões autónomas e as autarquias locais têm o dever de promover o uso efetivo de habitações devolutas de propriedade pública e incentivar o uso efetivo de habitações devolutas de propriedade privada, em especial nas zonas de maior pressão urbanística.

Artigo 29.º – Política fiscal e medidas tributárias

1 – A política fiscal, em matéria de habitação:

a) Incentiva o melhor uso dos recursos habitacionais;

b) Privilegia a reabilitação urbana e a dinamização do mercado de arrendamento;

c) Discrimina positivamente as cooperativas e outras organizações sociais na promoção de habitação a custos controlados;

d) Protege o acesso a habitação própria;

e) Discrimina positivamente as despesas de conservação e manutenção da habitação permanente;

f) Penaliza as habitações devolutas, nos termos da lei.

2 – Os municípios podem, nos termos da lei, fixar taxas diferenciadas dos impostos, cujo nível de tributação lhes esteja cometido, em função do uso habitacional efetivo.

3 – A atribuição de benefícios fiscais em matéria habitacional depende da verificação da sua conformidade com os fins que a motivaram e da ausência de comportamentos especulativos.

4 – Os benefícios fiscais são regularmente avaliados à luz da variação do mercado habitacional, para assegurar a sua proporcionalidade face ao interesse geral.

Artigo 30.º – Apoios financeiros

1 – São apoios financeiros públicos, nomeadamente, os concedidos:

a) Ao abrigo de programas públicos de promoção da reabilitação, da eficiência energética ou da resiliência sísmica;

b) À aquisição de casa própria;

c) À manutenção e conservação de imóveis habitacionais, dirigido a proprietários, condomínios ou arrendatários;

d) Às cooperativas de habitação, à autoconstrução, às associações com fins habitacionais e às associações ou organizações de moradores;

2 – São também apoios financeiros públicos todas as modalidades de acesso a empréstimos, apoiadas pelo Estado, no âmbito dos programas referidos no número anterior.

Artigo 31.º – Subsidiação

1 – A política de habitação inclui a atribuição de subsídios de habitação dirigidos às camadas populacionais que não consigam aceder ao mercado privado da habitação e podem assumir, designadamente, as seguintes modalidades:

a) Subsidiação no âmbito do arrendamento apoiado, correspondente à diferença entre a renda técnica e a renda efetiva, calculadas nos termos da lei;

b) Subsídio ao arrendamento jovem, nos termos da lei;

c) Subsídio de renda aos inquilinos em situação de vulnerabilidade que gozem de especial proteção no âmbito do arrendamento urbano;

d) Subsídio de renda para famílias monoparentais ou numerosas em situação de especial vulnerabilidade económica;

e) Subsídios eventuais para fazer face a situações de vulnerabilidade e carência habitacional temporária ou iminente devidamente comprovada.

2 – A subsidiação pública confere à entidade prestadora do subsídio o direito e a obrigação de verificar periodicamente se se mantêm as razões da sua atribuição e à entidade subsidiada o dever de prestar todas as informações relevantes que lhe sejam solicitadas.

3 – A alteração de local de residência devidamente justificada não prejudica o direito a apoios públicos, desde que se mantenham as condições que os determinaram.

Artigo 32.º – Transparência e defesa do interesse geral

1 – Na atribuição de apoios financeiros e subsidiação são assegurados os princípios da transparência, equidade e proporcionalidade à luz do interesse geral.

2 – Os apoios financeiros e a subsidiação constituem encargos públicos inscritos nos orçamentos e contas das entidades que os conferem.

3 – É obrigatória a publicitação periódica da listagem dos beneficiários abrangidos por apoios financeiros e subsidiação atribuídos por entidades públicas no âmbito da política de habitação.

Artigo 33.º – Regulação do mercado habitacional

1 – Incumbe ao Estado assegurar o funcionamento eficiente e transparente do mercado habitacional, de modo a garantir a equilibrada concorrência, a contrariar as formas de organização monopolistas e a reprimir os abusos de posição dominante e outras práticas lesivas do interesse geral.

2 – Incumbe ao Estado assegurar celeridade dos processos de inventário e dos processos judiciais de heranças indivisas que incluam bens imóveis com aptidão habitacional.

3 – A avaliação da participação do mercado habitacional na garantia do direito à habitação implica a produção regular pelas entidades competentes de informação pública fidedigna, nomeadamente através dos seguintes indicadores:

a) Percentagem da população em situação de sobrelotação habitacional, com privação severa das condições de habitação ou em situação de sobrecarga relativamente às suas despesas de habitação;

b) Percentagem de alojamentos habitacionais devolutos ou abandonados;

c) Percentagem de habitação pública ou com apoio público no total de alojamentos habitacionais do país;

d) Percentagem de habitação própria, com ou sem hipotecas imobiliárias, e de habitação arrendada, segundo a data e duração dos respetivos contratos;

e) Percentagem de candidaturas satisfeitas e não atendidas relativamente aos programas públicos de habitação de nível nacional, regional ou local;

f) Tempo médio de espera para alcançar apoio habitacional em programas públicos de habitação de nível nacional, regional ou local;

g) Evolução do preço para aquisição ou arrendamento de habitação, por tipologia das habitações e por m^2;

h) Relação entre a evolução do preço para aquisição ou arrendamento e a evolução dos rendimentos familiares no mesmo período temporal;

i) Evolução das despesas familiares, nomeadamente com habitação, transportes e educação, face aos rendimentos familiares;

j) Tempo médio e modo de transporte usado nas deslocações diárias entre o local de residência e o local de trabalho ou a escola.

4 – A informação estatística disponibilizada publicamente é desagregada à escala territorial mais adequada e, quando possível, por escalões de rendimento.

5 – Os instrumentos de captação de investimento imobiliário estrangeiro, quando existam, devem ser compatíveis com a política nacional de habitação.

6 – O regular funcionamento do mercado de habitação pressupõe a fiscalização por entidade pública do cumprimento dos deveres de conservação, manutenção e reabilitação dos proprietários e titulares de outros direitos, ónus ou encargos dos imóveis ou frações habitacionais.

CAPÍTULO IV – Política de solos e ordenamento do território

Artigo 34.º – Política de solos e direito à habitação

1 – A garantia do direito à habitação pressupõe a definição pública das regras de ocupação, uso e transformação dos solos, no quadro da Constituição e da lei de bases da política de solos e ordenamento do território.

2 – A imposição de restrições especiais ao direito de propriedade privada e aos demais direitos relativos ao solo está sujeita ao pagamento de justa indemnização, nos termos da lei.

3 – A política de habitação implica a disponibilização e reserva de solos de propriedade pública em quantidade suficiente para assegurar, nomeadamente:

a) A regulação do mercado habitacional, promovendo o aumento da oferta e prevenindo a especulação fundiária e imobiliária;

b) A intervenção pública nos domínios da habitação e reabilitação urbana a fim de fazer face às carências habitacionais e às necessidades de valorização do habitat;

c) A localização de infraestruturas, equipamentos e espaços verdes ou outros espaços de utilização coletiva que promovam o bem-estar e a qualidade de vida das populações.

4 – É promovida a regularização patrimonial e cadastral dos solos onde estão implantadas AUGI ou núcleos de habitação precária, quando suscetíveis de reconversão ou regeneração.

5 – Nas operações de loteamento e nas operações urbanísticas de impacto relevante, as parcelas destinadas, nos termos da lei, a cedências gratuitas para o domínio privado municipal podem ser afetas a programas públicos de habitação ou realojamento.

6 – As mais-valias resultantes de alterações de uso do solo proporcionadas por planos territoriais ou operações urbanísticas podem ser redistribuídas nos termos da lei ou afetas a programas habitacionais públicos.

Artigo 35.º – Ordenamento do território e direito à habitação

1 – O PNH e o Programa Nacional da Política de Ordenamento do Território (PNPOT) devem ser articulados entre si, garantindo um compromisso recíproco de integração e compatibilização das respetivas prioridades, objetivos e metas e o respeito das obrigações do Estado em matéria de direito à habitação, desenvolvimento sustentável e coesão territorial.

2 – Os vários níveis de planeamento asseguram o planeamento das redes de abastecimento de serviços e bens essenciais, garantem a sua regulação em função do interesse geral e preveem o seu desenvolvimento com vista à satisfação das necessidades habitacionais presentes e futuras, bem como a garantia do direito à habitação e à qualidade de vida, salvaguardando as necessárias reservas de solo.

3 – Os instrumentos de gestão territorial de âmbito municipal incluem as medidas necessárias para o dimensionamento adequado das áreas de uso habitacional, bem como a proteção e valorização da habitação e do habitat, vinculando, nos termos da lei, entidades públicas e privadas.

Artigo 36.º – Reabilitação urbana e política de habitação

1 – O Estado, as regiões autónomas e as autarquias locais incentivam a reabilitação de edifícios e a reabilitação e regeneração urbanas, nos termos da lei, de forma a assegurar os princípios, objetivos e metas das políticas públicas de habitação.

2 – Nas áreas de reabilitação urbana devidamente delimitadas, os municípios podem adotar medidas preventivas ou cautelares, por deliberação da assembleia municipal, sob proposta da câmara municipal e ouvidas as freguesias abrangidas, para evitar que a alteração das circunstâncias e das condições de facto existentes comprometa ou torne mais onerosa a execução da política municipal de habitação.

3 – Nas áreas a que se refere o número anterior, a lei garante o acesso das entidades gestoras aos instrumentos de política urbanística necessária.

4 – A reabilitação do edificado deve observar condições de eficiência energética, vulnerabilidade sísmica e acessibilidade.

5 – No decurso de processos de reabilitação ou regeneração urbana de iniciativa ou gestão pública, podem ser mobilizados temporariamente, para realojamento provisório, imóveis públicos devolutos requisitados para o efeito pelas entidades gestoras do processo.

6 – Os programas públicos de reabilitação e edificação devem promover a construção sustentável, tendo em conta, nomeadamente, o respetivo impacto na economia local e o recurso a materiais disponíveis localmente, sem prejuízo da igualdade de acesso dos operadores económicos aos procedimentos de contratação.

Artigo 37.º – Instrumentos de intervenção pública

1 – Na concretização das políticas de solos, ordenamento do território, reabilitação urbana e habitação, a lei garante ao Estado, às regiões autónomas e às autarquias locais o recurso aos instrumentos adequados, nomeadamente à posse administrativa, ao direito de preferência e, quando necessário, à expropriação mediante indemnização.

2 – O Estado, as regiões autónomas e os municípios podem exercer o direito de preferência nas transmissões onerosas de prédios entre particulares, tendo em vista a prossecução de objetivos da política pública de habitação.

3 – Em caso de venda de imóveis em conjunto, o Estado, as regiões autónomas e os municípios gozam do direito de preferência para cada um dos imóveis.

4 – O direito de preferência das entidades públicas não prejudica o direito de preferência dos arrendatários habitacionais na compra e venda ou dação em cumprimento do locado onde residam, cabendo à lei estabelecer a respetiva graduação.

CAPÍTULO V – Financiamento e recursos da política de habitação

Artigo 38.º – Recursos financeiros públicos

1 – O Estado assegura dotações públicas adequadas à concretização da política nacional de habitação e garante, nos termos da lei, os meios necessários à prossecução das políticas regionais e locais de habitação, no quadro das respetivas atribuições e competências.

2 – As despesas públicas com habitação a cargo do Estado devem ser refletidas nos orçamentos e programas de investimento plurianuais.

3 – O Estado incentiva o acesso das entidades públicas e privadas, e em especial das regiões autónomas e dos municípios, a financiamentos nacionais ou comunitários na área da habitação, da reabilitação urbana e da sustentabilidade ambiental, económica e social.

Artigo 39.º – Bolsas de Habitação

1 – O Estado, as regiões autónomas e as autarquias locais garantem a existência de bolsas de habitação pública para apoio à política de habitação.

2 – As bolsas de habitação podem incorporar património imobiliário público, receitas resultantes de empréstimos e financiamentos europeus e nacionais e dotações orçamentais destinadas a financiar a política de habitação.

3 – Os fogos das bolsas de habitação pública destinam-se a arrendamento público e são atribuídos por concurso, nos termos do respetivo regime de arrendamento, ou através de processos de realojamento.

CAPÍTULO VI – Arrendamento habitacional

Artigo 40.º – Arrendamento habitacional

1 – O Estado garante o funcionamento regular e transparente do mercado de arrendamento habitacional.

2 – O Estado desenvolve uma política tendente a estabelecer um sistema de renda compatível com o rendimento familiar, nomeadamente através:

a) Da promoção de um mercado público de arrendamento;

b) Do incentivo ao mercado de arrendamento de iniciativa social e cooperativa;

c) Da regulação do mercado de arrendamento privado, com recurso aos instrumentos mais adequados, com vista à sustentabilidade das soluções habitacionais, quer do lado da procura, quer do lado da oferta.

3 – O Estado discrimina positivamente o arrendamento sem termo ou de longa duração.

Artigo 41.º – Modalidades de arrendamento

Nos contratos de arrendamento para habitação a lei estabelece regimes jurídicos de renda livre, condicionada, apoiada e acessível, entre outros.

Artigo 42.º – Modalidades de promoção pública de arrendamento

1 – Ao Estado compete garantir a existência de regimes de renda que tenham por base de cálculo uma das seguintes situações, ou a combinação de ambas:

a) Os rendimentos das famílias, assegurando uma taxa de esforço comportável;

b) As características específicas do imóvel.

2 – No património habitacional público é praticada renda apoiada, condicionada ou outra calculada nos termos do número anterior.

3 – É promovida a estabilidade no arrendamento público, admitindo-se para o efeito a transição entre os regimes de arrendamento aplicáveis, sempre que necessário, em função dos rendimentos efetivos dos arrendatários

4 – O Estado, as regiões autónomas e as autarquias locais podem afetar parte do seu património a programas habitacionais públicos.

5 – O Estado, as regiões autónomas e as autarquias locais podem desenvolver programas de habitação a custos controlados para arrendamento, a estabelecer com o setor privado ou cooperativo.

6 – No caso previsto no número anterior, o património imobiliário público é disponibilizado em regime de direito de superfície, salvaguardando a manutenção da propriedade pública, podendo, no entanto, mediante autorização da entidade pública proprietária, ser utilizado como garantia para efeitos de contração de empréstimos pelas entidades destinatárias.

7 – O disposto no presente artigo não prejudica a criação de outros regimes ou programas, através de legislação própria.

Artigo 43.º – Condições de alienação de património habitacional público

1 – A lei estabelece as condições de alienação de bens do património habitacional público, salvaguardando a existência de património habitacional público suficiente face às necessidades habitacionais presentes ou previstas.

2 – A alienação de habitações de património disperso ou situadas em condomínio de propriedade horizontal em que a entidade pública é apenas um dos proprietários não prejudica a salvaguarda estabelecida no número anterior.

Artigo 44.º Incentivos e garantias ao mercado privado de arrendamento

1 – O Estado promove condições de segurança, estabilidade e confiança no mercado privado de arrendamento habitacional, nomeadamente através de:

a) Criação de modalidades de seguros de renda aplicáveis a todos os tipos de arrendamento ou mecanismos de garantia mútua alternativos à necessidade de fiador;

b) Instrumentos eficazes de defesa dos direitos de senhorios e arrendatários.

2 – A lei proíbe o assédio no arrendamento.

Artigo 45.º – Fiscalização das condições de habitabilidade

1 – É obrigatória a fiscalização periódica das condições de habitabilidade dos fogos habitacionais públicos.

2 – É assegurada por entidade administrativa com competências para o efeito a fiscalização do cumprimento das normas legais do arrendamento habitacional, a verificação das condições de habitabilidade dos fogos arrendados ou subarrendados e o combate a situações irregulares ou encapotadas de arrendamento ou subarrendamento habitacional.

3 – A fiscalização referida inclui as residências estudantis e o subarrendamento de quartos a estudantes.

4 – A lei regula os termos da fiscalização a que se referem os números anteriores.

CAPÍTULO VII – Habitação própria, crédito e condomínios

Artigo 46.º – Acesso à habitação própria

1 – Nos termos da Constituição, o acesso à habitação própria inclui a aquisição, conservação e fruição em condições de legalidade, estabilidade, segurança e salubridade.

2 – O apoio do Estado à aquisição de casa própria, no âmbito da política de habitação, é definido em função das dinâmicas do território e das prioridades de povoamento de zonas deprimidas.

3 – O apoio público do Estado à aquisição de casa própria privilegia a habitação acessível sem fins lucrativos, produzida pelo setor cooperativo ou que resulte de processos de autoconstrução, sem prejuízo das competências das regiões autónomas e das autarquias locais.

Artigo 47.º – Crédito à habitação

1 – O crédito à habitação constitui um instrumento de acesso à habitação, sem prejuízo dos demais instrumentos ao dispor dos cidadãos, e inclui os contratos de mútuo destinados à aquisição, construção ou realização de obras de conservação ordinária ou extraordinária e de beneficiação de habitação própria permanente.

2 – A lei estabelece as regras aplicáveis na concessão responsável de crédito à habitação, nomeadamente os deveres do mutuante e os direitos do consumidor e do fiador ou entidade seguradora, bem como as formas de regularização da dívida em situações de incumprimento.

3 – É admitida a dação em cumprimento da dívida, extinguindo as obrigações do devedor independentemente do valor atribuído ao imóvel para esse efeito, desde que tal esteja contratualmente estabelecido, cabendo à instituição de crédito prestar essa informação antes da celebração do contrato.

4 – Aos devedores de crédito à habitação que se encontrem em situação económica muito difícil pode ser aplicado um regime legal de proteção, que inclua, nomeadamente, a possibilidade de reestruturação da dívida, a dação em cumprimento, ou medidas substitutivas da execução hipotecária.

5 – As pessoas com deficiência beneficiam, nos termos da lei, de acesso a crédito bonificado à habitação.

6 – No âmbito do crédito à habitação não podem ser concedidas aos fiadores condições mais desfavoráveis de pagamento dos créditos, nomeadamente ao nível da manutenção das prestações, nem pode ser negado o direito a proceder ao pagamento nas condições proporcionadas ao principal devedor.

Artigo 48.º – Condomínios

1 – A garantia da conservação, manutenção, requalificação e reabilitação das habitações constituídas em propriedade horizontal por condomínios contribui para a manutenção e melhoria das condições de habitabilidade e, nessa medida, participa nas políticas nacionais, regionais e locais de habitação.

2 – A lei regula a atividade dos condomínios, nomeadamente ao nível da constituição de fundos de reserva, da prestação de contas e da fiscalidade, bem como a fiscalização efetiva da existência e utilização dos fundos de reserva.

3 – Os condomínios beneficiam de condições preferenciais para acesso a programas de requalificação e reabilitação urbana, nomeadamente em matéria de conforto térmico e acústico, eficiência energética, acessibilidade para pessoas com mobilidade reduzida e reforço da resiliência sísmica dos imóveis e das habitações.

4 – A atividade profissional de gestão de condomínios é regulada por lei.

Artigo 49.º – Promoção de construção e reabilitação a custos controlados

1 – O Estado, as regiões autónomas e as autarquias locais podem desenvolver programas de promoção de construção nova ou de reabilitação, a custos controlados, para habitação própria.

2 – A promoção de construção nova ou reabilitação, a custos controlados, para habitação própria, quando envolva apoios públicos, pode implicar, nos termos da lei, a fixação de um preço máximo para a transmissão de direitos reais sobre o fogo em questão e de prazos de inalienabilidade.

3 – O não cumprimento do disposto no número anterior determina a restituição do apoio concedido.

Artigo 50.º – Propriedade resolúvel

1 – O Estado garante a existência de um regime legal de propriedade resolúvel para habitação, preferencialmente dirigido ao setor cooperativo ou social.

2 – O Estado, as regiões autónomas e as autarquias locais podem promover programas habitacionais de propriedade resolúvel, subordinados aos princípios e metas da política de habitação.

Artigo 51.º – Outras modalidades de acesso à habitação própria e permanente

A lei regula outras modalidades de acesso à habitação própria, estabelecendo os direitos e deveres das partes e protegendo o consumidor, nomeadamente:

a) A locação financeira de fogos habitacionais, com opção de compra no final do prazo contratual;

b) Habitação colaborativa, em que a habitação coexiste com espaços e serviços comuns partilhados;

c) O direito de preferência dos arrendatários habitacionais na compra e venda ou dação em cumprimento do locado.

CAPÍTULO VIII – Informação, participação, associativismo e tutela de direitos

Artigo 52.º – Direito à informação

Os cidadãos têm direito à informação sobre a política de habitação ao nível nacional, regional e local, bem como sobre os programas públicos existentes em matéria de habitação e reabilitação e respetivas modalidades de acesso, execução e resultados.

Artigo 53.º – Direito à participação

1 – Os cidadãos têm o direito de participar na elaboração e revisão dos instrumentos de planeamento público em matéria de habitação, ao nível nacional, regional e local.

2 – O Estado, as regiões autónomas e as autarquias locais promovem a participação ativa dos cidadãos e das suas organizações na conceção, execução e avaliação dos programas públicos de habitação.

Artigo 54.º – Liberdade de organização e associação

1 – Os cidadãos têm direito a organizar-se livremente, nomeadamente sob a forma de associações, para garantir o direito à habitação.

2 – Incumbe ao Estado incentivar e apoiar as iniciativas das comunidades locais e das populações tendentes a resolver os respetivos problemas habitacionais.

Artigo 55.º – Cooperativas de habitação e autoconstrução

1 – O Estado fomenta a criação de cooperativas de habitação e a autoconstrução, nos termos da Constituição e da lei.

2 – As cooperativas de habitação contribuem para a melhoria da qualidade habitacional dos espaços em que se integram, promovendo o tratamento das áreas envolventes dos empreendimentos por que são responsáveis e a construção de equipamentos sociais, e asseguram as condições de habitabilidade dos edifícios.

3 – Às cooperativas de habitação que tenham por objeto principal a promoção, construção, aquisição e arrendamento ou gestão de fogos para habitação acessível, bem como a sua manutenção, reparação ou reabilitação, são garantidos incentivos e apoios públicos, nomeadamente:

a) Um regime tributário que assegure discriminação positiva aos seus projetos;

b) Incentivos específicos;

c) Simplificação dos procedimentos administrativos.

4 – Os municípios incentivam a participação do setor cooperativo na política de habitação e reabilitação urbana, nomeadamente através da cedência de património municipal para habitação acessível e de benefícios tributários ou de outros incentivos.

5 – No âmbito do direito à habitação, o Estado respeita a capacidade de autoconstrução dos cidadãos e suas famílias, promovendo o enquadramento desta capacidade no cumprimento das normas urbanísticas e no acesso a programas e financiamentos públicos.

Artigo 56.º – Associações e organizações de moradores

1 – As associações e organizações de moradores gozam do direito de petição perante as autarquias locais relativamente a todos os assuntos da competência destas que sejam do interesse dos moradores.

2 – As associações e organizações de moradores, assim como as suas estruturas federativas, são ouvidas e participam na definição da política de habitação.

3 – As associações e organizações de moradores beneficiam de apoios à respetiva constituição e atividade, nomeadamente:

a) Isenção de custos na respetiva constituição;

b) Benefícios fiscais respeitantes à sua atividade;

c) Participação nos órgãos consultivos da política de habitação e na elaboração dos correspondentes instrumentos estratégicos.

4 – As associações e organizações de moradores participam na identificação das carências habitacionais nas áreas que lhes correspondem e nos levantamentos locais dos recursos habitacionais disponíveis, nomeadamente habitações públicas devolutas.

5 – As associações e organizações de moradores podem propor aos municípios a requisição temporária para fins habitacionais de imóveis públicos devolutos.

6 – Nos processos de transformação de bairros que envolvam realojamentos é obrigatória a participação dos moradores através das suas associações ou organizações.

7 – Os municípios e as freguesias podem delegar tarefas, acompanhadas dos meios necessários, nas organizações de moradores.

8 – Cabe à assembleia de freguesia, por sua iniciativa ou a requerimento de comissões de moradores ou de um número significativo de moradores, demarcar as áreas territoriais das organizações de moradores de âmbito territorial inferior ao da freguesia, solucionando os eventuais conflitos daí resultantes.

Artigo 57.º – Setor social

1 – As entidades dotadas de personalidade jurídica que respeitem os princípios orientadores da economia social, nomeadamente as associações de habitação colaborativa, mutualistas, as misericórdias, as fundações, as instituições particulares de solidariedade social, as associações com fins altruísticos e as entidades abrangidas pelos subsetores comunitário e autogestionário, participam na satisfação do direito à habitação e na valorização do habitat, cooperando com o Estado, as regiões autónomas e as autarquias locais.

2 – As entidades do setor social podem incluir nos seus objetivos estatutários a promoção e/ou a gestão de habitação acessível.

Artigo 58.º – Contratos administrativos com entidades do setor social

Para assegurar o cumprimento das prioridades da política de habitação, o Estado, as regiões autónomas e as autarquias locais podem promover a celebração de contratos administrativos com entidades do setor social que as incentivem e/ou vinculem a colaborar na execução de programas públicos.

Artigo 59.º – Empresas e outras entidades privadas

As empresas e outras entidades de direito privado, nomeadamente dos setores imobiliário, financeiro e de prestação de serviços e bens essenciais, participam na promoção do direito à habitação e na valorização do habitat, no âmbito da prossecução do respetivo objeto social, com respeito pelas leis e pelo interesse geral.

Artigo 60.º – Defesa dos interesses e direitos dos cidadãos

1 – A todos é reconhecido o direito à tutela plena e efetiva dos seus direitos e interesses legalmente protegidos em matéria de habitação.

2 – Os direitos processuais para o efeito incluem, nomeadamente:

a) O direito de ação para defesa de direitos subjetivos e interesses legalmente protegidos, assim como o direito de ação pública e de ação popular para defesa de interesses difusos, coletivos e individuais homogéneos, no que respeita ao nível da conservação do património habitacional e do habitat;

b) O direito a requerer a cessação imediata de uma situação de violação grosseira do direito à habitação ou da dignidade da pessoa humana em matéria habitacional;

c) O direito de promover a prevenção, a cessação e a reparação de violações de bens e valores habitacionais pela forma mais célere possível;

d) O direito de petição perante os poderes públicos.

3 – Nos termos do Protocolo Adicional à Carta Social Europeia é garantido o direito a reclamações coletivas.

4 – Sempre que o direito à habitação como direito humano fundamental seja posto em causa por ação ou omissão da administração pública, pode ser apresentada queixa junto do Provedor de Justiça.

CAPÍTULO IX – Intervenções prioritárias

Artigo 61.º – Intervenções prioritárias

São intervenções prioritárias da política de habitação todas as resultantes de situações que, pela sua extrema necessidade e/ou urgência ou pela sua insustentabilidade, exijam uma efetiva intervenção pública, nomeadamente as previstas no presente capítulo.

Artigo 62.º – Declaração fundamentada de carência habitacional

1 – A declaração fundamentada de carência habitacional, para a totalidade ou parte da área do município, com base na função social da habitação e nos termos da respetiva CMH, assenta na incapacidade de resposta à carência de habitação existente.

2 – Os municípios com declaração fundamentada de carência habitacional aprovada nos termos da presente lei assumem prioridade na resolução e no investimento em habitação pública, a realizar pelo Estado.

Artigo 63.º - Pessoas em situação de sem abrigo

1 - O Estado organiza e promove a Estratégia Nacional de Apoio às Pessoas em Situação de sem Abrigo, em articulação com as regiões autónomas, as autarquias locais e a sociedade civil.

2 - A estratégia nacional referida no número anterior é complementada pelas estratégias regionais e locais no âmbito das respetivas redes sociais, de forma articulada e sem prejuízo da autonomia das organizações da sociedade civil que integram essas redes.

3 - As estratégias de âmbito nacional, regional ou local de apoio às pessoas em situação de sem abrigo visam a erradicação progressiva desta condição, através de abordagens integradas que privilegiem o acesso à habitação, visando a saúde, o bem-estar e a inserção económica e social das pessoas em situação de sem abrigo.

Artigo 64.º - Proteção em caso de emergência

1 - O Estado assegura proteção e respostas habitacionais de emergência em caso de grave e emergente carência habitacional, designadamente em caso de acidentes, catástrofes naturais ou da sua iminência.

2 - As pessoas atingidas por guerras ou perseguições nos seus países de origem, nomeadamente refugiadas, e admitidas em Portugal por formas legais ou legalizadas, independentemente da sua nacionalidade, têm direito à proteção do Estado, que assegura respostas habitacionais em articulação com as regiões autónomas, as autarquias locais e a sociedade civil.

3 - A proteção prevista no presente artigo articula-se com as demais respostas das entidades públicas e não as prejudica.

Artigo 65.º - Áreas urbanas de génese ilegal e núcleos de habitação precária

1 - A reconversão de AUGI e a regeneração de núcleos de habitação precária é uma das dimensões da política de habitação e compete ao Estado criar condições específicas e favoráveis à sua prossecução e enquadramento nos instrumentos de gestão territorial e nos programas de promoção da coesão social e territorial.

2 - Para efeitos do número anterior, os municípios identificam a existência nos seus territórios de AUGI e núcleos de habitação precária e verificam as condições de exequibilidade da sua eventual reconversão ou regeneração, procedendo aos levantamentos necessários com a participação dos interessados e das suas organizações.

3 - O Estado apoia os processos de reconversão e regeneração a que o presente artigo se refere, através de programas públicos de regularização cadastral e de realojamento, aos quais se podem candidatar as autarquias locais.

4 – Para efeitos do número anterior, as organizações de moradores e entidades da sociedade civil envolvidas podem submeter às autarquias locais propostas de reconversão e regeneração.

5 – Os núcleos de habitação precária não passíveis de regeneração e as AUGI não passíveis de reconversão devem ser alvo de medidas extraordinárias e temporárias de melhoria da habitabilidade e do habitat, com garantia de acesso aos serviços mínimos essenciais, até à prossecução do realojamento dos seus moradores.

6 – O disposto no número anterior não prejudica o dever das entidades públicas de fiscalizar e prevenir formas abusivas de ocupação do território, nos termos da lei.

Artigo 66.º – Territórios em risco de declínio demográfico

1 – Os territórios de baixa densidade que se encontrem em risco de declínio demográfico beneficiam de medidas positivas, nomeadamente acesso a apoios públicos para manutenção e gestão eficiente de habitações não permanentes, no âmbito de programas de dinamização e revitalização socioeconómica e cultural.

2 – É protegida e incentivada a manutenção nas aldeias das habitações de agregados familiares com ligações afetivas ao lugar, ainda que não tenham nelas a sua habitação permanente.

CAPÍTULO X – Disposições finais e transitórias

Artigo 67.º – Adaptação do quadro legal e regulamentar

As propostas necessárias à conformação do ordenamento jurídico com a presente lei são submetidas aos órgãos competentes no prazo de nove meses a partir da sua publicação.

Artigo 68.º – Regulamentação e legislação complementar

A legislação complementar e regulamentar da presente lei é elaborada no prazo de nove meses após a sua publicação, quando outro prazo não esteja indicado.

Artigo 69.º – Dotação orçamental

O Estado deve garantir a existência de um parque habitacional público capaz de responder às necessidades nacionais, prevendo anualmente a dotação necessária à sua concretização progressiva.

Artigo 70.º – Entrada em vigor

1 – A presente lei entra em vigor no primeiro dia do mês seguinte ao da sua publicação, salvo o disposto no número seguinte.

2 – As disposições da presente lei que tenham impacto orçamental entram em vigor posteriormente à publicação do primeiro orçamento a que esse impacto corresponda.

Aprovada em 5 de julho de 2019.

O Vice-Presidente da Assembleia da República, em substituição do Presidente da Assembleia da República, Jorge Lacão.

Promulgada em 6 de agosto de 2019.

Publique-se.

O Presidente da República, Marcelo Rebelo de Sousa.

Referendada em 12 de agosto de 2019.

O Primeiro-Ministro, António Luís Santos da Costa.

REGULAMENTAÇÃO DE NORMAS DA LEI DE BASES DA HABITAÇÃO

Decreto-Lei n.º 89/2021, de 3 de novembro
Regulamenta normas da Lei de Bases da Habitação relativas à garantia de alternativa habitacional, ao direito legal de preferência e à fiscalização de condições de habitabilidade

O direito à habitação, previsto no artigo 65.º da Constituição da República Portuguesa, constitui uma das mais importantes marcas genéticas do Estado de Direito Democrático nascido a 25 de Abril de 1974 e do ambicionado e, desde então, amplamente realizado Estado Social.

Num país em que tanto estava por fazer e por realizar a priorização do acesso universal e gratuito à saúde, ao ensino e à segurança social contribuiu para que a matéria da habitação, ainda que sendo objeto de alguns programas específicos, como o Serviço de Apoio Ambulatório Local, instituído por despacho do Ministro da Administração Interna e do Secretário de Estado da Habitação e do Urbanismo, de 31 de julho de 1974, e o Programa Especial de Realojamento para as áreas metropolitanas de Lisboa e do Porto, criado pelo Decreto-Lei n.º 163/93, de 7 de maio, não se tenha podido materializar enquanto pilar fundamental do Estado Social.

Tal objetivo é afirmado pelo XXII Governo Constitucional, cujo programa reconhece a conceção do direito à habitação como um direito social, de vocação universal, que visa garantir a todos uma habitação adequada a custos acessíveis. Reconhece-se também a necessidade de garantir a adoção de instrumentos diferenciados em função das necessidades específicas dos destinatários, realizando-se, assim, de modo eficiente, um direito que é de todos e não uma mera prerrogativa de apoio do Estado aos mais carenciados, de índole assistencialista.

Para a aproximação a estes objetivos foi fundamental a criação da primeira lei de bases da habitação, aprovada pela Lei n.º 83/2019, de 3 de setembro (LBH), que veio criar um quadro normativo de primeiro nível, que define as competências que neste âmbito cabem a cada uma destas entidades e impõe um dever de ação para cada uma delas.

Neste âmbito, a LBH veio impor o dever de regulamentação em algumas matérias específicas, como sejam a das obrigações das entidades públicas quanto à garantia de uma alternativa habitacional, a dos termos em que as mesmas entidades têm direito legal de preferência na alienação de imóveis habitacionais, bem como a das suas competências de fiscalização das condições de habitabilidade no âmbito do arrendamento habitacional.

O presente decreto-lei visa, pois, no cumprimento da obrigação referida, regulamentar estes importantes aspetos do conteúdo do direito à habitação, dando-lhes forma e corpo, alinhando-se as previsões aqui contidas com os objetivos de política pública inscritos no programa do XXII Governo Constitucional.

Deste modo, procede-se à definição de situação de efetiva carência habitacional, para os efeitos previstos no n.º 6 do artigo 28.º da Lei n.º 81/2014, de 19 de dezembro, na sua redação atual. Assim, considera-se que estão em tal situação as pessoas que não possuam, ou que estejam em risco efetivo de perder, uma habitação adequada, não constituindo uma alternativa habitacional aquela que imponha uma alteração ao agregado habitacional pré-existente à situação de carência, salvo se esta alteração resultar de pedido ou obtiver a concordância escrita de todas as partes envolvidas.

Impõe-se ainda um dever de articulação entre as diversas entidades, do Estado e dos municípios, para que de forma pró-ativa possam resolver as situações das pessoas em situação de efetiva carência habitacional.

Também quanto à função social da habitação, promove-se o seu uso efetivo, dando-se a possibilidade aos municípios de, no âmbito do procedimento de classificação de um imóvel de uso habitacional como devoluto, quando o mesmo se situe em zona de pressão urbanística, apresentar uma proposta de arrendamento do imóvel ao seu proprietário, para posterior subarrendamento, ou, nos casos em que, após vistoria, se conclua que o imóvel se encontra em mau estado de conservação, aproveitar o procedimento de classificação do imóvel como devoluto para determinar a execução de obras necessárias à sua correção, ao abrigo dos artigos 89.º e seguintes do Decreto-Lei n.º 555/99, de 16 de dezembro, na sua redação atual (RJUE), aplicando-se igualmente, quanto ao ressarcimento pela execução destas obras, o disposto nos artigos 108.º e 108.º-B do mesmo decreto-lei.

Relembre-se, a este propósito, que as alterações efetuadas a este regime, previsto no RJUE e operadas pelo Decreto-Lei n.º 66/2019, de 21 de maio, vieram alargar o âmbito das obras necessárias à correção das más condições de segurança ou salubridade, podendo ser determinada não apenas a execução de obras de conservação, mas também a execução de obras de alteração, ampliação ou reconstrução que se mostrem necessárias, com as naturais consequências de obrigatoriedade do cumprimento das normas legais e regulamentares, desde logo, as previstas no regime aplicável à reabilitação de edifícios ou frações autónomas, aprovado pelo Decreto-Lei n.º 95/2019, de 18 de julho.

Relativamente ao direito de preferência na aquisição de imóveis habitacionais, esclarece-se os casos em que o mesmo existe, graduando-se a hierarquia da preferência de entre as diversas entidades públicas e prevendo-se que este mecanismo funciona no âmbito da legislação já em vigor para o efeito, nomeadamente o Decreto-Lei n.º 263-A/2007, de 23 de julho, na sua redação atual, que garante já a desmaterialização e simplificação deste procedimento.

Por fim, quanto à fiscalização do arrendamento habitacional, importa definir quais as competências que o Instituto da Habitação e da Reabilitação Urbana, I. P. (IHRU, I. P.), enquanto organismo do Estado a quem foi atribuída a responsabilidade nesta matéria, passa a deter.

Neste âmbito, merece destaque a possibilidade dada ao IHRU, I. P., de, quando tenha conhecimento de factos que possam consubstanciar a existência de deficiências nas condições de habitabilidade de fogos arrendados ou subarrendados, poder solicitar à câmara municipal do sítio do imóvel a determinação do nível de conservação do respetivo locado e, deste modo, em articulação com as autarquias locais, poder contribuir para a resolução dos problemas detetados nas condições de habitabilidade dos fogos arrendados.

Por último, prevê-se ainda a obrigatoriedade de a publicitação dos imóveis com vista ao arrendamento ser acompanhada de elementos obrigatórios que permitam ao pretendente a inquilino ter um conhecimento prévio do prédio ou fração a arrendar, dando mais transparência e credibilidade a este mercado, evitando-se a publicitação de imóveis que não tenham uso habitacional autorizado ou que não reúnam condições para o efeito.

Foram ouvidos os órgãos de governo próprio das Regiões Autónomas e a Associação Nacional de Municípios Portugueses.

Assim:

No desenvolvimento do regime jurídico estabelecido pela Lei n.º 83/2019, de 3 de setembro, e nos termos da alínea c) do n.º 1 do artigo 198.º da Constituição, o Governo decreta o seguinte:

CAPÍTULO I – Disposição geral

Artigo 1.º – Objeto

O presente decreto-lei procede à regulamentação da Lei n.º 83/2019, de 3 de setembro, estabelecendo as obrigações das entidades públicas relativas à garantia de uma alternativa habitacional, os termos em que as mesmas entidades têm direito legal de preferência na alienação de imóveis habitacionais, bem como as suas competências de fiscalização das condições de habitabilidade no âmbito do arrendamento habitacional.

CAPÍTULO II – Direito à habitação

Artigo 2.º – Direito à escolha do lugar de residência

1 – A todos é garantido, nos termos e para os efeitos previstos no artigo 11.º da Lei n.º 83/2019, de 3 de setembro, o direito à escolha do lugar de residência, sem prejuízo da definição por lei de condições de acesso, de critérios de elegibilidade, de impedimentos, de condicionalismos urbanísticos, bem como de critérios de hierarquização e ponderação que venham a ser estabelecidos pela entidade locadora, nos termos legalmente previstos.

2 – Os regulamentos das entidades locadoras devem ser adaptados em conformidade com o previsto no número anterior.

3 – Os instrumentos de planeamento em matéria habitacional, independentemente da entidade pública que os promova, devem compatibilizar-se com o previsto no n.º 1.

Artigo 3.º – Situação de efetiva carência habitacional

1 – Nos termos do disposto no n.º 4 do artigo 13.º da Lei n.º 83/2019, de 3 de setembro, e para os efeitos previstos no n.º 6 do artigo 28.º da Lei n.º 81/2014, de 19 de dezembro, na sua redação atual, consideram-se em situação de efetiva carência habitacional as pessoas que não possuam ou que estejam em risco efetivo de perder uma habitação e não tenham alternativa habitacional.

2 – Para efeitos do disposto no n.º 6 do artigo 28.º da Lei n.º 81/2014, de 19 de dezembro, considera-se uma habitação adequada a fração ou o prédio destinado a habitação, apto a satisfazer condignamente as necessidades habitacionais de uma pessoa ou de um agregado habitacional determinado, tendo em consideração, designadamente, a composição deste, a tipologia da habitação e as condições de habitabilidade e de segurança da mesma.

3 – Não constitui uma alternativa habitacional aquela que imponha uma alteração ao agregado habitacional pré-existente à situação de carência referida no n.º 1, salvo se esta alteração resultar de pedido ou obtiver a concordância escrita do requerente e do elemento, ou elementos, do agregado habitacional com quem a entidade pública respetiva tenha previamente celebrado um contrato de arrendamento.

Artigo 4.º – Dever objetivo de atuação das entidades públicas

1 – Cabe às entidades públicas, no âmbito da proteção e acompanhamento no despejo, conforme estabelecido no artigo 13.º da Lei n.º 83/2019, de 3 de setembro, prestar o apoio necessário aos agregados familiares em situação de efetiva carência habitacional nos termos definidos no n.º 1 do artigo anterior, sinalizados no âmbito do atendimento de ação social, designadamente aquele a que se refere o artigo 10.º do Decreto-Lei n.º 55/2020, de 12 de agosto, sem prejuízo do disposto na Portaria n.º 120/2021, de 8 de junho.

2 – Não existindo alternativa habitacional adequada, deve ser salvaguardado o encaminhamento para uma resposta habitacional permanente do parque habitacional público existente, quer dos municípios, quer do Instituto da Habitação e da Reabilitação Urbana, I. P. (IHRU, I. P.), e de acordo com os respetivos critérios de elegibilidade.

3 – Na impossibilidade de promover a imediata atribuição de uma habitação permanente no parque habitacional público existente, o município da área de localização da habitação a desocupar deve promover, cumpridos os requisitos de elegibilidade do Decreto-Lei n.º 37/2018, de 4 de junho, na sua redação atual, a inclusão das situações referidas no número anterior no âmbito da sua Estratégia Local de Habitação ao abrigo do disposto no Decreto-Lei n.º 37/2018, de 4 de junho, na sua redação atual.

4 – O disposto no número anterior não prejudica que o município ou, existindo, outras entidades com competência para o efeito, encaminhem ou assegurem a implementação de uma solução de alojamento temporário, em articulação com o Instituto da Segurança Social, I. P. (ISS, I. P.), e o IHRU, I. P., no âmbito das respetivas competências.

5 – A articulação referida no número anterior é operacionalizada através de sinalização junto dos serviços de ação social locais ou de outras entidades que, em função da matéria, sejam competentes, preferencialmente através da Bolsa Nacional de Alojamento Urgente e Temporário, aprovada pelo Decreto-Lei n.º 26/2021, de 31 de março, ou de outras respostas sociais disponíveis.

6 – O disposto no número anterior não prejudica, complementarmente, a salvaguarda de soluções habitacionais de emergência através do município, em articulação com o IHRU, I. P., no âmbito dos respetivos programas, sendo possível recorrer-se, se necessário, ao arrendamento de frações ou de prédios destinados a habitação.

7 – O financiamento da solução habitacional prevista no número anterior é complementarmente elegível para apoio a uma solução habitacional transitória ao abrigo do disposto no artigo 14.º do Decreto-Lei n.º 29/2018, de 4 de maio, na sua redação atual.

CAPÍTULO III – Função social da habitação

Artigo 5.º – Uso efetivo da habitação

1 – No âmbito do procedimento de classificação de um imóvel de uso habitacional como devoluto, quando o mesmo se situe em zona de pressão urbanística, conforme definida no artigo 2.º-A do Decreto-Lei n.º 159/2006, de 8 de agosto, na sua redação atual, a notificação a que se refere o n.º 2 do artigo 4.º do mesmo decreto-lei contém uma proposta do município de arrendamento do imóvel ao seu proprietário, para posterior subarrendamento.

2 – A proposta a que se refere o número anterior pressupõe que o imóvel ou fração a arrendar reúne condições de habitabilidade que possibilitem a sua imediata integração no mercado de arrendamento.

3 – O valor da renda a propor pelo município ao proprietário tem como limite máximo o valor de referência do preço por renda e alojamento, previsto no artigo 3.º da Portaria n.º 176/2019, de 6 de junho, sendo o respetivo contrato de arrendamento celebrado, preferencialmente, ao abrigo do Programa de Arrendamento Acessível, aprovado pelo Decreto-Lei n.º 68/2019, de 22 de maio, na sua redação atual.

4 – A aceitação, pelo proprietário, do arrendamento nos termos propostos pelo município, constitui fundamento e causa para a extinção do procedimento de classificação desse imóvel como devoluto.

5 – Sem prejuízo do disposto nos números anteriores, o município procede ao subarrendamento do locado em função das necessidades do território e das populações, de acordo com os regimes existentes.

6 – Nos casos em que a classificação de um imóvel como devoluto com o fundamento constante da alínea d) do n.º 2 do artigo 2.º do Decreto-Lei n.º 159/2006, de 8 de agosto, na sua redação atual, e sempre que o nível de conservação apurado na respetiva vistoria assim o indicar, pode o município determinar a execução das obras necessárias à correção de más condições de segurança ou de salubridade, bem como das condições de habitabilidade, nos termos previstos no artigo 89.º e seguintes do Decreto-Lei n.º 555/99, de 16 de dezembro, na sua redação atual (RJUE), aplicando-se igualmente, quanto ao ressarcimento pela execução destas obras, o disposto nos artigos 108.º e 108.º-B do RJUE.

CAPÍTULO IV – Direito de preferência

Artigo 6.º – Objetivos de política pública de habitação

1 – O Estado, as regiões autónomas e os municípios gozam do direito de preferência nas alienações onerosas de imóveis de uso habitacional, para além das demais situações previstas na lei, nas seguintes circunstâncias:

a) Numa zona de pressão urbanística, delimitada com fundamento na falta ou desadequação da oferta, nos termos previstos no artigo 2.º-A do Decreto-Lei n.º 159/2006, de 8 de agosto, na sua redação atual;

b) Em territórios identificados no Programa Nacional de Habitação com fundamento na falta ou desadequação da oferta referida na alínea anterior.

2 – Nos casos previstos no número anterior, bem como nas circunstâncias previstas no n.º 3 do artigo 37.º da Lei n.º 83/2019, de 3 de setembro, e sem prejuízo da prevalência do direito de preferência dos arrendatários, nos termos previstos no n.º 4 do artigo 37.º da mesma lei, bem como das cooperativas de habitação e construção, nos casos previstos no artigo 28.º do Decreto-Lei n.º 502/99, de 19 de novembro, na sua redação atual, é estabelecida a seguinte graduação do direito de preferência, por ordem na preferência:

a) Municípios;

b) Regiões Autónomas;

c) Estado.

3 – É de 10 dias o prazo para exercício de qualquer dos direitos de preferência ao abrigo do disposto no presente artigo.

4 – O Estado é representado pelo IHRU, I. P., no exercício do direito de preferência previsto no presente capítulo.

Artigo 7.º – Exercício do direito de preferência pelo Instituto da Habitação e da Reabilitação Urbana, I. P

1 – O IHRU, I. P., de acordo com as suas disponibilidades orçamentais, pode preferir nos negócios jurídicos relativos a alienações onerosas de imóveis de uso habitacional, nos casos referidos no n.º 3 do artigo 37.º da Lei n.º 83/2019, de 3 de setembro, quando os imóveis objeto do direito de preferência se situem em área com carência habitacional, determinada pela carta municipal, ou nas zonas referidas nas alíneas *a)* e *b)* no n.º 1 do artigo anterior, desde que tal direito não tenha sido exercido pelos municípios ou pelas regiões autónomas.

2 – O direito de preferência previsto no presente capítulo é exercido pelas entidades públicas nos termos previstos no Decreto-Lei n.º 263-A/2007, de 23 de julho, na sua redação atual, dispondo estas de um prazo único de 10 dias para o efeito, sem prejuízo de, em caso de exercício plural desses direitos, prevalecer o da entidade melhor graduada de acordo com a ordem estabelecida no n.º 2 do artigo anterior.

CAPÍTULO V – Fiscalização do arrendamento habitacional

Artigo 8.º – Fiscalização das normas legais do arrendamento habitacional

1 – O IHRU, I. P., no âmbito da fiscalização do arrendamento habitacional, tem o dever de participar às autoridades competentes os factos de que tenha conhecimento no desempenho das suas funções que indiciem a prática de infrações cuja apreciação e punição não seja da sua competência.

2 – A atividade de fiscalização do arrendamento habitacional, pelo IHRU, I. P., é regulada por portaria do membro do Governo responsável pela área da habitação, a aprovar no prazo de 30 dias a contar da data de publicação do presente decreto-lei.

Artigo 9.º – Verificação das condições de habitabilidade dos fogos arrendados ou subarrendados

1 – O IHRU, I. P., quando tenha conhecimento, por denúncia ou através de documentos que lhe sejam remetidos, de factos que possam consubstanciar a existência de deficiências nas condições de habitabilidade de fogos arrendados ou subarrendados, pode solicitar, ao abrigo da alínea c) do n.º 1 do artigo 2.º do Decreto-Lei n.º 266-B/2012, de 31 de dezembro, à câmara municipal do sítio do imóvel, a determinação do nível de conservação do respetivo locado.

2 – Quando da determinação a que se refere o número anterior resulte um nível de conservação mau ou péssimo, a câmara municipal ou a entidade a que se refere o n.º 2 do artigo 2.º do Decreto-Lei n.º 266-B/2012, de 31 de dezembro, consoante os casos, deve aplicar o disposto no artigo 89.º e seguintes do RJUE.

3 – A câmara municipal territorialmente competente remete ao IHRU, I. P., para conhecimento cópia do auto de vistoria e respetiva ficha de avaliação do imóvel, bem como, nos casos previstos no número anterior, da notificação subsequente e demais diligências efetuadas no âmbito do respetivo processo.

Artigo 10.º – Elementos obrigatórios na publicação de anúncios de imóveis habitacionais

1 – Constitui obrigação das empresas de mediação imobiliária indicar o número da licença ou a autorização de utilização do imóvel, a tipologia, bem como a sua área útil, em todos os anúncios publicados com vista à celebração de contratos de arrendamento habitacional.

2 – Constitui obrigação das entidades anunciadoras não publicar ou retirar, quando haja sido publicado, qualquer anúncio publicado sem a indicação dos elementos mencionados no número anterior.

3 – Constitui contraordenação punível com coima de € 250 a € 3740, no caso de pessoas singulares, e de € 2500 a € 44 890, no caso de pessoas coletivas:

a) O incumprimento das obrigações das empresas de mediação imobiliária, previstas no n.º 1;

b) O incumprimento das obrigações das entidades anunciadoras, previstas no número anterior.

4 – A iniciativa para a instauração e instrução dos processos de contraordenação previstos no presente artigo, bem como a determinação e aplicação das eventuais coimas compete ao Instituto dos Mercados Públicos, do Imobiliário e da Construção, I. P. (IMPIC, I. P.).

5 – O IHRU, I. P., participa ao IMPIC, I. P., todos os factos de que tenha conhecimento no exercício das suas competências de fiscalização do arrendamento habitacional que indiciem a prática dos ilícitos contraordenacionais previstos no presente artigo, remetendo igualmente todas as provas que tenha recolhido nesse âmbito.

6 – O produto das coimas recebidas por infração ao disposto no presente decreto-lei reverte em 60 % para os cofres do Estado, em 30 % para o IMPIC, I. P., e em 10 % para o IHRU, I. P.

7 – Na falta de pagamento voluntário das coimas aplicadas em processo de contraordenação, compete à Autoridade Tributária e Aduaneira (AT), nos termos do Código de Procedimento e de Processo Tributário (CPPT), promover a respetiva cobrança coerciva.

8 – A entrega da certidão de dívida é efetuada através da plataforma eletrónica da AT, no Portal das Finanças, ou por via eletrónica.

9 – O processo de execução fiscal tem por base certidão emitida pelo IMPIC, I. P., com valor de título executivo, da qual constam os elementos referidos no artigo 163.º do CPPT.

10 – O Tribunal da Concorrência, Regulação e Supervisão é o tribunal competente para conhecer do recurso, da revisão e da execução das decisões ou de quaisquer outras medidas legalmente suscetíveis de impugnação tomadas em processo de contraordenação instaurado ao abrigo do presente decreto-lei.

CAPÍTULO VI – Alterações legislativas

Artigo 11.º – Alteração ao Decreto-Lei n.o 37/2018, de 4 de junho

O artigo 14.º do Decreto-Lei n.º 37/2018, de 4 de junho, na sua redação atual, passa a ter a seguinte redação:

«Artigo 14.º – [...]

1 – [...].

2 – [...].

3 – Nas condições previstas no número anterior, quando o IHRU, I. P., atue como beneficiário intermediário ao abrigo do disposto no artigo 9.º do Decreto-

-Lei n.º 29-B/2021, de 4 de maio, pode receber as transferências, na qualidade de substituto do respetivo beneficiário final, nos termos do disposto no artigo 16.º do Decreto-Lei n.º 53-B/2021, de 23 de junho, com as necessárias adaptações, incluindo nas situações em que os beneficiários finais que não se enquadrem no âmbito do n.º 1 do artigo 2.º do mesmo decreto-lei.»

CAPÍTULO VII – Disposições finais

Artigo 12.º – Regiões autónomas

O presente decreto-lei aplica-se a todo o território nacional, sem prejuízo de diploma regional que proceda às necessárias adaptações nas regiões autónomas dos Açores e da Madeira.

Artigo 13.º – Norma revogatória

É revogada a alínea c) do n.º 1 do artigo 6.º da Lei n.º 81/2014, de 19 de dezembro, na sua redação atual.

Artigo 14.º Entrada em vigor

O presente decreto-lei entra em vigor no dia seguinte ao da sua publicação.

Visto e aprovado em Conselho de Ministros de 30 de setembro de 2021. – António Luís Santos da Costa – João Nuno Marques de Carvalho Mendes – Francisca Eugénia da Silva Dias Van Dunem – Alexandra Ludomila Ribeiro Fernandes Leitão – Ana Manuel Jerónimo Lopes Correia Mendes Godinho – Pedro Nuno de Oliveira Santos.

Promulgado em 25 de outubro de 2021.

Publique-se.

O Presidente da República, Marcelo Rebelo de Sousa.

Referendado em 29 de outubro de 2021.

O Primeiro-Ministro, António Luís Santos da Costa.

LEI DE BASES GERAIS DA POLÍTICA PÚBLICA DE SOLOS, DE ORDENAMENTO DO TERRITÓRIO E DE URBANISMO

Lei n.º 31/2014, de 30 de maio
Lei de bases gerais da política pública de solos, de ordenamento do território e de urbanismo

A Assembleia da República decreta, nos termos da alínea *c)* do artigo 161.º da Constituição, o seguinte:

TÍTULO I – Disposições gerais

CAPÍTULO I – Objeto, fins e princípios gerais

Artigo 1.º – Objeto

1 – A presente lei estabelece as bases gerais da política pública de solos, de ordenamento do território e de urbanismo.

2 – A presente lei não se aplica ao ordenamento e à gestão do espaço marítimo nacional, sem prejuízo da coerência, articulação e compatibilização da política de solos e de ordenamento do território com a política do ordenamento e da gestão do espaço marítimo nacional.

Artigo 2.º – Fins

Constituem fins da política pública de solos, de ordenamento do território e de urbanismo:

a) Valorizar as potencialidades do solo, salvaguardando a sua qualidade e a realização das suas funções ambientais, económicas, sociais e culturais, enquanto suporte físico e de enquadramento cultural para as pessoas e suas atividades, fonte de matérias-primas e de produção de biomassa, reservatório de carbono e reserva de biodiversidade;

b) Garantir o desenvolvimento sustentável, a competitividade económica territorial, a criação de emprego e a organização eficiente do mercado fundiário, tendo em vista evitar a especulação imobiliária e as práticas lesivas do interesse geral;

c) Reforçar a coesão nacional, organizando o território de modo a conter a expansão urbana e a edificação dispersa, corrigindo as assimetrias regionais, nomeadamente dos territórios de baixa densidade, assegurando a igualdade de oportunidades dos cidadãos no acesso às infraestruturas, equipamentos, serviços e funções urbanas, em especial aos equipamentos e serviços que promovam o apoio à família, à terceira idade e à inclusão social;

d) Aumentar a resiliência do território aos efeitos decorrentes de fenómenos climáticos extremos, combater os efeitos da erosão, minimizar a emissão de gases com efeito de estufa e aumentar a eficiência energética e carbónica;

e) Evitar a contaminação do solo, eliminando ou minorando os efeitos de substâncias poluentes, a fim de garantir a salvaguarda da saúde humana e do ambiente;

f) Salvaguardar e valorizar a identidade do território nacional, promovendo a integração das suas diversidades e da qualidade de vida das populações;

g) Racionalizar, reabilitar e modernizar os centros urbanos, os aglomerados rurais e a coerência dos sistemas em que se inserem;

h) Promover a defesa, a fruição e a valorização do património natural, cultural e paisagístico;

i) Assegurar o aproveitamento racional e eficiente do solo, enquanto recurso natural escasso e valorizar a biodiversidade;

j) Prevenir riscos coletivos e reduzir os seus efeitos nas pessoas e bens;

k) Salvaguardar e valorizar a orla costeira, as margens dos rios e as albufeiras;

l) Dinamizar as potencialidades das áreas agrícolas, florestais e silvo-pastoris;

m) Regenerar o território, promovendo a requalificação de áreas degradadas e a reconversão de áreas urbanas de génese ilegal;

n) Promover a acessibilidade de pessoas com mobilidade condicionada aos edifícios, equipamentos e espaços verdes ou outros espaços de utilização coletiva.

Artigo 3.º – Princípios gerais

1 – As políticas públicas e as atuações administrativas em matéria de solos, de ordenamento do território e de urbanismo estão subordinadas aos seguintes princípios gerais:

a) Solidariedade intra e intergeracional, assegurando às gerações presentes e futuras qualidade de vida e um equilibrado desenvolvimento socioeconómico;

b) Responsabilidade, garantindo a prévia avaliação das intervenções com impacte relevante no território e estabelecendo o dever de reposição ou de compensação de danos que ponham em causa o património natural, cultural e paisagístico;

c) Economia e eficiência, assegurando a utilização racional e eficiente dos recursos naturais e culturais, bem como a sustentabilidade ambiental e financeira das opções adotadas pelos programas e planos territoriais;

d) Coordenação e compatibilização das diversas políticas públicas com incidência territorial com as políticas de desenvolvimento económico e social, assegurando uma adequada ponderação dos interesses públicos e privados em presença;

e) Subsidiariedade, simplificando e coordenando os procedimentos dos diversos níveis da Administração Pública, com vista a aproximar o nível decisório ao cidadão;

f) Equidade, assegurando a justa repartição dos benefícios e dos encargos decorrentes da aplicação dos programas e planos territoriais e dos instrumentos de política de solos;

g) Participação dos cidadãos, reforçando o acesso à informação e à intervenção nos procedimentos de elaboração, execução, avaliação e revisão dos programas e planos territoriais;

h) Concertação e contratualização entre interesses públicos e privados, incentivando modelos de atuação baseados na vinculação recíproca entre a iniciativa pública e a privada na concretização dos programas e planos territoriais;

i) Segurança jurídica e proteção da confiança, garantindo a estabilidade dos regimes legais e o respeito pelos direitos preexistentes e juridicamente consolidados.

2 – As políticas públicas e as atuações administrativas contribuem, ainda, para a preservação do ambiente e estão subordinadas aos seguintes princípios ambientais:

a) Do desenvolvimento sustentável, que obriga à satisfação das necessidades do presente sem comprometer as das gerações futuras, para o que concorrem a preservação de recursos naturais e a herança cultural, a capacidade de produção dos ecossistemas a longo prazo, o ordenamento racional e equilibrado do território com vista ao combate às assimetrias regionais, a promoção da coesão territorial, a produção e o consumo sustentáveis de energia, a salvaguarda da biodiversidade, do equilíbrio biológico, do clima e da estabilidade geológica, harmonizando a vida humana e o ambiente;

b) Da prevenção e da precaução, que obrigam à adoção de medidas antecipatórias com o objetivo de obviar ou minorar os impactes adversos no ambiente;

c) Da transversalidade e da integração de políticas ambientais nas políticas de ordenamento do território e urbanismo, nomeadamente mediante a realização de avaliação ambiental que identifique e monitorize efeitos significativos no ambiente que resultem de um programa ou plano territorial;

d) Do poluidor-pagador e do utilizador-pagador, que obriga o responsável pela poluição ou o utente de serviços públicos a assumir os custos da atividade poluente ou os custos da utilização dos recursos;

e) Da responsabilidade, que obriga à responsabilização de todos os que direta ou indiretamente, com dolo ou negligência, provoquem ameaças ou danos ao ambiente;

f) Da recuperação, que obriga o causador do dano ambiental à restauração do estado do ambiente tal como se encontrava anteriormente à ocorrência do facto danoso.

CAPÍTULO II – Direitos e deveres gerais

Artigo 4.º – Direito de propriedade privada do solo

1 – O direito de propriedade privada do solo é garantido nos termos da Constituição e da lei.

2 – O direito de propriedade privada e os demais direitos relativos ao solo são ponderados e conformados no quadro das relações jurídicas de ordenamento do território e de urbanismo, com princípios e valores constitucionais protegidos, nomeadamente nos domínios da defesa nacional, do ambiente, da cultura e do património cultural, da paisagem, da saúde pública, da educação, da habitação, da qualidade de vida e do desenvolvimento económico e social.

3 – A imposição de restrições ao direito de propriedade privada e aos demais direitos relativos ao solo está sujeita ao pagamento da justa indemnização, nos termos e de acordo com o previsto na lei.

Artigo 5.º – Direito ao ordenamento do território

Todos têm o direito a um ordenamento do território racional, proporcional e equilibrado, de modo a que a prossecução do interesse público em matéria de solos, ordenamento do território e urbanismo, se faça no respeito pelos direitos e interesses legalmente protegidos.

Artigo 6.º Outros direitos

1 – Todos têm o direito a:

a) Usar e fruir o solo, no respeito pelos usos e utilizações previstos na lei e nos programas e planos territoriais;

b) Beneficiar, nos termos da lei, dos bens do domínio público e usar as infraestruturas de utilização coletiva;

c) Aceder, em condições de igualdade, a espaços coletivos e de uso público, designadamente equipamentos, espaços verdes e outros espaços de utilização coletiva.

2 – Todos gozam dos direitos de intervir e participar nos procedimentos administrativos relativos ao solo, ordenamento do território e urbanismo, nomeadamente:

a) O direito de participação efetiva nos procedimentos com incidência na ocupação, uso e transformação dos solos através da apresentação de propostas, sugestões e reclamações, bem como o direito a obter uma resposta fundamentada da administração nos termos da lei;

b) O direito de acesso à informação de que as entidades públicas disponham e aos documentos que integram os procedimentos referidos na alínea anterior.

Artigo 7.º – Deveres gerais

Todos têm o dever de:

a) Utilizar de forma sustentável e racional o território e os recursos naturais;

b) Respeitar o ambiente, o património cultural e a paisagem;

c) Utilizar de forma correta os bens do domínio público, as infraestruturas, os serviços urbanos, os equipamentos, os espaços verdes ou outros espaços de utilização coletiva, bem como abster-se de realizar quaisquer atos ou de desenvolver quaisquer atividades que comportem um perigo de lesão dos mesmos.

Artigo 8.º – Deveres do Estado, das regiões autónomas e das autarquias locais

1 – O Estado, as regiões autónomas e as autarquias locais têm o dever de promover a política pública de solos, de ordenamento do território e de urbanismo, no âmbito das respetivas atribuições e competências, previstas na Constituição e na lei.

2 – Para efeitos disposto no número anterior, o Estado, as regiões autónomas e as autarquias locais têm, designadamente, o dever de:

a) Planear e programar o uso do solo e promover a respetiva concretização;

b) Garantir a igualdade e transparência no exercício dos direitos e no cumprimento dos deveres relacionados com o solo, designadamente, através do direito de participação e do direito à informação dos cidadãos;

c) Garantir o uso do solo, de acordo com o desenvolvimento sustentável e de modo a prevenir a sua degradação;

d) Garantir a existência de espaços públicos destinados a infraestruturas, equipamentos e espaços verdes ou outros espaços de utilização coletiva, acautelando que todos tenham acesso aos mesmos em condições de igualdade;

e) Garantir a sustentabilidade económica das obras indispensáveis à instalação e à manutenção de infraestruturas e equipamentos;

f) Assegurar a fiscalização do cumprimento das regras relativas ao uso, ocupação e transformação do solo e aplicar medidas de tutela da legalidade.

TÍTULO II – Política de solos

CAPÍTULO I – Estatuto jurídico do solo

SECÇÃO I – Disposições comuns

Artigo 9.º – Regime de uso do solo

1 – O uso do solo realiza-se no âmbito dos limites previstos na Constituição, na lei, nos planos territoriais de âmbito intermunicipal ou municipal em vigor e em conformidade com a respetiva classificação e qualificação.

2 – O regime de uso do solo define a disciplina relativa à respetiva ocupação, utilização e transformação.

3 – O regime de uso do solo é estabelecido pelos planos territoriais de âmbito intermunicipal ou municipal através da classificação e qualificação do solo.

Artigo 10.º – Classificação e qualificação do solo

1 – A classificação do solo determina o destino básico do solo, com respeito pela sua natureza, e assenta na distinção entre solo rústico e solo urbano.

2 – Para efeitos do disposto no número anterior, entende-se por:

a) «Solo rústico», aquele que, pela sua reconhecida aptidão, se destine, nomeadamente, ao aproveitamento agrícola, pecuário, florestal, à conservação, valorização e exploração de recursos naturais, de recursos geológicos ou de recursos energéticos, assim como o que se destina a espaços naturais, culturais, de turismo, recreio e lazer ou à proteção de riscos, ainda que seja ocupado por infraestruturas, e aquele que não seja classificado como urbano;

b) «Solo urbano», o que está total ou parcialmente urbanizado ou edificado e, como tal, afeto em plano territorial à urbanização ou à edificação;

3 – A classificação e reclassificação do solo como urbano traduzem uma opção de planeamento, nos termos e condições previstos na lei.

4 – A qualificação do solo define, com respeito pela sua classificação, o conteúdo do seu aproveitamento por referência às potencialidades de desenvolvimento do território.

Artigo 11.º – Restrições de utilidade pública

1 – Sem prejuízo da definição do regime de uso do solo pelos planos territoriais de âmbito intermunicipal ou municipal, para a prossecução de finalidades genéricas de interesse público relativas à política pública de solos, podem ser estabelecidas, por lei, restrições de utilidade pú – blica ao conteúdo do direito de propriedade, prevalecendo sobre as demais disposições de regime de uso do solo.

2 – Quando tenham caráter permanente e expressão territorial suscetíveis de impedir ou condicionar o aproveitamento do solo, as restrições de utilidade pública são obrigatoriamente traduzidas nos planos territoriais de âmbito intermunicipal ou municipal, sem prejuízo do disposto no número seguinte.

3 – No âmbito dos procedimentos de elaboração, alteração ou revisão dos planos territoriais de âmbito intermunicipal ou municipal, podem ser propostas desafetações ou alterações dos condicionamentos do aproveitamento específico do solo resultantes das restrições de utilidade pública, em função da respetiva avaliação e ponderação, nos termos e condições previstos na lei.

Artigo 12.º – Áreas territoriais a reabilitar e a regenerar

1 – O Estado, as Regiões Autónomas e as autarquias locais identificam, nos programas e planos territoriais, as áreas territoriais a reabilitar e a regenerar e promovem as ações adequadas à prossecução desses objetivos.

2 – As áreas referidas no número anterior podem abranger solo classificado como rústico ou urbano.

SECÇÃO II – Direitos e deveres relativos ao solo

Artigo 13.º – Direitos dos proprietários

1 – Os proprietários do solo têm o direito a utilizar o solo de acordo com a sua natureza, e com observância do previsto nos programas e planos territoriais.

2 – Os proprietários do solo rústico têm o direito de utilizar os solos de acordo com a sua natureza, traduzida na exploração da aptidão produtiva desses solos, diretamente ou por terceiros, preservando e valorizando os bens culturais, naturais, ambientais e paisagísticos e de biodiversidade.

3 – Os proprietários do solo urbano têm, designadamente, os seguintes direitos, nos termos e condições previstos na lei:

a) Reestruturar a propriedade;
b) Realizar as obras de urbanização;
c) Edificar;
d) Promover a reabilitação e regeneração urbanas;
e) Utilizar as edificações.

Artigo 14.º – Deveres dos proprietários

1 – Os proprietários têm o dever de preservar e valorizar os bens naturais, ambientais, paisagísticos, culturais e de biodiversidade.

2 – Os proprietários têm, designadamente, os seguintes deveres:

a) Utilizar, conservar e reabilitar imóveis, designadamente, o edificado existente;

b) Ceder áreas legalmente exigíveis para infraestruturas, equipamentos, espaços verdes e outros espaços de utiliza – ção coletiva, ou, na ausência ou insuficiência da cedência destas áreas, compensar o município;

c) Realizar infraestruturas, espaços verdes e outros espaços de utilização coletiva;

d) Comparticipar nos custos de construção, manutenção, reforço ou renovação das infraestruturas, equipamentos e espaços públicos de âmbito geral;

e) Minimizar o nível de exposição a riscos coletivos.

Artigo 15.º – Aquisição gradual das faculdades urbanísticas

1 – A aquisição das faculdades urbanísticas que integram o conteúdo do aproveitamento do solo urbano é efetuada de forma sucessiva e gradual e está sujeita ao cumprimento dos ónus e deveres urbanísticos estabelecidos na lei e nos planos territoriais de âmbito intermunicipal ou municipais aplicáveis.

2 – A inexistência das faculdades urbanísticas referidas no número anterior não prejudica o disposto na lei em matéria de justa indemnização devida por expropriação.

Artigo 16.º – Imposição da realização de operações urbanísticas

1 – A administração pode impor ao proprietário do imóvel a realização das operações urbanísticas necessárias à execução de um plano territorial de âmbito intermunicipal ou municipal, incluindo, nomeadamente, a obrigação de nele construir, de conservar, reabilitar e demolir as construções e edificações que nele existam ou de as utilizar em conformidade com o previsto em plano territorial.

2 – Sem prejuízo do disposto em lei especial, caso o proprietário não cumpra a obrigação no prazo estabelecido, ou manifeste a sua oposição à mesma, a sua execução apenas pode ter lugar mediante expropriação ou venda forçada do imóvel, nos termos do artigo 35.º da presente lei.

Artigo 17.º – Sacrifício de direitos preexistentes e juridicamente consolidados

1 – O sacrifício de direitos preexistentes e juridicamente consolidados só pode ter lugar nos casos expressamente previstos na lei ou nos planos territoriais aplicáveis e mediante o pagamento de compensação ou indemnização.

2 – A compensação ou indemnização a que se refere o número anterior é prevista, obrigatoriamente e de forma expressa, no plano territorial de âmbito intermunicipal ou municipal que fundamenta a imposição do sacrifício, nomeadamente através da definição de mecanismos de perequação deles resultantes.

3 – Independentemente do disposto nos números anteriores são indemnizáveis quaisquer sacrifícios impostos aos proprietários do solo que tenham efeito equivalente a uma expropriação.

Artigo 18.º – Reserva de solo

1 – A reserva de solo para infraestruturas urbanísticas, equipamentos e espaços verdes e outros espaços de utilização coletiva, que tenha por objeto propriedade privada determina a obrigatoriedade da respetiva aquisição pela Administração Pública no prazo estabelecido no plano territorial ou no instrumento de programação, findo o qual aquela reserva caduca, desde que o atraso não seja imputável à falta de iniciativa do proprietário ou ao incumprimento dos respetivos ónus ou deveres urbanísticos.

2 – Na falta de fixação do prazo a que se refere o número anterior, a reserva do solo caduca no prazo de cinco anos contados da data da entrada em vigor do respetivo plano territorial.

3 – As associações de municípios e as autarquias locais são obrigadas a declarar a caducidade da reserva de solo, nos termos dos números anteriores, e a proceder à redefinição do uso do solo, salvo se o plano territorial vigente tiver previsto o regime de uso do solo supletivamente aplicável.

SECÇÃO III – Estruturação da propriedade

Artigo 19.º – Estruturação da propriedade

1 – O dimensionamento, fracionamento, emparcelamento e reparcelamento da propriedade do solo realiza-se de acordo com o previsto nos planos territoriais, devendo as unidades prediais ser adequadas ao aproveitamento do solo neles estabelecido.

2 – Sem prejuízo da fixação legal de unidades mínimas de cultura em solo rústico, os planos territoriais de âmbito intermunicipal ou municipal podem estabelecer critérios e regras para o dimensionamento dos prédios, nomeadamente para os lotes ou parcelas resultantes das operações de transformação fundiária realizadas no âmbito da sua execução.

3 – As associações de municípios e as autarquias locais podem promover, por sua iniciativa ou em cooperação com os proprietários de prédios, a reestruturação da propriedade, nos termos da lei, com vista a:

a) Reduzir ou eliminar os inconvenientes socioeconómicos da fragmentação e da dispersão da propriedade;

b) Viabilizar a reconfiguração de limites cadastrais de terrenos;

c) Contribuir para a execução de operações de reabilitação e regeneração;

d) Assegurar a implementação da política pública de solos prevista nos programas e planos territoriais;

e) Ajustar a dimensão e a configuração dos prédios à estrutura fundiária definida pelo programa ou plano territorial;

f) Distribuir equitativamente, entre os proprietários, os benefícios e encargos resultantes da entrada em vigor do plano territorial;

g) Localizar adequadamente as áreas necessárias à implantação de infraestruturas, equipamentos, espaços verdes ou outros espaços de utilização coletiva, designadamente as áreas de cedência obrigatória.

4 – Os proprietários do solo rústico podem, individualmente ou em associação, promover a reestruturação da propriedade, nomeadamente para reduzir ou eliminar os inconvenientes socioeconómicos da fragmentação e da dispersão da propriedade.

5 – Os proprietários do solo urbano podem reestruturar a propriedade, nomeadamente promovendo o fracionamento ou reparcelamento de prédios destinados à construção urbana, mediante operações urbanísticas de loteamento que definam a edificabilidade e os prazos da sua concretização.

Artigo 20.º Uso do solo e edificabilidade

1 – O uso do solo é definido exclusivamente pelos planos territoriais de âmbito intermunicipal ou municipal, através da definição de áreas de construção ou, na impossibilidade dessa definição, pela aplicação de parâmetros e índices quantitativos e qualitativos, de aproveitamento ou de edificabilidade, nos termos da lei.

2 – A edificabilidade pode ser objeto de direitos subjetivos autónomos do solo, nomeadamente para viabilizar a transferência de edificabilidade, nos termos da lei.

Artigo 21.º Transferência de edificabilidade

1 – Os planos territoriais de âmbito intermunicipal ou municipal podem permitir que a edificabilidade por eles atribuída a um lote ou a uma parcela de terreno seja transferida para outros lotes ou parcelas, visando prosseguir, designadamente, as seguintes finalidades:

a) Conservação da natureza e da biodiversidade;

b) Salvaguarda do património natural, cultural ou paisagístico;

c) Prevenção ou minimização de riscos coletivos inerentes a acidentes graves ou catástrofes e de riscos ambientais;

d) Reabilitação ou regeneração;

e) Dotação adequada em infraestruturas, equipamentos, espaços verdes ou outros espaços de utilização coletiva;

f) Habitação com fins sociais;

g) Eficiência na utilização dos recursos e eficiência energética.

2 – Para efeitos do disposto no número anterior, os planos territoriais de âmbito intermunicipal ou municipal regulam a previsão da edificabilidade transferida, definindo os termos e condições em que os valores do direito concreto de construir podem ser utilizados, bem como os mecanismos para a respetiva operacionalização, de acordo com o procedimento previsto na lei.

3 – A transferência de edificabilidade deve ser objeto de inscrição no registo predial do lote ou parcela de terreno a que essa edificabilidade estava atribuída, nos termos a definir em legislação específica.

CAPÍTULO II – Propriedade pública do solo e intervenção do Estado, das regiões autónomas e das autarquias locais

SECÇÃO I – Propriedade pública do solo

Artigo 22 – Espaços de uso público, equipamentos e infraestruturas de utilização coletiva

1 – Os espaços de uso público e os equipamentos e infraestruturas de utilização coletiva integram o domínio público ou privado da administração.

2 – O disposto no número anterior pode ser afastado no âmbito de uma operação urbanística, mediante decisão fundamentada das autarquias locais, quando existir acordo do proprietário e seja comprovadamente mais adequada, do ponto de vista urbanístico, a manutenção ou integração das áreas referidas no número anterior em titularidade privada.

3 – Nas situações previstas no número anterior as autarquias locais asseguram a utilização coletiva das áreas que se mantenham ou sejam integradas em titularidade privada, e regulam os respetivos termos, através de regulamento municipal e de contrato celebrado com os proprietários.

4 – A cessação de restrições de utilidade pública ou servidões administrativas de utilidade pública e a desafetação de imóveis do domínio público ou dos fins de utilidade pública a que se encontravam adstritos, designadamente os do domínio privado indisponível do Estado, mesmo que integrem o património de institutos públicos ou de empresas públicas, têm como efeito a caducidade do regime de uso do solo para eles especificamente previsto nos planos territoriais de âmbito intermunicipal ou municipal, caso estes não tenham estabelecido o regime de uso do solo aplicável em tal situação.

5 – Sempre que ocorra a caducidade do regime de uso do solo nos termos do número anterior, as associações de municípios ou as autarquias locais devem redefinir o uso do solo mediante a elaboração ou alteração de instrumento de planeamento territorial.

Artigo 23.º – Domínio privado e políticas públicas de solos

Sem prejuízo de outras finalidades previstas na lei, os bens imóveis do domínio privado do Estado, das regiões autónomas e autarquias locais podem ser afetos à prossecução de finalidades de política pública de solos, com vista, designadamente, à:

a) Regulação do mercado do solo, tendo em vista a prevenção da especulação fundiária e a regulação do respetivo valor;

b) Aplicação de princípios supletivos associados aos mecanismos de redistribuição de benefícios e encargos;

c) Localização de infraestruturas, de equipamentos e de espaços verdes ou de outros espaços de utilização coletiva;

d) Realização de intervenções públicas ou de iniciativa pública, nos domínios da proteção civil, da agricultura, das florestas, da conservação da natureza, da habitação com fins sociais e da reabilitação e regeneração urbana;

e) Execução programada dos programas e planos territoriais.

Artigo 24. – Autonomização de bens imóveis de titularidade ou afetação pública

1 – O Estado, as regiões autónomas e as autarquias locais devem autonomizar, nos seus planos de atividades e orçamento e nos documentos de prestação de contas, os bens imóveis integrantes do seu domínio público ou privado e outros ativos patrimoniais, que ficam afetos à prossecução de finalidades de política fundiária.

2 – Os bens imóveis podem ingressar na titularidade pública ou ser afetos à prossecução das finalidades das entidades referidas no número anterior por qualquer meio legalmente admitido, nomeadamente:

a) Aquisição originária;

b) Reafetação de terrenos de titularidade pública;

c) Compra e venda, permuta, arrendamento, locação financeira e outros contratos de natureza análoga;

d) Sucessão, doação e renúncia;

e) Expropriação por utilidade pública;

f) Cedências no âmbito de operações urbanísticas e compensações perequativas.

Artigo 25.º – Cedência de bens imóveis

Os bens imóveis que tenham sido cedidos pelos particulares, para fins de utilidade pública, no âmbito de operações urbanísticas e integrem o domínio das autarquias locais, não podem deixar de ser afetos a fins de utilidade pública, ainda que distintas das que motivaram a cedência sob pena de reversão, nos termos da lei.

SECÇÃO II – Meios de intervenção administrativa no solo

Artigo 26.º – Instrumentos de política de solos

O Estado, as regiões autónomas e as autarquias locais conduzem a política pública de solos, no quadro das respetivas atribuições e das competências dos seus órgãos, para prossecução das finalidades que lhe são cometidas, no respeito da Constituição e da lei.

Artigo 27.º – Gestão territorial

A gestão territorial é um meio de intervenção administrativa no solo e contribui para a realização dos objetivos de política pública de solos e de regulação fundiária ao nível nacional, regional e local.

Artigo 28.º – Transação de bens do domínio privado

Salvo se o contrário resultar da lei, da natureza ou do objeto do ato a praticar, o Estado, as regiões autónomas e as autarquias locais podem, para a prossecução de finalidades de política pública de solos, adquirir ou alienar bens imóveis ou direitos reais sobre eles incidentes, pelos meios previstos no direito privado, nomeadamente compra, venda ou permuta.

Artigo 29.º – Direito de preferência

O Estado, as regiões autónomas e as autarquias locais têm o direito de exercer, nos termos legalmente previstos, o direito de preferência nas transmissões onerosas de prédios entre particulares, tendo em vista a prossecução de objetivos de política pública de solos para as finalidades seguintes:

a) Execução dos programas e planos territoriais;
b) Reabilitação e regeneração de áreas territoriais rústicas e urbanas;
c) Reestruturação de prédios rústicos e urbanos;
d) Preservação e valorização do património natural, cultural e paisagístico.
e) Prevenção e redução de riscos coletivos.

Artigo 30.º Direito de superfície

1 – O Estado, as regiões autónomas e as autarquias locais podem constituir o direito de superfície sobre bens imóveis integrantes do seu domínio privado para a prossecução de finalidades de política pública de solos, nos termos da lei.

2 – O direito de superfície é, em regra, constituído a título oneroso.

Artigo 31.º – Cedência de utilização de bens do domínio privado

1 – O Estado, as regiões autónomas e as autarquias locais podem ceder, a título precário e com caráter oneroso, a utilização de bens do respetivo domínio privado, para assegurar a prossecução de finalidades de política pública de solos.

2 – A cedência é devidamente fundamentada e procura garantir a conservação, a valorização e a rentabilização dos bens cedidos.

3 – A lei estabelece o procedimento de cedência e as condições em que se realizam a fiscalização da atividade do cessionário e a restituição dos bens imóveis cedidos.

Artigo 32.º – Concessão da utilização e exploração do domínio público

1 – O Estado, as regiões autónomas e as autarquias locais podem celebrar contratos de concessão ou conceder licenças de uso privativo de bens que integrem o seu domínio público, designadamente para efeitos de utilização, exploração ou gestão de infraestruturas urbanas e de espaços e equipamentos de utilização coletiva.

2 – A lei estabelece as regras a observar quanto ao prazo de vigência da concessão, à fixação dos critérios para o pagamento de taxas pelo concessionário, às obrigações e aos direitos do concessionário, aos bens afetos à concessão, às garantias a prestar, ao sequestro, ao resgate e à responsabilidade perante terceiros.

Artigo 33.º – Servidões administrativas

1 – Para a prossecução de finalidades concretas de interesse público relativas à política fundiária podem, nos termos legalmente previstos, ser constituídas servidões administrativas sobre bens imóveis que, com carácter real, limitem o direito de propriedade ou outros direitos reais, por lei, ato administrativo ou contrato, prevalecendo sobre as demais restrições de uso do solo.

2 – Para efeitos do disposto no número anterior, podem, designadamente, ser impostas aos titulares dos direitos reais sobre bens imóveis, obrigações de não adotar condutas que prejudiquem as finalidades de interesse público prosseguidas pelo Estado, regiões autónomas e autarquias locais, na medida estritamente necessária para a prossecução dessas finalidades.

3 – A constituição, ampliação ou alteração de uma servidão administrativa por ato administrativo deve ser precedida de audiência prévia dos interessados e de partici – pação em termos análogos aos previstos para a participação nos programas especiais.

4 – As participações poderão ter por objeto a ilegalidade ou a inutilidade da constituição, ampliação ou alteração da servidão ou a sua excessiva amplitude ou onerosidade.

5 – Quando tenham caráter permanente e expressão territorial suscetíveis de impedir ou condicionar o aproveitamento do solo, as servidões administrativas são obrigatoriamente traduzidas nos planos territoriais de âmbito intermunicipal ou municipal podendo, no âmbito dos procedimentos de elaboração, alteração ou revisão destes planos, ser ponderadas desafetações ou alterações.

6 – As servidões administrativas que tenham efeito análogo à expropriação são constituídas mediante pagamento de justa indemnização, nos termos da lei.

Artigo 34.º – Expropriações por utilidade pública

1 – Para a prossecução de finalidades concretas de interesse público relativas à política pública de solos podem ser realizadas expropriações por utilidade pública de bens imóveis, mediante o pagamento de justa indemnização, nos termos da lei.

2 – As expropriações por utilidade pública visam, nomeadamente, a prossecução das seguintes finalidades:

a) Realização de operações urbanísticas;

b) Reabilitação e regeneração de áreas territoriais rústicas e urbanas;

c) Realização de intervenções públicas ou de iniciativa pública;

d) Instalação de infraestruturas e equipamentos de utilização coletiva;

e) Integração de terrenos na titularidade pública do solo;

f) Execução de programas e planos territoriais.

3 – A expropriação só pode ter lugar quando a constituição de uma servidão de direito administrativo ou de outros meios menos lesivos não seja suficiente para assegurar a prossecução das finalidades de interesse público em causa.

Artigo 35.º – Venda forçada

1 – Os proprietários que não cumpram os ónus e deveres decorrentes de operação de regeneração prevista em plano territorial de âmbito intermunicipal ou municipal ou de operação de reabilitação urbana podem ser sujeitos a venda forçada, nos termos da lei, em alternativa à expropriação, por motivo de utilidade pública.

2 – Os edifícios em estado de ruína ou sem condições de habitabilidade, bem como as parcelas de terrenos resultantes da sua demolição, podem ser sujeitos a venda forçada, nos termos da lei

3 – Os adquirentes dos edifícios e parcelas de terrenos referidos nos números anteriores estão vinculados aos mesmos ónus e deveres, no prazo e programação estipulados no ato de venda forçada.

4 – No caso de o adquirente em venda forçada não cumprir os ónus e deveres previstos nos planos territoriais e na respetiva programação no prazo da respetiva execução temporal, pode haver lugar a expropriação ou à retoma do procedimento de venda forçada.

5 – A venda forçada só pode ter lugar quando outros meios menos lesivos não sejam suficientes para assegurar a prossecução das finalidades de interesse público em causa.

6 – Na falta de acordo do proprietário quanto ao valor do bem em procedimento de venda forçada é assegurado ao proprietário do imóvel o valor de justa indemnização.

Artigo 36.º – Arrendamento forçado e disponibilização de prédios na bolsa de terras

1 – Os edifícios e as frações autónomas objeto de ação de reabilitação podem ser sujeitos a arrendamento forçado, nos casos e nos termos previstos na lei.

2 – Os prédios rústicos objeto de operação integrada de gestão da paisagem podem ser objeto de arrendamento forçado, nos casos e nos termos previstos na lei.

3 – Os prédios rústicos e os prédios mistos sem dono conhecido e que não estejam a ser utilizados para fins agrícolas, florestais, silvo-pastoris ou de conservação da natureza, podem ser disponibilizados na bolsa nacional de terras, nos termos da lei.

TÍTULO III – Sistema de gestão territorial

CAPÍTULO I – Gestão territorial

Artigo 37.º – Objetivos da gestão territorial

A gestão territorial visa executar a política de solos, de ordenamento do território e de urbanismo e garantir:

a) A melhoria das condições de vida e de trabalho das populações;

b) A correta distribuição e localização no território das atividades económicas, das funções de habitação, de trabalho, de cultura e de lazer;

c) A criação de oportunidades diversificadas de emprego como meio para a fixação das populações, particularmente nas áreas menos desenvolvidas;

d) A preservação e defesa de solos com potencialidade para aproveitamento com atividades agrícolas, pecuárias ou florestais, de conservação da natureza, de turismo e lazer, de produção de energias renováveis ou de exploração de recursos geológicos, de modo a que a afetação daqueles solos a outros usos se restrinja às situações em que seja efetivamente necessária e se encontre devidamente comprovada;

e) A adequação de níveis de densidade urbana, impedindo a degradação da qualidade de vida, bem como o desequilíbrio da organização económica e social;

f) A rentabilização de infraestruturas, evitando a extensão desnecessária das redes e dos perímetros urbanos e racionalizando o aproveitamento das áreas intersticiais;

g) A aplicação de uma política de habitação que permita resolver as carências existentes;

h) A reabilitação e a revitalização dos centros históricos e dos elementos do património cultural classificados, bem como do respetivo parque habitacional em detrimento de nova construção;

i) Promover a acessibilidade de todos os cidadãos aos edifícios, bem como aos espaços públicos e de uso coletivo;

j) A recuperação e regeneração de áreas degradadas;

k) A prevenção e redução de riscos coletivos;

Artigo 38.º - Estrutura do sistema de gestão territorial

1 - A política de solos, de ordenamento do território e de urbanismo é desenvolvida, nomeadamente, através de instrumentos de gestão territorial que se materializam em:

a) Programas, que estabelecem o quadro estratégico de desenvolvimento territorial e as suas diretrizes programáticas ou definem a incidência espacial de políticas nacionais a considerar em cada nível de planeamento;

b) Planos, que estabelecem opções e ações concretas em matéria de planeamento e organização do território bem como definem o uso do solo.

2 - O sistema de gestão territorial organiza-se num quadro de interação coordenada que se reconduz aos âmbitos nacional, regional, intermunicipal e municipal, em função da natureza e da incidência territorial dos interesses públicos prosseguidos.

Artigo 39.º - Ponderação de interesses públicos e privados

1 - Os programas e planos territoriais identificam, graduam e harmonizam os vários interesses públicos e privados com tradução no ordenamento do território.

2 - Os programas e planos territoriais asseguram a harmonização dos vários interesses públicos com expressão espacial, tendo em conta a defesa nacional, a segurança, a saúde pública, a proteção civil e as estratégias de desenvolvimento, bem como a sustentabilidade territorial, em termos económicos, sociais, culturais e ambientais, a médio e longo prazo.

3 - As entidades responsáveis pela elaboração, aprovação, alteração, revisão, execução e avaliação dos programas e planos territoriais devem assegurar, nos respetivos âmbitos de intervenção, a necessária coordenação entre as diversas políticas com incidência territorial e a política de ordenamento do território e urbanismo, mantendo uma estrutura orgânica e funcional apta a prosseguir uma efetiva articulação, cooperação e concertação no exercício das várias competências.

Artigo 40.º – Âmbito nacional

1 – Os programas territoriais de âmbito nacional definem o quadro estratégico para o ordenamento do espaço nacional e para a sua integração na União Europeia, estabelecendo as diretrizes a considerar a nível regional e a compatibilização das políticas públicas sectoriais do Estado, bem como, na medida do necessário, a salvaguarda de valores e recursos de reconhecido interesse nacional, nos termos dos números seguintes.

2 – O programa nacional da política de ordenamento do território estabelece, em concretização das opções europeias de desenvolvimento territorial e do quadro de referência europeu:

a) As opções estratégicas de organização do território nacional e o modelo de estruturação territorial tendo em conta o sistema urbano, as infraestruturas e os equipamentos de utilização coletiva de interesse nacional, bem como as áreas de interesse nacional em termos de defesa nacional e segurança pública, agrícolas, florestais, ambientais, patrimoniais e económicos, de exploração de recursos geológicos e de aproveitamento das energias renováveis;

b) As grandes opções de investimento público, com impacte territorial significativo, suas prioridades e programação, em articulação com as estratégias definidas para a aplicação dos fundos europeus e nacionais.

3 – Os programas sectoriais estabelecem, no âmbito nacional e de acordo com as políticas sectoriais da União Europeia, a incidência territorial da programação ou concretização de políticas públicas dos diversos sectores da administração central do Estado, nomeadamente, nos domínios da defesa, segurança pública, prevenção de riscos, ambiente, recursos hídricos, conservação da natureza e da biodiversidade, transportes, comunicações, energia, cultura, saúde, turismo, agricultura, florestas, comércio ou indústria.

4 – Os programas especiais constituem um meio de intervenção do Governo e visam a prossecução de objetivos considerados indispensáveis à tutela de interesses públicos e de recursos de relevância nacional com repercussão territorial, estabelecendo exclusivamente regimes de salvaguarda de recursos e valores naturais, através de medidas que estabeleçam ações permitidas, condicionadas ou interditas em função dos objetivos de cada programa, prevalecendo sobre os planos territoriais de âmbito intermunicipal e municipal.

5 – Os programas especiais compreendem os programas da orla costeira, programas das áreas protegidas, programas de albufeiras de águas públicas e os programas dos estuários.

Artigo 41.º – Âmbito regional

1 – Os programas regionais estabelecem:

a) As opções estratégicas de organização do território regional e o respetivo modelo de estruturação territorial, tendo em conta o sistema urbano, as infraestruturas e os equipamentos de utilização coletiva de interesse regional, bem como as áreas de interesse regional em termos agrícolas, florestais, ambientais, ecológicos e económicos, integrando as redes nacionais de infraestruturas, de mobilidade e de equipamentos de utilização coletiva com expressão regional;

b) As grandes opções de investimento público, com impacte territorial significativo, suas prioridades e programação, em articulação com as estratégias definidas para a aplicação dos fundos europeus e nacionais.

2 – Os programas regionais constituem o quadro de referência estratégico para a elaboração dos programas intermunicipais e dos planos territoriais de âmbito intermunicipal e municipal.

Artigo 42.º – Âmbito intermunicipal

1 – O programa intermunicipal é de elaboração facultativa e abrange dois ou mais municípios territorialmente contíguos integrados na mesma comunidade intermunicipal, salvo situações excecionais, autorizadas pelo membro do Governo responsável pela área do ordenamento do território, após parecer das comissões de coordenação e desenvolvimento regional.

2 – O programa intermunicipal assegura a articulação entre o programa regional e os planos territoriais de âmbito intermunicipal ou municipal, no caso de áreas que, pela interdependência estrutural ou funcional ou pela existência de áreas homogéneas de risco, necessitem de uma ação integrada de planeamento.

3 – O programa intermunicipal estabelece as opções estratégicas de organização do território intermunicipal e de investimento público, suas prioridades e programação, em articulação com as estratégias definidas nos programas territoriais de âmbito nacional, sectorial e regional, definindo orientações para os planos territoriais de âmbito intermunicipal ou municipal.

4 – Os planos territoriais de âmbito intermunicipal são o plano diretor intermunicipal, o plano de urbanização intermunicipal e o plano de pormenor intermunicipal.

5 – O plano diretor intermunicipal estabelece, de modo coordenado, a estratégia de desenvolvimento territorial intermunicipal, o modelo territorial intermunicipal, as opções de localização e de gestão de equipamentos de utilização pública locais e as relações de interdependência entre dois ou mais municípios territorialmente contíguos, e a sua aprovação dispensa a elaboração de planos diretores municipais, substituindo-os.

6 – Os planos de urbanização e os planos de pormenor intermunicipais abrangem parte do território contíguo dos concelhos a que respeitam.

7 – A existência de um plano intermunicipal não prejudica o direito de cada município gerir autonomamente o seu território, de acordo com o previsto nesse plano.

Artigo 43.º – Âmbito municipal

1 – Os planos territoriais de âmbito municipal estabelecem, nos termos da Constituição e da lei, de acordo com as diretrizes estratégicas de âmbito regional, e com opções próprias de desenvolvimento estratégico local, o regime de uso do solo e a respetiva execução.

2 – Os planos territoriais de âmbito municipal são o plano diretor municipal, o plano de urbanização e o plano de pormenor.

3 – O plano diretor municipal é de elaboração obrigatória, salvo se houver um plano diretor intermunicipal, e estabelece, nomeadamente, a estratégia de desenvolvimento territorial municipal, o modelo territorial municipal, as opções de localização e de gestão de equipamentos de utilização coletiva e as relações de interdependência com os municípios vizinhos.

4 – O plano de urbanização desenvolve e concretiza o plano diretor municipal e estrutura a ocupação do solo e o seu aproveitamento, definindo a localização das infraestruturas e dos equipamentos coletivos principais.

5 – O plano de pormenor desenvolve e concretiza o plano diretor municipal, definindo a implantação e a volumetria das edificações, a forma e organização dos espaços de utilização coletiva e o traçado das infraestruturas.

Artigo 44.º – Relações entre programas e planos territoriais

1 – O programa nacional da política de ordenamento território, os programas sectoriais e os programas especiais prosseguem objetivos de interesse nacional e estabelecem os princípios e as regras orientadoras da disciplina a definir pelos programas regionais.

2 – Os programas regionais prosseguem os objetivos de interesse regional e respeitam o disposto nos programas territoriais de âmbito nacional.

3 – Os planos territoriais de âmbito intermunicipal e municipal devem desenvolver e concretizar as orientações definidas nos programas territoriais preexistentes de âmbito nacional ou regional, com os quais se devem compatibilizar.

4 – Os planos territoriais de âmbito municipal devem ainda atender às orientações definidas nos programas intermunicipais preexistentes.

5 – A existência de um plano diretor, de um plano de urbanização ou de um plano de pormenor de âmbito intermunicipal exclui a possibilidade de existência, ao nível municipal, de planos territoriais do mesmo tipo, na área por eles abrangida, sem prejuízo das regras relativas à dinâmica de planos territoriais.

6 – Sempre que entre em vigor um programa territorial de âmbito nacional ou regional, é obrigatória a alteração ou atualização dos planos territoriais de âmbito intermunicipal e municipal, que com ele não sejam compatíveis, nos termos da lei.

7 – O programa ou o plano territorial posterior avalia e pondera as regras dos programas ou planos preexistentes ou em preparação, identificando expressamente as normas incompatíveis a alterar ou a revogar nos termos da lei.

Artigo 45.º – Articulação de programas e planos territoriais com os planos de ordenamento do espaço marítimo

1 – Os programas e os planos territoriais asseguram a respetiva articulação e compatibilização com os planos de ordenamento do espaço marítimo nacional, sempre que incidam sobre a mesma área ou sobre áreas que, pela interdependência estrutural ou funcional dos seus elementos, necessitem de uma coordenação integrada de planeamento.

2 – A articulação e a compatibilização dos programas e dos planos territoriais com os planos de ordenamento do espaço marítimo nacional são feitas nos termos da lei.

Artigo 46.º – Vinculação

1 – Os programas territoriais vinculam as entidades públicas.

2 – Os planos territoriais de âmbito intermunicipal e municipal vinculam as entidades públicas e ainda, direta e imediatamente, os particulares.

3 – O disposto no n.º 1 do presente artigo não prejudica a vinculação direta e imediata dos particulares relativamente a normas legais ou regulamentares em matéria de recursos florestais.

4 – Os programas territoriais que prossigam objetivos de interesse nacional ou regional, cujo conteúdo em função da sua incidência territorial urbanística deva ser vertido em plano diretor intermunicipal ou municipal e em outros planos territoriais estabelecem, ouvidos a associação de municípios ou os municípios abrangidos, o prazo para a atualização destes planos e indicam expressamente as normas a alterar, nos termos da lei.

5 – Findo o prazo estabelecido nos termos do número anterior, se a associação de municípios ou o município não tiver procedido à referida atualização, suspendem-se as normas do plano territorial intermunicipal ou municipal que deveriam ter sido alteradas, não podendo, na área abrangida, haver lugar à prática de quaisquer atos ou operações que impliquem a alteração do uso do solo, enquanto durar a suspensão.

6 – Sem prejuízo de outras sanções previstas na lei, a falta de iniciativa, por parte de associação de municípios ou município, tendente a desencadear o procedimento de atualização do plano intermunicipal ou municipal referida no número anterior, bem como o atraso da mesma atualização por facto imputável às referidas entidades, implica a rejeição de candidaturas de projetos a benefícios ou subsídios outorgados por entidades ou serviços públicos nacionais ou comunitários, bem como a não celebração de contratos-programa, até à regularização da situação.

Artigo 47.º – *Contratualização do planeamento*

1 – A elaboração, a alteração, e a revisão, a suspensão e a execução de planos territoriais de âmbito intermunicipal ou municipal pode ser precedida da celebração de contratos entre o Estado, as regiões autónomas e as autarquias locais.

2 – Os contratos referidos no número anterior podem ter por objeto, nomeadamente, as formas e os prazos para adequação dos planos existentes em relação a programas supervenientes com os quais aqueles devam ser conformes ou compatíveis.

3 – Os particulares interessados na elaboração, alteração ou revisão de um plano de urbanização ou de plano de pormenor podem apresentar propostas de contratos para planeamento aos municípios.

4 – A contratualização prevista no número anterior não prejudica o exercício dos poderes públicos de planeamento, as garantias procedimentais de intervenção de outras entidades públicas ou de participação dos interessados, nem a observância das disposições legais e regulamentares aplicáveis.

5 – Os procedimentos de formação dos contratos referidos nos números anteriores asseguram uma adequada publicitação e a realização de discussão pública.

CAPÍTULO II – Formação e dinâmica dos programas e planos territoriais

Artigo 48.º – *Elaboração e aprovação*

1 – O programa nacional da política de ordenamento do território é elaborado pelo Governo e aprovado por lei da Assembleia da República.

2 – Os programas regionais de ordenamento do território são elaborados e aprovados pelo Governo, sob coordenação do membro responsável pela área do ordenamento do território.

3 – Os programas especiais e sectoriais são elaborados e aprovados pelo Governo, sob coordenação do membro responsável pela área cujo interesse público é tutelado no programa a título principal, em articulação com o membro do Governo responsável pela área do ordenamento do território.

4 – Os programas e planos territoriais de âmbito intermunicipal são elaborados pelas câmaras municipais dos municípios associados para o efeito ou pelo conselho executivo da associação de municípios e são aprovados, respetivamente, pelas assembleias municipais interessadas ou pela assembleia intermunicipal.

5 – Os planos territoriais de âmbito municipal são elaborados pela câmara municipal e aprovados pela assembleia municipal.

Artigo 49.º – *Informação e participação*

O procedimento de elaboração, alteração ou revisão dos programas e planos territoriais assegura aos particulares as garantias gerais que a lei lhes confere, nomeadamente, a informação e os meios de participação pública efetiva, bem como o direito de apresentação de observações e sugestões à entidade responsável pela sua elaboração e de consulta do respetivo processo, nos termos da lei.

Artigo 50.º – *Dinâmica*

1 – Os programas e planos territoriais podem ser objeto de revisão, alteração, suspensão ou revogação, em razão da evolução ou reponderação das condições económicas, sociais, culturais e ambientais subjacentes à sua elaboração, com fundamento em relatório de avaliação a elaborar nos termos estabelecidos na lei.

2 – A atualização de planos territoriais decorrentes da entrada em vigor de normas legais e regulamentares, que não implique uma decisão autónoma de planeamento, é obrigatória e depende de declaração da entidade responsável pela elaboração do plano.

Artigo 51.º – *Ratificação de planos territoriais de âmbito intermunicipal e municipal*

1 – A ratificação pelo Governo do plano diretor intermunicipal ou do plano diretor municipal é excecional, ocorrendo nas situações em que, no âmbito do respetivo procedimento de elaboração e aprovação, seja suscitada pela associação de municípios ou pelo município a sua incompatibilidade com programa especial, regional ou sectorial.

2 – A ratificação pelo Governo do plano diretor intermunicipal ou do plano diretor municipal tem como efeito a revogação ou alteração das normas do programa regional, sectorial ou especial incompatíveis com as opções municipais ou intermunicipais ratificadas.

3 – A ratificação pelo Governo do plano diretor intermunicipal ou do plano diretor municipal pode ser total ou parcial, aproveitando apenas a parte objeto de ratificação.

CAPÍTULO III – Medidas preventivas e normas provisórias

Artigo 52.º – *Medidas preventivas*

1 – As associações de municípios e as autarquias locais podem, pelo prazo máximo a definir em lei, estabelecer as medidas preventivas necessárias para evitar a alteração das circunstâncias de facto existentes em determinada área do território, de modo a garantir a liberdade na elaboração de programas e planos territoriais de âmbito intermunicipal ou municipal a ele relativos, e evitar que a sua execução fique comprometida ou se torne excessivamente onerosa.

2 – Para salvaguardar situações excecionais de reconhecido interesse nacional ou regional ou garantir a elaboração dos programas especiais, o Governo pode estabelecer medidas preventivas destinadas a evitar a alteração de circunstâncias e das condições existentes que possam comprometer a respetiva execução ou torná-la mais onerosa.

3 – A adoção de medidas preventivas por motivo de revisão ou alteração de um plano territorial de âmbito intermunicipal ou municipal, ou para salvaguarda de situações excecionais de reconhecido interesse nacional ou regional e garantia de elaboração de programas especiais, determina a suspensão da eficácia deste na área abrangida por aquelas medidas e, ainda, quando assim seja determinado no ato que as adota, a suspensão dos demais programas e planos em vigor na mesma área.

4 – A adoção de medidas preventivas dá lugar a indemnização, nos termos da lei.

Artigo 53.º – Normas provisórias

1 – Quando a salvaguarda de interesses públicos a prosseguir não possa obter-se mediante a imposição das proibições e limitações a que se refere o artigo anterior, podem ser adotadas, pelo prazo máximo e procedimento a definir em lei, normas provisórias que definam o regime transitoriamente aplicável a uma determinada área do território e se revelem necessárias para a salvaguarda daqueles interesses.

2 – Só pode haver lugar à adoção de normas provisórias quando o procedimento de elaboração ou revisão do plano diretor intermunicipal ou do plano diretor municipal que o substitua se encontre em estado avançado de elaboração que permita a adoção fundamentada de regras regulamentares específicas.

3 – A adoção de normas provisórias é precedida dos pareceres das entidades da Administração Pública com competências específicas e de discussão pública, nos termos aplicáveis ao plano territorial de âmbito intermunicipal ou municipal a que respeitam.

4 – As normas provisórias caducam com a entrada em vigor do plano territorial de âmbito intermunicipal ou municipal para a área em questão.

5 – A adoção de normas provisórias pode dar lugar a indemnização quando destas resulte sacrifício de direitos preexistentes e juridicamente consolidados, nos termos da lei.

CAPÍTULO IV – Execução dos programas e planos territoriais

Artigo 54.º – Promoção pública da execução

1 – A promoção da execução dos programas e planos territoriais é uma tarefa pública, cabendo ao Estado, às regiões autónomas ou às autarquias locais, a sua programação e coordenação.

2 – Os particulares têm o dever de concretizar e adequar as suas pretensões aos objetivos e prioridades definidos nos planos territoriais de âmbito intermunicipal e municipal e nos respetivos instrumentos de programação.

3 – A realização de infraestruturas na execução de planos territoriais é precedida de contrato de urbanização, nos termos da lei.

Artigo 55.º – Execução sistemática e não sistemática

1 – A execução sistemática consiste na realização, mediante programação municipal, de operações urbanísticas integradas, tendo em vista a transformação, reabilitação ou regeneração ordenada do território abrangido.

2 – A execução não sistemática é efetuada sem necessidade de prévia delimitação de unidades de execução, por intermédio de operações urbanísticas a realizar nos termos da lei.

3 – A execução sistemática dos planos territoriais de âmbito intermunicipal ou municipal é concretizada através de políticas urbanas integradas, nomeadamente, mediante a aquisição ou disponibilização de terrenos, operações de transformação fundiária e formas de parceria ou contratualização que incentivem a concertação dos diversos interesses em presença, no âmbito de unidades de execução delimitadas nos termos da lei.

Artigo 56.º – Programação da execução

1 – Os programas e planos territoriais estabelecem as orientações sobre a forma da respetiva execução, incluindo, designadamente:

a) A explicitação dos respetivos objetivos e a identificação das intervenções consideradas estratégicas ou estruturantes;

b) A descrição e a estimativa dos custos individuais e da globalidade das ações previstas bem como dos respetivos prazos de execução;

c) A ponderação da respetiva sustentabilidade ambiental e social, da viabilidade jurídico-fundiária e da sustentabilidade económico-financeira das respetivas propostas;

d) A definição dos meios, dos sujeitos responsáveis pelo financiamento da execução e dos demais agentes a envolver;

e) A estimativa da capacidade de investimento público relativa às propostas do plano territorial em questão, tendo em conta os custos da sua execução.

2 – Os elementos referidos no número anterior integram, de forma autónoma, o programa de execução e o plano de financiamento dos programas e planos territoriais.

3 – A programação da execução dos programas e planos territoriais obedece às orientações referidas no n.º 1, estabelece as ações tendentes à sua execução, define o modo e os prazos em que estas se processam e identifica os responsáveis pela execução e respetivas responsabilidades.

4 – São instrumentos de programação, designadamente, as unidades de execução e as operações de reabilitação urbana delimitadas pela câmara municipal nos termos previstos na lei.

5 – A programação dos planos territoriais de âmbito intermunicipal ou municipal é obrigatoriamente inscrita nos planos de atividades e nos orçamentos municipais, nos termos e condições previstos na lei.

Artigo 57.º – Monitorização e avaliação

1 – Todos os programas e planos territoriais devem definir parâmetros e indicadores que permitam monitorizar a respetiva estratégia, objetivos e resultados da sua execução.

2 – O Estado, as regiões autónomas e as autarquias locais recolhem a informação referida no número anterior e promovem a elaboração dos respetivos relatórios de execução, bem como a normalização de fontes de dados e de indicadores comuns, no prazo e condições a definir na lei.

3 – A informação referida no número anterior é disponibilizada publicamente, através dos meios informáticos adequados e que promovam a interoperabilidade e a articulação a nível nacional, regional e local.

4 – A necessidade da alteração, revisão ou revogação de um programa ou plano territorial fundamenta-se no respetivo relatório de execução.

TÍTULO IV – Operações urbanísticas

Artigo 58.º – Controlo administrativo das operações urbanísticas

1 – O controlo administrativo das operações urbanísticas destina-se a assegurar a conformidade das operações urbanísticas com as disposições legais e regulamentares aplicáveis e a prevenir os perigos ou danos que da sua realização possam resultar para a saúde pública e segurança de pessoas e bens, bem como a garantir uma efetiva responsabilização dos técnicos legalmente qualificados e dos particulares responsáveis pelos eventuais prejuízos causados por tais operações.

2 – A realização de operações urbanísticas depende, em regra, de controlo prévio vinculado à salvaguarda dos interesses públicos em presença e à definição estável e inequívoca da situação jurídica dos interessados.

3 – Quando a salvaguarda dos interesses públicos em causa seja compatível com a existência de um mero controlo sucessivo, a lei pode isentar de controlo prévio a realização de determinadas operações urbanísticas, desde que as condições de realização sejam suficientemente definidas em plano municipal.

4 – A realização de quaisquer operações urbanísticas está sujeita a controlo sucessivo, independentemente da sua sujeição a controlo prévio.

5 – A lei estabelece mecanismos com vista a assegurar a efetiva responsabilização dos diversos intervenientes nos processos de urbanização e de construção, bem como a garantia da qualidade.

6 – O Estado, as regiões autónomas e as autarquias locais podem determinar medidas de tutela da legalidade em quaisquer ações ou operações urbanísticas realizadas em desconformidade com a lei ou planos territoriais.

Artigo 59.º – Regularização de operações urbanísticas

1 – A lei estabelece um procedimento excecional para a regularização de operações urbanísticas realizadas sem o controlo prévio a que estavam sujeitas bem como para a finalização de operações urbanísticas inacabadas ou aban – donadas pelos seus promotores.

2 – A regularização das operações urbanísticas não prejudica a aplicação de sanções e de medidas de tutela da legalidade urbanística, bem como o cumprimento dos planos intermunicipais e municipais e demais normas legais e regulamentares em vigor à data em que tenham lugar.

3 – Sem prejuízo do disposto no número anterior, a lei pode dispensar o cumprimento de requisitos de legalidade relativos à construção cuja aplicação se tenha tornado impossível ou que não seja razoável exigir, assegurando o cumprimento dos requisitos atinentes à saúde pública e à segurança de pessoas e bens.

Artigo 60.º – Utilização e conservação do edificado

1 – As edificações devem respeitar as condições de segurança, salubridade e estéticas necessárias ao fim a que se destinam.

2 – Os proprietários têm o dever de manter as edificações existentes em boas condições de utilização, realizando as obras de conservação ou de outra natureza que se revelem indispensáveis a essa finalidade, nos termos da lei.

Artigo 61.º – Reabilitação e regeneração

1 – A reabilitação é a forma de intervenção territorial integrada que visa a valorização do suporte físico de um território, através da realização de obras de reconstrução, recuperação, beneficiação, renovação e modernização do edificado, das infraestruturas, dos serviços de suporte e dos sistemas naturais, bem como de correção de passivos ambientais ou de valorização paisagística.

2 – A regeneração é a forma de intervenção territorial integrada que combina ações de reabilitação com obras de demolição e construção nova e com medidas adequadas de revitalização económica, social e cultural e de reforço da coesão e do potencial territorial.

3 – Sem prejuízo do disposto na alínea *a)* do n.º 2 do artigo 14.º, incumbe ao Estado, às regiões autónomas e às autarquias locais promover a reabilitação ou regeneração das áreas urbanas que dela careçam, programando ou conduzindo a realização das respetivas operações de reabilitação urbana ou concedendo apoios e outros incentivos financeiros e fiscais.

TÍTULO V – Regime económico e financeiro

CAPÍTULO I – Financiamento de infraestruturas urbanísticas

Artigo 62.º – Princípios gerais

1 – A execução de infraestruturas urbanísticas e de equipamentos de utilização coletiva pelo Estado, pelas regiões autónomas e pelas autarquias locais obedecem a critérios de eficiência e sustentabilidade financeira, sem prejuízo da coesão territorial.

2 – Para efeitos do número anterior, qualquer decisão de criação de infraestruturas urbanísticas é precedida da demonstração do seu interesse económico e da sustentabilidade financeira da respetiva operação, incluindo os encargos de conservação, justificadas pela entidade competente no âmbito da programação nacional, regional ou intermunicipal.

3 – Os municípios elaboram obrigatoriamente um programa de financiamento urbanístico que integra o programa plurianual de investimentos municipais na execução, na manutenção e no reforço das infraestruturas e a previsão de custos de gestão urbana e identifica, de forma explícita, as fontes de financiamento para cada um dos compromissos previstos.

4 – Os municípios devem constituir um fundo municipal de sustentabilidade ambiental e urbanística, ao qual são afetas receitas resultantes da redistribuição de mais-valias, com vista a promover a reabilitação urbana, a sustentabilidade dos ecossistemas e a prestação de serviços ambientais, sem prejuízo do município poder afetar outras receitas urbanísticas a este fundo, com vista a promover a criação, manutenção e reforço de infraestruturas, equipamentos ou áreas de uso público.

5 – Os instrumentos tributários podem ter taxas de tributação diferenciadas em função dos custos das infraestruturas territoriais disponibilizadas, da respetiva utilização e de opções de incentivo ou desincentivo justificadas por objetivos de ambiente e ordenamento do território.

Artigo 63.º – Tributação do património imobiliário

1 – A tributação do património imobiliário urbano respeita o princípio da equivalência ou do benefício, atendendo ao investimento realizado em habitação com fins sociais, infraestruturas territoriais, equipamentos de utilização coletiva, ações de regeneração e reabilitação urbana, preservação e qualificação ambientais, que beneficiem o desenvolvimento socioeconómico das populações, nos termos da Constituição e da lei.

2 – A tributação do património imobiliário rústico respeita o princípio da capacidade contributiva, tomando em consideração o rendimento fundiário decorrente de uma utilização eficiente do solo e promovendo o efetivo aproveitamento do mesmo.

CAPÍTULO II – Instrumentos equitativos

Artigo 64.º – Redistribuição de benefícios e encargos

1 – Todas as operações urbanísticas sistemáticas e não sistemáticas estão sujeitas ao regime económico-financeiro regulado nos termos da lei e dos artigos seguintes.

2 – Os planos territoriais de âmbito intermunicipal ou municipal contêm instrumentos de redistribuição equitativa de benefícios e encargos deles resultantes.

3 – A redistribuição de benefícios e encargos a efetivar no âmbito dos planos territoriais de âmbito intermunicipal ou municipal toma por referência unidades operativas de planeamento e gestão, bem como unidades de execução, considerando a globalidade de território por eles abrangida.

4 – A redistribuição de benefícios e encargos a efetivar nos termos do número anterior, aplica-se a todas as operações urbanísticas sistemáticas e não sistemáticas que ocorram no território em causa, concretizando a afetação das mais-valias decorrentes do plano ou de ato administrativo.

5 – A redistribuição de benefícios e encargos a efetivar no âmbito de unidades de execução ou de outros instrumentos de programação determina a distribuição dos benefícios e encargos pelo conjunto dos respetivos intervenientes.

6 – Para efeitos do disposto nos números anteriores, os planos territoriais de âmbito intermunicipal ou municipal fundamentam o processo de formação das mais-valias fundiárias e definem os critérios para a sua parametrização e redistribuição.

7 – A lei pode ainda estabelecer mecanismos de distribuição de encargos e benefícios destinados a compensar os custos decorrentes da proteção de interesses gerais, nomeadamente, a salvaguarda do património cultural, a valorização da biodiversidade ou da proteção de ecossistemas.

Artigo 65.º – Objetivos da redistribuição de benefícios e encargos

A redistribuição de benefícios e encargos tem em consideração os seguintes objetivos:

a) Garantia da igualdade de tratamento relativamente a benefícios e encargos decorrentes de plano territorial de âmbito intermunicipal ou municipal;

b) Disponibilização de terrenos e edifícios ao município para a implementação, instalação ou renovação de infraestruturas, equipamentos, espaços verdes e outros espaços de utilização coletiva, bem como para compensação de particulares nas situações em que tal se revele necessário;

c) Garantia da igualdade de tratamento relativamente a benefícios e encargos no âmbito de uma unidade de execução de um plano territorial de âmbito intermunicipal ou municipal.

Artigo 66.º – Tipos de redistribuição de benefícios e encargos

Constituem tipos de redistribuição de benefícios e encargos:

a) Afetação social de mais-valias gerais atribuídas pelo plano territorial de âmbito intermunicipal ou municipal;

b) Distribuição dos benefícios e encargos decorrentes do plano territorial de âmbito intermunicipal ou municipal entre os proprietários fundiários;

c) Contribuição com áreas para a implementação, instalação e renovação de infraestruturas, equipamentos, espaços verdes e outros espaços de utilização coletiva.

CAPÍTULO III – Avaliação

Artigo 67.º – Âmbito de aplicação

1 – O disposto no presente capítulo aplica-se à avaliação do solo, das instalações, das construções, edificações e outras benfeitorias, bem como dos direitos legalmente constituídos sobre ou em conexão com o solo e benfeitorias que suporta.

2 – A avaliação, nos termos do número anterior, tem por objeto a determinação:

a) Do valor fundiário para efeitos de execução dos planos territoriais de âmbito intermunicipal ou municipal, na ausência de acordo entre os interessados;

b) Do preço a pagar ao proprietário na expropriação por utilidade pública e na venda ou no arrendamento forçados, nos termos da lei;

c) Do valor dos imóveis para efeitos fiscais.

Artigo 68.º – Valor do solo

1 – O valor do solo obtém-se através da aplicação de mecanismos de regulação económico-financeiros, a definir nos termos da lei, tendo em conta a política pública de solos, do ordenamento do território e de urbanismo, que incluem, designadamente, a redistribuição de benefícios e encargos decorrentes de planos territoriais de âmbito intermunicipal ou municipal, nos termos da lei.

2 – As mais-valias originadas pela edificabilidade estabelecida em plano territorial são calculadas e distribuídas entre os proprietários e o fundo municipal de sustentabilidade ambiental e urbanística.

Artigo 69.º – Critérios gerais para a avaliação do solo

1 – O solo é avaliado pelo método de avaliação mais apropriado, tendo em consideração a sua situação concreta, nos termos dos artigos seguintes.

2 – A avaliação do solo faz-se de acordo com os métodos comparativo de valores de mercado, de capitalização do rendimento ou de custo de reposição, a definir em lei.

3 – A avaliação das edificações tem em conta o respetivo estado de conservação.

Artigo 70.º – Avaliação do solo rústico

1 – O solo rústico é avaliado mediante a capitalização do rendimento anual, plurianual, real e atual da exploração.

2 – As benfeitorias são avaliadas de forma independente em relação ao solo, mediante a aplicação de critérios diferenciadores de avaliação que atendam à respetiva conformidade com a lei, os programas e os planos territoriais aplicáveis ou mecanismos de controlo prévio ou sucessivo das operações urbanísticas.

3 – As benfeitorias, quando avaliadas de forma independente do solo, são valorizadas pelo método do custo de reposição depreciado no momento a que a avaliação respeita.

4 – As plantações são valorizadas pelo método de capitalização do rendimento.

Artigo 71.º – Avaliação do solo urbano

1 – O solo urbano é avaliado considerando o valor conjunto do solo e das benfeitorias nele realizadas, nos termos da lei.

2 – A avaliação do solo urbano atende:

a) Ao valor correspondente ao aproveitamento ou edificabilidade concreta estabelecidos pelo plano aplicável ou, na sua ausência, ao valor referente à edificabilidade média definida no plano territorial de âmbito intermunicipal ou municipal, deduzidos os valores de cedência média por via perequativa, nos termos legais;

b) Ao valor do edificado existente no seu estado atual bem como, quando seja esse o caso, o valor dos ónus e deveres previstos para realização da edificabilidade concreta prevista no plano territorial de âmbito intermunicipal ou municipal.

3 – As benfeitorias são avaliadas de forma independente em relação ao solo mediante a aplicação de critérios diferenciadores de avaliação que atendam à respetiva conformidade com a lei, programas e planos territoriais aplicáveis ou mecanismos de controlo prévio ou sucessivo de operações urbanísticas.

CAPÍTULO IV – Avaliação de programas e planos territoriais

Artigo 72.º – Relatório sobre o estado do solo, do ordenamento do território e do urbanismo

O Governo apresenta à Assembleia da República, de dois em dois anos, um relatório sobre o estado dos programas e planos territoriais, no qual é feita a avaliação da execução do programa nacional das políticas de ordenamento do território e são discutidos os princípios orientadores e as formas de articulação das políticas sectoriais e regionais com incidência territorial.

Artigo 73.º – Acompanhamento da política de solos, de ordenamento do território e de urbanismo

1 – A lei estabelece formas de acompanhamento permanente e de avaliação técnica da gestão territorial e prevê mecanismos que garantam a eficiência dos instrumentos que a concretizam.

2 – A lei estabelece ainda a criação de um sistema nacional de informação territorial que permita a disponibilização informática de dados sobre o território, articulado aos níveis nacional, regional e local.

3 – A lei estabelece a criação de um sistema nacional de informação cadastral que permita identificar as unidades prediais.

TÍTULO VI – Publicidade e registo

Artigo 74.º – Publicação e publicitação

Todos os programas e planos territoriais são publicados no Diário da República, acompanhados do respetivo ato de aprovação, e publicitados no Sistema Nacional de Informação Territorial.

Artigo 75.º – Sistema de informação

1 – O Estado, as regiões autónomas e as autarquias locais devem, nos termos legalmente estabelecidos, disponibilizar no respetivo sítio da Internet a informação administrativa relativa à prossecução das suas atribuições em matéria de solos, de ordenamento do território e de urbanismo, sem prejuízo do exercício do direito geral à informação, salvaguardando a necessária reserva face aos interesses da defesa nacional e da segurança pública.

2 – É obrigatória, nos termos e condições previstos na lei, a disponibilização de informação relativa a:

a) Regulamentos administrativos e programas e planos territoriais, incluindo todo o conteúdo documental destes;

b) Tramitação dos procedimentos de formação e dinâmica de programas e planos territoriais;

c) Decisões respeitantes à programação da execução dos planos territoriais;

d) Tramitação dos procedimentos de controlo prévio de operações urbanísticas;

e) Decisões finais sobre os procedimentos de controlo prévio referidos na alínea anterior;

f) Contratos celebrados com o Estado, as regiões autónomas e as autarquias locais ou com particulares;

g) Relatórios sobre a execução de programas e planos territoriais e sobre as operações urbanísticas realizadas;

h) Ações de fiscalização de atividades de uso, ocupação e transformação do solo.

TÍTULO VII – Disposições transitórias e finais

Artigo 76.º – Registo predial, inscrição matricial e cadastral

Estão sujeitos a registo predial, a inscrição matricial, bem como a georreferenciação e a inscrição no cadastro predial, os factos que afetem direitos reais relativos a um determinado imóvel ou lhe imponham um ónus, nos termos da lei.

Artigo 77.º – Programa Nacional da Política de Ordenamento do Território

O Programa Nacional da Política de Ordenamento do Território, aprovado pela Lei n.º 58/2007, de 4 de setembro, mantém-se em vigor até à sua alteração ou revisão.

Artigo 78.º – Planos especiais

1 – O conteúdo dos planos especiais de ordenamento do território em vigor deve ser transposto, nos termos da lei, para o plano diretor intermunicipal ou municipal e outros planos intermunicipais ou municipais aplicáveis à área abrangida pelos planos especiais, até 13 de julho de 2021.

2 – Compete às comissões de coordenação e desenvolvimento regional, com o apoio das entidades responsáveis pela elaboração dos planos especiais de ordenamento do território em vigor e das associações de municípios e municípios abrangidos por aqueles, a identificação, no prazo de um ano a contar da data da entrada em vigor da presente lei, das normas relativas aos regimes de salvaguarda de recursos territoriais e valores naturais diretamente vinculativas dos particulares que devam ser integradas em plano intermunicipal ou municipal.

3 – As normas identificadas pelas comissões de coordenação e desenvolvimento regional nos termos do número anterior, são comunicadas à associação

de municípios ou município em causa, para efeitos de atualização dos planos intermunicipais e municipais, sendo aplicável o disposto no n.º 4 do artigo 46.º
4 – Findo o prazo definido no n.º 1, os planos especiais continuam a vigorar mas deixam de vincular direta e imediatamente os particulares, sem prejuízo do disposto nos n.ºs 5 e 6 do artigo 46.º

5 – Aos planos especiais são aplicáveis, com as devidas adaptações e enquanto estes ainda vigorarem, as disposições relativas à alteração, suspensão e medidas preventivas aplicáveis aos planos intermunicipais e municipais.

6 – Sem prejuízo do disposto no número anterior, a alteração de planos especiais vigentes não pode ter lugar depois do procedimento de transposição determinado nos números anteriores, nem determinar uma dificuldade acrescida para a respetiva integração nos planos intermunicipais e municipais.

Artigo 79.º – Planos regionais de ordenamento do território

Os planos regionais de ordenamento do território aprovados nos termos do Decreto-Lei n.º 380/99, de 22 de setembro, continuam em vigor até à sua alteração ou revisão.

Artigo 80.º – Instrumentos de gestão territorial

Todos os instrumentos de gestão territorial vigentes devem ser reconduzidos, no âmbito do sistema de planeamento estabelecido pela presente lei e no prazo e condições a estabelecer em legislação complementar, ao tipo de programa ou plano territorial que se revele adequado ao âmbito de aplicação específica.

Artigo 81.º – Legislação complementar

No prazo de seis meses a contar da data da entrada em vigor da presente lei são aprovados os diplomas legais complementares que reveem o regime jurídico dos instrumentos de gestão territorial, o regime jurídico da urbanização e edificação e o regime aplicável ao cadastro predial e respetivos diplomas regulamentares.

Artigo 82.º – Norma transitória

1 – A presente lei aplica-se aos procedimentos de elaboração, alteração ou revisão de planos territoriais pendentes à data da sua entrada em vigor que ainda não tenham iniciado o respetivo período de discussão pública, sem prejuízo da salvaguarda dos atos já praticados e dos direitos preexistentes e juridicamente consolidados.

2 – As regras relativas à classificação de solos, previstas na presente lei, são aplicáveis aos procedimentos de elaboração, alteração ou revisão de planos territoriais de âmbito intermunicipal ou municipal, que se iniciem após a data da sua entrada em vigor e aos que ainda se encontrem pendentes um ano após essa data, sem prejuízo do disposto no número seguinte.

3 – Nos procedimentos de elaboração, alteração ou revisão de planos territoriais a que se refere o número anterior, os terrenos que estejam classificados como solo urbanizável ou solo urbano com urbanização programada, mantêm a classificação como solo urbano para os efeitos da presente lei, até ao termo do prazo para execução das obras de urbanização que tenha sido ou seja definido em plano de pormenor, por contrato de urbanização ou de desenvolvimento urbano ou por ato administrativo de controlo prévio.

Artigo 83.º – Norma revogatória

São revogados:

a) A Lei n.º 48/98, de 11 de agosto, alterada pela Lei n.º 54/2007, de 31 de agosto;

b) O Decreto-Lei n.º 794/76, de 5 de novembro, alterado pelos Decretos-Leis n.ºs 313/80, de 19 de agosto, 400/84, de 31 de dezembro, e 307/2009, de 23 de outubro;

c) O Decreto-Lei n.º 181/70, de 28 de abril;

d) O Decreto-Lei n.º 152/82, de 3 de maio, alterado pelo Decreto-Lei n.º 210/83, de 23 de maio.

Artigo 84.º – Início de vigência

A presente lei entra em vigor no prazo de 30 dias após a data da sua publicação.

Aprovada em 11 de abril de 2014.

A Presidente da Assembleia da República, Maria da Assunção A. Esteves.

Promulgada em 22 de maio de 2014.

Publique-se.

O Presidente da República, ANÍBAL CAVACO SILVA. Referendada em 23 de maio de 2014.

O Primeiro-Ministro, Pedro Passos Coelho.

Lei n.º 91/95, de 2 de Setembro
Processo de reconversão das áreas urbanas de génese ilegal

A Assembleia da República decreta, nos termos dos artigos 164.º, alínea *d)*, e 169.º, n.º 3, da Constituição, o seguinte:

CAPÍTULO I – Do objecto

Artigo 1.º – Âmbito de aplicação

1 – A presente lei estabelece o regime excecional para a reconversão urbanística das áreas urbanas de génese ilegal (AUGI).

2 – Consideram-se AUGI os prédios ou conjuntos de prédios contíguos que, sem a competente licença de loteamento, quando legalmente exigida, tenham sido objeto de operações físicas de parcelamento destinadas à construção até à data da entrada em vigor do Decreto-Lei n.º 400/84, de 31 de dezembro, e que, nos respetivos planos territoriais, estejam classificadas como espaço urbano ou urbanizável, sem prejuízo do disposto no artigo 5.º

3 – São ainda considerados AUGI os prédios ou conjuntos de prédios parcelados anteriormente à entrada em vigor do Decreto-Lei n.º 46 673, de 29 de novembro de 1965, quando predominantemente ocupados por construções não licenciadas.

4 – As câmaras municipais delimitam o perímetro e fixam, por sua iniciativa, a modalidade de reconversão das AUGI existentes na área do município.

5 – Sem prejuízo do disposto no número anterior, as câmaras municipais podem, a requerimento de qualquer interessado, alterar o processo e a modalidade de reconversão, nos termos previstos do artigo 35.º

6 – A delimitação do perímetro das AUGI é feita com recurso a qualquer meio gráfico, cadastral ou registral que identifique com clareza a área delimitada, a qual corresponde à área que, no entendimento da câmara municipal, deve ser objeto de um único processo de reconversão urbanística, podendo integrar um ou mais prédios contíguos.

7 – Até à convocação da assembleia constitutiva da administração conjunta podem ser propostas alterações à delimitação das AUGI, fundamentadas, designadamente, no melhor conhecimento da realidade local, nos ajustamentos de escalas e na melhor delimitação técnica.

8 – As áreas de loteamento e construções ilegais não abrangidos pelos n.os 2 e 3 são objeto de estudo com vista à sua reafetação ao uso previsto em planos territoriais.

Artigo 2.º – Regime especial de divisão de coisa comum

1 – É estabelecido um regime especial de divisão de coisa comum aplicável às AUGI constituídas em regime de compropriedade até à data da entrada em vigor do Decreto-Lei n.º 400/84, de 31 de Dezembro.

2 – O direito de exigir a divisão só pode ser exercido após a emissão do respectivo título de reconversão.

CAPÍTULO II – Princípios gerais

Artigo 3.º – Dever de reconversão

1 – A reconversão urbanística do solo e a legalização das construções integradas em AUGI constituem dever dos respetivos proprietários ou comproprietários.

2 – O dever de reconversão inclui o dever de conformar os prédios que integram a AUGI com o alvará de loteamento ou com o plano de pormenor de reconversão, nos termos e prazos a estabelecer pela câmara municipal.

3 – O dever de reconversão inclui ainda o dever de comparticipar nas despesas de reconversão, nos termos fixados na presente lei.

4 – São responsáveis pelos encargos com a operação de reconversão os titulares dos prédios abrangidos pela AUGI, sem prejuízo do disposto no número seguinte e do direito de regresso sobre aqueles de quem hajam adquirido, quanto às importâncias em dívida no momento da sua aquisição, salvo no caso de renúncia expressa.

5 – O dever de reconversão compete, ainda, aos donos das construções erigidas na área da AUGI, devidamente participadas na respetiva matriz, bem como aos promitentes-compradores de parcelas, desde que tenha havido tradição, os quais respondem solidariamente pelo pagamento das comparticipações devidas.

6 – Os encargos com a operação de reconversão gozam do privilégio imobiliário previsto no artigo 743.º do Código Civil, sendo graduados logo após a hipoteca prevista no n.º 3 do artigo 27.º

7 – A câmara municipal pode, mediante deliberação e após prévia audição dos interessados, suspender a ligação às redes de infraestruturas já em funcionamento que sirvam as construções dos proprietários e comproprietários que violem o seu dever de reconversão.

Artigo 4.º – Processo de reconversão urbanística

1 – O processo de reconversão é organizado nos termos da presente lei:

a) Como operação de loteamento da iniciativa dos proprietários ou comproprietários;

b) Como operação de loteamento ou mediante plano de pormenor municipal ou intermunicipal da iniciativa da respetiva câmara municipal ou das câmaras municipais associadas para o efeito.

2 – Os loteamentos e planos de pormenor previstos nos números anteriores regem-se pelo disposto na presente lei e, subsidiariamente, pelo disposto no regime jurídico da urbanização e edificação e do regime jurídico dos instrumentos de gestão territorial.

3 – A alteração aos termos e condições do alvará de loteamento e do plano de pormenor de reconversão é requerida pela administração conjunta até à sua extinção, com o consentimento dos proprietários dos lotes para os quais se requer alteração.

4 – Sempre que a sua localização atual seja inadequada, pode o plano referido no n.º 1 prever a possibilidade de transferência de edificabilidade e a inerente recuperação do solo da localização preexistente, nos termos do artigo 21.º da Lei n.º 31/2014, de 30 de maio.

Artigo 5.º – Áreas parcialmente classificadas como urbanas ou urbanizáveis

1 – Nas áreas de loteamento ou construção ilegais parcialmente classificadas como espaço urbano ou urbanizável no respectivo PMOT, a operação de reconversão pode abranger a sua totalidade, desde que se verifiquem cumulativamente os seguintes requisitos:

a) A maior parte da área delimitada estar classificada como urbana ou urbanizável;

b) A área não classificada como urbana ou urbanizável estar ocupada maioritariamente com construções destinadas a habitação própria que preencham as condições de salubridade e segurança previstas nesta lei e que se encontrem participadas na respectiva matriz à data da entrada em vigor da presente lei.

2 – As áreas abrangidas por reserva ou servidão podem ser desafetadas até ao estrito limite do necessário à viabilização da operação de reconversão, desde que não seja posto em causa o conteúdo essencial ou o fim da reserva ou da servidão, nem envolva perigo para a segurança ou para a saúde das pessoas e bens.

3 – Nos casos previstos no n.º 1, é obrigatória a alteração do plano territorial em vigor.

Artigo 6.º – Cedências e parâmetros urbanísticos

1 – As áreas de terreno destinadas a espaços verdes e de utilização colectiva, infra-estruturas viárias e equipamentos podem ser inferiores às que resultam da aplicação dos parâmetros definidos pelo regime jurídico aplicável aos loteamentos, quando o cumprimento estrito daqueles parâmetros possa inviabilizar a operação de reconversão.

2 – Os índices urbanísticos e as tipologias de ocupação da proposta de reconversão podem também ser diversos dos definidos pelo PMOT em vigor, se a sua aplicação estrita inviabilizar a operação de reconversão.

3 – As alterações previstas no número anterior estão sujeitas ao procedimento de alteração por adaptação, previsto no regime jurídico dos instrumentos de gestão territorial.

4 – Quando as parcelas que devam integrar gratuitamente o domínio público de acordo com a operação de reconversão forem inferiores às que resultam do regime jurídico aplicável há lugar à compensação prevista no n.º 4 do artigo 44.º do regime jurídico da urbanização e edificação.

Artigo 7.º – Processo de legalização de construções

1 – As construções existentes nas AUGI só podem ser legalizadas em conformidade e após a entrada em vigor do instrumento que titule a operação de reconversão, nos termos do artigo 4.º

2 – A legalização das construções, no âmbito dos procedimentos de reconversão de AUGI, observa o procedimento previsto no artigo 102.º-A do regime jurídico da urbanização e edificação, com as especificidades previstas nos números seguintes.

3 – A legalização só é possível se for realizada prova do pagamento dos encargos devidos pela reconversão imputáveis ao lote respetivo.

4 – A legalização é possível, ainda que não tenham sido cumpridas as normas em vigor à data em que foi executada a obra, se forem cumpridas as condições mínimas de habitabilidade definidas na Portaria n.º 243/84, de 17 de abril, ficando os afastamentos mínimos referidos no artigo 73.º do regulamento geral das edificações urbanas reduzidos a metade, com o mínimo de 1,5 m ao limite de qualquer lote contíguo.

5 – A legalização deve observar o previsto nos regulamentos municipais, a que se refere o n.º 7 do artigo 102.º-A do regime jurídico da urbanização e edificação, relativos à concretização dos procedimentos e dos aspetos que envolvam a formulação de valorizações próprias do exercício da função administrativa, nomeadamente, às exigências técnicas que se tornaram impossíveis ou que não é razoável exigir.

6 – Para efeitos da aplicação do n.º 5 do artigo 102.º-A do regime jurídico da urbanização e edificação, presume-se que a construção foi realizada na data da respetiva inscrição na matriz, sem prejuízo de o requerente poder ilidir esta presunção.

7 – O instrumento de reconversão estabelece o prazo em que os donos das construções com ele não conformes são obrigados a proceder às alterações necessárias.

8 – A demolição e alteração de qualquer construção para cumprimento do instrumento de reconversão não confere ao respetivo dono direito a indemnização e constitui ónus sujeito a registo predial.

9 – O titular do rendimento de construção inscrita na matriz predial tem legitimidade para promover o processo de legalização.

10 – O processo de licenciamento de alterações a construções existentes para a sua conformação com o instrumento de reconversão segue, com as necessárias adaptações, o processo de legalização previsto nos números anteriores.

Artigo 7.º-A – Legalização de construções que não careçam de transformação fundiária

1 – As construções que se localizem em parcelas que não careçam de transformação fundiária, podem ser legalizadas, desde que existam arruamentos e infraestruturas de abastecimento de água e saneamento e esteja assegurado o pagamento da parte que lhes cabe nos encargos com as infraestruturas a executar ou executadas no âmbito da AUGI.

2 – A definição da comparticipação devida nos encargos com as infraestruturas é realizada pela câmara municipal, no âmbito dos custos gerais previstos no processo de reconversão da AUGI.

3 – Para efeitos do número anterior e antes do deferimento do pedido de legalização, o requerente deve celebrar com a câmara municipal, contrato relativo ao cumprimento das obrigações assumidas e prestar caução adequada, aplicando-se, com as necessárias adaptações, o disposto no artigo 25.º do regime jurídico da urbanização e edificação.

CAPÍTULO III – Do regime da administração dos prédios integrados na AUGI

Artigo 8.º – Administração conjunta

1 – O prédio ou prédios integrados na mesma AUGI ficam sujeitos a administração conjunta, assegurada pelos respectivos proprietários ou comproprietários.

2 – Sem prejuízo do disposto no n.º 5 do presente artigo, os órgãos da administração conjunta são os seguintes:

a) A assembleia de proprietários ou comproprietários;

b) A comissão de administração;

c) A comissão de fiscalização.

3 – A administração conjunta é instituída por iniciativa de qualquer proprietário ou comproprietário ou da câmara municipal, mediante convocatória da assembleia constitutiva.

4 – A anexação ou o fraccionamento das AUGI já delimitadas, nos termos do disposto no n.º 6 do artigo 1.º da presente lei, determina a realização de nova assembleia constitutiva para a eleição das comissões de administração e de fiscalização, convocada nos termos do disposto nos n.os 2 a 5 do artigo 11.º

5 – Nas AUGI em que, nos termos do artigo seguinte, tenha assento na assembleia um número de interessados igual ou inferior a 15, as competências da comissão de administração podem ser atribuídas a um administrador único, por deliberação da assembleia constitutiva.

6 – A administração conjunta fica sujeita à inscrição no Registo Nacional de Pessoas Colectivas, para efeitos de identificação.

7 – A administração conjunta detém capacidade judiciária, dispondo de legitimidade activa e passiva nas questões emergentes das relações jurídicas em que seja parte.

Artigo 9.º – Composição da assembleia

1 – Têm assento na assembleia os proprietários ou comproprietários cujo direito esteja devidamente inscrito na conservatória do registo predial competente, excepto nos casos previstos no número seguinte.

2 – Têm assento na assembleia, com preterição dos respectivos titulares inscritos, os donos das construções erigidas na área da AUGI, devidamente participadas na respectiva matriz, bem como os promitentes compradores de parcelas, desde que tenha havido tradição.

3 – A requerimento de qualquer proprietário, comproprietário ou da câmara municipal, deve a conservatória do registo predial emitir, gratuitamente e no prazo de 30 dias, uma certidão da descrição e de todos os registos em vigor sobre o prédio ou prédios da AUGI, a qual não pode servir para outro fim que não seja o de comprovar a legitimidade de participação na assembleia.

4 – A câmara municipal pode participar na assembleia, mediante representante devidamente credenciado.

5 – O representante da câmara municipal deve, durante o funcionamento da administração conjunta, procurar fornecer os esclarecimentos necessários e úteis de acordo com o previsto nesta lei.

6 – Devem estar presentes nas assembleias de proprietários ou comproprietários os membros da comissão de fiscalização, sempre que sejam apreciadas matérias incluídas no âmbito das suas competências.

7 – Os interessados que, por transmissão entre vivos do seu direito, deixem de ter assento na assembleia devem, no prazo de 15 dias, comunicar por escrito esse facto à comissão de administração, indicando igualmente o nome e a morada do novo titular, sob pena de responderem pelos danos a que a sua omissão der causa.

Artigo 10.º – Competências da assembleia

1 – Compete à assembleia acompanhar o processo de reconversão e fiscalizar os actos da comissão de administração, sem prejuízo das competências atribuídas à comissão de fiscalização.

2 – Compete ainda à assembleia:

a) Deliberar promover a reconversão da AUGI;

b) Eleger e destituir a comissão de administração;

c) Eleger e destituir os representantes dos proprietários e comproprietários que integram a comissão de fiscalização;

d) Aprovar o projecto de reconversão a apresentar à câmara municipal, na modalidade de pedido de loteamento;

e) Avaliar a solução urbanística preconizada, na modalidade de reconversão por iniciativa municipal;

f) Aprovar os mapas e os respectivos métodos e fórmulas de cálculo e as datas para a entrega das comparticipações referidos na alínea c) do n.º 1 do artigo 15.º;

g) Aprovar, após parecer da comissão de fiscalização, os orçamentos apresentados pela comissão de administração para a execução das obras de urbanização;

h) Aprovar o projecto de acordo de divisão da coisa comum;

i) Aprovar, após parecer da comissão de fiscalização, as contas anuais, intercalares, da administração conjunta;

j) Aprovar, após parecer da comissão de fiscalização, as contas finais da administração conjunta.

3 – As competências da assembleia de proprietários e comproprietários são indelegáveis.

4 – A assembleia de proprietários e comproprietários não pode constituir mandatário para o exercício das funções da comissão de administração, sem prejuízo do disposto no n.º 2 do artigo 55.º

5 – A fotocópia certificada da acta que contém a deliberação da assembleia que determine o pagamento de comparticipação nas despesas de reconversão constitui título executivo.

Artigo 11.º – Convocação da assembleia

1 – A assembleia reúne por iniciativa da comissão de administração ou de um grupo de proprietários ou comproprietários detentores de 5% do número total de votos na assembleia, calculado nos termos do artigo 13.º

2 – A assembleia é convocada por escrito, mediante registo postal enviado para a morada dos membros que nela podem ter assento, presumindo-se, na falta de outra indicação, que a morada é a constante da inscrição registral do respectivo direito.

3 – O aviso convocatório é obrigatoriamente afixado na sede da junta de freguesia e publicado num dos jornais de divulgação nacional.

4 – A convocatória é enviada com a antecedência mínima de 15 dias.

5 – A convocatória deve indicar a data, hora e local da reunião, bem como a respectiva ordem de trabalhos, e especificar que é realizada ao abrigo do presente diploma.

6 – Se as deliberações sobre as matérias constantes da ordem de trabalhos dependerem da consulta a peças escritas ou desenhadas, devem estas estar à disposição para tal fim, durante o prazo de antecedência do aviso convocatório, na sede da junta de freguesia, circunstância que deve constar também expressamente do texto da convocatória.

7 – A convocatória da assembleia constitutiva da administração conjunta deve ser feita com antecedência mínima de 30 dias e ser enviada a quem nela tenha direito a participar, mediante registo postal e aviso de recepção.

8 – No decurso do prazo que medeia entre o aviso da assembleia convocada para deliberar sobre o projecto de acordo de divisão da coisa comum e a realização da mesma, ficam à disposição na sede da junta ou juntas de freguesia, para consulta dos interessados, os seguintes elementos:

a) Lista dos titulares inscritos do prédio, identificados, tanto quanto possível, nos termos da alínea *e)* do n.º 1 do artigo 93.º do Código do Registo Predial, com referência à quota indivisa que cada um detém e à inscrição que lhe corresponde, lista essa que se destina a ser assinada pelos próprios na assembleia, para verificação dos interessados presentes e respectivo número de votos;

b) Cópia do alvará de loteamento;

c) Projecto de divisão proposto.

Artigo 12.º – Funcionamento da assembleia

1 – A assembleia delibera em primeira ou em segunda convocatória nos termos previstos no Código Civil para a assembleia de condóminos dos prédios em propriedade horizontal, sem prejuízo do disposto nos números seguintes.

2 – As deliberações sobre as matérias previstas nas alíneas *h)* e *j)* do n.º 2 do artigo 10.º são tomadas por um número de proprietários ou comproprietários representativos da maioria absoluta do total de votos da assembleia, calculada nos termos do artigo 13.º

3 – É admitida a votação por escrito até ao início da reunião da assembleia, nos casos em que a convocatória contenha o texto integral da proposta concreta de deliberação, devendo a assinatura estar reconhecida notarialmente.

4 – Sem prejuízo do disposto no número seguinte, a acta da assembleia é elaborada e assinada pela comissão de administração, devendo mencionar os interessados que hajam votado contra as deliberações aprovadas.

5 – A acta da assembleia referente à deliberação de aprovação do projecto de acordo de divisão de coisa comum, depois de aprovada, é assinada pelos presentes.

6 – É obrigatória a publicação das deliberações produzidas, em forma de extracto, no prazo de 15 dias, mediante aviso a afixar na sede da junta de freguesia e por anúncio no jornal onde foi publicado o aviso convocatório da assembleia, quando na mesma não tenham estado presentes ou representadas todas as pessoas que nela podem ter assento.

7 – A publicação da deliberação de que foi aprovado o projecto de acordo de divisão de coisa comum deve mencionar, sob pena de invalidade, o cartório notarial onde vai ter lugar o acto referido no n.º 4 do artigo 38.º, podendo aquele ser o notário privativo da respectiva câmara municipal, mediante deliberação desta, a requerimento da comissão de administração.

8 – As deliberações da assembleia podem ser judicialmente impugnadas por qualquer interessado que as não tenha aprovado, no prazo de 60 dias a contar da data da assembleia ou da publicação referida no n.º 6 do presente artigo, consoante aquele haja ou não estado presente na reunião.

9 – É organizado um livro de presenças nas assembleias, para efeitos de verificação da legitimidade e contagem do prazo de impugnação das respectivas deliberações.

Artigo 13.º – Sistema de votação

1 – Cada interessado dispõe de um número de votos proporcional à área de que é detentor na AUGI.

2 – As áreas referidas no n.º 2 do artigo 45.º não conferem direito de voto.

3 – Os membros da assembleia referidos no n.º 2 do artigo 9.º dispõem do mesmo número de votos de que disporia o titular do direito sobre a parte concreta do solo por si ocupada, não podendo votar a deliberação prevista na alínea *h)* do n.º 2 do artigo 10.º

4 – Não têm direito de voto os proprietários ou comproprietários referidos no artigo 45.º

Artigo 14.º – Comissão de administração

1 – A comissão de administração é formada por número ímpar de três a sete membros, que elegem de entre si um presidente e um tesoureiro, e tem obrigatoriamente uma sede, a determinar na assembleia constitutiva.

2 – A comissão é eleita em assembleia convocada para o efeito.

3 – Compete especialmente ao presidente receber notificações, presidir à assembleia e representar a administração conjunta perante as entidades administrativas.

4 – Compete especialmente ao tesoureiro superintender nas contas de administração do processo de reconversão.

5 – A comissão delibera validamente por votação maioritária dos seus membros, bastando as assinaturas do presidente e do tesoureiro para obrigar a administração conjunta nos actos e contratos em que a mesma intervenha.

6 – Os membros da comissão são remunerados ou não, conforme deliberado em assembleia.

7 – Aos membros da comissão de administração é aplicável, com as necessárias adaptações, o disposto nos artigos 72.º, 78.º e 79.º do Código das Sociedades Comerciais.

8 – As comissões de administração eleitas nos termos da presente lei iniciam imediatamente a sua actividade, sem prejuízo da prestação de contas devida pela administração anterior.

Artigo 15.º – Competências da comissão de administração

1 – Compete à comissão de administração:

a) Praticar os actos necessários à tramitação do processo de reconversão em representação dos titulares dos prédios e donos das construções integrados na AUGI;

b) Celebrar os contratos necessários para a execução dos projectos e das obras de urbanização e fiscalizar o respectivo cumprimento;

c) Elaborar e submeter à assembleia de proprietários ou comproprietários os mapas e os respectivos métodos e fórmulas de cálculo e as datas para a entrega das comparticipações e cobrar as comparticipações, designadamente para as despesas do seu funcionamento, para execução dos projectos, acompanhamento técnico do processo e execução das obras de urbanização;

d) Elaborar e submeter à assembleia de proprietários ou comproprietários os orçamentos para execução das obras de urbanização, o relatório da administração conjunta e as contas anuais, intercalares, relativas a cada ano civil, e as contas finais;

e) Submeter os documentos a que se referem as alíneas do n.º 1 do artigo 16.º-B a parecer da comissão de fiscalização;

f) Constituir e movimentar contas bancárias;

g) Representar a administração conjunta em juízo;

h) Emitir declarações atestando o pagamento das comparticipações devidas pelos proprietários ou comproprietários para efeito da emissão da licença de construção, ou outros actos para as quais as mesmas se mostrem necessárias, nomeadamente para efeito do disposto no artigo 30.º-A;

i) Representar os titulares dos prédios integrados na AUGI perante os serviços de finanças e conservatórias do registo predial, para promover designadamente, as necessárias rectificações e alterações ao teor da matriz e da descrição e o registo do alvará de loteamento, podendo fazer declarações complementares;

j) Representar os titulares dos prédios integrados na AUGI no acto notarial para os efeitos previstos no n.º 4 do artigo 38.º;

l) Dar cumprimento às deliberações da assembleia;

m) Prestar a colaboração solicitada pela câmara municipal, designadamente entregando documentos e facultando informações.

2 – As contas anuais, intercalares e finais, previstas na alínea *d)* do número anterior, devem ser elaboradas de acordo com o Plano Oficial de Contabilidade, com as necessárias adaptações, e subscritas também por um técnico oficial de contas, a designar pela comissão de administração.

3 – A aprovação das contas anuais, intercalares, cujo movimento do respectivo exercício exceda € 50 000 e a aprovação das contas finais da administração dependem da certificação prévia por revisor oficial de contas ou por uma sociedade de revisores, igualmente a designar pela comissão de administração.

Artigo 16.º – Destituição da comissão de administração

1 – A comissão de administração pode ser destituída por violação dos deveres gerais de administração e especiais decorrentes deste diploma, em assembleia expressamente convocada para o efeito.

2 – A destituição carece de aprovação da maioria absoluta do total de votos da assembleia, calculado nos termos do artigo 13.º e sob condição de no acto ser eleita nova comissão.

3 – O disposto nos números anteriores não prejudica o exercício do direito, que assiste a qualquer interessado ou à câmara municipal, de requerer judicialmente a destituição da comissão de administração, nos termos do disposto no n.º 4 do artigo 257.º do Código das Sociedades Comerciais.

Artigo 16.º-A – Comissão de fiscalização

1 – A comissão de fiscalização integra três representantes dos proprietários ou comproprietários, um dos quais será o presidente.

2 – O mandato da comissão de fiscalização é anual.

3 – A assembleia de proprietários ou comproprietários pode destituir a comissão de fiscalização por violação dos deveres gerais de acompanhamento e fiscalização e especiais decorrentes desta lei, designadamente a falta de emissão, no prazo legal, dos pareceres que lhe sejam solicitados.

Artigo 16.º-B – Competências da comissão de fiscalização

1 – Compete à comissão de fiscalização:

a) Emitir parecer sobre os orçamentos apresentados pela comissão de administração para a execução das obras de urbanização;

b) Emitir parecer sobre o relatório e as contas anuais, intercalares, da administração conjunta;

c) Emitir parecer sobre o relatório e as contas finais da administração conjunta;

d) Emitir parecer sobre os mapas e os respectivos métodos e fórmulas de cálculo e as datas para a entrega das comparticipações pelos proprietários ou comproprietários;

e) Pronunciar-se sobre outras matérias, a solicitação da comissão de administração ou da assembleia de proprietários ou comproprietários.

2 – Os pareceres referidos no número anterior são aprovados por maioria dos membros presentes, dispondo o presidente de voto de qualidade.

3 – A comissão de fiscalização emite os pareceres referidos no n.º 1 no prazo de 30 dias a contar da solicitação dos mesmos, entendendo-se a omissão como parecer favorável.

Artigo 16.º-C – Gestão financeira da AUGI

1 – As comparticipações nos encargos da reconversão são consideradas provisões ou adiantamentos até à aprovação das contas finais da administração conjunta.

2 – As comparticipações mencionadas no número anterior vencem juros à taxa legal a contar da data para a respectiva entrega, fixada nos mapas referidos na alínea *f)* do n.º 2 do artigo 10.º, mas nunca antes de decorridos 30 dias sobre a publicação, nos termos do n.º 5 do artigo 12.º, da deliberação que os aprovou.

3 – São igualmente devidas pelo interessado as quantias necessárias ao ressarcimento dos danos a que a sua mora deu causa, não cobertos pelos juros referidos no número anterior.

4 – Não é permitida a estipulação de cláusulas penais relativas ao incumprimento das obrigações de comparticipação nas despesas de reconversão fixadas na presente lei.

5 – O montante dos juros cobrados é aplicado no processo de reconversão, revertendo, nas contas finais da administração conjunta, em benefício de todos os interessados.

6 – Na penhora de quota indivisa para cobrança de comparticipação nas despesas de reconversão, a notificação prevista no n.º 1 do artigo 781.º do Código do Processo Civil é efetuada por afixação de editais na propriedade e na sede da junta ou juntas de freguesia e pela publicação de anúncios nos termos do disposto no n.º 1 do artigo 240.º do mesmo diploma.

7 – A comissão de administração deve ter disponível na respectiva sede a documentação da administração conjunta da AUGI para consulta dos interessados, em horário a fixar.

8 – A comissão de administração remete à câmara municipal e ao serviço de finanças da localização da AUGI as contas anuais, intercalares e finais da administração conjunta.

Artigo 17.º – Cessação da administração conjunta

1 – A administração conjunta dos prédios integrados na AUGI só se extingue após a recepção definitiva das obras de urbanização pela câmara municipal e a aprovação das contas finais da administração.

2 – A acta da assembleia que aprove as contas finais da administração conjunta consigna qual a entidade responsável pela guarda da documentação da AUGI por um período de cinco anos.

CAPÍTULO IV – Do processo de reconversão

Secção I – Reconversão por iniciativa dos particulares

Artigo 17.º-A – Informação prévia

1 – A comissão de administração pode optar por requerer informação prévia sobre o projeto de reconversão nos termos previstos no regime jurídico da urbanização e edificação.

2 – O pedido de informação prévia deve ser apresentando apenas com os elementos constantes das alíneas *a)* a *e)* do n.º 1 do artigo 18.º e a ata da reunião da assembleia com as deliberações previstas nas alíneas *a)* e *b)* do n.º 2 do artigo 10.º

3 – Na falta de qualquer dos elementos referidos no número anterior deve o pedido ser rejeitado.

4 – (Revogado)

5 – O pedido de informação prévia pode ser indeferido com os fundamentos previstos no n.º 2 do artigo 24.º, devendo a proposta de indeferimento apresentar solução que permita o deferimento da pretensão, a qual terá de ser assumida no projecto de reconversão subsequente.

Artigo 18.º – Licenciamento da operação de loteamento

1 – As operações de loteamento no âmbito da reconversão de AUGI estão sujeitas ao procedimento de licenciamento previsto no regime jurídico da urbanização e edificação, com as adaptações previstas na presente lei, e são instruídas com os seguintes elementos:

a) Certidão do registo predial referente ao prédio ou prédios abrangidos;

b) Memória descritiva e justificativa, que, em especial, deve fundamentar, se for o caso, a aplicação do regime especial previsto no artigo 6.º do presente diploma e indicar quais as construções a manter e a demolir e as soluções previstas para a realização das expectativas dos interessados;

c) Levantamento topográfico da AUGI;

d) Planta que evidencie a realidade actual da AUGI e, nomeadamente, a repartição do solo emergente do loteamento de génese ilegal, com a indicação concreta da implantação, da área de construção, o número de pisos, as cérceas e as cotas de soleira das construções existentes, identificando ainda as construções que não cumpram os requisitos das várias disposições legais aplicáveis ao exterior das edificações, com indicação das construções a demolir e ou a alterar em face da proposta de reconversão;

e) Planta síntese do loteamento pretendido;

f) Listagem dos possuidores de cada uma das parcelas em que se subdividiu o loteamento ilegal, reportada à planta referida na alínea *d)* e à certidão registral;

g) Fotocópia certificada das actas das reuniões da assembleia onde tenham sido tomadas as deliberações previstas nas alíneas *a)*, *b)* e *d)* do n.º 2 do artigo 10.º

2 – Após a aprovação do loteamento e para efeitos de apresentação de comunicação prévia das obras de urbanização, são apresentados na câmara municipal os seguintes elementos:

a) Projectos das redes viária, de electricidade, de águas, de esgotos e de arranjos de espaços exteriores, bem como o faseamento da sua execução;

b) Orçamento das obras de urbanização e de outras operações previstas e o mapa contendo o valor absoluto e a quota de comparticipação de cada lote nos custos de execução das obras e da caução legal, nos termos do artigo 26.º

3 – A câmara municipal pode dispensar a apresentação dos elementos referidos na alínea *a)* do número anterior, desde que seja reconhecido pelas entidades gestoras das redes que as mesmas já existem e estão em condições de funcionamento.

4 – É sempre dispensada a apresentação de estudo de impacte ambiental.

Artigo 19.º – Apreciação liminar

A câmara municipal pode, em sede de apreciação liminar, por uma só vez e no prazo de 15 dias a contar da receção do pedido de licença da operação de loteamento ou da apresentação da comunicação prévia das obras de urbanização, solicitar os elementos instrutórios em falta que sejam indispensáveis ao conhecimento do pedido e cuja falta não possa ser oficiosamente suprida.

Artigo 20.º – Consultas

1 – As consultas relativas às operações de loteamento são efetuadas nos termos dos artigos 13.º a 13.º-B do regime jurídico da urbanização e edificação.

2 – (Revogado)

3 – (Revogado)

4 – (Revogado)

5 – Os pareceres das entidades consultadas devem ser acompanhados de uma solução que permita o deferimento da pretensão.

6 – (Revogado)

Artigo 21.º – Rectificações e alterações

1 – As rectificações e alterações efectuadas em conformidade com os pareceres referidos no n.º 5 do artigo anterior não carecem de nova consulta.

2 – As rectificações e alterações efectuadas integram-se no processo em apreciação.

Artigo 22.º – Vistoria

1 – No prazo de 30 dias a contar da receção do pedido, a câmara municipal pode proceder à realização de vistoria com a finalidade de verificar a conformidade da planta referida na alínea d) do n.º 1 do artigo 18.º com a realidade existente na AUGI.

2 – Realizada a vistoria, lavrar-se-á auto onde constem circunstanciadamente as situações de desconformidade constatadas e o estado de execução das infra-estruturas.

3 – A vistoria é realizada por uma comissão especial designada pela câmara municipal.

4 – Na vistoria deve estar presente o presidente da comissão de administração da AUGI.

Artigo 23.º – Construções posteriores à deliberação de reconversão

1 – O dono de construção ou obra vistoriada que não se encontre em conformidade com a planta referida na alínea d) do n.º 1 do artigo 18.º é notificado para proceder à reposição da situação anterior no prazo de 30 dias.

2 – A notificação e execução da deliberação segue o regime previsto no Decreto-Lei n.º 555/99, de 16 de Dezembro, com a redacção que lhe foi dada pela Lei n.º 60/2007, de 4 de Setembro.

3 – A reposição só não tem lugar se o interessado provar em audiência prévia que a construção ou obra é anterior à data da assembleia da AUGI que deliberou promover a reconversão.

Artigo 24.º – Deliberação sobre o pedido de licenciamento da operação de loteamento

1 – A câmara municipal delibera sobre o pedido de licenciamento da operação de loteamento no prazo de 45 dias a contar da receção do pedido.

2 – A câmara municipal só pode indeferir a pretensão nos casos seguintes:

a) Desrespeito pelas prescrições da presente lei;

b) Desconformidade do pedido com o PMOT em vigor;

c) Desconformidade com a delimitação da AUGI.

3 – A deliberação incorpora ainda a identificação:

a) Das construções a demolir e a alterar e o respectivo prazo, o qual não pode ser inferior a três anos;

b) De outras condicionantes que impendem sobre o lote ou a construção que ficam sujeitas a registo;

c) Das soluções previstas para a realização das expectativas dos interessados.

4 – A moratória fixada na alínea *a)* do número anterior não é aplicável aos casos em que a câmara municipal fundamentadamente reconheça a necessidade de demolição urgente.

5 – A falta de deliberação dentro do prazo fixado no n.º 1 é considerada para todos os efeitos como deferimento, considerando-se fixado em três anos o prazo máximo de manutenção temporária a que se refere o n.º 3.

6 – Quando a proposta de decisão prevista no n.º 1 for desfavorável, deve a mesma ser precedida de audiência prévia da comissão de administração, devendo ser fixado um prazo não inferior a 15 dias.

7 – No caso de a proposta de decisão ser favorável, deve a deliberação ser objeto de consulta pública, nos termos previstos em regulamento municipal.

Artigo 25.º – Comunicação prévia de obras de urbanização

As obras de urbanização em área abrangida por operação de loteamento estão sujeitas ao procedimento de comunicação prévia, previsto no regime jurídico da urbanização e edificação, com as adaptações previstas na presente lei, nomeadamente no n.º 2 do artigo 18.º e do artigo 19.º

Artigo 26.º – Comparticipação nos custos das obras de urbanização

1 – A comunicação prévia das obras de urbanização deve definir os custos de execução das obras de urbanização e o valor da caução legal, nos termos definidos em regulamento municipal.

2 – A comunicação prévia deve, ainda, fixar a quota de comparticipação de cada lote nos custos de execução das obras e da caução legal.

3 – Se outro critério não for adotado mediante regulamento municipal, cada lote comparticipa na totalidade dos custos referidos no número anterior na proporção da área de construção que lhe é atribuída em relação à área total de construção de uso privado prevista no projeto de loteamento.

Artigo 27.º – Caução de boa execução das obras

1 – A caução de boa execução das obras de urbanização é prestada nos termos do regime jurídico da urbanização e edificação.

2 – (Revogado)

3 – Na falta da prestação de caução, nos termos de regulamento municipal, considera-se que a caução é prestada por primeira hipoteca legal sobre todos os lotes que integram a AUGI.

4 – A hipoteca legal é registada oficiosamente no ato de descrição dos lotes constituídos, com base no respetivo título da operação de loteamento.

5 – Cada lote responde apenas pela parte do montante da garantia que lhe cabe nos termos fixados no alvará de loteamento, sendo lícito ao seu titular requerer a substituição da hipoteca legal por outro meio de caução admissível, valendo a deliberação camarária de aceitação como título bastante para o cancelamento da inscrição da hipoteca legal.

6 – Em conformidade com o andamento dos trabalhos, mesmo em caso de prestação de caução por hipoteca legal, e mediante requerimento da comissão de administração, pode haver lugar à redução parcial das garantias, reportando-se a mesma, proporcionalmente, apenas aos lotes cujas comparticipações não estejam em mora.

7 – O prazo de recepção definitiva das obras de urbanização é de um ano contado da data da recepção provisória.

Artigo 28.º – Publicidade da deliberação sobre o pedido de loteamento

A deliberação final sobre o pedido de licenciamento da operação de loteamento é tornada pública no prazo de 15 dias por edital a afixar na propriedade, na sede do município e da junta ou juntas de freguesia e por anúncio publicado em dois dias consecutivos num dos jornais de divulgação nacional.

Artigo 29.º – Alvará de loteamento

1 – Na sequência da deliberação final sobre o pedido de loteamento, a câmara municipal emite o alvará de loteamento nos prazos e termos previstos no regime da urbanização e edificação.

2 – O alvará de loteamento deve conter as especificações previstas no regime jurídico da urbanização e edificação e, ainda:

a) A lista dos factos sujeitos a registo predial, nomeadamente a hipoteca legal, o benefício da manutenção temporária previsto na alínea *a)* do n.º 3 do artigo 24.º e o ónus de não indemnização por demolição previsto no n.º 8 do artigo 7.º;

b) O valor absoluto e a quota de comparticipação de cada lote nos custos das obras de urbanização e da caução prestada;

c) O valor das taxas de urbanização cujo pagamento haja sido diferido para momento posterior à respetiva emissão, devendo esta especificação constar da inscrição do alvará de loteamento na conservatória do registo predial.

Artigo 30.º – Actos de registo predial e deveres fiscais

1 – A rectificação na descrição predial da área de prédio integrado em AUGI, quando promovida pela comissão de administração, não carece de prévia rectificação do título que serviu de base ao registo, desde que a diferença não seja superior a 15% para mais ou para menos relativamente à área constante na descrição predial, considerando-se imputada a diferença às áreas a integrar no domínio público.

2 – A requisição de registo que recaia sobre quota parte de prédio indiviso integrado em AUGI não carece de declaração complementar a que se refere o n.º 6 do artigo 42.º do Código do Registo Predial.

3 – O registo do alvará não dá lugar, de imediato, à abertura das novas descrições, que serão abertas quando for requerida a inscrição de aquisição.

4 – A inscrição do alvará de loteamento e dos ónus e outros factos sujeitos a registo do mesmo constantes é instruída com os seguintes elementos:

a) Alvará de loteamento;

b) Prova da entrega no serviço de finanças de cópia do alvará de loteamento.

5 – Caso o alvará de loteamento respeite a prédio em compropriedade, a individualização dos lotes a que se refere o artigo 54.º do Código do Registo Predial só tem lugar simultaneamente com a inscrição de aquisição por divisão de coisa comum.

6 – É dispensada a inscrição intermédia em nome dos titulares de quota do prédio indiviso integrado em AUGI que faça parte de herança indivisa, para efeitos do registo de aquisição do lote por divisão da coisa comum que continue a integrar a mesma herança.

7 – É dispensada a menção dos sujeitos passivos na inscrição da aquisição do lote por divisão de coisa comum.

8 – (Revogado)

Artigo 30.º-A – Normas fiscais

1 – Nos prédios constituídos em compropriedade, o prazo de apresentação da declaração modelo 1 para efeitos de inscrição do lote na matriz a que se refere o artigo 13.º do Código do Imposto Municipal sobre Imóveis, conta-se a partir da data da inscrição da aquisição do lote por divisão de coisa comum, sem prejuízo do disposto nos números seguintes.

2 – Não há lugar à inscrição de lote de terreno para construção urbana constituído pelo título de reconversão, quando a área respectiva esteja afecta a edificação, ainda que não licenciada, já inscrita na matriz.

3 – A declaração para actualização da matriz relativa a construção erigida em área urbana de génese ilegal é efectuada com base na licença de utilização respectiva, sem prejuízo de o chefe do serviço das finanças da área da respectiva situação poder promover essa actualização oficiosamente.

4 – São isentas do imposto do selo as transmissões gratuitas realizadas para cumprimento das especificações e obrigações estabelecidas pelo alvará de loteamento e pela certidão do plano de pormenor de reconversão.

Secção II – Reconversão por iniciativa municipal

Artigo 31.º – Processos de reconversão por iniciativa municipal

1 – A reconversão por iniciativa municipal através de operação de loteamento segue o disposto no artigo 7.º do regime jurídico da urbanização e edificação, com as seguintes especificidades:

a) É aplicável à operação o disposto no n.º 4 do artigo 18.º da presente lei;

b) A deliberação que aprova a operação de loteamento inclui os elementos referidos nos artigos 24.º, 25.º e 26.º, com as necessárias adaptações;

c) As especificações, o registo predial e a publicitação dos actos de aprovação estão sujeitos ao regime previsto nos artigos 28.º, 29.º e 30.º, com as necessárias adaptações.

2 – A reconversão por iniciativa municipal através da elaboração de plano de pormenor segue o regime previsto no regime jurídico dos instrumentos de gestão territorial, devendo a deliberação que aprova o plano conter os elementos previstos na alínea *b)* do número anterior.

3 – O plano de pormenor que aprova a reconversão pode alterar o plano director municipal ou o plano de urbanização, nos termos do regime jurídico dos instrumentos de gestão territorial.

4 – A certidão do plano de pormenor substitui o alvará de loteamento para efeitos de registo predial.

5 – Mostrando-se necessário proceder à reconversão de uma área territorial integrada em dois municípios distintos, pode ser elaborado um plano de pormenor intermunicipal, nos termos da legislação aplicável.

6 – As despesas de elaboração do processo de reconversão constituem encargos da urbanização.

Artigo 32.º – Modalidades de reconversão por iniciativa municipal

1 – A reconversão de iniciativa municipal pode assumir as seguintes modalidades:

a) Com o apoio da administração conjunta;

b) Sem o apoio da administração conjunta.

2 – A reconversão com o apoio da administração conjunta é objecto de contrato de urbanização a celebrar entre a câmara municipal e a comissão de administração, que delimita as atribuições e o âmbito de intervenção de cada uma das entidades.

3 – Na reconversão sem o apoio da administração conjunta, sem prejuízo do disposto no artigo 3.º, compete à câmara municipal realizar todos os actos previstos na presente lei relativos à emissão do título de reconversão e execução integral das infra-estruturas.

4 – Os interessados a que se refere o artigo 9.º podem aderir individualmente ao processo de reconversão realizado sem o apoio da administração conjunta.

5 – Na reconversão sem o apoio da administração conjunta, a câmara municipal remete, conforme o caso, o alvará de loteamento ou a certidão do plano de pormenor ao serviço de finanças, bem como à conservatória do registo predial, que procede à sua inscrição e dos ónus e outros factos sujeitos a registo deles constantes.

6 – Nos casos previstos no número anterior a realização das inscrições é dispensada de preparo, competindo ao conservador notificar os interessados para o pagamento dos respectivos emolumentos, após a feitura do registo.

Artigo 33.º Garantia da execução das infra-estruturas

1 – Quando, nos termos do artigo anterior, seja da competência da câmara municipal a execução total ou parcial das infra-estruturas, a operação de loteamento ou o plano de pormenor não podem ser aprovados sem que esteja demonstrada a viabilidade financeira da execução das obras, bem como o modo e o tempo da realização da receita para o efeito.

2 – O pagamento das comparticipações nos encargos da urbanização pelos interessados a que se refere o artigo 9.º é assegurado nos termos dos artigos 26.º e 27.º

Artigo 34.º – Medidas complementares

1 – A câmara municipal pode, sempre que se mostre necessário à reconversão da AUGI, aplicar as medidas previstas no Decreto-Lei n.º 804/76, de 6 de Novembro, com as alterações introduzidas pelo Decreto-Lei n.º 90/77, de 9 de Março.

2 – Nos instrumentos de execução dos planos previstos no Decreto-Lei n.º 380/99, de 22 de Setembro, com a redacção que lhe foi dada pelo Decreto-Lei n.º 316/2007, de 19 de Setembro, as relações entre os particulares processam-

-se no âmbito da administração conjunta da AUGI e as relações entre aqueles e o município por intermédio da respectiva comissão de administração.

Secção III – Delimitação da AUGI

Artigo 35.º – Pedido de declaração da AUGI

1 – Qualquer interessado a que se refere o artigo 9.º pode requerer à câmara municipal a alteração do processo ou da modalidade de reconversão, devendo, para o efeito, apresentar a sua proposta e a respetiva justificação.

2 – A câmara municipal aprecia o pedido no prazo de 90 dias, findo o qual se considera o mesmo indeferido tacitamente.

3 – Nos casos previstos neste artigo, a câmara municipal delibera, no prazo previsto no número anterior, após audição da comissão de administração, quando esta já esteja constituída.

CAPÍTULO V – Da divisão da coisa comum

Artigo 36.º – Modalidades de divisão

1 – Os prédios em compropriedade que integrem a AUGI podem ser divididos, em conformidade com o alvará do loteamento ou a planta de implantação do plano de pormenor, por acordo de uso, sem prejuízo do recurso à divisão por escritura pública ou por decisão judicial.

2 – Presumem-se assegurados, para efeitos do artigo 72.º do Código do Registo Predial, os encargos de natureza fiscal correspondentes às transmissões operadas na divisão de coisa comum do prédio ou prédios integrados na AUGI.

Secção I – Divisão por acordo de uso

Artigo 37.º – Requisitos

1 – A divisão por acordo de uso só é possível quando conste do alvará ou da deliberação municipal que aprove o plano de pormenor que o loteamento corresponde, na sua essência, à situação evidenciada na planta referida na alínea *d)* do n.º 1 do artigo 18.º

2 – Na divisão por acordo de uso, nenhum dos interessados pode levar exclusivamente tornas, salvo se a tal der o seu assentimento expresso em documento autêntico ou autenticado.

Artigo 38.º – Divisão

1 – A divisão por acordo de uso opera-se mediante deliberação da assembleia de comproprietários convocada para o efeito, nos termos da presente lei.

2 – A impugnação da deliberação que haja aprovado o projecto de divisão restringe-se aos lotes objecto de controvérsia e é também proposta contra os interessados a quem esses lotes são atribuídos.

3 – O interessado que impugnar judicialmente a deliberação deve apresentar no cartório notarial respectivo ou, sendo caso disso, no notário privativo da câmara municipal, no decurso do prazo de impugnação, certidão de teor do articulado ou duplicado deste com nota de entrada na secretaria judicial, sob pena de a realização da escritura de divisão não poder ser recusada com base nessa impugnação.

4 – Decididas as impugnações ou decorrido o prazo para a sua proposição, a comissão de administração outorga escritura na qual declara, em nome de todos os interessados, divididos os lotes nos termos do projecto de divisão aprovado na assembleia e das alterações resultantes das decisões das acções de impugnação, se for esse o caso.

5 – A escritura é realizada no cartório notarial ou no notário privativo da câmara municipal, mencionados no n.º 6 do artigo 12.º, sob pena de nulidade.

6 – Sem prejuízo do disposto no artigo 173.º do Código do Notariado, não pode ser recusada a prática do acto com base em irregularidade da convocatória ou da acta da assembleia que não tenha sido objecto de impugnação dos interessados.

7 – Ficam especialmente arquivados os seguintes documentos:

a) Fotocópia certificada da acta da assembleia;

b) Os mencionados no n.º 8 do artigo 11.º;

c) Atestado da junta de freguesia confirmando as afixações legais e que os documentos referidos na alínea anterior estiveram disponíveis para consulta, nos termos estabelecidos nesta lei;

d) Exemplares do jornal onde foram realizadas as publicações legais;

e) Certidões judiciais relativas às eventuais impugnações propostas;

f) Os documentos que tenham sido elaborados nos termos e para os efeitos do n.º 2 do artigo 37.º

8 – Deve ser integrada na escritura qualquer menção em falta nos documentos arquivados e que constitua requisito especial para efeitos de registo predial.

Artigo 39.º – Registo predial

1 – A deliberação da assembleia e a escritura a que se refere o artigo anterior podem ter lugar antes de efectuada no registo predial a inscrição do alvará de loteamento.

2 – A deliberação que aprova o acordo de divisão produz efeitos em relação ao comproprietário que tenha inscrito o seu direito após a publicação do aviso convocatório da respectiva assembleia.

Secção II – Divisão judicial

Artigo 40.º – Regime

As acções de divisão de coisa comum de prédios em regime de compropriedade que integrem uma AUGI regem-se pelas disposições seguintes e, subsidiariamente, pelo disposto no Código de Processo Civil.

Artigo 41.º – Processo

1 – A petição é instruída especialmente com o título de reconversão, o projecto de divisão proposto, o mapa de tornas, se a elas houver lugar, e ainda os documentos que habilitem o tribunal à decisão a que se refere o n.º 2 do artigo 42.º

2 – Com a petição e contestação são indicados todos os meios de prova.

3 – Os interessados são citados para contestar no prazo de 15 dias, sendo advertidos, no acto de citação, de que a falta de contestação importa a admissão dos factos alegados e do projecto de divisão proposto.

4 – A citação é efectuada por carta registada com aviso de recepção, presumindo-se que a residência do citando é a que consta da inscrição do seu direito no registo predial.

5 – (Revogado)

6 – Sendo devolvida a carta de citação, o tribunal ordena, oficiosamente e sem mais formalidades, a citação edital.

7 – A revelia é operante, independentemente da forma de citação e do valor da causa.

8 – A substituição por falecimento, mesmo em data anterior à propositura da ação, do titular de quota indivisa do prédio que continue como tal inscrito no registo predial segue também o regime dos n.os 1 e 2 do artigo 263.º do Código do Processo Civil e não determina a suspensão da instância e a nulidade dos atos subsequentes.

9 – Sendo junta aos autos a certidão do assento de óbito em causa e se os respetivos herdeiros não promoverem simultaneamente a sua habilitação, é de imediato e oficiosamente ordenada a citação edital dos sucessores incertos da parte falecida, aplicando-se subsequentemente o disposto nos n.os 2 e seguintes do artigo 355.º do Código do Processo Civil.

10 – Se houver contestação, o juiz, produzidas as provas necessárias, profere logo decisão sobre as questões suscitadas pelo pedido de divisão, aplicando-se o disposto no artigo 294.º do Código de Processo Civil; da decisão proferida cabe apelação, que sobe nos próprios autos e tem efeito suspensivo.

11 – É dispensado o louvado dos peritos para a composição dos quinhões.

12 – As custas do processo são suportadas pelos interessados na proporção do seu direito.

13 – As custas do processo são suportadas pelos interessados na proporção do seu direito.

Artigo 42.º – Conferência de interessados e adjudicação

1 – A conferência de interessados restringe-se apenas aos lotes objecto de controvérsia.

2 – Na falta de acordo, o juiz adjudica os lotes objecto da conferência segundo juízos de equidade.

Artigo 43.º – Tornas

1 – As tornas, se a elas houver lugar, são obrigatoriamente depositadas na Caixa Geral de Depósitos, à ordem do tribunal, no prazo de 10 dias após o trânsito em julgado da decisão de adjudicação.

2 – O tribunal ordena a inscrição de hipoteca sobre o lote ou lotes que ficam a pertencer ao devedor, para garantia do pagamento das tornas, caso não seja feita a prova do depósito no prazo fixado.

Artigo 44.º Obrigações fiscais

1 – O tribunal remete oficiosamente ao director de serviço de finanças a lista de interessados e das quantias de tornas de que sejam devedores.

2 – Os serviços fiscais procedem à liquidação oficiosa do imposto de sisa devido e notificam os sujeitos passivos para a respectiva liquidação no prazo de 30 dias.

3 – (Revogado)

CAPÍTULO VI – Disposições gerais

Artigo 45.º – Loteadores ilegais

1 – Consideram-se loteadores ilegais os proprietários ou comproprietários que hajam celebrado negócios de venda de parcelas, de quotas indivisas e de promessa de compra e venda com autorização de ocupação, tendo por objecto os prédios integrantes da AUGI, que possibilitaram o seu parcelamento físico.

2 – Nos prédios submetidos a operação de loteamento ilegal presume-se que o loteador ilegal pretendeu integrar no domínio público municipal as áreas que afectou a espaços verdes e de utilização colectiva, infra-estruturas viárias e equipamentos de utilização colectiva.

3 – A presunção a que se refere o número anterior é ilidível judicialmente por acção a intentar pelo loteador ilegal ou o seu sucessor contra a administração conjunta da AUGI no prazo de seis meses contado da data da assembleia a que se refere o n.º 3 do artigo 8.º, sem prejuízo do disposto no número seguinte.

4 – A acção judicial referida no número anterior é intentada contra a câmara municipal no prazo de seis meses contado da data da deliberação referida no n.º 4 do artigo 1.º, se o processo de reconversão urbanística for organizado nos termos da alínea *b)* do n.º 1 do artigo 4.º, na modalidade prevista na alínea *b)* do n.º 1 do artigo 32.º, todos da presente lei.

Artigo 46.º – Manutenção de construções

A assembleia municipal, sob proposta da câmara municipal, pode autorizar excecionalmente a manutenção de construções que não preencham os requisitos necessários à legalização das construções, mediante aprovação do regulamento municipal.

Artigo 47.º – Arrendamento

A necessidade de realização de obras de demolição ou de remodelação ou restauro profundos, cominadas pelo título de reconversão da AUGI, pode justificar a denúncia pelo senhorio do contrato de arrendamento, nos termos da alínea *b)* do artigo 1101.º do Código Civil.

Artigo 48.º – Áreas insusceptíveis de reconversão urbanística

1 – Até final de 2005, a câmara municipal elabora uma carta, que remete à Direcção-Geral do Ordenamento do Território e Desenvolvimento Urbano, identificando as áreas a que se refere o n.º 7 do artigo 1.º

2 – Para as áreas referidas no número anterior, são elaborados até final de 2007 os estudos da sua reafectação ao uso previsto no PMOT.

3 – No mesmo prazo a que se refere o número anterior, e em simultâneo com o estudo de reafectação, devem ainda as câmaras municipais proceder ao levantamento exaustivo dos agregados familiares que tenham habitação própria permanente nas edificações a desocupar e a demolir e que têm de ser realojados, devendo no recenseamento, designadamente, prever-se a identificação e localização da edificação a demolir, certificar-se a afectação da mesma a habitação própria e permanente do agregado, a identificação e composição deste último e respectivos rendimentos.

4 – Aprovado o levantamento pelo Instituto Nacional de Habitação (INH), os realojamentos poderão ser efectuados com recurso aos instrumentos legais em vigor aplicáveis ao caso, designadamente e em alternativa, através da atribuição pelo município de prioridade nos concursos municipais de habitações a custos controlados para venda ou por via da aplicação do regime constante do Decreto-Lei n.º 226/87, de 6 de Junho, e legislação complementar, para arrendamento em regime de renda apoiada.

5 – A não comprovação da afectação da edificação a demolir a habitação própria e permanente do agregado familiar ou a verificação da existência de outra residência arrendada ou de sua propriedade na mesma comarca ou limítrofe é factor excludente do direito a realojamento.

Artigo 49.º – Taxas

A assembleia municipal pode aprovar no respectivo regulamento valores e condições de pagamento especiais para as taxas decorrentes da operação de reconversão, incluindo a dispensa de caução, sem prejuízo da emissão do respectivo título.

Artigo 50.º – Execução das obras pela câmara municipal

1 – A câmara municipal pode promover a realização das obras de urbanização por conta dos proprietários.

2 – A execução das obras referidas no número anterior e o pagamento das despesas suportadas com as mesmas efetuam-se nos termos dos artigos 107.º e 108.º do regime jurídico da urbanização e edificação.

3 – A câmara municipal pode, ainda, acionar a caução prevista no artigo 27.º

Artigo 50.º-A – Custos com as obras de urbanização

1 – A assembleia municipal pode determinar, sob proposta da câmara municipal, que os custos com a realização de obras de urbanização em processos de reconversão de AUGI, sejam assumidos pelo município.

2 – Nas situações a que se refere o número anterior, os municípios podem utilizar as receitas afetas ao fundo municipal de sustentabilidade ambiental e urbanística, nos termos previstos no n.º 4 do artigo 62.º da Lei n.º 31/2014, de 30 de maio.

Artigo 51.º – Legalização condicionada de obras particulares

1 – A câmara municipal pode legalizar condicionadamente a realização de obras particulares conformes com o projeto de loteamento aprovado, desde que as comparticipações devidas imputáveis à parcela se achem integralmente satisfeitas e seja observado o disposto nos n.os 2 e seguintes do artigo 7.º

2 – A legalização a que respeita o presente artigo só pode ter lugar quando o requerente invoque e prove a necessidade urgente de habitação própria e permanente, de dotar a construção existente de condições de habitabilidade ou, ainda, do exercício de atividade económica de que dependa a subsistência do seu agregado familiar.

3 – A licença de utilização só pode ser emitida após a entrada em vigor do título de reconversão.

Artigo 52.º - Embargo e demolição

1 - É atribuída competência aos fiscais municipais para determinar o embargo imediato de qualquer construção não licenciada ou autorizada na AUGI.

2 - Para efeitos do disposto no número anterior, o fiscal lavra auto de cujo duplicado faz entrega ao dono da obra ou, na ausência deste, a quem a esteja a executar, com o que se considera efectuada a notificação.

3 - O auto contém obrigatória e expressamente a identificação do funcionário municipal, das testemunhas e do notificado, a data, hora e local da diligência e as razões de facto e de direito que a justificam, a indicação da ordem de suspensão e proibição de prosseguir a obra, bem como das cominações legais para o seu incumprimento.

4 - Determinado o embargo, pode o presidente da câmara municipal ordenar a demolição da obra, nos termos do Decreto-Lei n.º 555/99, de 16 de Dezembro, com a redacção que lhe foi dada pela Lei n.º 60/2007, de 4 de Setembro.

5 - O presidente da câmara municipal pode ordenar a demolição imediata sempre que se verifique incumprimento do embargo determinado.

Artigo 53.º - Dispensa de licenciamento de demolição

A demolição total de construções para cumprimento de deliberações previstas neste diploma não carece de licenciamento.

Artigo 54.º - Medidas preventivas

1 - A celebração de quaisquer actos ou negócios jurídicos entre vivos de que resulte ou possa vir a resultar a constituição de compropriedade ou a ampliação do número de compartes de prédios rústicos carece de parecer favorável da câmara municipal do local da situação dos prédios.

2 - O parecer previsto no número anterior só pode ser desfavorável com fundamento em que o acto ou negócio visa ou dele resulta parcelamento físico em violação ao regime legal dos loteamentos urbanos, nomeadamente pela exiguidade da quota ideal a transmitir para qualquer rendibilidade económica não urbana.

3 - O parecer é emitido no prazo de 45 dias, entendendo-se a sua omissão como parecer favorável.

4 - São nulos os actos ou negócios jurídicos celebrados em violação do disposto no n.º 1 do presente artigo, tendo também a câmara municipal legitimidade para promover a respectiva declaração judicial.

Artigo 55.º - Processos iniciados

1 - A presente lei aplica-se aos processos em apreciação à data da sua entrada em vigor, a requerimento dos interessados, aproveitando-se os elementos úteis já existentes.

2 – Aos processos de reconversão em curso à data da entrada em vigor da presente lei a assembleia da administração conjunta referida na alínea *a)* do n.º 2 do artigo 8.º pode mandatar a entidade que vem promovendo a reconversão do prédio para exercer as funções da comissão de administração.

3 – Os titulares dos prédios que tenham sido objecto de loteamento ilegal e que já disponham de alvará de loteamento emitido nos termos do Decreto-Lei n.º 555/99, de 16 de Dezembro, com a redacção que lhe foi dada pela Lei n.º 60/2007, de 4 de Setembro, ou de legislação anterior, podem beneficiar do regime especial de divisão de coisa comum previsto nesta lei.

Artigo 56.º Comparticipação nos custos das obras de urbanização

1 – O Estado e os municípios podem, mediante contrato de urbanização a celebrar com a comissão, comparticipar na realização das obras de urbanização em termos a regulamentar.

2 – Os juros dos empréstimos bancários contraídos pelos proprietários para suportarem os encargos com o processo de reconversão são equiparados, para efeitos das deduções previstas em sede do Código do Imposto sobre o Rendimento das Pessoas Singulares, aos encargos com os empréstimos para aquisição de habitação própria.

Artigo 56.º-A – Informação sobre os processos de reconversão

1 – Com vista à enunciação e elaboração de medidas adequadas à conclusão dos respetivos processos, o município comunica à Direção-Geral do Território e à comissão de coordenação e desenvolvimento regional respetiva, um levantamento rigoroso e exaustivo dos processos de reconversão ainda em curso.

2 – Os municípios devem elaborar o levantamento das AUGI nos termos e condições publicitados pela Direção-Geral do Território, no seu sítio da Internet, no prazo de 30 dias a contar da entrada em vigor da presente lei, e devem comunicar esses levantamentos às entidades referidas no número anterior, no prazo de um ano a contar dessa publicitação.

3 – A Direção-Geral do Território publicita, ainda, no seu sítio da Internet, no prazo de 90 dias após o termo do prazo para a comunicação dos levantamentos pelos municípios, um relatório com o diagnóstico dos processos de reconversão das AUGI e define eventuais medidas que devam ser adotadas para a sua conclusão.

Artigo 56.º-B – Plano de formação

1 – A Direção-Geral do Território, em articulação com a Direção-Geral das Autarquias Locais, as comissões de coordenação e desenvolvimento regional e a Associação Nacional de Municípios Portugueses, promove um plano de formação para os trabalhadores em funções públicas da administração central do Estado e das autarquias locais, com vista a garantir a aplicação uniforme das disposições legais atinentes à reconversão urbanística de AUGI.

2 – O plano de formação referido no número anterior visa capacitar os técnicos com intervenção direta nos processos de reconversão urbanística de AUGI, e, bem assim, promover a disseminação de boas práticas para a resolução célere destes processos.

Artigo 57.º – Prazos

1 – Para efeitos de aplicação da presente lei, devem as AUGI dispor de comissão de administração validamente constituída até 31 de dezembro de 2016 e de título de reconversão até 30 de junho de 2021.

2 – A câmara municipal pode delimitar as AUGI, fixando como respetiva modalidade de reconversão a iniciativa municipal sem o apoio da administração conjunta até 31 de dezembro de 2015.

3 – O prazo fixado no n.º 1 não se aplica à comissão de administração eleita nos termos do n.º 4 do artigo 8.º

Aprovada em 21 de Junho de 1995.

O Presidente da Assembleia da República,
António Moreira Barbosa de Melo.

Promulgada em 8 de Agosto de 1995.

Publique-se.

O Presidente da República,
Mário Soares.

Referendada em 11 de Agosto de 1995.

Pelo Primeiro-Ministro,
Manuel Dias Loureiro,

Ministro da Administração Interna.

REGIME JURÍDICO DA ESTRUTURAÇÃO FUNDIÁRIA

Lei n.º 111/2015, de 27 de agosto
Estabelece o Regime Jurídico da Estruturação Fundiária, altera o Código Civil, e revoga os Decretos-Leis n.os 384/88, de 25 de outubro, e 103/90, de 22 de março

A Assemblcia da República decreta, nos termos da alínea *c)* do artigo 161.º da Constituição, o seguinte:

CAPÍTULO I – Disposições gerais

Artigo 1.º – Objeto

A presente lei estabelece o regime da estruturação fundiária, com o objetivo de criar melhores condições para o desenvolvimento das atividades agrícolas e florestais de modo compatível com a sua gestão sustentável nos domínios económico, social e ambiental, através da intervenção na configuração, dimensão, qualificação e utilização produtiva das parcelas e prédios rústicos.

Artigo 2.º – Direito subsidiário

É subsidiariamente aplicável, nas matérias da presente lei, o Código do Procedimento Administrativo.

Artigo 3.º – Instrumentos de estruturação fundiária

1 – São instrumentos de estruturação fundiária:

a) O emparcelamento rural;

b) A valorização fundiária;

c) O regime de fracionamento dos prédios rústicos;

d) Os planos territoriais intermunicipais ou municipais;

e) A bolsa nacional de terras para utilização agrícola, florestal ou silvopastoril, designada por «bolsa de terras».

2 – Entende-se por prédio rústico toda a parte delimitada do solo com autonomia física, ainda que ocupada por infraestruturas, que não esteja classificada como urbana e que se destine a atividades agrícolas, pecuárias, florestais ou minerais, assim como os espaços naturais de proteção ou de lazer, exceto para o efeito da aplicação das isenções fiscais previstas na presente lei, em que a definição de prédio rústico é a que consta do artigo 3.º do Código do Imposto Municipal sobre Imóveis.

3 – Aos planos territoriais intermunicipais ou municipais referidos na alínea d) do n.º 1 aplica-se o regime previsto na Lei n.º 31/2014, de 30 de maio, e demais legislação complementar.

4 – À bolsa de terras referida na alínea *e)* do n.º 1 aplica-se o regime previsto na Lei n.º 62/2012, de 10 de dezembro, e demais legislação complementar.

CAPÍTULO II – Emparcelamento rural

SECÇÃO I – Disposições iniciais

Artigo 4.º – Objetivos

1 – O emparcelamento rural tem por objetivos:

a) Melhorar as condições técnicas e económicas de desenvolvimento das atividades agrícolas ou florestais através da concentração e correção da configuração dos prédios rústicos;

b) Garantir o aproveitamento dos recursos e dos valores naturais, bem como valorizar a biodiversidade e a paisagem;

c) Garantir a melhoria da qualidade de vida da população rural e o correto ordenamento fundiário.

2 – Podem ser desenvolvidas operações de emparcelamento rural sempre que a localização, a fragmentação, a dispersão, a configuração ou a dimensão dos prédios rústicos impeçam ou dificultem o desenvolvimento das atividades agrícolas ou florestais, a conservação e salvaguarda dos recursos e dos valores naturais, da biodiversidade e da paisagem.

3 – A superfície máxima resultante do redimensionamento de explorações agrícolas ou florestais com vista à melhoria da estrutura fundiária da exploração é fixada por portaria do membro do Governo responsável pela área do desenvolvimento rural.

4 – As operações de emparcelamento rural podem incluir obras de melhoramento fundiário indispensáveis à concretização de algum dos objetivos referidos nos números anteriores.

5 – Entende-se por melhoramento fundiário as obras de interesse coletivo que visam melhorar as características estruturais das explorações agrícolas ou florestais, designadamente a acessibilidade, o abastecimento de energia elétrica e a regularização da quantidade de água no solo, bem como outras obras de aperfeiçoamento das características agrárias das parcelas.

Artigo 5.º Alterações prediais

1 – As operações de emparcelamento rural determinam a reunião da propriedade num único prédio rústico por titular e a eliminação de situações de prédios encravados.

2 – As alterações prediais resultantes das operações de emparcelamento rural estão sujeitas a registo predial e a inscrição matricial, bem como a georreferenciação e a inscrição no cadastro predial.

Artigo 6.º – Formas de emparcelamento rural

As operações de emparcelamento rural podem assumir as seguintes formas:

a) Emparcelamento simples;

b) Emparcelamento integral.

SECÇÃO II – Emparcelamento simples

Artigo 7.º – Noção

1 – O emparcelamento simples consiste na correção da divisão parcelar de prédios rústicos ou de parcelas pertencentes a dois ou mais proprietários ou na aquisição de prédios contíguos, através da concentração, do redimensionamento, da retificação de estremas e da extinção de encraves e de servidões e direitos de superfície.

2 – O emparcelamento simples pode também integrar obras de melhoramento fundiário.

3 – Entende-se por parcela toda a parte delimitada do solo sem autonomia física e as construções nele existentes que não tenham autonomia económica.

Artigo 8.º – Iniciativa

1 – As operações de emparcelamento simples são da iniciativa dos proprietários interessados, diretamente ou através de representantes, incluindo organizações representativas.

2 – As operações de emparcelamento simples podem ainda ser objeto de um acordo de parceria entre os proprietários, diretamente ou representados, e as freguesias ou os municípios.

3 – Sempre que as operações de emparcelamento simples incluam obras de melhoramento fundiário, devem ser objeto de acordo de parceria, nos termos do número anterior.

4 – Entende-se por acordo de parceria o acordo escrito entre entidades públicas e privadas destinado a fazer executar durante o período nele estabelecido, e em conformidade com o respetivo plano financeiro, um programa de investimentos e ações, para a obtenção de resultados definidos, no âmbito de operações de emparcelamento simples ou de projetos de valorização fundiária.

Artigo 9.º – Elaboração, aprovação e execução dos projetos

1 – Cabe aos proponentes garantir a elaboração e a execução dos projetos de emparcelamento simples.

2 – A aprovação dos projetos é da competência do município territorialmente competente, exceto nos casos em que este é o proponente, em que a aprovação compete à Direção-Geral de Agricultura e Desenvolvimento Rural (DGADR).

3 – Os requerimentos para a execução de operações de emparcelamento simples devem ser acompanhados de um projeto que contenha, designadamente, os seguintes elementos:

a) A identificação dos proponentes;

b) A delimitação da área a emparcelar, com a identificação das parcelas e dos prédios rústicos sobre os quais vão incidir as operações;

c) A identificação dos titulares dos prédios rústicos a abranger;

d) A definição dos objetivos, incluindo a identificação e caracterização dos prédios resultantes da transformação fundiária e os melhoramentos fundiários a realizar, nos casos em que tal se verifique.

4 – No caso de parcerias, os projetos de emparcelamento simples ainda devem conter, designadamente:

a) A identificação da entidade responsável pela execução da operação;

b) A caracterização das ações a realizar, incluindo os trabalhos de infraestruturação a concretizar;

c) Cópia do acordo de parceria.

5 – Nos casos de operações de emparcelamento simples que integrem obras de melhoramento fundiário, a gestão das infraestruturas é da responsabilidade dos municípios.

6 – O disposto no n.º 2 não se aplica às aquisições de prédio confinante ou de prédios contíguos.

Artigo 10.º – Gestão de informação

1 – Os municípios disponibilizam à DGADR, à Direção Regional de Agricultura e Pescas (DRAP) territorialmente competente e à Autoridade Tributária e Aduaneira, até 1 de março de cada ano, o relatório referente aos projetos de emparcelamento simples que lhes tenham sido apresentados, para efeitos do estabelecido no n.º 2 do artigo anterior, bem como do n.º 3 do artigo 50.º, contendo o número de projetos apresentados, a identificação das operações realizadas, a respetiva localização e a área abrangida.

2 – Sem prejuízo do disposto no número anterior, sempre que as intervenções decorram em territórios inseridos na Rede Nacional de Áreas Protegidas, a DGADR remete os relatórios referentes aos projetos de emparcelamento simples ao Instituto da Conservação da Natureza e das Florestas.

Artigo 11.º – Apoio técnico

A DGADR e a DRAP territorialmente competente prestam aos interessados o apoio técnico necessário para a elaboração e execução de operações de emparcelamento simples.

SECÇÃO III – Emparcelamento integral

Artigo 12.º – Noção

1 – O emparcelamento integral consiste na substituição de uma estrutura predial da propriedade rústica por outra que, associada à realização de obras de melhoramento fundiário, permita:

a) Concentrar a área de prédios rústicos ou parcelas pertencentes a cada proprietário no menor número possível de prédios rústicos;

b) Melhorar a configuração e as condições de utilização das parcelas e dos prédios rústicos e apoiar o desenvolvimento das zonas rurais;

c) Aumentar a superfície dos prédios rústicos;

d) Eliminar prédios encravados.

2 – No âmbito de cada projeto de emparcelamento integral, deve ser constituída uma reserva de terras.

Artigo 13.º – Pressupostos

Só podem ser promovidas operações de emparcelamento integral quando estas constituam base indispensável para:

a) A eficaz utilização das áreas beneficiadas por aproveitamentos hidroagrícolas;

b) A reestruturação da propriedade rústica e das explorações agrícolas ou florestais afetadas pela realização de grandes obras públicas;

c) A execução de programas integrados de desenvolvimento rural, designadamente no âmbito do ordenamento do espaço rural e do modelo de desenvolvimento agrícola.

Artigo 14.º – Iniciativa e entidade promotora

1 – As operações de emparcelamento integral são da iniciativa do Estado ou dos municípios.

2 – A DGADR é a entidade promotora nas operações da iniciativa do Estado.

3 – Os municípios são a entidade promotora nas operações da sua iniciativa.

SUBSECÇÃO I – Projetos de emparcelamento integral

Artigo 15.º – Estudos preliminares

1 – A entidade promotora procede aos estudos preliminares de emparcelamento, que visam designadamente:

a) A delimitação da zona a emparcelar, com a identificação das parcelas e dos prédios rústicos sobre os quais vão incidir as operações, e a determinação aproximada da área a abranger;

b) O conhecimento da estrutura predial, da estrutura das explorações agrícolas ou florestais e das características agrícolas ou florestais;

c) A identificação e caracterização dos objetivos a concretizar, designadamente em matéria de estrutura e recomposição predial e de infraestruturas coletivas;

d) A avaliação do interesse, das dificuldades e da oposição dos potenciais beneficiários;

e) A enumeração e descrição de outras intervenções públicas previstas ou com impacto previsível sobre a zona a emparcelar;

f) A determinação dos encargos previstos e fontes de financiamento para elaboração do projeto.

2 – A avaliação a que se refere a alínea d) do número anterior efetiva-se através da realização de reuniões locais, dinamizadas pelas DRAP territorialmente competentes e pelos municípios, ou através de inquéritos por entrevista direta aos potenciais interessados.

3 – Nos projetos de emparcelamento a realizar em áreas a beneficiar por aproveitamentos hidroagrícolas, os estudos preliminares fazem parte integrante dos estudos prévios relativos a esses aproveitamentos, devendo conter uma calendarização das diferentes atividades a desenvolver na área comum de intervenção.

4 – No âmbito dos estudos preliminares relativos aos projetos de emparcelamento não previstos no número anterior deve ainda proceder-se à identificação e caracterização dos valores económicos, sociais e ambientais envolvidos.

Artigo 16.º – Autorização para elaboração dos projetos

1 – A elaboração dos projetos de emparcelamento integral depende de autorização do membro do Governo responsável pelas áreas da agricultura e desenvolvimento rural, sob proposta da entidade promotora, apresentada com base nas conclusões dos estudos preliminares.

2 – O despacho de autorização referido no número anterior identifica a área a emparcelar, a data limite para elaboração do projeto, o montante previsto de encargos a suportar com a elaboração do projeto e as respetivas fontes de financiamento.

3 – Nas operações da iniciativa dos municípios, o despacho de autorização referido no n.º 1 é precedido de parecer da DGADR.

4 – A partir da data da publicação no Diário da República do despacho que autoriza a elaboração do projeto de emparcelamento:

a) São ineficazes, para efeitos de emparcelamento, as transmissões entre vivos de prédios rústicos e de parcelas situados na área a emparcelar, sem a autorização da entidade promotora;

b) Não são contabilizados para efeitos de avaliação, os melhoramentos fundiários ou as benfeitorias realizadas sem a autorização da entidade promotora.

5 – A DGADR promove a anotação no registo predial do despacho de autorização referido no n.º 1 e respetiva data de publicação relativamente aos prédios descritos situados na zona a emparcelar.

6 – Nos casos de projetos de emparcelamento a realizar em áreas a beneficiar por aproveitamentos hidroagrícolas, a autorização para elaboração dos projetos de emparcelamento deve constar da decisão de elaboração dos projetos de execução das obras de fomento hidroagrícola, observando a forma e os termos previstos no regime jurídico das obras de aproveitamento hidroagrícola.

7 – Entende-se por benfeitorias os investimentos de interesse privado realizados com o objetivo de evitar a perda, destruição ou deterioração do prédio rústico, salvaguardando as características produtivas fundamentais e permitindo o desenvolvimento e melhoria da sua capacidade produtiva e do seu valor.

Artigo 17.º – Comissão de emparcelamento

1 – A comissão de emparcelamento é responsável pelo acompanhamento de cada projeto de emparcelamento integral e tem a seguinte composição:

a) Um representante da entidade promotora, que preside;

b) Um representante da Direção-Geral do Território (DGT);

c) Um representante da DRAP territorialmente competente;

d) Um representante do Instituto dos Registos e Notariado, I. P.;

e) Um representante da Autoridade Tributária e Aduaneira;

f) Um representante da Comissão de Coordenação e Desenvolvimento Regional (CCDR) territorialmente competente;

g) Um representante do município ou municípios nos casos de operações de emparcelamento integral da iniciativa do Estado;

h) Um representante dos proprietários das parcelas incluídas na remodelação a efetuar, designado pelas respetivas associações;

i) Um representante dos agricultores rendeiros, designado pelas respetivas associações, quando tal se justifique;

j) Um representante da Direção-Geral do Tesouro e Finanças (DGTF), quando o Estado seja proprietário de parcela incluída na remodelação a efetuar;

k) Um representante da DGADR, quando o projeto for da iniciativa dos municípios;

l) Um representante do organismo da Administração Pública com funções de Autoridade Nacional nos domínios da Geodesia, Cartografia;

m) Um representante do serviço da Administração Pública com competências de âmbito regional na área da agricultura e desenvolvimento rural;

n) Um representante da respetiva freguesia.

2 – A composição de cada comissão de emparcelamento pode ser ampliada em função da natureza e complexidade do projeto de emparcelamento a elaborar.

3 – À comissão de emparcelamento compete, designadamente:

a) Apoiar a elaboração do projeto;

b) Acompanhar a execução do projeto;

c) Decidir sobre as reclamações apresentadas no decorrer do projeto;

d) Dar parecer sobre eventuais propostas que impliquem a alteração dos termos da aprovação do projeto de emparcelamento integral;

e) Apreciar os relatórios de acompanhamento e avaliação e solicitar e dar parecer sobre os mesmos.

4 – A comissão de emparcelamento constitui-se por iniciativa da entidade promotora e aprova o respetivo regulamento interno, mediante proposta do presidente, na primeira reunião.

5 – A comissão de emparcelamento dissolve-se automaticamente após a aprovação do relatório final de execução material, financeira e de avaliação.

6 – Os membros da comissão de emparcelamento não têm, por esse facto, direito a receber qualquer tipo de remuneração ou abono.

7 – A participação na comissão de emparcelamento e o respetivo funcionamento não originam quaisquer encargos adicionais para os orçamentos das entidades representadas.

Artigo 18.º – Elaboração dos projetos

1 – Os projetos de emparcelamento integral são elaborados pela entidade promotora e incluem os seguintes elementos:

a) A definição dos objetivos, designadamente os relativos à atividade agrícola, e dos resultados a alcançar;

b) A delimitação do perímetro de emparcelamento e a respetiva área;

c) A identificação das parcelas e dos prédios rústicos, dos direitos, ónus e encargos que sobre eles incidam e dos respetivos titulares;

d) A classificação e avaliação das parcelas e dos prédios rústicos e respetivas benfeitorias;

e) As condições de atribuição da reserva de terras;

f) Os critérios de elaboração da nova estrutura predial;

g) Os melhoramentos fundiários a realizar;

h) A identificação das servidões e restrições administrativas a constituir e das parcelas e dos prédios rústicos a expropriar para efeitos de realização dos melhoramentos fundiários de carácter coletivo;

i) A apresentação da nova estrutura predial;

j) A identificação das parcelas e dos prédios rústicos a incluir na respetiva reserva de terras;

k) A forma como foram acautelados o conhecimento e a participação dos interessados;

l) A estimativa do valor das expropriações ou da constituição de servidões administrativas que sejam imprescindíveis para viabilizar o projeto de emparcelamento;

m) Análise de custos e benefícios da implantação do projeto;

n) O estudo de impacte ambiental, quando aplicável;

o) O calendário de realização do projeto e a articulação deste com o projeto de aproveitamento hidroagrícola, quando for o caso;

p) O quadro financeiro total, incluindo a renovação predial, com pormenorização das fontes de financiamento, relativo à concretização do projeto.

2 – A delimitação do perímetro referida na alínea b) do número anterior deve efetuar-se de modo a possibilitar a fácil identificação das parcelas e dos prédios abrangidos e incluir preferencialmente prédios com idênticas características estruturais.

3 – Do projeto de emparcelamento fazem parte integrante os estudos preliminares referidos no artigo 15.º

4 – Para efeitos do disposto no presente artigo, nos projetos da iniciativa do Estado, a entidade promotora elabora e assegura a publicação das normas técnicas necessárias à elaboração do projeto, no sítio da DGADR na Internet.

5 – Nos projetos de emparcelamento integral a realizar em áreas a beneficiar por aproveitamentos hidroagrícolas, os projetos devem ser desenvolvidos em simultâneo e sob a mesma coordenação.

Artigo 19.º – Reclamações e recursos

1 – A elaboração dos projetos de emparcelamento integral deve acautelar o conhecimento e a participação dos interessados nos termos do Código do Procedimento Administrativo, com as seguintes especificidades:

a) Os elementos referenciados nas alíneas *c)* e *d)* do n.º 1 do artigo anterior devem ser notificados aos proprietários e aos possuidores, bem como aos titulares de quaisquer situações jurídicas que incidam sobre as parcelas e sobre os prédios rústicos em causa, para efeitos de correções e acertos;

b) Os elementos referenciados nas alíneas *b)* e *e)* a *i)* do n.º 1 do artigo anterior devem ser divulgados publicamente para efeitos de correções e acertos.

2 – As decisões resultantes do disposto no número anterior são suscetíveis de reclamação para a comissão de emparcelamento, a quem cabe decidir.

3 – Da decisão da comissão de emparcelamento cabe recurso para o membro do Governo responsável pela área do desenvolvimento rural.

Artigo 20.º – Oposição dos proprietários

Verificando-se oposição à implantação da nova estrutura predial por parte dos proprietários de parcelas e prédios rústicos abrangidos pelo projeto de emparcelamento, a entidade promotora pode propor a declaração de utilidade pública e expropriação dessas parcelas e prédios rústicos, quando necessária à execução do projeto.

Artigo 21.º – Direito de preferência

1 – Os proprietários de parcelas e prédios rústicos abrangidos pelo projeto de emparcelamento gozam reciprocamente do direito de preferência nos casos de transmissão a título oneroso de qualquer das parcelas ou prédios rústicos aí inscritos, inclusive nas transmissões decorrentes de venda forçada.

2 – Caso seja omissa a identidade dos proprietários ou estes não manifestem interesse no exercício do direito de preferência, o mesmo é transferido para as autarquias locais.

3 – Ao exercício do direito de preferência é aplicável, com as necessárias adaptações, o regime previsto no Código Civil para os pactos de preferência.

Artigo 22.º – Aprovação dos projetos

1 – Os projetos de emparcelamento integral são aprovados por resolução do Conselho de Ministros, mediante proposta do membro do Governo responsável pela área do desenvolvimento rural com base em parecer fundamentado da DGADR.

2 – A resolução do Conselho de Ministros confere ao projeto aprovado carácter obrigatório para todos os interessados abrangidos pela recomposição predial e dela devem constar designadamente:

a) A delimitação e a área do perímetro a emparcelar;

b) Os principais objetivos a concretizar, em especial no que se refere ao melhoramento da estrutura predial;

c) O sumário da ação de reestruturação predial e dos trabalhos de infraestruturação rural a realizar;

d) Os encargos previstos e fontes de financiamento;

e) Os prazos de execução do projeto.

3 – Sem prejuízo do disposto no regime jurídico das obras de aproveitamento hidroagrícola, aplicável nos termos do n.º 6 do artigo 16.º, a resolução do Conselho de Ministros declara a utilidade pública para expropriação com carácter urgente das parcelas e dos prédios rústicos necessários à execução dos melhoramentos fundiários e à implantação da nova estrutura predial, e determina:

a) A desafetação do domínio público ou a aquisição, consoante o caso, das parcelas e dos prédios rústicos cuja inclusão na reserva de terras tenha sido prevista;

b) A inutilização ou alteração das descrições e a extinção dos efeitos das inscrições prediais e matriciais referentes aos prédios abrangidos pelo emparcelamento logo que se proceda às correspondentes novas inscrições, as alterações das matrizes e a execução ou atualização do cadastro predial dos prédios resultantes da remodelação predial nos termos da presente lei.

4 – Entende-se por remodelação predial toda e qualquer alteração operada na estrutura predial com impacte em matéria de localização, dimensão ou configuração de um ou vários prédios.

Artigo 23.º – Execução dos projetos

Sem prejuízo das competências próprias da entidade promotora, no caso de projetos da iniciativa do Estado, podem ser estabelecidos protocolos de colaboração com as DRAP ou com os municípios interessados, no domínio da realização material e financeira dos projetos de emparcelamento integral.

SUBSECÇÃO II – Disposições relativas aos prédios e parcelas

Artigo 24.º – Situação jurídica dos prédios

1 – A determinação da situação jurídica dos prédios consiste na identificação dos respetivos titulares, bem como dos direitos, ónus e encargos que sobre eles impendem.

2 – Quando surgirem dúvidas acerca da propriedade de algum prédio ou parcela, é considerado proprietário, na falta de título suficiente, aquele que estiver na respetiva posse de acordo com o regime da usucapião.

3 – Sem prejuízo do recurso aos meios de justificação de direitos regulados no Código do Registo Predial e no Código do Notariado, o titular de direito sobre prédio abrangido no projeto de emparcelamento integral que não disponha de documento que legalmente o comprove pode obter a inscrição desse direito, para efeitos do disposto no artigo 116.º do Código do Registo Predial, com base em auto lavrado e autenticado pela DGADR no âmbito de processo de justificação por esta tramitado, uma vez cumpridas as formalidades a que se referem os artigos 18.º e 19.º

4 – O processo de justificação referido no número anterior segue as normas da justificação notarial, com as devidas adaptações, e é instaurado pela DGADR sempre que o pretenso titular do direito, dentro do prazo que para tanto lhe for fixado, não inferior a 30 dias, não faça prova, pelos meios normais, da respetiva titularidade ou de que promoveu a respetiva justificação pelos meios previstos no Código do Notariado ou no Código do Registo Predial.

5 – O processo de justificação referido no número anterior, quando se destine ao reatamento do trato sucessivo, dispensa a apreciação do cumprimento das obrigações fiscais relativamente às transmissões justificadas, reservando-se à Autoridade Tributária e Aduaneira a faculdade de proceder posteriormente à liquidação e cobrança dos tributos que se mostrem devidos, nos termos e prazos previstos na lei.

6 – É igualmente dispensada, como requisito do processo de justificação referido no n.º 4, a inscrição matricial do prédio objeto do direito justificado quando, de acordo com a remodelação predial definida no projeto de emparcelamento, ele venha a ser integralmente substituído por novo ou novos prédios, circunstância de que deve fazer-se menção expressa no respetivo auto final.

Artigo 25.º – Classificação e avaliação das parcelas e benfeitorias

1 – As parcelas abrangidas pelo emparcelamento são classificadas segundo a sua capacidade produtiva e o tipo de aproveitamento e avaliadas nos termos do artigo 70.º da Lei n.º 31/2014, de 30 de maio, de modo a permitir estabelecer a equivalência com os novos prédios e definir o respetivo valor indemnizatório.

2 – Consideram-se excluídas da classificação as áreas objeto de expropriação para efeitos de realização de melhoramentos fundiários.

3 – O valor resultante da avaliação não releva para efeitos de determinação do valor patrimonial tributário dos novos prédios.

Artigo 26.º – Equivalência dos prédios emparcelados e de benfeitorias

1 – Os novos prédios resultantes dos projetos de emparcelamento integral devem ser equivalentes em valor de produtividade aos que lhes deram origem.

2 – A equivalência não se considera prejudicada quando a diferença não exceda 5 % do valor de produtividade exato que deveria ser atribuído.

3 – A diferença referida no número anterior pode ser aumentada se houver acordo entre os interessados.

4 – Na impossibilidade de se estabelecer a equivalência em terreno podem ser efetuadas compensações pecuniárias com base no valor indemnizatório das parcelas, desde que haja acordo dos interessados e não seja afetada a unidade de cultura.

5 – (Revogado)

6 – Na ausência de acordo podem ser efetuadas compensações pecuniárias, desde que:

a) As compensações pecuniárias não excedam mais de 20 % do valor indemnizatório das parcelas, acrescido do valor das benfeitorias;

b) O valor das benfeitorias a compensar não atinja 20 % do valor indemnizatório das parcelas.

Artigo 27.º – Transferência de direitos, ónus e encargos

1 – Passam a integrar os prédios resultantes de emparcelamento integral todos os direitos, ónus ou encargos de natureza real, bem como os contratos de arrendamento que incidiam sobre os prédios anteriormente pertencentes ao mesmo titular.

2 – Quando os direitos, ónus, encargos ou contratos referidos no número anterior não respeitarem a todos os prédios rústicos do mesmo proprietário, é delimitada de forma proporcional a parte equivalente em que ficam a incidir.

3 – A transferência dos contratos de arrendamento rural, quando corresponder a uma efetiva substituição de parcelas sobre os quais incidam, constitui fundamento bastante para a sua resolução pelos respetivos arrendatários.

4 – As servidões que tenham de permanecer passam a incidir sobre os prédios resultantes dos projetos de emparcelamento, mediante a consequente alteração dos prédios dominante e serviente.

Artigo 28.º – Entrega dos novos prédios

1 – A entrega dos novos prédios rústicos resultantes da remodelação predial associada aos projetos de emparcelamento integral é feita pela entidade promotora no prazo de um ano após a conclusão do projeto.

2 – Para efeitos do disposto no número anterior, entende-se por conclusão do projeto a data em que a entidade promotora dá por concluídas todas as ações materiais no âmbito do emparcelamento ou da valorização fundiária.

3 – Os titulares dos prédios abrangidos pela remodelação predial não podem criar impedimentos à entrega referida no n.º 1.

4 – Após a entrega fica ainda assegurada a colheita dos frutos pendentes por aqueles a quem pertencerem, podendo substituir-se a colheita por indemnização.

Artigo 29.º – Auto, registo, inscrição matricial e cadastro dos prédios

1 – Com a entrega dos novos prédios resultantes da remodelação predial, a DGADR lavra auto, contendo, relativamente a cada titular ou conjunto de titulares de direitos sobre os prédios abrangidos, menção dos bens que lhe pertenciam, dos que em substituição destes lhes ficam a pertencer e dos direitos, ónus e encargos que incidiam sobre os primeiros e são transferidos para os segundos.

2 – Quando nos novos prédios resultantes do emparcelamento foram também incorporadas parcelas da reserva de terras, o auto referido no número anterior deve igualmente fazer menção desse facto.

3 – Sem prejuízo do disposto no número seguinte, o auto constitui documento bastante para prova dos atos ou factos que dele constem, designadamente para os seguintes efeitos:

a) Registo de aquisição dos prédios resultantes da remodelação predial a favor dos proprietários;

b) Registo de quaisquer outros direitos, ónus ou encargos, designadamente o ónus de não fracionamento nos termos da presente lei;

c) Inscrição dos novos prédios nas respetivas matrizes em substituição das inscrições que caduquem;

d) Cadastro predial dos prédios resultantes da remodelação predial.

4 – As inscrições e alterações nas matrizes prediais são feitas oficiosamente, em presença da certidão ou cópia certificada do auto, a remeter aos competentes serviços de finanças pela entidade promotora.

5 – Cabe aos proprietários dos prédios resultantes da remodelação predial promover os registos referidos nas alíneas *a)* e *b)* do n.º 3.

6 – O registo previsto na alínea *d)* do n.º 3 é promovido nos termos do diploma que procede à reforma do modelo do cadastro predial.

7 – O conteúdo e o modelo do auto referido no n.º 1 são definidos por despacho dos membros do Governo responsáveis pelas áreas da justiça, do cadastro predial e do desenvolvimento rural.

Artigo 30.º – Obrigações dos titulares e ónus sobre os prédios

1 – Os titulares de direitos sobre prédios rústicos ou parcelas são obrigados a explorar ou manter a exploração do prédio resultante do emparcelamento integral, em conformidade com os prazos e objetivos estabelecidos no projeto.

2 – Os prédios resultantes de operações de emparcelamento simples ou da anexação de prédios rústicos previstas nas alíneas *b)* e *d)* do n.º 2 do artigo 51.º não podem ser fracionados durante o período de 15 anos a partir da data do seu registo.

3 – Os prédios resultantes de emparcelamento integral não podem ser fracionados durante o período de 25 anos contados a partir da data do seu registo, não podendo, em qualquer caso, do fracionamento resultar prédios com área inferior ao dobro da unidade de cultura.

4 – Os ónus de não fracionamento previstos nos números anteriores devem ser inscritos no registo predial.

SUBSECÇÃO III – Reserva de terras

Artigo 31.º – Objetivo

Deve ser constituída no âmbito de cada projeto de emparcelamento integral uma reserva de terras para a prossecução dos seguintes fins:

a) Aumento da dimensão e redimensionamento dos prédios rústicos;

b) Afetação de parcelas para a construção de infraestruturas de interesse coletivo, no âmbito do desenvolvimento rural.

Artigo 32.º – Parcelas integradas na reserva de terras

1 – É integrado na reserva de terras de cada projeto o conjunto de parcelas ou de prédios rústicos cuja aquisição decorre da resolução do Conselho de Ministros de acordo com o artigo 22.º

2 – Com a conclusão do projeto, na aceção do n.º 2 do artigo 28.º, os prédios a que não tenha sido dado o fim previsto no artigo anterior, são disponibilizados na Bolsa Nacional de Terras, seguindo o regime das terras do Estado.

Artigo 33.º – Gestão transitória

1 – Enquanto não se procede à entrega dos novos prédios, a reserva de terras pode ser objeto de cedência temporária a título indemnizatório ou de arrendamento nos termos dos números seguintes.

2 – Os contratos de arrendamento apenas são renováveis por acordo das partes.

3 – Independentemente da sua natureza, as benfeitorias, na aceção do n.º 7 do artigo 16.º, efetuadas nos prédios da reserva de terras dependem de autorização escrita prévia da entidade promotora e não podem ser levantadas nem conferem direito a indemnização.

4 – Sem prejuízo do disposto no n.º 1 e enquanto não se procede à sua transmissão definitiva para os titulares dos lotes, as parcelas da reserva de terras abrangidas pelos novos prédios rústicos são, transitoriamente, objeto de arrendamento aos futuros titulares, através da Bolsa Nacional de Terras.

CAPÍTULO III – Valorização fundiária

Artigo 34.º – Valorização fundiária com emparcelamento rural

1 – A valorização fundiária tem por objetivo a qualificação e o melhor aproveitamento económico, ambiental e social das parcelas e dos prédios rústicos, através da execução de obras de melhoramento fundiário.

2 – As ações de emparcelamento rural, simples ou integral, podem ser englobadas em projetos de valorização fundiária, sendo-lhes aplicáveis, com as devidas adaptações, as normas previstas no capítulo anterior, com exceção do disposto na alínea *j)* do n.º 1 do artigo 18.º

Artigo 35.º – Pressupostos

Podem ser desenvolvidos projetos de valorização fundiária nos casos em que o desenvolvimento económico, ambiental e social das zonas rurais se encontre condicionado pela insuficiência ou deficiência das infraestruturas de suporte ao desenvolvimento das atividades agrícolas ou florestais ou pelas características agrárias das parcelas.

Artigo 36.º – Projetos de valorização fundiária

1 – Os projetos de valorização fundiária integram as obras de melhoramento fundiário que, no seu conjunto e de forma articulada, se revelem de interesse coletivo e se mostrem indispensáveis à qualificação e valorização das parcelas e dos prédios rústicos, designadamente quando seja necessária a modernização de práticas culturais ou a reconversão de atividades agrícolas ou florestais.

2 – Os projetos de valorização fundiária incluem, designadamente, as seguintes obras:

a) Acessibilidades das explorações agrícolas ou florestais;

b) Eletrificação fora das explorações agrícolas ou florestais;

c) Melhoria do abastecimento de água às explorações agrícolas ou florestais;

d) Correção torrencial dos regimes hídricos;

e) Drenagem, despedrega e correção de solos;

f) Arroteamento de incultos suscetíveis de serem utilizados como pastagens ou como parcelas de cultura;

g) Regularização de leitos e margens de cursos de água;

h) Adaptação e conversão de parcelas a regadio;

i) Construção de muros e vedações;

j) Defesa contra a ação do vento;

k) Fomento hidroagrícola;

l) Infraestruturas de defesa da floresta contra incêndios.

3 – As obras de fomento hidroagrícola regem-se pelo regime jurídico das obras de aproveitamento hidroagrícola e, subsidiariamente, pela presente lei.

Artigo 37.º – Iniciativa

1 – Os projetos de valorização fundiária são da iniciativa dos municípios, ainda que englobem ações de emparcelamento rural.

2 - Os projetos a que se refere o número anterior podem ainda ser da iniciativa de uma parceria entre municípios e organizações representativas dos proprietários interessados.

3 - Sempre que os projetos de valorização fundiária englobem ações de emparcelamento simples, devem as respetivas operações ser objeto de uma parceria nos termos do disposto no artigo 8.º

Artigo 38.º - Comissão de valorização fundiária

1 - O município promove a constituição de uma comissão de valorização fundiária, estabelecendo a respetiva composição.

2 - Compete ao município promotor presidir à comissão de valorização fundiária e garantir a respetiva instalação e funcionamento.

3 - Integram a comissão de valorização fundiária, um representante da CCDR e um representante da DRAP territorialmente competentes.

4 - Podem ainda integrar a comissão de valorização fundiária outras entidades sempre que estejam em causa matérias relativas às respetivas áreas de competência.

5 - Compete à comissão de valorização fundiária:

a) Apoiar a elaboração do projeto de valorização fundiária;

b) Acompanhar a execução do projeto;

c) Decidir sobre eventuais reclamações apresentadas no decorrer do projeto;

d) Apreciar e dar parecer sobre as propostas de alteração ao projeto;

e) Pronunciar-se sobre eventuais recomendações e normas técnicas propostas pelo município promotor do projeto;

f) Colaborar com o município promotor do projeto, em todas as matérias relativas ao projeto;

g) Dar parecer sobre os relatórios de acompanhamento e sobre o relatório final previstos no artigo 45.º, preparados pelo município promotor do projeto.

6 - No caso de o projeto de valorização fundiária englobar uma ação de emparcelamento integral, a comissão de valorização fundiária integra as competências da comissão de emparcelamento definidas no n.º 3 do artigo 17.º

7 - A comissão de valorização fundiária aprova, sob proposta do município promotor, na sua primeira reunião, o respetivo regulamento interno.

8 - A comissão de valorização fundiária dissolve-se automaticamente após a aprovação do relatório final de execução material, financeira e de avaliação.

9 - A participação na comissão de valorização fundiária e o respetivo funcionamento não originam quaisquer encargos adicionais para os orçamentos das entidades representadas.

Artigo 39.º – Elaboração dos projetos

1 – A elaboração de cada projeto de valorização fundiária é da responsabilidade do município promotor, com a colaboração das organizações representativas dos proprietários interessados, quando necessário, podendo solicitar o apoio da DRAP territorialmente competente e da respetiva comissão de valorização fundiária.

2 – Os projetos de valorização fundiária incluem, obrigatoriamente:

a) A identificação das entidades proponentes;

b) A identificação do município promotor;

c) A delimitação da área de intervenção;

d) A estrutura predial e das explorações agrícolas ou florestais;

e) O diagnóstico da situação e das tendências de transformação da área a beneficiar, incluindo a identificação e caracterização das deficiências e limitações em matéria de acessibilidades, energia elétrica e recursos hídricos e considerando as opções de base territorial adotadas para o modelo de organização espacial nos planos territoriais municipais ou intermunicipais;

f) A definição, identificação e caracterização dos objetivos e resultados a alcançar, quer em matéria de projetos de valorização fundiária, quer eventualmente, no domínio do emparcelamento;

g) As ações de valorização fundiária e as ações de emparcelamento a concretizar, se aplicável;

h) A identificação das parcelas a expropriar para efeitos de realização dos melhoramentos fundiários de carácter coletivo;

i) A enumeração e descrição de outras intervenções públicas previstas ou com impacte previsível na zona a beneficiar;

j) O quadro financeiro total e anualizado, com pormenorização das fontes de financiamento previstas;

k) O calendário de realização do projeto;

l) A estimativa do valor das expropriações imprescindíveis a realizar com vista a viabilizar o projeto de valorização fundiária;

m) A declaração de impacte ambiental favorável ou condicionada, no caso dos projetos sujeitos ao regime de avaliação de impacte ambiental.

3 – Nos projetos de valorização fundiária promovidos em parceria nos termos do n.º 2 do artigo 37.º, é obrigatório o estabelecimento de um acordo de parceria entre as partes interessadas, fazendo este parte integrante do projeto.

Artigo 40.º – Aprovação dos projetos

1 – Os projetos de valorização fundiária são aprovados pelo município promotor, sem prejuízo do disposto nos números seguintes.

2 – No caso de o projeto de valorização fundiária englobar uma ação de emparcelamento integral, a respetiva aprovação efetua-se nos termos do artigo 22.º, mediante parecer da DGADR.

3 – O projeto de valorização fundiária caduca no prazo de um ano se não tiver sido aprovada a ação de emparcelamento integral nos termos do número anterior.

Artigo 41.º – Execução dos projetos

1 – A execução material e financeira dos projetos de valorização fundiária é da responsabilidade do município promotor, ainda que englobe ações de emparcelamento integral.

2 – Sempre que o município promotor conclua pela necessidade de proceder à alteração do projeto, deve obter parecer fundamentado da comissão de valorização fundiária.

3 – A alteração referida no número anterior é objeto de nova aprovação.

Artigo 42.º – Apoio técnico

Prestam o apoio técnico necessário à elaboração e execução dos projetos de valorização fundiária, os seguintes organismos:

a) A DGADR;

b) A DRAP territorialmente competente;

c) A DGT;

d) A CCDR territorialmente competente;

e) A DGTF, quando os projetos de valorização fundiária envolvam prédios rústicos ou parcelas propriedade do Estado.

CAPÍTULO IV – Disposições comuns ao emparcelamento integral e à valorização fundiária

Artigo 43.º – Publicitação

A autorização para elaboração dos projetos e todas as decisões com interesse geral para os projetos de emparcelamento integral e de valorização fundiária são objeto de adequada publicitação através de anúncios a publicar em, pelo menos, um jornal diário de âmbito nacional e em jornal regional das áreas geográficas de intervenção e através da afixação de editais nos lugares de estilo em que se situem as parcelas e os prédios rústicos abrangidos pelas referidas operações.

Artigo 44.º – Dever de colaboração

1 – Em qualquer fase da elaboração e da realização dos projetos de emparcelamento integral ou de valorização fundiária, os titulares de direitos sobre parcelas ou prédios rústicos, ou, no caso de incapazes ou pessoas coletivas, os seus representantes legais, são obrigados a prestar todos os esclarecimentos necessários à verificação dos direitos e ao conhecimento dos factos e realidades em que devem assentar o estudo, a preparação e a execução dos projetos.

2 – Sempre que seja necessário proceder a estudos ou trabalhos de emparcelamento integral ou de valorização fundiária, os titulares de parcelas ou prédios rústicos ficam obrigados a consentir na utilização dessas parcelas ou na serventia de passagem, que se mostrem necessários à sua realização.

3 – Os titulares das parcelas ou dos prédios rústicos referidos no número anterior têm direito a ser indemnizados pelos prejuízos efetivamente causados em resultado dos mencionados estudos e trabalhos.

Artigo 45.º – Acompanhamento e avaliação

1 – Todas as operações de emparcelamento integral e de valorização fundiária são objeto de acompanhamento e avaliação.

2 – O acompanhamento e a avaliação referidos no número anterior são concretizados através dos seguintes instrumentos:

a) Relatórios anuais de execução material e financeira, a apresentar, até 31 de março do ano seguinte ao ano de referência;

b) Relatório final de execução material e financeira e de avaliação de impacte sobre a estrutura predial, tendo em consideração os objetivos estabelecidos, a apresentar até seis meses após o encerramento do projeto.

3 – Para efeitos do disposto na alínea *b)* do número anterior, entende-se por encerramento do projeto, a data em que, após a aprovação do relatório final do projeto, a entidade promotora considera como concluídos todos os procedimentos de natureza administrativa e financeira, incluindo, quando aplicável, os de inscrição e registo predial dos novos prédios e a entrega das infraestruturas, associados à realização do projeto de emparcelamento ou de valorização fundiária.

4 – Os relatórios de acompanhamento e avaliação relativos a operações de emparcelamento integral são elaborados pela DGADR e submetidos à aprovação do membro do Governo responsável pela área do desenvolvimento rural.

5 – Os relatórios de acompanhamento e avaliação relativos a projetos de valorização fundiária são elaborados pelos municípios promotores e remetidos à DGADR, para conhecimento.

Artigo 46.º – Divulgação

1 – Os projetos de emparcelamento integral ou valorização fundiária, assim como os respetivos relatórios de acompanhamento e avaliação, são objeto de divulgação através dos sítios eletrónicos na Internet das respetivas entidades promotoras.

2 – Para efeitos do disposto no número anterior, entende-se por entidades promotoras as entidades responsáveis pela execução material e financeira dos projetos de emparcelamento ou de valorização fundiária, assim como pela respetiva conclusão e encerramento.

Artigo 47.º – Exploração e conservação das infraestruturas coletivas

A exploração e conservação das infraestruturas coletivas resultantes dos projetos de emparcelamento integral ou de valorização fundiária são da responsabilidade dos respetivos municípios, exceto nas áreas beneficiadas por obras de aproveitamento hidroagrícola, em que é aplicável o regime jurídico das obras de aproveitamento hidroagrícola.

CAPÍTULO V – Fracionamento

Artigo 48.º – Regime

1 – Ao fracionamento e à troca de parcelas aplicam-se, além das regras dos artigos 1376.º a 1381.º do Código Civil, as disposições da presente lei.

2 – A posse de terrenos aptos para cultura não faculta ao seu possuidor a justificação do direito a que esta diz respeito, ao abrigo do regime da usucapião, sempre que a sua aquisição resulte de atos contrários ao disposto no artigo 1376.º do Código Civil.

3 – São nulos os atos de justificação de direitos a que se refere o número anterior.

4 – Quando todos os interessados estiverem de acordo, as situações de indivisão podem ser alteradas no âmbito do emparcelamento rural ou da valorização fundiária, pela junção da área correspondente de alguma ou de todas as partes alíquotas, a prédios rústicos que sejam propriedade de um ou de alguns comproprietários.

5 – Da aplicação do disposto nos números anteriores não podem resultar prédios com menos de 20 m de largura, prédios onerados com servidão ou prédios com estremas mais irregulares do que as do prédio original.

Artigo 49.º – Unidade de cultura

1 – Entende-se por unidade de cultura a superfície mínima de um terreno rústico para que este possa ser gerido de uma forma sustentável, utilizando os meios e recursos normais e adequados à obtenção de um resultado satisfatório, atendendo às características desse terreno e às características geográficas, agrícolas e florestais da zona onde o mesmo se integra.

2 – Para efeitos da determinação da unidade de cultura releva a distinção entre terrenos de regadio, de sequeiro e de floresta, categorias reconhecidas a

partir das espécies vegetais desenvolvidas, bem como das características pedológicas, edáficas, hídricas, económico-agrárias e silvícolas dos terrenos, aferidas com recurso às cartas de capacidade de uso do solo.

3 – Sempre que não seja possível o reconhecimento do tipo de terreno, nos termos do número anterior, deve ser atribuída a categoria de terreno de sequeiro.

4- A unidade de cultura é fixada por portaria do membro do Governo responsável pela área do desenvolvimento rural e deve ser atualizada com um intervalo máximo de 10 anos.

5 – As transmissões e a transferência de direitos que se verifiquem no âmbito da execução dos projetos de emparcelamento integral efetivam-se independentemente dos limites da unidade de cultura.

Artigo 50.º – Anexação de prédios contíguos

1 – Todos os prédios rústicos contíguos com uma área global inferior à unidade de cultura e pertencentes ao mesmo proprietário, independentemente da sua origem, devem ser anexados oficiosamente pelo serviço de finanças, ou a requerimento do proprietário, com inscrição do novo prédio sob um único artigo e menção da correspondência aos artigos antigos.

2 – No caso de iniciativa do serviço de finanças, o proprietário deve ser notificado para se opor, querendo, no prazo de 30 dias.

3 – Após a anexação, o serviço de finanças deve enviar à conservatória do registo predial certidão do teor das matrizes, com a indicação da correspondência matricial.

4 – Feita a anotação da apresentação, o conservador efetua, oficiosa e gratuitamente, a anexação das descrições, salvo quando a existência de registos em vigor sobre os prédios a ela obste.

CAPÍTULO VI – Isenções e incentivos

Artigo 51.º – Isenções

1 – Estão isentos de emolumentos todos os atos e contratos necessários à realização das operações de emparcelamento rural, bem como o registo de todos os direitos e ónus incidentes sobre os novos prédios rústicos daí resultantes.

2 – São isentas do Imposto Municipal sobre as Transmissões Onerosas de Imóveis e de Imposto do Selo:

a) As transmissões de prédios rústicos ocorridas em resultado de operações de emparcelamento rural realizadas ao abrigo da presente lei;

b) A aquisição de prédio rústico confinante ou de prédios contíguos com prédio da mesma natureza, propriedade do adquirente, se a aquisição contribuir para melhorar a estrutura fundiária da exploração e desde que a operação de emparcelamento respeite os valores previstos na portaria que fixa a superfície máxima de redimensionamento;

c) A compra ou permuta de prédios rústicos, a integrar na reserva de terras;

d) As aquisições de prédios rústicos que excedam o quinhão ideal do adquirente em ato de partilha ou divisão de coisa comum que ponham termo à compropriedade e quando a unidade predial ou de exploração agrícola não possam fracionar-se sem inconveniente.

3 – As operações de crédito concedido e utilizado para a realização das operações referidas no número anterior e os juros decorrentes dessas operações são isentas de imposto do selo.

4 – As isenções previstas nas alíneas *b)* e *d)* do n.º 2 são requeridas pelos interessados e apresentadas nos termos e prazo previstos no n.º 1 do artigo 10.º do Código do Imposto Municipal sobre as Transmissões Onerosas de Imóveis.

5 – O reconhecimento das isenções previstas nas alíneas *b)* e *d)* do n.º 2, pelo serviço de finanças, depende da apresentação dos documentos suscetíveis de demonstrar os pressupostos das mesmas, designadamente:

a) Documento comprovativo de que o requerente é titular do direito de propriedade de prédio rústico confinante ou contíguo dos que pretende adquirir, nos casos previstos na alínea *b)* do n.º 2;

b) Documento comprovativo de que a junção ou aquisição dos prédios contribui para melhorar a estrutura fundiária da exploração, nos casos previstos na alínea *b)* do n.º 2;

c) Parecer vinculativo da DRAP territorialmente competente que comprove que o fracionamento da unidade predial ou da exploração agrícola não acarreta inconvenientes, nos casos previstos na alínea *d)* do n.º 2.

6 – O documento previsto na alínea *b)* do número anterior é da responsabilidade do município territorialmente competente.

7 – São isentos do imposto municipal sobre imóveis, quando forem reconhecidas as isenções previstas no n.º 2:

a) Os prédios rústicos a que se refere a alínea *c)* do n.º 2;

b) O prédio rústico resultante do emparcelamento, da anexação ou em que se pôs termo à compropriedade, nas situações previstas nas alíneas *a)*, *b)* e *d)* do n.º 2, pelo período de dez anos.

8 – Os procedimentos de reclamação ao cadastro com origem na anexação de prédios contíguos, prevista no artigo anterior, são isentos de taxas ou emolumentos.

9 – Para efeitos do disposto no presente artigo, a definição de prédio rústico é a que consta do artigo 3.º do Código do Imposto Municipal sobre Imóveis.

Artigo 52.º – Elementos cartográficos, cadastro e cadernetas prediais

1 – Compete à DGT o fornecimento gratuito às entidades da Administração Pública dos elementos que sejam da sua responsabilidade, no que se refere a elementos cartográficos, do cadastro geométrico da propriedade rústica, cadastro predial e informação de natureza cadastral, necessários à elaboração e à conclusão dos projetos de emparcelamento integral ou de valorização fundiária.

2 – Compete aos serviços de finanças fornecer gratuitamente à entidade promotora as cadernetas prediais rústicas dos prédios sujeitos a emparcelamento integral ou de valorização fundiária.

Artigo 53.º – Incentivos

No âmbito de projetos de emparcelamento rural, pode ser criado, por despacho dos membros do Governo responsáveis pelas áreas das finanças e do desenvolvimento rural, um sistema de incentivos destinados a fomentar a venda de prédios rústicos que contribuam para a melhoria da estrutura fundiária das explorações, desde que o emparcelamento rural atinja a unidade mínima de cultura.

CAPÍTULO VII – Regime sancionatório

Artigo 54.º – Contraordenações

1 – Constitui contraordenação, punível com coima, a prática dos seguintes atos:

a) A omissão da prestação dos esclarecimentos previstos no n.º 1 do artigo 44.º;

b) O incumprimento da obrigação de consentir na utilização das parcelas ou na serventia de passagem, prevista no n.º 2 do artigo 44.º;

c) O incumprimento das obrigações de exploração ou manutenção das parcelas e infraestruturas resultantes das operações efetuadas ao abrigo da presente lei, previstas no n.º 1 do artigo 30.º;

d) As ações impeditivas da entrega dos novos prédios rústicos aos interessados, em violação do disposto no n.º 3 do artigo 28.º

2 – A tentativa e a negligência são puníveis, sendo os limites máximos e mínimos das coimas aplicadas reduzidos para metade.

Artigo 55.º – Montante das coimas

1 – A contraordenação prevista na alínea *a)* do n.º 1 do artigo anterior é punível com coima de 200 € a 1750 € ou de 400 € a 5250 €, consoante se trate de pessoa singular ou de pessoa coletiva.

2 – A contraordenação prevista na alínea *b)* do n.º 1 do artigo anterior é punível com a coima de 200 € a 2000 € ou de 400 € a 6000 €, consoante se trate de pessoa singular ou de pessoa coletiva.

3 – As contraordenações previstas nas alíneas *c)* e *d)* do n.º 1 do artigo anterior são puníveis com coima de 800 € a 3500 € ou de 2000 € a 10 500 €, consoante se trate de pessoa singular ou de pessoa coletiva.

Artigo 56.º – Fiscalização, instrução e decisão

1 – Sem prejuízo das competências atribuídas por lei às autoridades policiais e fiscalizadoras, a fiscalização e a instrução dos processos por infração ao disposto na presente lei competem à DGADR, relativamente ao emparcelamento integral, e aos municípios promotores, relativamente à valorização fundiária.

2 – Finda a instrução, os processos são remetidos à DGADR ou aos municípios promotores, para aplicação das coimas respetivas.

Artigo 57.º – Destino do produto das coimas

O produto das coimas é distribuído da seguinte forma:

a) 60 % para os cofres do Estado ou para o município cuja câmara municipal seja a entidade autuante e que instruiu o processo;

b) 10 % para a entidade que levantou o auto;

c) 20 % para a entidade que instruiu o processo;

d) 10 % para a entidade decisora.

Artigo 58.º – Regime aplicável

Às contraordenações previstas na presente lei é aplicável, subsidiariamente, o regime geral de contraordenações, aprovado pelo Decreto-Lei n.º 433/82, de 27 de outubro.

CAPÍTULO VIII – Disposições complementares, transitórias e finais

Artigo 59.º – Alteração ao Código Civil

O artigo 1379.º do Código Civil, aprovado pelo Decreto-Lei n.º 47 344, de 25 de novembro de 1966, passa a ter a seguinte redação:

«**Artigo 1379.º** *[...]*

1 – São nulos os atos de fracionamento ou troca contrários ao disposto nos artigos 1376.º e 1378.º

2 – São anuláveis os atos de fracionamento efetuado ao abrigo da alínea *c)* do artigo 1377.º se a construção não for iniciada no prazo de três anos.

3 – Tem legitimidade para a ação de anulação o Ministério Público ou qualquer proprietário que goze do direito de preferência nos termos do artigo seguinte.

4 – A ação de anulação caduca no fim de três anos, a contar do termo do prazo referido no n.º 2.»

Artigo 60.º – Digital como regra

1 – A tramitação dos procedimentos previstos na presente lei é realizada através de plataforma eletrónica que garanta:

a) A realização por via eletrónica, através de portal ou sítio na Internet próprio para o efeito, acessível através do balcão único eletrónico, dos atos praticados no âmbito de procedimentos regulados pela presente lei, nomeadamente a entrega dos respetivos requerimentos, comunicações e notificações;

b) A consulta pelos interessados dos procedimentos, incluindo o respetivo estado;

c) A consulta e comunicação entre entidades públicas exclusivamente através da Plataforma de Interoperabilidade da Administração Pública (iAP).

2 – Os atos praticados pelos cidadãos na plataforma eletrónica devem ser realizados através de meios de autenticação segura, nos termos e para os efeitos do n.º 1 do artigo 4.º da Lei n.º 37/2014, de 26 de junho, nomeadamente o cartão de cidadão e a Chave Móvel Digital.

A plataforma eletrónica estabelecida no n.º 1 garante a sua integração com o sistema de pesquisa online de informação pública, previsto no artigo 49.º do Decreto-Lei n.º 135/99, de 22 de abril, alterado pelos Decretos-Leis n.ºs 29/2000, de 13 de março, 72-A/2010, de 18 de junho, e 73/2014, de 13 de maio, e disponibiliza os seus dados em formatos abertos, que permitam a leitura por máquina, nos termos da Lei n.º 36/2011, de 21 de junho.

Artigo 61.º – Regiões autónomas

1 – A aplicação do disposto na presente lei às regiões autónomas não prejudica a legislação regional existente.

2 – As unidades de cultura são fixadas por decreto legislativo regional.

Artigo 62.º – Regime transitório

1 – Os projetos de emparcelamento integral existentes à data da entrada em vigor da presente lei, já aprovados por resolução do Conselho de Ministros, regem-se pelo disposto no Decreto-Lei n.º 384/88, de 25 de outubro, e pelo Decreto-Lei n.º 103/90, de 22 de março, alterado pelo Decreto-Lei n.º 59/91, de 30 de janeiro, sem prejuízo do disposto nos seguintes números.

2 – Ao encerramento e conclusão dos projetos referidos no número anterior, aplica-se, com as necessárias adaptações, o disposto nos artigos 30.º, 44.º, 45.º, 46.º, 47.º e 53.º da presente lei.

3 – As ações impeditivas da entrega dos novos prédios rústicos, no âmbito dos projetos de emparcelamento referidos no n.º 1, são puníveis nos termos da presente lei.

4 – Os projetos de emparcelamento integral cujas bases tenham sido fixadas e publicitadas no âmbito do Decreto-Lei n.º 103/90, de 22 de março, alterado pelo Decreto-Lei n.º 59/91, de 30 de janeiro, ficam sujeitos a confirmação pelo membro do Governo responsável pela área do desenvolvimento rural, nos seguintes termos:

a) Para os projetos da iniciativa do Estado, a DGADR dispõe de um prazo de 90 dias para demonstrar, mediante proposta fundamentada, a necessidade da concretização do projeto;

b) Para os projetos da iniciativa dos municípios, estes dispõem de um prazo de 90 dias para demonstrar a necessidade da concretização do projeto e apresentar proposta fundamentada junto da DGADR;

c) Para os projetos de iniciativa privada ou de iniciativa das freguesias, os respetivos promotores dispõem de um prazo de 60 dias para manifestar o interesse na concretização dos projetos junto dos municípios das áreas geográficas abrangidas, que os remetem à DGADR no prazo de 30 dias, após análise que corrobore o interesse manifestado.

5 – Para os projetos referidos nas alíneas b) e c) do número anterior, a DGADR dispõe de um prazo de 60 dias para se pronunciar sobre o mérito e enquadramento dos projetos e para os remeter, para confirmação, ao membro do Governo responsável pelas áreas da agricultura, do desenvolvimento rural e das florestas.

6 – Os prazos referidos no n.º 4 contam-se a partir da data de entrada em vigor da presente lei.

7 – Os projetos confirmados nos termos dos n.ºs 4 e 5 regem-se pelo disposto na presente lei.

8 – Os projetos de emparcelamento integral iniciados ao abrigo do Decreto-Lei n.º 103/90, de 22 de março, alterado pelo Decreto-Lei n.º 59/91, de 30 de janeiro, relativamente aos quais não tenham sido fixadas e publicadas as bases, bem como os projetos que não sejam confirmados nos termos do n.º 5, caducam no prazo de 120 dias.

Artigo 63.º – Regulamentação

1 – As portarias previstas no n.º 3 do artigo 4.º e no n.º 1 do artigo 49.º são publicadas o prazo máximo de 90 dias contados a partir da data de entrada em vigor da presente lei.

2 – O despacho dos membros do Governo responsáveis pelas áreas da justiça, do cadastro predial e do desenvolvimento rural, previsto no n.º 7 do artigo 29.º, é aprovado no prazo máximo de 90 dias contados a partir da data de entrada em vigor da presente lei.

3 – O despacho dos membros do Governo responsáveis pelas áreas das finanças e do desenvolvimento rural previsto no artigo 53.º é aprovado no prazo máximo de 180 dias contados a partir da data de entrada em vigor da presente lei.

Artigo 64.º – Norma revogatória

São revogados:

a) O Decreto-Lei n.º 384/88, de 25 de outubro;

b) O Decreto-Lei n.º 103/90, de 22 de março, alterado pelo Decreto-Lei n.º 59/91, de 30 de janeiro.

Artigo 65.º – Entrada em vigor

A presente lei entra em vigor 30 dias após a sua publicação.

Aprovada em 3 de julho de 2015.

A Presidente da Assembleia da República, Maria da Assunção A. Esteves.

Promulgada em 12 de agosto de 2015.

Publique-se.

O Presidente da República, Aníbal Cavaco Silva.

Referendada em 17 de agosto de 2015.

Pelo Primeiro-Ministro, Paulo Sacadura Cabral Portas, Vice-Primeiro-Ministro.

REGIME EXCECIONAL DE EXTENSÃO DE PRAZOS PREVISTOS PARA A EXECUÇÃO DE OBRAS

Decreto-Lei n.º 120/2013, de 21 de agosto
Aprova o regime excecional de extensão de prazos previstos para a execução de obras, a caducidade de licença ou admissão de comunicação prévia e a apresentação de requerimento do respetivo alvará de licenciamento ou de autorização de utilização, previstos nos artigos 58.º, 59.º, 71.º e 76.º do Decreto-Lei n.º 555/99, de 16 de dezembro

O regime jurídico da urbanização e da edificação (RJUE), aprovado pelo Decreto-Lei n.º 555/99, de 16 de dezembro, foi alterado e republicado pelo Decreto-Lei n.º 26/2010, de 30 de março.

O artigo 3.º do Decreto-Lei n.º 26/2010, de 30 de março, estabelece um regime excecional de extensão dos prazos previstos no RJUE, abrangendo dois tipos de situações: no seu n.º 1, são elevados para o dobro, mediante requerimento do interessado, os prazos de execução relativos às operações urbanísticas previstas nos n.ºs 1, 2 e 9 do artigo 58.º e no artigo 59.º do RJUE; no seu n.º 3, são elevados para o dobro os prazos de caducidade e os prazos para a apresentação do requerimento de emissão dos títulos de operações urbanísticas previstos nos artigos 71.º e 76.º do RJUE.

Por força do n.º 4 do artigo 3.º do Decreto-Lei n.º 26/2010, de 30 de março, este regime excecional de extensão de prazos aplica-se aos prazos já em curso na data da publicação do referido diploma (30 de março de 2010) ou cuja contagem se tenha iniciado nos 90 dias seguintes a essa publicação (isto é, entre 30 de março e 28 de junho de 2010).

O legislador ressalvou ainda expressamente que a possibilidade da referida elevação para o dobro do prazo de execução das mencionadas operações urbanísticas não prejudica o recurso ao disposto nos n.ºs 5 a 7 do artigo 58.º do Decreto-Lei n.º 555/99, de 16 de dezembro, uma vez finda a extensão excecional do prazo.

No contexto atual de alguma estagnação económica no setor do imobiliário, considera-se necessário adequar os prazos legais de concretização de operações urbanísticas às reais possibilidades de intervenção dos promotores, de forma a promover a respetiva concretização.

Neste sentido, importa aplicar às operações urbanísticas que já não possam usufruir do regime transitório previsto no artigo 3.º Decreto-Lei n.º 26/2010, de 30 de março, um mecanismo idêntico de extensão dos prazos, por forma a potenciar a manutenção das empresas do setor de construção civil, salvaguardando postos de trabalho e minimizando os efeitos da crise económica no setor imobiliário.

Assim, introduz-se novo regime excecional de extensão dos prazos do RJUE previstos para a execução de obras, a caducidade de licença, a admissão de comunicação prévia e a apresentação de requerimento do alvará de licenciamento ou de autorização de utilização.

Foram ouvidos os órgãos de governo próprio das Regiões Autónomas e a Associação Nacional de Municípios Portugueses.

Assim:

Nos termos da alínea *a)* do n.º 1 do artigo 198.º da Constituição, o Governo decreta o seguinte:

Artigo 1.º Regime excecional de extensão dos prazos

1 – Os prazos para a execução de obras previstos nos n.ºs 1, 2 e 9 do artigo 58.º e no artigo 59.º do Decreto-Lei n.º 555/99, de 16 de dezembro, alterado e republicado pelo Decreto-Lei n.º 26/2010, de 30 de março, e os resultantes da aplicação do disposto nos n.ºs 5 a 7 do artigo 58.º do mesmo diploma são elevados para o dobro, mediante requerimento do interessado, a apresentar em momento prévio ao do respetivo termo de validade, sem necessidade de emissão de novo título de licenciamento ou de nova admissão de comunicação prévia sobre as operações urbanísticas em causa.

2 – A elevação para o dobro dos prazos previstos nos n.ºs 1, 2 e 9 do artigo 58.º e no artigo 59.º do Decreto-Lei n.º 555/99, de 16 de dezembro, alterado e republicado pelo Decreto-Lei n.º 26/2010, de 30 de março, não prejudica o recurso à prorrogação de prazo prevista nos n.ºs 5 a 7 do artigo 58.º, uma vez finda a extensão excecional do prazo.

3 – Os prazos de caducidade e os prazos para a apresentação do requerimento de emissão dos títulos de operações urbanísticas previstos nos artigos 71.º a 76.º do mesmo diploma são elevados para o dobro.

4 – O regime excecional de extensão dos prazos previsto nos números anteriores aplica-se aos prazos em curso no momento da entrada em vigor do presente decreto-lei.

Artigo 2.º Regime transitório

O presente decreto-lei aplica-se aos procedimentos já iniciados e em curso à data da sua entrada em vigor, sem prejuízo da salvaguarda dos atos já praticados.

Artigo 3.º Entrada em vigor

O presente decreto-lei entra em vigor no dia seguinte ao da sua publicação.

Visto e aprovado em Conselho de Ministros de 11 de julho de 2013. – Pedro Passos Coelho – Luís Miguel Poiares Pessoa Maduro – Sérgio Paulo Lopes da Silva Monteiro – Maria de Assunção Oliveira Cristas Machado da Graça.

Promulgado em 15 de agosto de 2013.

Publique-se.

O Presidente da República, Aníbal Cavaco Silva.

Referendado em 19 de agosto de 2013

O Primeiro-Ministro, Pedro Passos Coelho.

CRIAÇÃO DO LIVRO DE OBRA ELETRÓNICO

Resolução do Conselho de Ministros n.º 76/2017, de 5 de junho
Procede à criação do livro de obra eletrónico e à extinção da Ficha Técnica de Habitação

O Decreto-Lei n.º 68/2004, de 25 de março, que criou a «Ficha Técnica da Habitação», constituiu um marco no reforço dos direitos dos consumidores, na informação e na proteção dos seus interesses económicos, no âmbito da aquisição de imóveis para habitação. Decorridos mais de 10 anos da entrada em vigor deste diploma, verificou-se que grande parte da informação que consta da ficha técnica da habitação já se encontra disponível no livro de obra e no certificado energético, pelo que deixa de se justificar a sua existência.

A «Ficha Técnica da Habitação», contém uma síntese das principais características do edifício e das suas frações e visa fornecer uma noção genérica da configuração do edifício, bem como a informação onde podem ser obtidos elementos detalhados sobre as características físicas e jurídicas do mesmo, de modo, essencialmente, a permitir aos consumidores aceder à mais relevante e completa informação sobre os imóveis e proceder à sua aquisição consciente e informada, e com a necessária segurança jurídica.

Já o Livro de Obra contém uma primeira parte destinada ao registo de factos e observações respeitantes à execução da obra, bem como à realização do registo periódico do seu estado de execução; Uma segunda parte, destinada ao registo das principais características da edificação e das soluções construtivas adotadas, com impacte na qualidade e funcionalidade do edificado, quando esteja em causa obra de construção, reconstrução, com ou sem preservação de fachadas, ampliação ou alteração de edifício e quanto a todos os elementos construtivos que da mesma resultem.

Por outro lado, o Certificado Energético visa assegurar, com forte dinamismo, a eficiência energética dos edifícios através do Sistema Certificação Energética dos Edifícios (SCE).

Por fim, uma parcela significativa das informações relativas a imóveis encontra-se ainda inscrita nas respetivas cadernetas prediais, que resultam de dever legal, criado no âmbito do Código do Imposto Municipal sobre Imóveis.

A proliferação de documentos comprovativos de determinadas caraterísticas dos imóveis tende a criar risco de contradição entre documentos oficiais, a criar insegurança no comércio jurídico e a onerar os particulares com custos económicos acrescidos, decorrentes da necessidade de obtenção de cada um desses documentos.

Considerando que o Programa do XXI Governo Constitucional estabelece como uma das suas prioridades fortalecer, simplificar e digitalizar a Administração, com o propósito de a tornar mais eficiente e facilitadora da vida dos cidadãos e das empresas, através do lançamento do Programa SIMPLEX+. Neste contexto, concretizando uma medida do Programa SIMPLEX+ 2016, procede-se à convergência da atual ficha técnica com o livro de obra, uma vez que a respetiva informação encontra-se disponível naqueles documentos, bem como à possibilidade de consulta do certificado energético através daquele documento.

Desta forma, evita-se a dispersão de informação na administração pública facilitando o dia-a-dia do cidadão, e concretiza-se um objetivo há muito ambicionado de criação de um único documento com as principais características do imóvel, quer a nível de execução da obra, quer a nível de certificação energética.

Assim:

Nos termos da alínea g) do artigo 199.º da Constituição, o Conselho de Ministros resolve:

1 – Convergir no livro de obra eletrónico, as informações constantes da Ficha Técnica de Habitação, aprovada pelo Decreto-Lei n.º 68/2004, de 25 de março, do Certificado Energético, aprovado pelo Decreto-Lei n.º 118/2013, de 20 de agosto, e no Livro de Obra, aprovado pela Portaria n.º 1268/2008, de 6 de novembro, tendo em vista a extinção da primeira.

2 – Incumbir a Ministra da Presidência e da Modernização Administrativa, o Ministro Adjunto, o Ministro do Planeamento e das Infraestruturas, o Ministro da Economia e o Ministro do Ambiente de, em estreita articulação com o Ministro das Finanças, avaliar a possibilidade de criar sinergias ou de eventual fusão das informações constantes da Caderneta Predial, criada pelo artigo 93.º do Código do Imposto Municipal sobre Imóveis.

3 – Concretizar a desmaterialização do Livro de Obra, transformando-o num documento eletrónico incorporado em sistema de consulta eletrónica disponibilizado aos interessados, por entidade pública a designar, que deve garantir elevados padrões de integridade, fidedignidade, inadulterabilidade e de segurança na sua criação e manutenção.

4 – Determinar que os trabalhos técnicos e jurídicos indispensáveis à sua concretização decorrem a contar da data da publicação desta resolução, através de um grupo de trabalho interministerial constituído por representantes dos membros do Governo responsáveis por aquelas áreas governativas.

5 – Fixar que o relatório técnico indispensável à aprovação das necessárias alterações legislativas e administrativas será entregue aos membros do Governo responsáveis por aquelas áreas governativas até 31 de dezembro de 2017.

6 – Assegurar que a exigência de detenção cumulativa e simultânea de Ficha Técnica de Habitação e de Livro de Obra apenas vigora, a título temporário, até que seja aprovado o diploma que regulará o livro de obra eletrónico.

7 – Determinar que a presente resolução entra em vigor à data de publicação.

Presidência do Conselho de Ministros, 25 de maio de 2017. – Pelo Primeiro-Ministro, Mário José Gomes de Freitas Centeno, Ministro das Finanças.

DEFINE O MODELO E REQUISITOS DO LIVRO DE OBRA E FIXA AS CARACTERÍSTICAS DO LIVRO DE OBRA ELECTRÓNICO

Portaria n.º 1268/2008, de 6 de Novembro
Define o modelo e requisitos do livro de obra e fixa as características do livro de obra electrónico

O regime jurídico da urbanização e edificação, aprovado pelo Decreto-Lei n.º 555/99, de 16 de Dezembro, e sucessivamente alterado, prevê, após a alteração introduzida pela Lei n.º 60/2007, de 4 de Setembro, que todas as obras licenciadas ou objecto de comunicação prévia devem dispor de um livro de obra, a conservar no local de execução e destinado a registar todos os factos relevantes relativos à execução da mesma, cujos modelo e conteúdo deverão obedecer aos requisito definidos em portaria, a qual regulará ainda as características a que obedecerá o livro de obra electrónico.

Noutra matéria, encontra-se em vigor a regulação concernente a um conjunto de mecanismos destinados a reforçar a tutela do consumidor no âmbito de aquisição de habitação, consubstanciada no Decreto-Lei n.º 68/2004, de 25 de Março, cujo elemento mais notório é a criação da ficha técnica da habitação (FTH), cujas características e modelo se encontram previstas na Portaria n.º 817/2004, de 16 de Julho. Todavia, a regulação prevista quanto às características, depósito e entrega no momento da transmissão tem-se relevado insuficiente para a consecução dos objectivos visados de uma tutela acrescida do consumidor nesta área. Designadamente, a informação constante da FTH averigua-se complexa e demasiado extensa, dificultando e frustrando a sua efectiva selecção e apreensão pelo consumidor, ao passo que se constata também que alguma parte dessa informação já existe em outros documentos de carácter obrigatório existentes (como o livro de obra, relativamente ao qual a Portaria n.º 1109/2001, de 19 de Setembro, contempla, no seu anexo, diversas menções) e a instituir (nomeadamente o manual de inspecções e manutenção do imóvel e o bilhete de identidade do imóvel), e, por outro lado, ligando-se estreitamente ao processo de edificação em que intervêm entidades públicas com atribuições específicas, carece de validação do seu conteúdo adequada a afastar dúvidas quanto à conformidade entre este e a realidade edificada.

Perante esta situação, as Grandes Opções do Plano 2005-2009 assumiram o objectivo de simplificar e redefinir os termos da ficha técnica da habitação – objectivo enunciado também nas Grandes Opções do Plano para 2007, aprovadas pela Lei n.º 52/2006, de 1 de Setembro -, vindo tal desiderato a concretizar-se na medida SIMPLEX n.º 91, a qual preconiza a distribuição da informação constante da FTH por várias fontes e, partindo da base já existente, a reformulação do livro de obra, de moda a acolher, conjugar e sintetizar parte dessa informação, integrando-a naquelas menções que dele deveriam já constar.

Tomando-se como base o modelo já existente e definido pela Portaria n.º 1109/2001, de 19 de Setembro, importa também introduzir alguma flexibilização quanto aos requisitos que o mesmo reveste, de modo a possibilitar o seu preenchimento por meios informáticos, mas sem comprometer, por um lado, as funções a que se destina, nomeadamente, permitindo a sua permanência física e constante na obra, nos termos do disposto no próprio artigo 97.º do regime jurídico da urbanização e edificação, e a sua disponibilidade para realização por registos, designadamente por parte de agentes de fiscalização, e, por outro, as necessárias garantias de fidedignidade dos elementos registados no livro de obra e do respectivo suporte.

Torna-se assim necessário proceder à alteração da regulação constante da Portaria n.º 1109/2001, de 19 de Setembro, não apenas para a adequar às novas normas existentes na Lei n.º 60/2007, de 4 de Setembro, mas para fazer consagrar de forma clara no livro de obra um conjunto de menções e observações, clarificando e desenvolvendo aquelas que dele já constam.

Assim:

Ao abrigo do disposto no n.º 3 do artigo 97.º do Decreto-Lei n.º 555/99, de 16 de Dezembro, na redacção que lhe foi dada pela Lei n.º 60/2007, de 4 de Setembro:

Manda o Governo, pelos Ministros do Ambiente, do Ordenamento do Território e do Desenvolvimento Regional e das Obras Públicas, Transportes e Comunicações, o seguinte:

1.º O livro de obra a que se refere o n.º 3 do artigo 97.º do Decreto-Lei n.º 555/99, de 16 de Dezembro, na redacção que lhe foi conferida pela Lei n.º 60/2007, de 4 de Setembro, adiante também designado por regime jurídico da urbanização e edificação, é constituído por:

a) Termo de abertura;

b) Uma primeira parte destinada ao registo de factos e observações respeitantes à execução da obra, bem como à realização do registo periódico do seu estado de execução, conforme previsto no n.º 8.º da presente portaria;

c) Uma segunda parte, subdividida em capítulos nos termos previstos na presente portaria, destinada ao registo das principais características da edificação e das soluções construtivas adoptadas, com impacte na qualidade e funcionalidade do edificado, quando esteja em causa obra de construção, reconstrução, com ou sem preservação de fachadas, ampliação ou alteração de edifício e quanto a todos os elementos construtivos que da mesma resultem;

d) Termo de encerramento.

2.º O livro de obra deve obedecer aos seguintes requisitos:

a) Possuir formato A4;

b) Revestir a forma de livro encadernado ou de folhas soltas, sem prejuízo do cumprimento do disposto neste diploma e das demais obrigações previstas na lei, designadamente quanto à conservação do livro de obra no local de realização da obra;

c) Possuir o mínimo de 10 folhas, numeradas de forma sequencial, destinadas ao registo de factos e observações;

d) Possuir, devidamente destacadas da parte destinada ao registo de factos e observações e destinadas ao registo das principais características da edificação e das soluções construtivas, previstas na alínea *b)* do número anterior, um mínimo de cinco folhas por cada um dos capítulos, numeradas de forma sequencial;

e) Conter, em ambas as partes do livro de obra mencionadas no n.º 1.º, folhas individualmente autenticadas pela entidade licenciadora, através da identificação do município, do número do alvará de licença ou título de admissão de comunicação prévia da obra para cujo efeito é apresentado o livro de obra, da data de emissão respectiva, da assinatura do funcionário competente e, sendo caso, de selo ou chancela da entidade licenciadora ou do seu serviço competente;

f) Conter folhas marginadas com cerca de 3 cm e 1 cm, respectivamente do lado esquerdo e direito da frente, com correspondência no verso.

3.º Cada folha da parte do livro de obra destinada ao registo de factos e observações está subdividida em três colunas, conforme consta no anexo i da presente portaria e da qual faz parte integrante.

4.º O livro de obra deve conter um termo de abertura elaborado pelo dono da obra, do qual constem os seguintes elementos:

a) Identificação do titular da licença ou da admissão de comunicação prévia para a realização da obra ou do titular da permissão para realização dos trabalhos de demolição ou de escavação e contenção periférica;

b) Identificação do técnico responsável pela direcção de fiscalização da obra, com indicação do número de inscrição em associação pública profissional, nos casos aplicáveis;

c) Identificação do coordenador de projecto e dos autores dos projectos, com indicação dos respectivos números de inscrição em associação pública de natureza profissional ou organismo público oficialmente reconhecido, nos casos aplicáveis;

d) Identificação da empresa de construção que tenha assumido a responsabilidade pela execução da obra, com indicação do respectivo número de alvará de empresa de construção ou de título de registo na actividade, que o habilita para a execução da obra;

e) Identificação do director de obra, integrado no quadro técnico da empresa de construção que assumiu a responsabilidade pela execução da obra ou, no caso de empresa detentora de título de registo, do empresário ou representante legal, que tenha subscrito termo de responsabilidade pela correcta execução da mesma, com indicação dos respectivos números de inscrição em associação pública de natureza profissional ou organismo público oficialmente reconhecido, nos casos aplicáveis;

f) Tipo de obra a executar, nos termos das alíneas *a)* a *h)*, *l)* e *n)* do artigo 2.º do Decreto-Lei n.º 555/99, de 16 de Dezembro, na redacção que lhe foi dada pela Lei n.º 60/2007, de 4 de Setembro;

g) Identificação do prédio.

5.º Imediatamente após a emissão do alvará de licença ou, no caso de título de admissão de comunicação prévia, até ao momento em que o interessado poderá dar início às obras, nos termos do n.º 2 do artigo 36.º-A do regime jurídico da urbanização e edificação, devem ser inscritos no livro de obra, pelos serviços da entidade licenciadora, os seguintes elementos:

a) Número do alvará de licença ou do título de admissão de comunicação prévia para a realização da obra;

b) Identificação do titular do alvará de licença ou do título de admissão de comunicação prévia, quando não coincida com o titular da licença ou da admissão de comunicação prévia para a realização da obra;

c) Data da emissão do alvará de licença ou do título de admissão de comunicação prévia e prazo concedido para a conclusão das obras.

6.º Quando, nos casos legalmente permitidos, sobrevenha alteração aos elementos referidos nos números anteriores, o respectivo teor deve ser averbado pelo dono de obra no termo de abertura, em conformidade com os termos da comunicação da alteração à entidade licenciadora e da decisão que, sendo caso, sobre ela tenha sido proferida, devendo ser anexada ao termo de abertura do livro de obra cópia da comunicação e da decisão.

7.º As observações a inscrever na coluna n.º 3 da parte do livro de obra destinada ao registo de factos e observações devem ser registadas pelas pessoas obrigadas nos termos do anexo i, na data da sua ocorrência, e são sempre assinadas pelo respectivo autor.

8.º Para além dos registos previstos no anexo i à presente portaria e sem prejuízo da sua diligente realização, o director de fiscalização de obra e o director de obra estão conjuntamente obrigados a registar, com periodicidade mensal, contada da data do início da obra tal como registada no livro de obra, o estado da execução da mesma, incluindo:

a) Descrição das características e do estado da edificação em construção, reportada ao momento da realização do registo;

b) Descrição dos trabalhos ou operações em curso no momento do registo, dos métodos utilizados nos mesmos e do prazo previsível para a sua execução;

c) Descrição dos trabalhos ou operações executados, desde a data do último registo, que sejam relevantes para a apreciação do andamento da obra e para a definição da qualidade da mesma;

d) Referencia à inclusão, na parte do livro de obra destinada ao registo das principais características da edificação e das soluções construtivas, da informação respeitante às diversas menções obrigatórias, actualizada à data deste registo, do estado de execução.

9.º A parte do livro de obra destinada ao registo das principais características da edificação e das soluções construtivas contém a informação geral dos elementos, constantes do anexo ii à presente portaria, da qual faz parte integrante, relativos aos edifícios e aos fogos ou fracções que o integram.

10.º Quando existam edifícios, fogos ou fracções diferenciados quanto aos elementos previstos no referido anexo ii, deve ser feita a especificação e caracterização dos que sejam diversos, por cada tipologia em que se verifique a diferença, com identificação da localização, por letra, andar e porta, dos fogos ou fracções que lhes correspondem, bem como a morada completa, quando a operação urbanística licenciada ou admitida comporte a construção de mais de um edifício.

11.º Os registos a realizar na parte do livro de obra destinada ao registo das principais características da edificação e das soluções construtivas devem ser realizados no momento da integração na obra dos elementos edificativos a que se reportam.

12.º Os registos previstos no número anterior devem ser assinados, no momento da sua realização, pelo director de obra.

13.º Sem prejuízo do disposto no número anterior, o titular do alvará de licença ou do título de admissão de comunicação prévia deve, até ao momento do encerramento do livro de obra, assinar os registos efectuados nos termos do número anterior, atestando a conformidade da informação deles constante às características da edificação concluída.

14.º Quando as folhas de registo constantes do livro de obra e autenticadas pela entidade licenciadora, quer para registo de factos e observações, quer para registo das principais características da edificação e das soluções construtivas, sejam insuficientes para a inclusão de todas os factos a registar na execução da obra, o titular do alvará de licença ou do título de admissão de comunicação prévia requer junto daquela a autenticação de folhas adicionais, ou de folhas de livro encadernado adicional, nos termos da alínea *d)* do n.º 1.º, em número não inferior a 10, para as primeiras, ou a 5, para as segundas, com numeração sequencial à última folha do livro de obra existente, devendo, para este efeito, apresentar o livro de obra junto da entidade licenciadora, que faz menção do aditamento no termo das folhas preenchidas.

15.º Sem prejuízo dos deveres, legais ou contratais, que incumbam a outras pessoas ou entidades, o dono de obra está obrigado a:

a) Assegurar e garantir a manutenção, conservação e integridade do livro de obra, bem como de todos os elementos e menções que sucessivamente constituem ou integram o seu teor ou conteúdo;

b) Comprovar, em caso de destruição, perda ou extravio, a ocorrência que os causou; e

c) Realizar, em caso de destruição, perda ou extravio, a reforma integral, em segunda via emitida nos termos da presente portaria, de todos os elementos e menções que o constituíam ou integravam o livro de obra.

16.º Concluída a execução da obra, deve ser lavrado termo de encerramento do livro de obra, datado e assinado pelo titular do alvará de licença ou título de admissão de comunicação prévia, pelo dono de obra, se pessoa diversa, e pelo director de fiscalização da obra.

17.º Após a conclusão da obra, o livro de obra deve ser entregue, para efeito de requerimento de autorização de utilização, junto da entidade licenciadora competente, conjuntamente com uma versão do mesmo em documento electrónico contendo a reprodução, fidedigna e integral, do livro de obra, em termos e formatos a estabelecer por regulamento municipal.

18.º Uma vez entregue o livro de obra, nos termos do número anterior, e verificado o cumprimento do disposto na presente portaria, o mesmo é arquivado no respectivo processo de licenciamento ou comunicação prévia.

19.º Sem prejuízo do disposto no Código do Procedimento Administrativo e na legislação que regula o acesso aos documentos detidos pela Administração, as entidades licenciadoras devem garantir especialmente a disponibilidade e acesso ao livro de obra e às informações e elementos dele constantes a qualquer interessado, em suporte papel ou digital, podendo, em regulamento, fixar o montante da taxa a que fica sujeita a disponibilização, adequada a compensar o encargo suportado com a sua manutenção e cópia.

20.º Para efeito no número anterior, as entidades licenciadoras devem ainda disponibilizar o acesso aos livros de obra arquivados em documento electrónico, por via informática, através de portal que permita a consulta, e impressão, por diversos critérios de identificação do imóvel alternativos, nomeadamente pela morada, dados da descrição predial, dados da inscrição matricial, número de procedimento administrativo, número de licença ou de admissão de comunicação prévia, número e espécie de título da operação urbanística e por data reportada a estes factos, no prazo de um ano contado da data de entrada em vigor da presente portaria.

21.º É publicada, no anexo i, a descrição das colunas contidas no livro de obra, com indicação dos elementos respectivos, a previsão das pessoas, técnicos e entidades obrigados à realização de registo de factos e observações, quando pertinentes, e do elenco de factos e observações sujeitas a registo.

22.º É publicada, no anexo ii, a lista dos elementos a inscrever e os capítulos em que se inserem, na parte do livro de obra destinada ao registo das principais características da edificação e das soluções construtivas, relativos aos edifícios e aos fogos ou fracções.

23.º O disposto na presente portaria, nomeadamente quanto aos registos previstos nos seus anexos, ao seu objecto ou aos seus autores, não prejudica a sujeição a quaisquer outros deveres e obrigações previstos em legislação especial.

24.º As entidades licenciadoras poderão, através de regulamento municipal, autorizar a elaboração, manutenção e preenchimento do livro de obra através de meios electrónicos, conquanto a forma e os procedimentos adoptados na referida regulamentação garantam a efectividade e o cumprimento integral dos deveres previstos, na lei e na presente portaria, aplicáveis às pessoas, técnicos e entidades nele previstos e, nomeadamente, que garantam:

a) A segurança, a manutenção, a integridade, a fidedignidade e a inadulterabilidade do livro de obra;

b) De forma imediata e permanente, a disponibilidade, a acessibilidade, a consulta e o preenchimento do livro de obra no local de execução da obra, por qualquer pessoa, técnico ou entidade que deva lavrar registo de facto ou observação;

c) A identificação e validação fiável da autenticidade da identidade e dos registos, por assinatura digital ou forma com segurança equiparável, de qualquer autor de registo e no momento da realização do registo, ainda que a sua intervenção para efeito de registo de facto ou observação seja meramente ocasional ou no desempenho de funções de fiscalização, suficientes para consubstanciar a responsabilidade criminal prevista no artigo 100.º, n.º 2, do regime jurídico da urbanização e edificação;

d) O preenchimento do termo de abertura e de encerramento, com identificação e a validação fiável da autenticidade da identidade e das declarações, por assinatura digital ou forma com segurança equiparável, de todas as pessoas obrigadas à sua subscrição, suficientes para consubstanciar a responsabilidade criminal prevista no artigo 100.º, n.º 2, do regime jurídico da urbanização e edificação;

e) Seja possibilitada a qualquer interessado a consulta junto da entidade licenciadora, nos termos dos n.os 19.º e 20.º da presente portaria, devidamente adaptados e sem prejuízo do seu conteúdo, da parte do livro de obra destinada ao registo das principais características da edificação e das soluções construtivas.

25.º Sem prejuízo do disposto no número anterior, as entidades licenciadoras poderão ainda, através de regulamento municipal, autorizar a elaboração, manutenção e preenchimento da parte do livro de obra destinada ao registo das principais características da edificação e das soluções construtivas, através de meios electrónicos, conquanto sejam garantidas as condições previstas na alínea *a)* do número anterior, e ainda:

a) Sejam garantidas a identificação e a validação fiável da autenticidade da identidade e dos registos, por assinatura digital ou forma com segurança equiparável, dos autores dos registos;

b) Seja mantida no local da execução da obra uma cópia actualizada da parte do livro de obra destinada ao registo das principais características da edificação e das soluções construtivas; e

c) Seja possibilitada a qualquer interessado a consulta junto da entidade licenciadora, nos termos dos n.os 19.º e 20.º da presente portaria, devidamente adaptados e sem prejuízo do seu conteúdo, da parte do livro de obra destinada ao registo das principais características da edificação e das soluções construtivas.

26.º-

1 – A presente portaria entra em vigor no dia seguinte ao da sua publicação.

2 – As disposições da presente portaria respeitantes à parte do livro de obra destinada ao registo das principais características da edificação e das soluções construtivas adoptadas, com impacte na qualidade e funcionalidade do edificado, a que se reportam, nomeadamente, os n.os 1.º, alínea *c)*, 2.º, alínea *d)*, 8.º, alínea *d)*, 11.º a 13.º e 22.º, apenas entram em vigor com a entrada em vigor de diploma que venha alterar ou revogar o Decreto-Lei n.º 68/2004, de 25 de Março, e que preveja, sem prejuízo da sua manutenção transitória, a extinção da obrigação de elaboração da ficha técnica da habitação a que se reporta o artigo 4.º daquele decreto-lei, aplicando-se as referidas disposições da presente portaria às operações urbanísticas sujeitas a procedimento de controlo prévio a que seja aplicável a obrigação de elaboração de bilhete de identidade do imóvel, quando este venha a ser criado.

Em 9 de Setembro de 2008.

O Ministro do Ambiente, do Ordenamento do Território e do Desenvolvimento Regional, Francisco Carlos da Graça Nunes Correia. – O Ministro das Obras Públicas, Transportes e Comunicações, Mário Lino Soares Correia.

ANEXO I (a que se refere o n.os 3.º, 7.º, 8.º e 21.º)

Coluna n.º 1:
Título: data;
Conteúdo: data dos registos.
Coluna n.º 2:
Título: sujeito;
Conteúdo: nome e qualidade do autor do registo:
a) Técnico responsável pela direcção de fiscalização da obra;
b) Técnico coordenador de projecto;
c) Técnico autor de projecto;
d) Técnico director de obra ou pessoa que tenha subscrito termo de responsabilidade pela correcta execução da obra;
e) Coordenador e técnicos de segurança;
f) Titular do alvará de licença ou do título de admissão de comunicação prévia;
g) Dono de obra;
h) Empresa de construção que tenha assumido a responsabilidade pela execução da obra, com indicação do alvará de empresa de construção ou do título de registo de que seja detentora;
i) Qualquer outra empresa de construção que intervenha na obra, com indicação do alvará de empresa de construção ou do título de registo de que seja detentora;
j) Funcionário municipal ou de empresa privada responsável pela fiscalização de obras; ou
l) Outro agente de fiscalização previsto na legislação em vigor.
Coluna n.º 3:
Título: observações;
Conteúdo: descrição, explicação e justificação de factos e observações a registar:
a) Datas de início e conclusão da obra; factos que impliquem a sua paragem ou suspensão;

b) Medidas cautelares aplicadas a empresas de construção que tenham tido intervenção na obra, bem como o respectivo levantamento;

c) Todas as alterações feitas ao projecto licenciado ou comunicado, com a respectiva justificação;

d) Identificação, incluindo a indicação do número e validade do alvará ou do título de registo na actividade, de todas as empresas de construção que tenham tido intervenção na obra, com indicação da natureza e do início e do fim dos trabalhos que desempenharam, bem como dos respectivos representantes permanentes na obra;

e) Acidentes e outros eventos ocorridos com impacte no edificado ou no processo de edificação;

f) Demolições, alterações, reconstruções ou outras intervenções sobre o edificado, parciais ou totais, necessárias para assegurar a conformidade da obra com o projecto aprovado, com descrição das respectivas circunstâncias, modo de execução, local afectado e forma de impacte na edificação final;

g) Requerimento ou prestação de assistência técnica, com indicação dos intervenientes, circunstâncias e resultados, sem prejuízo de outros deveres previstos na lei;

h) Acidentes de trabalho em estaleiro, situações de incumprimento detectadas e instruções proferidas pelo coordenador de segurança ou técnico de segurança ao dono de obra, empresa de construção ou outras entidades;

i) Quaisquer ensaios ou testes requeridos ou realizados sobre materiais e equipamentos a empregar ou utilizar na realização da obra e o respectivo resultado;

j) Registo de pedidos de intervenção de quaisquer entidades com competência fiscalizadora, bem com da sua ocorrência;

l) Registo do estado de execução da obra, nos termos previstos nos n.os 8.º, 11.º, 12.º e 13.º da presente portaria; e

m) Quaisquer outras circunstâncias relevantes sobre a execução da obra, nomeadamente o desenvolvimento dos trabalhos, qualidade da execução e dos materiais utilizados, equipamentos aplicados e cumprimento das normas legais e regulamentares aplicáveis.

ANEXO II (a que se refere o n.os 9.º, 10.º e 22.º)

Elementos informativos que devem constar da parte do livro de obra destinada ao registo das principais características da edificação e das soluções construtivas

Elementos relativos às características dos edifícios e fogos ou fracções

Capítulo I – Identificação, estruturas e coberturas do edifício

a) Identificação do prédio e, quando aplicável, do edifício;

b) Caracterização sumária das fundações do edifício, contendo:

i) A indicação do tipo de fundações, nomeadamente, por sapatas, estacas ou outro; e

ii) A descrição sintética da solução adoptada;

c) Caracterização sumária das estruturas do edifício, contendo:

i) A indicação do tipo de estruturas, nomeadamente, de betão armado, metálica, mistas de aço e betão, de madeira de alvenaria ou outro; e

ii) A descrição sintética da solução adoptada;

d) Caracterização sumária das coberturas do edifício, contendo:

i) A indicação do tipo de cobertura, nomeadamente se a mesma consiste em terraço, cobertura inclinada ou outra configuração;

ii) A descrição sintética dos seus elementos constituintes, nomeadamente a sua estrutura de suporte, os revestimentos aplicados e o de isolamento térmico e respectiva espessura; e

iii) A descrição do sistema de drenagem de águas pluviais adoptado.

Capítulo II – Paredes envolventes e paredes interiores e pavimentos

a) Caracterização sumária das paredes envolventes do edifício, abrangendo as paredes exteriores, e as paredes encostadas e meeiras ou comuns com outros edifícios, agrupadas por características construtivas similares e contendo:

i) A indicação se a parede constitui fachada, empena exterior do edifício, parede encostada, parede meeira ou comum ou qualquer outra configuração;

ii) A orientação da parede, dada por pontos cardeais e colaterais;

iii) A espessura total da parede, em centímetros;

iv) A forma de execução da parede, designadamente em pano simples, em pano duplo ou outro; e

v) A descrição sintética, incluindo a localização, de todos os elementos constituintes da parede, nomeadamente os tendentes ao isolamento térmico ou acústico, e a respectiva espessura, em centímetros;

b) Caracterização sumária das paredes confinantes entre os fogos ou fracções; das paredes situadas entre os fogos ou fracções e os espaços comuns do edifício; entre os fogos ou fracções e as caixas dos elevadores; equipamentos de circulação de ar, refrigeração, ventilação ou outros susceptíveis de gerarem níveis consideráveis de ruídos, gases ou partículas, e entre os fogos ou fracções e locais do edifício destinados ao comércio ou serviços, contendo:

i) A indicação da localização, quando adequado, e da espessura total das paredes, em centímetros;

ii) A descrição sintética, incluindo a localização, de todos os elementos constituintes das paredes, nomeadamente os tendentes ao isolamento térmico ou acústico, e a respectiva espessura, em centímetros;

c) Caracterização sumária dos pavimentos existentes no edifício, designadamente, entre fogos ou fracções, entre os fogos ou fracções e as garagens, entre os fogos ou fracções e os espaços comuns do edifício, entre os fogos ou fracções e locais de comércio ou serviços e ente os fogos ou fracções do último piso e a cobertura, contendo:

i) A indicação da localização, quando adequado, e da espessura total dos pavimentos, em centímetros;

ii) A descrição sintética, incluindo a localização, de todos os elementos ou materiais constituintes dos mesmos, nomeadamente os tendentes ao isolamento térmico ou acústico, e a respectiva espessura, em centímetros.

Capítulo III – Materiais de construção aplicados na obra e identificação dos respectivos fabricantes

a) Identificação dos principais materiais e produtos de construção e de todos aqueles que estejam em contacto com os moradores, contendo:

i) A sua identificação;

ii) A indicação da sua função;

iii) O local da sua aplicação;

iv) O fabricante e a identificação deste, com o nome ou denominação, a morada da sede ou estabelecimento principal, o respectivo contacto e o número de identificação fiscal respectivo.

b) Identificação de todos os revestimentos do edifício, abrangendo os espaços comuns, e dos fogos ou fracções, incluindo os revestimentos de pavimentos, contendo:

i) A sua identificação e da sua natureza, nomeadamente, tipo de tinta, ladrilho, tipo de mármore ou outro revestimento pétreo, azulejo, espécie de madeira, ou quaisquer outros;

ii) A indicação das características ou funções especiais que detenham, nomeadamente impermeabilizantes, de isolamento térmico ou acústico ou outras;

iii) O local da sua aplicação, nomeadamente as paredes externas do edifício ou internas, os tectos, pavimentos, escadas, garagens, coberturas ou outros;

iv) O período de tempo previsível da sua duração, em condições normais, até que se revele necessária a sua substituição ou reparação; e

v) O fabricante e a identificação deste, com o nome ou denominação, a morada da sede ou estabelecimento principal, o respectivo contacto e o número de identificação fiscal respectivo.

Capítulo IV – Equipamentos instalados no edifício ou instalações de lazer e recreio e respectivos fabricantes, bem como condições de acesso a pessoas com mobilidade condicionada

a) Identificação de todos os equipamentos, de uso comum, instalados no edifício ou destinados ao serviço dos espaços comuns e dos fogos ou fracções, nomeadamente ascensores, escadas mecânicas ou tapetes rolantes; sistemas de aquecimento, ventilação, ar condicionado ou outros de controlo térmico de espaços; sistemas de ventilação ou extracção de fumos ou gases; sistemas de segurança contra intrusão; sistemas de detecção ou extinção de incêndios, bem como outros meios e medidas, activas e passivas, de segurança e protecção contra incêndio; painéis solares, sistemas fotovoltaicos ou outros sistemas de geração de energia ou calor; equipamentos de aproveitamento e microgeração de energia; termoacumuladores; e quaisquer outros, contendo:

i) A sua identificação e da sua natureza;

ii) A indicação das funções específicas que desempenha e das suas características de funcionamento, como sejam potência, capacidade, níveis de ruído gerado ou outras;

iii) A localização respectiva, bem como, quando adequado, dos seus componentes funcionais;

iv) O período de garantia de que o mesmo beneficia, se tal período for autónomo ou autonomizável da garantia a que está sujeita edificação;

v) O fabricante e a identificação deste, com o nome ou denominação, a morada da sede ou estabelecimento principal e o número de identificação fiscal respectivo;

vi) O fornecedor do equipamento e a identificação deste, com o nome ou denominação, a morada da sede ou estabelecimento principal, o respectivo contacto e o número de identificação fiscal respectivo; e

vii) A identificação da entidade encarregada da respectiva inspecção, manutenção e reparação, com indicação do seu nome ou denominação, a morada da sede ou estabelecimento principal, o respectivo contacto e o número de identificação fiscal respectivo;

b) Identificação dos equipamentos destinados a lazer e recreio, com descrição das suas características físicas e funcionais, dimensões, elementos componentes e materiais integrantes, bem como indicação dos respectivos fabricantes ou fornecedores e entidades encarregadas da respectiva inspecção, manutenção e reparação, com menção dos elementos previstos nas subalíneas *v)*, *vi)* e *vii)* da alínea anterior;

c) Identificação e descrição das condições de acesso a pessoas com mobilidade condicionada, bem como dos equipamentos especificamente destinados à sua utilização, nomeadamente indicando:

i) A altura máxima, em centímetros, dos ressaltos em pisos existentes no percurso de acesso, entre a via pública e a entrada do edifício, bem como, quando exista, da entrada do edifício até à área de ascensores e ao piso térreo;

ii) A largura das escadas, o grau de inclinação das escadarias do edifício e a altura dos degraus;

iii) A existência de rampas de acesso, na entrada do edifício e no percurso de acesso até à entrada do fogo ou fracções, com menção das respectivas localização, áreas do edifício ou fogos ou fracções directamente servidas pelo equipamento, inclinação máxima (em graus), largura mínima da rampa (em centímetros), da dotação de guardas na rampa e do comprimento máximo entre patamares de descanso (em metros);

iv) Largura mínima da porta de entrada do edifício, das portas existentes entre espaços comuns do edifício, incluído as portas corta-fogo;

v) Largura mínima das portas de acesso aos fogos ou fracções e da portas de comunicação entre compartimentos internos destes, por tipologia homogénea de fogo ou fracção e com indicação dos fogos ou fracções abrangidos;

vi) Altura máxima da superfície do painel exterior de campainhas do edifício, dos comutadores de luz e de sistemas de abertura de portas em espaços comuns;

vii) Altura máxima das campainhas dos fogos ou fracções, dos comutadores de luz, tomadas de electricidade e ligações de cabos de sinal áudio, vídeo ou de telecomunicações, bem como dos painéis de operação de sistemas de comando de equipamentos, eléctricos ou electrónicos;

viii) Existência de ascensores, com indicação da sua distância relativamente à entrada do edifício (em metros), da altura dos respectivos botões de chamada (em centímetros), da largura mínima da porta (em centímetros) e da dimensão interior dos ascensores (comprimento e largura, em centímetros;

ix) Existência de meios mecânicos alternativos à subida de escadas ou degraus, com indicação da sua localização e das áreas servidas pelos mesmos, bem como a identificação do respectivo fabricante e da entidade encarregada da respectiva inspecção, manutenção e reparação, com indicação dos seus nomes ou denominações, as moradas da sede ou estabelecimento principal, os respectivos contactos e o número de identificação fiscal respectivo; e

x) Existência de outras instalações ou equipamentos de apoio à mobilidade, como sejam avisadores sonoros, traços ou relevos no pavimento, placas com informação táctil em alto-relevo ou braille ou quaisquer outros, com indicação da respectiva localização e das áreas servidas pelos mesmos, se diversa.

Capítulo V – Descrição das portas, janelas e sistemas de protecção de vãos do edifício e dos fogos ou fracções e respectivos fabricantes

a) Descrição breve das características das portas de acesso ao edifício, das portas externas de garagens, das portas de acesso aos fogos ou fracções e das portas de acesso a exteriores privativos do edifício, indicando:

i) Os materiais utilizados na sua construção;

ii) A sua localização;

iii) A sua constituição e os elementos de reforço da sua estrutura, quando existam;

iv) O sistema de accionamento da sua abertura;

b) Descrição breve das características das janelas exteriores do edifício, agrupadas por características semelhantes e indicando:

i) Tipo de janela utilizada, nomeadamente janelas simples, janelas duplas, ou outras;

ii) Sistema de accionamento da sua abertura, como seja de abrir, de correr, fixa, basculante, de guilhotina, oscilo-batente, pivotante, mecânico-electrónico ou outro;

iii) Material utilizado na caixilharia;

iv) Tipo de envidraçado, nomeadamente se é simples ou duplo, ou outro:

v) Características especiais com impacte na capacidade de iluminação, de isolamento térmico, de isolamento acústico ou de preservação de reserva de vida privada no fogo ou fracção;

vi) Breve descrição do sistema de protecção de vãos, relativamente a cada grupo de janelas com características semelhantes, indicando, nomeadamente, os materiais utilizados, a respectiva altura e o grau e forma de cobertura do vão até à altura protegida;

vii) Quaisquer características certificadas, com a sua descrição, a indicação da entidade certificadora, da norma respectiva e do local em que o conteúdo do certificado e os respectivos termos podem ser consultados, designadamente por referência a endereços de páginas de Internet, quando exista;

viii) A identificação da entidade encarregada da respectiva inspecção, manutenção e reparação, com indicação do seu nome ou denominação, a morada da sede ou estabelecimento principal, o respectivo contacto e o número de identificação fiscal respectivo.

DEFINE OS REQUISITOS A QUE DEVE OBEDECER UM LIVRO DE OBRA, A CONSERVAR NO LOCAL DA SUA EXECUÇÃO

Portaria n.º 1109/2001, de 19 de Setembro Define os requisitos a que deve obedecer um livro de obra, a conservar no local da sua execução

O Decreto-Lei n.º 555/99, de 16 de Dezembro, que aprovou o novo regime jurídico da urbanização e da edificação, prevê que todas as obras licenciadas ou autorizadas devem dispor de um livro de obra, a conservar no local da sua execução, cujo modelo e conteúdo deve obedecer aos requisitos definidos em portaria.

Com a presente portaria pretende-se que os livros de obra facultem elementos informativos sobre o desenvolvimento dos trabalhos, que elucidem todos os intervenientes no processo de execução da obra, em especial as entidades fiscalizadoras.

Assim, ao abrigo do disposto no n.º 3 do artigo 97.º do Decreto-Lei n.º 555/99, de 16 de Dezembro, na redacção que lhe foi conferida pelo Decreto-Lei n.º 177/2001, de 4 de Junho:

Manda o Governo, pelos Ministros do Equipamento Social e do Ambiente e do Ordenamento do Território, o seguinte:

1.º O livro de obra a que se refere o n.º 3 do artigo 97.º do Decreto-Lei n.º 555/99, de 16 de Dezembro, na redacção que lhe foi conferida pelo Decreto-Lei n.º 177/2001, dc 4 de Junho, deve obedecer aos seguintes requisitos:

a) Possuir formato A4;

b) Possuir o mínimo de 10 folhas;

c) Conter folhas agregadas em cadernos cosidos;

d) Conter folhas numeradas de forma sequencial;

e) Conter folhas marginadas com cerca de 3 cm e 1 cm, respectivamente do lado esquerdo e direito da frente, com correspondência no verso.

2.º Cada folha do livro de obra está subdividida em três colunas, conforme anexo à presente portaria.

3.º O livro de obra deve conter um termo de abertura elaborado pelo dono da obra, do qual constem os seguintes elementos:

a) Identificação do titular da licença ou autorização para a realização da obra ou do titular da permissão para realização dos trabalhos de demolição ou de escavação e contenção periférica;

b) Identificação do técnico responsável pela direcção técnica da obra, com indicação do número de inscrição em associação pública profissional nos casos aplicáveis;

c) Identificação dos autores dos projectos, com indicação dos respectivos números de inscrição em associação pública de natureza profissional ou organismo público oficialmente reconhecido nos casos aplicáveis;

d) Identificação do empreiteiro de obras públicas ou do industrial de construção civil, com indicação do respectivo número de certificado de classificação ou de título de registo na actividade, bem como do seu representante permanente na obra;

e) Tipo de obra a executar, nos termos das alíneas *a)* a *h)* e *l)* do artigo 2.º do Decreto-Lei n.º 555/99, de 16 de Dezembro;

f) Identificação do prédio;

g) Data de emissão do alvará e prazo concedido para a conclusão das obras.

4.º Após a emissão do alvará da operação urbanística devem ser imediatamente inscritos no livro de obra os seguintes elementos:

a) Número do alvará de licença ou autorização para a realização da obra;

b) Identificação do titular do alvará quando não coincida com o titular da licença ou autorização para a realização da obra;

c) Data da emissão do alvará e prazo para a conclusão das obras.

5.º As observações a inscrever na coluna n.º 3 são sempre assinadas pelo respectivo autor.

6.º Sempre que não seja suficiente um livro para a execução da obra, deve proceder-se à abertura de um novo livro, obedecendo aos mesmos requisitos do primeiro, e no qual se referencie o livro anterior.

7.º Findo o livro de obra, ou concluída a execução da obra, deve ser lavrado pelo dono da obra um termo de encerramento.

8.º Após a conclusão da obra, o livro de obra é arquivado no respectivo processo de licenciamento ou autorização.

9.º A presente portaria entra em vigor no dia 2 de Outubro de 2001.

Em 20 de Agosto de 2001.

Pelo Ministro do Equipamento Social,
José António Fonseca Vieira da Silva,

Secretário de Estado das Obras Públicas. –

Pelo Ministro do Ambiente e do Ordenamento do Território,
Manuel Pedro Cunha da Silva Pereira,

Secretário de Estado do Ordenamento do Território e da Conservação da Natureza.

ANEXO

Coluna n.º 1:

Título: data;

Conteúdo: data dos registos.

Coluna n.º 2:

Título: sujeito;

Conteúdo: nome e qualidade do autor do registo – técnico responsável pela direcção técnica da obra, técnico autor do projecto, titular do alvará, identificação do empreiteiro de obras públicas ou do industrial de construção civil, funcionário municipal ou de empresa privada responsável pela fiscalização de obras ou outro agente de fiscalização previsto na legislação em vigor.

Coluna n.º 3:

Título: observações;

Conteúdo: datas de início e conclusão da obra, factos que impliquem a sua paragem ou suspensão, todas as alterações feitas ao projecto licenciado ou autorizado, identificação do certificado de classificação ou do título de registo na actividade de todos os subempreiteiros e dos respectivos representantes permanentes na obra, bem como outras circunstâncias relevantes sobre a execução da obra, nomeadamente o desenvolvimento dos trabalhos, qualidade da execução e dos materiais utilizados, equipamentos aplicados e cumprimento das normas legais e regulamentares aplicáveis.

APROVA OS MODELOS DE ALVARÁS E DE AVISOS DE PUBLICITAÇÃO DE OPERAÇÕES URBANÍSTICAS

Portaria n.º 228/2015, de 3 de agosto
Aprova os modelos de alvarás e de avisos de publicitação de operações urbanísticas, nos termos do regime jurídico da urbanização e da edificação (RJUE)

O Decreto-Lei n.º 136/2014, de 9 de setembro, veio introduzir um conjunto de alterações ao Decreto-Lei n.º 555/99, de 16 de dezembro, que estabelece o regime jurídico da urbanização e da edificação (RJUE), no sentido da simplificação do controlo das operações urbanísticas, em particular no que respeita ao procedimento de comunicação prévia.

Tendo em conta as alterações introduzidas, importa proceder à revisão dos modelos, em vigor, de avisos para publicitação de operações urbanísticas e dos alvarás para licenciamento de operações urbanísticas, constantes, respetivamente, das Portarias n.ºs 216-C/2008, 216-D/2008 e 216-F/2008, todas de 3 de março.

Assim:

Ao abrigo do disposto no n.º 7 do artigo 7.º, no artigo 12.º, no n.º 6 do artigo 76.º e nos n.ºs 3 e 5 do artigo 78.º do Decreto-Lei n.º 555/99, de 16 de dezembro, alterado e republicado pelo Decreto-Lei n.º 136/2014, de 9 de setembro:

Manda o Governo, pelo Ministro do Ambiente, Ordenamento do Território e Energia, o seguinte:

Artigo 1.º Objeto

A presente portaria aprova os modelos de alvarás e de avisos de publicitação de operações urbanísticas, nos termos do regime jurídico da urbanização e da edificação (RJUE) aprovado pelo Decreto-Lei n.º 555/99 de 16 de dezembro, alterado e republicado pelo Decreto-Lei n.º 136/2014, de 9 de setembro.

Artigo 2.º Âmbito

1 – São aprovados os modelos de alvarás para licenciamento e para autorização de operações urbanísticas constantes dos anexos I a VIII à presente portaria, da qual fazem parte integrante.

2 – São aprovados os modelos de avisos para publicitação da apresentação de pedidos de licenciamento e de comunicações prévias, constantes dos anexos IX e X à presente portaria, da qual fazem parte integrante.

3 – São aprovados os modelos de avisos para publicitação de alvará de licenciamento e de autorização de operações urbanísticas, constantes dos anexos XI a XV à presente portaria, da qual fazem parte integrante.

4 – É aprovado o modelo de aviso para publicitação da realização de operações urbanísticas sujeitas a comunicação prévia, constante do anexo XVI à presente portaria, da qual faz parte integrante.

5 – É aprovado o aviso para publicitação da realização de operações urbanísticas promovidas pela Administração Pública, constante do anexo XVII à presente portaria, da qual faz parte integrante.

6 – Os avisos referidos nos números anteriores devem ser de forma retangular, de dimensão não inferior a 0,8 m x 1,2 m, ou, caso se trate de operação urbanística em fração já existente confinante com arruamento ou espaço de circulação pública de conjunto comercial, não inferior a 0,4 m x 0,6 m, em material resistente à ação dos agentes climáticos.

Artigo 3.º Norma revogatória

São revogadas as Portarias n.ºs 216-C/2008, 216-D/2008 e 216-F/2008, todas de 3 de março.

Artigo 4.º Entrada em vigor

A presente portaria entra em vigor no dia seguinte ao da sua publicação.

O Ministro do Ambiente, Ordenamento do Território e Energia, Jorge Manuel Lopes Moreira da Silva, em 2 de abril de 2015.

CADASTRO

SISTEMA DE INFORMAÇÃO CADASTRAL SIMPLIFICADA

Lei n.º 78/2017, de 17 de agosto

Cria um sistema de informação cadastral simplificada e revoga a Lei n.º 152/2015, de 14 de setembro

A Assembleia da República decreta, nos termos da alínea *c)* do artigo 161.º da Constituição, o seguinte:

CAPÍTULO I – Disposições gerais

Artigo 1.º – Objeto

1 – A presente lei cria:

a) Um sistema de informação cadastral simplificada, adotando medidas para a imediata identificação da estrutura fundiária e da titularidade dos prédios rústicos e mistos;

b) O Balcão Único do Prédio (BUPi).

2 – Para efeitos da alínea *a)* do número anterior, são criados:

a) O procedimento de representação gráfica georreferenciada;

b) O procedimento especial de registo de prédio rústico e misto omisso;

c) O procedimento de identificação, inscrição e registo de prédio sem dono conhecido.

Artigo 2.º – Âmbito de aplicação

A presente lei aplica-se:

a) Para efeitos da alínea *a)* do n.º 1 do artigo anterior, aos prédios rústicos e mistos;

b) Para efeitos da alínea *b)* do n.º 1 do artigo anterior, aos prédios urbanos, rústicos e mistos.

Artigo 3.º – Número de identificação de prédio

1 – O prédio tem um identificador único, designado por número de identificação de prédio (NIP).

2 – A articulação do NIP com o sistema de identificação do prédio usado para efeitos cadastrais, registrais, matriciais e agrícolas é definida por decreto regulamentar.

Artigo 4.º – Definições

Para efeitos da presente lei, entende-se por:

a) «Entidades públicas», os serviços e organismos da Administração Pública, as autarquias locais e outras pessoas coletivas públicas que não sejam qualificadas como entidades privadas e exerçam poderes de autoridade;

b) «Interessados», todos aqueles que figurem como detentores de posições ativas nos registos predial ou matricial ou que tenham legitimidade para solicitar atos de registo;

c) «Promotores», os interessados ou a entidade pública responsável pela promoção do procedimento de representação gráfica georreferenciada.

CAPÍTULO II – Sistema de informação cadastral simplificada

SECÇÃO I – Procedimento de representação gráfica georreferenciada

Artigo 5.º – Representação gráfica georreferenciada

1 – A representação gráfica georreferenciada constitui a configuração geométrica dos prédios constantes da base cartográfica acessível através do BUPi, sendo efetuada através de delimitação do prédio, mediante representação cartográfica das estremas do prédio, unidas através de uma linha poligonal fechada, obtida por processos diretos de medição, nomeadamente com recurso a sistemas de posicionamento global, ou de forma indireta, designadamente, através de recurso à fotointerpretação sobre os ortofotomapas disponíveis no BUPi.

2 – A informação resultante da representação gráfica georreferenciada do prédio rústico que seja validada nos termos da presente lei, no que se refere à área e à localização geográfica do mesmo, releva para efeitos de natureza cadastral, registral e matricial, sem prejuízo do n.º 5.

3 – A informação resultante da representação gráfica georreferenciada do prédio rústico que seja validada por todos os proprietários confinantes assume a natureza de cadastro predial para todos os efeitos legais.

4 – Em caso de litígio emergente de sobreposição de polígonos, a representação gráfica georreferenciada dos prédios em causa é apresentada no BUPi pelos respetivos centroides até à resolução do conflito.

5 – Nos casos em que exista a sobreposição de polígonos, a informação constante do BUPi não pode ser usada como meio de prova, nem para invocação de aquisição de direitos por usucapião sobre os prédios.

6 – Para efeitos tributários, a informação resultante da representação gráfica georreferenciada do prédio produz os efeitos previstos no artigo 29.º

Artigo 6.º – Legitimidade e competência para a promoção do procedimento

1 – As operações de representação gráfica georreferenciada de prédios podem ser promovidas por iniciativa dos interessados ou por entidade pública competente, desde que realizadas por técnico habilitado para o efeito, sem prejuízo dos casos de dispensa previstos na presente lei.

2 – As operações de representação gráfica georreferenciada promovidas por iniciativa de entidades públicas, nos termos do número anterior, são da competência:

a) Do município ou freguesia territorialmente competente;

b) Da Direção-Geral do Território (DGT);

c) Das entidades públicas com competência de natureza territorial que promovam operações fundiárias ou exerçam competências na área do ordenamento do território;

d) Da Autoridade Tributária e Aduaneira (AT), nos termos previstos na presente lei.

3 – As competências próprias dos municípios referidas na alínea *a)* do número anterior podem ser executadas em conjunto através das respetivas entidades intermunicipais.

4 – Os promotores previstos no n.º 1, aquando da submissão da representação gráfica georreferenciada no BUPi, assumem responsabilidade pela informação prestada, nos termos a estabelecer por decreto regulamentar.

5 – Nas áreas sob gestão das entidades de gestão florestal, de entidades gestoras das zonas de intervenção florestal, de organizações de agricultores e produtores florestais e respetivas associações as operações de representação gráfica georreferenciada de prédios podem ser promovidas e realizadas por estas entidades.

6 – Nas operações de representação gráfica georreferenciada promovidas pelas autarquias compete-lhes definir as áreas prioritárias de intervenção.

Artigo 7.º – Procedimentos

1 – O procedimento administrativo da representação gráfica georreferenciada a realizar por via eletrónica no BUPi, bem como o recurso ao mecanismo de composição administrativa de interesses que garanta o direito de oposição dos interessados, é estabelecido por decreto regulamentar.

2 – As especificações técnicas a observar na elaboração da representação gráfica georreferenciada e a respetiva estrutura de atributos, as regras de acerto de estremas e de confrontações, bem como o apoio a cidadãos com comprovada insuficiência económica, ou outras situações de apoio, são fixadas pelo decreto regulamentar referido no número anterior.

3 – O suporte cartográfico a utilizar para efeitos de carregamento da representação gráfica georreferenciada dos prédios é disponibilizado no BUPi.

Artigo 8.º – Habilitação técnica

1 – As entidades públicas recorrem preferencialmente aos seus recursos próprios para a elaboração da representação gráfica georreferenciada e apresentação no BUPi.

2 – Os interessados e as entidades públicas recorrem a entidades e técnicos:

a) Habilitados nos termos do disposto no Regulamento do Cadastro Predial, aprovado pelo Decreto-Lei n.º 172/95, de 18 de julho;

b) Habilitados nos termos da Lei n.º 3/2015, de 9 de janeiro, e diplomas complementares;

c) Com cursos tecnológicos de nível secundário de educação, regulados pela Portaria n.º 550-A/2004, de 21 de maio, alterada pelas Portarias n.ºs 260/2006, de 14 de março, e 207/2008, de 25 de fevereiro, ou habilitação superior nas áreas da arquitetura, das ciências geográficas, das ciências jurídicas, da engenharia, do planeamento territorial e da topografia.

3 – As entidades públicas podem ainda recorrer a quaisquer pessoas habilitadas à realização de avaliações prediais no âmbito de procedimentos administrativos e fiscais legalmente previstos.

4 – O técnico é responsável por todos os atos que pratique no exercício das suas funções, incluindo os dos seus colaboradores, estando obrigado à subscrição de termo de responsabilidade pela correta elaboração da representação gráfica georreferenciada, obedecendo às especificações a definir por decreto regulamentar.

5 – A lista de entidades e de técnicos habilitados é objeto de divulgação no BUPi e publicada nos sítios eletrónicos das entidades públicas com atribuições nesta área.

6 – O disposto nos números anteriores não prejudica os casos de dispensa de recurso a entidades e técnicos, nos termos previstos na presente lei.

Artigo 9.º – Promoção oficiosa

1 – As entidades públicas referidas no n.º 2 do artigo 6.º, bem como as demais referidas na presente lei, promovem oficiosamente a representação gráfica georreferenciada dos prédios rústicos e mistos sempre que, no âmbito do exercício das suas competências, tramitem um procedimento que implique a delimitação ou alteração da delimitação das parcelas de terreno nos seus sistemas, nomeadamente no âmbito:

a) Das avaliações de prédios realizadas pela AT;

b) Da representação do polígono feita em qualquer sistema da parcela em questão.

2 – O disposto no número anterior não prejudica os demais casos de promoção oficiosa previstos na presente lei, nem a promoção por parte dos próprios particulares.

3 – Os termos da efetivação da promoção prevista nos números anteriores são definidos por decreto regulamentar.

Artigo 10.º – Dispensa de apresentação por técnico

Nos casos em que os interessados disponham de documento ou registo da delimitação do prédio feito junto de qualquer entidade pública, a representação gráfica georreferenciada do prédio é promovida mediante solicitação do interessado a qualquer das entidades referidas nas alíneas *a)*, *b)* e *c)* do n.º 2 do artigo 6.º, ou à entidade pública em causa, se diferente destas, em termos a definir por decreto regulamentar, sendo neste caso dispensado o recurso a técnico habilitado.

Artigo 11.º – Cadastro geométrico da propriedade rústica e predial

Nas áreas submetidas a cadastro geométrico da propriedade rústica ou a cadastro predial em vigor compete à DGT proceder à informatização dos elementos cadastrais existentes e assegurar a disponibilização desses dados no BUPi.

Artigo 12.º – Prazos e notificações

À contagem dos prazos e às notificações no âmbito do procedimento especial de representação gráfica georreferenciada são aplicáveis as regras do Código do Procedimento Administrativo.

SECÇÃO II – Procedimento especial de registo de prédio rústico e misto omisso

Artigo 13.º – Competência

O procedimento especial de registo de prédio rústico e misto omisso cabe aos serviços com competência para a prática de atos de registo predial que forem designados por deliberação do conselho diretivo do Instituto dos Registos e do Notariado, I. P. (IRN, I. P.).

Artigo 14.º – Procedimento oficioso

1 – Para efeito de instauração do procedimento especial de registo de prédio rústico e misto omisso, a AT comunica ao serviço de registo competente, por intermédio do BUPi, a identificação dos prédios rústicos na matriz e dos seus titulares, através dos nomes, números de identificação fiscal e respetivos domicílios fiscais, bem como informação sobre a pendência de pedido de retificação da matriz.

2 – Na comunicação referida no número anterior são indicados, sempre que forem conhecidos, os anteriores artigos matriciais, bem como os anteriores titulares.

3 – Com base nos elementos fornecidos pela AT e sempre que os prédios não estiverem descritos ou, estando, não tiverem registo em vigor de aquisição, de reconhecimento de direito de propriedade ou de mera posse, o titular da inscrição matricial é notificado, sendo as subsequentes diligências, tramitação e meios de impugnação estabelecidas por decreto regulamentar.

Artigo 15.º – Direito subsidiário

Às notificações, contagem dos prazos e qualificação dos atos de registo a praticar no âmbito do procedimento especial de registo previsto na presente lei são aplicáveis, em tudo o que não estiver especialmente regulado, as disposições do Código do Registo Predial.

SECÇÃO III – Disposições comuns

Artigo 16.º – Conjugação do registo com a representação gráfica georreferenciada

1 – A apresentação pelo interessado, para efeitos de registo, da representação gráfica georreferenciada do prédio equivale à sua declaração de que a área nela mencionada é a área correta.

2 – Tratando-se de prédio não descrito, quando exista divergência entre o título e a representação gráfica georreferenciada quanto à área do prédio dentro das percentagens fixadas no artigo 28.º-A do Código do Registo Predial, a descrição pode ser aberta com a área que consta daquela representação gráfica, não se aplicando, nesse caso, o disposto no n.º 2 do artigo 28.º-B do mesmo diploma.

3 – Tratando-se de prédio descrito a representação gráfica georreferenciada substitui a planta prevista na subalínea i) da alínea b) do n.º 2 do artigo 28.º-C do Código do Registo Predial.

Artigo 17.º – Prédios descritos

1 – No caso de prédios com descrição em vigor compete aos serviços de registo obter a representação gráfica georreferenciada do prédio, utilizando para o efeito a informação pública disponível e partilhada nos termos do artigo 27.º

2 – Os serviços de registo tomam as diligências necessárias junto das autarquias e demais entidades públicas na obtenção da informação necessária à representação gráfica georreferenciada.

3 – O titular que consta da descrição predial em vigor tem o dever geral de colaborar com os serviços de registo na obtenção da representação gráfica georreferenciada e na identificação dos proprietários confinantes.

4 – No caso de prédios com descrição de aquisição, de reconhecimento de direito de propriedade ou de mera posse, e em que a informação disponível se revele insuficiente, o titular é convidado a apresentar ou a obter a representação gráfica georreferenciada do prédio, nos termos previstos na presente lei.

5 – Para efeitos do disposto no número anterior, as entidades referidas no n.º 2 do artigo 6.º e demais entidades públicas têm o dever especial de colaboração com o interessado.

6 – O regime previsto nos n.ºs 4 e 5 não é aplicável aos prédios rústicos e mistos situados nas áreas submetidas a cadastro geométrico da propriedade rústica ou a cadastro predial, referidas no artigo 11.º

Artigo 18.º – Anotação à descrição

1 – No âmbito de um pedido de registo relativo a prédio rústico e misto compete ao serviço de registo verificar, por consulta ao BUPi, a existência de representação gráfica georreferenciada.

2 – Caso exista representação gráfica georreferenciada a respetiva referência é oficiosamente anotada à descrição predial.

Artigo 19.º – Dever de apresentação de representação gráfica georreferenciada

1 – Nos registos de aquisição efetuados a partir da data de entrada em vigor do presente regime é obrigatória a indicação do número de representação gráfica georreferenciada, exceto nos casos em que mediante consulta oficiosa no BUPi se verifique que a mesma já tenha sido entregue.

2 – O disposto no número anterior não se aplica aos prédios inscritos na matriz cadastral nem às aquisições decorrentes de atos praticados no processo executivo ou de insolvência.

Artigo 20.º – Arbitragem relativa aos litígios de natureza civil

1 – Os eventuais litígios de natureza civil emergentes da representação gráfica georreferenciada relacionados com os limites dos prédios podem ser submetidos pelas partes a resolução por arbitragem, devendo para o efeito ser designados como árbitros os conservadores do registo predial, nos termos definidos pelo conselho diretivo do IRN, I. P.

2 – Da decisão arbitral cabe recurso para o Tribunal da Relação competente, com efeito meramente devolutivo.

3 – O não exercício da faculdade prevista no n.º 1 não preclude a possibilidade de invocação dos direitos de natureza civil sobre prédios objeto de procedimento especial de representação gráfica georreferenciada, mediante recurso aos tribunais judiciais, nos termos gerais de direito.

SECÇÃO IV – Procedimento de identificação, inscrição e registo de prédio sem dono conhecido

Artigo 21.º – Definição do procedimento de identificação, inscrição e registo de prédio sem dono conhecido

O procedimento de identificação, inscrição e registo de prédio sem dono conhecido é definido por decreto-lei, após a avaliação da presente lei a realizar nos termos previstos no artigo 32.º

CAPÍTULO III – Balcão Único do Prédio

Artigo 22.º – Âmbito

1 – O BUPi é um balcão físico e virtual, da responsabilidade do IRN, I. P., que agrega a informação registral, matricial e georreferenciada relacionada com os prédios.

2 – O BUPi opera através de uma plataforma integrada que comunica com todas as bases de dados e aplicações que contêm informações prediais, utilizando para o efeito, no que se aplicar, a Plataforma de Interoperabilidade da Administração Pública (iAP).

3 – O BUPi constitui-se como a plataforma de articulação do cidadão com a Administração Pública no âmbito do cadastro predial.

Artigo 23.º – Cooperação administrativa no domínio da informação

1 – O IRN, I. P., é a entidade detentora dos conjuntos de dados geográficos adquiridos no âmbito do BUPi.

2 – As entidades públicas referidas no artigo 27.º têm o dever de colaborar com o IRN, I. P., na partilha da informação relevante sobre os elementos caracterizadores e de identificação dos prédios rústicos e mistos, designadamente para cumprimento das obrigações previstas no artigo anterior, nos termos e prazos a estabelecer por decreto regulamentar.

CAPÍTULO IV – Disposições finais e transitórias

Artigo 24.º – Regime emolumentar e tributário

1 – Até 31 de dezembro de 2019, são gratuitos:

a) Os atos praticados no âmbito do procedimento especial de registo previsto na presente lei;

b) Os documentos emitidos pelas entidades ou serviços da Administração Pública destinados a suprir as deficiências do procedimento especial de registo previsto na presente lei;

c) A representação gráfica georreferenciada de prédios efetuada pelas entidades públicas, ou a pedido dos interessados junto daquelas, destinada a instruir o procedimento especial de registo previsto na presente lei ou qualquer outro ato de registo efetuado nos termos gerais do Código do Registo Predial;

d) Os atos de registo relativos a prédios rústicos ou mistos não descritos, ou descritos sem inscrição de aquisição ou reconhecimento de direito de propriedade ou de mera posse em vigor, e ainda os atos de atualização da descrição predial em conformidade com a representação gráfica georreferenciada, desencadeados pelos interessados junto de qualquer serviço de registo nos termos previstos no Código do Registo Predial, desde que instruídos com a representação gráfica georreferenciada do prédio de acordo com a presente lei;

e) Os processos de justificação para primeira inscrição, nos termos dos artigos 116.º e seguintes do Código do Registo Predial, quando instruídos com a representação gráfica georreferenciada do prédio validada ao abrigo da presente lei.

2 – A inscrição dos prédios rústicos omissos na matriz não dá lugar à aplicação de coimas, à instauração de processo de infração tributária ou à liquidação de impostos e juros devidos à data da regularização.

Artigo 25.º – Regulamentação

1 – São definidos por decreto regulamentar:

a) O procedimento administrativo da representação gráfica georreferenciada e o mecanismo de composição administrativa de interesses;

b) As especificações técnicas a observar na elaboração da representação gráfica georreferenciada e a respetiva estrutura de atributos;

c) As diligências, tramitação e meios de impugnação do procedimento especial de registo de prédio rústico e misto omisso;

d) A instalação, condições de funcionamento, interoperabilidade e funcionalidades do BUPi;

e) As demais matérias cuja regulamentação deva revestir essa forma, nos termos da presente lei.

2 – É concretizada por portaria dos membros do Governo responsáveis pelas áreas das finanças, da modernização administrativa, da justiça, das autarquias locais e do ordenamento do território a instalação de um projeto-piloto.

Artigo 26.º – Informação cadastral simplificada e sistema nacional de informação geográfica

Aos conjuntos e serviços de dados geográficos adquiridos, produzidos e disponibilizados no âmbito da presente lei não se aplica o disposto no artigo 8.º-A do Decreto-Lei n.º 180/2009, de 7 de agosto, alterado e republicado pelo Decreto-Lei n.º 29/2017, de 16 de março.

Artigo 27.º – Interconexão e tratamento de dados pessoais

1 – Com vista a dar cumprimento ao disposto na presente lei, a AT, o IRN, I. P., a DGT, o Instituto de Financiamento da Agricultura e Pescas, I. P., e o Instituto da Conservação da Natureza e das Florestas, I. P., podem proceder à partilha entre si, e com os municípios, de forma eletrónica, da informação relevante sobre os elementos caracterizadores e de identificação dos prédios rústicos e mistos e dos seus titulares, para efeitos de localização geográfica e de supressão da omissão no registo predial e demais efeitos de identificação do prédio.

2 – O processo de interconexão de dados previsto no número anterior, subjacente ao procedimento especial de representação gráfica georreferenciada, ao procedimento especial de registo de prédio rústico e misto omisso e ao procedimento de identificação, inscrição e registo de prédio sem dono conhecido, a operar através do BUPi, é concretizado através de protocolo estabelecido entre as entidades envolvidas, homologado pelos membros do Governo responsáveis pelas áreas dos assuntos fiscais, da justiça, autarquias locais, do ordenamento do território e do desenvolvimento rural.

3 – As categorias dos titulares e dos dados a analisar, bem como o acesso, a comunicação e o tratamento de dados entre as entidades referidas no n.º 1, realiza-se nos termos do protocolo mencionado no número anterior, que está sujeito a autorização da Comissão Nacional de Proteção de Dados e ao cumprimento da Lei da Proteção de Dados Pessoais, aprovada pela Lei n.º 67/98, de 26 de outubro, alterada pela Lei n.º 103/2015, de 24 de agosto.

Artigo 28.º – Disposição transitória

Aos processos de reconhecimento como prédio sem dono conhecido apresentados ao abrigo da Lei n.º 152/2015, de 14 de setembro, que se encontrem pendentes mantém-se aplicável essa lei até à definição do procedimento de identificação, inscrição e registo de prédio sem dono conhecido, nos termos previstos na presente lei.

Artigo 29.º – Efeitos tributários

A informação da representação gráfica georreferenciada resultante do procedimento previsto no artigo 5.º sobre prédios previamente inscritos na matriz não releva para efeitos de liquidação de impostos sobre o respetivo prédio, mantendo-se, para esse efeito, o recurso à informação previamente existente na matriz.

Artigo 30.º – Norma revogatória

É revogada a Lei n.º 152/2015, de 14 de setembro.

Artigo 31.º – Aplicabilidade territorial

O regime da presente lei é aplicável, como projeto-piloto, à área dos municípios de Pedrógão Grande, Castanheira de Pêra, Figueiró dos Vinhos, Góis, Pampilhosa da Serra, Penela, Sertã, Caminha, Alfândega da Fé e Proença-a-Nova.

Artigo 32.º – Avaliação

No prazo da vigência da presente lei o Governo apresenta à Assembleia da República um relatório de avaliação do presente regime, com vista à sua eventual extensão a todo o território nacional.

Artigo 33.º – Produção de efeitos e vigência

A presente lei produz efeitos a partir do primeiro dia do terceiro mês seguinte ao da sua publicação e vigora durante um ano contado a partir da data da respetiva produção de efeitos.

Artigo 34.º – Entrada em vigor

A presente lei entra em vigor no primeiro dia do mês seguinte ao da sua publicação.

Aprovada em 19 de julho de 2017.

O Presidente da Assembleia da República, Eduardo Ferro Rodrigues.

Promulgada em 8 de agosto de 2017.

Publique-se.

O Presidente da República, Marcelo Rebelo de Sousa.

Referendada em 9 de agosto de 2017.

O Primeiro-Ministro, António Luís Santos da Costa.

REGULAMENTA A LEI N.º 78/2017, DE 17 DE AGOSTO

Decreto Regulamentar n.º 9-A/2017, de 3 de novembro Regulamenta a Lei n.º 78/2017, de 17 de agosto, que estabelece um sistema de informação cadastral simplificada, adotando medidas para a imediata identificação da estrutura fundiária e da titularidade dos prédios rústicos e mistos

O Programa do XXI Governo Constitucional estabelece como um dos eixos estratégicos a valorização do território, designadamente através de uma reforma estrutural do setor florestal, que garanta a segurança das populações, que crie condições para fomentar uma gestão profissional e sustentável dos terrenos, que potencie o aumento da produtividade e da rentabilidade dos ativos florestais, e que promova a progressiva elaboração do Cadastro da Propriedade Rústica.

Estabelece ainda como prioridade a criação de «balcões únicos» que evitem múltiplas deslocações para resolver o mesmo assunto e para entregar os mesmos documentos a diferentes entidades públicas, visando integrar a informação do planeamento territorial e urbano, do registo predial e do cadastro.

A Lei n.º 78/2017, de 17 de agosto, criou um sistema de informação cadastral simplificada, com vista à adoção de medidas para a imediata identificação da estrutura fundiária e da titularidade dos prédios rústicos e mistos. Criou também o Balcão Único do Prédio (BUPi), que se constitui como balcão físico e virtual que agrega a informação registal, matricial e georreferenciada relacionada com os prédios, bem como uma plataforma de articulação do cidadão com a Administração Pública no âmbito do cadastro predial.

Para aquele efeito, a referida Lei determina que alguns dos seus aspetos e matérias são definidos por decreto regulamentar, em especial o procedimento administrativo da representação gráfica georreferenciada (RGG), as especificações técnicas e respetiva estrutura de atributos a observar naquela representação, o procedimento especial de registo de prédio rústico e misto omisso, o mecanismo de composição de interesses e a instalação, condições de funcionamento, interoperabilidade e funcionalidades do BUPi. Importa, pois, defini-los.

Neste contexto, o presente decreto regulamentar assenta, numa primeira linha, na ideia de que o conhecimento do território e a identificação dos limites e titularidade da propriedade é fundamental para a gestão e decisão das políticas públicas de solos, de ordenamento do território e de urbanismo.

Para tanto prevê a adoção de soluções técnico-jurídicas que, de forma simples, eficaz, célere e pouco onerosa para o cidadão, tornem possível agregar os dados relativos aos prédios já detidos pelas várias entidades e associar novos elementos que permitam um melhor conhecimento dos limites dos prédios rústicos e mistos bem como dos titulares de direitos que incidam sobre os mesmos.

Estabelece-se igualmente como princípio orientador que deve ser impulsionada a obtenção do maior número de informação possível relacionada com os limites e titulares dos prédios – com destaque para a RGG como instrumento privilegiado de conhecimento de território – ainda que a mesma possa conter vários níveis de detalhe diferenciados, os quais podem ir desde o mero esboço preparatório de uma RGG até ao cadastro predial.

A este propósito evidencia-se que presentemente existe um grande número de prédios conhecidos da Autoridade Tributária e Aduaneira (AT), para os quais se verifica o cumprimento de obrigações fiscais, mas que não estão declarados no Registo Predial, não se encontrando publicitada a sua situação jurídica em termos de titularidade. Ora, contrariar esta realidade, trazendo ao BUPi o maior número de informação disponível e harmonizando a mesma ao nível das várias entidades públicas com atribuições nestas matérias, traz benefícios não só pelo aumento do conhecimento do território como também pela segurança do comércio jurídico.

Decorre ainda daquele princípio orientador a previsão, no presente decreto regulamentar, de que a sobreposição de polígonos não impede o registo de titularidade nem o benefício de isenção emolumentar e tributária, criado como estímulo.

Do conjunto de soluções previstas no presente decreto regulamentar sublinha-se ainda:

A atribuição do Número de Identificação do Prédio (NIP), sempre que seja confirmada a coincidência entre a informação do registo predial e da inscrição matricial da AT;

A comunicação do NIP às entidades públicas identificadas no artigo 27.º da Lei n.º 78/2017, de 17 de agosto, constituindo este um identificador único de referência;

A associação ao NIP da RGG e quaisquer outros dados e elementos que permitam uma melhor caracterização dos prédios;

A harmonização da informação relevante sobre os prédios e titulares usada pelas diferentes áreas setoriais da Administração Pública, mediante a interoperabilidade dos dados detidos pelas respetivas entidades públicas;

A previsão de procedimentos ágeis de RGG, com definição de requisitos técnicos e regras simples que potenciam a apresentação de polígonos;

A criação de uma comissão administrativa para composição de interesses conflituantes em sede de RGG, presidida por um conservador a designar por deliberação do conselho diretivo do Instituto dos Registos e Notariado, I. P.

Foi promovida a audição da Associação Nacional de Municípios Portugueses, da Associação Nacional de Freguesias e da Comissão Nacional de Proteção de Dados.

Assim:

Nos termos da alínea c) do artigo 199.º da Constituição e da Lei n.º 78/2017, de 17 de agosto, o Governo decreta o seguinte:

CAPÍTULO I – Disposições gerais

Artigo 1.º – Objeto e âmbito

Nos termos da Lei n.º 78/2017, de 17 de agosto, e da Lei n.º 65/2019, de 23 de agosto, o presente decreto regulamentar define:

a) As especificações técnicas a observar na elaboração da representação gráfica georreferenciada (RGG), a respetiva estrutura de atributos e as regras de acertos e confrontações;

b) Os termos e condições do registo de técnicos habilitados no Balcão Único do Prédio (BUPi);

c) O procedimento administrativo de RGG a realizar por via eletrónica no BUPi;

d) O mecanismo de composição administrativa de interesses;

e) As diligências, tramitação e meios de impugnação do procedimento especial de registo de prédio rústico e misto omisso;

f) As formalidades prévias, a tramitação e os meios de impugnação do procedimento especial de justificação de prédio rústico e misto omisso;

g) A articulação do número de identificação de prédio (NIP) com o sistema de identificação usado para efeitos cadastrais, registais, matriciais, agrícolas e florestais;

h) Os modelos de declaração a subscrever pelos técnicos habilitados no BUPi e pelos promotores;

i) O apoio a cidadãos com comprovada insuficiência económica; e

j) A instalação, condições de funcionamento, interoperabilidade e funcionalidades do BUPi.

CAPÍTULO II – Representação gráfica georreferenciada

Artigo 2.º – Início do procedimento

1 – O procedimento de RGG é desencadeado de uma das seguintes formas:

a) Pelo interessado, após elaboração do esboço do prédio no BUPi e envio a um técnico habilitado, conforme o previsto no artigo 3.º;

b) Pelo interessado ou promotor, nos termos previstos no artigo 6.º da Lei n.º 78/2017, de 17 de agosto;

c) Por entidade pública oficiosamente, nos termos previstos no artigo 9.º da citada Lei e no artigo 12.º do presente decreto regulamentar.

2 – O procedimento de RGG é sempre realizado por um técnico habilitado para o efeito, sem prejuízo do caso de dispensa previsto no artigo 10.º da referida Lei e no artigo 13.º do presente decreto regulamentar.

3 – No âmbito do sistema de informação cadastral simplificada, criado pela Lei n.º 78/2017, de 17 de agosto, a realização do procedimento de RGG é condição prévia aos procedimentos especiais de registo e de justificação de prédio rústico e misto omisso, nos municípios que não dispõem de cadastro geométrico da propriedade rústica ou cadastro predial em vigor.

Artigo 3.º – Esboço do prédio

1 – O interessado pode, mediante indicação do nome do proprietário e identificação do prédio, através do BUPi, por via eletrónica ou mediante atendimento assistido em posto próprio, efetuar um esboço do prédio, utilizando para tal a ferramenta de representação gráfica sobre a cartografia disponibilizada pelo BUPi.

2 – A apresentação do esboço referido no número anterior pode dar início a um procedimento de RGG, com a sua remessa eletrónica a um técnico habilitado, o qual avalia a verificação das condições necessárias, nos termos dos artigos seguintes.

3 – Sem prejuízo do disposto no n.º 1, o esboço do prédio pode ser efetuado utilizando dispositivo ou aplicação móvel, em termos e condições a aprovar por portaria do membro do Governo responsável pela área da justiça, caso em que é igualmente aplicável o disposto no número anterior.

Artigo 4.º – Validação da representação gráfica georreferenciada

1 – A RGG é validada sempre que cumpra as especificações técnicas, a estrutura de atributos e os acertos de estremas e confrontações, fixados nos artigos seguintes.

2 – A RGG é validada com reserva sempre que:

a) O interessado declare que não conhece ou que não lhe é possível determinar algum dos limites do prédio;

b) Exista sobreposição de polígonos, aplicando-se o n.º 4 do artigo 5.º da Lei n.º 78/2017, de 17 de agosto.

3 – A RGG é recusada sempre que conflitue com bens do domínio público.

Artigo 5.º – Especificações técnicas

A RGG materializa-se no BUPi através de um polígono georreferenciado de acordo com os diferentes sistemas de referência em vigor para o território nacional, respetivamente:

a) Continente – PT-TM06/ETRS89 (European Terrestrial Reference System 1989);

b) Regiões Autónomas dos Açores e da Madeira – PTRA08-UTM/ITRF93 (International Terrestrial Reference Frame 1993).

Artigo 6.º – Estrutura de atributos

1 – A estrutura de atributos da RGG é constituída pela seguinte informação alfanumérica:

a) Localização administrativa: concelho, freguesia, distrito, localidade, morada;

b) Prédio: número de identificação do prédio, de artigo matricial rústico e/ou urbano, área total/área exterior do polígono, bem como número da descrição predial, quando existam;

c) Promotor: tipo de promotor (entidade pública ou interessado) e sua identificação (nome, NIF, morada, endereço de correio eletrónico, telefone ou outro contacto);

d) Tipo de interesse ou direito;

e) Representante: tipo de representante e identificação (nome, NIF, morada, endereço de correio eletrónico, telefone ou outro contacto);

f) Proprietário: identificação (nome, NIF, morada, endereço de correio eletrónico, telefone ou outro contacto);

g) Data e método utilizado para obtenção da RGG.

2 – Os polígonos obtidos devem respeitar os seguintes requisitos obrigatórios:

a) Rigor topológico, devendo cada polígono ser definido por uma linha poligonal fechada;

b) Cumprimento do sistema de referência adequado, de acordo com o estipulado no artigo anterior;

c) Preenchimento dos campos de atributos identificados nas alíneas *a)*, *b)*, *c)* e *g)* do número anterior;

d) Localização administrativa em consonância com a Carta Administrativa Oficial de Portugal em vigor.

3 – A RGG dos prédios mistos deve discriminar de forma georreferenciada as respetivas partes rústica e urbana, tendo por base a sua descrição matricial e a cartografia disponibilizada pelo BUPi, sem que tal discriminação configure a autonomização da parte urbana.

4 – Sem prejuízo do disposto nos números anteriores, a RGG pode ainda incluir a identificação de servidões administrativas e de restrições de utilidade pública, bem como de elementos geográficos naturais ou artificiais relevantes e abrangidos pelo limite do prédio e/ou outros elementos caracterizadores das suas estremas, designadamente recursos hídricos, estradas, vias ou acessos, marcos, muros e vedações.

5 – A RGG deve ser acompanhada de metadados de natureza técnica de acordo com as especificações técnicas disponibilizadas através do BUPi.

Artigo 7.º – Acertos de estremas e confrontações

1 – A representação cartográfica das estremas do prédio não deve sobrepor-se a bens do domínio público, assim definidos no artigo 84.º da Constituição ou como tal classificados por lei, designadamente águas territoriais e os seus leitos, lagoas e cursos de águas navegáveis e seus leitos, linhas férreas nacionais e estradas da rede rodoviária nacional e municipal.

2 – Quando o prédio a georreferenciar confronte com outros prédios submetidos no BUPi ou elementos geográficos naturais ou artificiais, o desenho das respetivas estremas deve, sempre que possível, respeitar essas confrontações acertando as mesmas à representação daqueles confinantes.

3 – Após a submissão da RGG, e quando se verifique a sobreposição de polígonos entre prédios confinantes, são efetuadas as notificações previstas no artigo 9.º

4 – Excetuam-se do disposto no número anterior as situações em que o maior intervalo entre as linhas poligonais sobrepostas é inferior a 1 % da área do prédio mais pequeno, caso em que a representação gráfica do limite das estremas de cada prédio apresentada no BUPi é automaticamente ajustada pela demarcação de nova linha poligonal, dividindo a parcela em litígio por partes de igual área.

5 – Nos casos de sobreposição referidos no n.º 3, o BUPi produzirá os centroides de forma automática, representados no polígono através de um ponto interior ao mesmo e próximo do seu centro geométrico, com a replicação da estrutura de atributos do respetivo polígono.

6 – Sempre que o titular declare que não conhece ou que não lhe é possível determinar algum dos limites do prédio, o técnico classifica o vértice associado a essa declaração como incerto.

7 – No caso referido no número anterior, as linhas poligonais definidas pelo vértice incerto são representadas de forma distinta.

8 – A classificação do vértice prevista no número anterior pode ser alterada por declaração do interessado.

Artigo 8.º – Registo de técnico

1 – Para efeitos de apresentação da RGG, os técnicos habilitados nos termos do disposto no artigo 8.º da Lei n.º 78/2017, de 17 de agosto, devem estar registados no BUPi.

2 – O registo mencionado no número anterior permite:

a) A autenticação do técnico com cartão do cidadão ou chave móvel digital ou outro meio disponibilizado para o efeito;

b) A identificação do técnico através de indicação de habilitação profissional, número de inscrição em ordem ou associação profissional, quando aplicável, domicílio profissional, contacto de telefone e endereço de correio eletrónico;

c) A identificação de áreas geográficas de atuação do técnico para efeitos de execução dos procedimentos de RGG;

d) A submissão de documento comprovativo das habilitações exigidas no n.º 2 do artigo 8.º da Lei n.º 78/2017, de 17 de agosto, emitido pela entidade competente.

3 – Após a sua validação, o registo do técnico dá acesso a funcionalidades do BUPi, nomeadamente à ferramenta de RGG e à sua área reservada, que inclui, entre outros, todos os procedimentos por si efetuados e a consulta do respetivo estado, bem como todos os polígonos das RGG existentes no BUPi.

4 – Nos casos de dispensa de técnico habilitado, a inscrição do responsável é feita pelo respetivo serviço, aplicando-se com as devidas adaptações os números anteriores.

Artigo 9.º – Procedimento

1 – O procedimento de RGG, a tramitar no BUPi, obedece às seguintes fases:

a) O técnico habilitado procede à sua autenticação no BUPi;

b) O técnico habilitado elabora o polígono do prédio de acordo com as declarações do promotor e submete a RGG no BUPi com apoio na base cartográfica disponibilizada para o efeito, garantindo por termo de responsabilidade, a subscrever eletronicamente no BUPi, o cumprimento das especificações técnicas, da estrutura de atributos e das regras de acertos e confrontações fixadas;

c) O promotor confirma os dados relativos à delimitação do polígono mediante declaração, conforme modelo de formulário eletrónico, constante do anexo I ao presente decreto regulamentar, disponível no BUPi, que deve preferencialmente ser assinada por via eletrónica, como condição para prosseguimento do procedimento;

d) Quando não seja o promotor da RGG, a pessoa por ele identificada como proprietária é notificada pelo Centro de Coordenação Técnica previsto na alínea *a)* do n.º 1 do artigo 5.º da Lei n.º 65/2019, de 23 de agosto, para, querendo, promover a retificação da RGG junto do técnico habilitado, no prazo de 20 dias;

e) Não havendo lugar à notificação prevista na alínea anterior, ou, havendo-a, quando esteja efetuada a retificação da RGG ou tenha decorrido o prazo indicado na alínea anterior sem se ter procedido a qualquer retificação, a RGG é, consoante o caso, validada, validada com reserva ou recusada nos termos previstos no artigo 4.º;

f) (Revogada)

g) (Revogada)

h) (Revogada)

i) (Revogada)

2 – Verificando-se a existência de sobreposição de polígonos com bens do domínio público ou de polígonos não sujeitos a ajuste automático nos termos do n.º 4 do artigo 7.º, o Centro de Coordenação Técnica comunica esse facto aos respetivos promotores e às pessoas identificadas como proprietárias, quando não sejam promotoras, por correio eletrónico ou, em caso de impossibilidade de utilização deste meio, por correio, sob registo postal, para que, no prazo de 20 dias, procedam às correções necessárias junto de um técnico habilitado, sob pena de, consoante o caso, se manter a recusa da RGG ou a sua validação com reserva, ou de a RGG passar a validada com reserva.

3 – A comunicação referida no número anterior é acompanhada de informação sobre a existência de bens do domínio público, e ainda, no caso de sobreposição de polígonos não sujeitos a ajuste automático, das RGG dos prédios confinantes que conflituem com a RGG em causa e dos dados dos promotores e das pessoas identificadas como proprietárias, quando não sejam promotoras.

4 – Sem prejuízo do disposto no n.º 2, os proprietários dos prédios com RGG validadas com reserva em virtude da sobreposição de polígonos não sujeitos a ajuste automático, podem recorrer ao mecanismo de composição administrativa de interesses, previsto nos artigos 14.º e seguintes.

5 – No caso de promoção prevista no artigo 12.º, o técnico é dispensado do preenchimento do termo de responsabilidade referido na alínea *b)* do n.º 1 do presente artigo.

Artigo 10.º – Prédios confinantes

1 – Para os efeitos previstos no n.º 3 do artigo 5.º da Lei n.º 78/2017, de 17 de agosto, considera-se validada por todos os proprietários confinantes a informação resultante da RGG nas seguintes situações:

a) Declaração de aceitação de todos os proprietários dos prédios confinantes, conforme formulário constante do anexo II ao presente decreto regulamentar e do qual faz parte integrante, disponível no BUPi;

b) Existência, no BUPi, da totalidade dos polígonos dos prédios confinantes sem conflito de estremas comuns.

2 – Na impossibilidade de obter declaração de aceitação de todos os proprietários dos prédios confinantes, pode ser apresentada declaração de aceitação dos proprietários confinantes que forem identificados, conforme formulário constante do anexo II ao presente decreto regulamentar, disponível no BUPi, considerando-se validadas as respetivas estremas comuns.

Artigo 11.º – Georreferenciação de prédios

1 – No âmbito da georreferenciação de prédios, compete ao Instituto dos Registos e do Notariado, I. P. (IRN, I. P.), utilizar a informação disponível e partilhada, nos termos do protocolo celebrado ao abrigo do n.º 2 do artigo 27.º da citada Lei n.º 78/2017, de 17 de agosto, ou outros a celebrar.

2 – Os serviços técnicos das entidades referidas no n.º 2 do artigo 6.º da Lei n.º 78/2017, de 17 de agosto, procedem à delimitação do polígono dos prédios, em colaboração com o interessado, e carregam a informação no BUPi, mediante declaração, conforme formulário eletrónico constante do anexo I ao presente decreto regulamentar.

3 – Caso a informação disponível e partilhada não se mostre suficiente, o interessado no prédio a georreferenciar é convidado a apresentar ou a obter a RGG nos termos previstos na Lei n.º 78/2017, de 17 de agosto, e do presente decreto regulamentar.

Artigo 12.º – Promoção oficiosa

1 – Para efeitos do disposto no artigo 9.º da Lei n.º 78/2017, de 17 de agosto, promovem oficiosamente a RGG dos prédios rústicos e mistos, nos termos do presente artigo, as seguintes entidades:

a) Municípios;

b) Autoridade Tributária e Aduaneira (AT);

c) Direção-Geral do Território (DGT);

d) Comissões de Coordenação e Desenvolvimento Regional no âmbito dos processos respeitantes à Reserva Ecológica Nacional (REN);

e) Direção-Geral de Agricultura e Desenvolvimento Rural, no âmbito dos processos respeitantes à Reserva Agrícola Nacional;

f) Instituto de Financiamento da Agricultura e Pescas, I. P. (IFAP, I. P.); e o

g) Instituto da Conservação da Natureza e das Florestas, I. P. (ICNF, I. P.).

2 – A promoção oficiosa pelas entidades referidas no número anterior ocorre no âmbito da avaliação de pedidos de permissão administrativa ou de comunicações prévias respeitantes à realização das operações, e sempre que sejam estas as entidades competentes para a decisão final, sem prejuízo da promoção por iniciativa destas entidades.

3 – Estão abrangidos pelo disposto no número anterior, nomeadamente:

a) As inscrições e as atualizações matriciais requeridas pelos contribuintes, bem como os pedidos de avaliação ao abrigo do artigo 74.º do Código do Imposto Municipal sobre Imóveis;

b) As comunicações ou permissões administrativas apresentadas a propósito da REN;

c) Os pedidos respeitantes a baldios;

d) Os instrumentos de estruturação fundiária previstos no regime jurídico da estruturação fundiária.

4 – A promoção oficiosa pode ser efetuada mediante o agendamento, pelas entidades públicas referidas no n.º 1, de atendimento entre o interessado e um técnico habilitado, para o qual são enviadas as informações necessárias à elaboração e submissão da RGG no BUPi, ficando os procedimentos administrativos previstos nos números anteriores suspensos até à comunicação da validação, com ou sem reservas, de uma RGG relativa ao prédio.

5 – Nos termos do artigo 9.º da Lei n.º 78/2017, de 17 de agosto, considera-se efetivada a promoção oficiosa da RGG dos prédios rústicos e mistos efetuada por entidades públicas desde que:

a) Respeite a estrutura de atributos e os acertos de estremas e confrontações conforme definidos no âmbito do presente decreto regulamentar;

b) Cumpra o procedimento de elaboração de RGG definido no artigo 9.º, com as adaptações referidas no n.º 5 do mesmo artigo.

6 – A promoção oficiosa é igualmente efetuada a requerimento do interessado, e no prazo de 20 dias, nos casos em que o interessado o solicite nos termos do artigo 1.º da Lei n.º 78/2017, de 17 de agosto.

7 – A promoção oficiosa de RGG efetuada nos termos do presente artigo não prejudica nem se sobrepõe à informação existente de prédios cadastrados que seja disponibilizada no BUPi nos termos da alínea *a)* do artigo 3.º da Lei n.º 65/2019, de 23 de agosto.

8 – Para efeitos do presente artigo é elaborado um manual de procedimentos, bem como ministrada formação às entidades.

Artigo 13.º – Dispensa de técnico na elaboração da representação gráfica georreferenciada

1 – Considera-se dispensado o recurso a técnico habilitado para apresentação da RGG nos termos do previsto no artigo 10.º da Lei n.º 78/2017, de 17 de agosto, o interessado que apresente documento ou registo da delimitação do prédio feito junto de qualquer entidade pública, desde que sejam igualmente fornecidos os elementos que permitam completar a estrutura de atributos prevista no artigo 6.º do presente decreto regulamentar, ou seja possível a sua obtenção oficiosa.

2 – A entrega da informação com vista ao procedimento da RGG é efetuada através do BUPi e promovida junto de entidade pública, nos termos previstos no artigo 10.º da referida Lei.

3 – A entidade pública neste caso funciona como entidade promotora, aplicando-se para o efeito com as necessárias adaptações as regras do procedimento de RGG definidas no presente decreto regulamentar.

Artigo 13.º-A – Atualização e retificação

1 – A atualização ou retificação da RGG é da responsabilidade do promotor ou do proprietário, quando não seja o promotor, sempre que ocorram alterações dos limites do prédio georreferenciado ou quando tenha ocorrido erro na delimitação do polígono.

2 – A atualização ou retificação é executada por um técnico habilitado, de acordo com as especificações técnicas e o procedimento previsto para a elaboração da RGG, com as necessárias adaptações.

Artigo 13.º-B – Certidões e fotocópias não certificadas

1 – Qualquer pessoa pode pedir certidões ou fotocópias não certificadas das RGG efetuadas junto de um serviço de registo com competência para a prática de atos de registo predial.

2 – As certidões ou fotocópias não certificadas referidas no número anterior são gratuitas, quando requeridas pelo promotor da RGG.

CAPÍTULO III – Composição administrativa de interesses

Artigo 14.º – Finalidade

1 – O procedimento administrativo de composição de interesses é um mecanismo de oposição, previsto no n.º 1 do artigo 7.º da Lei n.º 78/2017, de 17 de agosto, que se destina a possibilitar aos interessados alcançarem um acordo relativamente à sobreposição de polígonos de prédios confinantes resultante de procedimentos de RGG, tendo em vista a célere composição de todos os interesses em presença.

2 – O recurso à composição de interesses não obsta à realização do registo fora do âmbito do procedimento nem à instauração do procedimento de registo, ou à sua conclusão, caso este se encontre pendente.

Artigo 15.º – Comissão administrativa de interesses

1 – Integram a comissão administrativa de composição de interesses um representante da AT, do IRN, I. P., da DGT, quando justificável em razão da matéria, do IFAP, I. P., do ICNF, I. P., e de cada um dos municípios em cuja circunscrição territorial se situa o prédio, sendo o representante do IRN, I. P., um conservador designado por deliberação do respetivo conselho diretivo, exercendo a função de presidente.

2 – Sem prejuízo do disposto no número anterior, a comissão pode funcionar com um número mínimo de três membros, dois dos quais a indicar pelo presidente da comissão em função da matéria em causa.

3 – Sempre que entender necessário, a comissão pode recorrer a técnicos e peritos especializados preferencialmente provenientes das entidades nela representadas.

Artigo 16.º – Procedimento

1 – Quando se verifique a sobreposição de polígonos entre prédios confinantes, qualquer interessado tem o direito de solicitar a constituição de uma comissão administrativa de composição de interesses, que decide sobre a sobreposição de polígonos e respetiva RGG.

2 – O pedido de constituição da composição administrativa de interesses é apresentado no BUPi, sendo bastante o preenchimento de formulário padronizado com identificação da identidade do promotor, do objeto do pedido de reapreciação e do prédio rústico ou misto em causa.

3 – Após a constituição da comissão administrativa de composição de interesses, os interessados são eletronicamente notificados pelo IRN, I. P., através do BUPi para, no prazo de 20 dias, apresentarem o seu pedido, causa de pedir e oferecerem a respetiva prova por escrito, sem qualquer outra exigência de forma, ou em alternativa requererem a apresentação oral do seu pedido.

4 – Apresentado o pedido, é designada data e hora para audiência oral, que deve ocorrer no prazo de 20 dias posteriores à apresentação do pedido, e que pode ser realizada através do recurso a meios de comunicação eletrónica áudio e vídeo.

5 – Da audiência oral referida no número anterior é elaborada ata subscrita pelos presentes, exceto quando se recorra aos meios de comunicação eletrónica áudio e vídeo, caso em que a audiência é gravada.

6 – Caso seja alcançado um acordo entre todos os interessados, o mesmo é reduzido a escrito e assinado, sendo a RGG respetiva corrigida pelo técnico habilitado ou pelo promotor, nos casos de dispensa de técnico previstos na Lei n.º 78/2017, de 17 de agosto, e no presente decreto regulamentar.

7 – Na falta de acordo de todos os interessados, o conservador extingue o procedimento e cada interessado pode recorrer ao mecanismo previsto no artigo 20.º da Lei n.º 78/2017, de 17 de agosto, ou a outros meios jurisdicionais ao seu dispor.

CAPÍTULO IV – Procedimento especial de registo de prédio rústico e misto omisso

Artigo 17.º – Iniciativa oficiosa

1 – Sempre que os prédios não estiverem descritos, ou, estando, não tiverem registo de aquisição, de reconhecimento de direito de propriedade ou de mera posse em vigor, os titulares da inscrição matricial são notificados pelo Centro de Coordenação Técnica no seu domicílio fiscal para, no prazo de 90 dias:

a) Promover o procedimento especial de registo nos termos do disposto no artigo seguinte e, quando se trate de prédio inscrito na matriz não cadastral, obter previamente a RGG do prédio; ou

b) Declarar a quem pertence o prédio.

2 – Se o notificado nada disser no prazo indicado, o Centro de Coordenação Técnica procede a nova notificação com o conteúdo previsto nas alíneas *a)* e *b)* do número anterior para, no prazo de 30 dias, se pronunciar, sob cominação de se iniciar o procedimento de reconhecimento de prédio sem dono conhecido previsto no Decreto-Lei n.º 15/2019, de 21 de janeiro.

3 – Se o notificado declarar que não é o proprietário do prédio mas indicar a quem o mesmo pertence, nos termos da alínea *b)* do n.º 1, notifica-se a pessoa identificada.

Artigo 17.º-A – Promoção pelos interessados

1 – Sem prejuízo do disposto no artigo anterior, o procedimento especial de registo de prédio rústico e misto omisso é promovido pelos interessados que disponham de documento comprovativo do seu direito:

a) Presencialmente, ou pelo correio, junto de um serviço de registo competente;

b) Presencialmente, junto de um técnico habilitado no momento da realização do procedimento de RGG;

c) Por via eletrónica, através do BUPi.

2 – Quando se trate de prédio inscrito na matriz não cadastral, o procedimento especial de registo referido no número anterior só pode ser promovido após a obtenção de RGG validada ou validada com reserva.

Artigo 18.º – Tramitação

1 – Se o notificado ou, tendo este falecido, qualquer seu herdeiro habilitado, ou qualquer interessado nos termos previstos no artigo anterior, apresentar os documentos com os quais pretenda comprovar o seu direito, o serviço de registo inicia o procedimento especial de registo desde que, quando se trate de prédio rústico inscrito na matriz não cadastral, verifique por consulta ao BUPi que a RGG está validada ou validada com reserva.

2 – Iniciado o procedimento, e caso existam deficiências que não constituam motivo de recusa nos termos das alíneas *c)* e *d)* do n.º 1 do artigo 69.º do Código do Registo Predial e não possam ser supridas oficiosamente por acesso direto à informação constante de bases de dados das entidades ou serviços da Administração Pública, o serviço de registo comunica este facto ao interessado para que, no prazo de 10 dias, proceda a tal suprimento.

3 – Se as deficiências em causa respeitarem à omissão de documento a emitir pelas entidades ou serviços da Administração Pública, o interessado pode solicitar ao serviço de registo, no prazo de cinco dias a contar da comunicação prevista no número anterior, que diligencie pela sua obtenção diretamente junto daquelas entidades ou serviços.

4 – Quando não existam deficiências, ou as mesmas tenham sido supridas, e se mantenham os pressupostos previstos no n.º 1 do artigo 8.º da Lei n.º 65/2019, de 23 de agosto, o serviço de registo procede à anotação do facto aquisitivo e à elaboração imediata do registo.

5 – Se houver deficiências que constituam motivo de recusa nos termos das alíneas *c)* e *d)* do n.º 1 do artigo 69.º do Código do Registo Predial ou que não tenham sido supridas no prazo concedido, o procedimento é declarado findo mediante despacho fundamentado, que é notificado ao interessado.

6 – Da notificação da decisão que declara findo o procedimento por falta de documento comprovativo do direito deve constar que o interessado pode requerer a instauração do procedimento especial de justificação previsto no artigo 9.º da Lei n.º 65/2019, de 23 de agosto, ou do processo de justificação para primeira inscrição nos termos e nas condições previstos nos artigos 116.º e seguintes do Código do Registo Predial.

7 – A alteração dos pressupostos a que se refere o n.º 1 do artigo 8.º da Lei n.º 65/2019, de 23 de agosto, na pendência do procedimento determina a sua extinção automática, com comunicação ao interessado.

Artigo 19.º – Meios de impugnação

1 – A decisão prevista no n.º 5 do artigo anterior é impugnável nos termos previstos nos artigos 140.º e seguintes do Código do Registo Predial, aplicáveis com as devidas adaptações.

2 – A apresentação, pelo interessado, de pedido de registo de aquisição nos termos gerais previstos no Código do Registo Predial, ou de justificação com vista a obter a primeira inscrição do direito, nos termos dos artigos 116.º e seguintes do mesmo Código, faz precludir o direito à impugnação e, quando esta esteja pendente, equivale à sua desistência.

CAPÍTULO V – Procedimento especial de justificação de prédio rústico e misto omisso

Artigo 19.º-A – Pressupostos

1 – O procedimento especial de justificação de prédio rústico e misto omisso é desencadeado pelo interessado que não disponha de documento para prova do seu direito, sendo o procedimento e os atos praticados no âmbito do mesmo gratuitos, nos termos da alínea *e)* do n.º 1 do artigo 24.º da Lei n.º 78/2017, de 17 de agosto, e do artigo 14.º da Lei n.º 65/2019, de 23 de agosto.

2 – Quando se trate de prédio inscrito na matriz não cadastral, o procedimento especial referido no número anterior só pode ser realizado após a obtenção de representação gráfica georreferenciada do prédio validada ou validada com reserva.

3 – O interessado que se arrogue, com exclusão de outrem, titular do direito de propriedade, e não disponha de documento comprovativo do seu direito, pode obter a primeira inscrição por via do procedimento especial de justificação, sem prejuízo do cumprimento de disposições legais e regulamentares aplicáveis e em vigor.

Artigo 19.º-B – Pedido

1 – No pedido de instauração do procedimento, que é da competência exclusiva do conservador, o interessado deve, para o efeito, apresentar o respetivo formulário, devidamente preenchido, aprovado por deliberação do conselho diretivo do IRN, I. P.

2 – No pedido, o interessado:

a) Solicita o suprimento do documento em falta e indica a causa da aquisição, as razões que impossibilitam a sua comprovação pelos meios normais e as circunstâncias em que baseia a aquisição originária;

b) Alega expressamente as circunstâncias de facto que determinam o início da posse, quando não titulada, bem como, em qualquer caso, as que consubstanciam e caracterizam a posse geradora da usucapião;

c) Identifica o prédio objeto do direito justificando através das menções necessárias à abertura da sua descrição.

3 – Com o pedido o interessado apresenta:

a) Declarações prestadas por três declarantes, com assinaturas reconhecidas presencialmente, salvo se forem feitas perante o funcionário do serviço de registo no momento do pedido, que confirmem as declarações do interessado;

b) Outros documentos que se considerem necessários para a verificação dos pressupostos da procedência do pedido.

4 – Do pedido, bem como das declarações previstas na alínea *a)* do número anterior, deve constar a afirmação de que os declarantes são admitidos, não se verificando alguma das hipóteses de incapacidade e inabilidade previstas no Código do Notariado para a justificação notarial.

5 – A justificação pode ser pedida por mandatário com procuração que lhe confira poderes especiais para o ato.

Artigo 19.º-C – Apresentação

1 – O procedimento de justificação considera-se instaurado no momento da apresentação do pedido acompanhado da respetiva RGG e restantes documentos comprovativos, o qual é anotado no diário.

2 – Constitui causa de rejeição do pedido a existência de RGG recusada quando se trate de prédio rústico inscrito na matriz não cadastral.

3 – A verificação da causa de rejeição a que se refere o número anterior após a apresentação do pedido no diário dá lugar à recusa de apreciação do pedido, aplicando-se, com as devidas adaptações, o disposto no Código do Registo Predial.

Artigo 19.º-D – Averbamento de pendência da justificação

Efetuada a apresentação é oficiosamente aberta a descrição do prédio ainda não descrito e averbada a pendência de justificação, nos termos e com os efeitos previstos no Código do Registo Predial.

Artigo 19.º-E – Indeferimento liminar e aperfeiçoamento do pedido

1 – Sempre que o pedido seja manifestamente improcedente pode ser liminarmente indeferido, por despacho fundamentado, sendo notificado o interessado.

2 – Devendo o pedido ser aperfeiçoado, o justificante é convidado para, no prazo de 10 dias, juntar ao processo os documentos em falta ou prestar declaração complementar sobre os elementos de identificação omitidos, sob pena de indeferimento liminar da pretensão, designadamente nos seguintes casos:

a) Se ao pedido não tiverem sido juntos os documentos comprovativos dos factos alegados que só documentalmente possam ser provados, e cuja verificação constitua pressuposto da procedência do pedido;

b) Se do pedido e dos documentos juntos não constarem os elementos de identificação do prédio exigidos para a sua descrição.

3 – O disposto no número anterior não se verifica se o serviço de registo puder obter os documentos ou suprir a ausência dos elementos em falta por acesso às bases de dados das entidades competentes ou por qualquer outro meio idóneo, designadamente por comunicação com o justificante.

4 – O justificante pode impugnar a decisão de indeferimento liminar, nos termos previstos no Código do Registo Predial, com as necessárias adaptações.

5 – Em face dos fundamentos alegados na impugnação, pode ser reparada a decisão de indeferir liminarmente o pedido, mediante despacho fundamentado que ordene o prosseguimento do procedimento, do qual é notificado o impugnante.

6 – Não sendo reparada a decisão, o processo é remetido ao tribunal para que seja decidida a impugnação.

Artigo 19.º-F – Decisão e publicação

1 – A decisão do procedimento de justificação é proferida no prazo de 10 dias.

2 – O interessado e o Ministério Público são notificados da decisão no prazo de cinco dias.

3 – A decisão do procedimento de justificação é publicada, oficiosa e imediatamente, num sítio na Internet, em termos a definir por portaria do membro do Governo responsável pela área da justiça.

4 – Tornando-se a decisão definitiva, são efetuados oficiosamente os consequentes registos.

Artigo 19.º-G Impugnação judicial

1 – Da decisão do conservador pode ser interposto recurso para o tribunal de 1.ª instância competente na área da circunscrição a que pertence o serviço de registo, no prazo de 30 dias, a contar da notificação.

2 – A impugnação efetua-se por meio de requerimento onde são expostos os respetivos fundamentos.

3 – A impugnação judicial considera-se feita com a apresentação da mesma no serviço de registo em que o procedimento se encontra pendente, sendo o processo remetido à entidade competente no mesmo dia em que for recebido.

Artigo 19.º-H – Recurso para o Tribunal da Relação

Da sentença proferida no tribunal de 1.ª instância podem interpor recurso para o Tribunal da Relação o interessado e o Ministério Público, no prazo e nos termos regulados no Código do Registo Predial para o processo de justificação.

CAPÍTULO VI – Balcão Único do Prédio

Artigo 20.º – Acesso ao Balcão Único do Prédio

1 – O acesso ao BUPi realiza-se através do endereço da Internet a disponibilizar para o efeito.

2 – O acesso às áreas reservadas do BUPi efetua-se mediante autenticação, privilegiando os mecanismos designados pela Agência para a Modernização Administrativa, I. P., disponibilizados em autenticação.gov.pt

3 – Através do BUPi são ainda autenticados os funcionários das entidades públicas identificadas no artigo 27.º da Lei n.º 78/2017, de 17 de agosto, com intervenção nos procedimentos previstos na referida Lei.

Artigo 21.º – Conteúdos e funcionalidades do Balcão Único do Prédio

1 – O BUPi dispõe de uma área pública e de uma área privada, à qual acedem utilizadores autenticados de acordo com os mecanismos previstos no artigo anterior.

2 – Através do BUPi é possível, entre outras funcionalidades:

a) Consultar informação dos prédios inscritos a favor de utilizador devidamente autenticado nos termos do artigo anterior, incluindo a sua poligonal, quando exista;

b) Efetuar inscrições de técnicos habilitados;

c) Elaborar e submeter a RGG dos prédios por técnico habilitado inscrito;

d) Preparar um esboço de poligonal e enviá-lo a um técnico habilitado inscrito, para apreciação técnica e submissão;

e) Consultar o estado dos processos relativos à elaboração de RGG por técnico habilitado inscrito;

f) Submeter eletronicamente os formulários e documentos necessários ao procedimento de RGG e ao procedimento especial de registo de prédio rústico e misto omisso;

g) Promover o procedimento especial de registo de prédio rústico e misto omisso;

h) Abrir e gerir processos relativos aos procedimentos previstos na Lei n.º 78/2017, de 17 de agosto, e associar outros elementos relevantes ao prédio no âmbito da partilha de dados entre as entidades identificadas no artigo 27.º da referida Lei, e acompanhar o seu estado;

i) Gerir comunicações entre os diferentes perfis no âmbito dos processos no BUPi;

j) Consultar no mapa a poligonal e o NIP de todos os prédios que tenham RGG validada ou dos centroides nos prédios com sobreposição no caso de RGG validada com reserva;

k) Atribuir o NIP e garantir a sua relação com os números setoriais das entidades identificadas no artigo 27.º da Lei n.º 78/2017, de 17 de agosto.

l) Integrar RGG elaborada em sistema detido por entidade não referida no presente decreto regulamentar, em termos a definir por protocolo a celebrar com o Centro de Coordenação Técnica.

3 – O BUPi contém:

a) A informação resultante da RGG, os seus atributos e confrontações;

b) Os processos de trabalho abertos no âmbito dos procedimentos previstos na Lei n.º 78/2017, de 17 de agosto, e a correspondente informação do seu promotor e dos prédios em questão;

c) O NIP e as demais chaves setoriais que permitem garantir a orquestração de processos de interoperabilidade.

d) Outra informação considerada relevante.

4 – O BUPi disponibiliza toda a informação necessária para a sua correta utilização, nomeadamente um manual de apoio e uma área com perguntas frequentes.

5 – Todos os dados e metadados são guardados em repositórios de informação acessíveis às várias entidades envolvidas, em respeito pelo regime legal de proteção e tratamento de dados pessoais, em termos a definir por protocolo a celebrar entre aquelas entidades e o Centro de Coordenação Técnica.

Artigo 22.º – Número de Identificação do Prédio

(Revogado)

Artigo 23.º – Interoperabilidade

1 – A harmonização da informação relevante sobre os elementos caracterizadores e de identificação dos prédios usados para efeitos cadastrais, registrais, matriciais e agrícolas, resulta da interoperabilidade dos dados detidos pelas entidades identificadas no artigo 27.º da Lei n.º 78/2017, de 17 de agosto.

2 – O NIP é comunicado a cada uma das entidades identificadas no número anterior, após o procedimento descrito no n.º 2 do artigo 6.º da Lei n.º 65/2019, de 23 de agosto.

3 – As alterações efetuadas aos prédios descritos após o início da partilha de informação prevista no artigo 27.º da Lei n.º 78/2017, de 17 de agosto, são comunicadas às entidades envolvidas, através de identificação do NIP.

4 – As comunicações efetuadas nos termos do número anterior são feitas através de um serviço disponibilizado na Plataforma de Interoperabilidade da Administração Pública relativa a toda a informação relevante.

5 – A comunicação prevista no número anterior, quando respeite à substituição do artigo matricial de prédio descrito, sem alteração de qualquer outro elemento da descrição predial, determina a atualização oficiosa da respetiva descrição.

CAPÍTULO VII – Disposições complementares

Artigo 24.º – Insuficiência económica

1 – Consideram-se em situação de insuficiência económica para efeitos do disposto no n.º 2 do artigo 7.º da Lei n.º 78/2017, de 17 de agosto, os cidadãos cujo rendimento médio mensal, devidamente comprovado, seja igual ou inferior a 1,5 vezes o valor do Indexante dos Apoios Sociais.

2 – A RGG relativa aos prédios rústicos ou mistos dos cidadãos que reúnam as condições referidas no número anterior é efetuada gratuitamente pelas entidades públicas referidas no n.º 2 do artigo 6.º da Lei n.º 78/2017, de 17 de agosto, preferencialmente através de recursos próprios.

3 – A situação de insuficiência económica prevista no n.º 1 é comprovada mediante apresentação de comprovativo dos rendimentos junto de uma das entidades públicas referida no número anterior.

Artigo 25.º – Distribuição dos atos e procedimentos

A execução ou a realização dos atos e procedimentos regulados pelo presente decreto regulamentar podem ser distribuídos a outros serviços de registo através de deliberação do conselho diretivo do IRN, I. P.

CAPÍTULO VIII – Disposições finais

Artigo 26.º – Aplicabilidade territorial

O regime do presente decreto regulamentar é aplicável a todo o território nacional.

Artigo 27.º – Vigência

(Revogado)

Artigo 28.º – Avaliação

(Revogado)

Artigo 29.º – Entrada em vigor

O presente decreto regulamentar entra em vigor no dia seguinte ao da sua publicação.

Visto e aprovado no Conselho de Ministros de 21 de outubro de 2017. – António Luís Santos da Costa – Maria Manuel de Lemos Leitão Marques – Mário José Gomes de Freitas Centeno – Eduardo Arménio do Nascimento Cabrita – Francisca Eugénia da Silva Dias Van Dunem – José Fernando Gomes Mendes.

Promulgado em 2 de novembro de 2017.

Publique-se.

O Presidente da República, Marcelo Rebelo de Sousa.

Referendado em 3 de novembro de 2017.

O Primeiro-Ministro, António Luís Santos da Costa.

ANEXO I – (a que se refere o artigo 3.º)

ANEXO I – [a que se refere a alínea c) do n.º 1 do artigo 9.º] – Modelo de declaração do promotor/proprietário

..., na qualidade de promotor/proprietário, declara serem da sua inteira responsabilidade os dados relativos à delimitação do polígono constante da representação gráfica georreferenciada do processo...

Assinatura do promotor/proprietário

ANEXO II – [a que se referem a alínea a) do n.º 1 e o n.º 2 do artigo 10.º e o n.º 2 do artigo 11.º] – Modelo declaração dos confinantes

..., na qualidade de proprietário do prédio confinante a ... (norte/sul/nascente/poente) com o prédio inscrito na matriz sob o n.º ... e descrito na conservatória do registo predial sob n.º ..., declara, para os efeitos previstos no n.º 3 do artigo 5.º da Lei n.º 78/2017, de 17 de agosto, aceitar/validar a informação resultante da representação gráfica georreferenciada do indicado prédio.

Assinatura do Proprietário ...

GENERALIZA A APLICAÇÃO DO SISTEMA DE INFORMAÇÃO CADASTRAL SIMPLIFICADA

Lei n.º 65/2019, de 23 de agosto

Mantém em vigor e generaliza a aplicação do sistema de informação cadastral simplificada

A Assembleia da República decreta, nos termos da alínea *c)* do artigo 161.º da Constituição, o seguinte:

CAPÍTULO I – Disposições gerais

Artigo 1.º – Objeto e âmbito

1 – A presente lei mantém em vigor e generaliza a aplicação do sistema de informação cadastral simplificada, instituído pela Lei n.º 78/2017, de 17 de agosto, integrando os seguintes procedimentos:

a) O procedimento de representação gráfica georreferenciada (RGG), previsto nos artigos 5.º a 12.º da Lei n.º 78/2017, de 17 de agosto, aplicável aos prédios rústicos e mistos, nos municípios que não dispõem de cadastro geométrico da propriedade rústica (CGPR) ou cadastro predial em vigor;

b) O procedimento especial de registo, previsto nos artigos 13.º a 15.º da Lei n.º 78/2017, de 17 de agosto, aplicável aos prédios rústicos e mistos em todo o território nacional, com as especificidades constantes da presente lei.

2 – A presente lei cria ainda, no âmbito do sistema de informação cadastral simplificada, o procedimento especial de justificação de prédio rústico e misto omisso, aplicável em todo o território nacional.

3 – O novo sistema de informação cadastral simplificado concorre para a elaboração do cadastro predial rústico no plano nacional.

4 – A presente lei promove igualmente a universalização do Balcão Único do Prédio (BUPi), criado pela Lei n.º 78/2017, de 17 de agosto, enquanto plataforma nacional de registo e cadastro do território (PNRCT), abrangendo os prédios urbanos, rústicos e mistos de todo o território nacional.

5 – A operacionalização do regime previsto na presente lei depende da celebração de um acordo de colaboração interinstitucional entre o Centro de Coordenação Técnica previsto na alínea *a)* do n.º 1 do artigo 5.º e cada município, no prazo de um ano a contar da data de entrada em vigor da presente lei.

6 – O acordo de colaboração interinstitucional referido no número anterior é publicitado no BUPi, devendo a sua divulgação ser igualmente promovida durante 60 dias, através das autarquias locais, nomeadamente por divulgação de aviso no sítio na Internet do respetivo município e por afixação de editais.

7 – No quadro do Centro de Coordenação Técnica referido no n.º 5, mediante protocolo a celebrar entre a Autoridade Tributária e Aduaneira (AT) e o Instituto dos Registos e Notariado, I. P. (IRN, I. P.), a AT transmite à plataforma BUPi a informação relativa aos prédios inscritos nas matrizes prediais rústica e urbana, localizados no respetivo município, bem como a identificação dos seus titulares, através do nome e número de identificação fiscal, e respetivo domicílio fiscal.

Artigo 2.º – Sistema de informação cadastral simplificada

1 – O IRN, I. P., é a entidade responsável pelo sistema de informação cadastral simplificada e pelo BUPi, competindo-lhe:

a) Garantir a interoperabilidade dos dados detidos pelas entidades referidas no artigo 27.º da Lei n.º 78/2017, de 17 de agosto;

b) Assegurar a harmonização da informação relevante sobre os elementos caracterizadores e de identificação dos prédios usados para efeitos cadastrais, registrais, matriciais e agrícolas;

c) Comunicar às entidades referidas na alínea *a)* as alterações efetuadas aos prédios descritos;

d) Assegurar a supervisão do procedimento de RGG.

2 – Compete aos serviços de registo realizar os procedimentos especiais de registo e de justificação previstos na presente lei.

Artigo 3.º – Cadastro geométrico da propriedade rústica e cadastro predial

A Direção-Geral do Território é a autoridade nacional responsável pelo CGPR e pelo cadastro predial, aprovado pelo Decreto-Lei n.º 172/95, de 18 de julho, e pelo Sistema Nacional de Exploração e Gestão de Informação Cadastral

(SINERGIC), aprovado pelo Decreto-Lei n.º 224/2007, de 31 de maio, na sua redação atual, competindo-lhe assegurar:

a) A disponibilização no BUPi da informação sobre os elementos cadastrais existentes, procedendo para o efeito à respetiva informatização e vectorização, até 31 de dezembro de 2022;

b) A harmonização da caracterização e identificação dos prédios em regime de cadastro predial;

c) A conservação do cadastro predial.

Artigo 4.º – Princípios gerais

1 – O regime constante da presente lei obedece aos princípios da:

a) Coordenação, assegurando a partilha de informação entre as entidades competentes sobre os elementos caracterizadores e de identificação dos prédios rústicos e mistos e dos seus titulares, para efeitos de localização geográfica e de supressão da omissão no registo predial e demais efeitos de identificação do prédio;

b) Complementaridade, assegurando que a harmonização das informações da competência das diversas entidades salvaguarda os efeitos jurídicos respetivos, nos termos da legislação aplicável;

c) Subsidiariedade, no sentido de a informação ser recolhida e transmitida pelas entidades competentes que mais adequadamente o possam efetuar, tendo em conta fatores de proximidade;

d) Participação, reforçando a atuação cívica dos cidadãos, através do acesso à informação e à participação nos procedimentos de RGG e de registo especial de prédio rústico e misto omisso;

e) Publicitação, garantindo a transparência e o caráter público dos procedimentos e das informações cadastrais, com garantia da proteção dos dados pessoais envolvidos.

2 – De acordo com a alínea *b)* do número anterior, as relações entre o cadastro, o registo predial e a matriz predial regem-se por um princípio de complementaridade, nos termos do qual a situação jurídica e fiscal dos prédios constante do registo predial e da matriz predial produz os efeitos previstos na legislação respetiva.

3 – Sem prejuízo do regime legal relativo à proteção dos dados pessoais, o acesso à informação cadastral por parte dos particulares e das entidades e serviços da Administração Pública do Estado e de outras pessoas coletivas públicas efetua-se nos termos previstos na Lei n.º 78/2017, de 17 de agosto, e na presente lei.

Artigo 5.º – Modelo de organização e desenvolvimento

1 – O modelo de organização e desenvolvimento do sistema de informação cadastral simplificada e do BUPi desenvolve-se em dois níveis:

a) Ao nível central, através de um Centro de Coordenação Técnica, com competências de coordenação, decisão e apoio, integrado no Ministério da Justiça;

b) Ao nível municipal, através de Unidades de Competência Locais, que formam a rede de balcões de atendimento, para atendimento ao cidadão, identificação, tratamento e partilha da informação respeitante ao território, seus titulares e limites.

2 – As competências dos municípios referidas na alínea *b)* do número anterior podem ser delegadas na entidade intermunicipal que estes integram, podendo ser exercidas exclusivamente pela entidade intermunicipal ou em conjunto com cada município.

3 – É aprovado, por portaria dos membros do Governo responsáveis pelas áreas das finanças, da modernização administrativa, da justiça, das autarquias locais, do ordenamento do território e da agricultura e florestas, o regime de funcionamento e financiamento do modelo de organização e desenvolvimento do regime instituído pela Lei n.º 78/2017, de 17 de agosto, com as especificidades constantes da presente lei.

Artigo 6.º – Número de identificação de prédio

1 – O número de identificação de prédio (NIP), a que se refere o artigo 3.º da Lei n.º 78/2017, de 17 de agosto, é um identificador numérico, sequencial, com dígito de controlo e sem significado lógico, destinado ao tratamento e harmonização da informação de índole predial, visando a prossecução dos seguintes objetivos:

a) Assegurar a identificação unívoca dos prédios, mediante a atribuição de um número único de identificação, de utilização comum a toda a Administração Pública, possibilitando a criação da informação predial única;

b) Unificar e permitir uma gestão uniforme e informática dos conteúdos cadastrais num único sistema de informação;

c) Assegurar o acesso à informação pela Administração Pública, pelos cidadãos e pelas empresas, designadamente por via eletrónica e com a garantia da proteção de dados pessoais envolvidos.

2 – O NIP é atribuído a cada prédio, sempre que seja confirmada a coincidência entre a informação constante das bases de dados das descrições prediais do IRN, I. P., e das bases de dados que contêm as inscrições matriciais da AT.

3 – O NIP corresponde à descrição do registo predial, podendo incluir uma ou mais matrizes, e associa, além da respetiva RGG, quaisquer outros dados e elementos relativos à caracterização do prédio.

Artigo 7.º – Confirmação de confinantes

1 – Para os efeitos previstos no n.º 3 do artigo 5.º da Lei n.º 78/2017, de 17 de agosto, considera-se validada por todos os proprietários confinantes a informação resultante da RGG nas seguintes situações:

a) Declaração de aceitação de todos os proprietários dos prédios confinantes, conforme formulário constante do anexo II ao Decreto Regulamentar n.º 9-A/2017, de 3 de novembro, no caso de não haver conflito quanto aos confinantes;

b) Existência, no BUPi, da totalidade dos polígonos dos prédios confinantes sem conflito de estremas comuns.

2 – No caso de existir conflito quanto aos confinantes pode ser assinada uma declaração de aceitação de todos os proprietários dos prédios confinantes, desde que seja corrigida a sobreposição de polígonos e assinada a declaração presencialmente perante técnico habilitado para o efeito, conforme formulário constante do anexo II ao Decreto Regulamentar n.º 9-A/2017, de 3 de novembro.

3 – Se se mantiver a sobreposição de polígonos de prédios confinantes prevista no número anterior, o conflito deve ser apreciado através do procedimento de composição administrativa de interesses.

CAPÍTULO II – Sistema de informação cadastral simplificada

SECÇÃO I – Procedimento especial de registo de prédio rústico e misto omisso

Artigo 8.º – Procedimento especial de registo de prédio rústico e misto omisso

1 – O procedimento especial de registo de prédio rústico e misto omisso é aplicável aos prédios não descritos no registo ou descritos sem inscrição de aquisição ou reconhecimento de direito de propriedade ou de mera posse em vigor, com as especificidades previstas na presente lei.

2 – Sem prejuízo do disposto no artigo 14.º da Lei n.º 78/2017, de 17 de agosto, o procedimento referido no número anterior pode ser promovido pelos interessados que disponham de documento comprovativo do seu direito de propriedade, na sequência do procedimento de RGG.

SECÇÃO II – Procedimento especial de justificação de prédio rústico e misto omisso

Artigo 9.º – Procedimento especial de justificação de prédio rústico e misto omisso

1 – O procedimento especial de justificação de prédio rústico e misto omisso é aplicável aos prédios não descritos no registo ou descritos sem inscrição de aquisição ou reconhecimento de direito de propriedade ou de mera posse em vigor.

2 – Ao procedimento especial de justificação de prédio rústico e misto omisso aplica-se, em matéria de competência, o disposto no artigo 13.º da Lei n.º 78/2017, de 17 de agosto.

3 – As formalidades prévias, a tramitação e os meios de impugnação do processo especial de justificação são estabelecidos por decreto regulamentar.

Artigo 10.º – Direito subsidiário

Ao procedimento especial de justificação previsto na presente secção são aplicáveis, em tudo o que não estiver especialmente regulado, as disposições do Código do Registo Predial e do Código do Notariado.

SECÇÃO III – Disposições comuns

Artigo 11.º – Anotação à descrição

Para efeitos do previsto no artigo 18.º da Lei n.º 78/2017, de 17 de agosto, no caso de prédios descritos, a existência de RGG é comunicada por via eletrónica ao sistema de informação de registo predial.

Artigo 12.º – Baldios

O regime aplicável aos baldios e aos demais meios de produção comunitários, designadamente os artigos 8.º e 9.º da Lei n.º 75/2017, de 17 de agosto, é tramitado, com as necessárias adaptações, no âmbito do sistema de informação cadastral simplificado previsto na presente lei.

Artigo 13.º – Publicitação

O sistema de informação cadastral simplificada e as medidas a adotar para a identificação da estrutura fundiária, através dos limites georreferenciados dos prédios rústicos e mistos e da titularidade, previstos na presente lei e demais legislação aplicável, devem ser objeto de publicitação e ampla divulgação, nomeadamente pelo IRN, I. P., mediante anúncio de acesso livre em sítio próprio do Ministério da Justiça, pelos municípios e freguesias, bem como pelo Ministério dos Negócios Estrangeiros, que deve assegurar a divulgação junto das comunidades portuguesas no estrangeiro, através da rede diplomática e consular.

CAPÍTULO III – Disposições finais e transitórias

Artigo 14.º – Regime emolumentar e tributário

1 – Mantém-se em vigor o regime de gratuitidade emolumentar e tributária previsto no artigo 24.º da Lei n.º 78/2017, de 17 de agosto, passando a aplicar-se aos prédios rústicos e mistos com área igual ou inferior a 50 ha, sendo o mesmo ainda alargado aos seguintes atos e procedimentos:

a) Os atos praticados no âmbito do procedimento especial de justificação previsto na presente lei;

b) Os atos de registo relativos a prédios rústicos ou mistos não descritos, ou descritos sem inscrição de aquisição ou reconhecimento de direito de propriedade ou de mera posse em vigor, desencadeados pelos interessados junto de qualquer serviço de registo nos termos previstos no Código do Registo Predial, desde que apresentem configuração geométrica cadastral;

c) Os documentos emitidos pelas entidades ou serviços da Administração Pública destinados a instruir o procedimento de RGG e a suprir as deficiências do pedido de registo de aquisição, efetuado nos termos gerais do Código do Registo Predial, de prédio rústico ou misto não descrito ou descrito sem inscrição de aquisição ou reconhecimento de direito de propriedade ou mera posse em vigor, desde que instruído com a RGG do prédio, ou que apresentem configuração geométrica cadastral;

d) A RGG de prédios efetuada pelas entidades públicas, ou a pedido dos interessados junto daquelas, destinada a instruir o procedimento especial de justificação previsto na presente lei;

e) Os procedimentos simplificados de sucessão hereditária celebrados nos serviços de registo que sejam necessários à regularização da situação registal dos prédios rústicos e mistos não descritos.

2 – O regime de gratuitidade previsto no número anterior vigora pelo prazo de quatro anos:

a) A contar da data de entrada em vigor da presente lei, para os municípios piloto referidos no artigo 31.º da Lei n.º 78/2017, de 17 de agosto, e para os municípios que dispõem de CGPR ou cadastro predial em vigor;

b) A contar da data de celebração do acordo de colaboração interinstitucional referido no n.º 5 do artigo 1.º, para os restantes municípios.

3 – O regime de gratuitidade previsto no presente artigo aplica-se aos prédios integrados em terrenos baldios, independentemente da área.

4 – A inscrição dos prédios rústicos omissos na matriz não dá lugar à aplicação de coimas, à instauração de processo por infração tributária ou à liquidação e cobrança de impostos e juros devidos até à data da regularização.

Artigo 15.º – Regulamentação

Mantém-se em vigor o Decreto Regulamentar n.º 9-A/2017, de 3 de novembro, que deve ser objeto de alteração no prazo de 60 dias a contar da data de entrada em vigor da presente lei, por forma a regulamentar as especificidades constantes da mesma.

Artigo 16.º – Produção de efeitos

A presente lei produz efeitos a partir de 1 de novembro de 2018, considerando-se ratificados todos os atos praticados ao abrigo do regime previsto na Lei n.º 78/2017, de 17 de agosto, até à data de entrada em vigor da presente lei.

Artigo 17.º – Avaliação

1 – O Governo fica obrigado à publicação de relatório anual sobre a aplicação do regime previsto na presente lei, com desagregação da respetiva informação, designadamente a relativa à identificação de parcelas cujo proprietário não tenha sido possível identificar.

2 – Sem prejuízo do número anterior, no prazo de três anos a contar da entrada em vigor da presente lei o Governo apresenta à Assembleia da República um relatório de avaliação da aplicação do presente regime ao território nacional, com vista à eventual extensão dos prazos aqui previstos para a sua implementação

Artigo 18.º – Entrada em vigor

A presente lei entra em vigor no dia seguinte ao da sua publicação.

Aprovada em 28 de junho de 2019.

O Presidente da Assembleia da República, Eduardo Ferro Rodrigues.

Promulgada em 23 de julho de 2019.

Publique-se.

O Presidente da República, Marcelo Rebelo de Sousa.

Referendada em 29 de julho de 2019.

Pelo Primeiro-Ministro, Augusto Ernesto Santos Silva, Ministro dos Negócios Estrangeiros.

DETERMINA QUE CONTINUARÃO A SER ACEITES OS PEDIDOS DE REPRESENTAÇÃO GRÁFICA GEORREFERENCIADA

Despacho n.º 10913/2018, de 23 de novembro
Determina que continuarão a ser aceites os pedidos de representação gráfica georreferenciada e promovidos os respetivos procedimentos administrativos, nos termos previstos na Lei n.º 78/2017, de 17 de agosto, bem como os procedimentos especiais de registo de prédio rústico e misto omisso nesta regulados, até à entrada em vigor do diploma de extensão a todo o território nacional

1 – Considerando que a Lei n.º 78/2017, de 17 de agosto, criou o projeto-piloto do sistema de informação cadastral simplificada, com vista à adoção de medidas expeditas para a imediata identificação da estrutura fundiária e da titularidade dos prédios rústicos e mistos, nos municípios de Pedrógão Grande, Castanheira de Pêra, Figueiró dos Vinhos, Góis, Pampilhosa da Serra, Penela, Sertã, Caminha, Alfândega da Fé e Proença-a-Nova; e criou também o Balcão Único do Prédio (BUPi), que se constituiu como um balcão físico e virtual que agrega a informação registal, matricial e georreferenciada relacionada com os prédios, bem como uma plataforma de articulação do cidadão com a Administração Pública no âmbito do cadastro predial;

2 – Considerando que o referido regime vigora até 31 de outubro de 2018;

3 – Considerando que o artigo 32.º da Lei n.º 78/2017, de 17 de agosto, prevê que o Governo apresente à Assembleia da República até à referida data um relatório de avaliação da operacionalização do sistema de informação cadastral simplificada, para efeitos de ponderação da sua eventual extensão a todo o território nacional;

4 – Considerando que esse relatório de avaliação se encontra elaborado, incluindo uma descrição estruturada da evolução da implementação do projeto-piloto, nomeadamente quanto às ações desencadeadas, avaliações intercalares, opções tomadas e resultados obtidos, concluindo no sentido do alargamento desta iniciativa a todo o território nacional, e apresentando um conjunto de recomendações para a expansão;

5 – Considerando que se encontra elaborada a proposta de lei do Governo sobre esta matéria;

6 – Considerando que o artigo 24.º da Lei n.º 78/2017, de 17 de agosto, prevê a gratuitidade emolumentar e tributária até 31 de dezembro de 2019 para um conjunto de atos e procedimentos;

7 – Considerando a necessidade de manter operacional o sistema de receção de pedidos no âmbito do sistema de informação cadastral simplificada e do Balcão Único do Prédio, criados pela Lei n.º 78/2017, de 17 de agosto, atualmente em funcionamento, até à entrada em vigor do diploma de extensão do regime, impedindo as dificuldades e os constrangimentos que a cessação temporária da receção dos pedidos e subsequentes procedimentos, pese embora a gratuitidade prevista, acarretaria para os cidadãos e para as entidades públicas envolvidas;

Determina-se que:

1 – Na área dos municípios de Pedrógão Grande, Castanheira de Pêra, Figueiró dos Vinhos, Góis, Pampilhosa da Serra, Penela, Sertã, Caminha, Alfândega da Fé e Proença-a-Nova, continuarão a ser aceites os pedidos de representação gráfica georreferenciada e promovidos os respetivos procedimentos administrativos, nos termos previstos na Lei n.º 78/2017, de 17 de agosto, bem como os procedimentos especiais de registo de prédio rústico e misto omisso nesta regulados, até à entrada em vigor do diploma de extensão a todo o território nacional.

2 – O presente despacho produz efeitos a 1 de novembro de 2018.

31 de outubro de 2018. – Pelo Ministro das Finanças, António Manuel Veiga dos Santos Mendonça Mendes, Secretário de Estado dos Assuntos Fiscais. – 8 de novembro de 2018. – A Ministra da Justiça, Francisca Eugénia da Silva Dias Van Dunem. – 31 de outubro de 2018. – O Ministro Adjunto e da Economia, Pedro Gramaxo de Carvalho Siza Vieira.

DEFINE OS TERMOS EM QUE É PUBLICADA A DECISÃO DO PROCEDIMENTO ESPECIAL DE JUSTIFICAÇÃO DE PRÉDIO RÚSTICO E MISTO OMISSO

Portaria n.º 762/2020, de 22 de dezembro

Define os termos em que é publicada a decisão do procedimento especial de justificação de prédio rústico e misto omisso

A Lei n.º 65/2019, de 23 de agosto, manteve em vigor e generalizou a aplicação a todo o território nacional do sistema de informação cadastral simplificada criado pela Lei n.º 78/2017, de 17 de agosto, promovendo igualmente a universalização do Balcão Único do Prédio.

A Lei n.º 65/2019, de 23 de agosto, veio criar ainda, no âmbito do sistema de informação cadastral simplificada, o procedimento especial de justificação, aplicável em todo o território nacional aos prédios rústicos e mistos não descritos ou descritos sem inscrição de aquisição ou reconhecimento de direito ou de mera posse em vigor.

As formalidades prévias, a tramitação e os meios de impugnação do procedimento especial de justificação encontram-se estabelecidos no Decreto Regulamentar n.º 9-A/2017, de 3 de novembro, na sua redação atual.

Prevê-se, no n.º 3 do artigo 19.º-F deste Decreto Regulamentar, que a decisão do procedimento de justificação é publicada oficiosamente num sítio na Internet em termos a definir por portaria do membro do Governo responsável pela área da justiça.

A presente portaria destina-se, assim, a regulamentar os termos da publicação da decisão do procedimento especial de justificação de prédio rústico e misto omisso.

Assim:

Manda o Governo, pela Secretária de Estado da Justiça, no uso da competência delegada pela Ministra da Justiça, nos termos da subalínea *i)* da alínea *a)* do n.º 2 do Despacho n.º 269/2020, publicado no Diário da República, 2.ª série, n.º 6, de 9 de janeiro de 2020, e ao abrigo do n.º 3 do artigo 19.º-F do Decreto Regulamentar n.º 9-A/2017, de 3 de novembro, alterado pelo Decreto Regulamentar n.º 4/2019, de 20 de setembro, o seguinte:

Artigo 1.º – Objeto

A presente portaria define os termos em que é publicada a decisão do procedimento especial de justificação de prédio rústico e misto omisso.

Artigo 2.º – Publicação da decisão

1 – A decisão do procedimento especial de justificação a que se refere o n.º 3 do artigo 19.º-F do Decreto Regulamentar n.º 9-A/2017, de 3 de novembro, é publicada no sítio na Internet do Instituto dos Registos e do Notariado, I. P., acessível em https://irn.justica.gov.pt, podendo ser igualmente consultada a partir de outros sítios na Internet, designadamente, no sítio na Internet do Balcão Único do Prédio, acessível em https://bupi.gov.pt.

2 – A publicação, bem como o acesso à informação nos sítios na Internet a que se refere o número anterior, são gratuitos.

Artigo 3.º – Entrada em vigor

A presente portaria entra em vigor no dia seguinte ao da sua publicação.

2 de dezembro de 2020. – A Secretária de Estado da Justiça, Anabela Damásio Caetano Pedroso.

EXPROPRIAÇÕES

CÓDIGO DAS EXPROPRIAÇÕES

Lei n.º 168/99, de 18 de Setembro

Aprova o Código das Expropriações

A Assembleia da República decreta, nos termos da alínea *c)* do artigo 161.º da Constituição, para valer como lei geral da República, o seguinte:

Artigo 1.º

É aprovado o Código das Expropriações, que se publica em anexo à presente lei e que dela faz parte integrante.

Artigo 2.º

1 – A regulamentação do encargo de mais-valia e a delimitação a que se refere o n.º 2 do artigo 17.º da Lei n.º 2030, de 22 de Julho de 1948, cabem exclusivamente à assembleia municipal competente quando estejam em causa obras de urbanização ou de abertura de vias de comunicação municipais ou intermunicipais.

2 – Compete à câmara municipal determinar as áreas concretamente beneficiadas, para os efeitos do n.º 5 do artigo 17.º da Lei n.º 2030, de 22 de Julho de 1948, nos casos previstos no número anterior.

3 – Os regulamentos e as deliberações da assembleia e câmara municipais a que se referem os números precedentes entram em vigor 15 dias após a sua publicação na 2.ª série do Diário da República.

Artigo 3.º

É revogado o Decreto-Lei n.º 438/91, de 9 de Novembro.

Artigo 4.º

A presente lei entra em vigor 60 dias após a data da sua publicação.

Aprovada em 2 de Julho de 1999.

O Presidente da Assembleia da República,
António de Almeida Santos.

Promulgada em 2 de Setembro de 1999.

Publique-se.

O Presidente da República,
Jorge Sampaio.

Referendada em 9 de Setembro de 1999.

O Primeiro-Ministro,
António Manuel de Oliveira Guterres.

ANEXO
Código das Expropriações

TÍTULO I – Disposições gerais

Artigo 1.º – Admissibilidade das expropriações

Os bens imóveis e os direitos a eles inerentes podem ser expropriados por causa de utilidade pública compreendida nas atribuições, fins ou objecto da entidade expropriante, mediante o pagamento contemporâneo de uma justa indemnização nos termos do presente Código.

Artigo 2.º – Princípios gerais

Compete às entidades expropriantes e demais intervenientes no procedimento e no processo expropriativos prosseguir o interesse público, no respeito pelos direitos e interesses legalmente protegidos dos expropriados e demais interessados, observando, nomeadamente, os princípios da legalidade, justiça, igualdade, proporcionalidade, imparcialidade e boa fé.

Artigo 3.º – Limite da expropriação

1 – A expropriação deve limitar-se ao necessário para a realização do seu fim, podendo, todavia, atender-se a exigências futuras, de acordo com um programa de execução faseada e devidamente calendarizada, o qual não pode ultrapassar o limite máximo de seis anos.

2 – Quando seja necessário expropriar apenas parte de um prédio, pode o proprietário requerer a expropriação total:

a) Se a parte restante não assegurar, proporcionalmente, os mesmos cómodos que oferecia todo o prédio;

b) Se os cómodos assegurados pela parte restante não tiverem interesse económico para o expropriado, determinado objectivamente.

3 – O disposto no presente Código sobre expropriação total é igualmente aplicável a parte da área não abrangida pela declaração de utilidade pública relativamente à qual se verifique qualquer dos requisitos fixados no número anterior.

Artigo 4.º – Expropriação por zonas ou lanços

1 – Tratando-se de execução de plano municipal de ordenamento do território ou de projectos de equipamentos ou infra-estruturas de interesse público, podem ser expropriadas de uma só vez, ou por zonas ou lanços, as áreas necessárias à respectiva execução.

2 – No caso de expropriação por zonas ou lanços, o acto de declaração de utilidade pública deve determinar, além da área total, a divisão desta e a ordem e os prazos para início da aquisição, com o limite máximo de seis anos.

3 – Os bens abrangidos pela segunda zona ou lanço e seguintes continuam na propriedade e posse dos seus donos até serem objecto de expropriação amigável ou de adjudicação judicial, sem prejuízo do disposto no artigo 19.º

4 – Para o cálculo da indemnização relativa a prédios não compreendidos na primeira zona definida nos termos do n.º 2 são atendidas as benfeitorias necessárias neles introduzidas no período que mediar entre a data da declaração de utilidade pública e a data da aquisição da posse pela entidade expropriante da respectiva zona ou lanço.

5 – A declaração de utilidade pública a que se refere o presente artigo caduca relativamente aos bens cuja arbitragem não tiver sido promovida pela entidade expropriante dentro do prazo de um ano, ou se os processos respectivos não forem remetidos ao tribunal competente no prazo de 18 meses, em ambos os casos a contar do termo fixado para a aquisição da respectiva zona ou lanço.

6 – O proprietário e os demais interessados têm direito a ser indemnizados dos prejuízos directa e necessariamente resultantes de o bem ter estado sujeito a expropriação.

7 – A indemnização a que se refere o número anterior é determinada nos termos do presente Código, utilizando-se, na falta de acordo, o processo previsto nos artigos 42.º e seguintes, na parte aplicável, com as necessárias adaptações.

Artigo 5.º – Direito de reversão

1 – Sem prejuízo do disposto no n.º 4, há direito a reversão:

a) Se no prazo de dois anos, após a data de adjudicação, os bens expropriados não forem aplicados ao fim que determinou a expropriação;

b) Se, entretanto, tiverem cessado as finalidades da expropriação.

2 – Sempre que a realização de uma obra contínua determinar a expropriação de bens distintos, o seu início em qualquer local do traçado faz cessar o direito de reversão sobre todos os bens expropriados, sem prejuízo do disposto no n.º 9.

3 – Para efeitos do disposto no número anterior entende-se por obra contínua aquela que tem configuração geométrica linear e que, pela sua natureza, é susceptível de execução faseada ao longo do tempo, correspondendo a um projecto articulado, global e coerente.

4 – O direito de reversão cessa:

a) Quando tenham decorrido 20 anos sobre a data da adjudicação;

b) Quando seja dado aos bens expropriados outro destino, mediante nova declaração de utilidade pública;

c) Quando haja renúncia do expropriado;

d) Quando a declaração de utilidade pública seja renovada, com fundamento em prejuízo grave para o interesse público, dentro do prazo de um ano a contar de verificação dos factos previstos no n.º 1 anterior.

5 – A reversão deve ser requerida no prazo de três anos a contar da ocorrência do facto que a originou, sob pena de caducidade; decorrido esse prazo, assiste ao expropriado, até ao final do prazo previsto na alínea *a)* do n.º 4, o direito de preferência na primeira alienação dos bens.

6 – O acordo entre a entidade expropriante e o expropriado ou demais interessados sobre outro destino a dar ao bem expropriado ou sobre o montante do acréscimo da indemnização que resultaria da aplicação do disposto no n.º 8 interpreta-se como renúncia aos direitos de reversão e de preferência.

7 – Se a entidade expropriante pretender alienar parcelas sobrantes, deve comunicar o projecto de alienação ao expropriado e demais interessados conhecidos cujos direitos não hajam cessado definitivamente, por carta ou ofício registado com aviso de recepção, com a antecedência mínima de 60 dias, findos os quais, não sendo exercido o direito de reversão ou, se for o caso, o direito de preferência, se entende que renunciam ao mesmo.

8 – No caso de nova declaração de utilidade pública ou de renovação da declaração anterior, o expropriado é notificado nos termos do n.º 1 do artigo 35.º para optar pela fixação de nova indemnização ou pela actualização da anterior ao abrigo do disposto no artigo 24.º, aproveitando-se neste caso os actos praticados.

9 – Cessa o disposto no n.º 2 anterior se os trabalhos forem suspensos ou estiverem interrompidos por prazo superior a dois anos, contando-se o prazo a que se refere o n.º 5 anterior a partir do final daquele.

Artigo 6.º – Afectação dos bens do domínio público

1 – As pessoas colectivas de direito público têm direito a ser compensadas, em dinheiro ou em espécie, como melhor convier aos fins públicos em causa, dos prejuízos efectivos que resultarem da afectação definitiva dos seus bens de domínio público a outros fins de utilidade pública.

2 – Na falta de acordo, o montante da compensação é determinado por arbitragem, nos termos previstos neste Código, com as necessárias adaptações.

3 – Tornando-se desnecessária a afectação dos bens, estes são reintegrados no património das entidades a que se refere o n.º 1.

Artigo 7.º – Expropriação de bens ou direitos relativos a concessões e privilégios

1 – Com o resgate das concessões e privilégios outorgados para a exploração de obras ou serviços de utilidade pública podem ser expropriados os bens ou direitos a eles relativos que, sendo propriedade do concessionário, devam continuar afectos à obra ou ao serviço.

2 – A transferência de posse dos bens expropriados opera-se conjuntamente com a dos que constituem objecto de resgate, ainda que a indemnização não esteja fixada.

3 – No caso previsto na parte final do número anterior, a entidade expropriante deve proceder à cativação do saldo da dotação orçamental que suporta o encargo e renová-la em cada ano económico enquanto se justificar, ou proceder à caução nos termos da lei.

Artigo 8.º – Constituição de servidões administrativas

1 – Podem constituir-se sobre imóveis as servidões necessárias à realização de fins de interesse público.

2 – As servidões, resultantes ou não de expropriações, dão lugar a indemnização quando:

a) Inviabilizem a utilização que vinha sendo dada ao bem, considerado globalmente;

b) Inviabilizem qualquer utilização do bem, nos casos em que estes não estejam a ser utilizados; ou

c) Anulem completamente o seu valor económico.

3 – À constituição das servidões e à determinação da indemnização aplica-se o disposto no presente Código com as necessárias adaptações, salvo o disposto em legislação especial.

Artigo 9.º – Conceito de interessados

1 – Para os fins deste Código, consideram-se interessados, além do expropriado, os titulares de qualquer direito real ou ónus sobre o bem a expropriar e os arrendatários de prédios rústicos ou urbanos.

2 – O arrendatário habitacional de prédio urbano só é interessado, nessa qualidade, quando prescinda de realojamento equivalente, adequado às suas necessidades e às daqueles que com ele vivam em economia comum à data da declaração de utilidade pública.

3 – São tidos por interessados os que no registo predial, na matriz ou em títulos bastantes de prova que exibam figurem como titulares dos direitos a que se referem os números anteriores ou, sempre que se trate de prédios omissos ou haja manifesta desactualização dos registos e das inscrições, aqueles que pública e notoriamente forem tidos como tais.

TÍTULO II – Da declaração de utilidade pública e da autorização de posse administrativa

Artigo 10.º – Resolução de expropriar

1 – A resolução de requerer a declaração de utilidade pública da expropriação deve ser fundamentada, mencionando expressa e claramente:

a) A causa de utilidade pública a prosseguir e a norma habilitante;

b) Os bens a expropriar, os proprietários e demais interessados conhecidos;

c) A previsão do montante dos encargos a suportar com a expropriação;

d) O previsto em instrumento de gestão territorial para os imóveis a expropriar e para a zona da sua localização.

2 – As parcelas a expropriar são identificadas através da menção das descrições e inscrições na conservatória a que pertençam e das inscrições matriciais, se não estiverem omissas, ou de planta parcelar contendo as coordenadas dos pontos que definem os limites das áreas a expropriar, reportadas à rede geodésica, e, se houver planta cadastral, os limites do prédio, desde que situados a menos de 300 m dos limites da parcela, em escala correspondente à do cadastro geométrico da propriedade ou, na falta deste, em escala graficamente representada não inferior a 1:1000, nas zonas interiores dos perímetros urbanos, ou a 1:2000, nas exteriores.

3 – Os proprietários e demais interessados conhecidos são identificados através do nome, firma, denominação, residência habitual ou sede.

4 – A previsão dos encargos com a expropriação tem por base a quantia que for determinada previamente em avaliação, documentada por relatório, efectuada por perito da lista oficial, da livre escolha da entidade interessada na expropriação.

5 – A resolução a que se refere o n.º 1 anterior é notificada ao expropriado e aos demais interessados cuja morada seja conhecida, mediante carta ou ofício registado com aviso de recepção.

Artigo 11.º – Aquisição por via de direito privado

1 – A entidade interessada, antes de requerer a declaração de utilidade pública, deve diligenciar no sentido de adquirir os bens por via de direito privado, salvo nos casos previstos no artigo 15.º, e nas situações em que, jurídica ou materialmente, não é possível a aquisição por essa via.

2 – A notificação a que se refere o n.º 5 do artigo anterior deve incluir proposta de aquisição, por via de direito privado, que terá como referência o valor constante do relatório do perito.

3 – No caso referido no n.º 2 do artigo 9.º, a proposta é apresentada como alternativa ao realojamento nele previsto.

4 – Não sendo conhecidos os proprietários e os demais interessados ou sendo devolvidas as cartas ou ofícios a que se refere o n.º 5 do artigo anterior, a existência de proposta é publicitada através de editais a afixar nos locais de estilo do município do lugar da situação do bem ou da sua maior extensão e das freguesias onde se localize e em dois números seguidos de dois dos jornais mais lidos na região, sendo um destes de âmbito nacional.

5 – O proprietário e os demais interessados têm o prazo de 20 dias, contados a partir da recepção da proposta, ou de 30 dias, a contar da última publicação nos jornais a que se refere o número anterior, para dizerem o que se lhes oferecer sobre a proposta apresentada, podendo a sua contraproposta ter como referência o valor que for determinado em avaliação documentada por relatório elaborado por perito da sua escolha.

6 – A recusa ou a falta de resposta no prazo referido no número anterior ou de interesse na contraproposta confere, de imediato, à entidade interessada na expropriação a faculdade de apresentar o requerimento para a declaração de utilidade pública, nos termos do artigo seguinte, notificando desse facto os proprietários e demais interessados que tiverem respondido.

7 – Se houver acordo, a aquisição por via do direito privado poderá ter lugar ainda que a área da parcela, ou da parte sobrante, seja inferior à unidade de cultura.

Artigo 12.º – Remessa do requerimento

1 – O requerimento da declaração de utilidade pública é remetido, conforme os casos, ao membro do Governo ou ao presidente da assembleia municipal competente para a emitir, devendo ser instruído com os seguintes documentos:

a) Cópia da resolução a que se refere o n.º 1 do artigo 10.º e da respectiva documentação;

b) Todos os elementos relativos à fase de tentativa de aquisição por via de direito privado quando a ela haja lugar e indicação das razões do respectivo inêxito;

c) Indicação da dotação orçamental que suportará os encargos com a expropriação e da respectiva cativação, ou caução correspondente;

d) Programação dos trabalhos elaborada pela entidade expropriante, no caso de urgência, bem como a fundamentação desta;

e) Estudo de impacte ambiental, quando legalmente exigido.

2 – Se o requerente for entidade de direito privado, deve comprovar que se encontra caucionado o fundo indispensável para o pagamento das indemnizações a que haja lugar.

3 – A entidade requerida pode determinar que o requerente junte quaisquer outros documentos ou preste os esclarecimentos que entenda necessários.

Artigo 13.º – Declaração de utilidade pública

1 – A declaração de utilidade pública deve ser devidamente fundamentada e obedecer aos demais requisitos fixados neste Código e demais legislação aplicável, independentemente da forma que revista.

2 – A declaração resultante genericamente da lei ou de regulamento deve ser concretizada em acto administrativo que individualize os bens a expropriar, valendo esse acto como declaração de utilidade pública para os efeitos do presente diploma.

3 – Sem prejuízo do disposto no n.º 6, a declaração de utilidade pública caduca se não for promovida a constituição da arbitragem no prazo de um ano ou se o processo de expropriação não for remetido ao tribunal competente no prazo de 18 meses, em ambos os casos a contar da data da publicação da declaração de utilidade pública.

4 – A declaração de caducidade pode ser requerida pelo expropriado ou por qualquer outro interessado ao tribunal competente para conhecer do recurso da decisão arbitral ou à entidade que declarou a utilidade pública e a decisão que for proferida é notificada a todos os interessados.

5 – A declaração de utilidade pública caducada pode ser renovada em casos devidamente fundamentados e no prazo máximo de um ano, a contar do termo dos prazos fixados no n.º 3 anterior.

6 – Renovada a declaração de utilidade pública, o expropriado é notificado nos termos do n.º 1 do artigo 35.º para optar pela fixação de nova indemnização ou pela actualização da anterior, nos termos do artigo 24.º, aproveitando-se neste caso os actos praticados.

7 – Tratando-se de obra contínua, nos termos do n.º 3 do artigo 5.º, a caducidade não pode ser invocada depois de aquela ter sido iniciada em qualquer local do respectivo traçado, salvo se os trabalhos forem suspensos ou estiverem interrompidos por prazo superior a três anos.

Artigo 14.º – Competência para a declaração de utilidade pública

1 – Salvo nos casos previstos no número seguinte, é da competência do ministro a cujo departamento compete a apreciação final do processo:

a) A declaração de utilidade pública da expropriação dos bens imóveis e direitos a eles inerentes;

b) A declaração de utilidade pública do resgate, não prevista nos respectivos contratos, das concessões ou privilégios outorgados para a exploração de obras ou serviços de utilidade pública e ainda da expropriação dos bens ou direitos a eles relativos referidos no artigo 7.º

2 – A competência para a declaração de utilidade pública das expropriações da iniciativa da administração local autárquica, para efeitos de concretização de plano de urbanização ou plano de pormenor eficaz, é da respectiva assembleia municipal.

3 – A deliberação da assembleia municipal prevista no número anterior deverá ser tomada por maioria dos membros em efectividade de funções.

4 – A deliberação referida no número anterior é comunicada ao membro do Governo responsável pela área da administração local.

5 – O reconhecimento do interesse público requerido pelas empresas e a declaração de utilidade pública da expropriação dos imóveis necessários à instalação, ampliação, reorganização ou reconversão das suas unidades industriais ou dos respectivos acessos é da competência do ministro a cujo departamento compete a apreciação final do processo.

6 – Nos casos em que não seja possível determinar o departamento a que compete a apreciação final do processo ou que não sejam abrangidos pelo disposto nos números anteriores é competente o Primeiro-Ministro, com a faculdade de delegar no ministro responsável pelo ordenamento do território.

Artigo 15.º – Atribuição do carácter de urgência

1 – No próprio acto declarativo da utilidade pública, pode ser atribuído carácter de urgência à expropriação para obras de interesse público.

2 – A atribuição de carácter urgente à expropriação deve ser sempre fundamentada e confere de imediato à entidade expropriante a posse administrativa dos bens expropriados, nos termos previstos nos artigos 20.º e seguintes, na parte aplicável.

3 – A atribuição de carácter urgente caduca se as obras na parcela não tiverem início no prazo fixado no programa de trabalhos, salvo ocorrendo motivo devidamente justificado.

4 – À declaração de caducidade aplica-se, com as necessárias adaptações, o disposto no n.º 4 do artigo 13.º

5 – A caducidade não obsta à ulterior autorização da posse administrativa, nos termos dos artigos 19.º e seguintes.

Artigo 16.º – Expropriação urgentíssima

1 – Quando a necessidade da expropriação decorra de calamidade pública ou de exigências de segurança interna ou de defesa nacional, o Estado ou as autoridades públicas por este designadas ou legalmente competentes podem tomar posse administrativa imediata dos bens destinados a prover à necessidade que determina a sua intervenção, sem qualquer formalidade prévia, seguindo-se, sem mais diligências, o estabelecido no presente Código sobre fixação da indemnização em processo litigioso.

2 – Sempre que possível, será promovida vistoria ad perpetuam rei memoriam, nos termos previstos no artigo 21.º, cumprindo-se, com as necessárias adaptações, o disposto nesse artigo.

Artigo 17.º – Publicação da declaração de utilidade pública

1 – O acto declarativo da utilidade pública e a sua renovação são sempre publicados, por extracto, na 2.ª série do Diário da República e notificados ao expropriado e aos demais interessados conhecidos por carta ou ofício sob registo com aviso de recepção, devendo ser averbados no registo predial.

2 – Se o expropriado ou demais interessados forem desconhecidos é aplicável o disposto no n.º 4 do artigo 11.º

3 – A publicação da declaração de utilidade pública deve identificar sucintamente os bens sujeitos a expropriação, com referência à descrição predial e à inscrição matricial, mencionar os direitos, ónus ou encargos que sobre eles incidem e os nomes dos respectivos titulares e indicar o fim da expropriação.

4 – A identificação referida no número anterior pode ser substituída por planta, em escala adequada e graficamente representada, que permita a delimitação legível do bem necessário ao fim de utilidade pública.

5 – Quando se trate de expropriação por zonas ou lanços, da publicação do acto declarativo consta a área total a expropriar, a sua divisão de acordo com o faseamento, os prazos e a ordem de aquisição.

6 – São conjuntamente publicadas, por conta das empresas requerentes a que se refere o n.º 2 do artigo 14.º, as plantas dos bens abrangidos pela declaração de utilidade pública, cumprindo-lhes promover a sua afixação na sede do município ou dos municípios do lugar em que aqueles se situam.

7 – A declaração de utilidade pública é também publicitada pela entidade expropriante mediante aviso afixado na entrada principal do prédio, quando exista.

Artigo 17.º-A – Dever de comunicação

1 – Após a notificação da declaração de utilidade pública, o expropriado e os demais interessados devem comunicar à entidade expropriante, por escrito, qualquer alteração da sua residência habitual ou sede.

2 – A alteração da residência habitual ou da sede do expropriado e dos demais interessados que não tenha sido comunicada nos termos descritos no número anterior não constitui fundamento para a repetição de quaisquer termos ou diligências do procedimento expropriatório.

Artigo 18.º – Ocupação de prédios vizinhos

1 – A declaração de utilidade pública da expropriação confere à entidade expropriante o direito de ocupar prédios vizinhos e de neles efectuar os trabalhos necessários ou impostos pela execução destes, nos termos previstos nos estudos ou projectos aprovados, ou daqueles que forem definidos em decisão da entidade que produziu aquele acto.

2 – Se o proprietário ou outros interessados forem conhecidos, são previamente notificados da ocupação por carta ou ofício sob registo com aviso de recepção, com a antecedência mínima de 15 dias, podendo qualquer deles exigir a realização de vistoria ad perpetuam rei memoriam, a qual tem lugar nos termos previstos no artigo 21.º e precede sempre a ocupação.

3 – Se os proprietários ou outros interessados forem desconhecidos é aplicável o disposto no n.º 4 do artigo 11.º

4 – Aos proprietários e demais interessados prejudicados pela ocupação são devidas indemnizações nos termos gerais de direito, a determinar em processo comum, ao qual se aplica, com as necessárias adaptações, o disposto nos artigos 71.º e 72.º do presente Código.

Artigo 19.º – Posse administrativa

1 – Se a entidade expropriante for pessoa colectiva de direito público ou empresa pública, nacionalizada ou concessionária de serviço público ou de obras públicas, pode ser autorizada pela entidade competente para declarar a utilidade pública da expropriação a tomar posse administrativa dos bens a expropriar, desde que os trabalhos necessários à execução do projecto de obras aprovado sejam urgentes e aquela providência se torne indispensável para o seu início imediato ou para a sua prossecução ininterrupta.

2 – A autorização de posse administrativa deve mencionar expressa e claramente os motivos que a fundamentam e o prazo previsto para o início das obras na parcela expropriada, de acordo com o programa dos trabalhos elaborado pela entidade expropriante.

3 – A autorização pode ser concedida em qualquer fase da expropriação até ao momento de adjudicação judicial da propriedade.

4 – Se as obras não tiverem início dentro do prazo estabelecido nos termos do n.º 2 anterior, salvo motivo justificativo, nomeadamente por atraso não imputável à entidade expropriante, o expropriado e os demais interessados têm o direito de ser indemnizados pelos prejuízos que não devam ser considerados na fixação da justa indemnização.

Artigo 20.º – Condições de efectivação da posse administrativa

1 – A investidura administrativa na posse dos bens não pode efectivar-se sem que previamente tenham sido:

a) Notificados os actos de declaração de utilidade pública e de autorização da posse administrativa;

b) Efectuado o depósito da quantia mencionada no n.º 4 do artigo 10.º em instituição bancária do lugar do domicílio ou sede da entidade expropriante, à ordem do expropriado e dos demais interessados, se aquele e estes forem conhecidos e não houver dúvidas sobre a titularidade dos direitos afectados;

c) Realizada vistoria ad perpetuam rei memoriam destinada a fixar os elementos de facto susceptíveis de desaparecerem e cujo conhecimento seja de interesse ao julgamento do processo.

2 – A notificação a que se refere a alínea *a)* do número anterior deve conter o local, o dia e a hora do acto de transmissão da posse.

3 – O acto de transmissão de posse deverá ter lugar no prédio, parcela ou lanço expropriado.

4 – Se o expropriado e os demais interessados, estando ou devendo considerar-se devidamente notificados, não comparecerem ao acto de transmissão de posse, esta não deixará de ser conferida.

5 – O depósito a que se refere a alínea *b)* do n.º 1 pode ser substituído por caução prestada por qualquer das formas legalmente admissíveis.

6 – O depósito prévio é dispensado:

a) Se a expropriação for urgente, devendo o mesmo ser efectuado no prazo de 10 dias, contados nos termos do artigo 279.º do Código Civil, a partir da data da investidura administrativa na posse dos bens;

b) Se os expropriados e demais interessados não forem conhecidos ou houver dúvidas sobre a titularidade dos direitos afectados, devendo o mesmo ser efectuado no prazo de 10 dias a contar do momento em que sejam conhecidos ou seja resolvido o incidente regulado no artigo 53.º

7 – Na situação prevista na alínea *a)* do número anterior, caso o depósito da quantia mencionada no n.º 4 do artigo 10.º não seja efectuado no prazo fixado, são devidos juros moratórios ao expropriado, os quais incidem sobre o montante do depósito.

8 – Atribuído carácter urgente à expropriação ou autorizada a posse administrativa, a entidade expropriante solicita directamente ao presidente do tribunal da Relação do distrito judicial do lugar da situação do bem ou da sua maior extensão a indicação de um perito da lista oficial para a realização da vistoria ad perpetuam rei memoriam.

9 – Pode ser solicitada a indicação de dois ou mais peritos sempre que tal se justifique pela extensão ou número de prédios a expropriar.

Artigo 21.º – Vistoria ad perpetuam rei memoriam

1 – Recebida a comunicação do perito nomeado, a entidade expropriante marca a data, a hora e o local do início da vistoria ad perpetuam rei memoriam, notificando de tal facto o perito, os interessados conhecidos e o curador provisório, por carta ou ofício registado com aviso de recepção, a expedir de forma a ser recebido com a antecedência mínima de cinco dias úteis, no qual indicará, ainda, se a expropriação é total ou parcial; a comunicação ao perito será acompanhada de cópia dos elementos a que se referem as alíneas *a)*, *b)* e *d)* do n.º 1 do artigo 10.º e, sempre que possível, de indicação da descrição predial e da inscrição matricial dos prédios; a comunicação ao expropriado e demais interessados mencionará, ainda, a instituição bancária, o local, a data e o montante do depósito a que se refere a alínea *b)* do anterior n.º 1 e, se for o caso, que o mesmo se encontra à sua ordem.

2 – O perito que pretenda pedir escusa pode fazê-lo nos dois dias seguintes à notificação prevista no número anterior, devendo a entidade expropriante submeter o pedido à apreciação do presidente do tribunal da Relação para efeitos de eventual substituição.

3 – Os interessados, o curador provisório e a entidade expropriante podem comparecer à vistoria e formular por escrito os quesitos que tiverem por pertinentes, a que o perito deve responder no seu relatório.

4 – O auto de vistoria ad perpetuam rei memoriam deve conter:

a) Descrição pormenorizada do local, referindo, designadamente, as construções existentes, as características destas, a época da edificação, o estado de conservação e, sempre que possível, as áreas totais construídas;

b) Menção expressa de todos os elementos susceptíveis de influírem na avaliação do bem vistoriado, nos termos dos artigos 23.º e seguintes;

c) Plantas, fotografias ou outro suporte de captação da imagem do bem expropriado e da área envolvente;

d) Elementos remetidos ao perito nos termos do n.º 8 anterior;

e) Respostas aos quesitos referidos no n.º 10 anterior.

5 – Nos 15 dias ulteriores à realização da vistoria ad perpetuam rei memoriam deve o perito entregar à entidade expropriante o respectivo relatório, aplicando-se, com as necessárias adaptações, o disposto no artigo 50.º

6 – Em casos devidamente justificados, designadamente pelo número de vistorias, o prazo a que se refere o número anterior pode ser prorrogado até 30 dias pela entidade expropriante, a requerimento do perito.

7 – Recebido o relatório, a entidade expropriante, no prazo de cinco dias, notificará o expropriado e os demais interessados por carta registada com aviso de recepção, remetendo-lhes cópia do mesmo e dos respectivos anexos, para apresentarem reclamação contra o seu conteúdo, querendo, no prazo de cinco dias.

8 – Se houver reclamação, o perito pronunciar-se-á no prazo de cinco dias, em relatório complementar.

9 – Decorrido o prazo de reclamação, sem que esta seja apresentada, ou recebido o relatório complementar do perito, a entidade expropriante poderá utilizar o prédio para os fins da expropriação, lavrando o auto de posse administrativa e dando início aos trabalhos previstos, sem prejuízo do disposto na legislação aplicável sobre a desocupação de casas de habitação.

Artigo 22.º – Auto de posse administrativa

1 – O auto de posse deve conter os seguintes elementos:

a) Identificação do expropriado e dos demais interessados conhecidos ou menção expressa de que são desconhecidos;

b) Identificação do Diário da República onde tiver sido publicada a declaração de utilidade pública e de urgência da expropriação ou o despacho que autorizou a posse administrativa;

c) Indicação da data e demais circunstâncias susceptíveis de identificarem o relatório da vistoria, que dele constará em anexo.

2 – Na impossibilidade de identificação do prédio através da inscrição matricial ou da descrição predial, o auto de posse deve referir a composição, confrontações e demais elementos que possam contribuir para a identificação física do terreno onde se encontra o bem expropriado.

3 – No prazo de cinco dias, a entidade expropriante remete, por carta registada com aviso de recepção, ao expropriado e aos demais interessados conhecidos cópias do auto de posse administrativa.

TÍTULO III – Do conteúdo da indemnização

Artigo 23.º – Justa indemnização

1 – A justa indemnização não visa compensar o benefício alcançado pela entidade expropriante, mas ressarcir o prejuízo que para o expropriado advém da expropriação, correspondente ao valor real e corrente do bem de acordo com o seu destino efectivo ou possível numa utilização económica normal, à data da publicação da declaração de utilidade pública, tendo em consideração as circunstâncias e condições de facto existentes naquela data.

2 – Na determinação do valor dos bens expropriados não pode tomar-se em consideração a mais-valia que resultar:

a) Da própria declaração de utilidade pública da expropriação;

b) De obras ou empreendimentos públicos concluídos há menos de cinco anos, no caso de não ter sido liquidado encargo de mais-valia e na medida deste;

c) De benfeitorias voluptuárias ou úteis ulteriores à notificação a que se refere o n.º 5 do artigo 10.º;

d) De informações de viabilidade, licenças ou autorizações administrativas requeridas ulteriormente à notificação a que se refere o n.º 5 do artigo 10.º

3 – Na fixação da justa indemnização não são considerados quaisquer factores, circunstâncias ou situações criadas com o propósito de aumentar o valor da indemnização.

4 – (Revogado)

5 – Sem prejuízo do disposto nos n.ºs 2 e 3 do presente artigo, o valor dos bens calculado de acordo com os critérios referenciais constantes dos artigos 26.º e seguintes deve corresponder ao valor real e corrente dos mesmos, numa situação normal de mercado, podendo a entidade expropriante e o expropriado, quando tal se não verifique requerer, ou o tribunal decidir oficiosamente, que na avaliação sejam atendidos outros critérios para alcançar aquele valor.

6 – O Estado garante o pagamento da justa indemnização, nos termos previstos no presente Código.

7 – O Estado, quando satisfaça a indemnização, tem direito de regresso sobre a entidade expropriante, podendo, independentemente de quaisquer formalidades, proceder à cativação de transferências orçamentais até ao valor total da dívida, incluindo os juros de mora que se mostrem devidos desde a data do pagamento da indemnização.

Artigo 24.º – Cálculo do montante da indemnização

1 – O montante da indemnização calcula-se com referência à data da declaração de utilidade pública, sendo actualizado à data da decisão final do processo de acordo com a evolução do índice de preços no consumidor, com exclusão da habitação.

2 – O índice referido no número anterior é o publicado pelo Instituto Nacional de Estatística relativamente ao local da situação dos bens ou da sua maior extensão.

3 – Nos casos previstos na parte final do n.º 8 do artigo 5.º e no n.º 6 do artigo 13.º, a actualização do montante da indemnização abrange também o período que mediar entre a data da decisão judicial que fixar definitivamente a indemnização e a data do efectivo pagamento do montante actualizado.

Artigo 25.º – Classificação dos solos

1 – Para efeitos do cálculo da indemnização por expropriação, o solo classifica-se em:

a) Solo apto para a construção;

b) Solo para outros fins.

2 – Considera-se solo apto para a construção:

a) O que dispõe de acesso rodoviário e de rede de abastecimento de água, de energia eléctrica e de saneamento, com características adequadas para servir as edificações nele existentes ou a construir;

b) O que apenas dispõe de parte das infra-estruturas referidas na alínea anterior, mas se integra em núcleo urbano existente;

c) O que está destinado, de acordo com instrumento de gestão territorial, a adquirir as características descritas na alínea *a)*;

d) O que, não estando abrangido pelo disposto nas alíneas anteriores, possui, todavia, alvará de loteamento ou licença de construção em vigor no momento da declaração de utilidade pública, desde que o processo respectivo se tenha iniciado antes da data da notificação a que se refere o n.º 5 do artigo 10.º

3 – Considera-se solo para outros fins o que não se encontra em qualquer das situações previstas no número anterior.

Artigo 26.º– Cálculo do valor do solo apto para a construção

1 – O valor do solo apto para a construção calcula-se por referência à construção que nele seria possível efectuar se não tivesse sido sujeito a expropriação, num aproveitamento económico normal, de acordo com as leis e os regulamentos em vigor, nos termos dos números seguintes e sem prejuízo do disposto no n.º 5 do artigo 23.º

2 – O valor do solo apto para construção será o resultante da média aritmética actualizada entre os preços unitários de aquisições, ou avaliações fiscais que corrijam os valores declarados, efectuadas na mesma freguesia e nas freguesias limítrofes nos três anos, de entre os últimos cinco, com média anual mais elevada, relativamente a prédios com idênticas características, atendendo aos parâmetros fixados em instrumento de planeamento territorial, corrigido por ponderação da envolvente urbana do bem expropriado, nomeadamente no que diz respeito ao tipo de construção existente, numa percentagem máxima de 10%.

3 – Para os efeitos previstos no número anterior, os serviços competentes do Ministério das Finanças deverão fornecer, a solicitação da entidade expropriante, a lista das transacções e das avaliações fiscais que corrijam os valores declarados efectuadas na zona e os respectivos valores.

4 – Caso não se revele possível aplicar o critério estabelecido no n.º 2, por falta de elementos, o valor do solo apto para a construção calcula-se em função do custo da construção, em condições normais de mercado, nos termos dos números seguintes.

5 – Na determinação do custo da construção atende-se, como referencial, aos montantes fixados administrativamente para efeitos de aplicação dos regimes de habitação a custos controlados ou de renda condicionada.

6 – Num aproveitamento economicamente normal, o valor do solo apto para a construção deverá corresponder a um máximo de 15% do custo da construção, devidamente fundamentado, variando, nomeadamente, em função da localização, da qualidade ambiental e dos equipamentos existentes na zona, sem prejuízo do disposto no número seguinte.

7 – A percentagem fixada nos termos do número anterior poderá ser acrescida até ao limite de cada uma das percentagens seguintes, e com a variação que se mostrar justificada:

a) Acesso rodoviário, com pavimentação em calçada, betuminoso ou equivalente junto da parcela – 1,5%;

b) Passeios em toda a extensão do arruamento ou do quarteirão, do lado da parcela – 0,5%;

c) Rede de abastecimento domiciliário de água, com serviço junto da parcela – 1%;

d) Rede de saneamento, com colector em serviço junto da parcela – 1,5%;

e) Rede de distribuição de energia eléctrica em baixa tensão com serviço junto da parcela – 1%;

f) Rede de drenagem de águas pluviais com colector em serviço junto da parcela – 0,5%;

g) Estação depuradora, em ligação com a rede de colectores de saneamento com serviço junto da parcela – 2%;

h) Rede distribuidora de gás junto da parcela – 1%;

i) Rede telefónica junto da parcela – 1%.

8 – Se o custo da construção for substancialmente agravado ou diminuído pelas especiais condições do local, o montante do acréscimo ou da diminuição daí resultante é reduzido ou adicionado ao custo da edificação a considerar para efeito da determinação do valor do terreno.

9 – Se o aproveitamento urbanístico que serviu de base à aplicação do critério fixado nos n.os 4 a 8 constituir, comprovadamente, uma sobrecarga incomportável para as infra-estruturas existentes, no cálculo do montante indemnizatório deverão ter-se em conta as despesas necessárias ao reforço das mesmas.

10 – O valor resultante da aplicação dos critérios fixados nos n.os 4 a 9 será objecto da aplicação de um factor correctivo pela inexistência do risco e do esforço inerente à actividade construtiva, no montante máximo de 15% do valor da avaliação.

11 – No cálculo do valor do solo apto para a construção em áreas críticas de recuperação e reconversão urbanística, legalmente fixadas, ter-se-á em conta que o volume e o tipo de construção possível não deve exceder os da média das construções existentes do lado do traçado do arruamento em que se situe, compreendido entre duas vias consecutivas.

12 – Sendo necessário expropriar solos classificados como zona verde, de lazer ou para instalação de infra-estruturas e equipamentos públicos por plano municipal de ordenamento do território plenamente eficaz, cuja aquisição seja anterior à sua entrada em vigor, o valor de tais solos será calculado em função do valor médio das construções existentes ou que seja possível edificar nas parcelas situadas numa área envolvente cujo perímetro exterior se situe a 300 m do limite da parcela expropriada.

Artigo 27.º – Cálculo do valor do solo para outros fins

1 – O valor do solo apto para outros fins será o resultante da média aritmética actualizada entre os preços unitários de aquisições ou avaliações fiscais que corrijam os valores declarados efectuadas na mesma freguesia e nas freguesias limítrofes nos três anos, de entre os últimos cinco, com média anual mais elevada, relativamente a prédios com idênticas características, atendendo aos parâmetros fixados em instrumento de planeamento territorial e à sua aptidão específica.

2 – Para os efeitos previstos no número anterior, os serviços competentes do Ministério das Finanças deverão fornecer, a solicitação da entidade expropriante, a lista das transacções e das avaliações fiscais que corrijam os valores declarados efectuadas na zona e os respectivos valores.

3 – Caso não se revele possível aplicar o critério estabelecido no n.º 1, por falta de elementos, o valor do solo para outros fins será calculado tendo em atenção os seus rendimentos efectivo ou possível no estado existente à data da declaração de utilidade pública, a natureza do solo e do subsolo, a configuração do terreno e as condições de acesso, as culturas predominantes e o clima da região, os frutos pendentes e outras circunstâncias objectivas susceptíveis de influir no respectivo cálculo.

Artigo 28.º – Cálculo do valor de edifícios ou construções e das respectivas áreas de implantação e logradouros

1 – Na determinação do valor dos edifícios ou das construções com autonomia económica atende-se, designadamente, aos seguintes elementos:

a) Valor da construção, considerando o seu custo actualizado, a localização, o ambiente envolvente e a antiguidade;

b) Sistemas de infra-estruturas, transportes públicos e proximidade de equipamentos;

c) Nível de qualidade arquitectónica e conforto das construções existentes e estado de conservação, nomeadamente dos pavimentos e coberturas, das paredes exteriores, partes comuns, portas e janelas;

d) Área bruta;

e) Preço das aquisições anteriores e respectivas datas;

f) Número de inquilinos e rendas;

g) Valor de imóveis próximos, da mesma qualidade;

h) Declarações feitas pelos contribuintes ou avaliações para fins fiscais ou outros.

2 – No caso de o aproveitamento económico normal da área de implantação e do logradouro não depender da demolição dos edifícios ou das construções, a justa indemnização corresponde ao somatório dos valores do solo e das construções, determinados nos termos do presente Código.

3 – No caso contrário, calcula-se o valor do solo, nele deduzindo o custo das demolições e dos desalojamentos que seriam necessários para o efeito, correspondendo a indemnização à diferença apurada, desde que superior ao valor determinado nos termos do número anterior.

Artigo 29.º – Cálculo do valor nas expropriações parciais

1 – Nas expropriações parciais, os árbitros ou os peritos calculam sempre, separadamente, o valor e o rendimento totais do prédio e das partes abrangidas e não abrangidas pela declaração de utilidade pública.

2 – Quando a parte não expropriada ficar depreciada pela divisão do prédio ou desta resultarem outros prejuízos ou encargos, incluindo a diminuição da área total edificável ou a construção de vedações idênticas às demolidas ou às subsistentes, especificam-se também, em separado, os montantes da depreciação e dos prejuízos ou encargos, que acrescem ao valor da parte expropriada.

3 – Não haverá lugar à avaliação da parte não expropriada, nos termos do n.º 1, quando os árbitros ou os peritos, justificadamente, concluírem que, nesta, pela sua extensão, não ocorrem as circunstâncias a que se referem as alíneas *a)* e *b)* do n.º 2 e o n.º 3 do artigo 3.º

Artigo 30.º – Indemnização respeitante ao arrendamento

1 – O arrendamento para comércio, indústria ou exercício de profissão liberal, ou para habitação no caso previsto no n.º 2 do artigo 9.º, bem como o arrendamento rural, são considerados encargos autónomos para efeito de indemnização dos arrendatários.

2 – O inquilino habitacional obrigado a desocupar o fogo em consequência de caducidade do arrendamento resultante de expropriação pode optar entre uma habitação cujas características, designadamente de localização e renda, sejam semelhantes às da anterior ou por indemnização satisfeita de uma só vez.

3 – Na fixação da indemnização a que se refere o número anterior atende-se ao valor do fogo, ao valor das benfeitorias realizadas pelo arrendatário e à relação entre as rendas pagas por este e as praticadas no mercado.

4 – Na indemnização respeitante a arrendamento para comércio, indústria ou exercício de profissão liberal atende-se às despesas relativas à nova instalação, incluindo os diferenciais de renda que o arrendatário irá pagar, e aos prejuízos resultantes do período de paralisação da actividade, necessário para a transferência, calculados nos termos gerais de direito.

5 – Na indemnização respeitante a arrendamento rural atende-se, além do valor dos frutos pendentes ou das colheitas inutilizadas, ao valor das benfeitorias a que o rendeiro tenha direito e aos demais prejuízos emergentes da cessação do arrendamento, calculados nos termos gerais de direito.

6 – O disposto nos números anteriores é também aplicável se a expropriação recair directamente sobre o arrendamento e no caso de resolução do contrato de arrendamento nos termos dos artigos 8.º e 11.º do Decreto n.º 139-A/79, de 24 de Dezembro.

Artigo 31.º – Indemnização pela interrupção da actividade comercial, industrial, liberal ou agrícola

1 – Nos casos em que o proprietário do prédio nele exerça qualquer actividade prevista no n.º 4 do artigo anterior, à indemnização pelo valor do prédio acresce a que corresponder aos prejuízos da cessação inevitável ou da interrupção e transferência dessa actividade, pelo período de tempo objectivamente necessário, calculada nos termos do mesmo preceito.

2 – Se da expropriação resultarem prejuízos para o conjunto da exploração agrícola efectuada directamente pelo proprietário, à indemnização correspondente acresce a relativa àqueles prejuízos, calculada nos termos gerais de direito.

Artigo 32.º – Indemnização pela expropriação de direitos diversos da propriedade plena

Na expropriação de direitos diversos da propriedade plena, a indemnização é determinada de harmonia com os critérios fixados para aquela propriedade, na parte em que forem aplicáveis.

TÍTULO IV – Processo de expropriação

CAPÍTULO I – Expropriação amigável

Artigo 33.º – Tentativa de acordo

Antes de promover a constituição de arbitragem, a entidade expropriante deve procurar chegar a acordo com o expropriado e os demais interessados nos termos dos artigos seguintes.

Artigo 34.º – Objecto do acordo

Nas expropriações amigáveis podem constituir objecto de acordo entre a entidade expro-priante e expropriado ou demais interessados:

a) O montante da indemnização;

b) O pagamento de indemnização ou de parte dela em prestações, os juros respectivos e o prazo de pagamento destes;

c) O modo de satisfazer as prestações;

d) A indemnização através da cedência de bens ou direitos nos termos dos artigos 67.º e 69.º;

e) A expropriação total;

f) Condições acessórias.

Artigo 35.º – Proposta da entidade expropriante

1 – No prazo de 15 dias após a publicação da declaração de utilidade pública, a entidade expropriante, através de carta ou ofício registado com aviso de recepção, dirige proposta do montante indemnizatório ao expropriado e aos demais interessados cujos endereços sejam conhecidos, bem como ao curador provisório.

2 – O expropriado e demais interessados dispõem do prazo de 15 dias para responder, podendo fundamentar a sua contraproposta em valor constante de relatório elaborado por perito da sua escolha.

3 – Na falta de resposta ou de interesse da entidade expropriante em relação à contraproposta, esta dá início à expropriação litigiosa, nos termos dos artigos 38.º e seguintes, notificando deste facto o expropriado e os demais interessados que tiverem respondido.

4 – O expropriado e os demais interessados devem esclarecer, por escrito, dentro dos prazos de oito dias a contar da data em que tenham sido notificados para o efeito, as questões que lhes forem postas pela entidade expropriante.

Artigo 36.º – Formalização do acordo por escritura ou auto

1 – O acordo entre a entidade expropriante e os demais interessados deve constar:

a) De escritura de expropriação amigável, se a entidade expropriante tiver notário privativo;

b) De auto de expropriação amigável, a celebrar perante o notário privativo do município do lugar da situação do bem expropriado ou da sua maior extensão, ou, sendo a entidade expropriante do sector público administrativo, perante funcionário designado para o efeito.

2 – O disposto nas alíneas anteriores não prejudica o recurso ao notário público, beneficiando os interessados de prioridade sobre o restante serviço notarial.

3 – O auto ou a escritura celebrado nos termos dos números anteriores, que tenha por objecto parte de um prédio, qualquer que seja a sua área, constitui título bastante para efeitos da sua desanexação.

Artigo 37.º – Conteúdo da escritura ou do auto

1 – O auto ou a escritura serão lavrados dentro dos oito dias subsequentes àquele em que o acordo estabelecido for comunicado pela entidade expropriante ao notário, oficial público ou funcionário designado nos termos da alínea *b)* do n.º 1 do artigo anterior, em conformidade com o disposto no Código do Notariado.

2 – Do auto ou escritura deverão ainda constar:

a) A indemnização acordada e a forma de pagamento;

b) A data e o número do Diário da República em que foi publicada a declaração de utilidade pública da expropriação;

c) O extracto da planta parcelar.

3 – A indemnização acordada pode ser atribuída a cada um dos interessados ou fixada globalmente.

4 – Não havendo acordo entre os interessados sobre a partilha da indemnização global que tiver sido acordada, é esta entregue àquele que por todos for designado ou consignada em depósito no lugar do domicílio da entidade expropriante, à ordem do juiz de direito da comarca do lugar da situação dos bens ou da maior extensão deles, efectuando-se a partilha nos termos do Código de Processo Civil.

5 – Salvo no caso de dolo ou culpa grave por parte da entidade expropriante, o aparecimento de interessados desconhecidos à data da celebração da escritura ou do auto apenas dá lugar à reconstituição da situação que existiria se tivessem participado no acordo, nos termos em que este foi concluído.

6 – A entidade expropriante deve facultar ao expropriado e aos demais interessados cópia autenticada do auto ou da escritura de expropriação amigável, quando solicitada.

CAPÍTULO II – Expropriação litigiosa

Secção I – Disposições introdutórias

Artigo 38.º – Arbitragem

1 – Na falta de acordo sobre o valor da indemnização, é este fixado por arbitragem, com recurso para os tribunais comuns.

2 – O valor do processo, para efeitos de admissibilidade de recurso, nos termos do Código de Processo Civil, corresponde ao maior dos seguintes:

a) Decréscimo da indemnização pedida no recurso da entidade expropriante ou acréscimo global das indemnizações pedidas nos recursos do expropriado e dos demais interessados, a que se refere o número seguinte;

b) Diferença entre os valores de indemnização constantes do recurso da entidade expropriante e o valor global das indemnizações pedidas pelo expropriado e pelos demais interessados nos respectivos recursos, a que se refere o número seguinte.

3 – Da decisão arbitral cabe sempre recurso com efeito meramente devolutivo para o tribunal do lugar da situação dos bens ou da sua maior extensão.

Artigo 39.º – Autuação

1 – É aberto um processo de expropriação com referência a cada um dos imóveis abrangidos pela declaração de utilidade pública.

2 – Quando dois ou mais imóveis tenham pertencido ao mesmo proprietário ou conjunto de comproprietários é obrigatória a apensação dos processos em que não se verifique acordo sobre os montantes das indemnizações.

Artigo 40.º – Legitimidade

1 – Têm legitimidade para intervir no processo a entidade expropriante, o expropriado e os demais interessados.

2 – A intervenção de qualquer interessado na pendência do processo não implica a repetição de quaisquer termos ou diligências.

Artigo 41.º – Suspensão da instância e nomeação de curador provisório

1 – O falecimento, na pendência do processo, de algum interessado só implica a suspensão da instância depois de notificada à entidade expropriante a adjudicação da propriedade e posse, esta no caso de não ter havido investidura administrativa.

2 – Havendo interessados incapazes, ausentes ou desconhecidos, sem que esteja organizada a respectiva representação, o juiz, oficiosamente ou a requerimento do Ministério Público ou de qualquer interessado, nomeia-lhes curador provisório, que será, quanto aos incapazes, na falta de razões ponderosas em contrário, a pessoa a cuja guarda estiverem entregues.

3 – No caso de o processo de expropriação ainda não se encontrar em juízo, o juiz determina a sua remessa imediata, para os efeitos do número anterior, pelo período indispensável à decisão do incidente.

4 – A intervenção do curador provisório cessa logo que se encontre designado o normal representante do incapaz ou do ausente ou passem a ser conhecidos os interessados cuja ausência justificara a curadoria.

Secção II – Da tramitação do processo

Subsecção I – Arbitragem

Artigo 42.º – Promoção da arbitragem

1 – Compete à entidade expropriante, ainda que seja de direito privado, promover, perante si, a constituição e o funcionamento da arbitragem.

2 – As funções da entidade expropriante referidas no número anterior passam a caber ao juiz de direito da comarca do local da situação do bem ou da sua maior extensão em qualquer dos seguintes casos:

a) Se for julgada procedente a reclamação referida no n.º 1 do artigo 54.º;

b) Se o procedimento de expropriação sofrer atrasos não imputáveis ao expropriado ou aos demais interessados que, no seu conjunto, ultrapassem 90 dias, contados nos termos do artigo 279.º do Código Civil;

c) Se a lei conferir ao interessado o direito de requerer a expropriação de bens próprios;

d) Se a declaração de utilidade pública for renovada;

e) Nos casos previstos nos artigos 15.º e 16.º;

f) Os casos previstos nos artigos 92.º, 93.º e 94.º

3 – O disposto nas alíneas b), c), d) e e) do número anterior depende de requerimento do interessado, decidindo o juiz depois de notificada a parte contrária para se pronunciar no prazo de 10 dias.

4 – Se for ordenada a remessa ou a avocação do processo, o juiz fixa prazo para a sua efectivação, não superior a 30 dias, sob pena de multa até 10 unidades de conta, verificando-se atraso não justificado.

Artigo 43.º – Petições a apresentar no tribunal

1 – As petições a que se referem o n.º 2 do artigo 41.º, o n.º 3 do artigo anterior, o n.º 2 do artigo 51.º e a parte final do n.º 2 do artigo 54.º são apresentadas directamente na secretaria do tribunal competente para o processo de expropriação litigiosa.

2 – Os processos originados pelas petições referidas no número anterior são dependência do processo de expropriação; o juiz a quem este for distribuído determinará que aqueles processos lhe sejam remetidos, ficando com competência exclusiva para os respectivos termos subsequentes à remessa.

3 – Os processos recebidos nos termos da parte final do número anterior são apensados ao processo de expropriação.

Artigo 44.º – Natureza dos processos litigiosos

Os processos de expropriação litigiosa, bem como os que deles são dependentes, não têm carácter urgente, sem prejuízo de os actos relativos à adjudicação da propriedade e da posse e sua notificação aos interessados deverem ser praticados mesmo durante as férias judiciais.

Artigo 45.º – Designação dos árbitros

1 – Na arbitragem intervêm três árbitros designados pelo presidente do tribunal da Relação da situação dos prédios ou da sua maior extensão.

2 – Os árbitros são escolhidos de entre os peritos da lista oficial, devendo o presidente do tribunal da Relação indicar logo o que presidirá.

3 – Para o efeito do disposto nos números precedentes, a entidade expropriante solicita a designação dos árbitros directamente ao presidente do tribunal da Relação.

4 – O despacho de designação dos árbitros é proferido no prazo de cinco dias.

Artigo 46.º – Designação de grupos de árbitros

1 – Pode ser designado mais de um grupo de árbitros sempre que, em virtude da extensão e do número de bens a expropriar, um único grupo de árbitros se mostre manifestamente insuficiente para assegurar o normal andamento de todos os processos.

2 – A decisão prevista no número anterior é da competência do presidente do tribunal da Relação da situação dos bens a expropriar ou da sua maior extensão, mediante proposta fundamentada da entidade expropriante.

3 – Se os peritos da lista oficial forem insuficientes para a constituição do conveniente número de grupos de árbitros, recorre-se a peritos incluídos nas listas de outros distritos, com preferência, quando possível, para os das listas dos distritos contíguos.

4 – A distribuição dos processos pelos grupos de árbitros consta do despacho de designação e respeita a sequência geográfica das parcelas, que a entidade expropriante deve indicar no seu pedido, sem prejuízo do disposto no n.º 2 do artigo 39.º, com as necessárias adaptações.

Artigo 47.º – Notificação da designação dos árbitros

1 – No prazo de 10 dias a contar da sua recepção, a entidade expropriante notifica na íntegra a comunicação da designação dos árbitros:

a) Por carta ou ofício registado, com aviso de recepção, dirigido aos interessados de que se conheça a respectiva residência e ao curador provisório;

b) Por edital, com dilação de oito dias, a afixar na entrada principal do edifício da câmara municipal do concelho onde se situam os prédios ou a sua maior extensão, relativamente aos interessados não abrangidos pela alínea anterior e àqueles que não for possível notificar nos termos nela prescritos;

c) Aos árbitros, devendo a comunicação dirigida ao respectivo presidente ser acompanhada do processo de expropriação ou de cópia deste e, sempre que possível, de indicação da descrição predial e da inscrição matricial do prédio.

2 – Na notificação e nos editais a que se refere o número anterior dá-se conhecimento ao expropriado e aos demais interessados da faculdade de apresentação de quesitos nos termos do artigo seguinte.

Artigo 48.º – Apresentação de quesitos

No prazo de 15 dias a contar da notificação podem as partes apresentar ao árbitro presidente, em quadruplicado, os quesitos que entendam pertinentes para a fixação do valor dos bens objecto da expropriação.

Artigo 49.º – Decisão arbitral

1 – O acórdão dos árbitros é proferido em conferência, servindo de relator o presidente.

2 – O acórdão, devidamente fundamentado, é tomado por maioria; não se obtendo uma decisão arbitral por unanimidade ou maioria, vale como tal a média aritmética dos laudos que mais se aproximarem ou o laudo intermédio, se as diferenças entre ele e cada um dos restantes forem iguais.

3 – Os laudos são juntos ao acórdão dos árbitros, devem ser devidamente justificados e conter as respostas aos quesitos com indicação precisa das que serviram de base ao cálculo da indemnização proposta, bem como a justificação dos critérios de cálculo adoptados e a sua conformidade com o disposto no n.º 4 do artigo 23.º

4 – A decisão dos árbitros é entregue à entidade expropriante no prazo máximo de 30 dias a contar da recepção da comunicação a que se refere a alínea *c)* do n.º 1 do artigo 47.º ou da apresentação dos quesitos.

5 – Em casos devidamente justificados, designadamente em razão do número de arbitragens, o prazo a que se refere o número anterior pode ser prorrogado até 60 dias, a requerimento de qualquer dos árbitros, dirigido à entidade expropriante.

6 – É aplicável o disposto no n.º 3 do artigo 21.º

Artigo 50.º – Honorários

1 – Os honorários dos árbitros são pagos pela entidade expropriante, mediante apresentação de factura devidamente justificada e de acordo com o Código das Custas Judiciais.

2 – As despesas efectuadas pelos árbitros são pagas mediante entrega dos respectivos comprovativos.

3 – A entidade expropriante está dispensada do pagamento de honorários aos árbitros que, salvo motivo justificativo, não entreguem o acórdão nos prazos legais.

Artigo 51.º – Remessa do processo

1 – A entidade expropriante remete o processo de expropriação ao tribunal da comarca da situação do bem expropriado ou da sua maior extensão no prazo de 30 dias, a contar do recebimento da decisão arbitral, acompanhado de certidões actualizadas das descrições e das inscrições em vigor dos prédios na conservatória do registo predial competente e das respectivas inscrições matriciais, ou de que os mesmos estão omissos, bem como da guia de depósito à ordem do tribunal do montante arbitrado ou, se for o caso, da parte em que este exceda a quantia depositada nos termos da alínea *b)* do n.º 1 ou do n.º 5 do artigo 20.º; se não for respeitado o prazo fixado, a entidade expropriante deposita, também, juros moratórios correspondentes ao período de atraso, calculados nos termos do n.º 2 do artigo 70.º, e sem prejuízo do disposto nos artigos 71.º e 72.º

2 – Se o processo não for remetido a juízo no prazo referido, o tribunal determina, a requerimento de qualquer interessado, a notificação da entidade expropriante para que o envie no prazo de 10 dias, acompanhado da guia de depósito, sob cominação de o mesmo ser avocado.

3 – Decorrendo o processo perante o juiz, nos termos previstos no presente Código, este, após entrega do relatório dos árbitros, notifica a entidade expropriante para proceder ao depósito da indemnização no prazo de 30 dias; não sendo efectuado o depósito no prazo fixado, determina-se o cumprimento do disposto na parte final do n.º 1 anterior, com as necessárias adaptações.

4 – Se os depósitos a que se referem os números anteriores não forem efectuados nos prazos previstos, é aplicável o disposto no n.º 4 do artigo 71.º

5 – Depois de devidamente instruído o processo e de efectuado o depósito nos termos dos números anteriores, o juiz, no prazo de 10 dias, adjudica à entidade expropriante a propriedade e posse, salvo, quanto a esta, se já houver posse administrativa, e ordena simultaneamente a notificação do seu despacho, da decisão arbitral e de todos os elementos apresentados pelos árbitros, à entidade expropriante e aos expropriados e demais interessados, com indicação, quanto a estes, do montante depositado e da faculdade de interposição de recurso a que se refere o artigo 52.º

6 – A adjudicação da propriedade é comunicada pelo tribunal ao conservador do registo predial competente para efeitos de registo oficioso.

Artigo 52.º – Recurso

1 – O recurso da decisão arbitral deve ser interposto no prazo de 20 dias a contar da notificação realizada nos termos da parte final do n.º 5 do artigo anterior, sem prejuízo do disposto no Código de Processo Civil sobre interposição de recursos subordinados, salvo quanto ao prazo, que será de 20 dias.

2 – Quando não haja recurso, o juiz observa, no que respeita à atribuição da indemnização aos interessados, o disposto nos n.os 3 e 4 do artigo 37.º, com as necessárias adaptações.

3 – Se houver recurso, o juiz atribui imediatamente aos interessados, nos termos do número anterior, o montante sobre o qual se verifique acordo, retendo, porém, se necessário, a quantia provável das custas do processo no caso de o expropriado ou os demais interessados decaírem no recurso.

4 – Qualquer dos titulares de direito a indemnização pode requerer, no prazo de 10 dias a contar da notificação da decisão a que se refere o número anterior, que lhe seja entregue a parte da quantia sobre a qual não se verifica acordo que lhe competir, mediante prestação de garantia bancária ou seguro-caução de igual montante.

5 – Não sendo exercido o direito a que se refere o número anterior, a entidade expro-priante pode requerer a substituição por caução do depósito da parte da indemnização sobre a qual não se verifica acordo.

Artigo 53.º – Dúvidas sobre a titularidade de direitos

1 – Se o recebimento do depósito, nos termos do artigo precedente, depender da decisão de questão prévia ou prejudicial respeitante à titularidade da indemnização, é esta decidida provisoriamente no processo, precedendo produção da prova que o juiz tiver por necessária.

2 – O incidente a que se refere o número anterior é autuado por apenso, devendo ser decidido no prazo de 30 dias.

3 – Enquanto não estiver definitivamente resolvida a questão da titularidade do crédito indemnizatório, não se procede a nenhum pagamento que dela dependa sem que seja prestada caução; a caução prestada garante também o recebimento da indemnização por aquele a quem, na respectiva acção, seja reconhecido definitivamente direito à mesma.

4 – Da decisão do incidente cabe recurso com efeito meramente devolutivo, que sobe imediatamente no apenso.

Subsecção II – Arguição de irregularidades

Artigo 54.º – Reclamação

1 – O expropriado, a entidade expropriante nos casos em que lhe não seja imputável ou os demais interessados podem reclamar, no prazo de 10 dias a contar do seu conhecimento, contra qualquer irregularidade cometida no procedimento administrativo, nomeadamente na convocação ou na realização da vistoria ad perpetuam rei memoriam, bem como na constituição ou no funcionamento da arbitragem ou nos laudos ou acórdão dos árbitros, designadamente por falta de cumprimento dos prazos fixados na lei, oferecendo logo as provas que tiverem por convenientes e que não constem já do processo.

2 – Recebida a reclamação, o perito ou o árbitro presidente, conforme for o caso, exara informação sobre a tempestividade, os fundamentos e as provas oferecidas, devendo o processo ser remetido pela entidade expropriante ao juiz de direito da comarca da situação dos bens ou da sua maior extensão no prazo de 10 dias a contar da apresentação da reclamação, sob pena de avocação imediata do procedimento pelo tribunal, mediante participação do reclamante, instruída com cópia da reclamação contendo nota de recepção com menção da respectiva data.

3 – O juiz decide com base nas provas oferecidas que entenda úteis à decisão do incidente e nos elementos fornecidos pelo procedimento, podendo solicitar esclarecimentos ou provas complementares.

4 – Sendo a reclamação julgada improcedente, o juiz manda devolver imediatamente o processo de expropriação à entidade expropriante.

5 – No despacho que julgar procedente a reclamação, o juiz indica os actos ou diligências que devem ser repetidos ou reformulados, sem prejuízo do disposto no n.º 2 do artigo 42.º

6 – Da decisão cabe recurso com efeito meramente devolutivo, que sobe com o recurso da decisão final.

Subsecção III – Pedido de expropriação total

Artigo 55.º – Requerimento

1 – Dentro do prazo do recurso da decisão arbitral podem os interessados requerer a expropriação total, nos termos do n.º 2 do artigo 3.º

2 – A entidade expropriante é notificada para, no prazo de 20 dias, responder ao pedido de expropriação total.

3 – O juiz profere decisão sobre o pedido de expropriação total, no prazo de 10 dias, dela cabendo recurso, com subida imediata em separado e com efeito meramente devolutivo.

4 – Decretada a expropriação total, é a entidade expropriante notificada para efectuar depósito complementar do montante indemnizatório, nos termos aplicáveis do n.º 3 do artigo 51.º

5 – Enquanto não estiver definitivamente decidido o pedido de expropriação total, o expropriado e os demais interessados só podem receber o acréscimo de indemnização correspondente mediante prestação de garantia bancária ou seguro-caução de igual montante.

6 – Na hipótese prevista neste artigo, podem adquirir a parte do prédio que não seja necessária ao fim da expropriação as pessoas que gozem de preferência legal na respectiva alienação e os proprietários de terrenos confinantes, por esta ordem, gozando os segundos do direito de execução específica.

Artigo 56.º – Improcedência do pedido

1 – Quando a entidade expropriante pretender realizar obras na parte do prédio não expropriada por forma a evitar a situação prevista no n.º 2 do artigo 3.º, improcede o pedido de expropriação total.

2 – Para efeitos do disposto no número anterior, o juiz na decisão em que conhecer da improcedência do pedido, fixa prazos para o início e a conclusão das obras pela entidade expropriante.

3 – Se as obras não forem iniciadas no prazo fixado pelo juiz, a instância é renovada.

4 – Se as obras forem iniciadas mas não estiverem concluídas no prazo fixado pelo juiz, este, ouvida a entidade expropriante, decide, de acordo com o respectivo estado de execução, se a instância é renovada.

Artigo 57.º – Caução

Enquanto não tiver transitado em julgado a decisão sobre o pedido de expropriação total, a entidade expropriante só pode entrar na posse da parte do bem cuja expropriação foi requerida pelo expropriado mediante prestação de caução.

Subsecção IV – Recurso da arbitragem

Artigo 58.º – Requerimento

No requerimento da interposição do recurso da decisão arbitral, o recorrente deve expor logo as razões da discordância, oferecer todos os documentos, requerer as demais provas, incluindo a prova testemunhal, requerer a intervenção do tribunal colectivo, designar o seu perito e dar cumprimento ao disposto no artigo 577.º do Código de Processo Civil.

Artigo 59.º – Admissão do recurso

Interposto recurso, o processo é concluso ao juiz para se pronunciar sobre a sua admissibilidade, fixar o respectivo efeito e ordenar a notificação da parte contrária para responder, no caso de prosseguimento.

Artigo 60.º – Resposta

1 – A resposta a que se refere o artigo anterior é apresentada no prazo de 20 dias a contar da notificação da decisão que admitir o recurso; no caso de o recorrido pretender interpor recurso subordinado, a resposta conterá também o respectivo requerimento e as razões da sua discordância, podendo a parte contrária responder no prazo de 20 dias a contar da notificação do despacho que admitir tal recurso e ampliar o objecto da perícia.

2 – Com o recurso subordinado ou com a resposta devem ser oferecidos todos os documentos, requeridas as demais provas, incluindo a prova testemunhal, requerida a intervenção do tribunal colectivo e designado o perito, dando-se cumprimento, quando for o caso, ao disposto no artigo 577.º do Código de Processo Civil.

Artigo 61.º – Diligências instrutórias

1 – Findo o prazo para a apresentação da resposta, seguem-se imediatamente as diligências instrutórias que o tribunal entenda úteis à decisão da causa.

2 – Entre as diligências a realizar tem obrigatoriamente lugar a avaliação, a que o tribunal preside, cabendo-lhe fixar o respectivo prazo, não superior a 30 dias, e resolver por despacho as questões de direito suscitadas pelos peritos de que dependa a avaliação.

3 – É aplicável o disposto nos artigos 578.º e 588.º do Código de Processo Civil.

4 – Incumbe ao recorrente, e só a este, ainda que se trate de entidade isenta de custas, o encargo de efectuar o preparo para despesas com a avaliação e a inspecção judicial, se a esta houver lugar.

5 – Quando se efectuar inspecção judicial, ficam a constar do respectivo auto todos os elementos reputados necessários para a decisão da causa.

6 – Não há lugar a segunda avaliação.

7 – Sendo necessário obter esclarecimentos de quem não haja de ser chamado a depor ou documento em poder de terceiro, o tribunal ordena a respectiva notificação, para o efeito, fixando prazo adequado; em caso de incumprimento do prazo, sem motivo justificativo, é aplicada multa até 10 unidades de conta.

Artigo 62.º – Designação e nomeação dos peritos

1 – A avaliação é efectuada por cinco peritos, nos termos seguintes:

a) Cada parte designa um perito e os três restantes são nomeados pelo tribunal de entre os da lista oficial;

b) Se dois ou mais interessados tiverem designado peritos diferentes, são notificados para, no prazo de cinco dias, declararem qual o nome definitivamente escolhido, prevalecendo, na falta de acordo, a vontade da maioria, se desta fizer parte o proprietário expropriado; faltando a designação válida de algum perito, devolve-se a nomeação ao tribunal, aplicando-se o disposto na parte final da alínea anterior.

2 – A falta de comparência de qualquer perito determina a sua imediata substituição, que é feita livremente pelo tribunal, nos termos da parte final da alínea *a)* do n.º 1.

3 – As regras de recrutamento de peritos, a sua integração nas listas oficiais e a forma de publicação destas constam de decreto regulamentar, a publicar no prazo máximo de três meses a contar da data da publicação do presente Código.

Artigo 63.º – Notificação para o acto de avaliação

1 – As partes são notificadas para, querendo, comparecerem no acto da avaliação.

2 – É entregue a cada perito cópia dos recursos, das respostas aos mesmos e do despacho que tiver sido proferido nos termos do n.º 2 do artigo 578.º do Código de Processo Civil.

Artigo 64.º – Alegações

1 – Concluídas as diligências de prova, as partes são notificadas para alegarem no prazo de 20 dias.

2 – O prazo para a alegação do recorrido ou dos recorridos corre a partir do termo do prazo para alegação do recorrente, contando-se este último desde a notificação para alegar.

3 – Recorrendo a título principal tanto a entidade expropriante como o expropriado, alega aquela em primeiro lugar.

Artigo 65.º – Prazo de decisão

As decisões sobre os recursos da decisão arbitral são proferidas no prazo máximo de 30 dias a contar do termo fixado para as alegações das partes.

Artigo 66.º – Decisão

1 – O juiz fixa o montante das indemnizações a pagar pela entidade expropriante.

2 – A sentença é notificada às partes, podendo dela ser interposto recurso com efeito meramente devolutivo.

3 – É aplicável o disposto nos n.os 2 a 4 do artigo 52.º, com as necessárias adaptações, devendo o juiz ordenar que a entidade expropriante efectue o depósito que for necessário no prazo de 10 dias.

4 – O disposto nos números precedentes é também aplicável no caso de o processo prosseguir em traslado.

5 – Sem prejuízo dos casos em que é sempre admissível recurso, não cabe recurso para o Supremo Tribunal de Justiça do acórdão do tribunal da Relação que fixa o valor da indemnização devida.

TÍTULO V – Do pagamento das indemnizações

Artigo 67.º – Formas de pagamento

1 – As indemnizações por expropriação por utilidade pública são pagas em dinheiro, de uma só vez, salvo as excepções previstas nos números seguintes.

2 – Nas expropriações amigáveis, a entidade expropriante, o expropriado e os demais interessados podem acordar no pagamento da indemnização em prestações ou na cedência de bens ou direitos de acordo com o previsto no artigo 69.º

3 – O disposto no número anterior aplica-se à transacção judicial ou extrajudicial na pendência do processo de expropriação.

4 – Não são pagas quaisquer indemnizações sem que se mostre cumprido o disposto no artigo 29.º do Código da Contribuição Autárquica.

5 – O pagamento acordado em prestações é efectuado dentro do prazo máximo de três anos, podendo o montante das mesmas variar de acordo com as circunstâncias.

Artigo 68.º – Quantias em dívida

1 – As quantias em dívida vencem juros, pagáveis anual ou semestralmente, conforme for acordado.

2 – Na falta de convenção entre as partes, a taxa de juro é a dos juros moratórios, nos termos do artigo 70.º

3 – O montante das prestações vincendas é automaticamente actualizado no caso de agravamento do índice de preços no consumidor, na zona em causa, com exclusão da habitação, publicado pelo Instituto Nacional de Estatística.

Artigo 69.º – Cedência de bens ou direitos

As partes podem acordar que a indemnização seja satisfeita, total ou parcialmente, através da cedência de bens ou direitos ao expropriado ou aos demais interessados.

Artigo 70.º – Juros moratórios

1 – Os expropriados e demais interessados têm o direito de ser indemnizados pelos atrasos imputáveis à entidade expropriante no andamento do procedimento ou do processo expro-pria-tivo ou na realização de qualquer depósito no processo litigioso.

2 – Os juros moratórios incidem sobre o montante definitivo da indemnização ou sobre o montante dos depósitos, conforme o caso, e a taxa respectiva é a fixada nos termos do artigo 559.º do Código Civil.

3 – As cauções prestadas e os depósitos efectuados pela entidade expropriante respondem pelo pagamento dos juros moratórios que forem fixados pelo tribunal.

Artigo 71.º – Depósito da indemnização

1 – Transitada em julgado a decisão que fixar o valor da indemnização, o juiz do tribunal da 1.ª instância ordena a notificação da entidade expropriante para, no prazo de 10 dias, depositar os montantes em dívida e juntar ao processo nota discriminada, justificativa dos cálculos da liquidação de tais montantes.

2 – A secretaria notifica ao expropriado e aos demais interessados o montante depositado, bem como a nota referida na parte final do número anterior.

3 – O expropriado e os demais interessados podem levantar os montantes depositados, sem prejuízo da sua impugnação nos termos do artigo seguinte e do disposto no n.º 3 do artigo 53.º

4 – Não sendo efectuado o depósito no prazo fixado, o juiz ordenará o pagamento por força das cauções prestadas pela entidade expropriante ou outras providências que se revelarem necessárias, após o que, mostrando-se em falta alguma quantia, notificará o serviço que tem a seu cargo os avales do Estado para que efectue o depósito do montante em falta, em substituição da entidade expropriante.

Artigo 72.º – Impugnação dos montantes depositados

1 – No prazo de 30 dias a contar da notificação prevista no n.º 2 do artigo anterior, o expropriado e os demais interessados podem impugnar os montantes depositados, especificando os valores devidos e apresentando e requerendo todos os meios de prova.

2 – Admitida a impugnação, a entidade expropriante é notificada para responder no prazo de 10 dias e para apresentar e requerer todos os meios de prova.

3 – Produzidas as provas que o juiz considerar necessárias, é proferida decisão fixando os montantes devidos e determinando a realização do depósito complementar que for devido, no prazo de 10 dias.

4 – Não sendo efectuado o depósito no prazo fixado, o juiz ordena o pagamento por força das cauções prestadas, ou as providências que se revelarem necessárias, aplicando-se ainda o disposto no n.º 4 do artigo anterior, com as necessárias adaptações, quanto aos montantes em falta.

5 – Efectuado o pagamento ou assegurada a sua realização, o juiz autoriza o levantamento dos montantes que se mostrem excessivos ou a restituição a que haja lugar e determina o cancelamento das cauções que se mostrem injustificadas, salvo o disposto no n.º 3 do artigo 53.º

Artigo 73.º – Atribuição das indemnizações

1 – A atribuição das indemnizações aos interessados faz-se de acordo com o disposto nos n.os 3 e 4 do artigo 37.º, com as necessárias adaptações.

2 – No caso de expropriação amigável, decorridos 60 dias sobre a data prevista para o pagamento de qualquer prestação ou respectivos juros sem que este seja efectuado, o expropriado pode requerer as providências a que se refere o n.º 4 do artigo anterior, devendo juntar a cópia do auto ou escritura a que se refere o n.º 6 do artigo 37.º

3 – A entidade expropriante é citada para remeter o processo de expropriação e efectuar o depósito das quantias em dívida, nos termos do n.º 1 do artigo anterior, com as necessárias adaptações, podendo deduzir embargos dentro do prazo ali fixado.

TÍTULO VI – Da reversão dos bens expropriados

Artigo 74.º – Requerimento

1 – A reversão a que se refere o artigo 5.º é requerida à entidade que houver declarado a utilidade pública da expropriação ou que haja sucedido na respectiva competência.

2 – Se o direito de reversão só puder ser utilmente exercido em conjunto com outro ou outros interessados, o requerente da reversão pode solicitar a notificação judicial destes para, no prazo de 60 dias a contar da notificação, requererem a reversão dos respectivos bens, nos termos do n.º 1, sob cominação de, não o fazendo algum ou alguns deles, a reversão dos mesmos se operar a favor dos que a requeiram.

3 – O pedido de expropriação total, nos termos do n.º 2 do artigo 3.º não prejudica a reversão da totalidade do prédio.

4 – Se não for notificado de decisão favorável no prazo de 90 dias a contar da data do requerimento, o interessado pode fazer valer o direito de reversão no prazo de um ano, mediante acção administrativa comum a propor no tribunal administrativo de círculo da situação do prédio ou da sua maior extensão.

5 – Na acção prevista no número anterior, é cumulado o pedido de adjudicação, instruído com os documentos mencionados no artigo 77.º, que o tribunal aprecia, seguindo os trâmites dos artigos 78.º e 79.º, no caso de reconhecer o direito de reversão.

Artigo 75.º – Audiência da entidade e de outros interessados

1 – No prazo de 10 dias a contar da recepção do pedido de reversão, a entidade competente para decidir ordena a notificação da entidade expropriante e dos titulares de direitos reais sobre o prédio a reverter ou sobre os prédios dele desanexados, cujos endereços sejam conhecidos, para que se pronunciem sobre o requerimento no prazo de 15 dias.

2 – A entidade expropriante, dentro do prazo da sua resposta, remete o processo de expropriação à entidade competente para decidir o pedido de reversão ou indica o tribunal em que o mesmo se encontra pendente ou arquivado.

3 – No caso previsto na parte final do número anterior, a entidade competente para decidir solicita ao tribunal a confiança do processo até final do prazo fixado para a decisão.

4 – Se os factos alegados pelo requerente da reversão não forem impugnados pela entidade expropriante, presume-se, salvo prova em contrário, que são verdadeiros.

Artigo 76.º – Publicidade da decisão

1 – A decisão sobre o pedido de reversão é notificada ao requerente, à entidade expropriante e aos interessados cujo endereço seja conhecido.

2 – A decisão é publicada por extracto na 2.ª série do Diário da República.

Artigo 76.º-A – Acordo de reversão

1 – Autorizada a reversão, podem a entidade expropriante, ou quem ulteriormente haja adquirido o domínio do prédio, consoante o caso, e o interessado acordar quanto aos termos, condições e montante indemnizatório da reversão.

2 – O acordo previsto no número anterior reveste a forma de auto de reversão ou outra forma prevista na lei e segue, com as devidas adaptações, o regime previsto nos artigos 36.º e 37.º para o auto de expropriação amigável, com as devidas adaptações, devendo conter os elementos exigidos na alínea *b)* do n.º 1 do artigo 44.º do Código do Registo Predial.

3 – O acordo de reversão, celebrado nos termos do número anterior, constitui título bastante para todos os efeitos legais, incluindo a inscrição matricial, a desanexação e o registo predial.

4 – O pagamento do montante acordado da indemnização da reversão é efectuado directamente à entidade expropriante ou a quem ulteriormente haja adquirido o domínio sobre o bem, consoante o caso.

5 – O acordo de reversão deve ser formalizado no prazo de 90 dias a contar da data da notificação da autorização da reversão.

Artigo 77.º – Pedido de adjudicação

1 – Não pretendendo recorrer ao acordo previsto no artigo anterior, ou na falta deste, o interessado deduz, no prazo de 120 dias a contar da data da notificação da autorização, perante o tribunal administrativo de círculo da situação do prédio ou da sua maior extensão, o pedido de adjudicação, instruindo a sua pretensão com os seguintes documentos:

a) Notificação da autorização da reversão;

b) Certidão, passada pela conservatória do registo predial, da descrição do prédio, das inscrições em vigor, incluindo as dos encargos que sobre ele se encontram registados e dos existentes à data da adjudicação do prédio à entidade expropriante ou de que o mesmo se encontra omisso;

c) Certidão da inscrição matricial e do valor patrimonial do prédio ou de que o mesmo se encontra omisso;

d) Indicação da indemnização satisfeita e da respectiva forma de pagamento;

e) Quando for o caso, estimativa, fundamentada em relatório elaborado por perito da lista oficial à sua escolha, do valor das benfeitorias e deteriorações a que se refere o artigo seguinte.

2 – No caso do n.º 2 do artigo 74.º, o pedido é deduzido pelos vários interessados que, quando necessário, podem indicar o acordo sobre a forma como a adjudicação deverá ser feita, sem prejuízo do disposto no n.º 3 do artigo seguinte.

Artigo 78.º – Oposição do expropriante

1 – A entidade expropriante ou quem ulteriormente haja adquirido o domínio do prédio é citada para os termos do processo, podendo deduzir oposição, no prazo de 20 dias quanto aos montantes da indemnização indicada nos termos da alínea d) do n.º 1 do artigo anterior e da estimativa a que se refere a alínea *e)* do mesmo número.

2 – Na falta de acordo das partes, o montante a restituir é fixado pelo juiz, precedendo as diligências instrutórias que tiver por necessárias, entre as quais tem obrigatoriamente lugar a avaliação, nos termos previstos para o recurso em processo de expropriação, salvo no que respeita à segunda avaliação, que é sempre possível.

3 – Determinado, com trânsito em julgado, o valor a que se refere o número anterior, o juiz, na falta de acordo mencionado no n.º 2 do artigo anterior, determina licitação entre os requerentes.

Artigo 79.º – Adjudicação

1 – Efectuados os depósitos ou as restituições a que haja lugar, o juiz adjudica o prédio ao interessado ou interessados, com os ónus ou encargos existentes à data da declaração de utilidade pública da expropriação e que não hajam caducado definitivamente, que devem ser especificadamente indicados.

2 – Os depósitos são levantados pela entidade expropriante ou por quem ulteriormente haja adquirido o domínio sobre o bem, conforme for o caso.

3 – A adjudicação da propriedade é comunicada pelo tribunal ao conservador do registo predial competente para efeitos de registo oficioso.

TÍTULO VII – Da requisição

Artigo 80.º – Requisição de imóveis

1 – Em caso de urgente necessidade e sempre que o justifique o interesse público e nacional, podem ser requisitados bens imóveis e direitos a eles inerentes, incluindo os estabelecimentos comerciais ou industriais, objecto de propriedade de entidades privadas, para realização de actividades de manifesto interesse público, adequadas à natureza daqueles, sendo observadas as garantias dos particulares e assegurado o pagamento de justa indemnização.

2 – Salvo o disposto em lei especial, a requisição, interpolada ou sucessiva, de um mesmo imóvel não pode exceder o período de um ano, contado nos termos do artigo 279.º do Código Civil.

Artigo 81.º – Uso dos imóveis requisitados

1 – Em casos excepcionais, devidamente fundamentados no acto de requisição, os imóveis requisitados podem ser objecto de uso por instituições públicas ou particulares de interesse público.

2 – Para efeitos do presente diploma consideram-se instituições particulares de interesse público as de utilidade pública administrativa, as de mera utilidade pública e as de solidariedade social.

Artigo 82.º – Acto de requisição

1 – A requisição depende de prévio reconhecimento da sua necessidade por resolução do Conselho de Ministros, nomeadamente quanto à verificação da urgência e do interesse público e nacional que a fundamentam, observados os princípios da adequação, indispensabilidade e proporcionalidade.

2 – A requisição é determinada mediante portaria do membro do Governo responsável pela área, oficiosamente ou a solicitação de uma das entidades referidas no artigo anterior.

3 – Da portaria que determine a requisição deve constar o respectivo objecto, o início e o termo do uso, o montante mínimo, prazo e entidade responsável pelo pagamento da indemnização, bem como a indicação da entidade beneficiária da requisição, sem prejuízo do disposto no n.º 4 do artigo 85.º

4 – A portaria de requisição é publicada na 2.ª série do Diário da República e notificada ao proprietário, podendo este reclamar no prazo de 15 dias úteis contado a partir da data da notificação ou da publicação.

Artigo 83.º – Instrução do pedido de requisição

A requisição a solicitação das entidades referidas no artigo 81.º é precedida de requerimento ao ministro responsável pelo sector, que conterá os seguintes elementos:

a) Identificação do requerente;

b) Natureza e justificação da importância das actividades a prosseguir;

c) Indispensabilidade da requisição;

d) Prova documental das diligências efectuadas com vista a acordo prévio com o proprietário sobre o uso a dar ao imóvel, com indicação do montante da justa indemnização oferecida e das razões do respectivo inêxito;

e) Tempo de duração necessário da requisição;

f) Previsão dos encargos a suportar em execução da medida de requisição;

g) Entidade responsável pelo pagamento da indemnização devida pela requisição;

h) Forma de pagamento da indemnização;

i) Documento comprovativo de se encontrar regularizada a sua situação relativamente às suas obrigações fiscais e às contribuições para a segurança social.

Artigo 84.º – Indemnização

1 – A requisição de bens imóveis confere ao requisitado o direito a receber uma justa indemnização.

2 – A justa indemnização não visa compensar o benefício alcançado pelo requisitante, mas ressarcir o prejuízo que para o requisitado advém da requisição.

3 – A indemnização corresponde a uma justa compensação, tendo em conta o período da requisição, o capital empregue para a construção ou aquisição e manutenção dos bens requisitados e o seu normal rendimento, a depreciação derivada do respectivo uso e, bem assim, o lucro médio que o particular deixa de perceber por virtude de requisição.

4 – A indemnização é fixada:

a) Por acordo expresso entre o beneficiário da requisição e o proprietário, nos termos dos artigos 33.º e seguintes, com as necessárias adaptações;

b) Na falta de acordo, pelo ministro responsável pelo sector, sob proposta do serviço com atribuições na área;

c) Se o proprietário não se conformar com o montante fixado nos termos da alínea anterior, pelos tribunais comuns, nos termos previstos para o recurso da decisão arbitral em processo de expropriação litigiosa, salvo no que se refere à segunda avaliação, que é sempre possível.

5 – A indemnização prevista no número anterior não prejudica aquelas a que haja lugar por força do disposto no n.º 2 do artigo seguinte.

6 – O pagamento da indemnização tem lugar no prazo mínimo de 60 dias após a publicação do acto de requisição.

Artigo 85.º – Obrigações do beneficiário

1 – São obrigações da entidade beneficiária da requisição:

a) Pagar os encargos financeiros emergentes da requisição no prazo determinado;

b) Assegurar os encargos resultantes da realização da actividade;

c) Não utilizar o imóvel para fim diverso do constante na requisição;

d) Avisar imediatamente o proprietário, sempre que tenha conhecimento de vício no imóvel;

e) Proceder à retirada de todas as benfeitorias ou materiais que por ela tenham sido colocados no imóvel;

f) Restituir o imóvel, no termo da requisição, no estado em que se encontrava.

2 – A entidade a favor de quem se operou a requisição é responsável pelos eventuais danos causados no imóvel requisitado durante o período da requisição, salvo se esses danos resultarem de facto imputável ao proprietário, de vício da coisa ou de caso fortuito ou de força maior.

3 – Quando o requerente for instituição particular de interesse público, deve apresentar documento comprovativo de se encontrar caucionado, nos termos da lei, o fundo indispensável para o pagamento das indemnizações a que haja lugar.

4 – No caso de se tratar de entidade pública, a portaria de requisição deve indicar a rubrica orçamental que suportará o pagamento das indemnizações a que houver lugar e respectiva cativação.

5 – A pretensão presume-se indeferida se no prazo de 15 dias não for proferida decisão.

6 – O serviço público com atribuições na área, na fase de apreciação do requerimento, deve procurar mediar os interesses em causa, e, em qualquer caso, proceder à audição prévia dos proprietários dos imóveis requisitados.

7 – No caso previsto no n.º 2 anterior aplica-se o disposto no n.º 4 do artigo 84.º, com as necessárias adaptações.

Artigo 86.º – Direitos e deveres do proprietário

1 – São direitos do proprietário do imóvel objecto de requisição:

a) Usar, com o seus trabalhadores e utentes em geral, durante o período de tempo que durar a requisição, o imóvel, mantendo neste a actividade normal, desde que não se mostre incompatível, afecte, impeça ou, por qualquer modo, perturbe a preparação e a realização da actividade a assegurar;

b) Receber as indemnizações a que tenha direito, nos termos do presente diploma.

2 – São deveres do proprietário do imóvel objecto de requisição entregar à entidade a favor de quem se operar a requisição o imóvel requisitado e não perturbar o gozo deste dentro dos limites da requisição.

Artigo 87.º – Recurso contencioso

Do acto de requisição cabe recurso para os tribunais administrativos, nos termos da lei.

TÍTULO VIII – Disposições finais

Artigo 88.º – Desistência da expropriação

1 – Nas expropriações por utilidade pública é lícito à entidade expropriante desistir total ou parcialmente da expropriação enquanto não for investido na propriedade dos bens a expropriar.

2 – No caso de desistência, o expropriado e demais interessados são indemnizados nos termos gerais de direito, considerando-se, para o efeito, iniciada a expropriação a partir da publicação no Diário da República do acto declarativo da utilidade pública.

3 – Se a desistência da expropriação se verificar após a investidura da entidade expropriante na posse dos bens a expropriar, as partes podem converter, por acordo, o processo litigioso em processo de reversão, previsto nos artigos 74.º e seguintes, através de requerimento conjunto a apresentar em juízo.

4 – Sendo o acordo requerido admissível, o tribunal notifica a entidade que declarou a utilidade pública, para informar os autos se autoriza a reversão pretendida pelas partes, ordenando, em caso afirmativo, a sua conversão.

Artigo 89.º – Lista de peritos

Enquanto não forem publicadas as listas a que se refere o n.º 3 do artigo 62.º deste Código, mantêm-se transitoriamente em vigor as actuais.

Artigo 90.º – Regiões Autónomas

1 – Nas Regiões Autónomas dos Açores e da Madeira a declaração de utilidade pública da expropriação de bens pertencentes a particulares ou às autarquias locais é da competência do Governo Regional e reveste a forma de resolução, a publicar no boletim oficial da Região.

2 – *A declaração de utilidade pública da expropriação de bens pertencentes à administração central e das necessárias para obras de iniciativa do Estado ou de serviços dependentes do Governo da República é da competência do Ministro da República, sendo publicada na 2.ª série do Diário da República.*

Artigo 91.º – Expropriação de bens móveis

1 – Nos casos em que a lei autorize a expropriação de bens móveis materiais, designadamente no artigo 16.º da Lei n.º 13/85, de 6 de Julho, pode haver lugar a posse administrativa, imediatamente depois de vistoria ad perpetuam rei memoriam, sem dependência de qualquer outra formalidade, seguindo-se quanto ao mais, nomeadamente quanto à fixação e ao pagamento da justa indemnização, a tramitação prevista para os processos de expropriação litigiosa, aplicando-se o disposto no n.º 5 do artigo 20.º, com as necessárias adaptações.

2 – A entidade expropriante solicita ao presidente do tribunal da Relação do lugar do domicílio do expropriado a nomeação de um perito com formação adequada, para proceder à vistoria ad perpetuam rei memoriam, podendo sugerir nomes para o efeito.

3 – Os árbitros e o perito são livremente designados pelo presidente do tribunal da relação do lugar da situação do bem no momento de declaração de utilidade pública de entre indivíduos com a especialização adequada.

4 – A designação do perito envolve a autorização para este entrar no local onde se encontra o bem, acompanhado de representantes da entidade expropriante, a fim de proceder à vistoria ad perpetuam rei memoriam, se necessário com o auxílio de força policial.

5 – O auto de vistoria ad perpetuam rei memoriam descreve o bem com a necessária minúcia.

6 – A entidade expropriante poderá recorrer ao auxílio de força policial para tomar posse do bem.

7 – É competente para conhecer do recurso da arbitragem o tribunal da comarca do domicílio ou da sede do expropriado.

Artigo 92.º – Aplicação subsidiária do processo de expropriação

1 – Sempre que a lei mande aplicar o processo de expropriação para determinar o valor de um bem, designadamente no caso de não aceitação do preço convencionado de acordo com o regime do direito legal de preferência, aplica-se, com as necessárias adaptações, o disposto nos artigos 42.º e seguintes do presente Código, sem precedência de declaração de utilidade pública, valendo como tal, para efeitos de contagem de prazos, o requerimento a que se refere o n.º 3 do artigo 42.º

2 – Salvo no caso de o exercício do direito legal de preferência se encontrar associado à existência de medidas preventivas, legalmente estabelecidas, a não aceitação do preço convencionado só é possível quando o valor do terreno, de acordo com avaliação preliminar efectuada por perito da lista oficial, de livre escolha do preferente, seja inferior àquele em, pelo menos, 20%.

3 – Qualquer das partes do negócio projectado pode desistir deste; a notificação da desistência ao preferente faz cessar o respectivo direito.

4 – Pode também o preferente desistir do seu direito, mediante notificação às partes do negócio projectado.

Artigo 93.º – Áreas de desenvolvimento urbano prioritário e de construção prioritária

1 – Os bens dos participantes que se recusem a outorgar qualquer acto ou contrato previsto no regime jurídico das áreas de desenvolvimento urbano prioritário ou de construção prioritária, ou nos respectivos instrumentos reguladores, são expropriados com fundamento na utilidade pública da operação e integrados na participação do município.

2 – A expropriação segue os termos previstos no presente Código com as seguintes modificações:

a) É dispensada a declaração de utilidade pública, valendo como tal, para efeitos de contagem de prazos, o requerimento a que se refere o n.º 3 do artigo 42.º;

b) A indemnização é calculada com referência à data em que o expropriado tiver sido convocado para decidir sobre a aceitação da operação.

Artigo 94.º – Expropriação para fins de composição urbana

1 – As expropriações previstas nos n.os 1 e 5 do artigo 48.º do Decreto-Lei n.º 794/76, de 5 de Novembro, seguem os termos previstos no presente Código, com as seguintes modificações:

a) É dispensada a declaração de utilidade pública, valendo como tal, para efeitos de contagem de prazos, o requerimento a que se refere o n.º 3 do artigo 42.º;

b) A indemnização é calculada com referência à data em que o expropriado tiver sido notificado nos termos do n.º 1 do artigo 48.º do Decreto-Lei n.º 794/76;

c) Os terrenos e prédios urbanos expropriados podem ser alienados, nos termos da lei, para realização dos fins prosseguidos pelos n.os 1 e 5 do artigo 48.º do Decreto-Lei n.º 794/76, sem direito à reversão nem ao exercício de preferência;

d) Os depósitos em processo litigioso serão efectuados por força das receitas da operação, sendo actualizados nos termos dos n.os 1 a 3 do artigo 24.º

2 – Para efeitos do disposto na alínea d) do número anterior deve a entidade expropriante informar o tribunal das datas previstas e efectivas do recebimento das receitas.

Artigo 95.º – Áreas com construções não licenciadas

Na expropriação de terrenos que por facto do proprietário estejam total ou parcialmente ocupados com construções não licenciadas, cujos moradores devam vir a ser desalojados e ou realojados pela administração central ou local, o valor do solo desocupado é calculado nos termos gerais, mas com dedução do custo estimado das demolições e dos desalojamentos necessários para o efeito.

Artigo 96.º Expropriação requerida pelo proprietário

Nos casos em que, em consequência de disposição especial, o proprietário tem o direito de requerer a expropriação de bens próprios, não há lugar a declaração de utilidade pública, valendo como tal, para efeitos de contagem de prazos, o requerimento a que se refere o n.º 3 do artigo 42.º

Artigo 97.º – Dever de informação

A entidade expropriante é obrigada a comunicar à repartição de finanças competente e ao Instituto Nacional de Estatística o valor atribuído aos imóveis no auto ou na escritura de expropriação amigável ou na decisão final do processo litigioso.

Artigo 98.º – Contagem de prazos não judiciais

1 – Os prazos não judiciais fixados no presente Código contam-se, salvo disposição especial, nos termos dos artigos 72.º e 73.º do Código do Procedimento Administrativo, independentemente da natureza da entidade expropriante.

2 – Os prazos judiciais fixados no presente Código contam-se nos termos do disposto no Código de Processo Civil.

PROPRIEDADE HORIZONTAL

REGIME DA PROPRIEDADE HORIZONTAL

Decreto-Lei n.º 268/94, de 25 de Outubro
Estabelece normas regulamentares do regime da propriedade horizontal

A necessidade de desenvolver alguns aspectos do regime da propriedade horizontal, aliada à opção de preservar a integração da disciplina daquele instituto no Código Civil, explica a aprovação do presente diploma.

Na verdade, as regras aqui consagradas estatuem ou sobre matérias estranhas à natureza de um diploma como o Código Civil ou com carácter regulamentar, e têm o objectivo de procurar soluções que tornem mais eficaz o regime da propriedade horizontal, facilitando simultaneamente o decorrer das relações entre os condóminos e terceiros.

Assim:

Nos termos da alínea *a)* do n.º 1 do artigo 201.º da Constituição, o Governo decreta o seguinte:

Artigo 1.º – Deliberações da assembleia de condóminos

1 – São obrigatoriamente lavradas atas das assembleias de condóminos, redigidas e assinadas por quem nelas tenha intervindo como presidente e subscritas por todos os condóminos nelas presentes.

2 – A ata contém um resumo do que de essencial se tiver passado na assembleia de condóminos, indicando, designadamente, a data e o local da reunião, os condóminos presentes e ausentes, os assuntos apreciados, as decisões e as deliberações tomadas com o resultado de cada votação e o facto de a ata ter sido lida e aprovada.

3 – A eficácia das deliberações depende da aprovação da respetiva ata, independentemente da mesma se encontrar assinada pelos condóminos.

4 – As deliberações devidamente consignadas em acta são vinculativas tanto para os condóminos como para os terceiros titulares de direitos relativos às fracções.

5 – Incumbe ao administrador, ainda que provisório, guardar as actas e facultar a respectiva consulta, quer aos condóminos, quer aos terceiros a que se refere o número anterior.

6 – A assinatura e a subscrição da ata podem ser efetuadas por assinatura eletrónica qualificada ou por assinatura manuscrita, aposta sobre o documento original ou sobre documento digitalizado que contenha outras assinaturas.

7 – Para efeitos do disposto no presente artigo, vale como subscrição a declaração do condómino, enviada por correio eletrónico, para o endereço da administração do condomínio, em como concorda com o conteúdo da ata que lhe tenha sido remetida pela mesma via, declaração esta que deve ser junta, como anexo, ao original da ata.

8 – Compete à administração do condomínio a escolha por um ou por vários dos meios previstos nos números anteriores, bem como a definição da ordem de recolha das assinaturas ou de recolha das declarações por via eletrónica, a fim de assegurar a aposição das assinaturas num único documento.

Artigo 1.º-A – Assembleia de condóminos por meios de comunicação à distância

1 – Sempre que a administração do condomínio assim o determine ou a maioria dos condóminos o requeira, a assembleia de condóminos tem lugar por meios de comunicação à distância, preferencialmente por videoconferência.

2 – Caso algum dos condóminos não tenha, fundamentadamente, condições para participar na assembleia de condóminos por meios de comunicação à distância e tenha transmitido essa impossibilidade à administração do condomínio, compete a esta assegurar-lhe os meios necessários, sob pena de a assembleia não poder ter lugar através daqueles meios

Artigo 2.º – Documentos e notificações relativos ao condomínio

1 – Deverão ficar depositadas, à guarda do administrador, as cópias autenticadas dos documentos utilizados para instruir o processo de constituição da propriedade horizontal, designadamente do projecto aprovado pela entidade pública competente.

2 – O administrador tem o dever de guardar e dar a conhecer aos condóminos todas as notificações dirigidas ao condomínio, designadamente as provenientes das autoridades administrativas.

Artigo 3.º - Informação

1 - Na entrada do prédio ou conjunto de prédios ou em local de passagem comum aos condóminos deverá ser afixada a identificação do administrador em exercício ou de quem, a título provisório, desempenhe as funções deste.

2 - Os condóminos devem informar o administrador do condomínio do seu número de contribuinte, morada, contactos telefónicos e endereço de correio eletrónico e atualizar tais informações sempre que as mesmas sejam objeto de alteração.

3 - A alienação das frações deve ser objeto de comunicação ao administrador do condomínio pelo condómino alienante, por correio registado expedido no prazo máximo de 15 dias a contar da mesma, devendo esta informação conter o nome completo e o número de identificação fiscal do novo proprietário.

4 - A falta de comunicação indicada no número anterior responsabiliza o condómino alienante pelo valor das despesas inerentes à identificação do novo proprietário e pelos encargos suportados com a mora no pagamento dos encargos que se vencerem após a alienação.

Artigo 4.º - Fundo comum de reserva

1 - É obrigatória a constituição, em cada condomínio, de um fundo comum de reserva para custear as despesas de conservação do edifício ou conjunto de edifícios.

2 - Cada condómino contribui para esse fundo com uma quantia correspondente a, pelo menos, 10% da sua quota-parte nas restantes despesas do condomínio.

3 - No caso de, por deliberação da assembleia, o fundo comum de reserva ser utilizado para fim diverso do indicado no n.º 1, os condóminos devem assegurar o pagamento, no prazo máximo de 12 meses a contar da deliberação, da quotização extraordinária necessária à reposição do montante utilizado, aplicando-se o disposto no artigo 6.º no caso de não cumprimento dessa obrigação.

4 - O fundo comum de reserva deve ser depositado em instituição bancária, competindo à assembleia de condóminos a respectiva administração.

Artigo 5.º - Actualização do seguro

1 - É obrigatória a actualização anual do seguro contra o risco de incêndio.

2 - Compete à assembleia de condóminos deliberar o montante de cada actualização.

3 - Se a assembleia não aprovar o montante da actualização, deve o administrador actualizar o seguro de acordo com o índice publicado trimestralmente pelo Instituto de Seguros de Portugal.

Artigo 6.º – Dívidas por encargos de condomínio

1 – A ata da reunião da assembleia de condóminos que tiver deliberado o montante das contribuições a pagar ao condomínio menciona o montante anual a pagar por cada condómino e a data de vencimento das respetivas obrigações.

2 – A ata da reunião da assembleia de condóminos que reúna os requisitos indicados no n.º 1 constitui título executivo contra o proprietário que deixar de pagar, no prazo estabelecido, a sua quota-parte.

3 – Consideram-se abrangidos pelo título executivo os juros de mora, à taxa legal, da obrigação dele constante, bem como as sanções pecuniárias, desde que aprovadas em assembleia de condóminos ou previstas no regulamento do condomínio.

4 – O administrador deve instaurar ação judicial destinada a cobrar as quantias referidas nos n.os 1 e 3.

5 – A ação judicial referida no número anterior deve ser instaurada no prazo de 90 dias a contar da data do primeiro incumprimento do condómino, salvo deliberação em contrário da assembleia de condóminos e desde que o valor em dívida seja igual ou superior ao valor do indexante dos apoios sociais do respetivo ano civil.

Artigo 7.º – Falta ou impedimento do administrador

O regulamento deve prever e regular o exercício das funções de administração na falta ou impedimento do administrador ou de quem a título provisório desempenhe as funções deste.

Artigo 8.º – Publicitação das regras de segurança

O administrador deve assegurar a publicitação das regras respeitantes à segurança do edifício ou conjunto de edifícios, designadamente à dos equipamentos de uso comum.

Artigo 9.º – Dever de informação a terceiros

O administrador, ou quem a título provisório desempenhe as funções deste, deve facultar cópia do regulamento aos terceiros titulares de direitos relativos às fracções.

Artigo 10.º – Obrigação de constituição da propriedade horizontal e de obtenção da licença de utilização

Celebrado contrato-promessa de compra e venda de fracção autónoma a constituir, e salvo estipulação expressa em contrário, fica o promitente-vendedor obrigado a exercer as diligências necessárias à constituição da propriedade horizontal e à obtenção da correspondente licença de utilização.

Artigo 10.º-A – Administração provisória

1 – Sempre que, por ato ou omissão dos condóminos, a assembleia de condóminos não reúna ou não sejam tomadas as decisões necessárias ao cumprimento das obrigações legais de elaboração do regulamento do condomínio, de contratação do seguro obrigatório ou de constituição do fundo de reserva, e se não existir administrador, qualquer condómino pode assegurar o cumprimento das mesmas como administrador provisório, devendo, nesse caso, dar cumprimento ao disposto no artigo 3.º

2 – Uma vez cumpridas as obrigações previstas no número anterior, o administrador provisório deve convocar a assembleia de condóminos para eleição do administrador e para prestar informação e contas sobre a sua administração.

3 – Se, apesar de regularmente convocada, a assembleia de condóminos não reunir ou não eleger administrador, o condómino que exerceu provisoriamente as funções de administração, nos termos dos números anteriores, pode comunicar aos outros condóminos o propósito de continuar a exercer o cargo de administrador provisório, nos termos do artigo 1435.º-A do Código Civil, ou requerer ao tribunal a nomeação de um administrador, sem prejuízo do disposto no número seguinte.

4 – Quando o condómino que exerce as funções de administração provisória, nos termos do artigo 1435.º-A do Código Civil, for uma entidade pública com atribuições na área da gestão habitacional e for necessário promover a realização de obras nas partes comuns do edifício, esta pode recorrer à execução coerciva das mesmas, nos termos do artigo seguinte, sempre que não seja possível uma decisão da assembleia de condóminos para o efeito.

Artigo 11.º – Obras

1 – Para efeito de aplicação do disposto nos artigos 89.º a 91.º do Regime Jurídico da Urbanização e Edificação (RJUE), aprovado pelo Decreto-Lei n.º 555/99, de 16 de dezembro, relativamente a obras necessárias nas partes comuns do edifício, é suficiente a notificação ao administrador do condomínio.

2 – No caso do número anterior, se houver lugar à execução coerciva das obras, cada condómino é responsável pelos encargos com a realização das mesmas na proporção da sua quota, sendo o respetivo pagamento assegurado nos termos dos artigos 108.º e 108.º-B do RJUE.

3 – No caso de edifício em que um dos condóminos é uma entidade pública com atribuições na área da gestão habitacional, as obras necessárias nas partes comuns podem ser determinadas e promovidas por essa entidade nos termos do regime a que se referem os números anteriores, caso em que a notificação e, se necessário, os elementos referidos no n.º 4 do artigo 89.º são por esta remetidos ao município competente, estando a correspondente operação urbanística sujeita a parecer prévio da câmara municipal nos termos do n.º 2 do artigo 7.º do RJUE.

Artigo 12.º – Direito transitório

Nos prédios já sujeitos ao regime de propriedade horizontal à data da entrada em vigor do presente diploma deve, no prazo de 90 dias, ser dado cumprimento ao disposto no artigo 3.º

Visto e aprovado em Conselho de Ministros de 28 de Julho de 1994. – Aníbal António Cavaco Silva – Luís Francisco Valente de Oliveira – Álvaro José Brilhante Laborinho Lúcio – Luís Filipe Alves Monteiro – Joaquim Martins Ferreira do Amaral – Fernando Manuel Barbosa Faria de Oliveira.

Promulgado em 7 de Outubro de 1994.

Publique-se.

O Presidente da República, MÁRIO SOARES.

Referendado em 10 de Outubro de 1994.

O Primeiro-Ministro, Aníbal António Cavaco Silva.

ARRENDAMENTO

NOVO REGIME DO ARRENDAMENTO URBANO

Lei n.º 6/2006, de 27 de Fevereiro
Aprova o Novo Regime do Arrendamento Urbano (NRAU), que estabelece um regime especial de actualização das rendas antigas, e altera o Código Civil, o Código de Processo Civil, o Decreto-Lei n.º 287/2003, de 12 de Novembro, o Código do Imposto Municipal sobre Imóveis e o Código do Registo Predial

A Assembleia da República decreta, nos termos da alínea *c)* do artigo 161.º da Constituição, o seguinte:

TÍTULO I – Novo Regime do Arrendamento Urbano

Artigo 1.º – Objecto

A presente lei aprova o Novo Regime do Arrendamento Urbano (NRAU).

CAPÍTULO I – Alterações legislativas

Artigo 2.º – Alteração ao Código Civil

(Não se transcrevem por não se inserirem no âmbito da presente publicação)

Artigo 3.º – Aditamento ao Código Civil

(Não se transcrevem por não se inserirem no âmbito da presente publicação)

Artigo 4.º – Alteração ao Código de Processo Civil

(Não se transcrevem por não se inserirem no âmbito da presente publicação)

Artigo 5.º – Aditamento ao Código Civil
(Não se transcrevem por não se inserirem no âmbito da presente publicação)

Artigo 6.º – Alteração ao Decreto-Lei n.º 287/2003, de 12 de Novembro
(Não se transcrevem por não se inserirem no âmbito da presente publicação)

Artigo 7.º – Alteração ao Código do Imposto Municipal sobre Imóveis
(Não se transcrevem por não se inserirem no âmbito da presente publicação)

Artigo 8.º – Alteração ao Código do Registo Predial
(Não se transcrevem por não se inserirem no âmbito da presente publicação)

CAPÍTULO II – Disposições gerais

SECÇÃO I – Comunicações

Artigo 9.º – Forma da comunicação

1 – Salvo disposição da lei em contrário, as comunicações legalmente exigíveis entre as partes, relativas a cessação do contrato de arrendamento, actualização da renda e obras, são realizadas mediante escrito assinado pelo declarante e remetido por carta registada com aviso de recepção.

2 – As cartas dirigidas ao arrendatário, na falta de indicação por escrito deste em contrário, devem ser remetidas para o local arrendado.

3 – As cartas dirigidas ao senhorio devem ser remetidas para o endereço constante do contrato de arrendamento ou da sua comunicação imediatamente anterior.

4 – Não existindo contrato escrito nem comunicação anterior do senhorio, as cartas dirigidas a este devem ser remetidas para o seu domicílio ou sede.

5 – Qualquer comunicação deve conter o endereço completo da parte que a subscreve, devendo as partes comunicar mutuamente a alteração daquele.

6 – O escrito assinado pelo declarante pode, ainda, ser entregue em mão, devendo o destinatário apor em cópia a sua assinatura, com nota de recepção.

7 – A comunicação pelo senhorio destinada à cessação do contrato por resolução, nos termos do n.º 2 do artigo 1084.º do Código Civil, é efetuada mediante:

a) Notificação avulsa;

b) Contacto pessoal de advogado, solicitador ou agente de execução, comprovadamente mandatado para o efeito, sendo feita na pessoa do notificando, com entrega de duplicado da comunicação e cópia dos documentos que a acompanhem, devendo o notificando assinar o original;

c) Escrito assinado e remetido pelo senhorio nos termos do n.º 1, nos contratos celebrados por escrito em que tenha sido convencionado o domicílio, caso em que é inoponível ao senhorio qualquer alteração do local, salvo se este tiver autorizado a modificação.

Artigo 10.º – Vicissitudes

1 – A comunicação prevista no n.º 1 do artigo anterior considera-se realizada ainda que:

a) A carta seja devolvida por o destinatário se ter recusado a recebê-la;

b) O aviso de recepção tenha sido assinado por pessoa diferente do destinatário.

2 – O disposto no número anterior não sc aplica às cartas que:

a) Constituam iniciativa do senhorio para a transição para o NRAU e atualização da renda, nos termos dos artigos 30.º e 50.º; ou

b) Integrem título para pagamento de rendas, encargos ou despesas ou que possam servir de base ao procedimento especial de despejo, nos termos dos artigos 14.º-A e 15.º, respetivamente, salvo nos casos de domicílio convencionado nos termos da alínea *c)* do n.º 7 do artigo anterior.

c) Sejam devolvidas por não terem sido levantadas no prazo previsto no regulamento dos serviços postais.

3 – Nas situações previstas no número anterior, o remetente deve enviar nova carta registada com aviso de receção, decorridos que sejam 30 a 60 dias sobre a data do envio da primeira carta.

4 – Se a nova carta voltar a ser devolvida, nos termos da alínea *a)* do n.º 1 e da alínea *c)* do n.º 2, considera-se a comunicação recebida no 10.º dia posterior ao do seu envio.

5 – Nos casos previstos nas alíneas *a)* e *b)* do n.º 7 do artigo anterior, se:

a) O destinatário da comunicação recusar a assinatura do original ou a receção do duplicado da comunicação e cópia dos documentos que a acompanhem, o advogado, solicitador ou agente de execução lavra nota do incidente e a comunicação considera-se efetuada no próprio dia face à certificação da ocorrência;

b) Não for possível localizar o destinatário da comunicação, o senhorio remete carta registada com aviso de receção para o local arrendado, decorridos 30 a 60 dias sobre a data em que o destinatário não foi localizado, e considera-se a comunicação recebida no 10.º dia posterior ao do seu envio.

Artigo 11.º – Pluralidade de senhorios ou de arrendatários

1 – Havendo pluralidade de senhorios, as comunicações devem, sob pena de ineficácia, ser subscritas por todos, ou por quem a todos represente, devendo o arrendatário dirigir as suas comunicações ao representante, ou a quem em comunicação anterior tenha sido designado para as receber.

2 – Na falta da designação prevista no número anterior, o arrendatário dirige as suas comunicações ao primeiro signatário e envia a carta para o endereço do remetente.

3 – Havendo pluralidade de arrendatários, a comunicação do senhorio é dirigida ao que figurar em primeiro lugar no contrato, salvo indicação daqueles em contrário.

4 – A comunicação prevista no número anterior é, contudo, dirigida a todos os arrendatários nos casos previstos no n.º 2 do artigo anterior.

5 – Se a posição do destinatário estiver integrada em herança indivisa, a comunicação é dirigida ao cabeça-de-casal, salvo indicação de outro representante.

6 – Nas situações previstas nos números anteriores, a pluralidade de comunicações de conteúdo diverso por parte dos titulares das posições de senhorio ou de arrendatário equivale ao silêncio.

Artigo 12.º – Casa de morada de família

1 – Se o local arrendado constituir casa de morada de família, as comunicações previstas no n.º 2 do artigo 10.º devem ser dirigidas a cada um dos cônjuges, sob pena de ineficácia.

2 – As comunicações do arrendatário podem ser subscritas por ambos ou por um só dos cônjuges.

3 – Devem, no entanto, ser subscritas por ambos os cônjuges as comunicações que tenham por efeito algum dos previstos no artigo 1682.º-B do Código Civil.

SECÇÃO II – Associações

Artigo 13.º – Legitimidade

1 – As associações representativas das partes, quando expressamente autorizadas pelos interessados, gozam de legitimidade para assegurar a defesa judicial dos seus membros em questões relativas ao arrendamento.

2 – Gozam do direito referido no número anterior as associações que, cumulativamente:

a) Tenham personalidade jurídica;

b) Não tenham fins lucrativos;

c) Tenham como objectivo principal proteger os direitos e interesses dos seus associados, na qualidade de senhorios, inquilinos ou comerciantes;

d) Tenham, pelo menos, 3000, 500 ou 100 associados, consoante a área a que circunscrevam a sua acção seja de âmbito nacional, regional ou local, respectivamente.

SECÇÃO III – Assédio no arrendamento

Artigo 13.º-A – Proibição de assédio

É proibido o assédio no arrendamento ou no subarrendamento, entendendo-se como tal qualquer comportamento ilegítimo do senhorio, de quem o represente ou de terceiro interessado na aquisição ou na comercialização do locado, que, com o objetivo de provocar a desocupação do mesmo, perturbe, constranja ou afete a dignidade do arrendatário, subarrendatário ou das pessoas que com estes residam legitimamente no locado, os sujeite a um ambiente intimidativo, hostil, degradante, perigoso, humilhante, desestabilizador ou ofensivo, ou impeça ou prejudique gravemente o acesso e a fruição do locado.

Artigo 13.º-B – Intimação para tomar providências

1 – Sem prejuízo da responsabilidade civil, criminal ou contraordenacional decorrente dos atos e omissões em que se consubstancie o comportamento previsto no artigo anterior, o arrendatário pode intimar o senhorio a tomar providências ao seu alcance no sentido de:

a) Cessar a produção de ruído fora dos limites legalmente estabelecidos ou de outros atos, praticados por si ou por interposta pessoa, suscetíveis de causar prejuízo para a sua saúde e a das pessoas que com ele residam legitimamente no locado;

b) Corrigir deficiências do locado ou das partes comuns do respetivo edifício que constituam risco grave para a saúde ou segurança de pessoas e bens;

c) Corrigir outras situações que impeçam a fruição do locado, o acesso ao mesmo ou a serviços essenciais como as ligações às redes de água, eletricidade, gás ou esgotos.

2 – A intimação prevista no número anterior é feita nos termos do artigo 9.º e deve conter a exposição dos factos em que se fundamenta.

3 – Independentemente da apresentação da intimação prevista no n.º 1, o arrendatário pode requerer à câmara municipal competente a realização de uma vistoria ao locado para verificação das situações previstas no n.º 1, a qual possui natureza urgente e deve ser realizada no prazo máximo de 20 dias, devendo o respetivo auto ser emitido até 10 dias após a sua realização.

4 – No prazo de 30 dias a contar da receção da intimação prevista nos n.os 1 e 2, o senhorio deve, mediante comunicação a enviar ao arrendatário nos mesmos termos, demonstrar a adoção das medidas necessárias para corrigir a situação visada ou expor as razões que justifiquem a não adoção do comportamento pretendido pelo arrendatário.

5 – Em caso de falta de resposta nos termos previstos no número anterior, ou caso a situação se mantenha injustificadamente por corrigir, sem prejuízo da responsabilidade civil ou criminal que possa resultar dos mesmos factos e da possibilidade de recurso aos demais meios judiciais ou extrajudiciais ao seu dispor, o arrendatário pode:

a) Requerer uma injunção contra o senhorio, destinada a corrigir a situação exposta na intimação; e

b) Exigir ao senhorio o pagamento de sanção pecuniária no valor de 20 € por cada dia a partir do final do prazo previsto no número anterior, até que o senhorio lhe demonstre o cumprimento da intimação nos termos do artigo 9.º ou, em caso de incumprimento, até que seja decretada a injunção prevista na alínea anterior.

6 – A sanção pecuniária prevista na alínea *b)* do número anterior é elevada em 50 % quando o arrendatário tenha idade igual ou superior a 65 anos ou grau comprovado de deficiência igual ou superior a 60 %.

7 – A intimação prevista nos n.os 2 e 3 caduca, extinguindo-se a respetiva sanção pecuniária, se a injunção prevista na alínea *a)* do n.º 5 não for requerida no prazo de 30 dias a contar do termo do prazo previsto no n.º 4, ou se for indeferida.

SECÇÃO IV – Resolução de litígios

SUBSECÇÃO I – Ações judiciais

Artigo 14.º – Ação de despejo

1 – A ação de despejo destina-se a fazer cessar a situação jurídica do arrendamento sempre que a lei imponha o recurso à via judicial para promover tal cessação e segue a forma de processo comum declarativo.

2 – Quando o pedido de despejo tiver por fundamento a falta de residência permanente do arrendatário e quando este tenha na área dos concelhos de Lisboa ou do Porto e seus limítrofes ou no respetivo concelho quanto ao resto do País outra residência ou a propriedade de imóvel para habitação adquirido após o início da relação de arrendamento, com exceção dos casos de sucessão mortis causa, pode o senhorio, simultaneamente, pedir uma indemnização igual ao valor da renda determinada de acordo com os critérios previstos nas alíneas *a)* e *b)* do n.º 2 do artigo 35.º desde o termo do prazo para contestar até à entrega efetiva da habitação.

3 – Na pendência da ação de despejo, as rendas que se forem vencendo devem ser pagas ou depositadas, nos termos gerais.

4 – Se as rendas, encargos ou despesas vencidos por um período igual ou superior a dois meses não forem pagos ou depositados, o arrendatário é notificado para, em 10 dias, proceder ao seu pagamento ou depósito e ainda da importância da indemnização devida, juntando prova aos autos, sendo, no entanto, condenado nas custas do incidente e nas despesas de levantamento do depósito, que são contadas a final.

5 – Em caso de incumprimento pelo arrendatário do disposto no número anterior, o senhorio pode requerer o despejo imediato, aplicando-se, em caso de deferimento do requerimento, com as necessárias adaptações, o disposto no n.º 7 do artigo 15.º e nos artigos 15.º-J, 15.º-K e 15.º-M a 15.º-O.

Artigo 14.º-A – Título para pagamento de rendas, encargos ou despesas

1 – O contrato de arrendamento, quando acompanhado do comprovativo de comunicação ao arrendatário do montante em dívida, é título executivo para a execução para pagamento de quantia certa correspondente às rendas, aos encargos ou às despesas que corram por conta do arrendatário.

2 – O contrato de arrendamento, quando acompanhado da comunicação ao senhorio do valor em dívida, prevista no n.º 3 do artigo 22.º-C do regime jurídico das obras em prédios arrendados, aprovado pelo Decreto-Lei n.º 157/2006, de 8 de agosto, é título executivo para a execução para pagamento de quantia certa correspondente à compensação pela execução de obras pelo arrendatário em substituição do senhorio.

SUBSECÇÃO II – Procedimento especial de despejo

Artigo 15.º – Procedimento especial de despejo

1 – O procedimento especial de despejo é um meio processual que se destina a efetivar a cessação do arrendamento, independentemente do fim a que este se destina, quando o arrendatário não desocupe o locado na data prevista na lei ou na data fixada por convenção entre as partes.

2 – Apenas podem servir de base ao procedimento especial de despejo independentemente do fim a que se destina o arrendamento:

a) Em caso de revogação, o contrato de arrendamento, acompanhado do acordo previsto no n.º 2 do artigo 1082.º do Código Civil;

b) Em caso de caducidade pelo decurso do prazo, não sendo o contrato renovável, o contrato escrito do qual conste a fixação desse prazo;

c) Em caso de cessação por oposição à renovação, o contrato de arrendamento acompanhado do comprovativo da comunicação prevista no n.º 1 do artigo 1097.º ou no n.º 1 do artigo 1098.º do Código Civil;

d) Em caso de denúncia por comunicação pelo senhorio, o contrato de arrendamento, acompanhado do comprovativo da comunicação prevista na alínea *c)* do artigo 1101.º ou no n.º 1 do artigo 1103.º do Código Civil ou da comunicação a que se refere a alínea *a)* do n.º 5 do artigo 33.º da presente lei;

e) Em caso de resolução por comunicação, o contrato de arrendamento, acompanhado do comprovativo da comunicação prevista no n.º 2 do artigo 1084.º do Código Civil, bem como, quando aplicável, do comprovativo, emitido pela autoridade competente, da oposição à realização da obra;

f) Em caso de denúncia pelo arrendatário, nos termos dos n.os 3 e 4 do artigo 1098.º do Código Civil e dos artigos 34.º e 53.º da presente lei, o comprovativo da comunicação da iniciativa do senhorio e o documento de resposta do arrendatário.

3 – Para efeitos do disposto na alínea d) do número anterior, o comprovativo da comunicação prevista no n.º 1 do artigo 1103.º do Código Civil é acompanhado dos documentos referidos nos n.os 2 e 3 do mesmo artigo ou, sendo caso disso, de cópia da certidão a que se refere o n.º 7 do artigo 8.º do Decreto-Lei n.º 157/2006, de 8 de agosto, que aprova o regime jurídico das obras em prédios arrendados.

4 – O procedimento especial de despejo previsto na presente subsecção apenas pode ser utilizado relativamente a contratos de arrendamento cujo imposto do selo tenha sido liquidado ou cujas rendas tenham sido declaradas para efeitos de IRS ou IRC.

5 – Quando haja lugar a procedimento especial de despejo, o pedido de pagamento de rendas, encargos ou despesas que corram por conta do arrendatário pode ser deduzido cumulativamente com o pedido de despejo no âmbito do referido procedimento desde que tenha sido comunicado ao arrendatário o montante em dívida, salvo se previamente tiver sido intentada ação executiva para os efeitos previstos no artigo anterior.

6 – No caso de desistência do pedido de pagamento de rendas, encargos ou despesas, o procedimento especial de despejo segue os demais trâmites legalmente previstos quanto ao pedido de desocupação do locado.

7 – Sempre que os autos sejam distribuídos, o juiz deve pronunciar-se sobre todas as questões suscitadas e, independentemente de ter sido requerida, sobre a autorização de entrada no domicílio.

8 – As rendas que se forem vencendo na pendência do procedimento especial de despejo devem ser pagas ou depositadas, nos termos gerais.

Artigo 15.º-A – Balcão Nacional do Arrendamento

1 – É criado, junto da Direção-Geral da Administração da Justiça, o Balcão Nacional do Arrendamento (BNA), destinado a assegurar a tramitação do procedimento especial de despejo.

2 – O BNA tem competência em todo o território nacional para a tramitação do procedimento especial de despejo.

Artigo 15.º-B – Apresentação, forma e conteúdo do requerimento de despejo

1 – O requerimento de despejo é apresentado, em modelo próprio, no BNA.

2 – No requerimento deve o requerente:

a) Identificar as partes, indicando os seus nomes e domicílios, bem como os respetivos números de identificação civil;

b) Indicar o seu endereço de correio eletrónico se pretender receber comunicações por meios eletrónicos;

c) Indicar o tribunal competente para apreciação dos autos se forem apresentados à distribuição;

d) Indicar o lugar onde deve ser feita a notificação, o qual, na falta de domicílio convencionado por escrito, deve ser o local arrendado;

e) Indicar o fundamento do despejo e juntar os documentos previstos no n.º 2 do artigo 15.º;

f) Indicar o valor da renda;

g) Formular o pedido e, no caso de pedido para pagamento de rendas, encargos ou despesas, discriminar o valor do capital, juros vencidos e outras quantias devidas;

h) Juntar comprovativo do pagamento do imposto do selo ou comprovativo da liquidação do IRS ou do IRC relativo aos últimos quatro anos e do qual constem as rendas relativas ao locado, salvo se o contrato for mais recente;

i) Indicar que pretende proceder ao pagamento da taxa devida ou, sendo o caso, indicar a modalidade de apoio judiciário concedido, bem como juntar documento comprovativo da respetiva concessão, sem prejuízo do disposto no n.º 7;

j) Designar o agente de execução ou o notário competente para proceder à desocupação do locado;

k) Designar agente de execução para proceder à execução para pagamento das rendas, encargos ou despesas em atraso, nos casos em que seja designado notário para proceder à desocupação do locado ou este venha a ser competente;

l) Assinar o requerimento.

3 – Havendo pluralidade de arrendatários ou constituindo o local arrendado casa de morada de família, o requerente deve ainda identificar os nomes e domicílios de todos os arrendatários e de ambos os cônjuges, consoante o caso.

4 – Sem prejuízo do disposto no n.º 6 do artigo 15.º, durante o procedimento especial de despejo não é permitida a alteração dos elementos constantes do requerimento, designadamente do pedido formulado.

5 – A entrega do requerimento de despejo por advogado ou solicitador é efetuada apenas por via eletrónica, com menção da existência do mandato e do domicílio profissional do mandatário.

6 – O requerente que, sendo representado por advogado ou solicitador, não cumprir o disposto no número anterior fica sujeito ao pagamento imediato de uma multa no valor de 2 unidades de conta processuais.

7 – Faltando, à data da apresentação do requerimento, menos de 30 dias para o termo do prazo de prescrição ou de caducidade, ou ocorrendo outra causa de urgência, deve o requerente apresentar documento comprovativo do pedido de apoio judiciário requerido, mas ainda não concedido.

8 – O procedimento considera-se iniciado na data do pagamento da taxa devida ou na data da junção do documento comprovativo do pedido ou da concessão de apoio judiciário, na modalidade de dispensa ou pagamento faseado da taxa de justiça e dos demais encargos com o processo.

Artigo 15.º-C – Recusa do requerimento

1 – O requerimento só pode ser recusado se:

a) Não estiver endereçado ao BNA;

b) Não indicar o fundamento do despejo ou não for acompanhado dos documentos previstos no n.º 2 do artigo 15.º;

c) Não estiver indicado o valor da renda;

d) Não estiver indicada a modalidade de apoio judiciário requerida ou concedida, bem como se não estiver junto o documento comprovativo do pedido ou da concessão do benefício do apoio judiciário;

e) Omitir a identificação das partes, o domicílio do requerente, os números de identificação civil ou o lugar da notificação do requerido;

f) Não estiver assinado;

g) Não constar do modelo a que se refere o n.º 1 do artigo anterior;

h) Não se mostrar paga a taxa;

i) Não se mostrar pago o imposto do selo ou liquidado o IRS ou IRC pelas rendas relativas ao locado, nos últimos quatro anos, salvo se o contrato for mais recente;

j) O pedido não se ajustar à finalidade do procedimento.

2 – Nos casos em que haja recusa, o requerente pode apresentar outro requerimento no prazo de 10 dias subsequentes à notificação daquela, considerando-se o procedimento iniciado na data em que teve lugar o pagamento da taxa devida pela apresentação do primeiro requerimento ou a junção do documento comprovativo do pedido ou da concessão do benefício do apoio judiciário na modalidade de dispensa ou de pagamento faseado da taxa de justiça e dos demais encargos com o processo.

Artigo 15.º-D – Finalidade, conteúdo e efeito da notificação

1 – O BNA expede imediatamente notificação para o requerido, por carta registada com aviso de receção, para, em 15 dias, este:

a) Desocupar o locado e, sendo caso disso, pagar ao requerente a quantia pedida, acrescida da taxa por ele liquidada;

b) Deduzir oposição à pretensão e ou requerer o diferimento da desocupação do locado, nos termos do disposto nos artigos 15.º-N e 15.º-O.

2 – Havendo vários requeridos, a notificação é expedida para todos eles, nos termos e para os efeitos previstos no número anterior.

3 – A notificação é expedida para o local indicado no requerimento de despejo, aplicando-se, com as necessárias adaptações, o disposto no artigo 236.º, nos n.os 3 a 5 do artigo 237.º-A e no n.º 2 do artigo 238.º do Código de Processo Civil, não havendo lugar à advertência prevista no artigo 241.º do mesmo Código.

4 – O ato de notificação deve conter:

a) Os elementos referidos nas alíneas *a)* a *h)* do n.º 2 do artigo 15.º-B e, se for caso disso, no n.º 3 do mesmo artigo;

b) A indicação do prazo para a oposição e a respetiva forma de contagem;

c) A indicação de que, na falta de desocupação do locado, de oposição dentro do prazo legal ou do pagamento ou depósito das rendas que se venceram na pendência do procedimento especial de despejo, será constituído título para desocupação do locado com a faculdade de o requerente a efetivar imediatamente;

d) Nos casos de pedido de pagamento das rendas, encargos ou despesas em atraso, a indicação de que, na falta de pagamento da quantia pedida e da taxa liquidada pelo requerente, são ainda devidos juros de mora desde a data da apresentação do requerimento;

e) A indicação de que a dedução de oposição cuja falta de fundamento o requerido não deva ignorar o responsabiliza pelos danos que causar ao requerente e determina a condenação em multa de valor não inferior a 10 vezes a taxa devida.

5 – A notificação efetuada nos termos do presente artigo interrompe a prescrição, nos termos do disposto no artigo 323.º do Código Civil.

Artigo 15.º-E – Constituição de título para desocupação do locado

1 – O BNA converte o requerimento de despejo em título para desocupação do locado se:

a) Depois de notificado, o requerido não deduzir oposição no respetivo prazo;

b) A oposição se tiver por não deduzida nos termos do disposto no n.º 4 do artigo seguinte;

c) Na pendência do procedimento especial de despejo, o requerido não proceder ao pagamento ou depósito das rendas que se forem vencendo, nos termos previstos no n.º 8 do artigo 15.º

2 – O título de desocupação do locado é autenticado com recurso a assinatura eletrónica.

3 – Constituído o título de desocupação do locado, o BNA disponibiliza o requerimento de despejo no qual tenha sido colocada a fórmula de título para desocupação do locado ao requerente e ao agente de execução, notário ou oficial de justiça designado, consoante os casos, nos termos definidos por portaria do membro do Governo responsável pela área da justiça.

Artigo 15.º-F – Oposição

1 – O requerido pode opor-se à pretensão no prazo de 15 dias a contar da sua notificação.

2 – A oposição não carece de forma articulada, devendo ser apresentada no BNA apenas por via eletrónica, com menção da existência do mandato e do domicílio profissional do mandatário, sob pena de pagamento imediato de uma multa no valor de 2 unidades de conta processuais.

3 – Com a oposição, deve o requerido proceder à junção do documento comprovativo do pagamento da taxa de justiça devida e, nos casos previstos nos n.os 3 e 4 do artigo 1083.º do Código Civil, ao pagamento de uma caução no valor das rendas, encargos ou despesas em atraso, até ao valor máximo correspondente a seis rendas, salvo nos casos de apoio judiciário, em que está isento, nos termos a definir por portaria do membro do Governo responsável pela área da justiça.

4 – Não se mostrando paga a taxa ou a caução previstas no número anterior, a oposição tem-se por não deduzida.

5 – A oposição tem-se igualmente por não deduzida quando o requerido não efetue o pagamento da taxa devida no prazo de cinco dias a contar da data da notificação da decisão definitiva de indeferimento do pedido de apoio judiciário, na modalidade de dispensa ou de pagamento faseado da taxa e dos demais encargos com o processo.

Artigo 15.º-G – Extinção do procedimento

1 – O procedimento especial de despejo extingue-se pela desocupação do locado, por desistência e por morte do requerente ou do requerido.

2 – O requerente pode desistir do procedimento especial de despejo até à dedução da oposição ou, na sua falta, até ao termo do prazo de oposição.

3 – Nos casos previstos nos números anteriores, o BNA devolve a pedido do requerente o expediente respeitante ao procedimento especial de despejo e notifica o requerido daquele facto se este já tiver sido notificado do requerimento de despejo.

Artigo 15.º-H – Distribuição e termos posteriores

1 – Deduzida oposição, o BNA apresenta os autos à distribuição e remete ao requerente cópia da oposição.

2 – Recebidos os autos, o juiz pode convidar as partes para, no prazo de 5 dias, aperfeiçoarem as peças processuais, ou, no prazo de 10 dias, apresentarem novo articulado sempre que seja necessário garantir o contraditório.

3 – Não julgando logo procedente alguma exceção dilatória ou nulidade que lhe cumpra conhecer ou não decidindo logo do mérito da causa, o juiz ordena a notificação das partes da data da audiência de julgamento.

4 – Os autos são igualmente apresentados à distribuição sempre que se suscite questão sujeita a decisão judicial.

Artigo 15.º-I – Audiência de julgamento e sentença

1 – A audiência de julgamento realiza-se no prazo de 20 dias a contar da distribuição.

2 – Não é motivo de adiamento da audiência a falta de qualquer das partes ou dos seus mandatários, salvo nos casos de justo impedimento.

3 – Se as partes estiverem presentes ou representadas na audiência, o juiz procura conciliá-las.

4 – Frustrando-se a conciliação, produzem-se as provas que ao caso couber.

5 – Qualquer das partes pode requerer a gravação da audiência.

6 – As provas são oferecidas na audiência, podendo cada parte apresentar até três testemunhas.

7 – A prova pericial é sempre realizada por um único perito.

8 – Se considerar indispensável para a boa decisão da causa que se proceda a alguma diligência de prova, o juiz pode suspender a audiência no momento que reputar mais conveniente e marcar logo dia para a sua continuação, devendo o julgamento concluir-se no prazo de 10 dias.

9 – Finda a produção de prova, pode cada um dos mandatários fazer uma breve alegação oral.

10 – A sentença, sucintamente fundamentada, é logo ditada para a ata.

Artigo 15.º-J – Desocupação do locado e pagamento das rendas em atraso

1 – Havendo título ou decisão judicial para desocupação do locado, o agente de execução, o notário ou, na falta destes ou sempre que lei lhe atribua essa competência, o oficial de justiça desloca-se imediatamente ao locado para tomar a posse do imóvel, lavrando auto da diligência.

2 – O senhorio e o arrendatário podem acordar num prazo para a desocupação do locado com remoção de todos os bens móveis, sendo lavrado auto pelo agente de execução, notário ou oficial de justiça.

3 – O agente de execução, o notário ou o oficial de justiça podem solicitar diretamente o auxílio das autoridades policiais sempre que seja necessário o arrombamento da porta e a substituição da fechadura para efetivar a posse do imóvel, aplicando-se, com as necessárias adaptações, o disposto no n.º 5 do artigo 840.º do Código de Processo Civil.

4 – Quando a desocupação do locado deva efetuar-se em domicílio, a mesma só pode realizar-se entre as 7 e as 21 horas, devendo o agente de execução, o notário ou o oficial de justiça entregar cópia do título ou decisão judicial a quem tiver a disponibilidade do lugar em que a diligência se realiza, o qual pode assistir à diligência e fazer-se acompanhar ou substituir por pessoa da sua confiança que, sem delonga, se apresente no local.

5 – O título para desocupação do locado, quando tenha sido efetuado o pedido de pagamento das rendas, encargos ou despesas em atraso, e a decisão judicial que condene o requerido no pagamento daqueles constituem título executivo para pagamento de quantia certa, aplicando-se, com as necessárias adaptações, os termos previstos no Código de Processo Civil para a execução para pagamento de quantia certa baseada em injunção.

6 – Nos casos previstos no número anterior não há lugar a oposição à execução.

Artigo 15.º-K – Destino dos bens

1 – O agente de execução, o notário ou o oficial de justiça procede ao arrolamento dos bens encontrados no locado.

2 – O arrendatário deve, no prazo de 30 dias após a tomada da posse do imóvel, remover todos os seus bens móveis, sob pena de estes serem considerados abandonados.

Artigo 15.º-L – Autorização judicial para entrada imediata no domicílio

1 – Caso o arrendatário não desocupe o domicílio de livre vontade ou incumpra o acordo previsto no n.º 2 do artigo 15.º-J e o procedimento especial de despejo não tenha sido distribuído a juiz, o agente de execução, o notário ou o oficial de justiça apresenta requerimento no tribunal judicial da situação do locado para, no prazo de cinco dias, ser autorizada a entrada imediata no domicílio.

2 – O requerimento previsto no número anterior assume caráter de urgência e deve ser instruído com:

a) O título para desocupação do locado;

b) O documento comprovativo do pagamento da taxa de justiça devida.

3 – Se a considerar necessária, o juiz procede à audição do arrendatário.

4 – São motivos de recusa do requerimento de autorização para entrada no domicílio, designadamente:

a) Não ter sido utilizado o modelo de requerimento ou este não estar devidamente preenchido;

b) O requerimento não estar instruído com os documentos referidos no n.º 2;

c) A violação do disposto nos artigos 9.º, 10.º e 15.º-D.

5 – Conferida autorização judicial para entrada no domicílio, o agente de execução, o notário ou o oficial de justiça desloca-se imediatamente ao locado para tomar a posse do imóvel, aplicando-se o disposto nos n.os 2 a 4 do artigo 15.º-J e no artigo anterior.

6 – O disposto nos números anteriores é aplicável, com as necessárias adaptações, aos casos em que a entrada no locado dependa de autorização judicial nos termos da lei.

Artigo 15.º-M – Suspensão da desocupação do locado

1 – O agente de execução, o notário ou o oficial de justiça suspende as diligências para desocupação do locado sempre que o detentor da coisa, ao qual não tenha sido dada a oportunidade de intervir no procedimento especial de despejo, exibir algum dos seguintes títulos, com data anterior ao início daquele procedimento:

a) Título de arrendamento ou de outro gozo legítimo do prédio, emanado do senhorio;

b) Título de subarrendamento ou de cessão da posição contratual, emanado do arrendatário, e documento comprovativo de haver sido requerida no prazo de 15 dias a respetiva notificação ao senhorio ou de este ter especialmente autorizado o subarrendamento ou a cessão ou, ainda, de ter reconhecido o subarrendatário ou cessionário como tal.

2 – Tratando-se de arrendamento para habitação, o agente de execução, o notário ou o oficial de justiça suspende as diligências executórias quando se mostre, por atestado médico que indique fundamentadamente o prazo durante o qual se deve suspender a execução, que a diligência põe em risco de vida a pessoa que se encontra no local, por razões de doença aguda.

3 – Nos casos referidos nos números anteriores, o agente de execução, o notário ou o oficial de justiça lavra certidão das ocorrências, junta os documentos exibidos e adverte o detentor, ou a pessoa que se encontra no local, de que as diligências para a desocupação do locado prosseguem, salvo se, no prazo de 10 dias, requerer ao juiz do tribunal judicial da situação do locado a confirmação da suspensão, juntando ao requerimento os documentos disponíveis, dando do facto imediato conhecimento ao senhorio ou ao seu representante.

4 – Ouvido o senhorio, o juiz do tribunal judicial da situação do locado, no prazo de cinco dias, decide manter suspensas as diligências para a desocupação ou ordena o levantamento da suspensão e a imediata prossecução daquelas.

Artigo 15.º-N – Diferimento da desocupação de imóvel arrendado para habitação

1 – No caso de imóvel arrendado para habitação, dentro do prazo para a oposição ao procedimento especial de despejo, o arrendatário pode requerer ao juiz do tribunal judicial da situação do locado o diferimento da desocupação, por razões sociais imperiosas, devendo logo oferecer as provas disponíveis e indicar as testemunhas a apresentar, até ao limite de três.

2 – O diferimento de desocupação do locado para habitação é decidido de acordo com o prudente arbítrio do tribunal, devendo o juiz ter em consideração as exigências da boa fé, a circunstância de o arrendatário não dispor imediatamente de outra habitação, o número de pessoas que habitam com o arrendatário, a sua idade, o seu estado de saúde e, em geral, a situação económica e social das pessoas envolvidas, só podendo ser concedido desde que se verifique algum dos seguintes fundamentos:

a) Que, tratando-se de resolução por não pagamento de rendas, a falta do mesmo se deve a carência de meios do arrendatário, o que se presume relativamente ao beneficiário de subsídio de desemprego, de valor igual ou inferior à retribuição mínima mensal garantida, ou de rendimento social de inserção;

b) Que o arrendatário tem deficiência com grau comprovado de incapacidade igual ou superior a 60 %.

3 – No caso de diferimento decidido com base na alínea *a)* do número anterior, cabe ao Fundo de Socorro Social do Instituto de Gestão Financeira da Segurança Social pagar ao senhorio as rendas correspondentes ao período de diferimento, ficando aquele sub-rogado nos direitos deste.

Artigo 15.º-O – Termos do diferimento da desocupação

1 – O requerimento de diferimento da desocupação assume carácter de urgência e é indeferido liminarmente quando:

a) Tiver sido apresentado fora do prazo;

b) O fundamento não se ajustar a algum dos referidos no artigo anterior;

c) For manifestamente improcedente.

2 – Se o requerimento for recebido, o senhorio é notificado para contestar, dentro do prazo de 10 dias, devendo logo oferecer as provas disponíveis e indicar as testemunhas a apresentar, até ao limite de três.

3 – O juiz deve decidir o pedido de diferimento da desocupação por razões sociais no prazo máximo de 20 dias a contar da sua apresentação, sendo, no caso previsto na alínea *a)* do n.º 2 do artigo anterior, a decisão oficiosamente comunicada, com a sua fundamentação, ao Fundo de Socorro Social do Instituto de Gestão Financeira da Segurança Social.

4 – O diferimento não pode exceder o prazo de cinco meses a contar da data do trânsito em julgado da decisão que o conceder.

Artigo 15.º-P – Impugnação do título para desocupação do locado

1 – O arrendatário só pode impugnar o título para desocupação do locado com fundamento na violação do disposto nos artigos 9.º, 10.º e 15.º-D.

2 – A impugnação prevista no número anterior é apresentada ao juiz do tribunal judicial da situação do locado, no prazo de 10 dias a contar da deslocação do agente de execução, do notário ou do oficial de justiça ao imóvel para a sua desocupação, ou do momento em que o arrendatário teve conhecimento de ter sido efetuada a sua desocupação, podendo ser acompanhada de cópia do título para desocupação do locado.

3 – A impugnação observa as seguintes regras:

a) A prova é oferecida com o requerimento;

b) A parte requerida é notificada para, em 10 dias, se opor à impugnação e oferecer prova;

c) A impugnação tem sempre efeito meramente devolutivo, seguindo, com as necessárias adaptações, a tramitação do recurso de apelação, nos termos do Código de Processo Civil.

Artigo 15.º-Q – Recurso da decisão judicial para desocupação do locado

Independentemente do valor da causa e da sucumbência, da decisão judicial para desocupação do locado cabe sempre recurso de apelação, nos termos do Código de Processo Civil, o qual tem sempre efeito meramente devolutivo.

Artigo 15.º-R – Uso indevido ou abusivo do procedimento

1 – Aquele que fizer uso indevido do procedimento especial de despejo do locado incorre em responsabilidade nos termos da lei.

2 – Se o senhorio ou o arrendatário usarem meios cuja falta de fundamento não devessem ignorar ou fizerem uso manifestamente reprovável do procedimento especial de despejo, respondem pelos danos que culposamente causarem à outra parte e incorrem em multa de valor não inferior a 10 vezes a taxa de justiça devida.

3 – O disposto no número anterior é ainda aplicável ao detentor do locado ou a qualquer outro interveniente no procedimento especial de despejo que, injustificadamente, obste à efetivação da desocupação do locado.

4 – Incorre na prática do crime de desobediência qualificada quem infrinja a decisão judicial de desocupação do locado.

Artigo 15.º-S – Disposições finais

1 – Ao procedimento especial de despejo aplica-se o regime de acesso ao direito e aos tribunais, com as necessárias adaptações e as seguintes especificidades:

a) O prazo previsto no n.º 1 do artigo 33.º da Lei n.º 34/2004, de 29 de julho, é reduzido para 10 dias;

b) Não se aplica o disposto no n.º 2 do artigo 33.º da Lei n.º 34/2004, de 29 de julho;

c) Sendo requerido apoio judiciário para dispensa de pagamento ou pagamento faseado das taxas e demais encargos equivale ao pagamento da taxa a que alude o n.º 7 do artigo 15.º-B a junção do documento comprovativo da apresentação do respetivo pedido.

2 – Em caso de indeferimento do pedido de apoio judiciário na modalidade de dispensa ou de pagamento faseado de taxa e demais encargos com o processo, o requerente deve efetuar o pagamento da taxa devida no prazo de 5 dias a contar da data da notificação da decisão definitiva de indeferimento, sob pena de extinção do procedimento ou, caso já tenha sido constituído título para desocupação do locado, de pagamento do valor igual a 10 vezes o valor da taxa devida.

3 – No procedimento especial de despejo, é obrigatória a constituição de advogado para a dedução de oposição ao requerimento de despejo.

4 – As partes têm de se fazer representar por advogado nos atos processuais subsequentes à distribuição no procedimento especial de despejo.

5 – Aos prazos do procedimento especial de despejo aplicam-se as regras previstas no Código de Processo Civil, não havendo lugar à sua suspensão durante as férias judiciais nem a qualquer dilação.

6 – Estão sujeitos a distribuição a autorização judicial para entrada imediata no domicílio, a suspensão da desocupação do locado e o diferimento da desocupação de imóvel arrendado para habitação, previstos nos artigos 15.º-L a 15.º-O, bem como os demais atos que careçam de despacho judicial.

7 – O tribunal competente para todas as questões suscitadas no âmbito do procedimento especial de despejo é o da situação do locado.

8 – Os atos a praticar pelo juiz no âmbito do procedimento especial de despejo assumem carácter urgente.

9 – Compete ao membro do Governo responsável pela área da justiça regulamentar o procedimento especial de despejo, nomeadamente, nas seguintes matérias:

a) Aprovação do modelo de requerimento de despejo;

b) Forma de apresentação dos requerimentos de despejo, oposição, autorização judicial para entrada imediata no domicílio, suspensão da desocupação do locado e diferimento da desocupação de imóvel arrendado para habitação;

c) Forma de apresentação da impugnação do título para desocupação do locado e da oposição à mesma;

d) Forma de pagamento da caução devida pela dedução de oposição à desocupação do locado;

e) Forma de apresentação da contestação do pedido de diferimento da desocupação;

f) Modo de designação, substituição e destituição do agente de execução, notário ou oficial de justiça;

g) Forma de disponibilização do título de desocupação do locado;

h) Comunicações e notificações;

i) Fixação de taxas e forma de pagamento;

j) Remuneração do agente de execução ou notário ou pagamento de taxa no caso de intervenção de oficial de justiça.

SUBSECÇÃO III – Injunção

Artigo 15.º-T – Injunção em matéria de arrendamento

1 – A injunção em matéria de arrendamento (IMA) é um meio processual que se destina a efetivar os seguintes direitos do arrendatário:

a) Pagamento de quantia certa do valor da compensação em dívida por execução de obras em substituição do senhorio, em caso de execução de intimação emitida ao abrigo do n.º 2 do artigo 89.º do regime jurídico da urbanização e da edificação, aprovado pelo Decreto-Lei n.º 555/99, de 16 de dezembro, ou do n.º 1 do artigo 55.º do regime jurídico da reabilitação urbana, aprovado pelo Decreto-Lei n.º 307/2009, de 23 de outubro, quando a injunção seja titulada pelo contrato de arrendamento, acompanhado da comunicação prevista no n.º 3 do artigo 22.º-C do regime jurídico das obras em prédios arrendados, aprovado pelo Decreto-Lei n.º 157/2006, de 8 de agosto, e de cópia da intimação a que se reporta;

b) Pagamento de quantia certa do valor da compensação em dívida por execução de obras em substituição do senhorio, nos casos de reparações previstas nos n.os 1 ou 2 do artigo 1036.º do Código Civil, quando a injunção seja titulada pelo contrato de arrendamento, acompanhado da comunicação prevista no n.º 3 do artigo 22.º-C do regime jurídico das obras em prédios arrendados, aprovado pelo Decreto-Lei n.º 157/2006, de 8 de agosto;

c) Cessação de atividades causadoras de risco para a saúde do arrendatário, quando a injunção seja titulada pela intimação dirigida pelo arrendatário nos termos da alínea *a)* do n.º 1 do artigo 13.º-B acompanhada por auto emitido pela autoridade policial ou equiparada ou pela câmara municipal competente;

d) Correção de deficiências do locado causadoras de risco grave para a saúde ou para a segurança de pessoas ou bens, quando a injunção seja titulada pela intimação dirigida pelo arrendatário nos termos da alínea *b)* do n.º 1 do artigo 13.º-B acompanhada por auto emitido pela câmara municipal competente;

e) Correção de impedimento da fruição do locado, quando a injunção seja titulada pela intimação dirigida pelo arrendatário nos termos da alínea *c)* do n.º 1 do artigo 13.º-B acompanhada por auto emitido pela autoridade policial ou equiparada ou pela câmara municipal competente;

2 – Caso seja demonstrada a apresentação de requerimento da vistoria prevista no n.º 3 do artigo 13.º-B, dentro do prazo estabelecido no n.º 7 do mesmo artigo, a câmara municipal é notificada para envio do referido auto no prazo de

20 dias, suspendendo-se o processo até receção do referido auto, sem prejuízo do disposto no número seguinte.

3 – Com o decretamento das injunções previstas nas alíneas *c)* a *e)* do n.º 1, a sanção pecuniária prevista na alínea *b)* no n.º 5 do artigo 13.º-B, passa a ser, por cada dia de incumprimento a partir dessa data, no valor de 50 euros, podendo ser deduzida pelo arrendatário do pagamento das rendas mensais vincendas a partir dessa data, até que o cumprimento da injunção seja demonstrado pelo senhorio ao arrendatário nos termos do artigo 9.º

4 – À sanção pecuniária prevista no número anterior aplica-se o disposto no n.º 6 do artigo 13.º-B.

5 – O processo de injunção em matéria de arrendamento é objeto de diploma próprio.

Artigo 15.º-U – Serviço de Injunção em Matéria de Arrendamento

1 – É criado, junto da Direção-Geral da Administração da Justiça, o Serviço de Injunção em Matéria de Arrendamento (SIMA), destinado a assegurar a tramitação da injunção em matéria de arrendamento prevista no artigo anterior.

2 – O SIMA tem competência em todo o território nacional.

SECÇÃO V – Justo impedimento

Artigo 16.º – Invocação de justo impedimento

1 – Considera-se justo impedimento o evento não imputável à parte em contrato de arrendamento urbano que obste à prática atempada de um acto previsto nesta lei ou à recepção das comunicações que lhe sejam dirigidas.

2 – O justo impedimento deve ser invocado logo após a sua cessação, por comunicação dirigida à outra parte.

3 – Compete à parte que o invocar a demonstração dos factos em que se funda.

4 – Em caso de desacordo entre as partes, a invocação do justo impedimento só se torna eficaz após decisão judicial.

SECÇÃO VI – Consignação em depósito

Artigo 17.º – Depósito das rendas

1 – O arrendatário pode proceder ao depósito da renda quando ocorram os pressupostos da consignação em depósito, quando lhe seja permitido fazer cessar a mora e ainda quando esteja pendente acção de despejo.

2 – O previsto na presente secção é aplicável, com as necessárias adaptações, ao depósito do valor correspondente a encargos e despesas a cargo do arrendatário.

Artigo 18.º - Termos do depósito

1 - O depósito é feito em qualquer agência de instituição de crédito, perante um documento em dois exemplares, assinado pelo arrendatário, ou por outrem em seu nome, e do qual constem:

a) A identidade do senhorio e do arrendatário;

b) A identificação do locado;

c) O quantitativo da renda, encargo ou despesa;

d) O período de tempo a que ela respeita;

e) O motivo por que se pede o depósito.

2 - Um dos exemplares do documento referido no número anterior fica em poder da instituição de crédito, cabendo o outro ao depositante, com o lançamento de ter sido efectuado o depósito.

3 - O depósito fica à ordem do tribunal da situação do prédio ou, quando efectuado na pendência de processo judicial, do respectivo tribunal.

Artigo 19.º - Notificação do senhorio

1 - O arrendatário deve comunicar ao senhorio o depósito da renda.

2 - A junção do duplicado ou duplicados das guias de depósito à contestação, ou figura processual a ela equivalente, de acção baseada na falta de pagamento produz os efeitos da comunicação.

Artigo 20.º - Depósitos posteriores

1 - Enquanto subsistir a causa do depósito, o arrendatário pode depositar as rendas posteriores, sem necessidade de nova oferta de pagamento nem de comunicação dos depósitos sucessivos.

2 - Os depósitos posteriores são considerados dependência e consequência do depósito inicial, valendo quanto a eles o que for decidido em relação a este.

Artigo 21.º - Impugnação do depósito

1 - A impugnação do depósito deve ocorrer no prazo de 20 dias contados da comunicação, seguindo-se, depois, o disposto na lei de processo sobre a impugnação da consignação em depósito.

2 - (Revogado)

3 - O processo de depósito é apensado ao da acção de despejo, em cujo despacho saneador se deve conhecer da subsistência do depósito e dos seus efeitos, salvo se a decisão depender da prova ainda não produzida.

Artigo 22.º - Levantamento do depósito pelo senhorio

1 - O senhorio pode levantar o depósito mediante escrito em que declare que não o impugnou nem pretende impugnar.

2 – O escrito referido no número anterior é assinado pelo senhorio ou pelo seu representante, devendo a assinatura ser reconhecida por notário, quando não se apresente o bilhete de identidade respectivo.

3 – O depósito impugnado pelo senhorio só pode ser levantado após decisão judicial e de harmonia com ela.

Artigo 23.º – Falsidade da declaração

Quando a declaração referida no artigo anterior seja falsa, a impugnação fica sem efeito e o declarante incorre em multa equivalente ao dobro da quantia depositada, sem prejuízo da responsabilidade penal correspondente ao crime de falsas declarações.

SECÇÃO VII – Determinação da renda

Artigo 24.º – Coeficiente de actualização

1 – O coeficiente de actualização anual de renda dos diversos tipos de arrendamento é o resultante da totalidade da variação do índice de preços no consumidor, sem habitação, correspondente aos últimos 12 meses e para os quais existam valores disponíveis à data de 31 de Agosto, apurado pelo Instituto Nacional de Estatística.

2 – O aviso com o coeficiente referido no número anterior é publicado no Diário da República até 30 de Outubro de cada ano.

Artigo 25.º – Arredondamento

1 – A renda resultante da atualização referida no artigo anterior é arredondada para a unidade de cêntimo imediatamente superior.

2 – O mesmo arredondamento aplica-se nos demais casos de determinação da renda com recurso a fórmulas aritméticas.

TÍTULO II – Normas transitórias

CAPÍTULO I – Contratos habitacionais celebrados na vigência do Regime do Arrendamento Urbano e contratos não habitacionais celebrados depois do Decreto-Lei n.º 257/95, de 30 de Setembro

Artigo 26.º – Regime

1 – Os contratos para fins habitacionais celebrados na vigência do Regime do Arrendamento Urbano (RAU), aprovado pelo Decreto-Lei n.º 321-B/90, de 15 de outubro, bem como os contratos para fins não habitacionais celebrados na vigência do Decreto-Lei n.º 257/95, de 30 de setembro, passam a estar submetidos ao NRAU, com as especificidades dos números seguintes.

2 – À transmissão por morte aplica-se o disposto nos artigos 57.º e 58.º

3 – Quando não sejam denunciados por qualquer das partes, os contratos de duração limitada renovam-se automaticamente no fim do prazo pelo qual foram celebrados, pelo período de dois anos ou, quando se trate de arrendamento não habitacional, pelo período de três anos, e, em ambos os casos, se outro prazo superior não tiver sido previsto.

4 – Os contratos sem duração limitada regem-se pelas regras aplicáveis aos contratos de duração indeterminada, com as seguintes especificidades:

a) Continua a aplicar-se o disposto na alínea *a)* do n.º 1 do artigo 107.º do RAU;

b) Para efeitos das indemnizações previstas no n.º 1 do artigo 1102.º e na alínea *a)* do n.º 6 e no n.º 9 do artigo 1103.º do Código Civil, a renda é calculada de acordo com os critérios previstos nas alíneas *a)* e *b)* do n.º 2 do artigo 35.º da presente lei;

c) O disposto na alínea c) do artigo 1101.º do Código Civil não se aplica se o arrendatário tiver idade igual ou superior a 65 anos ou deficiência com grau comprovado de incapacidade igual ou superior a 60 %.

5 – Em relação aos arrendamentos para habitação, cessa o disposto na alínea *a)* do número anterior após transmissão por morte para filho ou enteado ocorrida depois da entrada em vigor da presente lei.

6 – (Revogado)

7 – Os direitos conferidos nos números anteriores ao arrendatário podem ser invocados pelo subarrendatário quando se trate de subarrendamento autorizado ou ratificado nos termos da lei.

CAPÍTULO II – Contratos habitacionais celebrados antes da vigência do RAU e contratos não habitacionais celebrados antes do Decreto-Lei n.º 257/95, de 30 de Setembro

SECÇÃO I – Disposições gerais

Artigo 27.º – Âmbito

As normas do presente capítulo aplicam-se aos contratos de arrendamento para habitação celebrados antes da entrada em vigor do RAU, aprovado pelo Decreto-Lei n.º 321-B/90, de 15 de Outubro, bem como aos contratos para fins não habitacionais celebrados antes da entrada em vigor do Decreto-Lei n.º 257/95, de 30 de Setembro.

Artigo 28.º – Regime

1 – Aos contratos a que se refere o artigo anterior aplica-se, com as necessárias adaptações, o disposto no artigo 26.º, com as especificidades constantes dos números seguintes e dos artigos 30.º a 37.º e 50.º a 54.º

2 – Aos contratos referidos no número anterior não se aplica o disposto na alínea *c)* do artigo 1101.º do Código Civil.

3 – (Revogado)

4 – (Revogado)

5 – (Revogado)

6 – Os direitos conferidos nos números anteriores ao arrendatário podem ser invocados pelo subarrendatário quando se trate de subarrendamento autorizado ou ratificado nos termos da lei.

Artigo 29.º – Benfeitorias

1 – Salvo estipulação em contrário, a cessação do contrato dá ao arrendatário direito a compensação pelas obras licitamente feitas, nos termos aplicáveis às benfeitorias realizadas por possuidor de boa fé.

2 – A denúncia do contrato de arrendamento nos termos da alínea *d)* do n.º 3 do artigo 31.º e da alínea *d)* do n.º 3 do artigo 51.º confere ao arrendatário o direito a compensação pelas obras licitamente feitas, nos termos aplicáveis às benfeitorias realizadas por possuidor de boa fé, independentemente do estipulado no contrato de arrendamento e ainda que as obras não tenham sido autorizadas pelo senhorio.

3 – A cessação do contrato de arrendamento para fins não habitacionais por iniciativa do senhorio, nos termos da alínea *b)* do artigo 1101.º do Código Civil e da alínea *a)* do n.º 5 do artigo 33.º, aplicável por força do artigo 52.º, confere ao arrendatário o direito a compensação pelas obras licitamente feitas, nos termos aplicáveis às benfeitorias realizadas por possuidor de boa-fé, independentemente do estipulado no contrato de arrendamento e ainda que as obras não tenham sido autorizadas pelo senhorio.

SECÇÃO II – Arrendamento para habitação

Artigo 30.º – Iniciativa do senhorio

A transição para o NRAU e a atualização da renda dependem de iniciativa do senhorio, que deve comunicar a sua intenção ao arrendatário, indicando, sob pena de ineficácia da sua comunicação:

a) O valor da renda, o tipo e a duração do contrato propostos;

b) O valor do locado, avaliado nos termos dos artigos 38.º e seguintes do Código do Imposto Municipal sobre Imóveis (CIMI), constante da caderneta predial urbana;

c) Cópia da caderneta predial urbana.

d) Que o prazo de resposta é de 30 dias;

e) O conteúdo que pode apresentar a resposta, nos termos do n.º 3 do artigo seguinte;

f) As circunstâncias que o arrendatário pode invocar, isolada ou conjuntamente com a resposta prevista na alínea anterior, e no mesmo prazo, conforme previsto no n.º 4 do artigo seguinte, e a necessidade de serem apresentados os respetivos documentos comprovativos, nos termos do disposto no artigo 32.º;

g) As consequências da falta de resposta, bem como da não invocação de qualquer das circunstâncias previstas no n.º 4 do artigo seguinte.

Artigo 31.º – Resposta do arrendatário

1 – O prazo para a resposta do arrendatário é de 30 dias a contar da receção da comunicação prevista no artigo anterior.

2 – Quando termine em dias diferentes o prazo de vários sujeitos, a resposta pode ser oferecida até ao termo do prazo que começou a correr em último lugar.

3 – O arrendatário, na sua resposta, pode:

a) Aceitar o valor da renda proposto pelo senhorio;

b) Opor-se ao valor da renda proposto pelo senhorio, propondo um novo valor, nos termos e para os efeitos previstos no artigo 33.º;

c) Em qualquer dos casos previstos nas alíneas anteriores, pronunciar-se quanto ao tipo e duração do contrato propostos pelo senhorio;

d) Denunciar o contrato de arrendamento, nos termos e para os efeitos previstos no artigo 34.º

4 – Se for caso disso, o arrendatário deve ainda, na sua resposta, invocar, isolada ou cumulativamente, as seguintes circunstâncias:

a) Rendimento anual bruto corrigido (RABC) do seu agregado familiar inferior a cinco retribuições mínimas nacionais anuais (RMNA), nos termos e para os efeitos previstos nos artigos 35.º e 36.º;

b) Idade igual ou superior a 65 anos ou deficiência com grau comprovado de incapacidade igual ou superior a 60 %, nos termos e para os efeitos previstos no artigo 36.º

5 – As circunstâncias previstas nas alíneas do número anterior só podem ser invocadas quando o arrendatário tenha no locado a sua residência permanente ou quando a falta de residência permanente for devida a caso de força maior ou doença.

6 – O arrendatário pode, no prazo previsto no n.º 1, reclamar de qualquer incorreção na inscrição matricial do locado, nos termos do disposto no artigo 130.º do CIMI, junto do serviço de finanças competente.

7 – A reclamação referida no número anterior não suspende a atualização da renda, mas, quando determine uma diminuição do valor da mesma, há lugar à recuperação pelo arrendatário da diminuição desse valor desde a data em que foi devida a renda atualizada.

8 – O montante a deduzir a título de recuperação da diminuição do valor da renda, calculado nos termos do número anterior, não pode ultrapassar, em cada mês, metade da renda devida, salvo quando exista acordo entre as partes ou se verifique a cessação do contrato.

9 – A falta de resposta do arrendatário vale como aceitação da renda, bem como do tipo e da duração do contrato propostos pelo senhorio, ficando o contrato submetido ao NRAU a partir do 1.º dia do 2.º mês seguinte ao do termo do prazo previsto nos n.os 1 e 2.

10 – Caso o arrendatário aceite o valor da renda proposto pelo senhorio, o contrato fica submetido ao NRAU a partir do 1.º dia do 2.º mês seguinte ao da receção da resposta: *a)* De acordo com o tipo e a duração acordados; *b)* No silêncio ou na falta de acordo das partes acerca do tipo ou da duração do contrato, este considera-se celebrado com prazo certo, pelo período de cinco anos.

11 – O RABC é definido em diploma próprio.

Artigo 32.º – Comprovação da alegação

1 – O arrendatário que invoque a circunstância prevista na alínea *a)* do n.º 4 do artigo anterior faz acompanhar a sua resposta de documento comprovativo emitido pelo serviço de finanças competente, do qual conste o valor do RABC do seu agregado familiar.

2 – O arrendatário que não disponha, à data da sua resposta, do documento referido no número anterior faz acompanhar a resposta do comprovativo de ter o mesmo sido já requerido, devendo juntá-lo no prazo de 15 dias após a sua obtenção.

3 – O RABC refere-se ao ano civil anterior ao da comunicação.

4 – O arrendatário que invoque as circunstâncias previstas na alínea *b)* do n.º 4 do artigo anterior faz acompanhar a sua resposta, conforme os casos, de documento comprovativo de ter completado 65 anos ou de documento comprovativo da deficiência alegada, sob pena de não poder prevalecer-se das referidas circunstâncias.

Artigo 33.º – Oposição pelo arrendatário e denúncia pelo senhorio

1 – Sem prejuízo do disposto nos artigos 35.º e 36.º, caso o arrendatário se oponha ao valor da renda, ao tipo ou à duração do contrato propostos pelo senhorio, propondo outros, o senhorio, no prazo de 30 dias contados da receção da resposta daquele, deve comunicar ao arrendatário se aceita ou não a proposta.

2 – A oposição do arrendatário ao valor da renda proposto pelo senhorio não acompanhada de proposta de um novo valor vale como proposta de manutenção do valor da renda em vigor à data da comunicação do senhorio.

3 – A falta de resposta do senhorio vale como aceitação da renda, bem como do tipo e da duração do contrato propostos pelo arrendatário.

4 – Se o senhorio aceitar o valor da renda proposto pelo arrendatário ou verificando-se o disposto no número anterior, o contrato fica submetido ao NRAU a partir do 1.º dia do 2.º mês seguinte ao da receção, pelo arrendatário, da comunicação prevista no n.º 1 ou do termo do prazo aí previsto:

a) De acordo com o tipo e a duração acordados;

b) No silêncio ou na falta de acordo das partes acerca do tipo ou da duração do contrato, este considera-se celebrado com prazo certo, pelo período de cinco anos.

5 – Se o senhorio não aceitar o valor de renda proposto pelo arrendatário, pode, na comunicação a que se refere o n.º 1:

a) Denunciar o contrato de arrendamento, pagando ao arrendatário uma indemnização equivalente a cinco anos de renda resultante do valor médio das propostas formuladas pelo senhorio e pelo arrendatário;

b) Atualizar a renda de acordo com os critérios previstos nas alíneas *a)* e *b)* do n.º 2 do artigo 35.º, considerando-se o contrato celebrado com prazo certo, pelo período de cinco anos a contar da referida comunicação.

6 – A indemnização a que se refere a alínea *a)* do número anterior é agravada para o dobro ou em 50 % se a renda oferecida pelo arrendatário não for inferior à proposta pelo senhorio em mais de 10 % ou de 20 %, respetivamente.

7 – Sem prejuízo do disposto no número seguinte, a denúncia prevista na alínea *a)* do n.º 5 produz efeitos no prazo de seis meses a contar da receção da correspondente comunicação, devendo então o arrendatário desocupar o locado e entregá-lo ao senhorio no prazo de 30 dias.

8 – No caso de arrendatário que tenha a seu cargo filho ou enteado menor de idade ou que, tendo idade inferior a 26 anos, frequente o 11.º ou o 12.º ano de escolaridade ou cursos de ensino pós-secundário não superior ou de ensino superior, a denúncia prevista na alínea *a)* do n.º 5 produz efeitos no prazo de um ano, devendo então o arrendatário desocupar o locado e entregá-lo ao senhorio no prazo de 30 dias.

9 – A indemnização prevista na alínea *a)* do n.º 5 e no n.º 6 é paga no momento da entrega do locado ao senhorio.

10 – No período compreendido entre a receção da comunicação pela qual o senhorio denuncia o contrato e a produção de efeitos da denúncia, nos termos dos n.os 7 e 8, vigora a renda antiga ou a renda proposta pelo arrendatário, consoante a que for mais elevada.

Artigo 34.º – Denúncia pelo arrendatário

1 – Caso o arrendatário denuncie o contrato, a denúncia produz efeitos no prazo de dois meses a contar da receção pelo senhorio da resposta prevista na alínea *d)* do n.º 3 do artigo 31.º, devendo então o arrendatário desocupar o locado e entregá-lo ao senhorio no prazo de 30 dias.

2 – No caso previsto no número anterior não há lugar a atualização da renda.

Artigo 35.º – Arrendatário com RABC inferior a cinco RMNA

1 – Caso o arrendatário invoque e comprove que o RABC do seu agregado familiar é inferior a cinco RMNA, o contrato só fica submetido ao NRAU mediante acordo entre as partes ou, na falta deste, no prazo de 10 anos a contar da receção, pelo senhorio, da resposta do arrendatário nos termos da alínea *a)* do n.º 4 do artigo 31.º

2 – No período de 10 anos referido no número anterior, a renda pode ser atualizada nos seguintes termos:

a) O valor atualizado da renda tem como limite máximo o valor anual correspondente a 1/15 do valor do locado;

b) O valor do locado corresponde ao valor da avaliação realizada nos termos dos artigos 38.º e seguintes do CIMI;

c) O valor atualizado da renda corresponde, até à aprovação dos mecanismos de proteção e compensação social:

i) A um máximo de 25 % do RABC do agregado familiar do arrendatário, com o limite previsto na alínea *a)*;

ii) A um máximo de 17 % do RABC do agregado familiar do arrendatário, com o limite previsto na alínea *a)*, no caso de o rendimento do agregado familiar ser inferior a € 1500 mensais;

iii) A um máximo de 15 % do RABC do agregado familiar do arrendatário, com o limite previsto na alínea *a)*, no caso de o rendimento do agregado familiar ser inferior a € 1000 mensais;

iv) A um máximo de 13 % do RABC do agregado familiar do arrendatário, com o limite previsto na alínea *a)*, no caso de o rendimento do agregado familiar ser inferior a € 750 mensais;

v) A um máximo de 10 % do RABC do agregado familiar do arrendatário, com o limite previsto na alínea *a)*, no caso de o rendimento do agregado familiar ser inferior a € 500 mensais.

d) O arrendatário pode requerer a reavaliação do locado, nos termos do Código do IMI.

3 – Quando for atualizada, a renda é devida no 1.º dia do 2.º mês seguinte ao da receção, pelo arrendatário, da comunicação com o respetivo valor.

4 – Sem prejuízo do disposto no número seguinte, o valor atualizado da renda, no período de 10 anos referido no n.º 1, corresponde ao valor da primeira renda devida.

5 – Nos anos seguintes ao da invocação da circunstância regulada no presente artigo, o inquilino faz prova dessa circunstância, pela mesma forma e até ao dia 30 de setembro, quando essa prova seja exigida pelo senhorio até ao dia 1 de setembro do respetivo ano, sob pena de não poder prevalecer-se daquela circunstância.

6 – Findo o prazo de 10 anos referido no n.º 1, o senhorio pode promover a transição do contrato para o NRAU, aplicando-se, com as necessárias adaptações, o disposto nos artigos 30.º e seguintes, com as seguintes especificidades:

a) O arrendatário não pode invocar as circunstâncias previstas nas alíneas do n.º 4 do artigo 31.º;

b) No silêncio ou na falta de acordo das partes acerca do tipo ou da duração do contrato, este considera-se celebrado com prazo certo, pelo período de cinco anos.

Artigo 36.º – Arrendatário com idade igual ou superior a 65 anos ou com deficiência com grau de incapacidade igual ou superior a 60 %

1 – A transição do contrato para o NRAU fica sujeita a acordo entre as partes, aplicando-se, no que respeita ao valor da renda, o disposto nos números seguintes, caso o arrendatário invoque e comprove que:

a) Possui idade igual ou superior a 65 anos ou deficiência com grau comprovado de incapacidade igual ou superior a 60 %; ou que

b) Reside há mais de cinco anos no locado cônjuge, unido de facto ou parente do arrendatário no primeiro grau da linha reta, que se encontre numa das condições previstas na alínea anterior, sendo o RABC do agregado familiar inferior a 5 RMNA.

2 – Se o arrendatário aceitar o valor da renda proposto pelo senhorio, a nova renda é devida no 1.º dia do 2.º mês seguinte ao da receção, pelo senhorio, da resposta.

3 – Se o arrendatário se opuser ao valor da renda proposto pelo senhorio, propondo um novo valor, o senhorio, no prazo de 30 dias contados da receção da resposta do arrendatário, deve comunicar-lhe se aceita ou não a renda proposta.

4 – A falta de resposta do senhorio vale como aceitação da renda proposta pelo arrendatário.

5 – Se o senhorio aceitar o valor da renda proposto pelo arrendatário, ou verificando-se o disposto no número anterior, a nova renda é devida no 1.º dia do 2.º mês seguinte ao da receção, pelo senhorio, da resposta ou do termo do prazo para esta, consoante os casos.

6 – Se o senhorio não aceitar o valor da renda proposto pelo arrendatário, o contrato mantém-se em vigor sem alteração do regime que lhe é aplicável, sendo o valor da renda apurado nos termos das alíneas *a)* e *b)* do n.º 2 do artigo anterior, sem prejuízo do disposto no número seguinte.

7 – Se o arrendatário invocar e comprovar que o RABC do seu agregado familiar é inferior a cinco RMNA:

a) O valor da renda é apurado nos termos dos n.ºs 2 e 3 do artigo anterior;

b) O valor da renda vigora por um período de 10 anos, correspondente ao valor da primeira renda devida;

c) É aplicável o disposto no n.º 5 do artigo anterior.

8 – Quando for atualizada, a renda é devida no 1.º dia do 2.º mês seguinte ao da receção, pelo arrendatário, da comunicação com o respetivo valor.

9 – Findo o período de 10 anos a que se refere a alínea *b)* do n.º 7:

a) O valor da renda pode ser atualizado por iniciativa do senhorio, aplicando-se, com as necessárias adaptações, o disposto nos artigos 30.º e seguintes, não podendo o arrendatário invocar a circunstância prevista na alínea *a)* do n.º 4 do artigo 31.º;

b) O contrato só fica submetido ao NRAU mediante acordo entre as partes.

10 – Em caso de transição de contrato para o NRAU nos termos do artigo 30.º e seguintes, sem que tenha sido exercido o direito à aplicação do disposto nos n.os 1 ou 7 do presente artigo, se o arrendatário residir há mais de 15 anos no locado e o demonstrar mediante atestado emitido pela junta de freguesia da sua área de residência, e tiver, à data da transição do contrato, idade igual ou superior a 65 anos de idade ou grau comprovado de deficiência igual ou superior a 60 %, o senhorio apenas pode opor-se à renovação do contrato com o fundamento previsto na alínea *b)* do artigo 1101.º do Código Civil, aplicando-se com as devidas adaptações os requisitos estabelecidos no artigo 1102.º do mesmo código.

11 – Na renovação do contrato prevista no número anterior, o senhorio pode proceder à atualização extraordinária da renda até ao limite estabelecido nas alíneas *a)* e *b)* do n.º 2 do artigo 35.º do NRAU, aplicando-se para o efeito o disposto nos artigos 30.º e seguintes daquele regime jurídico, mantendo-se o valor da referida renda quando este seja igual ou superior àquele limite.

12 – A atualização extraordinária da renda prevista no número anterior não pode ultrapassar anualmente 20 % do valor da diferença entre 1/15 do Valor Patrimonial Tributário do locado e da renda anterior à atualização extraordinária ali prevista.

13 – No caso previsto no n.º 9 e no caso de atualização extraordinária de renda previsto no número anterior, o arrendatário tem direito a subsídio de renda, nos termos de diploma próprio, sem prejuízo do acesso às demais modalidades de apoio habitacional aplicáveis.

Artigo 37.º – Valor da renda

Se o valor da renda apurado nos termos da alínea b) do n.º 5 do artigo 33.º, do n.º 2 do artigo 35.º ou dos n.os 6 e 7 do artigo 36.º for inferior ao valor que resultaria da atualização anual prevista no n.º 1 do artigo 24.º, é este o aplicável.

Artigo 38.º – Atualização faseada do valor da renda

(Revogado)

Artigo 39.º - Atualização em dois anos
(Revogado)

Artigo 40.º - Atualização em cinco anos
(Revogado)

Artigo 41.º - Atualização em 10 anos
(Revogado)

Artigo 42.º - Comunicação do senhorio ao serviço de finanças
(Revogado)

Artigo 43.º - Aplicação da nova renda
(Revogado)

Artigo 44.º - Comprovação da alegação
(Revogado)

Artigo 45.º - Regime especial de faseamento
(Revogado)

Artigo 46.º - Subsídio de renda
(Revogado)

Artigo 47.º - Alteração de circunstâncias
(Revogado)

Artigo 48.º - Direito a obras
(Revogado)

Artigo 49.º - Comissão arbitral municipal
(Revogado)

SECÇÃO III - Arrendamento para fim não habitacional

Artigo 50.º - Iniciativa do senhorio

A transição para o NRAU e a atualização da renda dependem de iniciativa do senhorio, que deve comunicar a sua intenção ao arrendatário, indicando:

a) O valor da renda, o tipo e a duração do contrato propostos;

b) O valor do locado, avaliado nos termos dos artigos 38.º e seguintes do CIMI, constante da caderneta predial urbana;

c) Cópia da caderneta predial urbana.

d) Que o prazo de resposta é de 30 dias;

e) O conteúdo que pode apresentar a resposta, nos termos do n.º 3 do artigo seguinte;

f) As circunstâncias que o arrendatário pode invocar, isolada ou conjuntamente com a resposta prevista na alínea anterior, e no mesmo prazo, conforme previsto no n.º 4 do artigo seguinte, e a necessidade de serem apresentados os respetivos documentos comprovativos, nos termos do disposto no n.º 6 do mesmo artigo;

g) As consequências da falta de resposta, bem como da não invocação de qualquer das circunstâncias previstas no n.º 4 do artigo seguinte.

Artigo 51.º – Resposta do arrendatário

1 – O prazo para a resposta do arrendatário é de 30 dias a contar da receção da comunicação prevista no artigo anterior.

2 – Quando termine em dias diferentes o prazo de vários sujeitos, a resposta pode ser oferecida até ao termo do prazo que começou a correr em último lugar.

3 – O arrendatário, na sua resposta, pode:

a) Aceitar o valor da renda proposto pelo senhorio;

b) Opor-se ao valor da renda proposto pelo senhorio, propondo um novo valor, nos termos e para os efeitos previstos no artigo 52.º;

c) Em qualquer dos casos previstos nas alíneas anteriores, pronunciar-se quanto ao tipo ou à duração do contrato propostos pelo senhorio;

d) Denunciar o contrato de arrendamento, nos termos e para os efeitos previstos no artigo 53.º

4 – Se for caso disso, o arrendatário deve ainda, na sua resposta, nos termos e para os efeitos previstos no artigo 54.º, invocar uma das seguintes circunstâncias:

a) Que existe no locado um estabelecimento comercial aberto ao público e que é uma microempresa;

b) Que no locado funciona uma pessoa coletiva de direito privado sem fins lucrativos, regularmente constituída, que se dedica à atividade cultural, recreativa, de solidariedade social ou desportiva não profissional, e declarada de interesse público ou de interesse nacional ou municipal, ou uma pessoa coletiva de direito privado que prossiga uma atividade declarada de interesse nacional;

c) Que o locado funciona como casa fruída por república de estudantes, nos termos previstos na Lei n.º 2/82, de 15 de janeiro, alterada pela Lei n.º 12/85, de 20 de junho.

d) Que existe no locado um estabelecimento ou uma entidade de interesse histórico e cultural ou social local reconhecidos pelo município, nos termos do respetivo regime jurídico.

5 – Para efeitos da presente lei, «microempresa» é a empresa que, independentemente da sua forma jurídica, não ultrapasse, à data do balanço, dois dos três limites seguintes:

a) Total do balanço: € 2 000 000;

b) Volume de negócios líquido: € 2 000 000;

c) Número médio de empregados durante o exercício: 10.

6 – O arrendatário que invoque uma das circunstâncias previstas no n.º 4 faz acompanhar a sua resposta de documento comprovativo da mesma, sob pena de não poder prevalecer-se da referida circunstância.

7 – É aplicável, com as necessárias adaptações, o disposto nos n.ºs 6 a 10 do artigo 31.º

Artigo 52.º – Oposição pelo arrendatário e denúncia pelo senhorio

Sem prejuízo do disposto no artigo 54.º, é aplicável à oposição pelo arrendatário e à denúncia pelo senhorio, com as necessárias adaptações, o disposto no artigo 33.º, com exceção do n.º 8.

Artigo 53.º – Denúncia pelo arrendatário

À denúncia pelo arrendatário é aplicável, com as necessárias adaptações, o disposto no artigo 34.º

Artigo 54.º – Invocação de circunstâncias pelo arrendatário

1 – Caso o arrendatário invoque e comprove uma das circunstâncias previstas no n.º 4 do artigo 51.º, o contrato só fica submetido ao NRAU mediante acordo entre as partes ou, na falta deste, no prazo de 10 anos a contar da receção, pelo senhorio, da resposta do arrendatário nos termos do n.º 4 do artigo 51.º

2 – No período de 10 anos referido no número anterior, o valor atualizado da renda é determinado de acordo com os critérios previstos nas alíneas *a)* e *b)* do n.º 2 do artigo 35.º

3 – Se o valor da renda apurado nos termos do número anterior for inferior ao valor que resultaria da atualização anual prevista no n.º 1 do artigo 24.º, é este o aplicável.

4 – Quando for atualizada, a renda é devida no 1.º dia do 2.º mês seguinte ao da receção, pelo arrendatário, da comunicação com o respetivo valor.

5 – Nos anos seguintes ao da invocação da circunstância regulada no presente artigo, o inquilino faz prova dessa circunstância, pela mesma forma e até ao dia 30 de setembro, quando essa prova seja exigida pelo senhorio até ao dia 1 de setembro do respetivo ano, sob pena de não poder prevalecer-se daquela circunstância.

6 – Findo o período de 10 anos referido no n.º 1, o senhorio pode promover a transição do contrato para o NRAU, aplicando-se, com as necessárias adaptações, o disposto nos artigos 50.º e seguintes, com as seguintes especificidades:

a) (Revogada);

b) No silêncio ou na falta de acordo das partes acerca do tipo ou da duração do contrato, este considera-se celebrado com prazo certo, pelo período de cinco anos;

c) Durante o prazo de cinco anos previsto na alínea anterior e na falta de acordo das partes acerca do valor da renda, o senhorio pode atualizar a renda, de acordo com os critérios previstos nas alíneas *a)* e *b)* do n.º 2 do artigo 35.º, com aplicação dos coeficientes de atualização anual respetivos, definidos nos termos do artigo 24.º.

Artigo 55.º – Resposta do arrendatário

(Revogado)

Artigo 56.º – Atualização imediata da renda

(Revogado)

SECÇÃO IV – Transmissão

Artigo 57.º – Transmissão por morte

1 – O arrendamento para habitação não caduca por morte do primitivo arrendatário quando lhe sobreviva:

a) Cônjuge com residência no locado;

b) Pessoa que com ele vivesse em união de facto há mais de dois anos, com residência no locado há mais de um ano;

c) Ascendente em 1.º grau que com ele convivesse há mais de um ano;

d) Filho ou enteado com menos de 1 ano de idade ou que com ele convivesse há mais de 1 ano e seja menor de idade ou, tendo idade inferior a 26 anos, frequente o 11.º ou o 12.º ano de escolaridade ou estabelecimento de ensino médio ou superior;

e) Filho ou enteado, que com ele convivesse há mais de um ano, com deficiência com grau comprovado de incapacidade igual ou superior a 60 %.

f) Filho ou enteado que com ele convivesse há mais de cinco anos, com idade igual ou superior a 65 anos, desde que o RABC do agregado seja inferior a 5 RMNA.

2 – Nos casos do número anterior, a posição do arrendatário transmite-se, pela ordem das respetivas alíneas, às pessoas nele referidas, preferindo, em igualdade de condições, sucessivamente, o ascendente, filho ou enteado mais velho.

3 – O direito à transmissão previsto nos números anteriores não se verifica se, à data da morte do arrendatário, o titular desse direito tiver outra casa, própria ou arrendada, na área dos concelhos de Lisboa ou do Porto e seus limítrofes ou no respetivo concelho quanto ao resto do País.

4 – Sem prejuízo do disposto no número seguinte, quando ao arrendatário sobreviva mais de um ascendente, há transmissão por morte entre eles.

5 – Quando a posição do arrendatário se transmita para ascendente com idade inferior a 65 anos à data da morte do arrendatário, o contrato fica submetido ao NRAU, aplicando-se, na falta de acordo entre as partes, o disposto para os contratos com prazo certo, pelo período de 2 anos.

6 – Salvo no caso previsto na alínea *e)* do n.º 1, quando a posição do arrendatário se transmita para filho ou enteado nos termos da alínea *d)* do mesmo número, o contrato fica submetido ao NRAU na data em que aquele adquirir a maioridade ou, caso frequente o 11.º ou o 12.º ano de escolaridade ou cursos de ensino pós-secundário não superior ou de ensino superior, na data em que perfizer 26 anos, aplicando-se, na falta de acordo entre as partes, o disposto para os contratos com prazo certo, pelo período de 2 anos.

Artigo 57.º-A – Transmissão por morte no realojamento para habitação por obras ou demolição

No caso de morte do arrendatário realojado por efeitos da alínea *b)* do artigo 1101.º do Código Civil por iniciativa do senhorio, o arrendamento não caduca por morte do primitivo arrendatário, aplicando-se-lhe o regime previsto no artigo anterior.

Artigo 58.º – Transmissão por morte no arrendamento para fins não habitacionais

1 – O arrendamento para fins não habitacionais termina com a morte do primitivo arrendatário, salvo existindo sucessor que há mais de três anos exerça profissão liberal ou explore estabelecimento comercial, no locado, em comum com o arrendatário primitivo.

2 – O sucessor com direito à transmissão comunica ao senhorio, nos três meses posteriores ao decesso, a vontade de continuar a exploração.

TÍTULO III – Normas finais

Artigo 59.º – Aplicação no tempo

1 – O NRAU aplica-se aos contratos celebrados após a sua entrada em vigor, bem como às relações contratuais constituídas que subsistam nessa data, sem prejuízo do previsto nas normas transitórias.

2 – A aplicação da alínea *a)* do n.º 1 do artigo 1091.º do Código Civil não determina a perda do direito de preferência por parte de arrendatário que dele seja titular aquando da entrada em vigor da presente lei.

3 – As normas supletivas contidas no NRAU só se aplicam aos contratos celebrados antes da entrada em vigor da presente lei quando não sejam em sentido oposto ao de norma supletiva vigente aquando da celebração, caso em que é essa a norma aplicável.

Artigo 60.º – Norma revogatória

1 – É revogado o RAU, aprovado pelo Decreto-Lei n.º 321-B/90, de 15 de Outubro, com todas as alterações subsequentes, salvo nas matérias a que se referem os artigos 26.º e 28.º da presente lei.

2 – As remissões legais ou contratuais para o RAU consideram-se feitas para os lugares equivalentes do NRAU, com as adaptações necessárias.

Artigo 61.º – Manutenção de regimes

Até à publicação de novos regimes, mantêm-se em vigor os regimes da renda condicionada e da renda apoiada, previstos nos artigos 77.º e seguintes do RAU.

Artigo 62.º – Republicação

O capítulo IV do título II do livro II do Código Civil, composto pelos artigos 1022.º a 1113.º, é republicado em anexo à presente lei.

Artigo 63.º – Autorização legislativa

1 – Fica o Governo autorizado a aprovar no prazo de 120 dias os diplomas relativos às seguintes matérias:

a) Regime jurídico das obras coercivas;

b) Definição do conceito fiscal de prédio devoluto.

2 – Em relação ao regime jurídico das obras coercivas, a autorização tem os seguintes sentido e extensão:

a) O diploma a aprovar tem como sentido permitir a intervenção em edifícios em mau estado de conservação, assegurando a reabilitação urbana nos casos em que o proprietário não queira ou não possa realizar as obras necessárias;

b) A extensão da autorização compreende a consagração, no diploma a aprovar, das seguintes medidas:

i) Possibilidade de o arrendatário se substituir ao senhorio na realização das obras, com efeitos na renda;

ii) Possibilidade de as obras serem efectuadas pela câmara municipal, ou por outra entidade pública ou do sector público empresarial, com compensação em termos de participação na fruição do prédio;

iii) Possibilidade de o arrendatário adquirir o prédio, ficando obrigado à sua reabilitação, sob pena de reversão;

iv) Limitações à transmissão do prédio adquirido nos termos da subalínea anterior;

v) Possibilidade de o proprietário de fracção autónoma adquirir outras fracções do prédio para realização de obras indispensáveis de reabilitação.

3 – Em relação à definição do conceito fiscal de prédio devoluto, a autorização tem os seguintes sentido e extensão:

a) O diploma a aprovar tem como sentido permitir a definição dos casos em que um prédio é considerado devoluto, para efeitos de aplicação da taxa do imposto municipal sobre imóveis;

b) A extensão da autorização compreende a consagração, no diploma a aprovar, dos seguintes critérios:

i) Considerar devolutos os prédios urbanos ou as suas fracções autónomas que, durante um ano, se encontrem desocupados;

ii) Ser indício de desocupação a inexistência de contratos em vigor com prestadores de serviços públicos essenciais, ou de facturação relativa a consumos de água, electricidade, gás e telecomunicações;

iii) Não se considerarem devolutos, entre outros, os prédios urbanos ou fracções autónomas dos mesmos que forem destinados a habitação por curtos períodos em praias, campo, termas e quaisquer outros lugares de vilegiatura, para arrendamento temporário ou para uso próprio;

c) A extensão da autorização compreende ainda a definição, no diploma a aprovar, dos meios de detecção da situação de devoluto, bem como a indicação da entidade que a ela procede e do procedimento aplicável.

Artigo 64.º – Legislação complementar

1 – O Governo deve aprovar, no prazo de 120 dias, decretos-leis relativos às seguintes matérias:

a) Regime de determinação do rendimento anual bruto corrigido;

b) Regime de determinação e verificação do coeficiente de conservação;

c) Regime de atribuição do subsídio de renda.

2 – O Governo deve aprovar, no prazo de 180 dias, iniciativas legislativas relativas às seguintes matérias:

a) Regime do património urbano do Estado e dos arrendamentos por entidades públicas, bem como do regime das rendas aplicável;

b) Regime de intervenção dos fundos de investimento imobiliário e dos fundos de pensões em programas de renovação e requalificação urbana;

c) Criação do observatório da habitação e da reabilitação urbana, bem como da base de dados da habitação;

d) Regime jurídico da utilização de espaços em centros comerciais.

Artigo 65.º – Entrada em vigor

1 – Os artigos 63.º e 64.º entram em vigor no dia seguinte ao da publicação da presente lei.

2 – As restantes disposições entram em vigor 120 dias após a sua publicação.

Aprovada em 21 de Dezembro de 2005.

O Presidente da Assembleia da República,
Jaime Gama.

Promulgada em 10 de Fevereiro de 2006.

Publique-se.

O Presidente da República,
JORGE SAMPAIO.

Referendada em 13 de Fevereiro de 2006.

O Primeiro-Ministro,
José Sócrates Carvalho Pinto de Sousa.

ELEMENTOS E REQUISITOS DO CONTRATO DE ARRENDAMENTO

Decreto-Lei n.º 160/2006, de 8 de Agosto
Aprova os elementos do contrato de arrendamento e os requisitos a que obedece a sua celebração

Tendo sido aprovado o Novo Regime do Arrendamento Urbano (NRAU), pela Lei n.º 6/2006, de 27 de Fevereiro, importa publicar os diplomas necessários à sua completa aplicação. Entre esses encontra-se o decreto-lei que regula os elementos do contrato de arrendamento e os requisitos a que obedece a sua celebração, previsto no n.º 2 do artigo 1070.º do Código Civil, na redacção que lhe foi dada pelo NRAU, o qual agora se publica.

A matéria do presente decreto-lei corresponde à que era tratada nos artigos 8.º e 9.º do RAU, sendo objecto de diploma autónomo em virtude da revogação daquele. Trata-se de matéria procedimental que não deve integrar o texto do Código Civil, o qual não se dedica a semelhante pormenorização a propósito de qualquer outro tipo contratual.

O presente decreto-lei estabelece que às partes é dada ampla liberdade na conformação do contrato de arrendamento, sendo poucos os elementos que dele necessariamente devem constar. Assim, são elementos suficientes para a celebração de um contrato de arrendamento – necessariamente reduzido a escrito quando de duração superior a seis meses – os seguintes: a identidade das partes, a identificação do local arrendado, a existência da licença de utilização, o valor da renda e a data da celebração. Com apenas estes elementos é possível a celebração de um contrato perfeito, pois o Código Civil estabelece um conjunto adequado de disposições supletivas, regulando os aspectos não contemplados expressamente pelas partes. Em casos particulares, devem ser inseridas outras cláusulas contratuais, por exemplo, a referência ao regulamento de condomínio, quando existente.

Continua a exigir-se a licença de utilização para se poder dar de arrendamento um prédio urbano ou uma fracção autónoma, explicitando-se que compete às câmaras municipais a aplicação das coimas resultantes da falta dessa licença. Por forma a garantir a harmonia do sistema jurídico, explicita-se que esta exigência só se coloca em relação aos edifícios de construção posterior a 1951, data em que foram criadas as licenças de utilização. Para os edifícios anteriores, só a alteração da sua utilização ou o arrendamento para fim não habitacional são sujeitos a autorização.

Foram ouvidos os órgãos de governo próprio das Regiões Autónomas, a Associação Nacional dos Municípios Portugueses, a Ordem dos Advogados, a Ordem dos Engenheiros e a Ordem dos Arquitectos.

Foram, ainda, ouvidas as várias associações com interesses no sector, designadamente a Associação Lisbonense de Proprietários, a Associação dos Inquilinos Lisbonense, a Associação dos Inquilinos do Norte, a Confederação do Comércio e Serviços de Portugal, a Confederação do Turismo Português, a Federação da Restauração, Cafés, Pastelarias e Similares de Portugal, a Federação Portuguesa da Indústria de Construção e Obras Públicas, a Federação Nacional de Comércio, a Associação Portuguesa para a Defesa do Consumidor, e ainda várias entidades representativas das empresas de consultoria e avaliação imobiliária, de mediação mobiliária, de fundos de investimento e de fundos de pensões.

Assim:

Nos termos da alínea *a)* do n.º 1 do artigo 198.º da Constituição, o Governo decreta o seguinte:

Artigo 1.º – Objecto

O presente decreto-lei regula os elementos do contrato de arrendamento urbano e os requisitos a que obedece a sua celebração, conforme previsto no n.º 2 do artigo 1070.º do Código Civil.

Artigo 2.º – Conteúdo necessário

Do contrato de arrendamento urbano deve constar:

a) A identificação das partes, indicando os seus nomes, números de identificação civil e de identificação fiscal e, quando aplicável, naturalidade, data de nascimento e estado civil;

b) O domicílio ou a sede do senhorio;

c) A identificação e localização do arrendado, ou da sua parte;

d) O fim habitacional ou não habitacional do contrato, indicando, quando para habitação não permanente, o motivo da transitoriedade;

e) A existência da licença de utilização, o seu número, a data e a entidade emitente, ou a referência a não ser aquela exigível, nos termos do artigo 5.º;

f) O quantitativo da renda;

g) A data da celebração.

Artigo 3.º – Conteúdo eventual

1 – O contrato de arrendamento urbano deve mencionar, quando aplicável:

a) A identificação dos locais de uso privativo do arrendatário, dos de uso comum a que ele tenha acesso e dos anexos que sejam arrendados com o objecto principal do contrato;

b) A natureza do direito do locador, sempre que o contrato seja celebrado com base num direito temporário ou em poderes de administração de bens alheios;

c) O número de inscrição na matriz predial ou a declaração de o prédio se encontrar omisso;

d) O regime da renda, ou da sua actualização;

e) O prazo;

f) A existência de regulamento da propriedade horizontal;

g) O domicílio convencionado;

h) Quaisquer outras cláusulas permitidas por lei e pretendidas pelas partes, directamente ou por remissão para regulamento anexo.

2 – Devem ser anexados ao contrato e assinados pelas partes os regulamentos a que se referem as alíneas *f)* e *h)* do número anterior e um documento onde se descreva o estado de conservação do local e suas dependências, bem como do prédio, aplicando-se, na sua falta ou em caso de omissão ou dúvida, o disposto no n.º 2 do artigo 1043.º do Código Civil.

3 – Para o efeito do disposto na alínea *g)* do n.º 1, o domicílio convencionado do arrendatário, ainda que não coincida com o endereço do imóvel arrendado, constitui o local para o qual lhe devem ser remetidas as comunicações e notificações relativas ao contrato de arrendamento.

Artigo 4.º – Omissão de elementos

A falta de algum ou alguns dos elementos referidos nos artigos 2.º e 3.º não determina a invalidade ou a ineficácia do contrato, quando possam ser supridas nos termos gerais e desde que os motivos determinantes da forma se mostrem satisfeitos.

Artigo 5.º – Licença de utilização

1 – Só podem ser objecto de arrendamento urbano os edifícios ou suas fracções cuja aptidão para o fim pretendido pelo contrato seja atestada pela licença de utilização.

2 – O disposto no número anterior não se aplica quando a construção do edifício seja anterior à entrada em vigor do Regulamento Geral das Edificações Urbanas, aprovado pelo Decreto-Lei n.º 38382, de 7 de Agosto de 1951, caso em que deve ser anexado ao contrato documento autêntico que demonstre a data de construção.

3 – Quando as partes aleguem urgência na celebração do contrato, a licença referida no n.º 1 pode ser substituída por documento comprovativo de a mesma ter sido requerida com a antecedência mínima prevista na lei.

4 – A mudança de finalidade e o arrendamento para fim não habitacional de prédios ou fracções não licenciados devem ser sempre previamente autorizados pela câmara municipal.

5 – A inobservância do disposto nos n.os 1 a 4 por causa imputável ao senhorio determina a sujeição do mesmo a uma coima não inferior a um ano de renda, observados os limites legais estabelecidos pelo Decreto-Lei n.º 433/82, de 27 de Outubro, salvo quando a falta de licença se fique a dever a atraso que não lhe seja imputável.

6 – A coima prevista no número anterior constitui receita do município, competindo a sua aplicação ao presidente da câmara municipal, com a faculdade de delegação em qualquer dos vereadores.

7 – Na situação prevista no n.º 5, o arrendatário pode resolver o contrato, com direito a indemnização nos termos gerais.

8 – O arrendamento para fim diverso do licenciado é nulo, sem prejuízo, sendo esse o caso, da aplicação da sanção prevista no n.º 5 e do direito do arrendatário à indemnização.

9 – Não se aplica o disposto nos números anteriores aos arrendamentos que tenham por objecto espaços não habitáveis nem utilizáveis para comércio, indústria ou serviços, nomeadamente para afixação de publicidade ou outro fim limitado.

Artigo 6.º – Entrada em vigor

O presente decreto-lei entra em vigor no dia seguinte ao da sua publicação.

Visto e aprovado em Conselho de Ministros

de 8 de Junho de 2006. –

José Sócrates Carvalho Pinto de Sousa –

António Luís Santos Costa –

Fernando Teixeira dos Santos –

Alberto Bernardes Costa –

Francisco Carlos da Graça Nunes Correia.

Promulgado em 26 de Julho de 2006.

Publique-se.

O Presidente da República,
ANÍBAL CAVACO SILVA.

Referendado em 27 de Julho de 2006.

O Primeiro-Ministro,
José Sócrates Carvalho Pinto de Sousa.

REGIME JURÍDICO DAS OBRAS EM PRÉDIOS ARRENDADOS

Decreto-Lei n.º 157/2006, de 8 de Agosto
Aprova o regime jurídico das obras em prédios arrendados

A Lei n.º 6/2006, de 27 de Fevereiro, aprovou o Novo Regime do Arrendamento Urbano (NRAU), dando resposta à necessidade, por todos sentida, de reformar profundamente esta área do ordenamento jurídico.

O NRAU, para sua completa aplicação, carece de um conjunto de legislação complementar, alguma da qual objecto de autorização legislativa da Assembleia da República. Entre esses diplomas complementares encontra-se o diploma relativo ao regime das obras em prédios arrendados, que ora se publica, matéria fulcral tanto na regulação dos novos contratos como na resolução dos problemas de degradação urbanística já existentes.

O presente diploma estrutura-se em duas grandes partes. A primeira aplica-se aos contratos que se vierem a celebrar após a sua entrada em vigor e, ainda, em tudo o que não é excepcionado na segunda parte, aos contratos já existentes. A segunda parte contém um regime especial transitório, aplicável aos contratos de arrendamento para habitação celebrados antes do RAU e aos contratos de arrendamento para fins não habitacionais celebrados antes da entrada em vigor do Decreto-Lei n.º 257/95, de 30 de Setembro.

O presente decreto-lei regula as obras efectuadas por iniciativa do senhorio, prevendo a possibilidade de suspensão do contrato ou a sua denúncia. Nos contratos habitacionais anteriores a 1990, a denúncia terá sempre como contrapartida o realojamento. Revoga, pois, a Lei n.º 2088, de 3 de Julho de 1957, a qual, além de ser de difícil aplicação, visava promover a construção nova, objectivo que já não corresponde às necessidades actuais. O diploma regula ainda as obras coercivas realizadas pelos municípios em prédios arrendados, substituindo o que a este respeito se dispunha no RAU.

Finalmente, em relação aos contratos antigos, o decreto-lei regula os direitos de intervenção dos arrendatários. Se, em relação aos contratos novos, não é de prever que o problema da degradação urbana se venha a colocar significativamente, fruto da adequação dos valores das rendas e da maior mobilidade, o problema da degradação dos prédios objecto de arrendamentos antigos é sobejamente conhecido. Aqui, não basta enunciar o dever de conservação, é necessário criar os instrumentos legais que possibilitem a efectiva reabilitação. Tal passa por apoiar a reabilitação por parte dos proprietários, o que é tratado em legislação própria, mas exige ainda que seja possível intervir quando o proprietário não possa ou não queira reabilitar o seu património.

Assim, possibilita-se ao arrendatário a realização de obras de reabilitação, com posterior compensação no valor da renda. Possibilita-se ainda ao arrendatário, mediante acção judicial, a aquisição da propriedade do prédio ou fracção, quando esta seja a última solução viável. Este será o caso quando o proprietário não efectue as obras necessárias e o município, a tal instado, também o não faça. Este direito de aquisição pelo arrendatário acarreta a obrigação para o adquirente – e para quem o substitua nos 20 anos seguintes – de reabilitação e de manutenção do prédio. A degradação urbana é um problema que não afecta apenas os habitantes dos prédios degradados, ela afecta toda a comunidade, sendo um obstáculo à sã vivência das cidades e ao próprio desenvolvimento económico, nomeadamente com reflexos negativos no turismo.

Possibilitar a recuperação dos centros históricos, reabilitando em lugar de construir de novo, é objectivo a prosseguir com empenho, devendo o direito de aquisição do locado que este decreto-lei regula ser visto a esta luz, e não somente como um modo de composição do conflito entre as partes.

Foram ouvidos os órgãos de governo próprio das Regiões Autónomas, a Associação Nacional dos Municípios Portugueses, a Ordem dos Advogados, a Ordem dos Engenheiros e a Ordem dos Arquitectos.

Foram, ainda, ouvidas as várias associações com interesses no sector, designadamente a Associação Lisbonense de Proprietários, a Associação dos Inquilinos Lisbonense, a Associação dos Inquilinos do Norte, a Confederação do Comércio e Serviços de Portugal, a Confederação do Turismo Português, a Federação da Restauração, Cafés, Pastelarias e Similares de Portugal, a Federação Portuguesa da Indústria de Construção e Obras Públicas, a Federação Nacional de Comércio, a Associação Portuguesa para a Defesa do Consumidor, e ainda várias entidades representativas das empresas de consultoria e avaliação imobiliária, de mediação mobiliária, de fundos de investimento e de fundos de pensões.

Assim:

No uso da autorização legislativa concedida pela alínea *a)* do n.º 1 e pelo n.º 2 do artigo 63.º da Lei n.º 6/2006, de 27 de Fevereiro, e nos termos da alínea *b)* do n.º 1 do artigo 198.º da Constituição, o Governo decreta o seguinte:

SECÇÃO I - Disposições comuns

Artigo 1.º - Âmbito

1 - O presente decreto-lei aprova o regime jurídico aplicável:

a) À denúncia do contrato para demolição ou para realização de obra de remodelação ou restauro profundos, nos termos do n.º 11 do artigo 1103.º do Código Civil;

b) À realização de obras coercivas;

c) À edificação em prédio rústico arrendado e não sujeito a regime especial.

e) À desocupação do locado para realização de obras de conservação.

f) À suspensão do contrato de arrendamento para realização de obras de remodelação ou restauro profundos.

2 - O presente decreto-lei estabelece ainda o regime aplicável nos contratos de arrendamento para fim habitacional celebrados antes da vigência do Regime do Arrendamento Urbano (RAU), aprovado pelo Decreto-Lei n.º 321-B/90, de 15 de outubro:

a) À denúncia ou suspensão do contrato de arrendamento para demolição ou realização de obras de remodelação ou restauro profundos, quando o arrendatário tiver idade igual ou superior a 65 anos ou deficiência com grau comprovado de incapacidade igual ou superior a 60 %;

b) À realização de obras pelo arrendatário.

Artigo 2.º - Regra geral

1 - Cabe ao senhorio efectuar as obras necessárias à manutenção do estado de conservação do prédio arrendado, nos termos dos artigos 1074.º e 1111.º do Código Civil, bem como da legislação urbanística aplicável, nomeadamente do regime jurídico da urbanização e da edificação e do regime jurídico da reabilitação urbana.

2 - No caso de o senhorio não efetuar as obras a que está obrigado, o município ou a entidade gestora da operação de reabilitação urbana podem intimá-lo à sua realização, bem como proceder à sua realização coerciva.

Artigo 3.º - Obras de conservação

1 - Quando seja indispensável para realização das obras referidas no n.º 1 do artigo anterior, o senhorio tem o direito a solicitar ao arrendatário, com uma antecedência mínima de três meses, que desocupe o locado pelo prazo necessário à execução das obras, o qual não pode ser superior a 60 dias.

2 – Na situação prevista no número anterior, o senhorio está obrigado ao realojamento do arrendatário, em condições análogas às que este detinha no locado, nos termos previstos nos n.os 3 a 5 do artigo 6.º e a suportar as despesas inerentes a essa desocupação.

3 – Para efeitos do exercício da faculdade prevista no n.º 1, o senhorio envia uma comunicação ao arrendatário, informando-o do prazo necessário à realização das obras, das condições do realojamento fornecido, assim como da data para a entrega das respetivas chaves e da data para desocupação do locado.

4 – O arrendatário tem direito a ser indemnizado pelos danos que possam advir do não cumprimento do prazo máximo da desocupação.

5 – O senhorio só pode comunicar a necessidade de desocupação do locado para realização de obras de conservação, nos termos do n.º 3, se não tiver usado da mesma faculdade nos oito anos anteriores e se o contrato já tiver, pelo menos, dois anos de duração efetiva.

SECÇÃO II – Regime geral

SUBSECÇÃO I – Iniciativa do senhorio

Artigo 4.º – Remodelação ou restauro profundos

1 – Para efeitos do presente decreto-lei, são obras de remodelação ou restauro profundos:

a) As obras de reconstrução, definidas na alínea *c)* do artigo 2.º do regime jurídico da urbanização e da edificação, aprovado pelo Decreto-Lei n.º 555/99, de 16 de dezembro; ou

b) As obras de alteração ou ampliação, definidas respetivamente na alínea *d)* e e) do artigo 2.º do regime jurídico da urbanização e da edificação, aprovado pelo Decreto-Lei n.º 555/99, de 16 de dezembro, em que:

i) Destas resulte um nível bom ou superior no estado de conservação do locado, de acordo com a tabela referida no n.º 3 do artigo 6.º da Portaria n.º 1192-B/2006, de 3 de novembro; e

ii) O custo da obra a realizar no locado, incluindo imposto sobre valor acrescentado, corresponda, pelo menos, a 25 % do valor aplicável ao locado em função da sua localização e área bruta de construção, de acordo com o valor mediano das vendas por m^2 de alojamentos familiares €, por concelho, divulgado pelo Instituto Nacional de Estatística, I. P., para o trimestre anterior.

2 – (Revogado)

3 – (Revogado)

4 – As obras referidas no n.º 1 podem decorrer de intervenções urbanísticas realizadas em área de reabilitação urbana.

5 – Além dos demais elementos previstos na lei, o requerimento de controlo prévio urbanístico respeitante às operações referidas no n.º 1 deve ser acompanhado dos seguintes elementos:

a) Indicação da situação de arrendamento existente, se aplicável; e

b) Nos casos da alínea b) do n.º 1:

i) Orçamento total da operação a realizar, incluindo estimativa do custo total da operação urbanística;

ii) Caderneta predial, que inclui área bruta de construção correspondente ao locado.

6 – Ao arrendatário não pode, em qualquer caso, ser negada a consulta ou a emissão de reprodução ou certidão do processo respeitante ao controlo prévio urbanístico relativo ao locado, dispondo os órgãos competentes do prazo improrrogável de 10 dias para assegurar a garantia de acesso, sem prejuízo dos demais direitos previstos na Lei n.º 26/2016, de 22 de agosto, que aprova o regime de acesso à informação administrativa e ambiental e de reutilização dos documentos administrativos.

Artigo 5.º – Vicissitudes contratuais em caso de remodelação, restauro ou demolição do locado

(Revogado)

Artigo 5.º-A – Vicissitudes contratuais em caso de demolição ou obras de remodelação ou restauro profundos

1 – Quando o senhorio pretenda realizar obras de remodelação ou restauro profundos, há lugar à suspensão da execução do contrato de arrendamento pelo período de decurso daquelas, sem prejuízo do disposto no número seguinte.

2 – Em caso de demolição ou de obras de remodelação ou restauro profundos que não resulte local com características equivalentes às do locado, onde seja possível a manutenção do arrendamento, o senhorio pode denunciar o contrato de arrendamento, nos termos da alínea *b)* do artigo 1101.º do Código Civil.

Artigo 6.º Denúncia para remodelação ou restauro

1 – A denúncia do contrato de duração indeterminada para realização de obra de remodelação ou restauro profundos, nos termos da alínea *b)* do artigo 1101.º do Código Civil, obriga o senhorio, mediante acordo e em alternativa:

a) Ao pagamento de uma indemnização no valor mínimo correspondente a dois anos de renda, não podendo este ser inferior a duas vezes o montante de 1/15 do valor patrimonial tributário do locado;

b) A garantir o realojamento do arrendatário por período não inferior a três anos.

2 – Caso as partes não cheguem a acordo no prazo de 60 dias a contar da receção da comunicação prevista no n.º 1 do artigo 1103.º do Código Civil, aplica-se o disposto na alínea b) do número anterior, sem prejuízo do disposto no n.º 9.

3 – O realojamento do arrendatário previsto na alínea b) do n.º 1 é feito em condições análogas às que aquele já detinha, quer quanto ao local, quer quanto ao valor da renda e encargos.

4 – Para efeitos do disposto no número anterior, considera-se realojamento em condição análogas quanto ao local o realojamento do arrendatário na área da mesma freguesia ou de freguesia limítrofe, em fogo em estado de conservação igual ou superior ao do locado primitivo e adequado às necessidades do agregado familiar do arrendatário.

5 – Para efeitos do disposto nos n.os 3 e 4, presume-se adequado às necessidades do agregado familiar do arrendatário o fogo cujo tipo se situe entre o mínimo e o máximo previstos no quadro seguinte, de modo que não se verifique sobreocupação:

6 – Tratando-se de obra realizada no âmbito do regime da reabilitação urbana aplica-se o disposto no artigo 73.º daquele regime.

7 – O regime previsto no presente artigo não é aplicável nos casos em que um estabelecimento ou uma entidade situados no locado tenham sido reconhecidos pelo município como de interesse histórico e cultural ou social local, nos termos do respetivo regime jurídico, casos em que o estabelecimento ou entidade se mantém no locado.

8 – Em caso de remodelação ou restauro profundos de imóvel em que esteja situado estabelecimento ou entidade reconhecidos como de interesse histórico e cultural ou social local, cabe aos municípios salvaguardar a manutenção da atividade e património material existentes no locado, designadamente impondo para o efeito as condicionantes necessárias, no âmbito da respetiva competência de controlo prévio urbanístico e demais competências em matéria urbanística.

9 – Caso o arrendatário não aceite proposta de realojamento conforme com o disposto nos n.os 3 a 5 ou caso, tratando-se de arrendamento não habitacional, não seja possível o realojamento, é aplicável o disposto na alínea *a)* do n.º 1.

Artigo 7.º – Denúncia para demolição

1 – A denúncia do contrato pelo senhorio, nos termos da alínea *b)* do artigo 1101.º do Código Civil, pode ocorrer quando a demolição:

a) Seja ordenada nos termos do n.º 3 do artigo 89.º do regime jurídico da urbanização e da edificação ou do artigo 57.º do regime jurídico da reabilitação urbana;

b) Seja necessária por força da degradação do prédio, a atestar pelo município;

c) Resulte de plano de ordenamento do território aplicável, nomeadamente de plano de pormenor de reabilitação urbana.

2 – Nas situações previstas no número anterior, aplica-se, com as devidas adaptações, o disposto no artigo anterior, sem prejuízo do disposto nos números seguintes.

3 – No caso previsto na alínea c) do n.º 1, o proprietário pode pedir à entidade responsável pela execução do plano o ressarcimento dos custos suportados com o realojamento ou indemnização dos arrendatários.

4 – À denúncia para demolição de imóveis onde se encontrem instalados estabelecimentos ou entidades de interesse histórico e cultural ou social local é aplicável o disposto nos números anteriores e no artigo seguinte.

Artigo 7.º-A Denúncia para demolição em caso de estabelecimento ou entidade de interesse histórico e cultural ou social local

1 – Caso um estabelecimento ou uma entidade situados no locado tenham sido reconhecidos pelo município como de interesse histórico e cultural ou social local, estando verificado um dos pressupostos previstos no n.º 1 do artigo anterior, a demolição do imóvel em causa só pode ser permitida pelos órgãos municipais competentes:

a) Nos casos de situação de ruína ou de verificação em concreto da primazia de um bem jurídico superior ao que está presente na tutela dos bens em causa, desde que, em qualquer dos casos, se não mostre viável nem razoável, por qualquer outra forma, a salvaguarda ou o deslocamento do estabelecimento; e

b) Quando a situação de ruína não seja causada pelo incumprimento do dever de conservação exigível ao proprietário.

2 – O disposto no número anterior não prejudica a possibilidade de decretamento das medidas adequadas à manutenção de todos os elementos que se possam salvaguardar, autorizando-se apenas as demolições estritamente necessárias.

3 – Quando a situação de ruína seja causada pelo incumprimento do dever de conservação, consagrado no artigo 89.º do regime jurídico da urbanização e da edificação, aprovado pelo Decreto-Lei n.º 555/99, de 16 de dezembro, ou do dever de reabilitação de edifícios, consagrado no artigo 6.º do regime jurídico da reabilitação urbana, aprovado pelo Decreto-Lei n.º 307/2009, de 23 de outubro, o valor da indemnização previsto na alínea *a)* do n.º 1 do artigo 6.º é duplicado.

4 – Caso a situação de ruína resulte de ação ou omissão culposa por parte do proprietário, o valor da indemnização é de dez anos de renda, determinada de acordo com os critérios previstos nas alíneas *a)* e *b)* do n.º 2 do artigo 35.º da Lei n.º 6/2006, de 27 de fevereiro, que aprova o Novo Regime do Arrendamento Urbano (NRAU).

Artigo 8.º – Efectivação da denúncia

1 – A denúncia do contrato é feita mediante comunicação ao arrendatário com antecedência não inferior a seis meses sobre a data pretendida para a desocupação e da qual conste, de forma expressa e sob pena de ineficácia, o fundamento da denúncia.

2 – A comunicação referida no número anterior é acompanhada, sob pena de ineficácia da denúncia:

a) De comprovativo de que foi iniciado, junto da entidade competente, procedimento de controlo prévio da operação urbanística a efetuar no locado; e

b) De termo de responsabilidade do técnico autor do projeto legalmente habilitado que ateste que a operação urbanística a realizar constitui uma obra de remodelação ou restauro profundos ou uma obra de demolição, nos termos previstos no n.º 1 do artigo 4.º e do n.º 2 do artigo 5.º-A ou no n.º 1 do artigo anterior;

c) Nos casos em que estejam em causa obras de alteração ou ampliação, nos termos da alínea *b)* do n.º 1 do artigo 4.º, de cópia dos elementos entregues juntamente com o requerimento de controlo prévio, referidos na alínea *b)* do n.º 5 do mesmo artigo 4.º, bem como de documento emitido pelo município que ateste a entrega pelo senhorio destes elementos, no pedido de controlo prévio da operação urbanística.

3 – A denúncia a que se referem os números anteriores é confirmada, sob pena de ineficácia, mediante comunicação ao arrendatário, acompanhada de:

a) Comprovativo de deferimento do correspondente pedido, no caso de operação urbanística sujeita a licença administrativa; ou

b) Comprovativo de que a pretensão não foi rejeitada, no caso de operação urbanística sujeita a comunicação prévia.

4 – No caso previsto no número anterior, a desocupação tem lugar no prazo de 60 dias contados da receção da confirmação, salvo se não se encontrar decorrido o prazo previsto no n.º 1, caso em que a desocupação tem lugar até ao termo do último prazo.

5 – Metade da indemnização deve ser paga após a confirmação da denúncia e o restante no ato da entrega do locado, sob pena de ineficácia.

6 – (Revogado)

7 – (Revogado)

Artigo 9.º – Suspensão

(Revogado)

Artigo 9.º-A – Direito de preferência em caso de novo arrendamento

1 – O arrendatário no contrato objeto de denúncia nos termos dos artigos anteriores tem direito a exercer direito de preferência no âmbito de novo arrendamento celebrado pelo senhorio.

2 – O direito previsto no presente artigo é oponível ao senhorio que promoveu a denúncia do contrato durante o prazo de dois anos contados a partir da data de cessação do mesmo.

3 – É aplicável, com as devidas adaptações, o regime constante dos artigos 414.º e seguintes do Código Civil, sendo, porém, o prazo para o exercício do direito de preferência de 15 dias.

Artigo 9.º-B – Suspensão

1 – Quando haja lugar à suspensão da execução do contrato para remodelação ou restauro profundos, pelo período de decurso das obras, nos termos do artigo 5.º-A, o senhorio fica obrigado a assegurar o realojamento do arrendatário durante esse período.

2 – O realojamento temporário previsto no número anterior deve ser feito no mesmo concelho, em fogo em estado de conservação igual ou superior ao do locado primitivo e adequado às necessidades do agregado familiar do arrendatário, nos termos do n.º 5 do artigo 6.º, sem prejuízo do disposto no artigo 73.º do regime jurídico da reabilitação urbana, aprovado pelo Decreto-Lei n.º 307/2009, de 23 de outubro, quando se trate da execução de operação de reabilitação urbana.

3 – No realojamento temporário, mantém-se o valor da renda e encargos do contrato.

4 – Sem prejuízo da manutenção da obrigação de pagamento da renda, o contrato de arrendamento suspende-se no momento da desocupação do locado pelo arrendatário.

Artigo 10.º – Efectivação da suspensão

(Revogado)

Artigo 10.º-A – Efetivação da suspensão

1 – A suspensão da execução do contrato para remodelação ou restauro profundos é feita mediante comunicação do senhorio ao arrendatário:

a) Da intenção de proceder a obras que obrigam à desocupação do locado por colocarem em causa as condições de habitabilidade;

b) Do local e das condições do realojamento fornecido;

c) Da data de início e duração previsível das obras.

2 – O arrendatário, após a comunicação prevista no número anterior, pode, em alternativa à suspensão, denunciar o contrato.

3 – No caso previsto no número anterior, cabe ao arrendatário indicar o momento de produção de efeitos da denúncia, que deve ocorrer antes da data de início das obras.

4 – A denúncia do contrato de arrendamento é comunicada ao senhorio no prazo de 30 dias a contar da comunicação referida no n.º 1.

5 – Sem prejuízo da manutenção da obrigação de pagamento da renda, o contrato de arrendamento suspende-se no momento da desocupação do locado pelo arrendatário.

6 – O senhorio comunica ao arrendatário a conclusão das obras, devendo o arrendatário reocupar o locado no prazo de três meses, salvo justo impedimento, sob pena de caducidade do contrato de arrendamento.

Artigo 11.º – Edificação em prédio rústico

O disposto na presente subsecção é aplicável, com as necessárias adaptações, à denúncia de arrendamento de prédio rústico quando o senhorio pretenda aí construir um edifício.

SUBSECÇÃO II – Iniciativa do município ou da entidade gestora da operação de reabilitação urbana

Artigo 12.º – Âmbito

O disposto na presente subsecção aplica-se às obras coercivas executadas em prédios total ou parcialmente arrendados:

a) Pelo município, nos termos do regime jurídico da urbanização e da edificação;

b) Pelo município ou pela entidade gestora da operação de reabilitação urbana, nos termos do regime jurídico da reabilitação urbana.

Artigo 13.º – Poderes do município e da entidade gestora da operação de reabilitação urbana

Para os efeitos previstos no artigo anterior, a entidade promotora das obras coercivas pode proceder ao despejo administrativo e ocupar o prédio ou fogos, total ou parcialmente, até ao período de um ano após a data da conclusão das obras, após o qual tal ocupação cessa automaticamente.

Artigo 14.º – Orçamento

1 – O início das obras é precedido da elaboração de um orçamento do respetivo custo, a comunicar ao senhorio, por escrito.

2 – O valor a suportar é acrescido do custo dos trabalhos a mais, decorrentes de circunstâncias imprevisíveis à data da elaboração do orçamento, que se mostrem indispensáveis para a conclusão da obra, com o limite estabelecido no n.º 3 do artigo 370.º do Código dos Contratos Públicos, aprovado pelo Decreto-Lei n.º 18/2008, de 29 de janeiro, na redação que lhe foi dada pelo Decreto-Lei n.º 278/2009, de 2 de Outubro.

Artigo 15.º – Realojamento ou indemnização

1 – A entidade promotora das obras coercivas não pode proceder ao despejo administrativo sem assegurar simultaneamente o realojamento temporário dos arrendatários existentes, sendo aplicável o disposto no artigo 9.º-B.

2 – Durante o realojamento mantém-se a obrigação de pagamento da renda, havendo lugar ao seu depósito, nos termos do artigo 19.º

3 – No caso de arrendamento não habitacional, não sendo possível o realojamento ou não concordando o arrendatário com as condições oferecidas, a entidade promotora das obras coercivas indemniza o arrendatário nos termos da alínea *a)* do n.º 1 do artigo 6.º, tendo o direito de arrendar o local após as obras, nos termos do artigo 20.º, para se ressarcir do valor da indemnização paga.

4 – Nos casos previstos nas alíneas *a)* e *b)* do n.º 1 do artigo 7.º, aplica-se, com as devidas adaptações, o disposto no artigo 6.º, cabendo ao proprietário ressarcir a entidade promotora das obras coercivas dos custos suportados com o realojamento ou indemnização dos arrendatários.

Artigo 16.º – Comunicação ao arrendatário

Com antecedência não inferior a 30 dias, o arrendatário é notificado, por carta registada ou por afixação de edital na porta da respectiva casa e na sede da junta de freguesia:

a) Da data do despejo administrativo;

b) Do local de realojamento que lhe foi destinado;

c) Da obrigação de retirar todos os bens do local despejando;

d) Da duração previsível das obras;

e) Da obrigação de depositar as rendas, nos termos do artigo 19.º

Artigo 17.º – Reocupação pelo arrendatário

A entidade promotora das obras coercivas comunica ao arrendatário o fim das obras, devendo o arrendatário reocupar o locado no prazo de três meses, salvo justo impedimento, sob pena de caducidade do contrato de arrendamento.

Artigo 18.º – Compensação

1 – O ressarcimento do custo das obras coercivas, nos termos do artigo 14.º, e, sendo caso disso, do realojamento temporário dos arrendatários existentes, é feito através do recebimento das rendas.

2 – Quando o senhorio o requeira, demonstrando que as rendas são indispensáveis para o sustento do seu agregado familiar ou para a sustentabilidade económica da pessoa coletiva, a entidade promotora das obras coercivas pode autorizar o levantamento de 50 % do valor dos depósitos da renda vigente aquando do início das obras, acrescida das atualizações ordinárias anuais, revertendo o restante para a entidade promotora das obras coercivas.

3 – A autorização referida no número anterior é emitida no prazo de 10 dias após a apresentação do requerimento, acompanhado dos elementos de prova necessários.

Artigo 19.º – Depósito das rendas

1 – O arrendatário deposita a renda, nos termos dos artigos 17.º e seguintes do NRAU, enquanto a entidade promotora das obras coercivas não se encontrar totalmente ressarcida.

2 – No prazo de 10 dias após o ressarcimento integral, a entidade promotora das obras coercivas notifica os arrendatários da cessação do dever de depositar a renda.

Artigo 20.º – Arrendamento pela entidade promotora das obras coercivas

(Revogado)

Artigo 21.º – Arrolamento de bens

1 – Se, no momento da ocupação, forem encontrados bens no local a ocupar, proceder-se-á ao seu arrolamento.

2 – Para efeitos do arrolamento referido no número anterior, procede-se da seguinte forma:

a) É lavrado auto em que se descrevem os bens, em verbas numeradas, e se mencionam quaisquer ocorrências relevantes;

b) O auto é assinado pelo funcionário que o lavrar e pelo possuidor dos bens, se existir, devendo intervir duas testemunhas quando não for assinado por este último;

c) Ao acto de arrolamento assiste o possuidor ou detentor dos bens, sempre que queira e esteja no local ou seja possível chamá-lo, podendo fazer-se representar por mandatário judicial;

d) Os bens arrolados ficam depositados à guarda da entidade promotora das obras coercivas e são entregues ao respetivo dono, a requerimento deste, sem prejuízo de só poderem ser repostos no fogo despejando após a conclusão das respetivas obras;

e) São aplicáveis ao arrolamento as disposições relativas à penhora, com as devidas adaptações, em tudo que não contrarie o estabelecido neste artigo.

3 – O arrendatário é responsável pelas despesas resultantes do despejo.

4 – O dono dos bens é responsável pelas despesas resultantes do depósito e arrolamento daqueles.

Artigo 22.º – Obras por iniciativa de outras entidades

O disposto na presente subsecção é aplicável, com as devidas adaptações, à realização de obras em prédios arrendados por entidade à qual a lei confira esse direito, nomeadamente sociedades de reabilitação urbana, fundos de investimento imobiliário e fundos de pensões.

Subsecção III – Execução de obras pelo arrendatário

Artigo 22.º-A – Âmbito

1 – O disposto na presente subsecção aplica-se à execução das seguintes obras pelo arrendatário, em substituição do senhorio:

a) Obras objeto de intimação prevista no n.º 2 do artigo 89.º do regime jurídico da urbanização e da edificação, aprovado pelo Decreto-Lei n.º 555/99, de 16 de dezembro, ou no n.º 1 do artigo 55.º do regime jurídico da reabilitação urbana, aprovado pelo Decreto-Lei n.º 307/2009, de 23 de outubro nos termos do artigo seguinte;

b) Reparações previstas no n.º 1 artigo 1036.º do Código Civil.

2 – O disposto nos números 3 e 4 do artigo 22.º-C e no artigo 22.º-D aplica-se, ainda, às obras previstas no n.º 2 artigo 1036.º do Código Civil.

3 – As obras previstas nos números anteriores incluem a execução de obras nas partes comuns previstas no artigo 1427.º do Código Civil ou determinadas pela assembleia de condóminos.

4 – A execução das obras previstas nos números anteriores confere ao arrendatário direito a compensação, nos termos dos artigos seguintes.

5 – O comprovativo da qualidade de arrendatário constitui título habilitante para a promoção dos procedimentos de controlo prévio de operações urbanísticas e demais autorizações que se mostrem devidos para a execução das obras previstas nos números anteriores.

Artigo 22.º-B – Execução de intimação

1 – Caso o senhorio não cumpra os prazos de início ou de conclusão das obras previstas na alínea *a)* do n.º 1 do artigo anterior, tem o arrendatário a possibilidade de fazê-las extrajudicialmente.

2 – Cessa o disposto no número anterior quando o senhorio não der início à obra por motivo imputável à Administração Pública, nomeadamente por demora no licenciamento da obra ou na decisão sobre a atribuição de apoio à reabilitação do prédio.

3 – No caso previsto no n.º 1, a obra deve limitar-se ao objeto da intimação a que se reporta, em cujo procedimento o arrendatário é interessado.

Artigo 22.º-C – Comunicações ao senhorio

1 – Nos casos previstos no n.º 1 do artigo 22.º-A, o arrendatário que pretenda exercer o direito à execução das obras comunica essa intenção ao senhorio com antecedência mínima de 15 dias em relação à data prevista para início da execução, expondo os fatos que lhe conferem o direito de as efetuar e juntando o respetivo orçamento, mapa de quantidades, data prevista para o início e conclusão das obras e indicação da necessidade de realojamento temporário de arrendatários que se mostre indispensável para o efeito.

2 – Ao orçamento das obras, aplica-se, com as devidas adaptações, o disposto no artigo 14.º

3 – A conclusão das obras é comunicada pelo arrendatário ao senhorio no prazo máximo de 30 dias, junto com a apresentação dos comprovativos das despesas realizadas e indicando:

a) O valor da compensação devida nos termos do n.º 1 do artigo seguinte;

b) O valor já deduzido por conta da compensação, previsto no n.º 2 do artigo seguinte;

c) O valor da compensação em dívida pelo senhorio, nos termos do n.º 3 do artigo seguinte;

d) A modalidade de pagamento da compensação em dívida, nos termos do n.º 4 do artigo seguinte, e as respetivas condições de pagamento.

4 – As comunicações previstas no presente artigo são feitas nos termos do artigo 9.º do NRAU.

Artigo 22.º-D – Compensação

1 – O valor a ter em conta para efeitos de compensação é o correspondente às despesas das obras efetuadas e orçamentadas e respetivos juros, acrescidas de 5% destinados a despesas de administração, e aos custos suportados com o realojamento temporário dos arrendatários.

2 – O arrendatário pode, por conta da compensação devida nos termos do presente artigo, deduzir o valor despendido com as obras no valor das rendas mensais vincendas a partir do início da execução.

3 – Concluída a execução das obras, o valor da compensação em dívida corresponde ao valor da compensação devida nos termos do n.º 2, subtraído do valor deduzido nos termos do número anterior.

4 – Para pagamento do valor da compensação em dívida, o arrendatário pode optar por uma das seguintes modalidades:

a) Pagamento direto pelo senhorio, em prazo não inferior a 60 dias;

b) Dedução no valor das rendas mensais vincendas a partir da data da receção da comunicação prevista no n.º 3 do artigo anterior.

5 - Cessando, por qualquer causa, o contrato de arrendamento antes do ressarcimento completo do arrendatário, este tem o direito de receber o valor em falta.

SECÇÃO III - Regime especial transitório

SUBSECÇÃO I - Disposições gerais

Artigo 23.º - Âmbito de aplicação

1 - O disposto na presente secção aplica-se apenas aos contratos de arrendamento para habitação celebrados antes da entrada em vigor do RAU, aprovado pelo Decreto-Lei n.º 321-B/90, de 15 de outubro.

2 - Em tudo o não previsto na presente secção aplica-se o disposto na secção anterior.

SUBSECÇÃO II - Iniciativa do senhorio

Artigo 24.º - Denúncia para demolição

1 - A faculdade de denúncia para demolição rege-se pelo disposto no artigo 7.º, sem prejuízo do disposto no artigo seguinte.

2 - (Revogado)

Artigo 25.º - Denúncia do contrato com arrendatário com idade igual ou superior a 65 anos ou com deficiência com grau de incapacidade igual ou superior a 60 %

1 - À denúncia do contrato de duração indeterminada para demolição ou realização de obra de remodelação ou restauro profundos, nos termos da alínea *b)* do artigo 1101.º do Código Civil, quando o arrendatário tiver idade igual ou superior a 65 anos ou deficiência com grau comprovado de incapacidade igual ou superior a 60 %, aplica-se o disposto no artigo 6.º, sem prejuízo do disposto no número seguinte.

2 - O realojamento previsto na alínea *b)* do n.º 1 do artigo 6.º dá lugar à celebração de novo contrato por duração indeterminada, não sendo aplicável o disposto na alínea c) do artigo 1101.º do Código Civil.

3 - À renda a pagar pelo novo contrato de arrendamento é aplicável, com as necessárias adaptações, o disposto nas alíneas *a)* e *b)* do n.º 2 do artigo 35.º do NRAU, sem prejuízo do disposto no número seguinte.

4 - Se o arrendatário invocar e comprovar que o RABC do seu agregado familiar é inferior a cinco RMNA, aplica-se para efeitos do valor da renda a que se refere o número anterior o disposto no n.º 7, na alínea *a)* do n.º 9 e no n.º 10 do artigo 36.º do NRAU.

5 – (Revogado)

6 – (Revogado)

7 – (Revogado)

8 – (Revogado)

9 – (Revogado)

10 – (Revogado)

11 – (Revogado)

12 – (Revogado)

Artigo 26.º – Suspensão do contrato para remodelação ou restauro

(Revogado)

Artigo 26.º-A – Suspensão da execução do contrato para remodelação ou restauro profundos

1 – Em caso de suspensão da execução do contrato para remodelação ou restauro profundos, pelo período de decurso das obras, nos termos do artigo 5.º-A, quando o arrendatário tiver idade igual ou superior a 65 anos ou deficiência com grau comprovado de incapacidade igual ou superior a 60 %, aplica-se o disposto nos artigos 9.º-B e 10.º-A, sem prejuízo do disposto nos números seguintes.

2 – Caso opte pela denúncia do contrato nos termos do n.º 2 do artigo 10.º-A, o arrendatário tem direito à indemnização prevista na alínea *a)* do n.º 1 do artigo 6.º

3 – Ao realojamento temporário do arrendatário é aplicável o disposto nos n.ºs 3 a 5 do artigo 6.º.

Artigo 27.º – Actualização da renda

(Revogado)

SUBSECÇÃO III – Iniciativa do município

Artigo 28.º – Actualização da renda

(Revogado)

SUBSECÇÃO IV – Iniciativa do arrendatário

DIVISÃO I – Âmbito de aplicação

Artigo 29.º – Responsabilidade pelas obras ou pelos danos

(Revogado)

DIVISÃO II – Manutenção do arrendamento

Artigo 30.º – Actuação do arrendatário
(Revogado)

Artigo 31.º – Legitimidade
(Revogado)

Artigo 32.º – Procedimento
(Revogado)

Artigo 33.º – Compensação
(Revogado)

Artigo 34.º – Compensação e valor da renda
(Revogado)

DIVISÃO III – Aquisição do locado pelo arrendatário

Artigo 35.º – Legitimidade
(Revogado)

Artigo 36.º – Acção de aquisição
(Revogado)

Artigo 37.º – Legitimidade passiva
(Revogado)

Artigo 38.º – Valor da aquisição
(Revogado)

Artigo 39.º – Obrigação de reabilitação e manutenção
(Revogado)

Artigo 40.º – Reversão
(Revogado)

Artigo 41.º – Registo predial
(Revogado)

Artigo 42.º – Prédios constituídos em propriedade horizontal
(Revogado)

Artigo 43.º – Prédios não constituídos em propriedade horizontal
(Revogado)

Artigo 44.º – Aquisição de outras fracções

(Revogado)

SECÇÃO IV – Disposições sancionatórias

Artigo 45.º – Responsabilidade contraordenacional

1 – Sem prejuízo da responsabilidade civil, criminal ou disciplinar, são puníveis como contraordenação as falsas declarações dos técnicos autores de projetos no termo de responsabilidade previsto na alínea *a)* do n.º 2 do artigo 8.º

2 – A contraordenação prevista no número anterior é punível com coima de € 3000 a € 200 000.

3 – A negligência é punível, sendo os limites mínimos e máximos das coimas reduzidos para metade.

4 – A tentativa é punível com a coima aplicável à contraordenação consumada, especialmente atenuada.

5 – Consoante a gravidade da contraordenação e a culpa do agente, pode ser aplicada, simultaneamente com a coima, a sanção acessória de interdição do exercício, até ao máximo de quatro anos, da profissão ou atividade conexas com a infração praticada.

6 – As sanções previstas nos números anteriores são comunicadas à ordem ou associação profissional respetiva, quando exista.

7 – Sem prejuízo das competências atribuídas por lei a outras autoridades policiais e fiscalizadoras, a competência para determinar a instauração dos processos de contraordenação, para designar o instrutor e para aplicar as coimas e as sanções acessórias pertence ao presidente da câmara municipal ou, se houver delegação de competências, aos vereadores.

8 – O produto da aplicação das coimas reverte a favor do município, inclusive quando as mesmas sejam cobradas em juízo.

Artigo 46.º – Responsabilidade criminal

1 – As falsas declarações ou informações prestadas no termo de responsabilidade previsto na alínea *a)* do n.º 2 do artigo 8.º pelos técnicos autores de projetos são puníveis nos termos do artigo 256.º do Código Penal.

2 – O disposto no número anterior não prejudica a aplicação do artigo 277.º do Código Penal.

SECÇÃO V – Disposições finais e transitórias

Artigo 47.º – Comunicações

Às comunicações entre senhorio e arrendatário previstas no presente decreto-lei aplica-se o disposto nos artigos 9.º a 12.º do NRAU.

Artigo 48.º - Alteração ao Decreto-Lei n.º 555/99, de 16 de Dezembro

1 - O artigo 92.º do Decreto-Lei n.º 555/99, de 16 de Dezembro, passa a ter a seguinte redacção:

«Artigo 92.º - Despejo administrativo

1 - ...

2 - ...

3 - ...

4 - ...

5 - Ao despejo de ocupante titular de contrato de arrendamento aplica-se o disposto no Decreto-Lei n.º 157/2006, de 8 de Agosto.»

2 - O prazo previsto no n.º 2 do artigo 71.º do Decreto-Lei n.º 555/99, de 16 de Dezembro, para requerer a emissão do alvará não corre na pendência das acções de aquisição ou denúncia previstas neste decreto-lei.

Artigo 49.º - Norma revogatória

É revogada a Lei n.º 2088, de 3 de Junho de 1957.

Artigo 50.º - Entrada em vigor

O presente decreto-lei entra em vigor no 30.º dia seguinte ao da sua publicação.

Visto e aprovado em Conselho de Ministros

de 8 de Junho de 2006. -
José Sócrates Carvalho Pinto de Sousa -
António Luís Santos Costa -
Fernando Teixeira dos Santos -
Alberto Bernardes Costa -
Francisco Carlos da Graça Nunes Correia -
Manuel António Gomes de Almeida de Pinho.

Promulgado em 26 de Julho de 2006.

Publique-se.

O Presidente da República,
ANÍBAL CAVACO SILVA.

Referendado em 27 de Julho de 2006.

O Primeiro-Ministro,
José Sócrates Carvalho Pinto de Sousa.

ESTABELECE O REGIME DE RENDA CONDICIONADA DOS CONTRATOS DE ARRENDAMENTO PARA FIM HABITACIONAL

Lei n.º 80/2014, de 19 de dezembro
Estabelece o regime de renda condicionada dos contratos de arrendamento para fim habitacional

A Assembleia da República decreta, nos termos da alínea *c)* do artigo 161.º da Constituição, o seguinte:

Artigo 1.º – Objeto

A presente lei estabelece o regime de renda condicionada aplicável a contratos de arrendamento para fim habitacional.

Artigo 2.º – Âmbito de aplicação

1 – Ficam obrigatoriamente sujeitos ao regime de renda condicionada os arrendamentos:

a) De fogos que, tendo sido construídos para fins habitacionais pelo Estado e seus organismos autónomos, institutos públicos, autarquias locais, misericórdias e instituições de previdência, tenham sido ou venham a ser vendidos aos respetivos moradores;

b) De fogos construídos por cooperativas de habitação e construção, incluindo as de grau superior, e associações de moradores que tenham usufruído de subsídios ao financiamento ou à construção por parte do Estado, autarquias locais ou institutos públicos;

c) Nos demais casos previstos em legislação especial.

2 – A renda condicionada referida no número anterior é a renda máxima aplicável ao arrendamento dos fogos durante um período de 20 anos contados da data da primeira transmissão dos mesmos, cessando a sujeição a esse regime de renda por caducidade pelo decurso do referido prazo ou por transmissão decorrente de venda executiva, de dação ou de outra forma de pagamento de dívidas de empréstimos bancários de que aqueles fogos constituam garantia.

3 – Os ónus ou restrições à alienação ou ao arrendamento que, nos termos de regimes legais especiais, incidam igualmente sobre os fogos sujeitos ao regime referido nos números anteriores prevalecem sobre este.

Artigo 3.º – Fixação do valor da renda

1 – No regime de renda condicionada, a renda mensal inicial do primeiro contrato ou dos novos arrendamentos resulta da livre negociação entre as partes, mas não pode exceder o duodécimo do produto resultante da aplicação da taxa das rendas condicionadas ao valor patrimonial tributário do fogo no ano da celebração do contrato.

2 – A taxa das rendas condicionadas é fixada por portaria dos membros do Governo responsáveis pelas áreas das finanças e do ordenamento do território, após audição das associações representativas dos arrendatários e dos proprietários.

Artigo 4.º – Atualização anual da renda

A atualização da renda rege-se pelo disposto no artigo 24.º da Lei n.º 6/2006, de 27 de fevereiro, na sua redação atual, e no n.º 2 do artigo 1077.º do Código Civil.

Artigo 5.º – Disposições subsidiárias

Em todos os aspetos não regulados pela presente lei, aplicam-se as disposições previstas na Lei n.º 6/2006, de 27 de fevereiro, na sua redação atual, para os contratos de arrendamento com fim habitacional.

Artigo 6.º – Remissões

Todas as remissões para o regime de renda condicionada consideram-se feitas para a presente lei.

Artigo 7.º – Norma revogatória

São revogados:

a) Os artigos 77.º a 81.º, na parte relativa ao regime de renda condicionada, do Regime de Arrendamento Urbano, aprovado pelo Decreto-Lei n.º 321-B/90, de 15 de outubro, mantidos em vigor pelo artigo 61.º da Lei n.º 6/2006, de 27 de fevereiro;

b) O Decreto-Lei n.º 329-A/2000, de 22 de dezembro.

Artigo 8.º – Entrada em vigor

A presente lei entra em vigor no primeiro dia do mês seguinte ao da sua publicação.

Aprovada em 31 de outubro de 2014.

A Presidente da Assembleia da República, Maria da Assunção A. Esteves.

Promulgada em 11 de dezembro de 2014.

Publique-se.

O Presidente da República, Aníbal Cavaco Silva.

Referendada em 15 de dezembro de 2014.

O Primeiro-Ministro, Pedro Passos Coelho.

ESTABELECE O NOVO REGIME DO ARRENDAMENTO APOIADO PARA HABITAÇÃO

Lei n.º 81/2014, de 19 de dezembro
Estabelece o novo regime do arrendamento apoiado para habitação e revoga a Lei n.º 21/2009, de 20 de maio, e os Decretos-Leis n.ºs 608/73, de 14 de novembro, e 166/93, de 7 de maio

A Assembleia da República decreta, nos termos da alínea *c)* do artigo 161.º da Constituição, o seguinte:

CAPÍTULO I – Disposições gerais

Artigo 1.º – Objeto

A presente lei estabelece o regime do arrendamento apoiado para habitação e regula a atribuição de habitações neste regime.

Artigo 2.º – Âmbito

1 – O arrendamento apoiado é o regime aplicável às habitações detidas, a qualquer título, por entidades das administrações direta e indireta do Estado, das regiões autónomas, das autarquias locais, do setor público empresarial e dos setores empresariais regionais, intermunicipais e municipais, que por elas sejam arrendadas ou subarrendadas com rendas calculadas em função dos rendimentos dos agregados familiares a que se destinam.

2 – A presente lei aplica-se, ainda, ao arrendamento de habitações financiadas com apoio do Estado que, nos termos de lei especial, estejam sujeitas a regimes de renda fixada em função dos rendimentos dos arrendatários.

3 – As disposições da presente lei são ainda aplicáveis, com as necessárias adaptações, ao subarrendamento de habitações em regime de arrendamento apoiado pelas entidades referidas no n.º 1.

4 – No quadro da autonomia das regiões autónomas e das autarquias locais, podem estas aprovar regulamentação própria visando adaptar a presente lei às realidades física e social existentes nos bairros e habitações de que são proprietárias.

5 – O disposto no número anterior não pode conduzir à definição de normas regulamentares menos favoráveis para os arrendatários, quer quanto ao cálculo do valor de rendas, quer quanto às garantias de manutenção do contrato de arrendamento.

Artigo 3.º – Definições

1 – Para efeito do disposto na presente lei, considera-se:

a) «Agregado familiar», o conjunto de pessoas que residem em economia comum na habitação arrendada, constituído pelo arrendatário e pelas pessoas referidas nas alíneas *a)*, *b)*, *c)*, *d)* e *e)* do n.º 1 do artigo 4.º do Decreto-Lei n.º 70/2010, de 16 de junho, bem como por quem tenha sido autorizado pelo senhorio a permanecer na habitação;

b) 'Dependente', o elemento do agregado familiar que seja menor ou, que, tendo idade inferior a 26 anos, não aufira rendimento mensal líquido superior ao indexante dos apoios sociais;

c) «Deficiente», a pessoa com deficiência com grau comprovado de incapacidade igual ou superior a 60 %;

d) «Fator de capitação», a percentagem resultante da ponderação da composição do agregado familiar, de acordo com a tabela constante do anexo I à presente lei, que dela faz parte integrante;

e) «Indexante dos apoios sociais», o valor fixado nos termos da Lei n.º 53-B/2006, de 29 de dezembro, alterada pela Lei n.º 3-B/2010, de 28 de abril;

f) 'Rendimento mensal líquido' (RML), o duodécimo da soma dos rendimentos anuais líquidos de todos os membros do agregado familiar, sendo o rendimento anual líquido de cada membro obtido:

i) Subtraindo ao rendimento global o valor da coleta líquida, nos termos do n.º 2 do presente artigo; caso os rendimentos se reportem a período inferior a um ano, considera-se a proporção correspondente ao número de meses em causa;

ii) Sendo zero o valor da coleta líquida ou não tendo legalmente havido lugar à entrega de declaração de rendimentos nos termos do Código do Imposto sobre o Rendimento de Pessoas Singulares, calculando o total dos rendimentos anuais auferidos, considerados nos termos do artigo 3.º do Decreto-Lei n.º 70/2010, de 16 de junho, alterado pela Lei n.º 15/2011, de 3 de maio, e pelos Decretos-Leis n.os 113/2011, de 29 de novembro, e 133/2012, de 27 de junho; caso os rendimentos se reportem a período inferior a um ano, considera-se a proporção correspondente ao número de meses em causa;

g) «Rendimento mensal corrigido» (RMC), o rendimento mensal líquido deduzido das quantias indicadas de seguida:

i) 10 % do indexante dos apoios sociais pelo primeiro dependente;

ii) 15 % do indexante dos apoios sociais pelo segundo dependente;

iii) 20 % do indexante dos apoios sociais por cada dependente além do segundo;

iv) 10 % do indexante dos apoios sociais por cada deficiente, que acresce aos anteriores se também couber na definição de dependente;

v) 10 % do indexante dos apoios sociais por cada elemento do agregado familiar com idade igual ou superior a 65 anos;

vi) 20 % do indexante dos apoios sociais em caso de família monoparental;

vii) A quantia resultante da aplicação do fator de capitação, constante do anexo I da presente lei, ao indexante dos apoios sociais.

2 – Para efeitos da alínea f) do número anterior, os valores do rendimento global e da coleta líquida correspondem aos constantes da declaração de rendimentos das pessoas singulares, validada pela Autoridade Tributária e Aduaneira (AT) e respeitante ao ano anterior, que podem igualmente ser enviados por esta para as entidades detentoras de habitação em regime de arrendamento apoiado através de comunicação eletrónica de dados, aplicando-se o disposto no artigo 31.º, com as necessárias adaptações.

3 – Sem prejuízo do previsto no número anterior, nos casos em que se verifique alteração de rendimento devidamente comprovada, podem os arrendatários requerer revisão do valor da renda, nos termos do artigo 23.º

Artigo 4.º – Fim das habitações

1 – As habitações arrendadas em regime de arrendamento apoiado só podem destinar-se a residência permanente dos agregados familiares aos quais são atribuídas.

2 – É proibida qualquer forma de cedência, total ou parcial, temporária ou permanente e onerosa ou gratuita, do gozo da habitação por parte do arrendatário ou de qualquer elemento do seu agregado familiar, nomeadamente a cessão da posição contratual, o subarrendamento, a hospedagem ou o comodato.

3 – Às entidades referidas no artigo 2.º compete assegurar as condições necessárias para garantir o fim a que se destina o arrendamento, promovendo, de forma sistemática e programada, a adoção de medidas de conservação do respetivo parque habitacional.

CAPÍTULO II – Acesso e atribuição das habitações em regime de arrendamento apoiado

SECÇÃO I – Acesso

Artigo 5.º – Condições de acesso

1 – Podem aceder à atribuição de habitações em regime de arrendamento apoiado os cidadãos nacionais e os cidadãos estrangeiros detentores de títulos válidos de permanência no território nacional que reúnam as condições estabelecidas na presente lei e que não estejam em nenhuma das situações de impedimento previstas no artigo seguinte.

2 – A atribuição de uma habitação em regime de arrendamento apoiado confere ao senhorio o direito de aceder aos dados do arrendatário e dos membros do respetivo agregado familiar para fins de informação ou de confirmação dos dados por eles declarados nos termos regulados na presente lei.

3 – Ao acesso e à atribuição das habitações é aplicável o regime constante do presente capítulo e subsidiariamente o Código do Procedimento Administrativo.

Artigo 6.º – Impedimentos

1 – Está impedido de tomar ou manter o arrendamento de uma habitação em regime de arrendamento apoiado quem se encontre numa das seguintes situações:

a) Seja proprietário, usufrutuário, arrendatário ou detentor a outro título de prédio urbano ou de fração autónoma de prédio urbano destinado a habitação, localizado no concelho ou em concelho limítrofe, desde que o imóvel seja adequado a satisfazer o fim habitacional do agregado e não constitua residência permanente de terceiros com direitos legais ou contratuais sobre o mesmo;

b) Esteja a usufruir de apoios financeiros públicos para fins habitacionais ou seja titular, cônjuge ou unido de facto com o titular de uma habitação pública já atribuída, sem prejuízo do disposto no artigo 14.º;

c) (Revogada)

d) Esteja abrangido por uma das situações previstas no n.º 1 do artigo 29.º

2 – As situações previstas nas alíneas *a)* e *b)* do número anterior podem não constituir impedimento se, até à data da celebração do contrato em regime de arrendamento apoiado, for feita prova da sua cessação.

3 – No caso previsto na alínea *a)* do n.º 1, quando for invocado e comprovado que o prédio ou fração não está em condições de satisfazer o fim habitacional ou que o direito relativo ao mesmo é detido ou foi adquirido apenas em parte por membros do agregado familiar, cabe ao senhorio avaliar a situação e decidir sobre o acesso deste agregado à atribuição de habitação ou à manutenção do arrendamento, consoante for o caso.

4 – O arrendatário deve comunicar ao senhorio a existência de uma situação de impedimento, no seu caso ou no de qualquer membro do seu agregado familiar, no prazo máximo de 30 dias a contar da data da ocorrência.

5 – (Revogado)

SECÇÃO II – Atribuição das habitações

SUBSECÇÃO I – Procedimentos de atribuição

Artigo 7.º – Procedimentos

A atribuição de uma habitação em regime de arrendamento apoiado efetua-se mediante um dos seguintes procedimentos:

a) Concurso por classificação;
b) Concurso por sorteio;
c) Concurso por inscrição.

Artigo 8.º – Concurso por classificação

O concurso por classificação tem por objeto a oferta de um conjunto determinado de habitações e visa a atribuição das mesmas em arrendamento apoiado aos indivíduos ou agregados familiares que, de entre os que concorram no período fixado para o efeito, obtenham a melhor classificação em função dos critérios de hierarquização e de ponderação estabelecidos para o efeito pela entidade locadora.

Artigo 9.º – Concurso por sorteio

O concurso por sorteio tem por objeto a oferta de um conjunto determinado de habitações e visa a atribuição das mesmas em arrendamento apoiado aos indivíduos ou agregados familiares que, de entre os que preenchem os critérios de acesso ao concurso estabelecidos pela entidade locadora e que tenham concorrido no prazo fixado para o efeito, sejam apurados por sorteio.

Artigo 10.º – Concurso por inscrição

O concurso por inscrição tem por objeto a oferta das habitações que são identificadas, em cada momento, pela entidade locadora para atribuição em regime de arrendamento apoiado aos candidatos que, de entre os que se encontram, à altura, inscritos em listagem própria, estejam melhor classificados, em função dos critérios de hierarquização e de ponderação estabelecidos para o efeito pela mesma entidade.

Artigo 11.º – Critérios preferenciais

Em qualquer dos procedimentos previstos nos artigos anteriores, sempre que a tipologia e as condições das habitações objeto do procedimento o permitam, as entidades locadoras definem critérios preferenciais, nomeadamente para famílias monoparentais ou que integrem menores, pessoas com deficiência ou com idade igual ou superior a 65 anos, ou para vítimas de violência doméstica.

Artigo 12.º – Publicitação da oferta das habitações

1 – O anúncio de cada um dos concursos a que se referem os artigos 8.º e 9.º é publicitado no sítio na Internet da entidade locadora e pelos meios considerados mais adequados.

2 – Sem prejuízo de outros elementos que a entidade locadora entenda incluir, o anúncio a que se refere o número anterior deve conter a seguinte informação:

a) Tipo de procedimento;

b) Datas do procedimento;

c) Identificação, tipologia e área útil da habitação;

d) Regime do arrendamento;

e) Critérios de acesso ao concurso e, se for o caso, de hierarquização e de ponderação das candidaturas;

f) Local e horário para consulta do programa do concurso e para obtenção de esclarecimentos;

g) Local e forma de proceder à apresentação da candidatura;

h) Local e forma de divulgação da lista definitiva dos candidatos apurados.

3 – No caso do concurso a que se refere o artigo 10.º, a entidade locadora deve publicitar, no respetivo sítio na Internet e ou em área de acesso ou de circulação livre das suas instalações, informação sobre a listagem, as condições de inscrição na mesma e o resultado da última classificação, com exclusão de qualquer menção a dados pessoais.

4 – Em qualquer dos casos referidos nos números anteriores, o concurso pode ainda ser publicitado mediante afixação, no prédio em que a habitação se integra, de anúncio do concurso ou de informação de que a habitação está disponível para arrendamento.

Artigo 13.º – Exclusão

A prestação de falsas declarações, a omissão dolosa de informação ou a utilização de meio fraudulento por parte dos candidatos, no âmbito ou para efeito de qualquer dos procedimentos de atribuição de uma habitação, determina a exclusão da candidatura ou o cancelamento da inscrição, sem prejuízo de outras sanções legalmente aplicáveis.

SUBSECÇÃO II – Disposições especiais

Artigo 14.º – *Regime excecional*

1 – Têm acesso à atribuição de habitações em regime de arrendamento apoiado os indivíduos e os agregados familiares que se encontrem em situação de necessidade habitacional urgente e ou temporária, designadamente decorrente de desastres naturais e calamidades ou de outras situações de vulnerabilidade e emergência social e perigo físico ou moral para as pessoas, incluindo as relativas a violência doméstica, não sendo aplicáveis as disposições do presente regime que sejam incompatíveis com a natureza da situação, incluindo as disposições da subsecção anterior.

2 – Nos casos previstos no número anterior, as condições de adequação e de utilização das habitações são definidas pela entidade locadora em função da situação de necessidade habitacional que determina a respetiva atribuição.

Artigo 15.º – *Adequação da habitação*

1 – A habitação a atribuir em regime de arrendamento apoiado deve ser de tipologia adequada à composição do agregado familiar, por forma a evitar situações de sobreocupação ou de subocupação.

2 – A adequação da habitação é verificada pela relação entre a tipologia e a composição do agregado familiar de acordo com a tabela constante do anexo II à presente lei, que dela faz parte integrante.

3 – A habitação a atribuir deve ainda adequar-se a pessoas com mobilidade reduzida, garantindo a acessibilidade.

Artigo 16.º – *Mobilidade*

(Revogado)

Artigo 16.º-A – *Transferência de habitação*

1 – Na prossecução do interesse público, a entidade locadora pode promover a transferência do agregado familiar para outra habitação em caso de emergência, nomeadamente inundações, incêndios ou catástrofes naturais, ocorridas ou iminentes, por razões de saúde pública ou existência de risco de ruína.

2 – Nas situações em que existam operações de requalificação urbanística devidamente aprovadas, que incluam habitação, pode a entidade locadora promover a transferência do agregado familiar, provisoriamente, enquanto decorrem as obras de requalificação, estando garantido o retorno do agregado familiar, salvo nas situações em que este se opuser.

3 – Nas situações de requalificação urbanística que não incluam habitação, deve ser acordado com o agregado familiar o local de realojamento, tendo em conta a situação familiar, nomeadamente o local de trabalho e estudo dos seus membros ou a necessidade de acesso a instituições de saúde, por razões de tratamentos específicos.

4 – A entidade locadora pública pode ainda promover a transferência do agregado por razões de desadequação da tipologia ou mau estado de conservação do locado.

5 – A transferência do agregado para outra habitação a pedido do arrendatário pode ser concedida, com base em:

a) Motivos de saúde ou mobilidade reduzida, incompatíveis com as condições da habitação;

b) Situação sociofamiliar de extrema gravidade, caso em que o pedido de transferência pode ser efetuado por qualquer interessado, desde que exclusivamente para proteção e salvaguarda da vítima;

c) Desadequação da tipologia atribuída face à evolução do agregado ou degradação da habitação por responsabilidade não imputável ao arrendatário.

6 – Os procedimentos desenvolvidos para a transferência de habitação obedecem ao Código do Procedimento Administrativo.

7 – Se a transferência for feita com carácter provisório e implicar regresso à habitação de origem, não há lugar a novo contrato de arrendamento.

CAPÍTULO III – Contrato de arrendamento apoiado

SECÇÃO I – Condições contratuais

Artigo 17.º – Regime do contrato

1 – O contrato de arrendamento apoiado rege-se pelo disposto na presente lei, pelos regulamentos nela previstos e pelo Código Civil.

2 – Sem prejuízo do disposto no número anterior, o contrato de arrendamento apoiado tem a natureza de contrato administrativo, estando sujeito, no que seja aplicável, ao respetivo regime jurídico.

3 – Compete aos tribunais administrativos conhecer das matérias relativas à invalidade ou cessação dos contratos de arrendamento apoiado.

Artigo 18.º – Forma e conteúdo do contrato

1 – O contrato de arrendamento apoiado é celebrado por escrito, sempre que possível através de documento eletrónico com assinatura eletrónica qualificada, e contém, pelo menos, as seguintes menções:

a) O regime legal do arrendamento;

b) A identificação do senhorio;

c) A identificação do arrendatário ou arrendatários e de todos os elementos do agregado familiar;

d) A identificação e a localização do locado;

e) O prazo do arrendamento;

f) O valor da renda inicial e a forma de atualização e de revisão da mesma;

g) O tempo, o lugar e a forma de pagamento da renda;

h) A periodicidade da apresentação da declaração de rendimentos do agregado familiar, que não pode ser superior a três anos.

2 – Do contrato de arrendamento deve igualmente constar, para efeitos meramente informativos, o valor que corresponderia ao valor real da renda sem o apoio.

3 – Nos casos previstos no artigo 14.º, a habitação pode ser atribuída em arrendamento mediante registo em livro ou em suporte informático contendo a identificação dos indivíduos e dos membros dos agregados familiares que se encontrem em situação de necessidade habitacional urgente e ou temporária, a data da respetiva admissão e o montante da renda.

Artigo 19.º – Duração e renovação do contrato

1 – O contrato de arrendamento apoiado é celebrado pelo prazo de 10 anos, considerando-se reduzido a este limite quando for estipulado um período superior.

2 – Findo o prazo do arrendamento, o contrato renova-se, automaticamente, por igual período.

3 – (Revogado)

4 – (Revogado)

5 – (Revogado)

Artigo 20.º – Vencimento e pagamento da renda

1 – Salvo estipulação em contrário, a primeira renda vence-se no primeiro dia útil do mês a que respeita, vencendo-se cada uma das restantes no primeiro dia útil de cada mês subsequente. –

2 – O pagamento da renda deve ser efetuado no dia do seu vencimento e no lugar e pela forma estabelecidos no contrato.

3 – Quando o pagamento da renda seja efetuado por transferência ou débito em conta bancária do arrendatário, o comprovativo do respetivo movimento é equiparado a recibo para todos os efeitos legais.

4 – Em caso de mora pode ser celebrado um acordo de liquidação de dívida.

Artigo 21.º – Valor da renda

O valor da renda em regime de arrendamento apoiado é determinado pela aplicação de uma taxa de esforço ao rendimento mensal corrigido do agregado familiar, sendo a taxa de esforço (T) o valor, arredondado à milésima, que resulta da seguinte fórmula:

T = 0,067 x (RMC/IAS)

em que:

T = taxa de esforço;

RMC = rendimento mensal corrigido do agregado familiar;

IAS = indexante dos apoios sociais.

Artigo 21.º-A – Taxa de esforço máxima

A taxa de esforço máxima não pode ser superior a 23 % do rendimento mensal corrigido do agregado familiar do arrendatário.

Artigo 22.º – Rendas máxima e mínima

1 – A renda em regime de arrendamento apoiado não pode ser de valor inferior a 1 % do indexante dos apoios sociais (IAS) vigente em cada momento.

2 – A renda máxima em regime de arrendamento apoiado é a renda máxima aplicável aos contratos de arrendamento para fim habitacional em regime de renda condicionada.

3 – (Revogado)

Artigo 23.º – Atualização e revisão da renda

1 – Além da atualização anual prevista no n.º 2 do artigo 1077.º do Código Civil, há lugar à revisão da renda a pedido do arrendatário nas situações de:

a) Alteração na composição ou nos rendimentos do agregado familiar, devendo o arrendatário comunicar o facto ao senhorio no prazo máximo de 30 dias a contar da data da ocorrência;

b) Aplicação da correção prevista na alínea *g)* do artigo 3.º em caso de superveniência de situações de incapacidade igual ou superior a 60 % ou de idade igual ou superior a 65 anos relativas a qualquer elemento do agregado familiar.

2 – A revisão da renda por iniciativa do senhorio com os fundamentos indicados no número anterior pode ocorrer a todo o tempo.

3 – A reavaliação pelo senhorio das circunstâncias que determinam o valor da renda realiza-se, no mínimo, a cada três anos.

4 – No âmbito de qualquer dos processos de revisão da renda, o arrendatário deve entregar ao senhorio os elementos que este solicite e se mostrem adequados e necessários à verificação das circunstâncias que determinam a revisão da renda, no prazo máximo de 30 dias a contar da correspondente notificação.

5 – A apresentação mencionada no número anterior pode ser dispensada relativamente a documentos administrativos, desde que o arrendatário preste o seu consentimento para que estes possam ser consultados, nos termos do artigo 28.º-A do Decreto-Lei n.º 135/99, de 22 de abril, na redação que lhe foi dada pelo Decreto-Lei n.º 73/2014, de 13 de maio.

6 – A renda atualizada ou revista nos termos dos números anteriores é devida no segundo mês subsequente ao da data da receção, pelo arrendatário, da comunicação do senhorio com o respetivo valor.

7 – Quando da revisão da renda resulte o seu aumento e as comunicações do arrendatário tenham sido realizadas fora dos prazos previstos no n.º 1 ou no n.º 4, o senhorio pode exigir-lhe o pagamento do montante correspondente a 1,25 vezes a diferença entre a renda paga e a renda que seria devida desde a data da alteração.

8 – A não atualização ou a não revisão da renda por motivo imputável ao senhorio impossibilita-o de recuperar os montantes que lhe seriam devidos a esse título.

9 – Não há lugar a aumento de renda por efeito de atualização quando, em resultado de vistoria técnica à habitação por parte da entidade locadora, se constate um estado de conservação mau ou péssimo, nos termos do disposto no Decreto-Lei n.º 266-B/2012, de 31 de dezembro, que não resulte de razões imputáveis ao arrendatário e enquanto tal condição persistir.

Artigo 24.º – Obrigações do arrendatário

1 – Sem prejuízo das demais obrigações previstas na lei e no contrato, cabe ao arrendatário com contrato de arrendamento apoiado:

a) Efetuar as comunicações e prestar as informações ao senhorio obrigatórias nos termos da lei, designadamente as relativas a impedimentos e à composição e rendimentos do seu agregado familiar;

b) Utilizar a habitação em permanência, não se ausentando por um período seguido superior a seis meses, exceto nos casos previstos no n.º 2, comunicados e comprovados por escrito junto do senhorio;

c) Avisar imediatamente o senhorio sempre que tenha conhecimento de qualquer facto ou ato relacionado com a habitação suscetível de causar danos à mesma e ou de pôr em perigo pessoas ou bens;

d) Não realizar obras na habitação sem prévia autorização escrita do senhorio.

e) Restituir a habitação, findo o contrato, no estado em que a recebeu e sem quaisquer deteriorações, salvo as inerentes a uma prudente utilização em conformidade com o fim do contrato e sem prejuízo do pagamento de danos, caso se verifiquem, nos termos do artigo 27.º

2 – O não uso da habitação por período até dois anos não constitui falta às obrigações do arrendatário desde que seja comprovadamente motivado por uma das seguintes situações:

a) Doença regressiva e incapacitante de permanência na habitação;

b) Prestação de trabalho por conta de outrem no estrangeiro ou cumprimento de comissão de serviço público, civil ou militar, em ambos os casos por tempo determinado;

c) Detenção em estabelecimento prisional;

d) Prestação de apoios continuados a pessoas com deficiência com grau de incapacidade igual ou superior a 60 %, incluindo a familiares.

Artigo 24.º-A – Obrigações das entidades locadoras

As entidades locadoras referidas no artigo 2.º estão vinculadas ao cumprimento das seguintes obrigações:

a) Reger-se pelo princípio da igualdade, não podendo privilegiar, beneficiar, prejudicar, privar de qualquer direito ou isentar de qualquer dever nenhum arrendatário ou candidato ao arrendamento público em razão de ascendência, sexo, etnia, língua, território de origem, religião, orientação sexual, deficiência ou doença, convicções políticas ou ideológicas, instrução ou condição social;

b) Prestar aos arrendatários e candidatos ao arrendamento público as informações e os esclarecimentos de que careçam e apoiar e estimular as suas iniciativas e receber as suas sugestões e informações;

c) Assegurar a realização de obras de conservação, reabilitação e beneficiação dos edifícios e frações, no que diz respeito às partes de uso privativo e de uso comum, pelo menos uma vez em cada período de oito anos e sempre que se verifique a sua necessidade, assumindo os encargos correspondentes;

d) Garantir a manutenção das condições de segurança, salubridade, conforto e arranjo estético dos edifícios e das habitações;

e) Assumir os encargos e despesas referentes à administração, conservação e fruição das partes comuns do edifício, bem como o pagamento de serviços de interesse comum, sem prejuízo da partilha de responsabilidades e encargos, nos termos da lei, quando haja condomínios constituídos;

f) Assegurar a realização de vistorias para deteção de situações de degradação e insegurança dos edifícios e frações, nomeadamente em relação às redes de gás, água e eletricidade, aos elevadores e aos equipamentos eletromecânicos;

g) Promover a qualidade dos conjuntos habitacionais do ponto de vista ambiental, social e cultural;

h) Promover a constituição e o bom funcionamento de condomínios sempre que houver mais do que um proprietário no mesmo edifício;

i) Promover a participação organizada dos arrendatários na administração, conservação, fruição e gestão das partes comuns do edifício, através, por exemplo, de comissões de lote.

SECÇÃO II – Cessação do contrato de arrendamento apoiado

Artigo 25.º – Resolução pelo senhorio

1 – Além das causas de resolução previstas na presente lei e nas disposições legais aplicáveis, nomeadamente nos artigos 1083.º e 1084.º do Código Civil, na sua redação atual, constituem causas de resolução do contrato pelo senhorio:

a) O incumprimento de qualquer das obrigações previstas no artigo 24.º;

b) O conhecimento pelo senhorio da existência de uma das situações de impedimento previstas no artigo 6.º;

c) A prestação de falsas declarações, de forma expressa ou por omissão, sobre os rendimentos ou sobre factos e requisitos determinantes para o acesso ou manutenção do arrendamento;

d) A permanência na habitação, por período superior a um mês, de pessoa que não pertença ao agregado familiar, sem autorização prévia do senhorio.

2 – Nos casos das alíneas do número anterior e do n.º 2 do artigo 1084.º do Código Civil, a resolução do contrato de arrendamento pelo senhorio opera por comunicação deste ao arrendatário, onde fundamentadamente invoque a respetiva causa, após audição do interessado, cabendo sempre direito de recurso desta decisão pelo arrendatário.

3 – (Revogado)

Artigo 26.º – Cessação do contrato por renúncia

1 – Considera-se haver renúncia do arrendatário ao arrendamento da habitação quando esta não seja usada por ele ou pelo agregado familiar por período seguido superior a seis meses a contar da data da primeira comunicação do senhorio, de entre as referidas na alínea *a)* do número seguinte.

2 – Sem prejuízo do disposto na alínea *b)* do artigo 24.º, considera-se não uso da habitação a situação em que, dentro do período mínimo de seis meses, se verifiquem cumulativamente as seguintes condições:

a) Tenham sido realizadas pelo menos três tentativas, com intervalo mínimo de duas semanas entre cada uma delas, de entrega de comunicação na pessoa do arrendatário ou de elemento do agregado familiar, consoante for o caso, por representante do senhorio devidamente identificado e a entrega tenha resultado impossível por ausência dos mesmos;

b) Tenha sido afixado aviso na porta da entrada da habitação, pelo período mínimo de 30 dias, de conteúdo idêntico ao da comunicação;

c) Os registos do fornecimento de serviços essenciais de água e eletricidade evidenciarem a ausência de contratos de fornecimento ou de consumos relativamente ao locado, nos termos do n.º 2 do artigo 33.º

3 – A comunicação e o aviso devem referir:

a) Que o senhorio tem conhecimento do não uso da habitação por parte do arrendatário ou do agregado familiar, consoante for o caso;

b) Que o não uso da habitação por período superior a seis meses a contar da data da primeira tentativa de contacto pessoal, ali indicada, constitui renúncia ao arrendamento e determina a cessação do contrato;

c) O prazo, no mínimo de 30 dias, de que o arrendatário e os elementos do seu agregado familiar dispõem, após o decurso dos seis meses, para procederem à desocupação e entrega voluntária da habitação, livre de pessoas e bens.

4 – A cessação do contrato opera no termo do prazo de seis meses a contar da data da primeira tentativa de contacto pessoal referida na alínea *a)* do n.º 2 e confere ao senhorio o direito de tomar posse do locado e de considerar abandonados a seu favor os bens móveis nele existentes, se, após o decurso do prazo de 60 dias sobre a tomada de posse do locado, não forem reclamados.

Artigo 27.º – Danos na habitação

Se, aquando do acesso à habitação pelo senhorio subsequente a qualquer caso de cessação do contrato, houver evidência de danos na habitação, de realização de obras não autorizadas ou de não realização das obras exigidas ao arrendatário nos termos da lei ou do contrato, o senhorio tem o direito de exigir o pagamento das despesas por si efetuadas com a realização das obras necessárias para reposição da habitação nas condições iniciais.

Artigo 28.º – Despejo

1 – Caso não seja cumprida voluntariamente a obrigação de desocupação e entrega da habitação a uma das entidades referidas no n.º 1 do artigo 2.º, cabe a essas entidades levar a cabo os procedimentos subsequentes, nos termos da lei.

2 – São da competência dos dirigentes máximos, dos conselhos de administração ou dos órgãos executivos das entidades referidas no n.º 1 do artigo 2.º, consoante for o caso, as decisões relativas ao despejo, sem prejuízo da possibilidade de delegação.

3 – Quando o despejo tenha por fundamento a falta de pagamento de rendas, encargos ou despesas, a decisão de promoção da correspondente execução deve ser tomada em simultâneo com a decisão do despejo.

4 – (Revogado)

5 – Salvo acordo em sentido diferente, quaisquer bens móveis deixados na habitação, após qualquer forma de cessação do contrato e tomada de posse pelo senhorio, são considerados abandonados a favor deste, caso não sejam reclamados no prazo de 60 dias, podendo o senhorio deles dispor de forma onerosa ou gratuita, sem direito a qualquer compensação por parte do arrendatário.

6 – Os agregados alvos de despejo com efetiva carência habitacional são previamente encaminhados para soluções legais de acesso à habitação ou para prestação de apoios habitacionais.

Artigo 28.º-A – Resolução alternativa de conflitos

As entidades locadoras podem recorrer à utilização de meios de resolução alternativa de conflitos para resolução de quaisquer litígios relativos à interpretação, execução, incumprimento e invalidade de procedimentos na aplicação da presente lei, sem prejuízo do recurso ao tribunal sempre que não haja acordo entre as partes.

CAPÍTULO IV – Disposições complementares, transitórias e finais

Artigo 29.º – Sanções

1 – Fica impedido de aceder a uma habitação no regime de arrendamento apoiado, por um período de dois anos:

a) O candidato ou arrendatário que, para efeito, respetivamente, de atribuição ou manutenção de uma habitação em regime de arrendamento apoiado, utilize meios fraudulentos, proceda à prestação culposa de declarações falsas ou à omissão dolosa de informação relevante;

b) O arrendatário ou o elemento do agregado familiar do arrendatário que ceda a habitação a terceiros a qualquer título, total ou parcialmente, de forma gratuita ou onerosa;

c) (Revogada)

2 – O disposto nos números anteriores não prejudica os direitos que, em função da situação, o senhorio detenha, nem o procedimento criminal que seja aplicável ao caso nos termos legais.

Artigo 30.º – Plataforma eletrónica

1 – O Instituto da Habitação e da Reabilitação Urbana, I. P. (IHRU, I. P.), desenvolve e mantém uma plataforma eletrónica que inclui uma base de dados a que podem aceder os senhorios de habitações arrendadas ou a arrendar em regime de arrendamento apoiado.

2 – A plataforma eletrónica tem por finalidade organizar e manter atualizada a informação relativa às habitações arrendadas ou a arrendar em regime de arrendamento apoiado por referência aos artigos matriciais, bem como aos arrendatários e membros dos seus agregados familiares, com indicação dos respetivos números de identificação fiscal.

3 – As entidades referidas no artigo 2.º que queiram utilizar esta plataforma eletrónica devem inserir nela os dados relativos às habitações e aos arrendatários em regime de arrendamento apoiado, podendo aceder e cruzar a informação necessária à verificação do cumprimento do disposto na presente lei no âmbito da gestão das respetivas habitações.

4 – Compete ao IHRU, I. P., o tratamento da informação referida no n.º 2 e a adoção das medidas técnicas e organizativas adequadas para proteção dos dados nos termos da Lei n.º 67/98, de 26 de outubro, alterada pela Lei n.º 103/2015, de 24 de agosto.

Artigo 31.º – Dados pessoais

1 – O senhorio de uma habitação arrendada ou subarrendada em regime de arrendamento apoiado pode, para efeitos de confirmação dos dados do arrendatário ou arrendatários da habitação e dos membros do respetivo agregado familiar, solicitar à AT e ao Instituto dos Registos e do Notariado, I. P. (IRN, I. P.), informação sobre a composição e os rendimentos do agregado e a titularidade de bens móveis ou imóveis, através da plataforma de interoperabilidade da Administração Pública ou através de envio de ficheiro, com referência aos números de identificação fiscal dos arrendatários da habitação e dos membros do respetivo agregado familiar, não podendo o prazo de prestação da informação solicitada ultrapassar os 30 dias.

2 – O senhorio é a entidade responsável pela receção e o processamento dos dados pessoais recolhidos para efeito de contratação do arrendamento apoiado, devendo adotar as medidas técnicas e organizativas adequadas para proteção dos mesmos contra a destruição, acidental ou ilícita, a perda acidental, a alteração, a difusão ou o acesso não autorizados e para conservar os dados apenas pelo período estritamente necessário à prossecução da finalidade a que se destinam, nos termos da Lei n.º 67/98, de 26 de outubro, alterada pela Lei n.º 103/2015, de 24 de agosto.

3 – O tratamento dos dados pelo senhorio, ao abrigo da presente lei, depende de autorização da Comissão Nacional de Proteção de Dados, nos termos da Lei n.º 67/98, de 26 de outubro, alterada pela Lei n.º 103/2015, de 24 de agosto.

4 – Qualquer pessoa tem direito a conhecer o conteúdo dos registos que lhe digam respeito e a obter junto de quem os detém a correção de inexatidões, a supressão de dados indevidamente registados e o complemento de omissões, nos termos do artigo 11.º da Lein.º 67/98, de 26 de outubro, alterada pela Lei n.º 103/2015, de 24 de agosto.

5 – O acesso à informação por terceiros está sujeito ao disposto na Lei n.º 67/98, de 26 de outubro, alterada pela Lei n.º 103/2015, de 24 de agosto.

6 – O senhorio obriga-se a guardar sigilo sobre os dados recolhidos sobre a situação tributária dos contribuintes e os elementos de natureza pessoal que obtenha ao abrigo do disposto na presente lei, nos termos previstos na Lei Geral Tributária, aprovada pelo Decreto-Lei n.º 398/98, de 17 de dezembro.

4 – As comunicações entre as partes relativas a cessação do contrato de arrendamento apoiado e atualização ou revisão da renda são realizadas nos termos dos regulamentos previstos na presente lei e das notificações previstas no Código do Procedimento Administrativo, com as seguintes especificidades:

a) As cartas dirigidas ao arrendatário ou ao ocupante devem ser remetidas, preferencialmente, para o local arrendado ou ocupado;

b) As cartas dirigidas ao senhorio ou proprietário devem ser remetidas para o endereço constante do contrato de arrendamento ou para o endereço indicado pelo próprio à outra parte;

c) Qualquer comunicação deve conter o endereço completo da parte que a subscreve, devendo as partes comunicar mutuamente a alteração daquele;

d) Quando a comunicação assinada pelo senhorio ou proprietário for entregue em mão, deve o destinatário apor a sua assinatura na respetiva cópia, com nota de receção;

e) Caso se opte pelo envio de carta registada com aviso de receção e a mesma seja devolvida por o destinatário se ter recusado a recebê-la ou não a tiver levantado no prazo previsto no regulamento dos serviços postais, ou ainda, se o aviso de receção tiver sido assinado por pessoa diferente do destinatário, o senhorio ou proprietário procederá à entrega dessa comunicação em mão;

f) Se o destinatário recusar a receção da comunicação entregue em mão ou recusar a assinatura na respetiva cópia, o senhorio ou proprietário manda afixar edital com conteúdo idêntico ao da comunicação na porta da entrada da habitação arrendada ou ocupada e na entrada da sede da respetiva junta de freguesia, considerando-se a comunicação recebida no dia em que o edital for afixado.

5 – A falta ou a insuficiência de resposta dos arrendatários ou dos ocupantes às comunicações no prazo fixado ou a recusa dos mesmos em celebrar o contrato de arrendamento apoiado constituem fundamento para a resolução do contrato vigente ou para a cessação da utilização da habitação, consoante for o caso.

6 – A comunicação do senhorio ou do proprietário, relativa à resolução ou à cessação da ocupação, é realizada nos termos da presente lei e dos regulamentos nela previstos, com menção à obrigação de desocupação e entrega da habitação no prazo nunca inferior a 90 dias e à consequência do seu não cumprimento.

7 – (Revogado)

8 – (Revogado)

Artigo 35.º – Ocupações sem título

1 – São consideradas sem título as situações de ocupação, total ou parcial, de habitações de que sejam proprietárias as entidades referidas no n.º 1 do

Artigo 32.º – Isenções e outros benefícios

1 – As entidades referidas no n.º 1 do artigo 2.º, no que respeita aos préd urbanos maioritariamente destinados a fins habitacionais e às habitações de (são proprietárias ou superficiárias que estejam arrendados em regime de arr damento apoiado, beneficiam de isenção do pagamento de impostos munici] incidentes sobre imóveis e de taxas municipais.

2 – O certificado do desempenho energético das habitações a que se re a presente lei tem a validade de 10 anos e pode ser baseado na avaliação de única habitação representativa do mesmo edifício ou edifícios de caracterís similares do mesmo bairro, desde que tecnicamente justificado.

Artigo 33.º – Prerrogativas

1 – As entidades referidas no n.º 1 do artigo 2.º não estão obrigadas a ef o seguro de incêndio das habitações de que sejam proprietárias ou super rias, cabendo-lhes suportar os custos com as reparações próprias ou devi terceiros que seriam cobertas pelo seguro em caso de sinistro.

2 – As empresas de fornecimento de água, gás e eletricidade devem p às entidades locadoras informação sobre a existência de contratos ou de c mos relativamente a um dado prédio ou fração autónoma, quando se te verificado, pelo menos, duas tentativas de notificação nos termos da alíne n.º 2 do artigo 26.º

Artigo 34.º – Comunicações

1 – A comunicação do senhorio ou do proprietário da habitação a in o arrendatário ou o ocupante da aplicação do regime do arrendamento a deve conter:

a) Informação sobre a aplicação do regime do arrendamento apoiac indicação dos elementos necessários para cálculo do valor da renda e para o respetivo envio ao senhorio ou ao proprietário, que não pode ser a 30 dias;

b) As consequências para o caso de incumprimento da obrigação de e elementos solicitados ou de recusa em celebrar o contrato em regime d damento apoiado.

2 – Após a receção dos elementos solicitados, o senhorio ou proprietá comunicar ao arrendatário ou ao ocupante o valor da renda, com exp da forma do respetivo cálculo, bem como, se aplicável, do respetivo fase

3 – Cabe ao senhorio ou ao proprietário enviar ao arrendatário ou ao (dois exemplares do contrato, devendo um dos exemplares ser-lhe dev prazo máximo de 30 dias, devidamente assinado, podendo o senhorio o celebração presencial do contrato nas suas instalações.

artigo 2.º por quem não detém contrato ou documento de atribuição ou de autorização que a fundamente.

2 – No caso previsto no número anterior, o ocupante está obrigado a desocupar a habitação e a entregá-la, livre de pessoas e bens, até ao termo do prazo que lhe for fixado, não inferior a três dias úteis, na comunicação feita para o efeito, pelo senhorio ou proprietário, da qual deve constar ainda o fundamento da obrigação de entrega da habitação.

3 – Caso não seja cumprida voluntariamente a obrigação de desocupação e entrega da habitação nos termos do número anterior há lugar a despejo nos termos do artigo 28.º

4 – É aplicável às desocupações previstas no presente artigo o disposto no n.º 6 do artigo 28.º

Artigo 36.º – Remissões e referências

1 – Todas as remissões para os diplomas e normas revogados nos termos da presente lei consideram-se efetuadas para as disposições correspondentes da mesma.

2 – Todas as referências:

a) À «renda técnica» e ao «preço técnico» previsto no Decreto-Lei n.º 166/93, de 7 de maio, consideram-se efetuadas à «renda condicionada»;

b) Às demais rendas previstas nos regimes revogados nos termos da presente lei consideram-se efetuadas a «renda em regime de arrendamento apoiado».

Artigo 37.º – Regime transitório

1 – Nos casos a que se referem as alíneas do n.º 2 do artigo anterior, os contratos consideram-se celebrados por um prazo de 10 anos a contar da data da entrada em vigor da presente lei, nomeadamente para efeitos de aplicação do artigo 19.º, salvo se tiver sido estabelecido contratualmente prazo inferior.

2 – Quando o valor da renda em regime de arrendamento apoiado representar um aumento superior ao dobro da renda anterior, há lugar à sua aplicação faseada nos primeiros três anos do contrato nas seguintes condições:

a) No primeiro ano, o montante da renda corresponde ao da renda anterior acrescido de um terço do valor do aumento verificado;

b) No segundo e terceiro anos, ao montante da renda praticado em cada um dos anos anteriores é acrescido mais um terço do aumento.

3 – Durante o faseamento não é aplicável o regime de atualização anual da renda, mantendo-se o direito que assiste ao arrendatário, nos termos do n.º 1 do artigo 23.º, de solicitar a revisão do valor da renda quando haja diminuição dos rendimentos ou alteração da composição do agregado familiar.

4 – O disposto no n.º 2 não prejudica a possibilidade de aceitação pelo senhorio do faseamento com valores diferentes.

Artigo 38.º – Norma revogatória

1 – São revogados os seguintes diplomas:

a) A Lei n.º 21/2009, de 20 de maio;

b) O Decreto-Lei n.º 797/76, de 6 de novembro, alterado pela Lei n.º 84/77, de 9 de dezembro, na parte relativa à atribuição de habitações;

c) O Decreto-Lei n.º 608/73, de 14 de novembro, alterado pelo Decreto-Lei n.º 194/83, de 17 de maio;

d) O Decreto-Lei n.º 166/93, de 7 de maio.

2 – São também revogados, na parte relativa ao regime de renda apoiada, os artigos 77.º a 82.º do Regime do Arrendamento Urbano, aprovado pelo Decreto-Lei n.º 321-B/90, de 15 de outubro, mantidos em vigor por força do disposto no artigo 61.º da Lei n.º 6/2006, de 27 de fevereiro, que aprova o Novo Regime do Arrendamento Urbano (NRAU).

Artigo 39.º – Aplicação no tempo

1 – O disposto na presente lei aplica-se aos contratos a celebrar após a data da sua entrada em vigor.

2 – O disposto na presente lei aplica-se, ainda, com as alterações e especificidades constantes dos números seguintes:

a) Aos contratos existentes à data da sua entrada em vigor ao abrigo de regimes de arrendamento de fim social, nomeadamente de renda apoiada e de renda social;

b) À ocupação de fogos a título precário ao abrigo do Decreto n.º 35 106, de 6 de novembro de 1945, sujeitos ao regime transitório da Lei n.º 21/2009, de 20 de maio, que subsistam na data da entrada em vigor da presente lei.

3 – As definições da presente lei prevalecem sobre as que estejam previstas noutros regimes legais, na parte em que estes apliquem ou remetam para a aplicação dos regimes referidos no número anterior.

4 – No caso de contratos a que se tenha aplicado o regime constante do Decreto-Lei n.º 166/93, de 7 de maio, e esteja a decorrer faseamento de renda:

a) A presente lei aplica-se imediatamente sempre que dela decorra um valor de renda inferior ao do faseamento de renda em curso;

b) Há lugar ao recálculo do faseamento, quando a aplicação da presente lei conduza a um valor de renda inferior ao previsto para o termo do faseamento em curso;

c) Qualquer aumento de renda decorrente da presente lei só pode ocorrer no termo do referido faseamento.

Artigo 40.º – Entrada em vigor

A presente lei entra em vigor no primeiro dia do terceiro mês seguinte ao da sua publicação.

Aprovada em 31 de outubro de 2014.

A Presidente da Assembleia da República, Maria da Assunção A. Esteves.

Promulgada em 11 de dezembro de 2014.

Publique-se.

O Presidente da República, Aníbal Cavaco Silva.

Referendada em 15 de dezembro de 2014.

O Primeiro-Ministro, Pedro Passos Coelho.

ANEXO I – [a que se refere a alínea d) do artigo 3.º] Fator de capitação

Composição do agregado familiar (número de pessoas)	Percentagem a aplicar
1	**0 %**
2	**5 %**
3	**9 %**
4	**12 %**
5	**14 %**
6 ou mais	**15 %**

ANEXO II – (a que se refere o n.º 2 do artigo 15.º) Adequação da tipologia

Composição do agregado familiar (número de pessoas)	Tipologia da habitação (1)	
	Mínima	**Máxima**
1	**T0**	**T1/2**
2	**T1/2**	**T2/4**
3	**T2/3**	**T3/6**
4	**T2/4**	**T3/6**
5	**T3/5**	**T4/8**
6	**T3/6**	**T4/8**
7	**T4/7**	**T5/9**
8	**T4/8**	**T5/9**
9 ou mais	**T5/9**	**T6**

(1) A tipologia da habitação é definida pelo número de quartos de dormir e pela sua capacidade de alojamento (exemplo: T 2/3 – dois quartos, três pessoas)

BALCÃO NACIONAL DO ARRENDAMENTO E DO PROCEDIMENTO ESPECIAL DE DESPEJO

Decreto-Lei n.º 1/2013, de 7 de janeiro
Procede à instalação e à definição das regras do funcionamento do Balcão Nacional do Arrendamento e do procedimento especial de despejo

A Lei n.º 31/2012, de 14 de agosto, retificada pela Declaração de Retificação n.º 59-A/2012, de 12 de outubro, procedeu à revisão do regime jurídico do arrendamento urbano, alterando o Código Civil, o Código de Processo Civil e a Lei n.º 6/2006, de 27 de fevereiro.

Com efeito, a Lei n.º 31/2012, de 14 de agosto, aprovou medidas destinadas a dinamizar o mercado de arrendamento urbano, alterando, nomeadamente, o regime substantivo da locação e o regime transitório dos contratos de arrendamento celebrados antes da Lei n.º 6/2006, de 27 de fevereiro, e criando um procedimento especial de despejo do local arrendado que permita a célere recolocação daquele no mercado de arrendamento.

Para tornar o arrendamento um contrato mais seguro e com mecanismos que permitam reagir com eficácia ao incumprimento, foi criado um procedimento especial que permite que a desocupação do imóvel seja realizada de forma célere e eficaz no caso de incumprimento do contrato por parte do arrendatário.

Promove-se, por esta via, a confiança do senhorio no funcionamento ágil do mercado de arrendamento e o investimento neste sector da economia.

O procedimento especial de despejo aplica-se à cessação do contrato por revogação, por caducidade pelo decurso do prazo, por oposição à renovação, por denúncia livre pelo senhorio, por denúncia para habitação do senhorio ou filhos ou para obras profundas, por denúncia pelo arrendatário, bem como à resolução do contrato de arrendamento por não pagamento de renda por mais de dois meses ou por oposição pelo arrendatário à realização de obras coercivas.

O procedimento especial de despejo é o meio adequado para efetivar a cessação do arrendamento, independentemente do fim a que se destina, quando o arrendatário não desocupe o locado na data prevista na lei ou na data prevista por convenção entre as partes.

Neste sentido, foi criado, junto da Direção-Geral da Administração da Justiça (DGAJ), o Balcão Nacional do Arrendamento (BNA), enquanto secretaria judicial com competência exclusiva para a tramitação do procedimento especial de despejo em todo o território nacional.

Cumpre agora preceder à instalação e à definição das regras do funcionamento do BNA e do procedimento especial de despejo.

Nos casos em que o local arrendado constitua casa de morada de família, o requerente do procedimento especial de despejo deve indicar também como requerido, no requerimento de despejo, o cônjuge do arrendatário que não seja parte do contrato de arrendamento, devendo a sua notificação ser efetuada para o local arrendado.

Quando seja deduzido pedido de pagamento de rendas, encargos ou despesas, este apenas pode ser deduzido contra os arrendatários e, tendo o arrendamento por objeto casa de morada de família, pode ainda ser deduzido contra os respetivos cônjuges. Não é, por isso, possível deduzir, no BNA, um pedido de pagamento de rendas, encargos ou despesas, contra devedores subsidiários da obrigação do arrendatário.

Tendo ainda em consideração a celeridade e segurança da desocupação do locado, define-se que cada processo que corre no BNA apenas tem como objeto a desocupação de um imóvel, podendo haver lugar, no entanto, à desocupação de um conjunto de bens imóveis se os mesmos se encontrarem no mesmo concelho, se entre eles existir uma dependência funcional, como por exemplo tratando-se de imóvel para habitação e de garagem ou arrecadação descritos em frações autónomas distintas, e se as partes contratuais forem as mesmas.

A conversão do requerimento de despejo em título para desocupação do locado é efetuada por meios eletrónicos, com recurso a assinatura electrónica que respeite os requisitos previstos para a assinatura electrónica das notificações. O BNA disponibiliza o título ao agente de execução, notário ou oficial de justiça designado, e notifica o requerente da constituição do título.

Convertido o requerimento de despejo em título para desocupação do locado ou tendo havido decisão judicial para desocupação do locado, e tendo sido formulado o pedido de pagamento de rendas, encargos ou despesas, o requerente é notificado para, em 10 dias, juntar ao processo o comprovativo de pagamento da taxa de justiça respeitante à execução para pagamento de quantia certa.

No que à desocupação do locado diz respeito, constituindo o imóvel arrendado domicílio e caso o arrendatário não o desocupe de livre vontade ou incumpra o prazo acordado com o senhorio para a desocupação, é necessário prévia autorização judicial para a entrada. No entanto, nos casos de arrendamento para fins habitacionais em que não se encontrem pessoas e existam indícios de que o imóvel arrendado se encontra abandonado, por exemplo, nas situações em que o fornecimento de água ou de eletricidade estiver interrompido há mais de dois meses, o receptáculo postal se encontre cheio ou pessoa residente na área do locado e com conhecimento direto confirme que o imóvel se encontra devoluto, a entrada no locado não carece de prévia autorização judicial. Nessas situações, previamente à entrada no imóvel arrendado, o agente de execução, notário ou oficial de justiça afixa no local aviso com dia e hora para entrada no imóvel, com antecedência não inferior a 20 dias, e confirma a existência de indícios de abandono, lavrando sempre auto de ambas as diligências.

O agente de execução, o notário ou o oficial de justiça podem solicitar diretamente o auxílio das autoridades policiais sempre que seja necessário proceder ao arrombamento da porta e à substituição da fechadura ou sempre que seja oposta ou haja receio justificado de ser oposta alguma resistência.

Posteriormente, o agente de execução, o notário ou o oficial de justiça, investe o senhorio na posse do imóvel, entregando-lhe os documentos e as chaves.

Só podem participar os agentes de execução e notários que tenham manifestado essa vontade junto da Câmara dos Solicitadores ou da Ordem dos Notários, respetivamente.

Prevê-se, também, o pagamento de taxa de justiça, nos termos do Regulamento das Custas Processuais, nos casos de apresentação do requerimento de despejo, de oposição, de pedido de autorização judicial para entrada imediata no domicílio, de pedido de suspensão da desocupação do locado apresentado pelo detentor, de pedido de diferimento da desocupação de imóvel arrendado para habitação e respetiva contestação, bem como de apresentação da impugnação do título para desocupação do locado.

Por fim, remete-se para portaria do membro do Governo responsável pela área da justiça as matérias relativas à forma e ao modelo de apresentação do requerimento de despejo, o momento em que se considera o requerimento apresentado, o regime da oposição e da prestação da respetiva caução e das demais peças processuais, o regime da lista de agentes de execução e notários participantes no procedimento especial de despejo, da designação, substituição e destituição do agente de execução ou notário e o regime de honorários e reembolso de despesas, as formas e o modo de pagamento da taxa de justiça, bem como o regime das notificações, comunicações e da tramitação eletrónica do procedimento.

Foram ouvidos o Conselho Superior da Magistratura, o Conselho Superior do Ministério Público, a Ordem dos Advogados, a Ordem dos Notários, a Câmara dos Solicitadores e o Sindicato dos Oficiais de Justiça.

Foi promovida a audição do Conselho Superior dos Tribunais Administrativos e Fiscais, da Associação Sindical dos Juízes Portugueses, do Sindicato dos Magistrados do Ministério Público e do Sindicato dos Funcionários Judiciais.

Assim:

Nos termos da alínea *a)* do n.º 1 do artigo 198.º da Constituição, o Governo decreta o seguinte:

CAPÍTULO I – Disposição geral

Artigo 1.º – Objeto

O presente decreto-lei procede à instalação e à definição das regras do funcionamento do Balção Nacional do Arrendamento, adiante designado por BNA, e do procedimento especial de despejo, previstos nos artigos 15.º a 15.º-S da Lei n.º 6/2006, de 27 de fevereiro, na redação que lhe foi conferida pela Lei n.º 31/2012, de 14 de agosto, retificada pela Declaração de Retificação n.º 59-A/2012, de 12 de outubro.

CAPÍTULO II – Balcão Nacional do Arrendamento

Artigo 2.º – Balcão Nacional do Arrendamento

Declara-se instalado o BNA, criado pelo artigo 15.º-A da Lei n.º 6/2006, de 27 de fevereiro, como secretaria judicial com competência exclusiva para a tramitação do procedimento especial de despejo em todo o território nacional.

Artigo 3.º – Mapa de pessoal

O mapa de pessoal do BNA é definido por portaria dos membros do Governo responsáveis pelas áreas das finanças e da justiça.

Artigo 4.º – Receitas

Cabe ao Instituto de Gestão Financeira e Equipamentos da Justiça, I.P. (IGFEJ, I.P.), arrecadar e administrar as verbas provenientes das taxas de justiça e multas, bem como de outro tipo de receita, respeitantes ao BNA.

CAPÍTULO III – Procedimento especial de despejo

SECÇÃO I – Requerimento de despejo

Artigo 5.º – Apresentação do requerimento de despejo

1 – As formas de apresentação do requerimento de despejo pelo requerente e pelo seu mandatário, o modelo do requerimento de despejo na sua versão em papel e o momento em que se considera o requerimento apresentado são definidos por portaria do membro do Governo responsável pela área da justiça.

2 – O requerimento deve ser acompanhado dos documentos previstos nos n.os 2 e 3 do artigo 15.º da Lei n.º 6/2006, de 27 de fevereiro, bem como da comunicação prevista no n.º 5 do mesmo artigo, sob pena de recusa.

Artigo 6.º – Cônjuge do arrendatário

1 – Nos termos do n.º 3 do artigo 15.º-B da Lei n.º 6/2006, de 27 de fevereiro, e nos casos em que o local arrendado constitua casa de morada de família, o requerente deve indicar também como requerido, no requerimento de despejo, o cônjuge do arrendatário que não seja parte do contrato de arrendamento.

2 – A notificação ao cônjuge do arrendatário é efetuada para o local arrendado nos termos do n.º 3 do artigo 15.º-D da Lei n.º 6/2006, de 27 de fevereiro.

Artigo 7.º – Pedido de pagamento de rendas, encargos ou despesas em atraso

O pedido de pagamento de rendas, encargos ou despesas em atraso só pode ser deduzido contra os arrendatários e, tendo o arrendamento por objeto casa de morada de família, deve ser também deduzido contra os respetivos cônjuges.

Artigo 8.º – Objeto do procedimento especial de despejo e recusa do requerimento

1 – Sem prejuízo do disposto no número seguinte, em cada procedimento especial de despejo apenas pode ser requerida a desocupação de um imóvel.

2 – Pode ser requerida a desocupação de um conjunto de bens imóveis se estes se encontrarem no mesmo concelho, se existir uma dependência funcional entre eles, designadamente quando se trate de imóvel para habitação e de garagem ou arrecadação descritos em frações autónomas distintas, e se as partes contratuais forem as mesmas.

3 – Nos casos previstos no número anterior:

a) O requerente deve identificar no seu requerimento de despejo apenas o bem principal, constando a informação relativa aos restantes bens dos contratos de arrendamento, os quais devem ser juntos ao referido requerimento; e *b)* A renda indicada no requerimento de despejo deve corresponder à soma das rendas dos diversos imóveis.

4 – A omissão do número de identificação civil do requerido, quando este seja pessoa singular, não constitui motivo de recusa do requerimento sempre que o requerente declare que desconhece aquele número.

SECÇÃO II – Oposição e outras peças processuais

Artigo 9.º – Oposição e caução

1 – As formas de apresentação da oposição, bem como o modo de pagamento da caução devida com a apresentação da oposição nos termos do n.º 3 do artigo 15.º-F da Lei n.º 6/2006, de 27 de fevereiro, são definidos por portaria do membro do Governo responsável pela área da justiça.

2 – Compete exclusivamente ao tribunal, para o qual o BNA remete o processo após a apresentação da oposição, a análise dos requisitos da oposição, nomeadamente os previstos no n.º 4 do artigo 15.º-F da Lei n.º 6/2006, de 27 de fevereiro.

Artigo 10.º – Outras peças processuais

1 – São definidas por portaria do membro do Governo responsável pela área da justiça as formas de apresentação das seguintes peças processuais, as quais devem ser apresentadas exclusivamente junto do BNA:

a) Requerimento de autorização judicial para entrada imediata no domicílio, previsto no artigo 15.º-L da Lei n.º 6/2006, de 27 de fevereiro;

b) Requerimento de suspensão da desocupação do locado, previsto no n.º 3 do artigo 15.º-M da Lei n.º 6/2006, de 27 de fevereiro;

c) Pedido de diferimento da desocupação de imóvel arrendado para habitação, previsto no artigo 15.º-N da Lei n.º 6/2006, de 27 de fevereiro;

d) Impugnação do título para desocupação do locado, previsto no artigo 15.º-P da Lei n.º 6/2006, de 27 de fevereiro;

e) Desistência do pedido, nos termos do n.º 2 do artigo 15.º-G da Lei n.º 6/2006, de 27 de fevereiro;

f) Outro requerimento ou ato processual que deva ser apresentado quando o procedimento esteja a correr junto do BNA.

2 – É da responsabilidade do BNA a remessa para tribunal, quando for caso disso, das peças processuais referidas no número anterior, devendo tal remessa, nos casos das alíneas *a)* a *d)* do número anterior, ser efetuada por via eletrónica e de forma automatizada.

SECÇÃO III – Título para desocupação do locado e pedido de pagamento de rendas, encargos ou despesas

Artigo 11.º – Conversão nos casos de pedido de diferimento da desocupação de imóvel arrendado para habitação

1 – Nos casos em que o requerido tenha apresentado, nos termos do artigo 15.º-N da Lei n.º 6/2006, de 27 de fevereiro, pedido de diferimento da desocupação de imóvel arrendado para habitação, o BNA só pode converter o requerimento de despejo em título de desocupação do locado após ser notificado da decisão judicial referente ao pedido de diferimento.

2 – Feita a conversão, o BNA disponibiliza a decisão judicial referida no número anterior ao agente de execução, notário ou oficial de justiça designado juntamente com o título de desocupação.

Artigo 12.º – Execução para pagamento de rendas, encargos ou despesas

1 – Tendo o requerente, no requerimento de despejo, formulado pedido de pagamento de rendas, encargos ou despesas, o BNA, feita a conversão do requerimento de despejo em título para desocupação do locado ou proferida decisão judicial para desocupação do locado, deve:

a) Disponibilizar o título ou a decisão judicial nos termos do n.º 3 do artigo 15.º-E da Lei n.º 6/2006, de 27 de fevereiro;

b) Notificar o requerente para em 10 dias:

i) Juntar ao processo o comprovativo de pagamento da taxa de justiça respeitante à execução para pagamento de quantia certa;

ii) Indicar, caso ainda não o tenha feito e o pretenda fazer, ou caso o mandatário ainda não se tenha associado ao processo através do sistema informático CITIUS, mandatário que o represente na execução para pagamento de quantia certa, juntando a respetiva procuração.

2 – A não apresentação, no prazo de 10 dias, do documento previsto na subalínea *i)* da alínca *b)* do número anterior, é havida como desistência do pedido de pagamento de rendas, encargos ou despesas, não prosseguindo o BNA com os trâmites necessários à execução para pagamento de quantia certa.

3 – Recebidos os elementos previstos na alínea *b)* do n.º 1, o BNA remete, por via eletrónica, o requerimento de despejo para o tribunal nele indicado, juntamente com o título ou a decisão judicial para desocupação do locado, o documento comprovativo do pagamento da taxa de justiça ou da concessão de apoio judiciário e, se for caso disso, a procuração referida na subalínea *ii)* da alínea *b)* do n.º 1, valendo o conjunto destes documentos como requerimento executivo idóneo a iniciar a execução para pagamento de quantia certa.

4 – Efetuado o envio do requerimento executivo para o tribunal, o BNA remete ao requerente o comprovativo desse envio, juntamente com as referências necessárias para efetuar o pagamento dos honorários devidos ao agente de execução designado, nos termos da regulamentação relativa à remuneração do agente de execução nas execuções cíveis.

5 – Caso a designação do agente de execução tenha sido efetuada pelo BNA, são remetidos ao requerente, juntamente com elementos referidos no número anterior, os elementos de identificação e de contato do agente de execução.

6 – Nos casos em que o requerente tenha constituído mandatário no âmbito do procedimento especial de despejo, presume-se que o mesmo mantém o mandato para a execução para pagamento de quantia certa.

Artigo 13.º – Designação do agente de execução responsável pela execução para pagamento de rendas, encargos ou despesas

1 – Compete ao requerente, no requerimento de despejo, indicar o agente de execução responsável pela execução de quantia certa respeitante a rendas, encargos ou despesas em atraso.

2 – O BNA procede à designação eletrónica e automática do agente de execução quando:

a) O requerente não tenha designado, no requerimento de despejo, agente de execução para o efeito;

b) A designação efetuada pelo requerente não seja válida.

3 – A análise da validade da designação prevista na alínea *b)* do número anterior é efetuada no momento prévio à remessa para tribunal dos documentos previstos no n.º 3 do artigo anterior.

4 – A designação prevista no n.º 2 é efetuada no momento previsto no número anterior, de acordo com as regras para a designação do agente de execução ou notário nos casos de cumulação de pedidos de despejo e de pagamento de rendas, encargos ou despesas definidas em portaria do membro do Governo responsável pela área da justiça, garantindo-se a aleatoriedade no resultado e a igualdade na distribuição do serviço, nos termos previstos no Código de Processo Civil.

SECÇÃO IV – Efetivação da desocupação e entrega do imóvel

Artigo 14.º – Desocupação do locado e autorização para entrada imediata no domicílio

1 – Carece de prévia autorização judicial a entrada imediata no imóvel arrendado para tomar posse sempre que o mesmo constitua domicílio e o requerido não o desocupe de livre vontade ou incumpra o acordo previsto no n.º 2 do artigo 15.º-J da Lei n.º 6/2006, de 27 de fevereiro.

2 – Nos casos de arrendamento para fins habitacionais em que o agente de execução, notário ou oficial de justiça verifique que no imóvel arrendado não se encontram pessoas e que existem indícios de que o mesmo se encontra abandonado, a entrada no imóvel não carece de prévia autorização judicial.

3 – Nos casos previstos no número anterior, previamente à entrada no imóvel arrendado o agente de execução, notário ou oficial de justiça afixa no local aviso com dia e hora para entrada no imóvel, com antecedência não inferior a 20 dias, e confirma a existência de indícios de abandono, lavrando sempre auto de ambas as diligências.

4 – Para efeitos do disposto no número anterior, considera-se existir indícios de abandono quando se verifiquem, pelo menos, duas das seguintes circunstâncias:

a) O fornecimento de água ou de eletricidade encontrar-se interrompido há mais de dois meses;

b) O receptáculo postal encontrar-se cheio;

c) O imóvel encontrar-se devoluto, sendo tal situação confirmada por pessoa residente na área do locado e com conhecimento direto.

5 – Para além das situações previstas no n.º 3 do artigo 15.º-J da Lei n.º 6/2006, de 27 de fevereiro, o agente de execução, o notário ou o oficial de justiça podem solicitar diretamente o auxílio das autoridades policiais sempre que seja oposta alguma resistência ou haja justificado receio de oposição de resistência, aplicando-se, com as necessárias adaptações, o disposto no n.º 5 do artigo 840.º do Código de Processo Civil.

Artigo 15.º – Entrega do imóvel

1 – O agente de execução, o notário ou o oficial de justiça investe o requerente na posse, entregando-lhe os documentos e as chaves, se os houver, e notifica os requeridos e quaisquer detentores para que respeitem e reconheçam o direito do requerente.

2 – Pertencendo a coisa em compropriedade a outros interessados, o requerente é investido na posse da sua quota-parte.

3 – Tratando-se da casa de habitação principal do requerido, sempre que se suscitem sérias dificuldades no realojamento do despejado, o agente de execução, notário ou oficial de justiça comunica antecipadamente o facto à câmara municipal e às entidades assistenciais competentes.

Artigo 16.º – Notificação para remoção dos bens

Nas situações previstas no n.º 1 do artigo 15.º-K da Lei n.º 6/2006, de 27 de fevereiro, em que não tenha sido possível proceder à notificação do requerido para, no prazo de 30 dias, proceder à remoção dos seus bens móveis, o agente de execução, o notário ou o oficial de justiça afixa, na data em que procede ao arrolamento dos bens encontrados, a notificação na porta do imóvel, considerando-se o requerido notificado para efeitos do disposto no n.º 2 do mesmo artigo.

SECÇÃO V – Tramitação, comunicações, notificações e consulta do procedimento

Artigo 17.º – Tramitação, comunicações e notificações

1 – A tramitação do procedimento especial de despejo é efetuada eletronicamente nos termos definidos por portaria do membro do Governo responsável pela área da justiça.

2 – São ainda efetuadas por via eletrónica, nos termos definidos por portaria do membro do Governo responsável pela área da justiça, as notificações realizada pelo BNA e as comunicações entre o BNA, os tribunais, os mandatários e os agentes de execução, notários ou oficiais de justiça.

Artigo 18.º – Consulta do processo e disponibilização do título para desocupação do locado

A forma de consulta do processo e o modo de disponibilização do título para desocupação do locado são definidos por portaria do membro do Governo responsável pela área da justiça.

SECÇÃO VI – Agentes de execução e notários

Artigo 19.º – Intervenção de agentes de execução e notários no procedimento especial de despejo

Só podem intervir no procedimento especial de despejo os agentes de execução e os notários que tenham manifestado essa vontade junto da Câmara dos Solicitadores ou da Ordem dos Notários, respetivamente.

Artigo 20.º – Regime dos agentes de execução e notários

São definidas por portaria do membro do Governo responsável pela área da justiça as seguintes matérias respeitantes ao regime da intervenção dos agentes de execução e notários no procedimento especial de despejo:

a) Designação do agente de execução ou notário pelo requerente;

b) Designação do agente de execução ou notário pelo BNA;

c) Regime da lista de agentes de execução e de notários participantes no procedimento especial de despejo;

d) Regime de substituição do agente de execução ou notário;

e) Regime de honorários e reembolso de despesas;

f) Mecanismo de revisão da nota de honorários e despesas.

CAPÍTULO IV – Disposições complementares e finais

Artigo 21.º – Regime das custas processuais

Ao procedimento especial de despejo, quer quando esteja a correr no BNA, quer quando esteja a correr no tribunal, aplica-se o Regulamento das Custas Processuais, aprovado pelo Decreto-Lei n.º 34/2008, de 26 de fevereiro, com as especificidades previstas nos artigos seguintes.

Artigo 22.º – Taxas de justiça devidas

1 – A taxa de justiça devida pela apresentação do requerimento de despejo corresponde à taxa de justiça prevista na tabela II do Regulamento das Custas Processuais para as execuções em que as diligências de execução não sejam realizadas por oficial de justiça.

2 – A taxa de justiça devida pela apresentação da oposição ao requerimento de despejo, bem como pela resposta a este, corresponde à taxa de justiça prevista na tabela II do Regulamento das Custas Processuais para a oposição à execução ou à penhora.

3 – Pela apresentação do pedido de autorização judicial para entrada imediata no domicílio, nos termos do artigo 15.º-L da Lei n.º 6/2006, de 27 de fevereiro, é devido o pagamento, pelo requerente, de taxa de justiça no valor de 0,2 UC.

4 – É calculada nos termos previstos na tabela II do Regulamento das Custas Processuais para os «outros incidentes» a taxa de justiça devida nos seguintes casos:

a) Apresentação do pedido de suspensão da desocupação do locado apresentado pelo detentor, nos termos do artigo 15.º-M da Lei n.º 6/2006, de 27 de fevereiro, e respetiva resposta;

b) Apresentação do pedido de diferimento da desocupação de imóvel arrendado para habitação, nos termos do artigo 15.º-N da Lei n.º 6/2006, de 27 de fevereiro e respetiva contestação;

c) Apresentação da impugnação do título para desocupação do locado, nos termos do artigo 15.º-P da Lei n.º 6/2006, de 27 de fevereiro, e respetiva oposição.

Artigo 23.º – Pagamento da taxa de justiça devida pela apresentação do requerimento de despejo

As formas de pagamento da taxa de justiça devida pela apresentação do requerimento de despejo são definidas por portaria do membro do Governo responsável pela área da justiça.

Artigo 24.º – Pagamento da taxa de justiça noutras situações

1 – Nos casos não previstos no artigo anterior, o pagamento da taxa de justiça devida é efetuada através da emissão de documento único de cobrança (DUC) e do respetivo pagamento, nos termos do Regulamento das Custas Processuais e da respetiva regulamentação.

2 – O pagamento efetuado nos termos do número anterior é comprovado pela junção do respetivo documento comprovativo à peça processual a que respeita.

Artigo 25.º – Taxa de justiça no caso de despejo efetuado por oficial de justiça

1 – Nos casos em que seja designado oficial de justiça para proceder à desocupação do locado, além do pagamento da taxa de justiça prevista no n.º 1 do artigo 22.º, é devido o pagamento de taxa de justiça no seguinte valor:

a) 1,75 UC, quando o procedimento tenha valor inferior a € 30 000;

b) 3,5 UC, quando o procedimento tenha valor igual ou superior a € 30 000.

2 – A taxa de justiça prevista no número anterior passa a ser devida logo que o requerente seja notificado para o seu pagamento ou com a notificação do BNA a informar o requerente de ter remetido para o oficial de justiça a decisão judicial que, nos termos do artigo 15.º-I da Lei n.º 6/2006, de 27 de fevereiro, determina a desocupação do locado.

3 – O pagamento da taxa de justiça prevista no n.º 1 é comprovado por junção ao processo do respetivo documento comprovativo e, enquanto tal não suceder, o oficial de justiça não prossegue com os atos necessários à efetivação da desocupação.

Artigo 26.º – Valor do procedimento

O valor do procedimento especial de despejo corresponde ao valor da renda de dois anos e meio, acrescido do valor das rendas em dívida.

Artigo 27.º – Entrada em vigor

O presente decreto-lei entra em vigor no dia seguinte ao da sua publicação.

Visto e aprovado em Conselho de Ministros de 8 de novembro de 2012. – Pedro Passos Coelho – Vítor Louçã Rabaça Gaspar – Paula Maria von Hafe Teixeira da Cruz – Maria de Assunção Oliveira Cristas Machado da Graça.

Promulgado em 28 de dezembro de 2012.

Publique-se.

O Presidente da República, Aníbal Cavaco Silva.

Referendado em 28 de dezembro de 2012

O Primeiro-Ministro, Pedro Passos Coelho.

REGULAMENTA VÁRIOS ASPETOS DO PROCEDIMENTO ESPECIAL DE DESPEJO

Portaria n.º 9/2013, de 10 de janeiro
Regulamenta vários aspetos do Procedimento Especial de Despejo

A Lei n.º 31/2012, de 14 de agosto, retificada pela Declaração de Retificação n.º 59-A/2012, de 12 de outubro, procedeu à revisão do regime jurídico do arrendamento urbano, alterando o Código Civil, o Código de Processo Civil e a Lei n.º 6/2006, de 27 de fevereiro.

Com efeito, a Lei n.º 31/2012, de 14 de agosto, aprovou medidas destinadas a dinamizar o mercado de arrendamento urbano, alterando, nomeadamente, o regime substantivo da locação e o regime transitório dos contratos de arrendamento celebrados antes da Lei n.º 6/2006, de 27 de fevereiro, e criando um procedimento especial de despejo do local arrendado que permita a célere recolocação daquele no mercado de arrendamento.

O procedimento especial de despejo aplica-se à cessação do contrato por revogação, por caducidade pelo decurso do prazo, por oposição à renovação, por denúncia livre pelo senhorio, por denúncia para habitação do senhorio ou filhos ou para obras profundas, por denúncia pelo arrendatário, bem como à resolução do contrato de arrendamento por não pagamento de renda por dois meses ou mais, por oposição pelo arrendatário à realização de obras coercivas ou por mais de quatro casos de mora superior a 8 dias no pagamento da renda.

O procedimento especial de despejo é o meio adequado para efetivar a cessação do arrendamento, independentemente do fim a que se destina, quando o arrendatário não desocupe o locado na data prevista na lei ou na data prevista por convenção entre as partes.

Neste sentido, foi criado, junto da Direção-Geral da Administração da Justiça (DGAJ), o Balcão Nacional do Arrendamento (BNA), enquanto secretaria judicial com competência exclusiva para a tramitação do procedimento especial de despejo em todo o território nacional.

Por via do Decreto-Lei n.º 1/2013, de 7 de janeiro, procedeu-se à instalação e à definição das regras do funcionamento do BNA e do procedimento especial de despejo.

Cumpre agora regulamentar as matérias relativas à forma e ao modelo de apresentação do requerimento de despejo, o momento em que se considera o requerimento apresentado, o regime da oposição e da prestação da respetiva caução e das demais peças processuais, o regime da lista de agentes de execução e notários participantes no procedimento especial de despejo, da designação, substituição e destituição do agente de execução ou notário e o regime de honorários e reembolso de despesas, as formas e o modo de pagamento da taxa de justiça, bem como o regime das notificações, comunicações e da tramitação eletrónica do procedimento.

Procede-se ainda à regulamentação de alguns aspetos da ação de despejo que, nos termos previstos no n.º 5 do artigo 14.º da Lei n.º 6/2006, de 27 de fevereiro, corre nos tribunais, nomeadamente do regime de designação e de intervenção de agente de execução, notário ou oficial de justiça.

Assim:

Manda o Governo, pela Ministra da Justiça, ao abrigo do disposto no n.º 3 do artigo 15.º-E, no n.º 3 do artigo 15.º-F e no n.º 9 do artigo 15.º-S da Lei n.º 6/2006, de 27 de fevereiro, e no n.º 1 do artigo 5.º, no n.º 1 do artigo 9.º, no n.º 1 do artigo 10.º, e nos artigos 17.º, 18.º, 20.º e 23.º do Decreto-Lei n.º 1/2013, de 7 de janeiro, e no n.º 1 do artigo 138.º-A do Código de Processo Civil, o seguinte:

CAPITULO I – Disposições gerais

Artigo 1.º – Objeto

1 – A presente portaria regulamenta os seguintes aspetos do procedimento especial de despejo, previsto nos artigos 15.º a 15.º-S da Lei n.º 6/2006, de 27 de fevereiro, e no Decreto-Lei n.º 1/2013, de 7 de janeiro:

a) Modelo, formas de apresentação do requerimento de despejo, formas de pagamento da taxa de justiça devida pela sua apresentação e momento em que se considera o requerimento apresentado;

b) Formas de apresentação da oposição, e modo de pagamento da caução devida com a oposição;

c) Formas de apresentação das restantes peças processuais;

d) Modelo e tramitação do requerimento de autorização judicial para entrada em domicílio,

e) Notificações, comunicações e tramitação eletrónica do processo;

f) Consulta eletrónica do processo;

g) Disponibilização do título para desocupação do locado;

h) Designação, substituição e destituição do agente de execução ou notário;

i) Regime de honorários e reembolso de despesas do agente de execução ou notário;

j) Mecanismo de revisão da nota de honorários e despesas;

k) Regime da lista de agentes de execução e notários participantes no procedimento especial de despejo.

2 – A presente portaria procede ainda à regulamentação do regime de designação e de intervenção de agente de execução, notário ou oficial de justiça no despejo que, nos termos previstos no n.º 5 do artigo 14.º da Lei n.º 6/2006, de 27 de fevereiro, ocorre durante a ação de despejo que é tramitada exclusivamente no tribunal.

CAPITULO II – Procedimento especial de despejo

SECÇÃO I – Requerimento de despejo

Artigo 2.º – Modelo

1 – O modelo de requerimento de despejo, na sua versão em papel, consta do anexo a esta portaria, da qual faz parte integrante.

2 – O modelo referido no número anterior é divulgado na Área de Serviços Digitais dos Tribunais, acessível no endereço eletrónico https://tribunais.org.pt.

Artigo 3.º – Formas de apresentação do requerimento de despejo

O requerimento de despejo é apresentado no Balcão Nacional do Arrendamento, adiante designado por BNA, por mandatário ou pelo requerente, através das formas previstas nos artigos seguintes.

Artigo 4.º – Apresentação do requerimento por mandatário

1 – O requerimento de despejo é apresentado por advogado ou solicitador através do preenchimento e envio de formulário eletrónico disponível no sistema informático CITIUS, acessível através do endereço eletrónico http://citius.tribunaisnet.mj.pt, juntamente com versão eletrónica dos documentos necessários, de acordo com os procedimentos e instruções aí constantes, aplicando-se com as necessárias adaptações o disposto no Capítulo II da Portaria n.º 114/2008, de 6 de fevereiro.

2 – A apresentação do requerimento de despejo por mandatário ou por requerente representado por advogado ou por solicitador por outra forma que não a referida no número anterior, nomeadamente através das formas previstas na alínea *b)* e *c)* do n.º 1 do artigo seguinte, determina o pagamento imediato de uma multa no valor de 2 unidades de conta processuais, nos termos do n.º 6 do artigo 15.º-B da Lei n.º 6/2006, de 27 de fevereiro.

3 – A multa referida no número anterior é paga juntamente com a taxa de justiça devida, nos termos do artigo 8.º.

Artigo 5.º – Apresentação do requerimento pelo requerente

1 – O requerimento de despejo pode ser apresentado pelo próprio requerente através das seguintes formas:

a) Com recurso à assinatura digital constante do cartão de cidadão, através do preenchimento e envio de formulário eletrónico do requerimento de despejo disponível na Área de Serviços Digitais dos Tribunais, acessível no endereço eletrónico https://tribunais.org.pt, juntamente com os documentos que pretende juntar em suporte eletrónico e procedendo à assinatura digital do requerimento no final, de acordo com os procedimentos e instruções aí constantes;

b) Procedendo ao preenchimento do formulário eletrónico do requerimento de despejo disponível na Área de Serviços Digitais dos Tribunais, acessível no endereço eletrónico https://tribunais.org.pt, de acordo com os procedimentos e instruções aí constantes, sendo-lhe atribuído no final do preenchimento um número de referência do requerimento, com o qual se deve dirigir, no prazo de 10 dias, a uma secretaria judicial competente para rececionar o requerimento de modo a concluir a apresentação do mesmo, fazendo-se acompanhar da versão em papel dos documentos que devem ser apresentados com o requerimento;

c) Procedendo à entrega do requerimento, em papel, devidamente preenchido e assinado, juntamente com a versão em papel de todos os documentos que o devem acompanhar, numa das secretarias judiciais competentes para rececionar o requerimento.

2 – Nos casos previstos na alínea *b)* do número anterior, a secretaria judicial, com base na referência do requerimento disponibilizado pelo requerente, acede à versão eletrónica do requerimento constante da aplicação informática do BNA, procede à junção dos documentos em suporte eletrónico, e, após comprovar a identidade do apresentante e confirmar que corresponde ao requerente identificado no requerimento, procede à remessa deste, por via eletrónica, para o BNA.

3 – Remetido o requerimento ao BNA nos termos do número anterior, a secretaria judicial, após o requerente ter assinado declaração de concordância com o requerimento enviado, entrega-lhe comprovativo do envio do requerimento, juntamente com os dados necessários para proceder ao pagamento da taxa de justiça nos termos do artigo 8.º.

4 – Nos casos previstos na subalínea c) do n.º 1, a secretaria judicial preenche o formulário do requerimento de despejo constante da aplicação informática do BNA com a informação constante da versão em papel do requerimento apresentado pelo requerente, procede à junção dos documentos que devem acompanhar o requerimento em suporte eletrónico, e, após comprovar a identidade do apresentante e confirmar que corresponde ao requerente identificado no requerimento, procede à remessa do requerimento, por via eletrónica, para o BNA.

5 – Remetido o requerimento ao BNA nos termos do número anterior, a secretaria judicial, entrega ao requerente o comprovativo do envio do requerimento, juntamente com os dados necessários para proceder ao pagamento da taxa de justiça nos termos do artigo 8º.

6 – Nos casos previstos na alínea *b)* e *c)* do n.º 1, o requerimento remetido pela secretaria judicial ao BNA não necessita de ser assinado pelo requerente, sendo remetido apenas com a identificação do funcionário judicial que procedeu ao envio, considerando-se verificado o requisito previsto na alínea *l)* do n.º 2 do artigo 15.º-B da Lei 6/2006, de 27 de fevereiro, com a assinatura da declaração de concordância prevista no n.º 3 ou da versão em papel do requerimento.

7 – Compete à secretaria judicial que procedeu à receção do requerimento de despejo arquivar a declaração de concordância assinada pelo requerente prevista no n.º 3 ou a versão em papel do requerimento de despejo assinada pelo requerente.

8 – São competentes para receber o requerimento de despejo nos casos previstos nas alíneas *b)* e *c)* do n.º 1 as secretarias judiciais definidas por despacho do diretor-geral da Direção-Geral da Administração da Justiça (DGAJ), disponibilizado na Área de Serviços Digitais dos Tribunais, acessível no endereço eletrónico https://tribunais.org.pt.

Artigo 6.º – Formato e dimensão dos documentos apresentados com o requerimento

Nos casos previstos no artigo anterior, os documentos que acompanham o requerimento devem ter o formato portable document format (.pdf) e não podem exceder, no seu conjunto, a dimensão de 5 Mb.

Artigo 7.º – Data de apresentação do requerimento

Independentemente da forma de apresentação do requerimento, o mesmo só se considera apresentado na data em que for efetuado o pagamento da taxa de justiça devida, nos termos do artigo seguinte, ou em que foi entregue o documento comprovativo do pedido ou da concessão de apoio judiciário, na modalidade de dispensa ou pagamento faseado da taxa de justiça e dos demais encargos do processo.

Artigo 8.º – Pagamento da taxa de justiça devida pela apresentação do requerimento de despejo

1 – O pagamento da taxa de justiça devida pela apresentação do requerimento de despejo pode ser efetuado através dos meios eletrónicos disponíveis, Multibanco e Homebanking ou junto das entidades bancárias indicadas pela Agência da Gestão da Tesouraria e da Dívida Pública – IGCP, E. P. E., constantes da informação a divulgar por circular conjunta da DGAJ e do Instituto de Gestão Financeira e Equipamentos da Justiça, I. P. (IGFEJ), publicada na Área de Serviços Digitais dos Tribunais, acessível no endereço eletrónico https://tribunais.org.pt.

2 – Após preenchimento e envio para o BNA do requerimento de despejo, nos termos dos artigos 3.º a 5.º, é disponibilizado ao requerente, pela aplicação informática do BNA, a referência necessária para efetuar o pagamento da taxa de justiça, de acordo com as instruções transmitidas pela aplicação.

3 – O prazo para realização do pagamento por sistema eletrónico de pagamento nos termos dos números anteriores é de 10 dias.

SECÇÃO II – Oposição

Artigo 9.º – Apresentação da oposição

1 – Na oposição o requerido pode opor-se à pretensão de despejo e ao pedido de pagamento de rendas, encargos ou despesas, sendo apresentada no BNA através das seguintes formas:

a) Quando apresentada por mandatário, através do preenchimento e envio de formulário eletrónico disponível no sistema informático CITIUS, acessível através do endereço eletrónico http://citius.tribunaisnet.mj.pt, juntamente com os documentos necessários em suporte eletrónico, de acordo com os procedimentos e instruções aí constantes, aplicando-se com as necessárias adaptações o disposto no Capítulo II da Portaria n.º 114/2008, de 6 de fevereiro, valendo como data da prática do ato processual a da respetiva expedição;

b) Entregue em suporte de papel no BNA, juntamente com a versão em papel de todos os documentos que a devam acompanhar, valendo como data da prática do ato processual a da respetiva entrega;

c) Remessa pelo correio, sob registo, para o BNA, juntamente com a versão em papel de todos os documentos que a devam acompanhar, valendo como data da prática do ato processual a da efetivação do respetivo registo postal.

2 – A entrega da oposição pelas formas previstas nas alíneas *b)* e *c)* do número anterior deve ser acompanhada, de acordo com o previsto no n.º 2 do artigo 15.º-F da Lei n.º 6/2006, de 27 de fevereiro, de comprovativo de pagamento de multa no valor de 2 unidades de conta.

3 – Recebida a oposição, o BNA procede, caso seja necessário, à sua digitalização e introdução no sistema informático, remete o processo por via eletrónica ao tribunal designado pelo requerente para efeitos de apresentação à distribuição e remete ao requerente cópia da oposição, com a indicação de que o processo foi enviado para tribunal.

4 – Correndo o procedimento especial de despejo contra mais do que um requerido, o BNA só remete o processo para tribunal após recebida a última oposição ou após o termo do prazo para a sua dedução.

Artigo 10.º – Caução

1 – O pagamento da caução devida com a apresentação da oposição, nos termos do n.º 3 do artigo 15.º-F da Lei n.º 6/2006, de 27 de fevereiro, é efetuado através dos meios eletrónicos de pagamento previstos no artigo 17.º da Portaria n.º 419-A/2009, de 17 de abril, após a emissão do respetivo documento único de cobrança.

2 – O documento comprovativo do pagamento referido no número anterior deve ser apresentado juntamente com a oposição, independentemente de ter sido concedido apoio judiciário ao arrendatário.

SECÇÃO III – Outras peças processuais

Artigo 11.º – Apresentação de outras peças processuais

1 – São ainda apresentadas exclusivamente junto do BNA, através das formas previstas no n.º 1 do artigo 9.º, as seguintes peças processuais:

a) Requerimento de autorização judicial para entrada imediata no domicílio, previsto no artigo 15.º-L da Lei n.º 6/2006, de 27 de fevereiro;

b) Requerimento de suspensão da desocupação do locado, previsto no n.º 3 do artigo 15.º-M da Lei n.º 6/2006, de 27 de fevereiro;

c) Pedido de diferimento da desocupação de imóvel arrendado para habitação, previsto no artigo 15.º-N da Lei n.º 6/2006, de 27 de fevereiro;

d) Impugnação do título para desocupação do locado, previsto no artigo 15.º-P da Lei n.º 6/2006, de 27 de fevereiro;

e) Desistência do pedido, nos termos do n.º 2 do artigo 15.º-G da Lei n.º 6/2006, de 27 de fevereiro;

f) Outro requerimento ou ato processual que deva ser apresentado quando o procedimento esteja a correr junto do BNA.

2 – O requerente detentor de cartão do cidadão pode ainda apresentar os requerimentos ou outras peças processuais através do preenchimento e envio de formulários próprios constantes na Área de Serviços Digitais dos Tribunais,

acessível no endereço eletrónico https://tribunais.org.pt, de acordo com os procedimentos e instruções aí constantes.

3 – À oposição à impugnação do título para desocupação do locado e à contestação do pedido de diferimento da desocupação, bem como às demais peças processuais que devem ser apresentadas no tribunal onde corra o respetivo processo, aplica-se o disposto no Código de Processo Civil e na respetiva legislação complementar quanto à apresentação das peças processuais.

4 – Os autos são apresentados à distribuição sempre que se suscite questão sujeita a decisão judicial, correndo, no entanto, nos próprios autos e perante o mesmo juiz as questões sujeitas a decisão judicial relativas a procedimento especial de despejo anteriormente distribuído.

5 – O processo corre em tribunal quando seja requerida ou decorra da lei a prática de ato da competência do juiz e até à prática do mesmo.

SECÇÃO IV – Requerimento de autorização judicial para entrada imediata em domicílio

Artigo 12.º – Modelo de requerimento

O modelo do requerimento de autorização judicial para entrada imediata em domicílio consta da Área de Serviços Digitais dos Tribunais, acessível no endereço eletrónico https://tribunais.org.pt.

Artigo 13.º – Taxa de justiça devida pelo requerimento

O agente de execução, notário ou oficial de justiça apenas deve apresentar o requerimento para ser autorizada a entrada imediata no domicílio, nos termos do n.º 1 do artigo 15.º-L da Lei n.º 6/2006, de 27 de fevereiro, após ter recebido do requerente o documento comprovativo do pagamento da taxa de justiça devida, sendo esse documento junto ao requerimento nos termos da alínea *b)* do n.º 2 do artigo 15.º-L da mesma lei.

Artigo 14.º – Documentos a juntar ao requerimento de autorização judicial para entrada imediata em domicílio

1 – Para efeitos de análise pelo tribunal do disposto na alínea *c)* do n.º 4 do artigo 15.º-L da Lei n.º 6/2006, de 27 de fevereiro, o agente de execução, notário ou oficial de justiça deve juntar ao requerimento de autorização judicial para entrada imediata em domicílio os documentos previstos nos artigos 9.º, 10.º e 15.º-D da mesma lei.

2 – A junção referida no número anterior deve ser efetuada por recurso à versão eletrónica dos documentos que já constem do processo.

SECÇÃO V – Notificações, comunicações e tramitação eletrónica

Artigo 15.º – Notificações

1 – As notificações a realizar pelo BNA são elaboradas através de sistema informático, com aposição de assinatura eletrónica.

2 – Para os efeitos previstos no número anterior, bem como para efeitos da assinatura eletrónica do título para desocupação de locado, apenas podem ser utilizados os seguintes meios de assinatura eletrónica:

a) Certificados de assinatura eletrónica qualificada emitidos no âmbito do Sistema de Certificação Eletrónica do Estado;

b) Certificados de assinatura eletrónica avançada especialmente emitidos para o efeito pelo Instituto de Gestão Financeira e Equipamentos da Justiça, I. P.

3 – Quando a notificação seja elaborada e assinada nos termos definidos nos números anteriores, a versão em suporte de papel contém a indicação de ter sido assinada naqueles termos, bem como dos dados necessários para o notificado consultar a versão eletrónica da notificação na Área de Serviços Digitais dos Tribunais, acessível no endereço eletrónico https://tribunais.org.pt.

Artigo 16.º – Comunicações e tramitação

1 – São efetuadas por via eletrónica:

a) As comunicações entre o BNA e os tribunais, através da aplicação informática do BNA e do sistema informático Citius;

b) As comunicações entre o BNA e o agente de execução, o notário ou o oficial de justiça, através da aplicação informática do BNA, do sistema informático de suporte à atividade dos agentes de execução, do sistema informático de suporte à atividade dos notários e do sistema informático Citius;

c) As notificações do BNA ou do agente de execução, notário ou oficial de justiça aos mandatários que tenham enviado qualquer peça ou documento através do sistema informático Citius ou que tenham manifestado a vontade de ser por essa via notificados.

2 – É igualmente efetuada por via eletrónica a tramitação do procedimento, através da aplicação informática do BNA, do sistema informático de suporte à atividade dos agentes de execução, do sistema informático de suporte à atividade dos notários e do sistema informático Citius.

3 – O agente de execução, notário ou oficial de justiça designado para proceder à desocupação do locado deve proceder ao registo da prática de todos os atos no processo no sistema informático de suporte à respetiva atividade, de modo que permita identificar o ato, cópia dos documentos respeitantes à efetivação do mesmo, e sendo caso disso, cópia dos documentos que o acompanham.

4 – O registo da prática do ato efetuado nos termos do número anterior dispensa a junção aos autos dos documentos comprovativos da efetivação dos mesmos, sem prejuízo do dever de exibição dos originais dos documentos comprovativos de qualquer ato sempre que tal seja solicitado pelo BNA ou por juiz.

Artigo 17.º – Disponibilização da decisão judicial

1 – Todas as decisões judiciais suscetíveis de pôr termo ao respetivo processo, ainda que recorríveis, são comunicadas pelo tribunal ao BNA.

2 – A disponibilização das decisões judiciais referidas no número anterior, nomeadamente quando as mesmas determinam a efetivação do despejo, ao agente de execução, notário ou oficial de justiça, é efetuada pelo BNA, nos termos previstos no n.º 3 do artigo 15.º-E da Lei n.º 6/2006, de 27 de fevereiro.

3 – O tribunal deve ainda comunicar ao BNA a interposição dos recursos das decisões judiciais referidas no n.º 1 bem como das decisões que ponham termo a esses recursos.

SECÇÃO VI – Consulta eletrónica do processo e disponibilização do título para desocupação do locado

Artigo 18.º – Consulta eletrónica do processo

O processo pode ser consultado por via eletrónica:

a) Pelo requerente detentor de cartão do cidadão, na Área de Serviços Digitais dos Tribunais, acessível no endereço eletrónico https://tribunais.org.pt, nos termos dos procedimentos e instruções aí constantes;

b) Pelo mandatário, através do sistema informático Citius, nos termos do capítulo VI da Portaria n.º 114/2008, de 6 de fevereiro.

Artigo 19.º – Disponibilização por meios informáticos do título para desocupação do locado

1 – O título para desocupação do locado é disponibilizado pelo BNA ao requerente na Área de Serviços Digitais dos Tribunais, acessível no endereço eletrónico https://tribunais.org.pt.

2 – De modo a aceder ao título de desocupação, o requerente é informado, com a notificação de constituição do título para desocupação do locado, dos dados necessários para aceder ao título, nomeadamente a referência única necessária para aceder ao título para desocupação do locado.

3 – Sem prejuízo do disposto nos números anteriores, no caso de o requerente ter indicado endereço de correio eletrónico, nos termos da alínea *b)* do n.º 2 do artigo 15.º-B da Lei n.º 6/2006, de 27 de fevereiro, recebe por esse meio o título para desocupação do locado em formato eletrónico.

Artigo 20.º – Consulta do título para desocupação do locado por terceiros

1 – A disponibilização pelo requerente da referência única prevista no n.º 2 do artigo anterior a qualquer entidade, pública ou privada, substitui para todos os efeitos, a entrega do título para desocupação do locado.

2 – As entidades referidas no número anterior podem consultar o título para desocupação do locado na Área de Serviços Digitais dos Tribunais, acessível no endereço eletrónico https://tribunais.org.pt, utilizando para tal os dados referidos no número anterior.

Artigo 21.º – Disponibilização do título para desocupação do locado em suporte de papel

A disponibilização, pelo BNA, do título para desocupação do locado em suporte de papel está sujeita ao pagamento, pelo requerente, da taxa de justiça no valor de 1/3 de UC.

SECÇÃO VII – Agente de execução e notário

SUBSECÇÃO I – Designação, substituição e destituição

Artigo 22.º – Designação do agente de execução ou notário competente para proceder à desocupação do locado

1 – O requerente deve, nos termos do disposto na alínea *j)* do n.º 2 do artigo 15.º-B da Lei 6/2006, de 27 de fevereiro, designar, no requerimento de despejo, o agente de execução ou o notário competente para proceder à desocupação do locado.

2 – A designação referida no número anterior só pode ser efetuada de entre os agentes de execução ou notários que tenham manifestado vontade de participar no procedimento especial de despejo e que:

a) No caso dos notários, tenham domicílio profissional no concelho do imóvel a desocupar, ou que possam exercer a sua competência nesse concelho, em virtude de autorização concedida nos termos do n.º 3 do artigo 7.º do Decreto-Lei n.º 26/2004, de 4 de fevereiro; ou

b) No caso dos agentes de execução, tenham domicílio profissional no concelho do imóvel a desocupar ou nos concelhos confinantes.

3 – Caso o requerente não designe agente de execução ou notário competente para proceder à desocupação do locado no requerimento de despejo, deve solicitar que a designação seja realizada de modo automático pelo BNA, nos termos do n.º 5.

4 – A validade da designação referida nos n.os 1 e 2 é confirmada pelo BNA no momento prévio à disponibilização ao agente de execução ou ao notário do título ou da decisão judicial para desocupação do locado.

5 – Caso o requerente solicite que a designação de agente de execução ou notário competente para proceder à desocupação do locado seja realizada de modo automático pelo BNA ou caso a designação efetuada pelo requerente não seja válida, nomeadamente em virtude de impossibilidade superveniente do agente de execução ou do notário de ser designado, a designação é efetuada pelo BNA no momento prévio à disponibilização ao agente de execução ou ao notário do título ou da decisão judicial para desocupação do locado, por meios eletrónicos, de acordo com as regras previstas no artigo 24.º.

6 – A designação realizada nos termos do número anterior é notificada ao requerente pelo BNA, devendo a notificação conter, relativamente ao designado:

a) O nome profissional;

b) O número de cédula ou de licença;

c) O endereço de correio eletrónico;

d) O número de telefone;

e) O número de fax;

f) A morada profissional;

g) As referências necessárias para efetuar o pagamento da primeira prestação da quantia devida a título de honorários.

Artigo 23.º – Designação do agente de execução ou notário nos casos de cumulação de pedidos de despejo e de pagamento de rendas, encargos ou despesas

1 – Tendo o requerente deduzido, no requerimento de despejo, pedido de pagamento de rendas, encargos ou despesas cumulativamente com o pedido de despejo, a designação do agente de execução ou notário competente está sujeita às seguintes regras:

a) Tendo sido designado notário para proceder à desocupação do locado, deve ser designado agente de execução para proceder à execução para pagamento das rendas, encargos ou despesas;

b) Tendo sido designado agente de execução para proceder à desocupação do locado, esse agente de execução é também designado para proceder à execução para pagamento das rendas, encargos ou despesas;

c) Tendo o requerente solicitado que a designação de agente de execução ou notário competente para proceder à desocupação do locado seja realizada de modo automático pelo BNA, não pode designar agente de execução para proceder à execução para pagamento das rendas, encargos ou despesas.

2 – Nos casos previstos na alínea *c)* do número anterior em que o BNA designe, de acordo com as regras do artigo seguinte, notário para proceder à desocupação do locado, a designação de agente de execução para proceder à execução para pagamento das rendas, encargos ou despesas é feita, pela BNA, de entre todos os agentes de execução, nos termos previstos no Código de Processo Civil e respetiva regulamentação.

Artigo 24.º – Regras de designação de agente de execução e notário pelo BNA

1 – A designação de agente de execução ou notário pelo BNA é efetuada de modo que garanta a aleatoriedade no resultado e igualdade na distribuição, de entre os agentes de execução e notários que tenham manifestado vontade de participar no procedimento especial de despejo, nos termos do artigo 19.º do Decreto-Lei n.º 1/2013, de 7 de janeiro.

2 – A designação de agente de execução ou notário é efetuada de entre agentes de execução ou notários com domicílio profissional no concelho do imóvel a desocupar, sendo dada preferência a quem tenha um menor número de processos especiais de despejo atribuídos.

3 – Não sendo possível proceder à designação nos termos previstos no número anterior, a designação é efetuada de entre os agentes de execução com domicílio profissional nos concelhos confinantes ao do imóvel a desocupar e dos notários que, não tendo domicílio profissional no concelho do imóvel a desocupar, tenham sido autorizados a exercer aí a sua competência, nos termos do n.º 3 do artigo 7.º do decreto-lei n.º 26/2004, de 4 de fevereiro, sendo igualmente dada preferência a quem tenha um menor número de processos especiais de despejo atribuídos.

4 – A Câmara dos Solicitadores e a Ordem dos Notários disponibilizam ao Ministério da Justiça, por via eletrónica, os dados necessários à designação pelo BNA do agente de execução ou notário competente para o despejo.

5 – Não sendo possível proceder à designação nos termos dos números anteriores, nomeadamente por não existir notário que possa exercer as suas competências no concelho do imóvel a desocupar ou agente de execução com domicílio profissional no concelho do imóvel ou nos concelhos confinantes ao do imóvel, o BNA designa, para proceder à desocupação, oficial de justiça do tribunal da situação do locado.

6 – A designação prevista no número anterior é notificada pelo BNA ao requerente, no momento em que o título de desocupação ou a decisão judicial sejam disponibilizados ao oficial de justiça designado, juntamente com a informação sobre o modo de pagamento e comprovação da taxa de justiça devida por essa designação.

Artigo 25.º – Lista de agentes de execução e de notários

1 – Para efeitos de publicitação, a Câmara dos Solicitadores e a Ordem dos Notários disponibilizam uma lista informática que contém a informação relativa aos agentes de execução e notários que tenham manifestado vontade de participar no procedimento especial de despejo, pesquisável por concelho.

2 – A lista referida no número anterior é disponibilizada em página informática de acesso público, nos sítios oficiais da Ordem dos Solicitadores e dos Agentes de Execução e da Ordem dos Notários, e na Área de Serviços Digitais dos Tribunais, acessível no endereço eletrónico https://tribunais.org.pt.

Artigo 26.º – Livre substituição do agente de execução ou do notário pelo requerente

1 – O agente de execução ou notário designado pode ser substituído pelo requerente, até à efetivação do despejo, devendo este expor o motivo da substituição.

2 – A substituição produz efeitos na data da comunicação ao agente de execução ou ao notário, devendo ser apresentada nos termos do artigo 11.º.

3 – O agente de execução ou o notário substituído é notificado da substituição promovida pelo requerente através do sistema informático de suporte à atividade dos agentes de execução ou do sistema informático de suporte à atividade dos notários.

4 – A substituição do agente de execução ou do notário pelo requerente implica necessariamente a designação de agente de execução ou de notário substituto, de entre os constantes na lista prevista no artigo anterior e nos termos dos artigos 22.º.

5 – O agente de execução ou notário substituto é notificado da substituição através do sistema informático de suporte à atividade dos agentes de execução ou do sistema informático de suporte à atividade dos notários.

Artigo 27.º – Substituição ou destituição do agente de execução ou notário por outros motivos

1 – A Câmara dos Solicitadores ou a Ordem dos Notários, consoante o caso, notifica o requerente, preferencialmente por via eletrónica, e comunica ao BNA, por via eletrónica, sempre que tiver conhecimento da morte, da incapacidade definitiva ou da cessação das funções do agente de execução ou do notário.

2 – Os órgãos com poderes disciplinares sobre os agentes de execução e notários, notificam o requerente, preferencialmente por via eletrónica, e comunicam ao BNA, por via eletrónica, sempre que aplicarem pena de suspensão por período superior a 10 dias, de destituição ou de expulsão ao agente de execução ou ao notário.

3 – Nos casos previstos nos números anteriores se o requerente não proceder à designação no prazo de 20 dias a contar da receção da notificação pelo BNA, a designação do agente de execução ou notário substituto é efetuada pelo BNA nos termos do artigo 24.º.

4 – O agente de execução ou notário substituto é notificado da substituição através dos sistemas informáticos de suporte à atividade dos agentes de execução ou de suporte à atividade dos notários.

5 – A destituição do agente de execução ou notário, pelo respetivo órgão com competência disciplinar, com fundamento em atuação processual dolosa ou negligente ou em violação grave de dever que lhe seja imposto, efetua-se de acordo com o previsto no artigo 7.º da Portaria n.º 2/2012, de 2 de janeiro, com as necessárias adaptações.

SUBSECÇÃO II – Remuneração

Artigo 28.º – Honorários e despesas

1 – É devido ao agente de execução e ao notário o pagamento de honorários pelos serviços prestados no âmbito do procedimento especial de despejo bem como das despesas realizadas no mesmo, desde que devidamente comprovadas.

2 – O montante devido a título de honorários devidos ao agente de execução ou notário corresponde ao previsto na Portaria n.º 331-B/2009, de 30 de março, para as execuções de entrega de coisa certa

3 – Para efeito do procedimento especial de despejo, apenas são consideradas como despesas os custos decorrentes da entrada no local nomeadamente com arrombamento da porta e a substituição da fechadura, ou com o auxílio das autoridades policiais, considerando-se os demais custos incluídos nos serviços a que respeitam os honorários.

4 – As despesas previstas no número anterior só podem ser realizadas na sequência de prévia autorização ou a solicitação do requerente e após pagamento das mesmas por este.

5 – Podem ainda ser cobradas despesas de deslocação, tendo por base os critérios de cálculo da distância estabelecidos no número seguinte, se o agente de execução ou notário designado pelo requerente praticar atos a mais de 50 km do seu domicílio profissional e, cumulativamente, se:

a) O requerente for previamente informado, preferencialmente por via eletrónica:

i) Do custo provável da deslocação;

ii) De que as despesas de deslocação são da sua exclusiva responsabilidade, não podendo ser exigido ao requerido o seu reembolso;

b) O requerente aceitar expressamente a cobrança da deslocação.

6 – O agente de execução tem direito a uma compensação pelas deslocações, paga pela caixa de compensações, sempre que se verifique que o agente de execução tenha sido designado pelo BNA, e a prática do ato envolva uma deslocação para concelho distinto do do seu domicílio profissional e superior a 50 km, calculadas as distâncias das viagens de ida e regresso pelo percurso mais curto entre o domicílio profissional e o imóvel a desocupar.

7 – O valor da compensação (C) devida pela caixa de compensações é calculado com base na seguinte fórmula:

C = [(D x 2) – 50] x V

onde D corresponde à distância mais curta entre o domicílio profissional do agente de execução e o local onde deva ser praticado o ato e V corresponde ao valor devido por quilómetro.

8 – O valor devido por quilómetro é fixado pelo conselho geral da Câmara dos Solicitadores.

9 – O agente de execução só tem direito à compensação de uma deslocação por cada diligência.

10 – A compensação referida nos n.os 6 a 9 pode igualmente ser devida aos notários, pela caixa de compensação da Câmara dos Solicitadores, nos termos definidos por protocolo entra a Câmara dos Solicitadores e a Ordem dos Notários, que determina igualmente o regime das contribuições dos notários para a caixa de compensação.

Artigo 29.º – Honorários

(Revogado)

Artigo 30.º – Pagamento de honorários

1 – O pagamento dos honorários do agente de execução ou do notário é efetuado em duas prestações, de igual montante, nos seguintes termos:

a) A primeira prestação é devida após o requerente ser notificado pelo BNA do envio para o agente de execução ou notário do título de desocupação do locado ou da decisão judicial para desocupação do locado, devendo o agente de execução ou notário iniciar as diligências necessárias à efetivação da desocupação apenas após o seu pagamento;

b) A segunda prestação é devida após a efetivação do despejo e imediatamente antes da entrega do imóvel ao requerente, prevista no artigo 15.º do Decreto-Lei n.º 1/2013, de 7 de janeiro.

2 – Nos casos em que a desocupação do locado não é efetivada por facto não imputável ao agente de execução ou ao notário, nomeadamente por existir decisão judicial que confirme a suspensão da desocupação, nos termos do artigo 15.º-M da Lei 6/2006, de 27 de fevereiro, apenas é devida metade da segunda prestação.

3 – Nos restantes casos em que não é efetivada a desocupação do locado não há lugar ao pagamento da segunda prestação.

4 – Nos casos de substituição do agente de execução ou notário, nos termos do artigo 26.º e do n.º 1 do artigo 27.º, que ocorra após o pagamento da primeira prestação, o agente de execução ou notário substituído tem direito apenas a metade do montante pago a título de primeira prestação dos honorários, devendo entregar o remanescente ao agente de execução ou notário que o substituiu.

5 – Nos casos previstos no número anterior, o agente de execução ou notário substituto tem ainda direito ao pagamento, pelo requerente, da segunda prestação, nos termos da alínea *b)* do n.º 1.

6 – Nos casos previstos no n.º 2 do artigo 27.º, compete ao órgão disciplinar determinar se o agente de execução ou notário substituído tem direito ao montante previsto no n.º 4 ou se deverá entregar a totalidade dos montantes recebidos ao agente de execução ou notário que o substitua.

Artigo 31.º – Dever de registo e de informação

1 – O agente de execução e o notário devem registar no processo de despejo, através dos respetivos sistemas informáticos de suporte à atividade, todas as verbas recebidas a título de honorários e de despesas, bem como todas as verbas pagas por si a título de despesas.

2 – Sempre que o agente de execução ou o notário receba qualquer verba deve emitir recibo do qual constem as quantias recebidas e os atos a que as mesmas dizem respeito.

3 – O requerente, o Ministério da Justiça, a Ordem dos Notários, a Câmara dos Solicitadores, outras entidades responsáveis pela fiscalização e pela disciplina dos agentes de execução ou dos notários, o BNA, o tribunal e qualquer terceiro que tenha um interesse legítimo no processo têm direito a ser informados, preferencialmente por via eletrónica, sobre todos os movimentos de verbas referidos no n.º 1.

Artigo 32.º – Reclamação da nota de honorários e despesas

1 – Qualquer parte pode, no termo do processo, reclamar para o agente de execução ou notário da nota de honorários e despesas, com fundamento na desconformidade com o disposto na presente portaria.

2 – O agente de execução ou notário que não proceda à revisão da nota de honorários e despesas nos exatos termos requeridos deve enviar para o tribunal da situação do locado e no prazo de 10 dias a contar da receção do requerimento, a reclamação e a resposta à mesma.

3 – Caso o agente de execução ou notário não proceda à revisão da nota de honorários e despesas nos exatos termos requeridos, nem envie no prazo previsto no número anterior a reclamação para o tribunal competente, considera-se deferida a reclamação.

4 – O juiz, apreciadas as circunstâncias do caso concreto, pode condenar em multa, nos termos gerais, o reclamante, quando a reclamação seja julgada improcedente, ou o agente de execução ou notário, quando a reclamação seja julgada procedente.

5 – A reclamação referida no n.º 1 é apresentado no BNA, nos termos do artigo 11.º, não havendo lugar ao pagamento da taxa de justiça caso a mesma seja remetida a tribunal pelo agente de execução ou notário.

CAPITULO III – Ação de despejo

Artigo 33.º – Designação de agente de execução ou notário nas ações de despejo

1 – Na ação de despejo que é tramitada exclusivamente no tribunal, o senhorio que, nos termos do n.º 5 do artigo 14.º da Lei n.º 6/2006, de 27 de fevereiro, requer o despejo deve, no mesmo requerimento, designar o agente de execução ou notário competente para proceder ao despejo.

2 – A designação referida no número anterior é efetuada de acordo com as regras previstas no n.º 2 do artigo 22.º.

3 – A validade da designação referida nos números anteriores é confirmada pela secretaria judicial no momento prévio à remessa ao agente de execução ou ao notário da decisão judicial de despejo.

4 – Caso o senhorio não tenha designado agente de execução ou notário para proceder ao despejo, caso tenha solicitado que a designação do agente de execução ou notário seja realizada de modo automático pela secretaria judicial ou caso a designação efetuada pelo senhorio não seja válida, nomeadamente em virtude de impossibilidade superveniente do agente de execução ou do notário de ser designado, a designação é efetuada pela secretaria judicial no momento prévio à remessa ao agente de execução ou ao notário da decisão judicial de despejo.

5 – A designação efetuada pela secretaria judicial é efetuada de acordo com as regras previstas no artigo 24.º e é notificada ao senhorio juntamente com as informações previstas no n.º 6 do artigo 22.º.

6 – Não sendo possível proceder à designação nos termos dos números anteriores, nomeadamente por não existir notário que possa exercer as suas competências no concelho do imóvel a desocupar ou agente de execução com domicílio profissional no concelho do imóvel ou nos concelhos confinantes ao do imóvel, a secretaria judicial designa oficial de justiça para proceder à desocupação.

7 – A designação prevista no número anterior é notificada pela secretaria judicial ao senhorio, no momento em que a decisão judicial é disponibilizada ao oficial de justiça designado, juntamente com a informação sobre o modo de pagamento e comprovação da taxa de justiça devida por essa designação nos termos das alíneas *a)* e *b)* do n.º 1 do artigo 25.º do Decreto-Lei n.º 1/2013, de 7 de janeiro.

Artigo 34.º – Desocupação do locado e autorização para entrada imediata no domicílio

À desocupação do locado e à autorização para entrada imediata no domicílio que ocorram durante à ação de despejo aplica-se, com as necessárias adaptações, o disposto no artigo 14.º do Decreto-Lei n.º 1/2013, de 7 de janeiro.

Artigo 35.º – Regime aplicável aos agentes de execução e notários nas ações de despejo

1 – Podem realizar o despejo nas ações de despejo os agentes de execução e notários que, nos termos do artigo 19.º do Decreto-Lei n.º 1/2013, de 7 de janeiro, tenham manifestado a vontade de intervir no procedimento especial de despejo.

2 – É ainda aplicável aos agentes de execução e notários que realizem o despejo, com as necessárias adaptações, o previsto nos artigos 26.º a 32.º.

Artigo 36.º – Comunicações e registo de atos

1 – As comunicações entre o tribunal, e o agente de execução, o notário ou o oficial de justiça, são efetuadas por via eletrónica, através do sistema informático Citius, do sistema informático de suporte à atividade dos agentes de execução e do sistema informático de suporte à atividade dos notários.

2 – São igualmente efetuadas por via eletrónica as notificações do agente de execução, notário ou oficial de justiça aos mandatários que tenham enviado qualquer peça ou documento através do sistema informático Citius ou que tenham manifestado a vontade de ser por essa via notificados.

3 – O agente de execução, notário ou oficial de justiça designado para proceder ao despejo deve proceder ao registo da prática de todos os atos no processo no sistema informático de suporte à respetiva atividade, de modo que permita identificar o ato, cópia dos documentos respeitantes à efetivação do mesmo, e sendo caso disso, cópia dos documentos que o acompanham.

4 – O registo da prática do ato efetuado nos termos do número anterior dispensa a junção aos autos dos documentos comprovativos da efetivação dos mesmos, sem prejuízo do dever de exibição dos originais dos documentos comprovativos de qualquer ato sempre que tal seja solicitado pelo juiz.

CAPITULO IV – Disposições finais

Artigo 37.º – Acesso à informação e prática de atos

1 – O acesso das entidades previstas no artigo 27.º à informação disponível nos sistemas de informação de suporte à atividade do BNA e dos tribunais, bem como nos sistemas de informação de suporte à atividade dos agentes de execução e dos notários, é efetuado para efeitos exclusivamente do exercício das suas competências e com as adaptações que se revelem necessárias nos termos previstos para as entidades com competências semelhantes no regime do processo executivo, nomeadamente no Código de Processo Civil, na Portaria n.º 331-B/2009, de 30 de março, e na Portaria n.º 12/2012, de 2 de janeiro.

2 – O disposto no número anterior é igualmente aplicável à prática de atos nos sistemas informação aí referidos pelas entidades previstas no artigo 27.º.

Artigo 38.º – Entrada em vigor

A presente portaria entra em vigor no dia seguinte ao da sua publicação.

A Ministra da Justiça, Paula Maria von Hafe Teixeira da Cruz, em 8 de janeiro de 2013.

PROCEDE À APROVAÇÃO DO REGIME DO PROCEDIMENTO DE INJUNÇÃO EM MATÉRIA DE ARRENDAMENTO

Decreto-Lei n.º 34/2021, de 14 de maio
Procede à aprovação do Regime do Procedimento de Injunção em Matéria de Arrendamento

A Lei n.º 12/2019, de 12 de fevereiro, veio proibir e punir o assédio no arrendamento, procedendo à quinta alteração ao Novo Regime do Arrendamento Urbano, aprovado pela Lei n.º 6/2006, de 27 de fevereiro, entendendo-se como tal «[...] qualquer comportamento ilegítimo do senhorio, de quem o represente ou de terceiro interessado na aquisição ou na comercialização do locado, que, com o objetivo de provocar a desocupação do mesmo, perturbe, constranja ou afete a dignidade do arrendatário, subarrendatário ou das pessoas que com estes residam legitimamente no locado, os sujeite a um ambiente intimidativo, hostil, degradante, perigoso, humilhante, desestabilizador ou ofensivo, ou impeça ou prejudique gravemente o acesso e a fruição do locado».

A par da proibição geral desta prática, a Lei n.º 12/2019, de 12 de fevereiro, consagrou também a possibilidade de o inquilino intimar o senhorio para tomar as providências ao seu alcance no sentido de cessar a produção de ruído fora dos limites legalmente estabelecidos, corrigir deficiências do locado, ou das partes comuns do respetivo edifício, que constituam risco grave para a saúde ou segurança de pessoas e bens e ainda corrigir outras situações que impeçam a fruição do locado, o acesso ao mesmo ou a serviços essenciais.

Concomitantemente, a Lei n.º 13/2019, de 12 de fevereiro, que estabelece medidas destinadas a corrigir situações de desequilíbrio entre arrendatários e senhorios, a reforçar a segurança e a estabilidade do arrendamento urbano e a proteger arrendatários em situação de especial fragilidade, veio criar a injunção em matéria de arrendamento (IMA) enquanto meio processual destinado a efetivar os direitos do arrendatário ao pagamento de quantia certa do valor da compensação em dívida por execução de obras em substituição do senhorio.

A referida lei criou ainda o Serviço de Injunção em Matéria de Arrendamento, destinado a assegurar a tramitação da IMA.

Face ao exposto, o processo de IMA é objeto de diploma próprio, aprovado por decreto-lei pelo Governo, conforme decorre do artigo 15.º da Lei n.º 13/2019, de 12 de fevereiro.

Foram ouvidos o Conselho Superior da Magistratura, o Conselho Superior do Ministério Público, a Ordem dos Advogados e a Ordem dos Solicitadores e Agentes de Execução.

Assim:

Nos termos do n.º 5 do artigo 15.º-T do Novo Regime do Arrendamento Urbano, aprovado pela Lei n.º 6/2006, de 27 de fevereiro, na sua redação atual, do artigo 15.º da Lei n.º 13/2019, de 12 de fevereiro, e da alínea *a)* do n.º 1 do artigo 198.º da Constituição, o Governo decreta o seguinte:

Artigo 1.º – Objeto

O presente decreto-lei procede:

a) À definição do regime do procedimento de injunção em matéria de arrendamento (IMA) previsto no artigo 15.º-T da Lei n.º 6/2006, de 27 de fevereiro, na sua redação atual, que aprova o Novo Regime do Arredamento Urbano (NRAU);

b) À regulamentação do Serviço de Injunção em Matéria de Arrendamento (SIMA).

Artigo 2.º – Procedimentos especiais em matéria de arrendamento

É aprovado o Regime dos Procedimentos Especiais em Matéria de Arrendamento destinados a efetivar os direitos do arrendatário previstos nas alíneas *a)* a *e)* do n.º 1 do artigo 15.º-T do NRAU, em anexo ao presente decreto-lei e do qual faz parte integrante.

Artigo 3.º – Serviço de Injunção em Matéria de Arrendamento

O SIMA, previsto no artigo 15.º-U do NRAU, é a secretaria judicial com competência exclusiva para a tramitação, em todo o território nacional, dos procedimentos especiais referidos no artigo 1.º

Artigo 4.º – Mapa de pessoal

O mapa de pessoal do SIMA é definido por portaria dos membros do Governo responsáveis pelas áreas das finanças e da justiça.

Artigo 5.º – Receita

Cabe ao Instituto de Gestão Financeira e Equipamentos da Justiça, I. P., arrecadar e administrar a receita relativa ao SIMA, designadamente a proveniente de taxas de justiça e multas.

Artigo 6.º – Regulamentação

No prazo de 60 dias a contar da publicação do presente decreto-lei, o membro do Governo responsável pela área da justiça regulamenta, por portaria, as normas relativas ao procedimento de IMA, nomeadamente no que respeita às seguintes matérias:

a) Modelo e forma de apresentação do requerimento de IMA e da oposição;
b) Forma de apresentação de demais requerimentos;
c) Modo de designação, substituição e destituição do agente de execução;
d) Forma de realização de comunicações e notificações;
e) Regime de honorários e despesas do agente de execução;
f) Formas de pagamento da taxa de justiça devida pela apresentação do requerimento de IMA;
g) Formas de consulta do processo.

Artigo 7.º – Entrada em vigor

O presente decreto-lei entra em vigor no dia seguinte ao da sua publicação.

Visto e aprovado em Conselho de Ministros de 18 de março de 2021. – António Luís Santos da Costa – João Rodrigo Reis Carvalho Leão – Francisca Eugénia da Silva Dias Van Dunem – Alexandra Ludomila Ribeiro Fernandes Leitão – Jorge Moreno Delgado.

Promulgado em 6 de maio de 2021.

Publique-se.

O Presidente da República, Marcelo Rebelo de Sousa.

Referendado em 10 de maio de 2021.

O Primeiro-Ministro, António Luís Santos da Costa.

ANEXO (a que se refere o artigo 2.º)
REGIME DOS PROCEDIMENTOS ESPECIAIS EM MATÉRIA DE ARRENDAMENTO

CAPÍTULO I – Injunção em matéria de arrendamento

Artigo 1.º – Objeto

1 – É aprovado o Regime dos Procedimentos Especiais em Matéria de Arrendamento destinados a efetivar os direitos do arrendatário.

2 – A injunção em matéria de arrendamento (IMA) é a providência que tem por fim conferir força executiva ao requerimento destinado a efetivar os direitos do arrendatário previstos nas alíneas *a)* a *e)* do n.º 1 do artigo 15.º-T do Novo Regime do Arrendamento Urbano, aprovado pela Lei n.º 6/2006, de 27 de fevereiro, na sua redação atual.

Artigo 2.º – Objeto

Cada procedimento de IMA diz respeito a apenas um prédio urbano, ou a uma fração autónoma de que o requerente seja arrendatário.

Artigo 3.º – Secretaria judicial competente

O requerimento de injunção é apresentado no Serviço de Injunção em Matéria de Arrendamento (SIMA).

Artigo 4.º – Requerimento de injunção em matéria de arrendamento

1 – O modelo eletrónico do requerimento de IMA, bem como a forma da sua apresentação em papel, são aprovados por portaria do membro do Governo responsável pela área da justiça.

2 – No requerimento de IMA, deve o requerente:

a) Identificar as partes, indicando, consoante os casos, os seus nomes ou denominações e domicílios ou sedes e, obrigatoriamente no que respeita ao requerente e sempre que possível relativamente às demais partes, os respetivos números de identificação civil, fiscal e de pessoa coletiva, profissões e locais de trabalho;

b) Indicar o seu endereço de correio eletrónico, se pretender receber notificações ou comunicações por meios eletrónicos;

c) Indicar o local onde deve ser efetuada a notificação, devendo mencionar se se trata de domicílio convencionado, sendo que, na falta deste, deve ser indicado o domicílio ou sede do senhorio;

d) Expor sucintamente os factos que fundamentam a sua pretensão;

e) Formular um, ou vários, dos pedidos previstos no n.º 1 do artigo 15.º-T do NRAU, se for o caso com discriminação do valor do capital, juros vencidos e outras quantias devidas;

f) Juntar os documentos previstos nas alíneas *a)* a *e)* do n.º 1 do artigo 15.º-T do NRAU, consoante o pedido ou os pedidos formulados;

g) Juntar o documento comprovativo do pagamento da taxa de justiça devida ou da concessão de apoio judiciário, sem prejuízo do disposto no n.º 10;

h) Indicar se pretende que o processo seja apresentado à distribuição, no caso de se frustrar a notificação;

i) Indicar o tribunal competente para a apreciação do processo, se este for apresentado à distribuição;

j) Indicar se pretende a notificação, consoante os casos, por agente de execução, oficial de justiça ou mandatário judicial e, no primeiro e último casos, indicar o seu nome e respetivo domicílio profissional;

k) Designar, consoante os casos, agente de execução ou oficial de justiça, nos termos do disposto no n.º 1 do artigo 720.º do Código de Processo Civil, aprovado pela Lei n.º 41/2013, de 26 de junho, na sua redação atual (Código de Processo Civil);

l) Assinar o requerimento.

3 – Na pendência do procedimento de IMA não é permitida a alteração dos elementos constantes do requerimento, designadamente o pedido.

4 – No mesmo requerimento, nos casos previstos nas alíneas *d)* ou *e)* do n.º 1 do artigo 15.º-T do NRAU, sempre que seja necessária a realização de obras nas partes comuns de edifício constituído em regime de propriedade horizontal, o requerente deva ainda indicar, consoante os casos, o nome ou denominação e o domicílio ou sede do administrador do condomínio.

5 – Se o requerente indicar endereço de correio eletrónico, nos termos e para os efeitos acima referidos, as comunicações e notificações que lhe forem endereçadas pelo SIMA são efetuadas por meios eletrónicos, em termos a definir por portaria do membro do Governo responsável pela área da justiça.

6 – O requerimento pode ser subscrito por mandatário judicial, bastando para o efeito a menção da existência do mandato e do domicílio profissional do mandatário.

7 – A subscrição do requerimento por mandatário judicial não o exime da necessidade de preenchimento de todos os elementos relativos ao representado, nomeadamente a indicação do respetivo domicílio.

8 – A submissão do requerimento por mandatário judicial é obrigatoriamente efetuada por via eletrónica.

9 – Quando o requerente não esteja patrocinado por mandatário judicial, ou, estando, exista justo impedimento, o requerimento de IMA pode ser deduzido por uma das seguintes formas:

a) Entrega na secretaria judicial, valendo como data da sua prática a da respetiva entrega;

b) Remessa pelo correio, sob registo, valendo como data da sua prática a da efetivação do respetivo registo postal;

c) Envio através de telecópia, valendo como data da sua prática a da expedição;

d) Submissão por via eletrónica.

10 – Faltando, à data da apresentação do requerimento, menos de 30 dias para a extinção do direito do arrendatário, ou ocorrendo outro motivo fundado de urgência, pode o requerente apresentar documento comprovativo do pedido de apoio judiciário requerido, mas ainda não concedido.

11 – Sem prejuízo do disposto no número anterior, o procedimento considera-se iniciado na data do pagamento da taxa de justiça devida ou da junção do documento comprovativo da concessão de apoio judiciário nas modalidades de dispensa ou pagamento faseado da taxa de justiça e demais encargos com o processo.

12 – Na submissão eletrónica dos requerimentos devem ser utilizados mecanismos de autenticação segura, incluindo os do cartão de cidadão e chave móvel digital, com recurso ao Sistema de Certificação de Atributos Profissionais (SCAP), bem como os meios de identificação eletrónica emitidos noutros Estados-Membros reconhecidos para o efeito nos termos do artigo 6.º do Regulamento (UE) n.º 910/2014 do Parlamento Europeu e do Conselho.

13 – Os requerimentos submetidos por via eletrónica devem ser assinados com recurso a assinaturas eletrónicas qualificadas, incluindo as do cartão de cidadão e chave móvel digital, com possibilidade de recurso ao SCAP, ou outras que constem da Lista Europeia de Serviços de Confiança, sem prejuízo do disposto no artigo 4.º da Lei n.º 37/2014, de 26 de junho, na sua redação atual.

Artigo 5.º – Recusa do requerimento

1 – O requerimento de IMA só pode ser recusado se:

a) Não for apresentado no modelo referido no n.º 1 do artigo anterior;

b) Não for apresentado no SIMA;

c) Não indicar o tribunal competente para apreciação do processo, se for apresentado à distribuição;

d) Omitir a identificação das partes e dos elementos a que alude a alínea *a)* do n.º 2 do artigo anterior, que dela devam obrigatoriamente constar ou o local da notificação dos requeridos;

e) Não estiver assinado;

f) Não estiver redigido em língua portuguesa;

g) Não tiver sido junto, consoante os casos, o documento comprovativo do pagamento da taxa de justiça devida ou da concessão de apoio judiciário, ou de este ter sido requerido ou concedido e das respetivas modalidades;

h) O pedido não se ajustar à finalidade do procedimento.

2 – Do ato de recusa cabe reclamação para o juiz.

3 – Nos casos em que haja recusa, o requerente pode apresentar outro requerimento ou juntar o documento, consoante os casos, a que se refere a alínea *g)* do n.º 1, no prazo de 10 dias subsequentes à notificação daquela, considerando-se o procedimento iniciado na data em que o primeiro requerimento foi apresentado.

Artigo 6.º – Notificação do requerimento

1 – Recebido o requerimento, o SIMA expede imediatamente notificação para o requerido, por carta registada com aviso de receção, para, em 15 dias, este:

a) Demonstrar a execução da intimação que constitui objeto do requerimento, acrescida da taxa de justiça paga pela respetiva dedução; ou

b) Deduzir oposição à pretensão.

2 – Havendo vários requeridos, a notificação é expedida para todos eles, nos termos e para os efeitos previstos no número anterior.

3 – A notificação é expedida para o local indicado no requerimento, aplicando-se, com as necessárias adaptações, o disposto no artigo 228.º, nos n.os 3 a 5 do artigo 229.º e no n.º 2 do artigo 230.º, não havendo lugar à advertência prevista no artigo 233.º, bem como o disposto no artigo 246.º, todos do Código de Processo Civil.

4 – O ato de notificação deve conter:

a) Os elementos referidos nas alíneas *a)* a *g)* do n.º 2 do artigo 4.º e, se for caso disso, no n.º 9 do mesmo artigo;

b) A indicação do prazo para a oposição e a respetiva forma de contagem;

c) A indicação de que, na falta de execução da intimação que constitui objeto do requerimento de IMA, ou de oposição dentro do prazo legal, será constituído título para execução da injunção com a faculdade de o requerente a efetivar imediatamente;

d) A indicação de que, na falta de pagamento da quantia pedida e da taxa de justiça paga pelo requerente do valor da compensação em dívida, nos casos em que o pedido formulado seja de pagamento de quantia certa, são ainda devidos juros de mora desde a data da apresentação do requerimento e juros à taxa legal fixada para os juros civis a contar da data da aposição da fórmula executória.

5 – As notificações efetuadas nos termos do presente artigo interrompem a prescrição, nos termos do disposto no artigo 323.º do Código Civil, aprovado pelo Decreto-Lei n.º 47 344, de 25 de novembro de 1966, na sua redação atual.

6 – Nos casos previstos no n.º 4 do artigo 4.º, o requerimento deve ser igualmente notificado ao administrador do condomínio, o qual pode apresentar oposição na parte respeitante à intervenção nas partes comuns do edifício.

Artigo 7.º – Frustração da notificação

No caso de se frustrar a notificação do requerido, e o requerente não tiver indicado pretender que os autos sejam admitidos à distribuição, o SIMA devolve a este último o expediente respeitante ao procedimento de injunção.

Artigo 8.º – Constituição de título executivo

1 – O SIMA atribui ao requerimento de IMA a força de título executivo se:

a) Depois de notificado, o requerido não deduzir oposição no respetivo prazo;

b) A oposição se tiver por não deduzida nos termos do disposto nos n.os 4 e 5 do artigo seguinte.

2 – Para o efeito, é aposta no requerimento de IMA a seguinte fórmula: «Este documento tem força executiva».

3 – O despacho de aposição da fórmula executória é assinado eletronicamente.

4 – Só pode ser recusada a aposição da fórmula executória quando o pedido não se ajuste ao montante ou finalidade do procedimento.

5 – Do ato de recusa cabe reclamação nos termos previstos no n.º 2 do artigo 5.º

6 – Aposta a fórmula executória, o SIMA disponibiliza ao requerente, e, consoante os casos, ao agente de execução ou oficial de justiça, o requerimento de IMA, nos termos definidos por portaria do membro do Governo responsável pela área da justiça.

7 – A execução do requerimento de IMA ao qual tiver sido aposta a fórmula executória segue os termos previstos no Código de Processo Civil para a execução de sentença ou injunção.

8 – Nos casos previstos no número anterior não há lugar a oposição à execução.

CAPÍTULO II – Ação declarativa

Artigo 9.º – Apresentação de oposição

1 – O requerido pode opor-se à injunção no prazo de 15 dias a contar da sua notificação.

2 – A oposição não carece de forma articulada, devendo ser apresentada no SIMA por via eletrónica, com menção da existência do mandato e do domicílio profissional do mandatário.

3 – Com a oposição, deve o requerido comprovar o prévio pagamento da taxa de justiça devida ou a concessão do benefício de apoio judiciário.

4 – Não se mostrando paga a taxa de justiça prevista no número anterior, a oposição tem-se por não deduzida.

5 – A oposição tem-se igualmente por não deduzida quando o requerido não efetue o pagamento da taxa de justiça devida no prazo de cinco dias a contar da data da notificação da decisão definitiva de indeferimento do pedido de apoio judiciário na modalidade de dispensa ou pagamento faseado da taxa de justiça e demais encargos com o processo.

6 – O modelo eletrónico da oposição bem como, nos casos do n.º 9 do artigo 4.º, a sua forma de apresentação em papel são aprovados por portaria do membro do Governo responsável pela área da justiça.

7 – É aplicável à oposição, com as necessárias adaptações, o disposto nos n.os 5 a 9, 12 e 13 do artigo 4.º

Artigo 10.º – Distribuição e termos posteriores

1 – A oposição é decidida pelo tribunal competente.

2 – Tratando-se de caso em que se tenha frustrado a notificação do requerido, os autos só são conclusos ao juiz depois de efetuada a citação do réu para contestar, nos termos das alíneas *a)* e *b)* do n.º 1 do artigo 6.º

3 – À distribuição dos autos e sua tramitação posterior é aplicável, com as necessárias adaptações, o disposto nos artigos 15.º-H e 15.º-I do NRAU.

CAPÍTULO III – Execução

Artigo 11.º – Designação oficiosa de agente de execução

1 – O SIMA procede, oficiosamente, à designação eletrónica e automática de agente de execução quando:

a) O requerente não tenha designado, no requerimento de IMA, agente de execução para o efeito;

b) A designação efetuada pelo requerente não seja válida.

2 – A análise da validade da designação prevista na alínea b) do número anterior é efetuada em momento prévio à remessa dos autos à distribuição no tribunal competente.

3 – A designação prevista no n.º 1 é efetuada nos termos do artigo 720.º do Código de Processo Civil.

Artigo 12.º – Realização de obras

1 – Nos casos previstos nas alíneas c) a e) do n.º 1 do artigo 15.º-T do NRAU, sempre que a execução envolva a realização de obras, a mesma deve ter por base o auto da câmara municipal previsto no n.º 3 do artigo 13.º-B do NRAU.

2 – O título executivo formado nos termos dos presentes procedimentos habilita o requerente a proceder a obras no locado ou nas partes comuns do edifício em que aquele se integre.

Artigo 13.º – Pagamento do valor da compensação em dívida por execução de obras em substituição do senhorio

1 – Nos casos previstos nas alíneas *a)* e *b)* do n.º 1 artigo 15.º-T do NRAU, na sequência da aposição de fórmula executória ou da sentença, o SIMA deve:

a) Disponibilizar o título ou a decisão judicial;

b) Notificar o requerente para, em 10 dias:

i) Juntar ao processo os documentos referidos na alínea *g)* do n.º 2 do artigo 4.º, sem prejuízo do disposto no seu n.º 10;

ii) Indicar, caso ainda não o tenha feito e pretenda fazer, ou caso o mesmo ainda não se tenha associado ao processo através do sistema de informação de suporte à atividade dos tribunais, mandatário judicial que o represente na execução para pagamento de quantia certa, juntando a respetiva procuração.

2 – A não apresentação, no prazo de 10 dias, dos documentos previstos na subalínea i) da alínea *b)* do número anterior é havida como desistência da instância.

3 – Recebidos os elementos previstos na alínea *b)* do n.º 1, o SIMA remete, por via eletrónica, para o tribunal competente para a execução, o título executivo, os documentos referidos na subalínea *i)* da alínea *b)* do n.º 1, consoante os casos, e, se for caso disso, a procuração referida na subalínea *ii)* da alínea *b)* do n.º 1, valendo o conjunto destes documentos como requerimento executivo.

4 – Efetuado o envio do requerimento executivo para o tribunal, o SIMA remete ao requerente o comprovativo desse envio, juntamente com as referências necessárias para efetuar o pagamento dos honorários devidos ao agente de execução designado, nos termos da regulamentação relativa à remuneração do agente de execução nas execuções cíveis.

5 – Caso a designação do agente de execução tenha sido efetuada pelo SIMA, são remetidos ao requerente, juntamente com elementos referidos no número anterior, os elementos de identificação e de contacto do agente de execução.

6 – Nos casos em que o requerente tenha constituído mandatário judicial no âmbito do procedimento especial de IMA, presume-se que o mesmo se mantém válido para a execução para pagamento de quantia certa.

CAPÍTULO IV – Extinção e uso indevido do procedimento

Artigo 14.º – Extinção do procedimento

1 – O procedimento de injunção extingue-se com o reconhecimento pelo requerente do cumprimento da injunção, por desistência do procedimento por parte do requerente ou por morte do requerente ou do requerido.

2 – O requerente pode desistir do procedimento de injunção até à dedução da oposição ou, na sua falta, até ao termo do prazo de oposição.

3 – Nos casos previstos nos números anteriores, o SIMA devolve, a pedido do requerente, o expediente respeitante ao procedimento de injunção e, se este já tiver sido notificado do requerimento de IMA, notifica o requerido daqueles factos.

Artigo 15.º – Uso indevido do procedimento

Aquele que fizer uso indevido do procedimento de injunção incorre em responsabilidade nos termos da lei de processo civil.

CAPÍTULO V – Outras disposições processuais

Artigo 16.º – Tramitação, comunicações e notificações

1 – A tramitação do procedimento especial de injunção é efetuada eletronicamente, nos termos definidos por portaria do membro do Governo responsável pela área da justiça.

2 – São ainda efetuadas por via eletrónica, nos termos definidos por portaria do membro do Governo responsável pela área da justiça, as notificações realizadas pelo SIMA e as comunicações entre o SIMA, os tribunais, os mandatários judiciais e, consoante os casos, os agentes de execução ou os oficiais de justiça.

Artigo 17.º – Consulta do processo

A forma de consulta do processo é definida por portaria do membro do Governo responsável pela área da justiça.

Artigo 18.º – Patrocínio judiciário

1 – No procedimento de injunção é obrigatória a constituição de mandatário judicial para a dedução de oposição deduzida pelo senhorio.

2 – As partes têm de se fazer representar por mandatário judicial nos atos processuais subsequentes à distribuição do procedimento de injunção.

Artigo 19.º – Apoio judiciário

1 – Ao procedimento de injunção aplica-se o regime de acesso ao direito e aos tribunais, com as necessárias adaptações e as seguintes especificidades:

a) O prazo previsto para a propositura da ação é reduzido para 10 dias;

b) O prazo identificado na alínea anterior não pode ser prorrogado;

c) Sendo requerido apoio judiciário na modalidade de dispensa de pagamento ou pagamento faseado da taxa de justiça e demais encargos, equivale ao pagamento da taxa de justiça aplicável a junção do documento comprovativo da apresentação do respetivo pedido.

2 – Em caso de indeferimento do pedido de apoio judiciário na modalidade de dispensa ou pagamento faseado de taxa de justiça e demais encargos com o processo, o requerente deve efetuar o pagamento da taxa de justiça devida no prazo de cinco dias a contar da data da notificação da decisão definitiva de indeferimento, sob pena de extinção do procedimento.

Artigo 20.º – Atos judiciais

1 – Estão sujeitos a distribuição os atos que careçam de despacho judicial.

2 – Os atos a praticar pelo juiz no âmbito do procedimento de injunção revestem caráter urgente.

Artigo 21.º – Prazos

Aos prazos do procedimento de injunção aplicam-se as regras previstas no Código de Processo Civil.

CAPÍTULO VI – Custas processuais

Artigo 22.º – Regime das custas processuais

Ao procedimento de injunção, quer quando esteja a correr no SIMA, quer quando esteja a correr no tribunal, aplica-se o Regulamento das Custas Processuais, aprovado pelo Decreto-Lei n.º 34/2008, de 26 de fevereiro, na sua redação atual, com as especificidades previstas dos artigos seguintes.

Artigo 23.º – Taxas de justiça

1 – A taxa de justiça devida pela apresentação do requerimento de IMA corresponde àquela prevista, na tabela II do Regulamento das Custas Processuais, para as execuções em que as diligências de execução não sejam realizadas por oficial de justiça.

2 – A taxa de justiça devida pela apresentação da oposição ao requerimento de IMA, bem como pela resposta a este, corresponde àquela prevista, na tabela II do Regulamento das Custas Processuais, para a oposição à execução ou à penhora.

Artigo 24.º – Formas de pagamento da taxa de justiça devida pela apresentação do requerimento de injunção em matéria de arrendamento

As formas de pagamento da taxa de justiça devida pela apresentação do requerimento de IMA são definidas por portaria do membro do Governo responsável pela área da justiça.

Artigo 25.º – Pagamento da taxa de justiça noutras situações

1 – Nos casos não previstos no artigo anterior, o pagamento da taxa de justiça devida é efetuado através da emissão de documento único de cobrança e do respetivo pagamento, nos termos do Regulamento das Custas Processuais e da respetiva regulamentação.

2 – O pagamento efetuado nos termos do número anterior é comprovado pela junção do respetivo documento comprovativo à peça processual a que respeita.

REGULAMENTA O REGIME DO PROCEDIMENTO DE INJUNÇÃO EM MATÉRIA DE ARRENDAMENTO

Portaria n.º 257/2021, de 19 de novembro
Regulamenta o regime do procedimento de injunção em matéria de arrendamento

A Lei n.º 12/2019, de 12 de fevereiro, que proíbe e pune o assédio no arrendamento, procedendo à quinta alteração ao Novo Regime do Arrendamento Urbano, aprovado pela Lei n.º 6/2006, de 27 de fevereiro, consagrou a possibilidade de o inquilino intimar o senhorio para tomar as providências ao seu alcance no sentido de cessar a produção de ruído fora dos limites legalmente estabelecidos, corrigir deficiências do locado, ou das partes comuns do respetivo edifício, que constituam risco grave para a saúde ou a segurança de pessoas e bens e ainda corrigir outras situações que impeçam a fruição do locado, o acesso ao mesmo ou a serviços essenciais.

Concomitantemente, a Lei n.º 13/2019, de 12 de fevereiro, que estabelece medidas destinadas a corrigir situações de desequilíbrio entre arrendatários e senhorios, a reforçar a segurança e a estabilidade do arrendamento urbano e a proteger arrendatários em situação de especial fragilidade, veio criar a injunção em matéria de arrendamento (IMA) enquanto meio processual destinado a efetivar os direitos do arrendatário ao pagamento de quantia certa do valor da compensação em dívida por execução de obras em substituição do senhorio, à cessação de atividades causadoras de risco para a saúde do arrendatário, à correção de deficiências do locado causadoras de risco grave para a saúde ou para a segurança de pessoas ou bens e à correção de impedimento da fruição do locado.

Esta lei criou ainda, junto da Direção-Geral da Administração da Justiça, o Serviço de Injunção em Matéria de Arrendamento, enquanto secretaria judicial com competência exclusiva para assegurar a tramitação da IMA.

O Decreto-Lei n.º 34/2021, de 14 de maio, que procede à aprovação do Regime do Procedimento de Injunção em Matéria de Arrendamento, consagra o regime dos procedimentos especiais destinados a efetivar os direitos do arrendatário.

Através da presente portaria, regulamentam-se as matérias relativas à forma de apresentação e ao modelo do requerimento da IMA e da oposição à injunção, à forma de apresentação de outros requerimentos, ao modo de designação, substituição e destituição do agente de execução, à forma de realização de comunicações e notificações, aos honorários e despesas do agente de execução, às formas de pagamento da taxa de justiça devida pela apresentação do requerimento da IMA, às formas de consulta do processo, bem como à forma de disponibilização e consulta do título executivo.

Atentos os desenvolvimentos tecnológicos necessários para a integral implementação deste novo regime legal, e até que estes estejam consolidados, estabelece-se um regime transitório de tramitação da IMA que permite aos interessados o exercício pleno dos seus direitos.

Assim:

Manda o Governo, pelo Secretário de Estado Adjunto e da Justiça, ao abrigo do artigo 6.º do Decreto-Lei n.º 34/2021, de 14 de maio, e ao abrigo do disposto nos n.os 1 e 5 do artigo 4.º, no n.º 6 do artigo 8.º, no n.º 6 do artigo 9.º, nos n.os 1 e 2 do artigo 16.º, no artigo 17.º e no artigo 24.º do Regime dos Procedimentos Especiais em Matéria de Arrendamento, aprovado em anexo ao Decreto-Lei n.º 34/2021, de 14 de maio, que procede à aprovação do Regime do Procedimento de Injunção em Matéria de Arrendamento, o seguinte:

CAPÍTULO I – Disposições gerais

Artigo 1.º – Objeto

1 – A presente portaria regulamenta os seguintes aspetos do procedimento de injunção em matéria de arrendamento, previsto no artigo 15.º-T do Novo Regime de Arrendamento urbano (NRAU), aprovado pela Lei n.º 6/2006, de 27 de fevereiro, e regulado no Decreto-Lei n.º 34/2021, de 14 de maio:

a) Forma de apresentação do requerimento de injunção em matéria de arrendamento (IMA), do requerimento de oposição à injunção e dos demais requerimentos;

b) Tramitação eletrónica do procedimento;

c) Forma de realização de comunicações e notificações;

d) Disponibilização do título executivo ao requerente;

e) Modo de designação, substituição e destituição do agente de execução;

f) Regime de honorários e despesas do agente de execução;

g) Formas de pagamento da taxa de justiça devida pela apresentação do requerimento de IMA;

h) Formas de consulta do procedimento.

2 – São aprovados em anexo à presente portaria os modelos do requerimento de IMA e do requerimento de oposição à injunção, que se encontram disponíveis na Área de Serviços Digitais dos Tribunais, acessível no endereço eletrónico https://tribunais.org.pt.

Artigo 2.º – Tramitação eletrónica

1 – O procedimento de IMA tem natureza eletrónica, sendo constituído por informação estruturada constante do sistema de informação de suporte à atividade dos tribunais e por documentos eletrónicos.

2 – A tramitação eletrónica do procedimento é efetuada no sistema de informação referido no número anterior.

3 – O acesso à área reservada da Área de Serviços Digitais dos Tribunais, no endereço eletrónico https://tribunais.org.pt, previsto no n.º 2 do artigo 4.º e no n.º 3 do artigo 6.º, efetua-se mediante autenticação prévia com recurso ao certificado digital de autenticação integrado no cartão do cidadão ou à Chave Móvel Digital, podendo ser utilizado para o efeito o Sistema de Certificação de Atributos Profissionais associado a estes, e processa-se de acordo com os procedimentos e instruções constantes daquele endereço eletrónico.

4 – Quando as partes apresentem requerimentos e documentos em suporte físico, o Serviço de Injunção em Matéria de Arrendamento (SIMA) procede à sua digitalização e inserção no sistema de informação e ao registo da informação necessária nesse sistema.

5 – Aos aspetos relacionados com a tramitação eletrónica que não estejam expressamente previstos na presente portaria aplica-se, com as necessárias adaptações, e desde que nao contrarie o disposto no Decreto-Lei n.º 34/2021, de 14 de maio, a Portaria n.º 280/2013, de 26 de agosto.

CAPÍTULO II – Formas de apresentação dos requerimentos

Artigo 3.º – Partes representadas por mandatário judicial

1 – A apresentação, por mandatário judicial, do requerimento de IMA, do requerimento de oposição à injunção e dos demais requerimentos junto do SIMA efetua-se por transmissão eletrónica de dados, através do sistema de informação de suporte à atividade dos tribunais, aplicando-se, com as necessárias adaptações, o disposto no capítulo II da Portaria n.º 280/2013, de 26 de agosto.

2 – Em caso de justo impedimento, o mandatário judicial pode apresentar requerimentos por uma das formas previstas nas alíneas *a)* a *c)* do n.º 9 do artigo 4.º do Decreto-Lei n.º 34/2021, de 14 de maio, nos termos do n.º 1 do artigo seguinte.

Artigo 4.º – Partes não representadas por mandatário judicial

1 – A apresentação, por parte não representada por mandatário judicial, do requerimento de IMA, do requerimento de oposição à injunção e dos demais requerimentos junto do SIMA efetua-se por uma das formas previstas no n.º 9 do artigo 4.º do Decreto-Lei n.º 34/2021, de 14 de maio, devendo ser utilizados os modelos do requerimento de IMA e do requerimento de oposição à injunção aprovados em anexo à presente portaria nos casos de entrega destes requerimentos por via não eletrónica.

2 – A apresentação, por via eletrónica, do requerimento de IMA, do requerimento de oposição à injunção e dos demais requerimentos efetua-se através do preenchimento dos respetivos formulários, na área reservada da Área de Serviços Digitais dos Tribunais, aos quais se anexam, de forma individualizada, os documentos que devam acompanhá-los.

3 – Os requerimentos a que se refere o número anterior são assinados com recurso a assinatura eletrónica qualificada.

4 – Nos casos de entrega presencial dos requerimentos, o SIMA procede nos termos previstos no n.º 13 do artigo 144.º do Código de Processo Civil, aprovado pela Lei n.º 41/2013, de 26 de junho.

CAPÍTULO III – Atos praticados pelo SIMA

Artigo 5.º – Formalidades de atos praticados pelo SIMA

1 – Às notificações realizadas pelo SIMA é aposto selo eletrónico qualificado.

2 – As notificações realizadas pelo SIMA contêm a indicação de terem sido elaboradas por via eletrónica, através do sistema de informação de suporte à atividade dos tribunais, com aposição de selo eletrónico qualificado e a indicação do modo como podem ser consultadas na Área de Serviços Digitais dos Tribunais, acessível no endereço eletrónico https://tribunais.org.pt.

3 – Ao despacho de aposição da fórmula executória é aposta assinatura eletrónica qualificada, devendo o requerimento de IMA ao qual foi aposta a fórmula executória conter a indicação de que o despacho foi assinado com recurso a assinatura eletrónica qualificada.

Artigo 6.º – Notificações às partes

1 – As notificações às partes representadas por mandatário judicial efetuam-se por via eletrónica, nos termos do disposto nos artigos 247.º e 248.º do Código de Processo Civil e do artigo 25.º da Portaria n.º 280/2013, de 26 de agosto.

2 – As notificações às partes não representadas por mandatário judicial, bem como aquelas que sejam feitas na própria pessoa do requerente quando se encontre representado por mandatário judicial, efetuam-se nos termos do artigo 249.º do Código de Processo Civil, com as necessárias adaptações, sem prejuízo dos casos previstos no número seguinte.

3 – Quando o requerente tenha indicado o seu endereço eletrónico no requerimento de IMA para efeitos de receção das notificações ou comunicações por meios eletrónicos, as notificações referidas no número anterior são disponibilizadas na área reservada da Área de Serviços Digitais dos Tribunais, acessível no endereço eletrónico https://tribunais.org.pt, sendo a data da consulta da notificação certificada pelo sistema de informação de suporte à atividade dos tribunais.

4 – Quando, nos termos previstos no número anterior, seja disponibilizada uma notificação na área reservada da Área de Serviços Digitais dos Tribunais é enviada ao requerente uma mensagem de aviso para o endereço de correio eletrónico indicado no requerimento de IMA.

5 – Nos casos previstos no n.º 3, se o requerente não consultar a notificação no prazo de três dias contados da data de disponibilização da notificação na área reservada, a notificação é igualmente efetuada nos termos do n.º 2.

Artigo 7.º – Comunicações

1 – As comunicações entre o SIMA e os tribunais, mandatários judiciais, agentes de execução ou oficiais de justiça realizam-se por via eletrónica, através do envio, sempre que possível de forma automática, de informação estruturada e de documentos eletrónicos no sistema de informação de suporte à atividade dos tribunais e, quando aplicável, entre aquele e o sistema de informação de suporte à atividade dos agentes de execução.

2 – A utilização dos sistemas referidos no número anterior deve garantir o registo das comunicações efetuadas, com identificação do respetivo emissor e destinatário, data da comunicação e número de processo ou procedimento a que a comunicação se refere.

Artigo 8.º – Disponibilização do título executivo

1 – O requerimento de IMA ao qual foi aposta fórmula executória é disponibilizado pelo SIMA ao requerente na Área de Serviços Digitais dos Tribunais, acessível no endereço eletrónico https://tribunais.org.pt.

2 – Com a notificação, na sua própria pessoa, do despacho de aposição de fórmula executória o requerente é informado dos dados necessários para aceder ao título, nomeadamente quanto à referência única.

CAPÍTULO IV – Informação sobre decisões judiciais

Artigo 9.º – Comunicação de decisões judiciais ao SIMA

1 – Nos casos previstos nas alíneas *a)* e *b)* do n.º 1 do artigo 15.º-T do NRAU, se for deduzida oposição à injunção e sendo os autos apresentados à distribuição, o tribunal judicial comunica ao SIMA, nos termos previstos no artigo 7.º e sempre que possível de forma automática:

a) As decisões que conheçam dos pedidos formulados;

b) As decisões suscetíveis de pôr termo à ação declarativa;

c) O trânsito em julgado das decisões referidas nas alíneas *a)* e *b)*;

d) A interposição de recurso das decisões referidas nas alíneas *a)* e *b)*;

e) Os despachos sobre os requerimentos de interposição de recurso referidos na alínea anterior;

f) As reclamações do despacho que não admita o recurso referido na alínea *d)*;

g) As decisões sobre as reclamações referidas na alínea anterior;

h) A decisão que altere o efeito do recurso, nos termos do artigo 654.º do Código de Processo Civil.

2 – Nos casos em que os autos são apresentados à distribuição para a prática de ato judicial, o tribunal comunica ao SIMA, nos termos do artigo 7.º, sempre que possível de forma automática, o despacho proferido.

CAPÍTULO V – Agente de execução

Artigo 10.º – Designação, substituição, destituição e honorários do agente de execução

Sem prejuízo do disposto no presente capítulo, à designação, substituição, destituição e honorários do agente de execução aplicam-se, com as necessárias adaptações, as regras relativas às ações executivas previstas nos artigos 720.º a 722.º do Código de Processo Civil, no artigo 11.º da Portaria n.º 280/2013, de 26 de agosto, e na Portaria n.º 282/2013, de 29 de agosto.

Artigo 11.º – Designação oficiosa de agente de execução

Nos casos em que o agente de execução é oficiosamente designado pelo SIMA, a designação é notificada ao requerente, em simultâneo com a notificação referida no n.º 1 do artigo seguinte, com as seguintes indicações relativas ao designado:

a) Nome profissional;

b) Número de cédula profissional;

c) Endereço de correio eletrónico;

d) Número de telefone;

e) Número de fax, caso exista;

f) Morada profissional.

Artigo 12.º Honorários

1 – Aquando da remessa ao requerente do comprovativo de envio do requerimento executivo para o tribunal, o SIMA, caso o requerente não beneficie de apoio judiciário na modalidade de atribuição de agente de execução, remete igualmente a referência para pagamento dos honorários devidos ao agente de execução a que se refere o n.º 5 do artigo 3.º da Portaria n.º 282/2013, de 29 de agosto, aplicando-se ainda o disposto nos seus n.ºs 6, 7 e 8.

2 – À remuneração do agente de execução pela notificação do requerimento de IMA mediante contacto pessoal aplica-se o previsto na Portaria n.º 282/2013, de 29 de agosto, quanto à notificação por contacto pessoal em processos declarativos.

CAPÍTULO VI – Taxa de justiça

Artigo 13.º – Formas de pagamento da taxa de justiça

1 – Quando o requerimento de IMA seja apresentado por mandatário judicial ou por requerente não representado por mandatário judicial que submeta o requerimento de IMA por via eletrónica, é disponibilizada, no momento do preenchimento do respetivo formulário, a referência para pagamento da taxa de justiça devida.

2 – Quando o requerimento de IMA seja apresentado em suporte físico por requerente não representado por mandatário judicial, aplica-se ao pagamento da taxa de justiça devida pela apresentação do requerimento de IMA o n.º 6 do artigo 14.º do Regulamento das Custas Processuais, aprovado pelo Decreto-Lei n.º 34/2008, de 26 de fevereiro.

3 – Ao pagamento da taxa devida pela notificação do requerimento de IMA mediante contacto pessoal através de oficial de justiça aplica-se o previsto nos n.ºs 1, 2 e 6 do artigo 9.º do Regulamento das Custas Processuais, aprovado pelo Decreto-Lei n.º 34/2008, de 26 de fevereiro.

CAPÍTULO VII – Consulta do procedimento

Artigo 14.º – Consulta eletrónica do procedimento

À consulta do procedimento é aplicável, com as necessárias adaptações, o disposto no capítulo VI da Portaria n.º 280/2013, de 26 de agosto.

Artigo 15.º – Consulta do título executivo por terceiros

1 – A disponibilização pelo requerente da referência única prevista no artigo 8.º a qualquer entidade, pública ou privada, substitui, para todos os efeitos, a entrega do título executivo.

2 – As entidades referidas no número anterior podem consultar o título executivo na Área de Serviços Digitais dos Tribunais, acessível no endereço eletrónico https://tribunais.org.pt, utilizando para tal a referência única a que se refere o número anterior.

CAPÍTULO VIII – Disposições finais

Artigo 16.º – Norma transitória

1 – Até à produção de efeitos das normas a que se refere o artigo seguinte, aplica-se à tramitação do procedimento de IMA o disposto nos números seguintes.

2 – A apresentação de requerimentos junto do SIMA efetua-se por uma das seguintes formas:

a) Entrega no SIMA;

b) Remessa pelo correio, sob registo;

c) Envio através de telecópia.

3 – O SIMA procede à digitalização de todos os elementos do processo e arquiva-os em suporte eletrónico.

4 – Aos atos realizados pelo SIMA é aposta assinatura eletrónica qualificada.

5 – As notificações efetuadas pelo SIMA às partes, estejam ou não representadas por mandatário judicial, são remetidas por via postal, contendo a indicação de terem sido assinadas com recurso a assinatura eletrónica qualificada, aplicando-se o disposto no artigo 249.º do Código de Processo Civil, com as necessárias adaptações.

6 – As demais comunicações entre o SIMA e os tribunais, mandatários judiciais, agentes de execução ou oficiais de justiça realizam-se por via postal, contendo igualmente a indicação de terem sido assinadas com recurso a assinatura eletrónica qualificada.

7 – As comunicações de decisões judiciais ao SIMA efetuam-se por via postal, telecópia ou correio eletrónico.

8 – Nos casos previstos nas alíneas *a)* e *b)* do n.º 1 do artigo 15.º-T do NRAU, o título executivo ao qual foi aposta fórmula executória é disponibilizado pelo SIMA, em suporte eletrónico, ao requerente e ao tribunal competente para a execução.

9 – O SIMA notifica o requerente ou o seu mandatário judicial para pagamento da taxa de justiça devida pela apresentação do requerimento de IMA.

Artigo 17.º – Produção de efeitos

As normas que se referem à tramitação eletrónica, ao selo eletrónico, ao sistema de informação de suporte à atividade dos tribunais, à área reservada da

Área de Serviços Digitais dos Tribunais e à referência única para acesso ao título executivo produzem efeitos a 1 de abril de 2022 ou, caso as condições técnicas o permitam, em data anterior a definir por despacho do membro do Governo responsável pela área da justiça, a divulgar com uma antecedência mínima de 10 dias úteis na Área de Serviços Digitais dos Tribunais, acessível no endereço eletrónico https://tribunais.org.pt.

Artigo 18.º – Entrada em vigor

A presente portaria entra em vigor a 30 de novembro de 2021.

O Secretário de Estado Adjunto e da Justiça, Mário Belo Morgado, em 16 de novembro de 2021.

NOVO REGIME DO ARRENDAMENTO RURAL

Decreto-Lei n.º 294/2009, de 13 de Outubro
No uso da autorização concedida pela Lei n.º 80/2009, de 14 de Agosto, estabelece o novo regime do arrendamento rural

A regulamentação relativa ao arrendamento de prédios rústicos para efeitos de desenvolvimento de actividades agrícolas e florestais está actualmente consagrada num conjunto de diplomas de âmbito e complexidade diferenciada e nalguns casos desajustados da realidade agrícola e florestal. Os regimes actuais, aprovados após a nossa adesão às Comunidades Europeias em 1986, encontram-se desajustados face às mudanças significativas ocorridas em Portugal, na sequência das dinâmicas verificadas na estrutura económica e social nacional e da evolução das políticas comunitárias, continuando a caracterizar-se por falta de flexibilidade, excessiva regulamentação e desadequação à realidade do mercado da terra e do desenvolvimento agrícola e florestal.

Um adequado regime de arrendamento dos prédios rústicos para o desenvolvimento de actividades agrícolas, pecuárias e florestais permite melhorar a estrutura das explorações agrícolas e florestais com vista à sua viabilização económica e à utilização das terras agrícolas contrariando a tendência para o seu abandono, com as suas consequências nefastas para a economia, a coesão social e territorial e os riscos ambientais.

É nesta perspectiva, e em cumprimento do consagrado nas Grandes Opções do Plano, que se torna necessário proceder à alteração do regime do arrendamento rural, no sentido de dinamizar o mercado de arrendamento da terra e facilitar a sua mobilização produtiva, com vista à promoção do aumento da dimensão física e económica das explorações agrícolas, assegurando a sua sustentabilidade económica, social e ambiental. Neste sentido, são promovidas alterações conducentes à flexibilização do mercado do arrendamento, privilegiando o acordo entre as partes contratantes.

Por outro lado, existe a necessidade de redefinir, e nalguns casos eliminar, processos e procedimentos regulamentares excessivos, rígidos e ou desajustados, numa perspectiva de simplificação legislativa e de flexibilidade.

O presente decreto-lei tem como objectivos fundamentais agregar a regulamentação relativa ao arrendamento de prédios rústicos dispersa por diversos diplomas, simplificar e consolidar a legislação existente, adaptá-la à nova realidade económica, social e ambiental e privilegiar o estabelecimento de acordos contratuais entre o senhorio e o arrendatário, com a consequente eliminação dos dispositivos que permitiam ou determinavam a intervenção do Estado.

Assim, o presente decreto-lei estabelece o regime jurídico a que fica sujeito o arrendamento de prédios rústicos para efeitos de desenvolvimento da actividade agrícola e ou florestal e de outras actividades com as mesmas relacionadas, destacando-se como elementos centrais do novo regime:

a) A consagração da existência de três tipos de arrendamento rural: agrícola, florestal e de campanha;

b) A consideração não só das actividades agrícolas e florestais, mas também de outras actividades de produção de bens e serviços com as mesmas relacionadas nos contratos de arrendamento rural;

c) A possibilidade de, por vontade das partes, serem igualmente consideradas no contrato a transferência de direitos de produção e outros direitos decorrentes da política agrícola comum associados aos prédios rústicos objecto do contrato;

d) A obrigatoriedade da existência de contrato escrito e da fixação da renda em dinheiro, assim como da entrega do original do contrato nos serviços de finanças da residência ou sede oficial do senhorio;

e) A consagração, como norma, que a duração do contrato de arrendamento é acordada entre as partes com base nos seguintes princípios:

i) Os arrendamentos agrícolas não podem ser contratualizados por prazo inferior a sete anos sendo renovados por sucessivos períodos de, pelo menos, sete anos, presumindo-se de sete anos se não houver sido fixado outro, enquanto os mesmos não forem denunciados;

ii) Os arrendamentos florestais não podem ser celebrados por mais de 70 nem menos de 7 anos, caducando no termo do prazo, salvo cláusula contratual ou acordo expresso entre as partes;

iii) Os arrendamentos de campanha não podem celebrar-se por prazos superiores a seis anos, presumem-se de um ano caso não tenha sido estabelecido prazo e caducam, salvo acordo entre as partes, no termo do prazo;

f) Estabelecer que o valor da renda é fixado por acordo entre o senhorio e o arrendatário, devendo a respectiva actualização ser realizada com base no coeficiente de actualização anual das rendas do Instituto Nacional de Estatística, I. P., no caso de tal dispositivo não constar do contrato;

g) Clarificar o regime de constituição e cessação do arrendatário em mora;

h) Determinar que o arrendamento rural pode cessar por acordo entre as partes, por resolução, caducidade ou denúncia do contrato;

i) Desenvolver a regulamentação no que se refere à conservação, recuperação e beneficiação dos prédios rústicos objecto de contrato de arrendamento de forma a ser clara a responsabilização das partes e com vista a garantir a efectivação das intervenções de conservação e recuperação, assim como as obras necessárias e úteis à rentabilização e à utilização sustentável dos prédios;

j) Tornar obrigatória a conversão dos contratos de parceria e dos contratos mistos de arrendamento e parceria em contratos de arrendamento rural, excluindo deste dispositivo as parcerias pecuárias e a exploração florestal;

l) Salvaguardar a defesa dos arrendatários mais idosos, com situações de arrendamento mais antigas, com rendimentos exclusiva ou principalmente obtidos a partir dos prédios arrendados e sem contratos escritos, garantindo a possibilidade de oposição do arrendatário relativamente às situações de denúncia do contrato pelo senhorio, em particular quando o arrendatário tenha mais de 55 anos e resida ou utilize o prédio há mais de 30 anos e o rendimento obtido do prédio constitua a fonte principal ou exclusiva de rendimento para o seu agregado familiar.

Foram ouvidos os órgãos de governo próprio da Região Autónoma da Madeira e a Associação Nacional de Municípios Portugueses.

Foi promovida a audição dos órgãos de governo próprio da Região Autónoma dos Açores e da Associação Nacional de Freguesias.

Foram ainda ouvidas, a título facultativo, as organizações representativas dos agricultores e dos produtores florestais.

Assim:

No uso da autorização legislativa concedida pela Lei n.º 80/2009, de 14 de Agosto, e nos termos das alíneas *a)* e *b)* do n.º 1 do artigo 198.º da Constituição, o Governo decreta o seguinte:

CAPÍTULO I – Disposições gerais

Artigo 1.º – Objecto

O presente decreto-lei estabelece o novo regime do arrendamento rural.

Artigo 2.º – Arrendamento rural

1 – Arrendamento rural é a locação, total ou parcial, de prédios rústicos para fins agrícolas, florestais, ou outras actividades de produção de bens ou serviços associadas à agricultura, à pecuária ou à floresta.

2 – O arrendamento que recaia sobre prédios rústicos, quando do contrato e respectivas circunstâncias não resulte destino diferente, presume-se arrendamento rural.

3 – O arrendamento conjunto de uma parte rústica e de uma parte urbana é considerado rural quando seja essa a vontade expressa dos contratantes ou, na dúvida, quando seja considerado como tal, nos termos do artigo 1066.º do Código Civil.

Artigo 3.º – Tipos

1 – O arrendamento rural pode ser dos seguintes tipos:

a) Arrendamento agrícola;

b) Arrendamento florestal;

c) Arrendamento de campanha.

2 – A locação total ou parcial de prédios rústicos para fins de exploração agro-florestal assume a natureza de arrendamento agrícola, de campanha ou florestal de acordo com a vontade das partes, expressa no contrato de arrendamento.

3 – Quando, no caso previsto no número anterior, as partes não expressem a sua vontade, o arrendamento considera-se agrícola.

Artigo 4.º – Bens abrangidos

1 – O arrendamento rural abrange o terreno, as águas e a vegetação e, quando seja essa a vontade das partes expressamente declarada no contrato, pode abranger:

a) As construções e infra-estruturas destinadas, habitualmente, aos fins próprios da exploração normal e regular dos prédios locados;

b) A habitação do arrendatário e o desenvolvimento de outras actividades económicas associadas à agricultura e à floresta, incluindo as actividades de conservação dos recursos naturais e da paisagem;

c) Outros bens, designadamente máquinas e equipamentos, devendo, neste caso, ser anexado ao contrato um inventário dos mesmos com indicação do respectivo estado de conservação e funcionalidade.

2 – Salvo cláusula contratual em contrário, presumem-se incluídos no arrendamento todos os bens imóveis existentes no prédio rústico objecto de arrendamento.

3 – O arrendamento rural pode, igualmente, integrar a transmissão de direitos de produção e direitos a apoios financeiros no âmbito da política agrícola comum, sem prejuízo da respectiva conformidade com a legislação relativa à transmissão desses direitos, constantes dos respectivos regimes especiais aplicáveis.

4 – Para os efeitos previstos no n.º 1, são consideradas actividades associadas à agricultura e à floresta:

a) Os serviços prestados por empreendimentos de turismo no espaço rural e as actividades de animação turística desenvolvidas nos prédios objecto do arrendamento;

b) As actividades de transformação e ou comercialização de produtos de produção própria obtidos exclusivamente a partir das actividades agrícolas ou florestais desenvolvidas nos prédios objecto do arrendamento;

c) As actividades apícola e cinegética, quando desenvolvidas nos prédios objecto de arrendamento;

d) As actividades de conservação dos recursos naturais e da paisagem, não orientadas dominantemente para a produção de bens mercantis.

5 – As actividades e serviços previstos no número anterior devem cumprir os requisitos estabelecidos em legislação específica.

Artigo 5.º – Outras definições

Para efeitos do disposto no presente decreto-lei, entende-se por:

a) «Acções de conservação» as acções que tenham como objectivo manter as características e potencialidades fundamentais do prédio e, consequentemente, a respectiva capacidade produtiva;

b) «Acções de recuperação» as acções que tenham como objectivo promover e garantir a recuperação das características e potencialidades fundamentais do prédio objecto de destruição ou deterioração, devida a circunstâncias imprevisíveis e anormais, alheias à vontade do arrendatário;

c) «Actividade agrícola» a produção, cultivo e colheita de produtos agrícolas, a criação de animais e produção de bens de origem animal e a manutenção das terras em boas condições agrícolas e ambientais;

d) «Actividade agro-florestal» as actividades agrícolas e florestais desenvolvidas no mesmo prédio e sob gestão única, designadamente, a exploração silvopastoril e o desenvolvimento de culturas anuais sob coberto florestal;

e) «Actividade florestal» a instalação, condução e exploração de povoamentos florestais em terrenos nus ou cobertos de vegetação espontânea, a condução e exploração de povoamentos florestais já existentes, a instalação e exploração de viveiros florestais, a constituição ou ampliação de zonas de conservação e todas as actividades associadas ao desenvolvimento, à manutenção e exploração dos povoamentos e dos viveiros florestais;

f) «Ano agrícola» o período que se inicia em 1 de Novembro, terminando em 31 de Outubro do ano seguinte, quando não seja convencionada outra data pelas partes;

g) «Arrendamento agrícola» a locação total ou parcial de prédios rústicos para fins agrícolas;

h) «Arrendamento de campanha» a locação total ou parcial de prédios rústicos para efeitos de exploração de uma ou mais culturas de natureza sazonal;

i) «Arrendamento florestal» a locação total ou parcial de prédios rústicos para fins de exploração florestal;

j) «Benfeitorias necessárias» as despesas realizadas com o objectivo de evitar a perda, destruição ou deterioração do prédio rústico, ou do urbano, caso esteja incluído no contrato, e, consequentemente, salvaguardar as suas características produtivas fundamentais, sendo as acções de conservação e de recuperação consideradas para os efeitos previstos no presente decreto-lei como benfeitorias necessárias;

l) «Benfeitorias úteis» as despesas que, tendo em consideração o objecto do contrato de arrendamento, determinam o desenvolvimento e melhoria da capacidade produtiva do prédio, e, consequentemente, o seu valor;

m) «Circunstâncias imprevistas e anormais» as ocorrências não previsíveis, fora do contexto de normalidade comportamental geoclimática, e outras circunstâncias anormais, como calamidades climáticas, inundações, acidentes geológicos e ecológicos, incêndios;

n) «Contrato de parceria» o contrato pelo qual uma ou mais pessoas, o parceiro proprietário, entregam a outra ou outras, o parceiro pensador ou cultivador, para estas criarem e ou explorarem, animais e ou prédios rústicos, com o ajuste de repartirem entre si os lucros futuros em certa proporção;

o) «Culturas permanentes» as culturas agrícolas, não integradas em rotação, com exclusão das pastagens permanentes, que ocupam as terras por cinco anos ou mais e dão origem a várias colheitas;

p) «Culturas sazonais» as culturas praticadas em condições especiais e de acordo com um calendário cultural circunscrito a uma época do ano, normalmente na base de uma campanha por cada folha cultural;

q) «Exploração em talhadia» o tipo de actividade de exploração silvícola, na qual são usadas, mais frequentemente, curtas e médias rotações, e que se baseia na capacidade de, após o corte da floresta, as espécies que a constituíam se regenerarem por via vegetativa.

CAPÍTULO II – Forma e duração do contrato de arrendamento

Artigo 6.º – Forma do contrato

1 – Os arrendamentos rurais são obrigatoriamente reduzidos a escrito, constando dos mesmos a identificação completa das partes contratantes, a indicação do número de identificação fiscal e respectiva morada de residência ou sede social, bem como a identificação completa do prédio ou prédios objecto do arrendamento.

2 – A não redução a escrito dos contratos de arrendamento rural celebrados ou renovados na vigência do presente decreto-lei gera a sua nulidade.

3 – No prazo de 30 dias, contados a partir da data de celebração do contrato de arrendamento agrícola ou florestal, o senhorio entrega o original do contrato nos serviços de finanças da sua residência ou sede social, que comunicam a entrega à respectiva direcção regional de agricultura e pescas, no caso do arrendamento agrícola ou de campanha ou à respectiva direcção regional de florestas, quando se trate de arrendamento florestal.

4 – O contrato de arrendamento rural não está sujeito a registo e está isento do pagamento de imposto de selo e de qualquer outro imposto ou taxa, com excepção dos emolumentos registais e notariais.

5 – O disposto nos números anteriores é aplicável, com as necessárias adaptações, às alterações ao contrato.

6 – A comunicação referida no n.º 3 é realizada, preferencialmente, através de meios electrónicos.

7 – A falta de entrega do original do contrato nos serviços de finanças mencionados no n.º 3 dá lugar à aplicação da coima prevista no n.º 1 do artigo 117.º do Regime Geral das Infracções Tributárias, aprovado pela Lei n.º 15/2001, de 5 de Junho.

Artigo 7.º – Elementos do contrato

1 – O contrato de arrendamento rural é reduzido a escrito.

2 – São elementos obrigatórios do contrato de arrendamento rural:

a) A identificação completa das partes;

b) A identificação do bem objecto de arrendamento;

c) O fim a que se destina;

d) O valor estipulado para a renda;

e) A indicação da data de celebração.

3 – Caso existam bens móveis que façam parte integrante do contrato, deve a sua descrição detalhada constar de anexo, designadamente no que respeita ao estado de conservação e funcionalidade.

Artigo 8.º – Cláusulas nulas

São nulas as cláusulas contratuais em que:

a) O arrendatário se obrigue ao pagamento de prémio de seguro contra incêndios de edifícios ou instalações e infra-estruturas não compreendidas no contrato, bem como de impostos, contribuições ou taxas incidentes sobre os imóveis objecto do contrato e que sejam devidos pelo senhorio;

b) Qualquer dos contraentes renuncie ao direito de pedir denúncia ou resolução do contrato e às indemnizações que sejam devidas nos casos de violação de obrigações legais ou contratuais;

c) O arrendatário renuncie ao direito de renovação do contrato ou se obrigue antecipadamente à sua denúncia;

d) O arrendatário se obrigue, por qualquer título, a serviços que não revertam em benefício directo do prédio ou se sujeite a encargos extraordinários.

Artigo 9.º – Prazo do arrendamento

1 – Os contratos relativos a arrendamentos agrícolas são celebrados por um prazo mínimo de sete anos.

2 – Quando, nos contratos referidos no número anterior, não tenha sido fixado prazo ou o prazo fixado seja inferior a sete anos, considera-se que os mesmos são celebrados de acordo com o disposto no número anterior.

3 – Os arrendamentos agrícolas são renováveis automaticamente por sucessivos períodos de, pelo menos, sete anos, enquanto o mesmo não seja denunciado nos termos do presente decreto-lei.

4 – Os arrendamentos florestais não podem ser celebrados por prazo inferior a 7 nem superior a 70 anos, considerando-se modificados para estes limites os prazos divergentes que hajam sido fixados.

5 – Os arrendamentos de campanha não podem celebrar-se por prazos superiores a seis anos, considerando-se reduzido a este limite o prazo superior que haja sido fixado, e presumem-se de um ano caso não tenha sido estabelecido prazo.

6 – Salvo cláusula contratual ou o acordo expresso dos contraentes, os contratos de arrendamento florestal e de campanha não se renovam automaticamente no termo do prazo do contrato.

7 – Pode ser convencionada, por iniciativa do arrendatário e reduzida a escrito, a alteração da data da cessação do contrato, nas seguintes circunstâncias:

a) Quando o arrendatário realizar, com autorização do senhorio, investimentos de desenvolvimento, melhoria ou reconversão cultural ou obras de beneficiação no prédio;

b) Quando no decurso de um contrato de arrendamento agrícola ou florestal, ocorram circunstâncias imprevistas e anormais, alheias a qualquer das partes, que causem a perda de mais de um terço das plantações das culturas permanentes ou da plantação florestal exploradas e ponham seriamente em causa o retorno económico dessa exploração.

Artigo 10.º – Subarrendamento

1 – É proibido o subarrendamento ou cedência por comodato ou qualquer outra forma, total ou parcialmente, dos prédios arrendados, ou ainda a cedência a terceiros da posição contratual do arrendatário, salvo se existir acordo expresso com o senhorio para o efeito.

2 – Aos casos de subarrendamento autorizados pelo senhorio aplica-se, com as devidas adaptações, o disposto no presente decreto-lei para o contrato de arrendamento.

CAPÍTULO III – Renda

Artigo 11.º – Renda anual

1 – A renda é anual, previamente estipulada e corresponde a uma prestação pecuniária.

2 – A renda pode ser alterada nos termos do presente decreto-lei.

3 – No âmbito dos contratos de arrendamento florestal, as partes podem acordar a fixação de uma parte da renda variável em função da produtividade do prédio.

4 – Salvo cláusula em contrário, o pagamento da renda deve ser efectuado até ao último dia do ano a que respeita, no domicílio ou sede social do senhorio à data do vencimento, findo o qual se considera o arrendatário em mora.

5 – Salvo estipulação em contrário, o coeficiente de actualização anual das rendas é o resultante da totalidade da variação do índice de preços do consumidor, sem habitação, correspondente aos últimos 12 meses e para os quais existem valores disponíveis à data de 31 de Agosto, apurado pelo Instituto Nacional de Estatística, I. P., e publicado no Diário da República até 30 de Outubro de cada ano.

6 – Quando, no prédio arrendado, e durante o período fixado no contrato, o senhorio realize, com o acordo expresso do arrendatário, obras de beneficiação, com exclusão das acções de recuperação do prédio, pode ser convencionada, por iniciativa do senhorio, uma alteração da renda, que carece de acordo expresso do arrendatário, sem prejuízo do disposto no número anterior.

Artigo 12.º – Alteração do valor da renda por ocorrência de circunstâncias imprevisíveis e anormais

1 – Quando no prédio rústico arrendado, e durante o período fixado no contrato, se verifiquem, por circunstâncias imprevisíveis e anormais alheias à vontade do arrendatário, alterações com impacte significativo na regular e normal capacidade produtiva do prédio, pode ser convencionada, por iniciativa de qualquer das partes, uma alteração temporária ou definitiva da renda, sem prejuízo do disposto no artigo anterior.

2 – No caso do arrendamento florestal e das culturas agrícolas permanentes, presume-se que a ocorrência de circunstâncias imprevisíveis e anormais provoca alterações com impacte significativo na regular e normal capacidade produtiva do prédio, sempre que aquelas circunstâncias causem a perda de, pelo

menos, um terço das plantações das culturas permanentes ou da plantação florestal explorada no prédio.

Artigo 13.º – Mora do arrendatário

1 – Constituindo-se o arrendatário em mora, o senhorio tem o direito de exigir, além das rendas em atraso, uma indemnização igual a 50 % do que seja devido, salvo se o contrato for resolvido com base na falta de pagamento.

2 – Cessa o direito à indemnização, ou à resolução do contrato, se o arrendatário fizer cessar a mora no prazo de 60 dias a contar do seu início.

3 – É inexigível ao senhorio a manutenção do arrendamento em caso de mora superior a seis meses no pagamento da renda.

4 – Enquanto não sejam cumpridas as obrigações a que se refere o n.º 1, o senhorio tem o direito de recusar o recebimento das rendas seguintes, as quais são consideradas em dívida para todos os efeitos.

5 – A recepção de novas rendas não priva o senhorio do direito à resolução do contrato ou à indemnização referida, com base nas prestações em mora.

6 – O arrendatário pode pôr fim à mora oferecendo ao senhorio o pagamento das rendas em atraso, bem como a indemnização fixada no n.º 1.

7 – Perante a recusa do senhorio em receber as correspondentes importâncias, pode o arrendatário recorrer à consignação em depósito.

Artigo 14.º – Depósito das rendas em atraso

1 – O arrendatário pode proceder ao depósito da renda quando ocorram os pressupostos da consignação em depósito, quando lhe seja permitido fazer cessar a mora e ainda quando esteja pendente acção de despejo.

2 – O depósito é feito em qualquer agência de instituição de crédito, perante um documento em dois exemplares, assinado pelo arrendatário e do qual constam:

a) A identidade do senhorio e do arrendatário;

b) A identificação do locado;

c) O quantitativo da renda;

d) O período de tempo a que a renda respeita;

e) O motivo pelo qual é solicitado o depósito.

3 – Um dos exemplares do documento referido no número anterior fica em poder da instituição de crédito, cabendo o outro ao depositante, com o comprovativo de ter sido efectuado o depósito.

4 – O depósito fica à ordem do tribunal da situação do prédio ou, quando efectuado na pendência de processo judicial, do respectivo tribunal.

5 – O arrendatário deve comunicar ao senhorio, por escrito, o depósito da renda.

CAPÍTULO IV – Cessação e transmissão do contrato de arrendamento

Artigo 15.º – Formas de cessação do contrato

1 – O arrendamento rural cessa por acordo entre as partes, por resolução, por caducidade, por oposição à renovação, por denúncia ou por qualquer outra forma prevista na lei.

2 – Nos casos de cessação do contrato previstos no presente decreto-lei, a restituição do prédio só pode ser exigida no fim do ano agrícola em curso em que se tenham verificado os factos que determinaram a cessação do contrato, com excepção dos prédios arrendados para fins de exploração florestal.

3 – No caso do arrendamento florestal, os procedimentos a adoptar relativamente ao material lenhoso e frutos pendentes em virtude de qualquer das formas de cessação do contrato previstas no presente decreto-lei devem ser acordados entre as partes no contrato de arrendamento.

Artigo 16.º – Cessação por acordo entre as partes

1 – As partes podem, a todo o tempo, revogar o contrato, mediante acordo.

2 – O acordo referido no número anterior é celebrado por escrito, quando não seja imediatamente executado ou quando contenha cláusulas compensatórias ou outras cláusulas acessórias.

Artigo 17.º – Cessação por resolução

1 – Qualquer das partes pode resolver o contrato com base em incumprimento pela outra parte, que, pela sua gravidade ou consequências, torne inexigível à outra parte a manutenção do arrendamento, ou alteração significativa da natureza e, ou, da capacidade produtiva do prédio.

2 – O senhorio só pode pedir a resolução do contrato se o arrendatário:

a) Não pagar a renda no tempo e lugar próprio, nem fizer o pagamento nos termos previstos no n.º 4 do artigo 11.º;

b) Faltar ao cumprimento de uma obrigação legal ou contratual, com prejuízo directo para a produtividade, substância ou função económica e social do prédio;

c) Não utilizar apropriadamente e com regularidade o prédio ou usar o mesmo para fins diferentes do estipulado no contrato;

d) Não zelar pela boa conservação dos bens ou causar prejuízos graves nos que, não sendo objecto do contrato, existam no prédio arrendado;

e) Realizar, sem consentimento do senhorio, investimentos em obras ou construções que alterem a natureza, a estrutura geofísica e as características essenciais do prédio, sem prejuízo do disposto no capítulo V do presente decreto-lei;

f) Subarrendar ou ceder por comodato, total ou parcialmente, os prédios arrendados, ou ceder a sua posição contratual, sem cumprimento das obrigações legais.

3 – O senhorio pode ainda pedir a resolução do contrato caso, no prazo de seis meses contados da data da morte do arrendatário, não seja notificado pelos titulares do direito à transmissão do arrendamento da intenção de mantê-lo.

4 – É fundamento de resolução pelo arrendatário:

a) A redução ou alteração da capacidade produtiva do prédio por causas imprevisíveis e anormais não susceptíveis de serem cobertas pelo seguro, excepto nos casos dos povoamentos florestais e plantações de culturas permanentes;

b) A ocorrência de circunstâncias imprevistas e anormais que causem a perda de mais de um terço das plantações das culturas permanentes ou da plantação florestal e que ponham seriamente em causa o retorno económico dessa exploração, no caso de arrendamentos agrícolas ou florestais;

c) A não realização, pelo senhorio, de obras que a este caibam, quando tal omissão comprometa o normal e regular uso e fruição dos prédios arrendados;

d) A expropriação, ainda que parcial, do prédio.

5 – A resolução deve ser comunicada dentro do prazo de seis meses para os contratos com duração até dois anos e de um ano para os restantes contratos, a contar da data de conhecimento do facto que lhe serve de fundamento, sob pena de caducidade.

6 – Aplica-se à resolução do contrato por falta de pagamento da renda o disposto no artigo 1048.º do Código Civil, com as necessárias adaptações.

Artigo 18.º – Cessação por caducidade

1 – O contrato de arrendamento caduca quando:

a) Findo o prazo estipulado, não haja lugar a renovação, de acordo com o estabelecido no presente decreto-lei;

b) Cesse o direito ou findem os poderes legais de administração com base nos quais o contrato tenha sido celebrado, sem prejuízo do disposto no artigo 1052.º do Código Civil;

c) Ocorra expropriação, excepto se a expropriação for compatível com a subsistência do contrato.

2 – A expropriação da totalidade do prédio arrendado importa a caducidade do contrato de arrendamento rural.

3 – Caso a expropriação seja total, o arrendamento é considerado como encargo autónomo para efeitos de indemnização do arrendatário pelo expropriante.

4 – No cálculo da indemnização referida no número anterior, além dos valores dos frutos pendentes ou das colheitas inutilizadas, atende-se ainda ao valor dos capitais investidos e demais prejuízos emergentes da cessação do arrendamento, calculados nos termos gerais de direito.

5 – Caso a expropriação seja parcial, o arrendatário, sem prejuízo do disposto no número anterior relativamente à parte expropriada, pode optar pela resolução do contrato ou pela redução proporcional da renda.

Artigo 19.º – Cessação por oposição à renovação e por denúncia

1 – O contrato de arrendamento cessa por oposição à renovação ou por denúncia de uma das partes, mediante comunicação escrita.

2 – A oposição à renovação ou a denúncia do contrato de arrendamento inclui obrigatoriamente todo o seu objecto.

3 – O senhorio ou o arrendatário podem opor-se à renovação do contrato de arrendamento, com a antecedência de um ano relativamente ao termo do prazo do arrendamento ou da sua renovação, sem prejuízo do disposto no n.º 9.

4 – No caso dos contratos de arrendamento agrícola por senhorio emigrante, pode este denunciar o contrato, com a antecedência de um ano, a partir do terceiro ano do contrato de arrendamento ou da sua renovação, sem possibilidade de oposição por parte do arrendatário, excepto no caso previsto no n.º 9, desde que satisfaça, cumulativamente, as seguintes condições:

a) Ter sido ele quem arrendou o prédio ou o tenha adquirido por sucessão;

b) Necessitar de regressar ou ter regressado definitivamente a Portugal há menos de um ano;

c) Querer explorar directamente o prédio arrendado.

5 – O arrendatário pode denunciar o contrato, sem possibilidade de oposição por parte do senhorio, nos casos de abandono da actividade agrícola ou florestal, ou quando o prédio ou prédios objecto do arrendamento, por motivos alheios à sua vontade, não permitam o desenvolvimento das actividades agrícolas ou florestais de forma economicamente equilibrada e sustentável.

6 – No caso previsto no número anterior, o arrendatário deve notificar o senhorio com a antecedência de um ano.

7 – O senhorio que haja invocado os fundamentos referidos no n.º 4 fica obrigado, salvo caso de força maior, à exploração directa, por si ou por membro do seu agregado familiar, durante um prazo mínimo de cinco anos.

8 – Em caso de inobservância do disposto no número anterior, o arrendatário cujo contrato foi denunciado tem direito a uma indemnização igual ao quíntuplo das rendas relativas ao período de tempo em que o arrendatário esteve ausente, e à reocupação do prédio, se assim o desejar, iniciando-se outro contrato, ao qual se aplica o disposto no n.º 1 do artigo 31.º

9 – O arrendatário pode opor-se à efectivação da oposição à renovação ou da denúncia, desde que reúna, cumulativamente, as seguintes condições:

a) Tenha mais de 55 anos e resida ou utilize o prédio há mais de 30 anos;

b) O rendimento obtido do prédio constitua a fonte principal ou exclusiva de rendimento para o seu agregado familiar.

10 – Em caso de cessação do contrato por oposição à renovação ou denúncia do senhorio o arrendatário tem direito a ser indemnizado:

a) Pelas benfeitorias realizadas, nos termos previstos no artigo 23.º;

b) Pelas plantações e melhoramento fundiários que hajam tornado o prédio mais produtivo, realizados com o consentimento do senhorio.

11 – O arrendatário tem ainda direito a uma indemnização correspondente a 1/12 da renda anual por cada ano de contrato, não podendo o valor da indemnização ser inferior a um ano de renda, nos casos previstos no n.º 4.

Artigo 20.º – Transmissibilidade

1 – O arrendamento não caduca por morte do senhorio nem pela transmissão do prédio.

2 – O arrendamento não caduca por morte do arrendatário, no caso de pessoas singulares, nem por extinção, no caso das pessoas colectivas, sendo que:

a) No caso das pessoas singulares, o arrendamento transmite-se ao cônjuge sobrevivo não separado de pessoas e bens ou de facto, àquele que no momento da sua morte vivia com ele há mais de dois anos em condições análogas às dos cônjuges e a parentes ou afins, na linha recta, que com o mesmo viviam em comunhão de mesa e habitação ou em economia comum há mais de um ano consecutivo;

b) No caso das pessoas colectivas, o arrendamento transmite-se para a entidade para quem, de acordo com a legislação aplicável, devem ser transmitidos os direitos e obrigações da entidade extinta.

3 – A transmissão a que se refere a alínea *a)* do número anterior defere-se pela ordem seguinte:

a) Ao cônjuge sobrevivo ou à pessoa que vivia com o arrendatário há mais de dois anos em condições análogas às dos cônjuges;

b) Aos parentes ou afins na linha recta, preferindo os primeiros aos segundos, os descendentes aos ascendentes e os de grau mais próximo aos de grau mais afastado.

4 – A transmissão a favor dos parentes ou afins do primitivo arrendatário também se verifica por morte do cônjuge sobrevivo ou da pessoa que vivia com o arrendatário há mais de dois anos em condições análogas às dos cônjuges quando, nos termos deste artigo, lhe tenha sido transmitido o direito ao arrendamento.

5 – Pode haver duas transmissões mortis causa nos termos do número anterior ou apenas uma, quando a primeira transmissão se operar a favor das pessoas referidas na alínea *b)* do n.º 3.

6 – Os titulares do direito à transmissão devem, no prazo de seis meses, notificar o senhorio da intenção de exercer o seu direito.

CAPÍTULO V – Conservação e beneficiação dos prédios rústicos arrendados

Artigo 21.º – Princípio geral

1 – O senhorio e o arrendatário são obrigados a permitir e facilitar a realização das acções de conservação ou recuperação, assim como as benfeitorias que a outra parte deva ou pretenda fazer, com o intuito de garantir a utilização do prédio em conformidade com os fins constantes do contrato e numa perspectiva de melhorar as condições de produção e produtividade.

2 – As acções de conservação ou recuperação e as benfeitorias referidas no número anterior devem ser realizadas, sempre que possível, durante o período do ano que menos inconvenientes cause ao arrendatário, salvo se as mesmas forem de carácter urgente e inadiável.

Artigo 22.º – Conservação e recuperação do prédio

1 – O arrendatário é obrigado a conservar e, findo o contrato, a restituir o prédio no estado em que o recebeu, ressalvadas as alterações inerentes a uma adequada utilização do mesmo em conformidade com os fins constantes do contrato, sob pena de pagamento de indemnização, nos termos da lei geral, e sem prejuízo do disposto nos artigos 23.º e 24.º, no que se refere às benfeitorias.

2 – Para efeitos do número anterior, entende-se por utilização adequada a exploração do prédio de acordo com as técnicas que se revelem necessárias e adequadas à execução da actividade prevista no contrato, de acordo com os fins contratualmente previstos.

3 – No caso do arrendamento florestal para efeitos de exploração de espécies em talhadia, o arrendatário, no termo do contrato, é obrigado a destruir ou remover as toiças ou cepos, salvo cláusula contratual ou acordo expresso em contrário.

4 – Findo o contrato e na falta de cláusula contratual em contrário, é da responsabilidade do senhorio a realização das acções de recuperação do prédio que se revelem necessárias e não sejam directamente imputáveis ao arrendatário.

5 – Presume-se que o prédio foi entregue ao arrendatário em bom estado de conservação e em condições adequadas à utilização do mesmo nos termos contratuais quando não exista documento em que as partes tenham descrito o estado do mesmo ao tempo da entrega.

Artigo 23.º – Benfeitorias feitas pelo arrendatário

1 – O arrendatário pode realizar no prédio arrendado acções de recuperação sem consentimento do senhorio, nos casos em que:

a) O senhorio esteja em mora quanto à obrigação de fazer reparações que, pela sua urgência, não se compadeçam com a demora do respectivo procedimento judicial, podendo o arrendatário fazê-las extrajudicialmente, tendo direito ao seu reembolso;

b) A urgência não consinta qualquer dilação, mantendo o direito a reembolso, independentemente de mora do senhorio, contanto que o avise ao mesmo tempo.

2 – Salvo cláusula contratual em contrário, o arrendatário carece do consentimento do senhorio para realizar benfeitorias úteis.

3 – No caso do arrendamento florestal, a alteração da composição, do regime e da estrutura dos povoamentos só pode ser realizada com o consentimento do senhorio, sem prejuízo do cumprimento da legislação aplicável a tais situações.

4 – As benfeitorias úteis realizadas pelo arrendatário sem consentimento do senhorio não justificam a revisão do montante da renda nem dão direito a qualquer tipo de indemnização aquando da cessação do contrato de arrendamento.

5 – As benfeitorias úteis realizadas pelo arrendatário com o consentimento do senhorio não justificam a revisão do montante da renda, mas dão direito ao pagamento de uma indemnização quando revertam para o senhorio após cessação do contrato de arrendamento.

6 – Salvo cláusula contratual em contrário, cessando o arrendamento por qualquer causa, as benfeitorias realizadas pelo arrendatário revertem a favor do senhorio.

Artigo 24.º – Cálculo das benfeitorias que dão lugar à indemnização

1 – A indemnização pelas benfeitorias úteis realizadas pelo arrendatário, com consentimento do senhorio, que revertam para este no fim do arrendamento, é calculada tendo em conta o custo suportado pelo arrendatário, as vantagens das quais o mesmo haja usufruído na vigência do contrato e o proveito patrimonial e de rendimentos que delas resulte, futuramente, para o senhorio.

2 – O pagamento da indemnização referida no número anterior pode ser fraccionado, de forma que as prestações se efectuem aquando da percepção pelo senhorio dos benefícios resultantes das benfeitorias.

Artigo 25.º – Benfeitorias feitas pelo senhorio

1 – O senhorio apenas pode fazer benfeitorias no prédio, com exclusão das acções de recuperação do prédio, com o consentimento do arrendatário ou com suprimento judicial daquele.

2 – As benfeitorias realizadas pelo senhorio com o consentimento do arrendatário podem determinar a alteração da renda conforme previsto no n.º 6 do artigo 11.º

3 – O senhorio indemniza o arrendatário pelos prejuízos que a realização das benfeitorias, efectuadas por sua iniciativa, eventualmente causem no prédio, com exclusão das acções de recuperação do mesmo.

CAPÍTULO VI – Normas processuais

Artigo 26.º – Forma de comunicação

1 – Salvo disposição legal em contrário, as comunicações legalmente exigíveis entre as partes, designadamente as relativas à cessação e alteração do contrato de arrendamento, à actualização, alteração e depósito da renda, à realização de obras de conservação e de recuperação e de benfeitorias e ao exercício do direito de preferência, são concretizadas mediante escrito assinado pelo declarante e remetido por carta registada com aviso de recepção, sem prejuízo do disposto no artigo 27.º

2 – Qualquer comunicação deve conter o endereço completo da parte que a subscreve, devendo as partes comunicar, mutuamente, a alteração daquele.

3 – O escrito assinado pelo declarante pode, ainda, ser entregue em mão, devendo o destinatário apor em cópia a sua assinatura, com nota de recepção.

4 – A comunicação pelo senhorio destinada à cessação do contrato por resolução, nos termos do artigo 17.º, é efectuada mediante notificação avulsa, ou mediante contacto pessoal de advogado, solicitador ou agente de execução, sendo, neste caso, feita na pessoa do notificando, com entrega de duplicado da comunicação e cópia dos documentos que a acompanhem, devendo o notificando assinar o original.

Artigo 27.º – Comunicação digital

Nas comunicações legalmente exigíveis entre as partes é admissível o uso de procedimentos por via electrónica, devidamente validados por assinatura electrónica qualificada.

Artigo 28.º – Procedimentos a adoptar para actualização, redução ou fixação de nova renda

1 – As rendas convencionadas são actualizadas anualmente conforme previsto no n.º 5 do artigo 11.º mediante comunicação escrita do senhorio ao arrendatário.

2 – A redução ou fixação de nova renda conforme previsto nos n.ºs 5 e 6 do artigo 11.º e no n.º 1 do artigo 12.º processa-se de acordo com as alíneas seguintes:

a) A proposta de alteração da renda na sequência da realização de benfeitorias pelo senhorio deve ser apresentada ao arrendatário com expressa e fundamentada indicação da nova renda;

b) A proposta de redução da renda deve ser dirigida ao senhorio, devendo o arrendatário nela mencionar a renda que considera dever ser paga.

3 – As propostas são formuladas por escrito, no prazo máximo de 30 dias após o termo dos factos que as fundamentam, ou, tratando-se de eventos continuados, no decurso destes.

4 – Presume-se que os factos não são fundamento para a redução da renda se o arrendatário não proporcionar ao senhorio a verificação dos sinais da sua ocorrência e os seus resultados.

5 – No caso de os contratantes, nos 30 dias seguintes à formulação do respectivo pedido, não chegarem a acordo sobre a alteração da renda, podem recorrer ao tribunal, o qual fixa, no despacho saneador, a renda a vigorar transitoriamente até decisão final do pleito.

6 – Enquanto a decisão judicial não transitar em julgado, o senhorio não pode requerer a resolução do contrato com base em falta de pagamento de renda, salvo:

a) A que se encontre fixada no contrato de arrendamento até à data do despacho saneador referido no número anterior;

b) A que seja determinada no despacho saneador até à data da decisão judicial transitada em julgado.

7 – A diferença que venha a verificar-se entre os montantes pagos pelo arrendatário e os valores devidos em função da decisão judicial deve ser regularizada após devidamente corrigida pela aplicação da taxa legal prevista para os casos de mora.

Artigo 29.º – Procedimentos a adoptar relativamente à resolução do contrato

1 – A resolução do contrato de arrendamento por iniciativa do senhorio ou por vontade do arrendatário tem por base o incumprimento da outra parte, conforme previsto no artigo 17.º, e tendo em consideração o disposto nos artigos 26.º e 27.º, em matéria de comunicações entre as partes.

2 – As comunicações entre as partes devem explicitar de forma clara, completa e fundamentada a natureza e dimensão do incumprimento e a data de conhecimento dos factos, devendo, quando possível, anexar cópia de provas eventualmente existentes e, quando for caso disso, uma estimativa dos montantes a considerar a título de compensação pela cessação do contrato.

Artigo 30.º – Procedimentos a adoptar relativamente à oposição à renovação ou à denúncia do contrato

1 – A oposição à renovação ou a denúncia dos contratos de arrendamento devem concretizar-se mediante comunicação escrita, nos termos previstos nos artigos 26.º e 27.º e nas condições fixadas no artigo 19.º

2 – As comunicações entre as partes devem explicitar de forma clara e completa, se possível com apresentação de provas, a fundamentação para a denúncia do contrato.

3 – Nos casos previstos nos n.os 6 e 9 do artigo 19.º cabe ao arrendatário apresentar a fundamentação e provas que suportam, no primeiro caso, a necessidade de denúncia do contrato e, no segundo caso, a oposição à denúncia do contrato.

4 – Em qualquer caso, o senhorio e o arrendatário podem opor-se à efectivação da denúncia do contrato pela outra parte desde que, em acção intentada no prazo de 60 dias após a comunicação prevista no n.º 1, provem a inexistência de fundamento para a denúncia.

Artigo 31.º – Direito de preferência

1 – Quando a cessação do contrato de arrendamento ocorra, por causa não imputável ao arrendatário, este goza do direito de preferência nos contratos de arrendamento celebrados nos cinco anos seguintes.

2 – No caso de venda ou dação em cumprimento de prédios que sejam objecto de arrendamento agrícola ou florestal, aos respectivos arrendatários cujo contrato vigore há mais de três anos, assiste o direito de preferirem na transmissão.

3 – O direito de preferência do arrendatário previsto no número anterior caduca, perante o exercício do mesmo direito, por co-herdeiro ou comproprietário.

4 – Sempre que o arrendatário exerça o direito de preferência referido no n.º 2, tem de explorar o prédio, ou no caso de ser pessoa colectiva, por si ou sociedade do mesmo grupo empresarial, como seu proprietário durante, pelo menos, cinco anos, salvo caso de força maior, devidamente comprovado.

5 – Em caso de inobservância do disposto no número anterior, o adquirente fica obrigado a pagar ao anterior proprietário o valor equivalente ao quíntuplo da última renda vencida e a transmitir a propriedade ao preterido com o exercício da preferência, se este o desejar, pelo preço de aquisição do prédio.

6 – No caso do exercício judicial do direito consagrado no n.º 2, o preço é pago ou depositado dentro de 30 dias após o trânsito em julgado da respectiva sentença, sob pena de caducidade do direito e do arrendamento.

7 – Ficam isentas do pagamento de Imposto municipal sobre transmissões onerosas de imóveis (IMT) todas as transmissões onerosas de prédios rústicos a favor dos respectivos arrendatários, desde que exista contrato escrito há pelo menos três anos, e o mesmo seja do conhecimento dos serviços de finanças da área de residência do senhorio ou da sede da pessoa colectiva.

Artigo 32.º – Acção de despejo

1 – A acção de despejo destina-se a fazer cessar a situação jurídica do arrendamento sempre que se imponha o recurso à via judicial para promover tal cessação e segue a forma de processo comum declarativo.

2 – Na pendência da acção de despejo, as rendas vencidas devem ser pagas ou depositadas, nos termos legais.

3 – Se o arrendatário não pagar ou depositar as rendas vencidas por um período superior a seis meses é notificado para, no prazo de 10 dias, proceder ao seu pagamento ou depósito.

4 – Se, dentro daquele prazo, os montantes referidos no número anterior não forem pagos ou depositados, o senhorio pode pedir certidão dos autos relativa a estes factos.

Artigo 33.º – Título executivo

1 – Não sendo o prédio desocupado na data devida por lei ou por convenção das partes, podem servir de base à execução para entrega de coisa certa, o contrato de arrendamento, acompanhado dos comprovativos das comunicações previstas no presente decreto-lei, relativos à cessação do contrato de arrendamento.

2 – O contrato de arrendamento constitui título executivo para a acção de pagamento da renda, quando acompanhado do comprovativo de comunicação ao arrendatário do montante em dívida.

Artigo 34.º – Resolução de conflitos

1 – Os eventuais conflitos que possam surgir entre as partes em matéria de aplicação, interpretação ou integração de lacunas emergentes do contrato de arrendamento podem ser resolvidas mediante convenção de arbitragem, nos termos da Lei n.º 31/86, de 29 de Agosto.

2 – A submissão de qualquer questão ao processo de resolução de conflitos previsto no número anterior não determina qualquer interrupção do desenvolvimento das actividades do arrendatário decorrentes do contrato de arrendamento, nem da realização das acções do senhorio em matéria de conservação e beneficiação do prédio.

Artigo 35.º – Formas de processo

1 – Os processos judiciais referidos no artigo 31.º têm carácter de urgência, seguem os termos de processo ordinário ou sumário, consoante o valor,e, enquanto estiverem pendentes, não pode efectivar-se a entrega do prédio ao senhorio com base em denúncia do contrato.

2 – Os processos judiciais referentes a litígios de cessação e transmissão do contrato de arrendamento e à realização de acções de conservação, reparação e benfeitorias dos prédios rústicos arrendados têm carácter de urgência e seguem a forma de processo sumário, salvo se outra for expressamente prevista.

3 – É sempre admissível recurso para o tribunal da Relação quanto à matéria de direito, sem prejuízo dos recursos ordinários, consoante o valor da acção, tendo sempre efeito suspensivo o recurso interposto da sentença que decrete a restituição do prédio.

4 – Nos casos previstos no n.º 5 do artigo 28.º, aplica-se o processo previsto no artigo 1429.º do Código de Processo Civil, o qual se reveste de carácter de urgência, não cabendo recurso da decisão.

5 – Nenhuma acção judicial pode ser recebida ou prosseguir, sob pena de extinção da instância, se não for acompanhada de um exemplar do contrato, quando exigível, a menos que logo se alegue que a falta é imputável à parte contrária.

CAPÍTULO VII – Disposições finais e transitórias

Artigo 36.º – Parcerias

1 – É proibida a celebração de contratos de parceria e de contratos mistos de arrendamento e parceria.

2 – Os contratos de parceria e contratos mistos de arrendamento e parceria existentes à data da entrada em vigor do presente decreto-lei devem ser convertidos em contratos de arrendamento rural nos 30 dias que antecedem a sua renovação.

3 – No caso de não ter sido convencionada qualquer duração para os contratos de parceria e contratos mistos de arrendamento e parceria existentes à data de entrada em vigor do presente decreto-lei, os mesmos permanecem válidos até à cessação do contrato, por acordo entre os parceiros, ou por iniciativa e vontade expressa, ou morte do parceiro cultivador.

4 – O disposto nos números anteriores não é aplicável às parcerias pecuárias, observando-se, relativamente a estas, o disposto nos artigos 1121.º a 1128.º do Código Civil.

5 – Não estão abrangidos pela proibição constante do n.º 1 os contratos de arrendamento florestal em que se estabeleça, conjuntamente com uma renda fixa, uma parte da renda variável, calculada em função do valor da produção florestal, nos termos do artigo 11.º

Artigo 37.º – Arrendamento no âmbito das operações de emparcelamento

Sem prejuízo do disposto no artigo 36.º do Decreto-Lei n.º 103/90, de 22 de Março, os prédios adquiridos para a reserva de terras podem ser arrendados por prazo inferior a seis anos, assumindo a forma de arrendamento agrícola ou de arrendamento de campanha, em conformidade com a vontade das partes e tendo em consideração o objecto do contrato de arrendamento.

Artigo 38.º – Trabalhos preparatórios e colheitas de frutos pendentes

1 – Salvo disposição contratual ou acordo entre as partes, o arrendatário tem direito a realizar todas as práticas necessárias à colheita, utilização e transformação dos frutos pendentes, ainda que fora do prazo de arrendamento cessante.

2 – O despejo de prédio rústico arrendado não pode ter lugar antes do termo do ano agrícola posterior à sentença, e sem que esteja salvaguardado o direito de

colheita dos frutos pendentes por parte do arrendatário, salvo nos casos de arrendamento florestal, em que se aplica o disposto no n.º 3 do artigo 15.º

3 – No decurso do último ano do arrendamento, o arrendatário não pode opor-se à realização dos trabalhos indispensáveis ao normal aproveitamento da terra, a efectuar pelo novo cultivador, sem prejuízo do direito que lhe assiste em matéria de colheita de frutos pendentes.

Artigo 39.º – Aplicação no tempo

1 – Aos contratos de arrendamento rural, celebrados a partir da data de entrada em vigor do presente decreto-lei, aplica-se, obrigatoriamente e na íntegra, o regime nele previsto.

2 – Aos contratos de arrendamento, existentes à data da entrada em vigor do presente decreto-lei, aplica-se o regime nele prescrito, de acordo com os seguintes princípios:

a) O novo regime apenas se aplica aos contratos existentes a partir do fim do prazo do contrato, ou da sua renovação, em curso;

b) O novo regime não se aplica aos processos pendentes em juízo que, à data da sua entrada em vigor, já tenham sido objecto de decisão em 1.ª instância, ainda que não transitada em julgado, salvo quanto a normas de natureza interpretativa;

c) Até ao termo do prazo em curso dos contratos validamente celebrados ao abrigo do artigo 36.º da Lei n.º 76/77, de 29 de Setembro, não se aplica o disposto no artigo 10.º

Artigo 40.º – Aplicação às Regiões Autónomas

O presente decreto-lei aplica-se às Regiões Autónomas dos Açores e da Madeira, com as necessárias adaptações a introduzir por decreto legislativo regional, mantendo-se em vigor, até à data de publicação deste, a legislação actual.

Artigo 41.º – Alteração dos contratos existentes

Os contratos de arrendamento rural existentes à data de entrada em vigor do presente decreto-lei devem, no momento da sua renovação, ser alterados em conformidade com o mesmo.

Artigo 42.º – Direito subsidiário

1 – Nos casos omissos, desde que não contrariem os princípios do presente decreto-lei, aplicam-se, sucessivamente, as regras respeitantes ao contrato de locação e as regras dos contratos em geral, previstas no Código Civil.

2 – Nos casos omissos no presente decreto-lei e respeitantes à parte adjectiva do mesmo aplica-se o Código de Processo Civil.

Artigo 43.º – Norma revogatória

Ressalvada a sua vigência para efeitos do disposto no artigo 41.º, são revogados:

a) O Decreto-Lei n.º 385/88, de 25 de Outubro, alterado pelo Decreto-Lei n.º 524/99, de 10 de Dezembro;

b) O Decreto-Lei n.º 394/88, de 8 de Novembro.

Artigo 44.º Entrada em vigor e produção de efeitos

1 – O presente decreto-lei entra em vigor 90 dias após a data da sua publicação.

2 – Sem prejuízo do disposto no artigo 39.º, o presente decreto-lei apenas produz efeitos relativamente aos contratos de arrendamento existentes na data da sua entrada em vigor, após os mesmos serem alterados nos termos estabelecidos no artigo 41.º

Visto e aprovado em Conselho de Ministros de 20 de Agosto de 2009. – José Sócrates Carvalho Pinto de Sousa – Alberto Bernardes Costa – António José de Castro Guerra – Jaime de Jesus Lopes Silva.

Promulgado em 30 de Setembro de 2009.

Publique-se.

O Presidente da República, Aníbal Cavaco Silva.

Referendado em 1 de Outubro de 2009.

O Primeiro-Ministro, José Sócrates Carvalho Pinto de Sousa.

EXPLORAÇÃO DE IMÓVEIS

REGIME JURÍDICO DA HABITAÇÃO PERIÓDICA

Decreto-Lei n.º 275/93, de 5 de Agosto
Aprova o regime jurídico da habitação periódica.
Revoga o Decreto-Lei n.º 130/89, de 18 de Abril

O direito real de habitação periódica, instituído pelo Decreto-Lei n.º 355/81, de 31 de Dezembro, tem vindo a revelar-se um instrumento jurídico adequado à dinamização do mercado de unidades de alojamento para férias por curtos períodos de tempo.

A experiência acumulada e a necessidade de enquadrar aquele direito no âmbito da actividade turística estiveram na origem do Decreto-Lei n.º 130/89, de 18 de Abril, diploma que, assim, procurou adaptar o instituto às exigências entretanto sentidas.

Apesar do relativamente curto lapso de tempo volvido, considera-se oportuno proceder à revisão deste diploma, por duas razões fundamentais. De um lado, por opções de política do turismo que aconselham a adopção de medidas destinadas a melhorar a qualidade e o funcionamento dos empreendimentos turísticos no regime do direito real de habitação periódica. Depois, porque se entendeu ser conveniente reforçar o grau de protecção dos adquirentes de direitos reais de habitação periódica, atendendo a que os respectivos contratos exigem, na maior parte das vezes, uma tutela particular da parte mais fraca. Acrescente-se que as ditas razões, amplamente debatidas a nível comunitário, vieram a suscitar a apresentação de uma proposta de directiva neste domínio.

Deste modo, e para referir alguns dos aspectos mais salientes do novo diploma, estabelece-se agora que só 60% das unidades de alojamento do empreendimento podem ser exploradas em regime do direito real de habitação periódica, com o fim de melhor garantir os padrões de qualidade exigíveis em empreendimentos turísticos deste tipo.

Consagrou-se também a exigência da unicidade na titularidade do empreendimento – completada pela regra da indivisiblidade jurídica deste – e a unicidade da administração, num esforço para assegurar a eficácia do seu funcionamento.

No campo da protecção do adquirente consumidor várias são as medidas adoptadas. Procurou-se antes do mais proporcionar-lhe uma informação atempada e pormenorizada sobre o direito real de habitação periódica a adquirir, estabelecendo-se a obrigatoriedade de o alienante pôr à disposição daquele um documento, complementar do contrato, com indicações exaustivas.

Por outro lado, e de acordo com tendências sentidas também noutros sectores, confere-se agora ao consumidor um direito de resolução do contrato de aquisição ou do contrato-promessa de aquisição, sem sofrer qualquer penalização, durante um prazo de 14 dias, tendo em vista alcançar decisões aquisitivas menos sugestionadas por técnicas agressivas de promoção e comercialização.

Além disso, entendeu-se conveniente defender o adquirente ou o promitente-adquirente contra determinados riscos típicos desses contratos, consagrando-se a obrigatoriedade de o alienante ou o promitente-alienante constituírem garantias suficientes a favor daqueles.

Diferente destas garantias prestadas pelo alienante em favor de cada adquirente é a caução de boa administração, caução que o proprietário do empreendimento ou o cessionário da exploração devem constituir em benefício do conjunto dos titulares de direitos reais de habitação periódica, por forma a proteger as suas expectativas de manutenção da qualidade das unidades de alojamento e dos serviços prestados pelo empreendimento.

Como corolário da protecção dos adquirentes-consumidores, e na senda do que vem sendo proposto em outros domínios da actividade económica, procede-se a uma adequada tipificação dos ilícitos contra-ordenacionais e, do mesmo passo, actualizam-se os montantes das coimas aplicáveis.

Constituiu também preocupação da reforma da regulamentação do direito de habitação periódica aperfeiçoar ou completar alguns mecanismos e regras introduzidas já pela legislação anterior.

Assim, por exemplo, institucionalizou-se uma assembleia geral de titulares de direitos reais de habitação periódica, com competências específicas, a fim de lhes atribuir uma adequada, e desejável, participação na vida do empreendimento, participação essa que, contudo, em nada contende com a administração deste pelo proprietário ou cessionário da exploração. Procurou-se também melhorar o regime da substituição da entidade administradora do empreendimento e aperfeiçoar a sua articulação com a nomeação judicial do administrador, para permitir uma resposta mais adequada a situações limite de incumprimento da obrigação de administração a cargo do proprietário ou do cessionário da exploração.

Estabeleceu-se finalmente um regime básico para todos os direitos que, embora não tendo a natureza de direito real, preenchem um fim análogo ao do direito real de habitação periódica, consagrando-se, assim, um conjunto de regras destinado a assegurar um mínimo de protecção aos que adquiram tais direitos.

O novo diploma apresenta-se no final como largamente inovador. Nem por isso, todavia, deixou de atender à especificidade da tradição jurídica portuguesa neste domínio, representando por isso também uma evolução da nossa experiência particular desde a criação, em 1981, do direito real de habitação periódica com as características que o cunharam. Espera-se que o novo regime constitua um instrumento útil para a correcta dinamização e credibilidade desta actividade e para quantos nela apostam.

Assim:

No uso da autorização legislativa concedida pela Lei n.º 18/93, de 14 de Junho, e nos termos das alíneas *a)* e *b)* do n.º 1 do artigo 201.º da Constituição, o Governo decreta o seguinte:

CAPÍTULO I – Do direito real de habitação -periódica

Secção I – Disposições gerais

Artigo 1.º – Direito real de habitação periódica

Sobre as unidades de alojamento integradas em hotéis-apartamentos, aldeamentos turísticos e apartamentos turísticos podem constituir-se direitos reais de habitação periódica limitados a um período certo de tempo de cada ano.

Artigo 2.º – Outros direitos reais

1 – O proprietário das unidades de alojamento sujeitas ao regime de direitos reais de habitação periódica não pode constituir outros direitos reais sobre as mesmas.

2 – O disposto no número anterior não impede que, quando necessário, a constituição do direito real de habitação periódica seja precedida da sujeição do edifício, grupo de edifícios ou conjunto imobiliário ao regime da propriedade horizontal.

Artigo 3.º – Duração

1 – O direito real de habitação periódica é, na falta de indicação em contrário, perpétuo, podendo ser-lhe fixado um limite de duração, não inferior a um ano a contar:

a) Da data da sua constituição; ou

b) Da data da respectiva abertura ao público, quando o empreendimento estiver ainda em construção.

2 – O direito real de habitação periódica é limitado a um período de tempo determinado ou determinável em cada ano.

3 – Sem prejuízo do disposto no número anterior, os períodos de tempo devem ter todos a mesma duração.

4 – O último período de tempo de cada ano pode terminar no ano civil subsequente ao do seu início.

5 – O proprietário das unidades de alojamento previstas no artigo 1.º deve reservar, para reparações, conservação, limpeza e outros fins comuns ao empreendimento, um período de tempo de sete dias seguidos por ano para cada unidade de alojamento.

Artigo 4.º – Condições de exploração do empreendimento no regime de direito real de habitação periódica

1 – A exploração de um empreendimento no regime do direito real de habitação periódica requer que:

a) As unidades de alojamento, além de serem independentes, sejam distintas e isoladas entre si, com saída própria para uma parte comum do empreendimento ou para a via pública;

b) Sobre pelo menos 30% das unidades de alojamento afectas à exploração turística, não sejam constituídos direitos reais de habitação periódica ou direitos de habitação turística, mantendo-se a exploração turística integrada da totalidade do empreendimento;

c) O empreendimento turístico onde se situem as unidades de alojamento sujeitas ao regime de direitos reais de habitação periódica deve abranger a totalidade de um ou mais imóveis, excepto no caso dos hotéis-apartamentos e dos apartamentos turísticos, em que apenas têm de ocupar a maioria das unidades de alojamento de ou mais edifícios, no mínimo de 10, que formem um conjunto urbanístico coerente;

d) As unidades de alojamento dos hotéis-apartamentos e dos apartamentos turísticos devem ser contíguas e funcionalmente independentes;

e) As unidades de alojamento referidas na alínea c) devem ter um único proprietário e, quando o prédio estiver submetido ao regime da propriedade horizontal, o respectivo título constitutivo deve garantir a utilização das instalações e equipamentos de uso comum por parte dos titulares de direitos reais de habitação periódica;

f) (Revogada)

g) Quando exista cessão de exploração do empreendimento turístico, haja um único cessionário que preencha os requisitos previstos na alínea anterior.

2 – A percentagem prevista na alínea *b)* do número anterior pode ser alterada por decisão dos membros do Governo responsáveis pelas áreas do ordenamento do território e do turismo, sob proposta do presidente do conselho directivo do Turismo de Portugal, I. P., quando, cumulativamente, estiverem reunidos os seguintes requisitos:

a) As entidades exploradoras garantirem contratualmente a manutenção da exploração turística de todas as unidades de alojamento afectas a essa exploração, das instalações e equipamentos de uso comum e das instalações e equipamentos de exploração turística durante o período de duração dos respectivos contratos;

b) A construção dos empreendimentos turísticos onde forem constituídos direitos reais de habitação periódica contribuir de forma decisiva para o desenvolvimento e modernização do sector na região em que se localizam, através do aumento da competitividade e do reordenamento e diversificação da oferta e, nas regiões menos desenvolvidas turisticamente, através da criação de oferta turística viável que permita potenciar o desenvolvimento económico regional;

c) A construção dos empreendimentos turísticos onde forem constituídos direitos reais de habitação periódica produzir um impacte significativo, ao nível regional, na criação de emprego ou na requalificação do sector;

d) Os empreendimentos turísticos onde forem constituídos direitos reais de habitação periódica tiverem uma classificação de cinco estrelas.

3 – As entidades referidas nas alíneas *f)* e *g)* do n.º 1 devem ter uma situação líquida correspondente a 25% do activo total líquido.

4 – Se a execução do empreendimento estiver prevista por fases, o disposto na alínea *b)* do n.º 1 aplica-se a cada uma das fases.

5 – As unidades de alojamento dos empreendimentos turísticos previstos no artigo 1.º não se consideram retiradas da exploração de serviços de alojamento turístico pelo facto de se encontrarem sujeitas ao regime do direito real de habitação periódica.

Secção II – Constituição

Artigo 5.º – Declaração de comunicação prévia

1 – A constituição de direitos reais de habitação periódica está sujeita a comunicação prévia com prazo, conforme definida pela alínea *a)* do n.º 2 do artigo 8.º do Decreto-Lei n.º 92/2010, de 26 de Julho, ao Turismo de Portugal, I. P.

2 – O proprietário das unidades de alojamento a submeter ao regime de direitos reais de habitação periódica deve apresentar, por via informática, ao Turismo de Portugal, I. P., nos termos previstos no artigo 62.º, a declaração de comunicação prévia com prazo acompanhada dos seguintes elementos:

a) A identificação do ou dos proprietários do empreendimento turístico;

b) A identificação do proprietário das unidades de alojamento sujeitas ao regime de direitos reais de habitação periódica;

c) A identificação do empreendimento, com menção do número da descrição do prédio ou prédios no registo predial e indicação da sua localização;

d) Classificação provisória atribuída ao empreendimento turístico, se este ainda não estiver em funcionamento, ou a classificação definitiva, se já tiverem decorrido dois meses sobre a sua abertura ao público;

e) *O título de constituição da propriedade horizontal que garanta a utilização* das instalações e equipamentos de uso comum por parte dos titulares de direitos reais de habitação periódica, nos termos previstos na alínea *e)* do n.º 1 do artigo anterior;

f) No caso de o empreendimento se encontrar ainda em construção, a licença de construção emitida pela câmara municipal competente;

g) A indicação dos ónus ou encargos existentes;

h) A data prevista para a abertura ao público do empreendimento;

i) A descrição e designação das unidades de alojamento sobre as quais se pretende constituir direitos reais de habitação periódica, com observância, quanto à primeira, do disposto nos n.os 2 e 3 do artigo 83.º do Código do Registo Predial;

j) O número de unidades de alojamento referidas na alínea anterior e a percentagem que representam do total do empreendimento turístico;

l) A enumeração das instalações e equipamentos de uso comum e de exploração turística, bem como dos equipamentos de animação, desportivos e de recreio do empreendimento;

m) O número total dos direitos reais de habitação periódica a constituir e o limite de duração dos mesmos;

n) O valor relativo de cada direito real de habitação periódica, de acordo com uma unidade padrão;

o) O critério de fixação e actualização da prestação periódica devida pelos titulares e a percentagem desta que se destina a remunerar a gestão;

p) O início e o termo de cada período de tempo dos direitos;

q) Os poderes dos respectivos titulares, designadamente sobre as partes do empreendimento que sejam de uso comum;

r) Os deveres dos titulares, designadamente os relacionados com o exercício do seu direito, e com o tempo, o lugar e a forma de pagamento da prestação periódica;

s) Os poderes e deveres do proprietário do empreendimento, nomeadamente em matéria de equipamento e mobiliário das unidades de alojamento e a sua substituição, de reparações ordinárias e extraordinárias, de conservação e limpeza e os demais serviços disponibilizados;

t) A capacidade máxima de cada uma das unidades de alojamento.

3 – Se for detectada a falta ou desconformidade de algum dos elementos ou documentos referidos no número anterior, a Turismo de Portugal, I. P., dispõe de um prazo de 10 dias a contar da apresentação da comunicação prévia para solicitar ao proprietário que, no prazo de 10 dias, envie os elementos ou documentos em falta, ficando suspenso o prazo a que se refere o n.º 5 até que o processo se encontre devidamente instruído.

4 – O processo só se encontra devidamente instruído na data da recepção do último dos elementos em falta.

5 – Caso o Turismo de Portugal, I. P., não se pronuncie no prazo de 30 dias a contar da apresentação da comunicação prévia, o proprietário das unidades pode promover a constituição dos direitos reais de habitação periódica nos termos e nas condições constantes da declaração de comunicação prévia.

Artigo 6.º Constituição do direito real de habitação periódica

1 – Salvo o disposto em lei especial, o direito real de habitação periódica é constituído por escritura pública ou por documento particular autenticado.

2 – O acto de constituição de direito real de habitação periódica é instruído com cópia da certidão referida no n.º 3 do artigo anterior, devendo nele ser mencionado que o conteúdo daquela certidão faz parte integrante do título.

Artigo 7.º – Modificação do título de constituição do direito real de habitação periódica

1 – Salvo o disposto em lei especial, o título de constituição do direito real de habitação periódica pode ser modificado por escritura pública ou por documento particular autenticado, havendo acordo dos titulares de direitos reais de habitação periódica cuja posição seja afectada.

2 – A aprovação da modificação pode ser judicialmente suprida, em caso de recusa injustificada.

3 – À modificação do título de constituição do direito real de habitação periódica é aplicável, com as necessárias adaptações, o disposto nos artigos anteriores.

Artigo 8.º – Registo

1 – O título de constituição do direito real de habitação periódica está sujeito a inscrição no registo predial.

2 – Só pode ser objecto de direito real de habitação periódica o edifício, grupo de edifícios ou conjunto imobiliário objecto de uma única descrição no registo predial.

3 – Se a execução do empreendimento turístico tiver sido prevista por fases, o registo de constituição dos direitos reais de habitação periódica respeitantes a cada fase será feito por averbamento à respectiva descrição.

Artigo 9.º – Formulário normalizado de informação pré-contratual

1 – Antes de o consumidor ficar vinculado pelo contrato ou por contrato-promessa, o proprietário ou o vendedor de direitos reais de habitação periódica deve entregar de forma gratuita, em papel ou através de suporte duradouro facilmente acessível ao consumidor, informações exactas que, de uma forma clara, precisa e compreensível, descrevam o empreendimento turístico, bem como os direitos e as obrigações decorrentes do contrato.

2 – As informações mencionadas no número anterior constam de formulário normalizado de informação pré-contratual e incluem designada e obrigatoriamente os seguintes elementos:

a) A identidade, o domicílio e a indicação exacta da qualidade jurídica do vendedor no momento da celebração do contrato, bem como a identidade e o domicílio do proprietário das unidades de alojamento sujeitas ao regime de direito real de habitação periódica;

b) A identificação do empreendimento turístico, com menção do número da descrição do prédio ou prédios no registo predial e indicação da sua localização, com referência ao tipo e à classificação do mesmo e código de acesso à certidão permanente do registo predial;

c) A natureza exacta e especificação do conteúdo do direito objecto do contrato;

d) A indicação exacta do período durante o qual o direito pode ser exercido, incluindo a data a partir do qual pode ser exercido;

e) Quando o bem imóvel se encontre em construção, a indicação do prazo limite para a conclusão do imóvel com indicação da data em que o mesmo está disponível para utilização, incluindo as instalações e equipamentos de uso comum;

f) O preço a pagar pela aquisição do direito real de habitação periódica, incluindo descrição exacta dos custos adicionais obrigatórios decorrentes do contrato;

g) A descrição dos encargos periódicos, contribuições especiais ou taxas eventualmente existentes, bem como os critérios de fixação e actualização dos mesmos;

h) A descrição dos serviços colocados à disposição do titular de direitos reais de habitação periódica, com descrição dos fornecimentos incluídos no preço da unidade de alojamento e os fornecimentos não incluídos no preço que devem ser pagos pelo adquirente;

i) A descrição das instalações e equipamentos de uso comum e de exploração turística dos empreendimentos a que o titular de direitos reais de habitação periódica tem direito, com clara especificação daqueles que não se encontram incluídos no preço, impondo pagamento acrescido;

j) A indicação dos montantes a pagar por serviços colocados à disposição do consumidor não incluídos no preço da aquisição do direito;

l) A informação relativa à existência de sistemas de troca com indicação dos respectivos custos;

m) A existência de códigos de conduta aplicáveis com indicação do local onde os mesmos podem ser consultados;

n) As informações sobre o modo e os prazos do exercício do direito de resolução do contrato, com a indicação da pessoa a quem deve ser comunicada essa resolução;

o) A informação relativa à proibição de quaisquer pagamentos antecipados antes de decorrido o prazo de resolução;

p) A informação de que o contrato pode, nos termos do direito internacional privado e em caso de litígio, ser regido por lei diferente da do Estado membro onde o consumidor reside ou tem o seu domicílio habitual.

3 – O formulário normalizado de informação pré-contratual deve conter ainda informação detalhada sobre:

a) Os direitos adquiridos, com especificação das condições do seu exercício e clara indicação de eventuais restrições à possibilidade de ocupação do alojamento;

b) Os bens, com descrição exacta e pormenorizada do imóvel ou imóveis, incluindo a sua localização e descrição dos móveis e utensílios que constituem a unidade de alojamento;

c) O número da licença de construção e o nome e endereço completo das autoridades competentes e as garantias relativas à conclusão do imóvel e, quando isso não acontecer, as formas de reembolso dos pagamentos já efectuados, bem como as modalidades de pagamento dessas garantias caso se trate de imóvel em construção;

d) A forma de resolução do contrato e respectivos efeitos na esfera do titular, incluindo especificação dos custos a repercutir no titular e consequências em caso de contratos acessórios, incluindo contratos de crédito associados;

e) Os procedimentos relacionados com a manutenção e reparação no imóvel, incluindo a indicação da forma de exploração e ou administração do empreendimento turístico e os mecanismos existentes com vista à participação do adquirente na tomada de decisões no âmbito da administração do empreendimento;

f) A possibilidade ou impossibilidade de revenda do direito ou direitos adquiridos;

g) A indicação da língua ou línguas utilizadas entre o titular do direito e o proprietário ou administrador do empreendimento no âmbito do contrato, incluindo as questões relacionadas com a indicação dos custos, com o tratamento dos pedidos de informação ou apresentação de reclamações;

h) A indicação da possibilidade ou impossibilidade de recurso a mecanismos extrajudiciais de resolução de conflitos.

4 – As alterações às informações previstas no número anterior devem ser comunicadas ao adquirente antes da celebração do contrato, devendo nesse caso o contrato fazer referência expressa a essas alterações.

5 – As alterações previstas no número anterior apenas podem resultar de circunstâncias alheias à vontade do vendedor, salvo acordo expresso das partes.

6 – As informações a que se referem os n.os 2 e 3 devem ser redigidas na língua ou numa das línguas do Estado membro de residência ou da nacionalidade do consumidor à escolha deste, desde que se trate de uma das línguas oficiais da Comunidade.

7 – O modelo de formulário normalizado de informação pré-contratual é aprovado por despacho conjunto dos membros do Governo responsáveis pelas áreas do turismo, defesa do consumidor e justiça.

Secção III – Do certificado predial

Artigo 10.º – Certificado predial

1 – Relativamente a cada direito real de habitação periódica é emitido pela conservatória do registo predial competente um certificado predial que titule o direito e legitime a transmissão ou oneração deste, que é entregue ao titular do direito real registado juntamente com o código de acesso à certidão permanente do registo predial.

2 – O certificado predial só pode ser emitido a favor do proprietário das unidades de alojamento sujeitas ao regime de direitos reais de habitação periódica e depois de efectuado o registo definitivo do título de constituição do direito real de habitação periódica.

3 – Só pode ser emitida uma segunda via do certificado predial em caso de destruição ou extravio, alegado em requerimento do titular.

4 – A emissão da segunda via do certificado predial só pode ter lugar depois de decorridos 30 dias sobre a data do respectivo pedido e é sempre anotada à descrição.

Artigo 11.º – Requisitos

1 – Do certificado predial devem constar:

a) A data em que foi realizado o acto de constituição do direito real de habitação periódica;

b) Os elementos do título de constituição do direito real de habitação periódica referidos nas alíneas *a)* a *c)* do n.º 2 do artigo 5.º;

c) A identificação do titular do direito;

d) A identificação da unidade de alojamento e o tipo e classificação do empreendimento turístico;

e) A capacidade máxima da unidade de alojamento;

f) A indicação exacta do período durante o qual o direito objecto do contrato pode ser exercido e a duração do regime instituído;

g) A indicação dos ónus ou encargos existentes.

2 – O certificado predial deve mencionar a seguir aos elementos previstos no número anterior a existência de um documento complementar que contenha os seguintes elementos:

a) A menção das informações previstas nos n.ºs 2 e 3 do artigo 9.º que deve ter total correspondência com o formulário normalizado de informação;

b) (Revogada)

c) O valor relativo do direito, de acordo com o disposto na alínea *n)* do n.º 2 do artigo 5.º;

d) A indicação de que a aquisição do direito real de habitação periódica não acarreta quaisquer despesas, encargos ou obrigações para além dos estipulados no contrato;

e) (Revogada)

f) (Revogada)

g) (Revogada)

h) (Revogada)

i) A declaração do proprietário do empreendimento turístico que ateste que este foi ou será construído de acordo com o regime jurídico da instalação e do funcionamento dos empreendimentos turísticos, aprovado pelo Decreto-Lei n.º 167/97, de 4 de Julho, e que obedece aos requisitos das instalações, classificação e funcionamento previstos nos regulamentos a que se refere o n.º 3 do artigo 1.º daquele diploma;

j) A identificação da entidade responsável pela exploração e administração do empreendimento;

l) (Revogada)

m) A indicação das garantias prestadas para cumprir o disposto nos artigos 15.º e 31.º

3 – Os elementos previstos no número anterior fazem parte integrante do contrato e completam os elementos previstos no n.º 1, devendo o adquirente declarar por escrito ter recebido aquele documento e compreendido o seu teor.

4 – O certificado predial e o documento complementar devem estar redigidos de forma clara e precisa, com caracteres facilmente legíveis, em português, devendo ser entregue pelo vendedor ao adquirente uma tradução, na língua ou numa das línguas do Estado membro de residência ou da nacionalidade do consumidor à escolha deste, desde que se trate de uma das línguas oficiais da Comunidade, acompanhada de uma tradução do contrato na língua do Estado em que se situe o imóvel.

5 – No espaço do certificado predial imediatamente anterior ao destinado a assinaturas deve constar:

a) A menção relativa à existência do direito de resolução sem necessidade de indicação do motivo e sem quaisquer encargos, no prazo de 14 dias seguidos a contar da data da entrega do certificado predial;

b) A menção sobre a proibição de quaisquer pagamentos antecipados directa ou indirectamente relacionados com o negócio jurídico a celebrar.

6 – No espaço previsto no número anterior, o adquirente deve ainda declarar ter recebido a tradução do certificado e do documento complementar, que constitui parte integrante do contrato para todos os efeitos legais.

7 – O certificado predial deve incluir o formulário de resolução do contrato.

8 – O modelo do certificado predial e o formulário de resolução do contrato são aprovados pelo despacho conjunto a que se refere o n.º 7 do artigo 9.º

Secção IV – Da transmissão e oneração de direitos reais de habitação periódica

Artigo 12.º – Oneração e transmissão de direitos reais de habitação periódica

1 – A oneração ou a transmissão por acto entre vivos de direitos reais de habitação periódica faz-se mediante declaração das partes no certificado predial, com reconhecimento presencial das assinaturas do constituinte do ónus ou do alienante, respectivamente, e está sujeita a registo nos termos gerais.

2 – Se a transmissão for a título oneroso, deve ser indicado o valor.

3 – A transmissão por morte está sujeita a inscrição no certificado predial, devendo a assinatura do sucessor ser reconhecida presencialmente, após exibição ao notário de documento comprovativo da respectiva qualidade.

4 – A transmissão de direitos reais de habitação periódica implica a cessão dos direitos e obrigações do respectivo titular em face do proprietário do empreendimento ou do cessionário da exploração, sem necessidade de concordância deste, considerando-se não escritas quaisquer cláusulas em contrário.

Artigo 13.º – Documento complementar

1 – Nas transmissões de direitos reais de habitação periódica o vendedor deve entregar ao adquirente o documento complementar, bem como o formulário de resolução do contrato previsto no artigo 11.º

2 – Sem prejuízo do disposto no n.º 3 do artigo 9.º, sempre que haja alguma alteração ao conteúdo do documento complementar ou se verifique a perda ou extravio dele, pode o titular do direito real de habitação periódica exigir do proprietário das unidades de alojamento objecto desse direito um novo documento.

3 – A violação do disposto no n.º 1 gera a nulidade do negócio jurídico celebrado, depois de ultrapassados os prazos previstos no n.º 3 do artigo 16.º

4 – Recai sobre o vendedor o ónus de provar o cumprimento da obrigação prevista no n.º 1 –

Artigo 13.º-A – Dever especial de informação

1 – Antes da assinatura do contrato, o vendedor está obrigado a informar o adquirente de que dispõe de um prazo de 14 dias seguidos para resolver o contrato e que se encontra vedado o pagamento de quaisquer quantias.

2 – Incumbe ao vendedor a prova do cumprimento da obrigação prevista no número anterior.

Artigo 14.º – Sinal ou antecipação do pagamento

1 – Antes do termo do prazo para o exercício do direito de resolução previsto no n.º 1 do artigo 16.º é proibido efectuar pagamentos seja a que título for ou receber qualquer quantia como forma de pagamento, ou com qualquer outro objectivo directa ou indirectamente relacionado com o negócio jurídico a celebrar.

2 – São igualmente proibidos os pagamentos de qualquer quantia a título de sinal, de garantia ou de reserva ou a prestação de qualquer outra contrapartida antes do termo do prazo a que se refere o número anterior.

Artigo 15.º – Caução

1 – O proprietário das unidades de alojamento sujeitas ao regime de direitos reais de habitação periódica ou o cessionário da exploração devem prestar caução que garanta:

a) A possibilidade do início do gozo do direito pelo adquirente na data prevista no contrato;

b) A expurgação de hipotecas ou outros ónus oponíveis ao adquirente do direito;

c) A devolução da totalidade das quantias entregues pelo adquirente por conta da aquisição desse direito, actualizada de acordo com o índice anual dos preços do consumidor, no caso de o empreendimento turístico não abrir ao público;

d) A devolução da totalidade das quantias entregues pelo adquirente até ao termo do prazo previsto nos n.os 3 e 4 do artigo seguinte.

2 – A caução é prestada a favor do adquirente por seguro, garantia bancária, depósito bancário, títulos de dívida pública ou qualquer outra forma de garantia admitida no direito interno dos Estados-Membros da União Europeia, e o seu valor mínimo é equivalente ao que houver sido entregue por aquele.

3 – Nas transmissões subsequentes de direitos reais de habitação periódica, transfere-se para o adquirente a caução que garante o cumprimento das obrigações previstas nas alíneas *a)* e *b)* do n.º 1 e ainda no caso da alínea *c)* do n.º 1 se o empreendimento turístico ainda não estiver aberto ao público.

Artigo 16.º – Direito de resolução

1 – O adquirente do direito real de habitação periódica tem o direito de resolver o contrato de aquisição sem indicar o motivo e sem quaisquer encargos, no prazo de 14 dias seguidos a contar:

a) Da data da celebração do contrato de transmissão do direito real de habitação periódica;

b) Da data em que lhe é entregue o contrato de transmissão do direito real de habitação periódica, ou da data da entrega do formulário de resolução consoante a que for posterior, e caso esta data seja também posterior à data prevista na alínea anterior.

2 – A declaração de resolução deve ser comunicada ao vendedor em papel ou noutro suporte duradouro, enviada até ao termo do prazo previsto no número anterior.

3 – O direito de resolução a que se refere o n.º 1 caduca:

a) No prazo de um ano e 14 dias seguidos a contar da data mencionada no n.º 1 se o vendedor não preencher e fornecer ao adquirente o formulário de resolução do contrato;

b) No prazo de três meses e 14 dias seguidos a contar do momento da assinatura por ambas as partes do contrato, se o mesmo não contiver os elementos referidos no documento complementar previsto no n.º 2 do artigo 11.º

4 – Se, nos prazos previstos no número anterior, o vendedor fornecer os elementos em falta, o adquirente passa a dispor, a contar desse momento, da possibilidade de resolver o contrato nos termos previstos no n.º 1 –

5 – Se, associado ao contrato de aquisição do direito real de habitação periódica, for celebrado um contrato de adesão a sistemas de troca, o prazo para resolução é o mesmo para ambos os contratos, contado nos termos dos números anteriores.

6 – Se o preço do bem imóvel, sujeito ao regime de direitos reais de habitação periódica, for total ou parcialmente coberto por um crédito concedido pelo vendedor, ou por terceiro com base num acordo entre este e o vendedor, e o adquirente exercer o direito de resolução previsto nos números anteriores, o contrato de crédito é resolvido, sem direito a indemnização ou pagamento de quaisquer encargos

7 – Resolvido o contrato, o vendedor deve restituir ao adquirente todas as quantias recebidas até à data da resolução do mesmo.

8 – Resolvido o contrato de aquisição de direito real de habitação periódica todos os contratos acessórios a este são automaticamente resolvidos sem direito a indemnização ou pagamento de quaisquer encargos.

9 – Por contrato acessório entende-se um contrato por força do qual o consumidor adquire serviços relacionados com um contrato de utilização periódica de bens ou com um contrato de aquisição de um produto de férias de longa duração, sendo esses serviços prestados por um profissional ou por um terceiro com base num acordo entre este último e o profissional.

Artigo 17.º – Contratos-promessa de transmissão de direitos reais de habitação periódica

1 – Os contratos-promessa de transmissão de direitos reais de habitação periódica vinculam ambas as partes e devem ser reduzidos a escrito.

2 – O vendedor deve entregar ao adquirente uma tradução do contrato-promessa de transmissão de direitos reais de habitação periódica, na ou numa das línguas do Estado membro de residência do adquirente ou na ou numa das línguas do Estado membro de que este é nacional, à escolha do adquirente, desde que se trate de uma das línguas oficiais da Comunidade, acompanhada de uma tradução do contrato na língua do Estado em que se situe o imóvel.

3 – A informação de que o adquirente pode resolver o contrato, sem indicar o motivo e sem quaisquer encargos, no prazo de 14 dias seguidos a contar da data da celebração desse contrato, deve constar do contrato-promessa de transmissão de direitos reais de habitação periódica e estar situada imediatamente antes do campo destinado às assinaturas.

4 – (Revogado)

5 – É nula a convenção que faça depender a celebração do contrato prometido da alienação de direitos reais de habitação periódica sobre as restantes unidades de alojamento.

Artigo 18.º – Requisitos dos contratos-promessa de transmissão de direitos reais de habitação periódica

1 – Os contratos-promessa de alienação de direitos reais de habitação periódica em que o promitente-vendedor intervenha no exercício do comércio devem conter os seguintes elementos:

a) A identidade e o domicílio do proprietário das unidades de alojamento sujeitas ao regime dos direitos reais de habitação periódica, com indicação exacta da qualidade jurídica do vendedor no momento da celebração do contrato;

b) A identificação do promitente-adquirente;

c) Os elementos constantes das alíneas *c)* a *h)*, *o)* e *q)* a *t)* do n.º 2 do artigo 5.º;

d) Os elementos constantes das alíneas *a)* e *c)* a *f)* do n.º 1 do artigo 11.º;

e) Indicação expressa, aposta imediatamente antes da assinatura das partes, de que o promitente-adquirente do direito real de habitação periódica pode resolver o contrato, sem indicar o motivo e sem quaisquer encargos, no prazo de 14 dias seguidos a contar da data de assinatura deste, enviada até ao termo daquele prazo.

2 – É obrigatória a entrega ao promitente-adquirente do documento complementar previsto no n.º 2 do artigo 11.º e no artigo 13.º, observando-se, com as devidas adaptações, o disposto nos n.os 3 a 5 do artigo 11.º e nos n.os 1 e 2 do artigo 13.º

Artigo 19.º – Direito de resolução e caução

1 – Nos contratos-promessa o promitente-adquirente goza do direito de resolução após a sua assinatura, nos termos do disposto no artigo 16.º, contando-se o respectivo prazo da data de assinatura do contrato-promessa.

2 – Se na pendência do prazo previsto no número anterior for realizado o acto de constituição do direito real de habitação periódica, o prazo para o adquirente do direito real de habitação periódica resolver o respectivo contrato de aquisição, previsto no n.º 1 do artigo 16.º, conta-se a partir da data da assinatura do contrato-promessa.

3 – O promitente-vendedor, quando seja proprietário do empreendimento ou cessionário da sua exploração, deve prestar caução nos contratos-promessa que garanta:

a) A possibilidade do início do gozo do direito pelo adquirente na data prevista no contrato-promessa;

b) A expurgação de hipotecas ou outros ónus oponíveis ao adquirente do direito;

c) A devolução da totalidade das quantias entregues pelo adquirente por conta da aquisição desse direito, actualizada de acordo com o índice anual dos preços do consumidor, no caso de o empreendimento turístico não abrir ao público;

d) A devolução da totalidade das quantias entregues pelo adquirente até ao termo do prazo previsto nos n.os 3 a 5 do artigo 16.º

4 – É aplicável à caução a que se refere o número anterior o disposto no n.º 2 do artigo 15.º, observando-se ainda, com as necessárias adaptações, o disposto no n.º 3 do mesmo preceito.

Artigo 20.º – Irrenunciabilidade e nulidade

1 – Os direitos conferidos nesta secção ao adquirente e ao promitente-adquirente do direito real de habitação periódica são irrenunciáveis, sendo nula toda a convenção que, de alguma forma, os exclua ou limite.

2 – É igualmente nula a convenção que, de alguma forma, exclua ou limite as responsabilidades conferidas nesta secção ao vendedor.

Secção V – Direitos e deveres dos titulares de direitos reais de habitação periódica

Artigo 21.º – Conteúdo e exercício do direito real de habitação periódica

1 – O titular do direito real de habitação periódica tem as seguintes faculdades:

a) Habitar a unidade de alojamento pelo período a que respeita o seu direito;

b) Usar as instalações e equipamentos de uso comum do empreendimento e beneficiar dos serviços prestados pelo titular do empreendimento;

c) Exigir, em caso de impossibilidade de utilização da unidade de alojamento objecto do contrato devido a situações de força maior ou caso fortuito motivado por circunstâncias anormais e imprevisíveis alheias àquele que as invoca, cujas consequências não poderiam ter sido evitadas apesar de todas as diligências feitas, que o proprietário ou o cessionário lhe faculte alojamento alternativo num empreendimento sujeito ao regime de direitos reais de habitação periódica, de categoria idêntica ou superior, num local próximo do empreendimento objecto do contrato;

d) Ceder o exercício das faculdades referidas nas alíneas anteriores.

2 – No exercício do seu direito, o titular deve agir como o faria um bom pai de família, estando-lhe especialmente vedadas a utilização da unidade de alojamento e das partes do empreendimento de uso comum para fins diversos daqueles a que se destinam e a prática de actos proibidos pelo título constitutivo ou pelas normas reguladoras do funcionamento do empreendimento.

3 – A cedência a que se refere a alínea d) do n.º 1 deve ser comunicada por escrito à entidade responsável pela gestão do empreendimento até ao início do período de exercício do direito, sob pena de aquela se poder opor a tal cedência.

Artigo 22.º – Prestação periódica

1 – O titular do direito real de habitação periódica é obrigado a pagar anualmente ao proprietário das unidades de alojamento sujeitas ao regime dos direitos reais de habitação periódica a prestação pecuniária indicada no título de constituição.

2 – A prestação periódica destina-se exclusivamente a compensar o proprietário das unidades de alojamento sujeitas ao regime dos direitos reais de habitação periódica das despesas com os serviços de utilização e exploração turística a que as mesmas estão sujeitas, contribuições e impostos e quaisquer outras previstas no título de constituição e a remunerá-lo pela sua gestão, não podendo ser-lhe dada diferente utilização.

3 – O valor da prestação periódica pode variar consoante a época do ano a que se reporta o direito real de habitação periódica, mas deve ser proporcional à fruição do empreendimento pelo titular do direito.

4 – A percentagem da prestação periódica destinada a remunerar a gestão não pode ultrapassar 20% do valor total.

Artigo 23.º – Falta de pagamento da prestação periódica ou de indemnização

1 – O crédito por prestações ou indemnizações devidas pelo titular do direito real de habitação periódica e respectivos juros moratórios goza do privilégio creditório imobiliário sobre este direito, graduável após os mencionados nos artigos 746.º e 748.º do Código Civil e os previstos em legislação especial em vigor nesta data.

2 – Sem prejuízo do disposto no número anterior, é atribuída força executiva, nos termos e para os efeitos do disposto na alínea d) do artigo 46.º do Código de Processo Civil, no que se refere às prestações ou indemnizações em dívida pelo titular de direito real de habitação periódica e respectivos juros moratórios:

a) Ao contrato de transmissão do direito real de habitação periódica;

b) À certidão do registo predial;

c) À acta da assembleia a que se refere o artigo seguinte;

d) À acta da assembleia geral de titulares que tiver deliberado, por maioria dos votos dos presentes, o valor da prestação periódica devida por cada titular.

3 – Na falta de pagamento da prestação periódica até dois meses antes do início do período de exercício do correspondente direito, o proprietário das unidades de alojamento sujeitas ao regime do direito real de habitação periódica pode opor-se a esse exercício.

4 – No caso previsto no número anterior, o proprietário pode afectar a unidade de alojamento à exploração turística durante o período correspondente a esse direito, caso em que se considera integralmente liquidada a prestação periódica devida nos termos do n.º 1 do artigo anterior.

Artigo 24.º – Alteração da prestação periódica

1 – Independentemente do critério de fixação da prestação periódica estabelecido no título de constituição, aquela pode ser alterada, por proposta da entidade encarregada da auditoria das contas do empreendimento inserida no respectivo parecer, sempre que se revele excessiva ou insuficiente relativamente às despesas e à retribuição a que se destina e desde que a alteração seja aprovada por maioria dos votos dos titulares presentes em assembleia convocada para o efeito.

2 – À alteração da prestação periódica aplica-se o disposto no n.º 2 do artigo 7.º

Secção VI – Da administração e conservação do empreendimento

Artigo 25.º – Princípios gerais

1 – A administração e conservação das unidades de alojamento sujeitas ao regime do direito real de habitação periódica, do seu equipamento e recheio e das instalações e equipamento de uso comum do empreendimento incumbem ao respectivo proprietário.

2 – O proprietário pode ceder a exploração do empreendimento, transferindo-se para o cessionário os poderes e deveres a ela ligados, sem prejuízo da responsabilidade subsidiária do proprietário, perante os titulares dos direitos reais de habitação periódica, pela boa administração e conservação do empreendimento.

3 – A cessão de exploração deve ser notificada à Turismo de Portugal, I. P., e aos titulares dos direitos de habitação periódica, sob pena de ineficácia.

Artigo 26.º – Conservação e limpeza das unidades de alojamento

1 – As unidades de alojamento sujeitas ao regime do direito real de habitação periódica, bem como os respectivos equipamento e mobiliário, devem ser mantidos pela entidade responsável em estado de conservação e limpeza compatível com os fins a que se destinam e com a classificação do empreendimento.

2 – Sem prejuízo do normal exercício do seu direito, o titular deve permitir o acesso à respectiva unidade de alojamento para o cumprimento das obrigações previstas no número anterior.

Artigo 27.º – Reparações

1 – As reparações indispensáveis ao exercício normal do direito que não possam ser efectuadas sem o sacrifício temporário daquele direito devem realizar-se em momento e condições que minimizem esse sacrifício, sem prejuízo do direito de indemnização dos titulares.

2 – As reparações decorrentes de deteriorações imputáveis ao titular do direito ou àquele a quem ele ceder o uso que não resultem do exercício normal desse direito são igualmente efectuadas pela entidade responsável pela exploração do empreendimento, a expensas do titular.

Artigo 28.º – Inovações

O proprietário das unidades de alojamento sujeitas ao regime de direitos reais de habitação periódica só pode realizar obras que constituam inovações nas unidades de alojamento, ainda que por sua conta, com o consentimento dos titulares, a prestar em assembleia geral.

Artigo 29.º – Encargos

Os titulares de direitos reais de habitação periódica não podem ser responsabilizados pelo pagamento das contribuições, taxas, impostos e quaisquer outros encargos anuais que incidam sobre a propriedade nem pelo cumprimento das respectivas obrigações acessórias.

Artigo 30.º – Fundo de reserva

1 – Uma percentagem não inferior a 4% do valor da prestação periódica paga pelos titulares dos direitos reais de habitação periódica deve ser afectada à constituição de um fundo de reserva destinado exclusivamente à realização de obras de reparação e conservação das instalações e equipamentos de uso comum e das respectivas unidades de alojamento, seu mobiliário e equipamento.

2 – Devem reverter ainda para o fundo previsto no número anterior os saldos das prestações periódicas que constem das contas anuais do empreendimento.

3 – As quantias que integram o fundo de reserva devem ser depositadas em conta bancária própria.

4 – A entidade proprietária ou exploradora do empreendimento deve apresentar à Turismo de Portugal, I. P., documento comprovativo de que o fundo de reserva se encontra constituído.

Artigo 31.º – Caução de boa administração

1 – O proprietário das unidades de alojamento sujeitas ao regime dos direitos reais de habitação periódica ou, tendo havido cessão da exploração, o cessionário devem prestar caução de boa administração e conservação do empreendimento a favor dos titulares de direitos reais de habitação periódica.

2 – A caução pode ser prestada por seguro, garantia bancária, depósito bancário ou títulos de dívida pública, ou qualquer outra forma de garantia admitida no direito interno dos Estados membros da União Europeia, devendo o respectivo título ser depositado no Turismo de Portugal, I. P., sem prejuízo do reconhecimento de garantia equivalente nos termos da alínea *a)* do n.º 1 do artigo 11.º e do artigo 13.º do Decreto-Lei n.º 92/2010, de 26 de Julho.

3 – O montante mínimo da garantia corresponde ao valor anual do conjunto das prestações periódicas a cargo de todos os titulares dos direitos transmitidos.

4 – A garantia só pode ser accionada por deliberação dos titulares dos direitos, desde que essa deliberação tenha sido tomada pela maioria dos votos correspondentes aos direitos transmitidos.

5 – A garantia deve ser actualizada sempre que o seja a prestação -periódica.

Artigo 32.º – Prestação de contas

1 – A entidade responsável pela administração do empreendimento deve organizar anualmente as contas respeitantes à utilização das prestações periódicas pagas pelos titulares dos direitos e das dotações do fundo de reserva, elaborar um relatório de gestão e submeter ambos à apreciação da empresa de auditoria ou do revisor oficial de contas a eleger nos termos da alínea *d)* do n.º 2 do artigo 34.º

2 – O relatório de gestão e as contas a que se refere o número anterior serão enviados a cada titular de direitos, juntamente com a convocatória da assembleia geral ordinária, acompanhados do parecer da auditoria.

3 – Os titulares dos direitos reais de habitação periódica ou os seus representantes têm o direito de consultar os elementos justificativos das contas e do relatório de gestão apresentados na assembleia geral.

4 – Não tendo havido a eleição prevista na alínea *d)* do n.º 2 do artigo 34.º, deve a entidade responsável pelo funcionamento do empreendimento solicitar à Câmara dos Revisores Oficiais de Contas a designação de um revisor, o qual exercerá as suas funções enquanto não for substituído por empresa ou revisor eleitos pela assembleia geral.

Artigo 33.º – Programa de administração

1 – A entidade responsável pela administração do empreendimento deve elaborar um programa de administração e conservação da parte sujeita ao regime de direito real de habitação periódica para o ano seguinte.

2 – O programa deve ser enviado a cada titular de direitos reais de habitação periódica conjuntamente com a convocatória da assembleia geral ordinária.

Artigo 34.º – Assembleia geral de titulares de direitos reais de habitação periódica

1 – A assembleia geral de titulares de direitos reais de habitação periódica integra todos os titulares daqueles direitos.

2 – Compete à assembleia geral:

a) Eleger o presidente de entre os seus membros, sendo o proprietário do empreendimento inelegível para o cargo;

b) Pronunciar-se sobre o relatório de gestão e as contas respeitantes à utilização das prestações periódicas e das dotações do fundo de reserva;

c) Apreciar o programa de administração e conservação do empreendimento no regime de direito real de habitação periódica para o ano seguinte;

d) Eleger o revisor oficial de contas ou a empresa de auditoria que apreciará o relatório de gestão e as contas do empreendimento;

e) Aprovar a alteração da prestação periódica nos termos do artigo 24.º;

f) Deliberar sobre qualquer assunto do interesse dos titulares de direitos de habitação periódica.

3 – A assembleia geral é convocada pela entidade responsável pela administração do empreendimento, salvo o disposto no n.º 5.

4 – A assembleia geral deve ser convocada por carta registada, ou por envio de e-mail com recibo de leitura para o endereço electrónico do titular do direito e publicação da convocatória no sítio da empresa na Internet, pelo menos 30 dias antes da data prevista para a reunião, no 1.º trimestre de cada ano, para os efeitos, pelo menos, das matérias referidas nas alíneas *b)* a *d)* e *f)* do n.º 2 –

5 – A assembleia geral deve ser convocada pelo presidente sob proposta de titulares de direitos reais de habitação periódica que representem 5% dos votos correspondentes aos direitos transmitidos.

6 – A assembleia geral delibera qualquer que seja o número de titulares dos direitos presentes ou representados, salvo o disposto no número seguinte.

7 – A assembleia geral convocada nos termos do n.º 5 requer a presença de titulares de direitos que representem, pelo menos, um terço dos votos correspondentes aos direitos reais de habitação periódica constituídos.

8 – O presidente da assembleia geral é eleito por dois anos, renováveis.

Artigo 35.º – Participação na assembleia

1 – Os titulares de direitos reais de habitação periódica podem deliberar em assembleia geral e votar por escrito.

2 – Ninguém poderá representar mais de um décimo dos votos correspondentes aos direitos constituídos, salvo se forem detidos por um único -titular.

3 – O proprietário do empreendimento, mesmo quando não seja titular de direitos reais de habitação periódica, ou, tendo havido cessão de exploração, o cessionário devem comparecer na assembleia geral a fim de prestar as informações solicitadas.

4 – Cada titular de um direito real de habitação periódica tem o número de votos correspondentes ao valor do direito, nos termos estabelecidos no título constitutivo.

5 – O proprietário do empreendimento que seja titular de direitos reais de habitação periódica não dispõe dos votos correspondentes às unidades de alojamento cuja construção não esteja terminada.

6 – O proprietário do empreendimento ou o cessionário da exploração não podem ser representantes dos titulares dos direitos reais de habitação periódica nem votar a alteração da prestação periódica a que se refere a alínea *e)* do n.º 2 do artigo anterior.

7 – As deliberações são tomadas por maioria simples, salvo o disposto no n.º 1 do artigo 37.º

Secção VII – Destituição e substituição na administração do empreendimento

Artigo 36.º – Destituição na administração do empreendimento

1 – Se o proprietário do empreendimento ou o cessionário da exploração deixarem de cumprir a obrigação de administração ou houver cumprimento negligente da mesma, podem os titulares deliberar a sua destituição da administração do empreendimento, sem prejuízo da responsabilidade daqueles.

2 – Considera-se haver incumprimento da obrigação de administrar designadamente nos seguintes casos:

a) Se não for convocada a assembleia geral de titulares nos termos previstos no n.º 4 do artigo 34.º;

b) Se a assembleia de titulares não aprovar o relatório de gestão do exercício anterior;

c) Se a entidade responsável pela administração do empreendimento não organizar nem apresentar os documentos referidos nos artigos 32.º e 33.º;

d) Se o proprietário do empreendimento ou o cessionário da exploração não comparecerem na assembleia geral de titulares;

e) Se não for constituído o fundo de reserva previsto no artigo 30.º;

f) Se não for constituída ou se caducar a garantia prevista no artigo 31.º;

g) Se o empreendimento for desclassificado.

Artigo 37.º – Processo

1 – O processo de destituição inicia-se em assembleia geral especialmente convocada para o efeito, devendo a deliberação ser tomada por maioria de dois terços dos votos correspondentes aos direitos reais de habitação periódica transmitidos, e só produzindo efeitos depois de decisão do tribunal arbitral, a constituir nos termos dos números seguintes, ou da nomeação judicial prevista no artigo 40.º

2 – O tribunal arbitral é composto por três árbitros, sendo um designado pelos titulares dos direitos reais de habitação periódica, outro pelo proprietário e pelo cessionário da exploração, se o houver, e o terceiro pelos árbitros assim designados.

3 – O tribunal arbitral deve, quando tal se justifique, fixar um prazo à entidade administradora para cumprimento das obrigações em falta.

4 – Decorrido o prazo referido no número anterior, se a entidade em causa não tiver cumprido as obrigações impostas pelo tribunal arbitral, este deliberará, de imediato, a destituição daquela e a consequente substituição por uma outra que administrará todo o empreendimento.

Artigo 38.º – Efeitos da substituição

Destituído da administração o proprietário do empreendimento ou o cessionário da exploração, o pagamento das prestações periódicas deixa de lhes ser devido e será realizado à nova entidade administradora.

Artigo 39.º – Direitos e deveres da entidade administradora nomeada

1 – Compete à entidade administradora nomeada exercer todos os direitos e cumprir todos os deveres inerentes à administração e conservação do empreendimento, sendo-lhe aplicáveis, com as necessárias adaptações, as regras estabelecidas na secção VI.

2 – A administração deve exercer-se também no que respeita aos direitos reais de habitação periódica alienados posteriormente pelo proprietário.

Artigo 40.º – Nomeação judicial de administrador

1 – Tomada a deliberação prevista no n.º 1 do artigo 36.º, se, decorrido o prazo de 60 dias, não se encontrar constituído o tribunal arbitral referido no artigo 37.º, podem os titulares dos direitos reais de habitação periódica requerer ao tribunal da comarca da situação dos bens a nomeação de um administrador judicial.

2 – A acção para nomeação do administrador judicial deve ser proposta contra o proprietário do empreendimento e o cessionário da exploração, se existir, seguindo-se, com as necessárias adaptações, o processo previsto para a nomea-ção de administrador na propriedade horizontal.

3 – É aplicável ao administrador judicial, com as necessárias adaptações, o disposto nos artigos 38.º e 39.º

Artigo 41.º Cessação do regime de substituição na administração do empreendimento

O regime de substituição na administração do empreendimento cessa mediante deliberação por maioria dos votos correspondentes aos direitos reais de habitação periódica transmitidos, retomando o proprietário ou o cessionário da exploração do empreendimento as funções respectivas logo que preste a caução prevista no artigo 31.º

Secção VIII – Da renúncia ao direito real de habitação periódica

Artigo 42.º – Renúncia

1 – O titular do direito real de habitação periódica pode a ele renunciar mediante declaração de renúncia no certificado predial, com reconhecimento presencial da assinatura.

2 – A declaração de renúncia carece de ser notificada ao proprietário do empreendimento e à Turismo de Portugal, I. P., devendo ainda ser registada nos termos gerais.

3 – A declaração a que se refere o número anterior produz efeitos seis meses após as notificações nele previstas.

Secção IX – Publicidade, comercialização e formas de referência

Artigo 43.º – Publicidade e comercialização

1 – Toda a publicidade ou promoção respeitante à venda ou comercialização de direitos reais de habitação periódica deve identificar de modo inequívoco a

forma e o local onde é possível obter o formulário normalizado de informação pré-contratual a que se refere o artigo 9.º

2 – A publicidade respeitante à venda ou comercialização de direitos reais de habitação periódica não pode apresentar a aquisição desses direitos como forma de investimento financeiro.

3 – Os direitos reais de habitação periódica não podem ser publicitados ou promovidos sem que tenham sido sujeitos ao processo de comunicação prévia com prazo, nos termos previstos no artigo 5.º

4 – Caso um contrato de utilização periódica de bens, de aquisição de um produto de férias de longa duração, de revenda ou de troca seja proposto pessoalmente a um consumidor numa promoção ou num evento de vendas, o profissional deve mencionar claramente no convite a finalidade comercial e a natureza do evento.

5 – A actividade de promoção e comercialização dos direitos reais de habitação periódica só pode desenvolver-se em instalações do proprietário, do cessionário da exploração do empreendimento turístico ou ainda do mediador.

6 – O disposto no presente artigo é aplicável à publicidade veiculada com o objectivo de promover a troca ou revenda dos direitos previsto no presente diploma.

Artigo 44.º – Proibição de utilização de certos termos

Na publicidade ou promoção dos direitos reais de habitação periódica, bem como nos contratos e documentos a estes respeitantes, não podem usar-se, em relação aos titulares desses direitos, a palavra «proprietário» ou quaisquer outras expressões susceptíveis de criar nos adquirentes desses direitos a ideia de que serão comproprietários do empreendimento.

CAPÍTULO II – Dos direitos de habitação turística

Artigo 45.º – Regime dos direitos de habitação turística

1 – Ficam sujeitos às disposições do presente capítulo:

a) Os direitos de habitação em empreendimentos turísticos por períodos de tempo limitados em cada ano e que não constituam direitos reais de habitação periódica;

b) Os contratos pelos quais, directa ou indirectamente, mediante um pagamento antecipado completado ou não por prestações periódicas, se prometa ou se transmitam direitos de habitação turística.

2 – Os direitos de habitação turística a que se refere o número anterior incluem, nomeadamente, os direitos obrigacionais constituídos ao abrigo de:

a) Contratos de utilização periódica de bens, entendendo-se estes como os contratos de duração superior a um ano, mediante os quais o consumidor adquire, a título oneroso, o direito de utilizar um ou mais alojamentos, por mais do que um período de ocupação, que não configure um direito real de habitação periódica;

b) Contratos de aquisição de produtos de férias de longa duração, entendendo-se estes como os contratos de duração superior a um ano, mediante os quais o consumidor adquire, a título oneroso, o direito a beneficiar de descontos ou outras vantagens a nível de alojamento, por si só ou em combinação com serviços de viagens ou outros, nomeadamente contratos referentes a cartões e clubes de férias, cartões turísticos ou outros de natureza semelhante.

3 – Não estão sujeitos às disposições do presente capítulo, designadamente:

a) As reservas múltiplas de alojamento;

b) Os contratos comuns de arrendamento;

c) Os sistemas de fidelidade comuns que proporcionam descontos em alojamento em empreendimentos turísticos.

Artigo 46.º Requisitos

1 – Sem prejuízo do disposto nos números seguintes, os direitos de habitação turística só podem constituir-se desde que os empreendimentos se encontrem em funcionamento e se verifiquem, com as necessárias adaptações, as condições previstas no artigo 4.º, estando a exploração nesse regime sujeita a comunicação prévia ao Turismo de Portugal, I. P.

2 – O disposto no número anterior não prejudica a instalação dos empreendimentos por fases.

3 – Excepcionalmente, por decisão dos membros do Governo responsáveis pelas áreas do ordenamento do território e do turismo, sob proposta do presidente do conselho directivo do Turismo de Portugal, I. P., podem constituir-se direitos de habitação turística sobre empreendimentos turísticos e casas e empreendimentos de turismo no espaço rural ainda em construção quando, cumulativamente, estiverem reunidos os seguintes requisitos:

a) As entidades exploradoras garantirem contratualmente a manutenção da exploração turística de todas as unidades de alojamento afectas a essa exploração, das instalações e equipamentos de uso comum e das instalações e equipamentos de exploração turística durante o período de duração dos respectivos contratos;

b) A construção dos empreendimentos turísticos onde forem constituídos direitos de habitação turística contribuírem de forma decisiva para o desenvolvimento e modernização do sector na região em que se localizam, através do aumento da competitividade e do reordenamento e diversificação da oferta e, nas regiões menos desenvolvidas turisticamente, através da criação de oferta turística viável que permita potenciar o desenvolvimento económico regional;

c) A construção dos empreendimentos turísticos onde forem constituídos direitos de habitação turística produzir um impacte significativo, ao nível regional, na criação de emprego ou na requalificação do sector;

d) Os empreendimentos turísticos onde forem constituídos direitos de habitação turística tiverem uma classificação de cinco estrelas;

e) For prestada uma caução nos termos e para os efeitos previstos no artigo 15.º

4 – Quando uma mesma entidade ou grupo empresarial for simultaneamente proprietário e explorador de um hotel da mesma categoria ou de categoria superior ao empreendimento turístico onde se integram as unidades de alojamento sujeitas ao regime dos direitos de habitação turística e os dois empreendimentos se integrem no mesmo conjunto urbanístico, os quartos do hotel podem ser contabilizados para o efeito da percentagem prevista na alínea *b)* do n.º 1 do artigo 4.º, aplicável aos direitos de habitação turística, por força do disposto no n.º 1.

5 – A comunicação prévia deve ser enviada, por via informática, ao Turismo de Portugal, I. P., nos termos previstos no artigo 62.º, e instruída com os seguintes elementos:

a) Documento que contenha, com as necessárias adaptações, os elementos previstos no n.º 2 do artigo 5.º;

b) Cópia da licença de utilização turística do empreendimento turístico;

c) Se o requerente não for o proprietário do empreendimento turístico, o documento que o legitime a constituir direitos de habitação turística.

6 – As unidades de alojamento dos empreendimentos previstos no n.º 1 do artigo anterior não se consideram retiradas da exploração de serviços de alojamento turístico pelo facto de se encontrarem sujeitas ao regime do direito de habitação turística.

7 – Ao processo de comunicação prévia da exploração no regime de direito de habitação turística aplica-se o disposto nos n.os 3 a 5 do artigo 5.º com as devidas adaptações.

Artigo 47.º Duração

Os direitos de habitação turística são, na falta de indicação em contrário, perpétuos, podendo ser fixado um limite de duração não inferior a um ano, a contar da data da sua constituição ou da data da abertura ao público do empreendimento turístico quando o empreendimento estiver ainda em construção.

Artigo 47.º-A Formulário normalizado de informação pré-contratual

1 – Em tempo útil, antes de o consumidor ficar vinculado pelo contrato ou proposta, o proprietário ou o vendedor de direitos de habitação turística deve entregar de forma gratuita, em papel ou através de suporte duradouro facilmente acessível ao consumidor, informações exactas que, de uma forma clara, precisa e compreensível, descrevam o empreendimento turístico, bem como os direitos e obrigações decorrentes do contrato.

2 – As informações mencionadas no número anterior constam de formulário normalizado de informação pré-contratual e incluem designada e obrigatoriamente os seguintes elementos:

a) A identidade, o domicílio, a indicação exacta da qualidade jurídica do vendedor no momento da celebração do contrato, bem como a identidade e o domicílio do proprietário das unidades de alojamento;

b) A identificação do empreendimento turístico, com menção do número da descrição do prédio ou prédios no registo predial e indicação da sua localização, com referência ao tipo e classificação do mesmo;

c) A natureza exacta e especificação do conteúdo do direito objecto do contrato;

d) A indicação exacta do período durante o qual o direito pode ser exercido, incluindo a data a partir da qual pode ser exercido;

e) O preço a pagar pela aquisição do direito ou direitos, incluindo descrição exacta dos custos adicionais obrigatórios decorrentes do contrato;

f) A descrição dos encargos periódicos, incluindo calendarização dos mesmos, contribuições especiais ou taxas locais eventualmente existentes decorrentes do exercício do direito, bem como os critérios de fixação e actualização dos mesmos;

g) A descrição dos serviços colocados à disposição do titular do direito ou direitos, com distinção dos custos incluídos e não incluídos no preço a pagar;

h) A existência de códigos de conduta aplicáveis com indicação do local onde os mesmos podem ser consultados;

i) As informações sobre o modo e os prazos do exercício do direito de resolução do contrato, com a indicação da pessoa a quem deve ser comunicada a resolução;

j) A informação relativa à proibição de quaisquer pagamentos antecipados antes de decorrido o prazo de resolução;

l) A informação de que o contrato pode, nos termos do direito internacional privado e em caso de litígio, ser regido por lei diferente da do Estado membro onde o consumidor reside ou tem o seu domicílio habitual.

3 – O formulário normalizado de informação pré-contratual deve conter ainda informação detalhada sobre:

a) Os direitos adquiridos, com especificação clara e adequada das condições do seu exercício, com descrição exacta e pormenorizada do imóvel ou imóveis, incluindo a sua localização e descrição dos móveis e utensílios que constituem a unidade de alojamento;

b) As restrições eventualmente existentes quanto à possibilidade de o consumidor utilizar os direitos;

c) A forma de resolução do contrato e respectivos efeitos na esfera do titular, incluindo especificação dos custos a repercutir no titular e consequências em caso de contratos acessórios, incluindo contratos de crédito associados;

d) A indicação da língua ou línguas utilizadas entre o titular do direito e o proprietário ou administrador do empreendimento no âmbito do contrato, incluindo as questões relacionadas com a indicação dos custos, com o tratamento dos pedidos de informação ou apresentação de reclamações;

e) A indicação da possibilidade ou impossibilidade de recurso a mecanismos extrajudiciais de resolução de conflitos.

4 – As alterações às informações previstas no número anterior devem ser comunicadas ao adquirente antes da celebração do contrato, devendo nesse caso o contrato fazer referência expressa a essas alterações.

5 – As informações previstas no n.º 3 não podem ser alteradas, salvo acordo expresso das partes em contrário ou, se as alterações resultarem de circunstâncias inusitadas, imprevisíveis e independentes da vontade do profissional, e as suas consequências não pudessem ter sido evitadas mesmo com toda a diligência devida.

6 – As informações a que se referem os n.os 2 e 3 devem ser redigidas na língua ou numa das línguas do Estado membro de residência ou da nacionalidade do consumidor à escolha deste desde que se trate de uma das línguas oficiais da Comunidade.

7 – O modelo de documento informativo normalizado é aprovado pelo despacho conjunto a que se refere o n.º 7 do artigo 9.º

Artigo 48.º – Contrato de transmissão de direitos de habitação turística

1 – O contrato de transmissão de direitos de habitação turística é celebrado por escrito e deve ser entregue pelo vendedor ao adquirente em papel ou através de suporte duradouro.

2 – O vendedor deve entregar ao adquirente um contrato de transmissão de direitos de habitação turística redigido na língua do Estado em que se situe o imóvel e uma tradução do contrato, à escolha do adquirente:

a) Na ou numa das línguas do Estado membro de residência do adquirente; ou

b) Na ou numa das línguas do Estado membro de que este é nacional, desde que se trate de uma das línguas oficiais da Comunidade.

3 – Na área do contrato ou contrato-promessa de transmissão de direitos de habitação turística imediatamente anterior à destinada a assinaturas deve constar:

a) A menção relativa ao exercício do direito de resolução, sem necessidade de indicação do motivo e sem quaisquer encargos, no prazo de 14 dias seguidos a contar da data da celebração do contrato ou do contrato-promessa ou da entrega do mesmo;

b) A menção sobre a proibição de quaisquer pagamentos antecipados directa ou indirectamente relacionados com o negócio jurídico a celebrar.

4 – No espaço previsto no número anterior, o adquirente deve ainda declarar ter recebido a tradução do contrato, que constitui parte integrante do mesmo para todos os efeitos legais.

5 – Os contratos a que se refere o n.º 1, ou os respectivos contratos-promessa, devem mencionar, quando o vendedor ou o promitente-vendedor intervenham no exercício do comércio, sob pena de anulabilidade:

a) Os elementos a que se referem as alíneas *c), d), g)* e *p)* a *t)* do n.º 2 do artigo 5.º;

b) Os elementos a que se referem as alíneas *c)* e *d)* do n.º 2 do artigo 11.º, com as necessárias adaptações;

c) A indicação das garantias prestadas para cumprir o disposto no artigo 52.º;

d) A indicação explícita de que o direito a que se refere o contrato não constitui um direito real;

e) (Revogada)

f) Se o vendedor não for o proprietário das casas ou empreendimentos previstos no artigo 45.º ou alguém que actue devidamente mandatado para o representar nos termos previstos no número seguinte, deve ainda juntar a autorização prevista nos números seguintes.

g) A menção das informações previstas nos n.ºs 2 e 3 do artigo 47.º-A, que deve ter total correspondência com o formulário normalizado de informação.

6 – A comercialização de direitos de habitação turística por quem não seja proprietário dos empreendimentos turísticos previstos no artigo 45.º, ou por quem actue devidamente mandatado para o efeito por mediação, agenciamento, cessão ou outras formas afins, depende de comunicação prévia ao Turismo de Portugal, I. P.

7 – A comunicação prévia referida no número anterior depende da observância pelos requerentes dos seguintes requisitos:

a) (Revogada)

b) Garantir o gozo pleno dos direitos de habitação turística objecto do contrato de transmissão durante o seu período de duração;

c) Comprovação da sua idoneidade comercial.

8 – Para efeitos do disposto na alínea *c)* do número anterior, não são consideradas comercialmente idóneas as pessoas relativamente às quais se verifique:

a) A proibição legal do exercício do comércio;

b) A inibição do exercício do comércio por ter sido declarada a sua falência ou insolvência enquanto não for levantada a inibição e decretada a sua reabilitação;

c) Terem sido titulares, gerentes ou administradores de um estabelecimento individual de responsabilidade limitada, de uma cooperativa ou de uma sociedade comercial, punida com três ou mais coimas, desde que lhe tenha sido aplicada a sanção de interdição do exercício da actividade.

9 – Para efeitos do disposto no n.º 6, e sem prejuízo do disposto na alínea *d)* do artigo 5.º do Decreto-Lei n.º 92/2010, de 26 de Julho, o vendedor deve apresentar no Turismo de Portugal, I. P., uma comunicação prévia acompanhada dos seguintes elementos:

a) Certidão do acto constitutivo do estabelecimento individual de responsabilidade limitada, da cooperativa ou da sociedade comercial, ou cópia de documento de identificação, se for pessoa singular sem aquele estabelecimento constituído;

b) Certidão do registo comercial definitivo do estabelecimento individual de responsabilidade limitada, da cooperativa ou da sociedade comercial, se for pessoa colectiva ou singular com aquele estabelecimento constituído;

c) Certidão que ateste que a empresa não é devedora ao Estado de quaisquer contribuições, impostos ou outras importâncias ou que o pagamento das mesmas está formalmente assegurado;

d) Certidão que ateste que a empresa tem a situação regularizada com a segurança social;

e) Cópia dos contratos celebrados entre o vendedor e o ou os proprietários das unidades de alojamento sujeitas ao regime dos direitos de habitação turística, que garantam o gozo pleno dos direitos objecto do contrato ou contrato-promessa de transmissão desses direitos, pelo período de duração neles previstos.

10 – Quando os elementos a que se referem as alíneas *a)* a *d)* do número anterior se encontrem disponíveis na Internet, a respectiva apresentação pode ser substituída pela indicação dos endereços electrónicos onde aquela informação pode ser consultada e respectivos códigos de acesso e, se for caso disso, pela entrega de declaração a autorizar essa consulta.

11 – O processo de comunicação prévia obedece ao disposto nos n.os 3 a 5 do artigo 5.º, com as devidas adaptações.

Artigo 49.º – Direito de resolução

1 – Nos contratos de aquisição de direitos de habitação turística ou nos respectivos contratos-promessa, o adquirente ou o promitente-adquirente tem a faculdade de resolver o contrato, sem indicar o motivo e sem quaisquer encargos, no prazo de 14 dias seguidos e nos termos do n.º 2 do artigo 16.º

2 – É aplicável ao direito de resolução dos contratos de aquisição de direitos de habitação turística ou dos respectivos contratos-promessa, com as necessárias adaptações, o disposto nos n.os 3 a 9 do artigo 16.º

Artigo 50.º – Administração e conservação

1 – A administração e conservação das unidades de alojamento e das instalações e serviços de uso comum do empreendimento competem ao proprietário ou ao cessionário da exploração, aplicando-se, com as devidas adaptações, o disposto nos artigos 25.º a 30.º

2 – No 1.º trimestre de cada ano será convocada pela entidade responsável pela administração do empreendimento uma assembleia geral dos titulares dos direitos de habitação turística com vista à prestação de informações e à deliberação sobre qualquer assunto do interesse daqueles titulares.

3 – É aplicável, com as necessárias adaptações, o disposto na alínea *b)* do n.º 2 e nos n.os 4 e 6 do artigo 34.º e nos artigos 36.º a 41.º

Artigo 50.º-A – Pagamento escalonado

1 – Nos contratos de aquisição de direitos de habitação turística a que se refere a alínea *b)* do n.º 2 do artigo 45.º o pagamento do preço pelo titular ao proprietário ou ao cessionário da exploração do empreendimento é feito de acordo com um calendário de pagamentos escalonados.

2 – Os pagamentos, incluindo eventuais quotas de membros, são divididos em prestações anuais, todas do mesmo valor.

3 – É proibido qualquer pagamento do preço que não esteja de acordo com o calendário de pagamentos escalonados.

4 – O vendedor deve enviar um pedido de pagamento por escrito, em papel ou noutro suporte duradouro, pelo menos 14 dias seguidos antes da data de vencimento de cada prestação.

5 – A partir do pagamento da segunda prestação, o titular tem o direito de resolver o contrato sem sofrer qualquer sanção, desde que informe o profissional no prazo de 14 dias seguidos a contar da recepção do pedido de pagamento de cada prestação.

6 – A partir da segunda anuidade, o vendedor e o titular podem acordar na sua actualização de acordo com o índice médio de preços ao consumidor no continente, publicado pelo Instituto Nacional de Estatística.

7 – O exercício do direito a que se refere o n.º 5 não prejudica a aplicação das regras gerais do direito em matéria de cumprimento e incumprimento das obrigações.

Artigo 51.º – Prestação periódica

1 – O contrato de aquisição de direito de habitação turística pode estabelecer uma prestação periódica a pagar pelo titular ao proprietário ou ao cessionário da exploração do empreendimento.

2 – O valor da prestação periódica pode ser actualizado nos termos previstos no contrato.

3 – Não pode convencionar-se o pagamento antecipado das prestações periódicas respeitantes a anos subsequentes.

4 – É aplicável, com as necessárias adaptações, o disposto no n.º 2 do artigo 23.º

Artigo 52.º – Cauções

1 – O proprietário das unidades de alojamento sujeitas ao regime de direitos de habitação turística, ou o vendedor, nos casos previstos na alínea f) do n.º 5 do artigo 48.º, deve prestar a favor do adquirente ou do promitente-adquirente de direitos de habitação turística caução pelo montante das quantias recebidas por este a qualquer título, para os efeitos e nos termos do artigo 15.º

2 – O proprietário das unidades de alojamento sujeitas ao regime de direitos de habitação turística ou, tendo havido cessão de exploração, o cessionário devem ainda prestar caução de boa administração, a favor dos titulares de direitos de habitação turística, nos termos e para os efeitos do disposto no artigo 31.º, com as necessárias adaptações.

3 – Se na casa ou empreendimento existirem titulares de direitos não obrigados ao pagamento de prestações periódicas, a caução de boa administração deve ser fixada anualmente pela entidade encarregada da auditoria das contas, em valor não inferior ao montante de despesas previsto para cada exercício.

4 – A caução prevista nos números anteriores só pode ser accionada por deliberação da maioria dos titulares dos direitos de habitação turística constituídos.

Artigo 53.º – Extensão do regime

1 – Aos direitos de habitação turística é aplicado, com as necessárias adaptações, o disposto nos artigos 13.º-A, 14.º, 20.º, 43.º e 44.º

2 – Aos contratos de troca, bem como aos contratos de revenda dos direitos previstos no presente diploma aplica-se, com as necessárias adaptações, o disposto no presente diploma, em especial o previsto nos artigos 9.º, 13.º, 13.º-A, 14.º, 16.º e 47.º-A.

3 – Sem prejuízo do mencionado no número anterior, aos contratos de revenda é aplicável o disposto no Decreto-Lei n.º 211/2004, de 20 de Agosto, que regula o exercício das actividades de mediação imobiliária e de angariação imobiliária em tudo o que não contrarie o presente diploma.

4 – Os formulários normalizados de informação pré-contratual respectivos são aprovados pelo despacho conjunto a que se refere o n.º 7 do artigo 9.º

5 – Por contrato de troca entende-se o contrato por força do qual o consumidor adere, a título oneroso, a um sistema de troca que lhe permite ter acesso a um alojamento de pernoita ou a outros serviços, em troca de conceder a terceiros acesso temporário aos benefícios inerentes aos direitos decorrentes do seu contrato de utilização periódica de bens.

6 – Por contrato de revenda entende-se o contrato por força do qual o profissional, a título oneroso, presta assistência ao consumidor na venda ou na compra de um produto de utilização periódica de bens ou de um produto de férias de longa duração.

Artigo 53.º-A – Direitos de habitação turística em bens móveis

1 – As normas sobre comercialização, venda e revenda de produtos, publicidade e informações obrigatórias ao consumidor, previstas no presente capítulo, são aplicáveis, com as necessárias adaptações, aos contratos de duração superior a um ano, através dos quais se concedam direitos de habitação em alojamentos de pernoita inseridos em bens móveis.

2 – Sem prejuízo do disposto no número anterior, a exploração de direitos de habitação turística em bens móveis é prestada livremente, não estando sujeita a comunicação prévia nem se aplicando as regras relativas à caução e ao fundo de reserva.

Artigo 53.º-B – Sinal ou antecipação do pagamento nos contratos de revenda

É proibido qualquer pagamento de sinal, constituição de garantias, reserva de montantes em contas ou o reconhecimento expresso de dívidas, bem como a prestação de qualquer outra contrapartida ao profissional ou a terceiros pelo consumidor, antes da conclusão da venda ou antes de, por qualquer outro meio, se ter posto fim ao contrato de revenda.

CAPÍTULO III – Das infracções e sua sanção

Artigo 54.º – Contra-ordenações

1 – Constitui contraordenação económica muito grave, punível nos termos do Regime Jurídico das Contraordenações Económicas (RJCE):

a) A comercialização de direito real de habitação periódica não validamente constituído;

b) A infracção ao disposto no n.º 1 do artigo 4.º;

c) A infracção ao disposto no n.º 2 do artigo 12.º, no artigo 14.º e no n.º 1 do artigo 17.º;

d) A não prestação das cauções previstas no artigo 15.º e no n.º 3 do artigo 19.º;

e) A não devolução atempada das quantias entregues pelo adquirente ou promitente-adquirente de direitos reais de habitação periódica ou de direitos de habitação turística, em caso do exercício do direito de resolução dos respectivos contratos;

f) A violação dos direitos garantidos pelo disposto nas alíneas *a)* e *c)* do n.º 1 do artigo 21.º;

g) O incumprimento do disposto no artigo 30.º;

h) A não prestação da caução prevista no artigo 31.º;

i) A realização de publicidade ou promoção do direito real de habitação periódica ou de direito de habitação turística em infracção ao disposto nos artigos 43.º e 44.º;

j) A comercialização de direitos de habitação turística em infracção ao disposto nos n.os 1 e 4 do artigo 46.º;

l) A infracção do disposto nos n.os 5 e 6 do artigo 48.º;

m) A não prestação das cauções previstas no artigo 52.º;

n) O incumprimento do disposto no n.º 5 do artigo 60.º

2 – Constitui contraordenação económica grave, punível nos termos do RJCE:

a) A infracção ao disposto no n.º 3 do artigo 4.º;

b) A infracção ao disposto nos n.os 1, 2 e 3 do artigo 9.º;

c) A infracção ao disposto no n.º 2 do artigo 11.º;

d) O incumprimento das obrigações previstas nos n.os 3 a 6 do artigo 11.º, no artigo 13.º e no n.º 2 do artigo 18.º;

e) A falta de conservação e limpeza das unidades de alojamento objecto do direito, em infracção ao disposto no artigo 26.º;

f) O incumprimento do disposto nos n.os 1 a 3 do artigo 32.º, no artigo 33.º e nos n.os 1 e 4 do artigo 34.º;

g) A infração ao disposto nos n.os 1 a 6 do artigo 47.º-A;

h) A infracção ao disposto no n.º 1 do artigo 48.º, quando o vendedor tenha intervindo no exercício do comércio;

i) A infracção ao disposto no n.º 2 do artigo 48.º;

j) A violação dos direitos garantidos pelos n.os 1, 7 e 8 do artigo 16.º e pelo artigo 49.º;

k) A infracção ao disposto no n.º 2 do artigo 50.º;

l) A infracção ao disposto nos n.os 1 a 4 do artigo 50.º-A.

3 – A tentativa e a negligência são puníveis nos termos do RJCE.

Artigo 55.º – Sanções acessórias

1 – Conjuntamente com as coimas, podem ser aplicadas, de acordo com a natureza, a gravidade ou a frequência das contraordenações, as seguintes sanções acessórias, nos termos do RJCE:

a) Apreensão de todo o material utilizado, no caso da alínea *i)* do n.º 1 do artigo anterior;

b) Interdição, por dois anos, do exercício da actividade, salvo no caso da alínea d) do n.º 2 do artigo anterior.

2 – Da aplicação de qualquer sanção será sempre dada publicidade, a expensas do infractor, mediante:

a) A afixação de cópia da decisão, pelo período de 30 dias, no próprio empreendimento, em lugar e por forma bem visível;

b) A sua publicação em jornal de difusão nacional, regional ou local, de acordo com o lugar, a importância e os efeitos da infracção.

Artigo 56.º – Concurso de contra-ordenações

Se um facto violar simultaneamente o disposto no Código da Publicidade, aprovado pelo Decreto-Lei n.º 330/90, de 23 de Outubro, e alterado pelo Decreto-Lei n.º 74/93, de 10 de Março, e pelo Decreto-Lei n.º 275/98, de 9 de Setembro, e os artigos 43.º e 44.º do presente diploma, deve ser punido pela violação destes.

Artigo 57.º – Responsabilidade

Os titulares, gerentes e administradores ou directores do estabelecimento individual de responsabilidade limitada, da cooperativa ou da sociedade comercial, proprietárias ou cessionárias, são subsidiariamente responsáveis pelo pagamento das coimas aplicadas àquelas.

Artigo 58.º – Competência

1 – Compete à Autoridade de Segurança Alimentar e Económica a organização e instrução dos processos relativos às contra-ordenações previstas no presente diploma.

2 – É da competência do inspetor-geral da Autoridade de Segurança Alimentar e Económica a aplicação das coimas e sanções acessórias previstas no presente diploma.

Artigo 59.º – Destino das coimas

O produto das coimas aplicadas pela prática das contraordenações económicas previstas no presente diploma é repartido nos termos do RJCE.

Artigo 60.º – Aplicação no tempo e no espaço

1 – O presente diploma aplica-se aos direitos reais de habitação periódica constituídos, ficando ressalvados os efeitos já produzidos pelos factos que este se destina a regular.

2 – Aos direitos reais de habitação periódica que tenham sido objecto de contratos-promessa de transmissão e não se encontrem constituídos ao tempo da entrada em vigor do presente diploma aplicam-se, quanto à escritura pública, ao registo e à emissão de certificados prediais, as disposições dos artigos 4.º, 5.º e 7.º a 9.º do Decreto-Lei n.º 130/89, de 18 de Abril.

3 – Nas transmissões de direitos reais de habitação periódica titulados por certificados prediais emitidos ou a emitir ao abrigo do Decreto-Lei n.º 130/89, de 18 de Abril, em que, nos termos do presente diploma, caiba ao adquirente a faculdade de resolver o contrato, deve este declarar por escrito, no momento da transmissão, que tomou conhecimento daquela faculdade.

4 – O título de constituição dos direitos reais de habitação periódica deve ser modificado, no prazo de um ano, sempre que o mesmo não se conforme, no tocante ao conteúdo dos direitos, com o que se dispõe no presente diploma.

5 – O proprietário ou cessionário da exploração do empreendimento turístico deve reforçar, no prazo de um ano, a caução de boa administração, até ao montante mínimo previsto no artigo 31.º

6 – O presente diploma aplica-se aos direitos obrigacionais de habitação turística, constituídos ao abrigo do disposto no Decreto-Lei n.º 130/89, de 18 de Abril, salvo o disposto no n.º 1 do artigo 47.º

7 – Sempre que a lei aplicável ao contrato seja a lei de um Estado membro da União Europeia é considerada como não escrita toda e qualquer cláusula contratual através da qual o consumidor renuncie aos direitos previstos no presente diploma.

8 – Se a lei aplicável for a lei de um país terceiro ao da União Europeia, o consumidor não pode ser privado da protecção conferida pelo disposto neste decreto-lei quando:

a) O bem imóvel se encontre situado no território de um Estado membro;

b) Nos restantes casos, o vendedor exercer a sua actividade de comércio no território de um Estado membro ou dirigir por qualquer meio essa actividade para o território de um Estado membro.

Artigo 60.º-A – Informação ao consumidor e resolução extrajudicial de litígios

1 – As entidades responsáveis pela aplicação do presente diploma devem promover acções destinadas a informar os consumidores sobre os direitos que para eles resultam da sua aplicação.

2 – As entidades a que se refere o número anterior devem promover o recurso aos mecanismos de resolução extrajudicial de conflitos para a resolução de litígios entre profissionais e consumidores, na acepção da Lei n.º 24/96, de 31 de Julho, resultantes da aplicação do presente diploma.

3 – As entidades referidas no n.º 1 devem incentivar os profissionais e os titulares de códigos de conduta a informarem os consumidores sobre a existência destes códigos.

Artigo 61.º – Isenção de IMT

A transmissão do direito real de habitação periódica é isenta do imposto municipal sobre as transmissões onerosas de imóveis (IMT).

Artigo 61.º-A – Tramitação desmaterializada

A tramitação dos procedimentos de comunicação prévia previstos nos artigos 5.º,46.º e 48.º é realizada por via informática através de formulário disponível no balcão único electrónico a que se refere o artigo 6.º do Decreto-Lei n.º 92/2010, de 26 de Julho, acessível através do Portal da Empresa, do Portal do Cidadão e do sítio da Internet do Turismo de Portugal, I. P.

Artigo 61.º-B – Cooperação administrativa

As autoridades competentes nos termos do presente diploma participam na cooperação administrativa através do Sistema de Informação do Mercado Interno (IMI) no âmbito dos procedimentos relativos a exploradores deste tipo de estabelecimentos com actividade noutro Estado membro, incluindo no âmbito da fiscalização e aplicação de sanções, nos termos do capítulo VI do Decreto-Lei n.º 92/2010, de 26 de Julho.

Artigo 62.º – Norma revogatória

Sem prejuízo do disposto no artigo 60.º, é revogado o Decreto-Lei n.º 130/89, de 18 de Abril.

DIREITO REAL DE HABITAÇÃO DURADOURA

Decreto-Lei n.º 1/2020, de 9 de janeiro
Cria o direito real de habitação duradoura

O XXI Governo Constitucional reconheceu, no âmbito das suas prioridades políticas, o papel primordial da habitação para a melhoria da qualidade de vida das populações, para a revitalização e competitividade das cidades e para a coesão social e territorial.

A habitação é um direito fundamental constitucionalmente consagrado, a base de uma sociedade estável e coesa e o alicerce a partir do qual os cidadãos constroem as condições que lhes permitem aceder a outros direitos como a educação, a saúde ou o emprego.

As profundas alterações dos modos de vida e das condições socioeconómicas das populações, a combinação de carências conjunturais com necessidades de habitação de natureza estrutural, a mudança de paradigma no acesso ao mercado de habitação precipitada pela crise económica e financeira internacional, e os efeitos colaterais de políticas de habitação anteriores, vieram colocar novos desafios à política de habitação e justificaram a necessidade de lançar uma Nova Geração de Políticas de Habitação (NGPH) que contribuísse para resolver problemas herdados e para dar resposta à nova conjuntura do setor habitacional.

Em paralelo com o agravamento das dificuldades de acesso a uma habitação adequada e com as alterações relativas às necessidades sentidas pelos agregados familiares, designadamente quanto à flexibilidade e à mobilidade habitacional, o perfil do parque habitacional do país em termos de regime de ocupação não tem contribuído para dar resposta aos problemas existentes.

Com efeito, em Portugal foi fortemente privilegiado o regime de habitação própria face ao de arrendamento, por diversas razões, das quais se destacam a escassez de oferta e a existência de disfuncionalidades no mercado de arrendamento, a facilidade de obtenção de crédito hipotecário, a disponibilização de apoios do Estado à compra de habitação e aspetos culturais que valorizam a propriedade.

Em resultado, 73 % dos alojamentos familiares clássicos de residência habitual em Portugal são ocupados pelos proprietários, o endividamento dos agregados familiares para aquisição de habitação assume valores muito elevados, o setor do arrendamento é diminuto e pouco acessível em termos de preços e as famílias encontram-se numa situação pouco favorável à mobilidade, o que reduz as suas opções e dificulta a sua adaptação a alterações nas dinâmicas pessoais, familiares e profissionais.

Adicionalmente, coloca-se na atualidade o novo desafio de conciliar as necessidades em termos de estabilidade e de segurança na ocupação do alojamento, cruciais para o desenvolvimento da vida familiar, com as de flexibilidade e mobilidade, que derivam de uma maior mutabilidade dos percursos de vida das pessoas.

Se em muitos casos o regime de habitação própria se tem mostrado pouco adequado pela sua rigidez, pelo peso do investimento que representa e pelas dificuldades de acesso ao mesmo, por outro lado, o regime de arrendamento nem sempre é conducente à estabilidade e segurança desejáveis.

Estas desadequações afetam, de forma mais acentuada, as faixas etárias mais vulneráveis da população: os mais jovens, com menor capacidade de investimento e maiores necessidades de mobilidade, e os idosos, que já não conseguindo aceder a crédito hipotecário carecem de fortes condições de segurança e de estabilidade habitacional.

Assim, uma política de habitação que combine as duas lógicas está, portanto, melhor preparada para fazer face ao caráter mutável das necessidades de habitação das famílias ao longo do seu ciclo de vida.

Neste contexto, no âmbito da NGPH, reconhece-se a necessidade de inovar ao nível dos instrumentos de política pública em matéria de habitação e de criação de instrumentos mais flexíveis e adaptáveis a diferentes realidades e públicos-alvo, capazes de dar resposta aos desafios da atualidade.

Desse modo, assumem relevância soluções que constituem alternativas à aquisição de habitação própria e ao consequente endividamento das famílias e dão resposta às necessidades dos grupos etários mais vulneráveis, conciliando condições de estabilidade e de segurança da solução habitacional das famílias com condições de flexibilidade e mobilidade.

Nesse quadro, e atenta a adoção do instituto do direito real de habitação para situações em que, não se justificando a aquisição da propriedade, se revelava necessário garantir a segurança da solução habitacional, como nos casos do direito de habitação atribuído pelo Decreto-Lei n.º 502/99, de 19 de dezembro, na sua redação atual, e pela Lei n.º 7/2001, de 11 de maio, na sua redação atual, foi adotada uma solução idêntica para o direito criado pelo presente decreto-lei.

Foi promovida a audição ao Conselho Nacional do Consumo.

O presente decreto-lei foi submetido a consulta pública.

Assim:

Nos termos da alínea *a)* do n.º 1 do artigo 198.º da Constituição, o Governo decreta o seguinte:

Artigo 1.º – Objeto

O presente decreto-lei cria o direito real de habitação duradoura (DHD).

Artigo 2.º – Conceito

O DHD faculta a uma ou a mais pessoas singulares o gozo de uma habitação alheia como sua residência permanente por um período vitalício, mediante o pagamento ao respetivo proprietário de uma caução pecuniária e de contrapartidas periódicas.

Artigo 3.º – Definições

Para efeitos do presente decreto-lei, entende-se por:

a) «Agregado habitacional», o conjunto constituído pelas pessoas que têm a sua residência permanente na mesma habitação e mantêm entre si vínculos familiares, de convivência estável e ou de dependência, bem como as situações determinadas por vínculo contratual que implique residência ou habitação comum;

b) «Habitação», o prédio urbano ou a fração autónoma de prédio urbano, tal como definidos no n.º 2 do artigo 204.º e nos artigos 1414.º e 1415.º do Código Civil, legalmente apto para ser utilizado para fins habitacionais;

c) «Morador», a pessoa ou pessoas do agregado habitacional que constam no contrato como titular ou titulares do DHD de uma determinada habitação;

d) «Obras de conservação ordinária», as obras de reparação de deteriorações na habitação resultantes do envelhecimento dos materiais e ou do seu desgaste pelo uso normal, nestas se incluindo as benfeitorias necessárias que se destinem a evitar a deterioração dos mesmos e a garantir um estado de conservação, no mínimo, médio;

e) «Obras de conservação extraordinária», as obras necessárias à reposição das condições de segurança, salubridade e conforto da habitação por anomalias que não sejam decorrentes do envelhecimento dos materiais e ou do seu desgaste pelo uso normal, incluindo as benfeitorias necessárias que se destinem a evitar a perda ou destruição da habitação;

f) «Proprietário», o titular ou cotitulares do direito de propriedade da habitação;

g) «Residência permanente», a habitação utilizada, de forma habitual e estável, por uma pessoa ou por um agregado habitacional como centro efetivo da sua vida pessoal e social.

Artigo 4.º – Avaliação prévia

1 – Para efeitos de constituição de um DHD, cabe ao proprietário promover a avaliação prévia do estado de conservação da habitação realizada por arquiteto, engenheiro ou engenheiro técnico inscrito na respetiva ordem profissional, que não se encontre em qualquer situação de incompatibilidade ou de impedimento no âmbito desse processo.

2 – A avaliação referida no número anterior deve assegurar o registo das condições existentes na habitação há menos de 12 meses, devendo ser utilizada para o efeito ficha de avaliação elaborada nos termos da portaria a que se refere o artigo 8.º do Decreto-Lei n.º 266-B/2012, de 31 de dezembro.

Artigo 5.º – Constituição do direito real de habitação duradoura

1 – O DHD é constituído pelo proprietário de uma habitação a favor de uma ou mais pessoas singulares, que adquirem a qualidade de moradores.

2 – A habitação deve ser entregue pelo proprietário ao morador com um nível de conservação, no mínimo, médio e livre de pessoas, ónus e encargos, incluindo outros direitos ou garantias reais, designadamente a hipoteca.

3 – O contrato é celebrado por escritura pública ou por documento particular no qual as assinaturas das partes são presencialmente reconhecidas.

4 – O DHD está sujeito a inscrição no registo predial, a requerer pelo morador no prazo de 30 dias a contar da data de celebração do contrato.

5 – O contrato de constituição do DHD, além da menção à aplicação do regime do presente decreto-lei, deve conter:

a) O montante da caução prestada e os valores das contrapartidas a que se refere o n.º 1 do artigo 7.º;

b) A declaração do morador a aceitar o estado de conservação da habitação, determinado de acordo com a ficha de avaliação referida no artigo anterior, que consta como documento complementar do contrato;

c) O endereço postal e, se as partes assim o pretenderem, o endereço eletrónico que cada uma delas se compromete a utilizar para efeito de todas as comunicações a realizar no âmbito do DHD, sem prejuízo do disposto no n.º 9.

6 – Após a celebração do contrato, qualquer alteração do endereço de uma das partes deve ser comunicada à contraparte no prazo máximo de 20 dias, sob pena de aquela não poder invocar a falta de receção de comunicações.

7 – No ato de celebração do contrato são pagas pelo morador as quantias relativas à caução e à primeira prestação mensal, esta pelo valor proporcional ao número de dias de vigência do DHD no mês de celebração do contrato, cabendo à entidade que faz o reconhecimento das assinaturas verificar que o montante da caução respeita os limites estabelecidos no n.º 1 do artigo seguinte.

8 – A forma estabelecida no n.º 3 é aplicável ao ato ou ao contrato que determine a aquisição da propriedade pelo morador ou a transferência dos direitos deste para o proprietário, com exceção da resolução.

9 – As comunicações das partes relativas à cessação do contrato, nomeadamente relativas a atos de resolução ou de renúncia, são efetuadas por carta registada com aviso de receção, considerando-se a comunicação recebida com a assinatura do aviso pelo seu destinatário ou com a recusa deste em recebê-la.

10 – No caso das comunicações referidas no número anterior, quando não seja conseguida a respetiva entrega em virtude de omissão ou de ato do seu destinatário, é efetuado novo envio da comunicação por carta registada com aviso de receção, considerando-se esta recebida no 15.º dia a contar da data do registo do envio.

Artigo 6.º – Caução

1 – Com a constituição do DHD é prestada pelo morador ao proprietário uma caução pecuniária cujo montante é estabelecido, por acordo entre as partes, entre 10 % e 20 % do valor mediano das vendas por m^2 de alojamentos familiares, por freguesia, aplicável em função da localização da habitação e da área constante da respetiva caderneta predial, de acordo com a última atualização divulgada pelo Instituto Nacional de Estatística, I. P., (INE, I. P.), sendo considerado o valor da menor unidade territorial para fins estatísticos em que a habitação esteja localizada no caso de indisponibilidade do valor por freguesia.

2 – A caução é prestada por um prazo de 30 anos, sendo o seu valor inicial reduzido em 5 % ao ano a partir do início do 11.º ano e até ao final do 30.º ano de vigência do DHD, por força do disposto na alínea *b)* do n.º 1 do artigo seguinte.

3 – A caução prestada pelo morador constitui rendimento do proprietário quando e na medida do que dela se pagar nos termos do artigo seguinte.

4 – Quando existam quantias em dívida decorrentes do não cumprimento pelo morador das suas obrigações, o proprietário, em qualquer caso de extinção do contrato, pode deduzi-las do montante da caução a devolver ao morador, devendo, para o efeito, dispor de comprovativo das comunicações enviadas a solicitar o pagamento dos montantes devidos, com a respetiva fundamentação, e cópia dos documentos comprovativos dos mesmos.

5 – A faculdade conferida ao proprietário no número anterior não prejudica o seu direito à resolução do contrato nos termos do artigo 18.º, mas cessa quando haja lugar ao depósito referido no n.º 3 do artigo 21.º

Artigo 7.º – Contrapartidas

1 – Como contrapartida do DHD, o morador paga ao proprietário:

a) Uma prestação pecuniária mensal, por cada mês de duração do DHD, cujo montante é estabelecido no contrato;

b) Uma prestação pecuniária anual, por cada ano efetivamente decorrido desde o 11.º ano até ao final do 30.º ano, correspondente a 5 % da caução inicial e paga através de dedução na caução.

2 – Sem prejuízo do disposto no n.º 7 do artigo 5.º, a prestação mensal deve ser paga pelo morador no dia do mês, pelo meio e com o regime de atualização que ficarem convencionados no contrato.

3 – Na falta de convenção no contrato sobre o regime de atualização da prestação mensal, o proprietário pode atualizá-la anualmente por aplicação da taxa de variação média do Índice de Preços no Consumidor, sem habitação, dos últimos 12 meses disponíveis, através de comunicação enviada ao morador com uma antecedência nunca inferior a 60 dias.

4 – O valor da prestação mensal só pode ser alterado por acordo entre as partes.

Artigo 8.º – Obrigações do proprietário

Cabe ao proprietário, em especial:

a) Assegurar que a habitação é entregue ao morador em estado de conservação, no mínimo, médio;

b) Pagar, na parte relativa à habitação, os custos de obras e demais encargos relativos às partes comuns do prédio e, no caso de condomínio constituído, pagar as quotizações e cumprir as demais obrigações enquanto condómino;

c) Assegurar a vigência, a todo o tempo, de seguros relativos ao prédio e à habitação que sejam legalmente obrigatórios;

d) Realizar e suportar o custo das obras de conservação extraordinária na habitação, salvo se as anomalias existentes resultarem de atos ilícitos e ou do não cumprimento de obrigações por parte do morador;

e) Gerir o montante recebido a título de caução e, com a extinção do DHD, assegurar a sua devolução ao morador nos casos e termos previstos no presente decreto-lei.

Artigo 9.º – Obrigações do morador

1 – Cabe ao morador, em especial:

a) Utilizar a habitação exclusivamente para sua residência permanente;

b) Pagar as taxas municipais e entregar ao proprietário do imóvel os montantes relativos ao Imposto Municipal sobre Imóveis;

c) Promover ou permitir a realização das avaliações do estado de conservação da habitação previstas no presente decreto-lei e, salvo nos casos da avaliação prévia prevista no artigo 4.º e no n.º 3 do presente artigo, pagar o respetivo custo;

d) Realizar e suportar o custo das obras de conservação ordinária na habitação;

e) Consentir ao proprietário a realização das obras a que este está obrigado de acordo com a alínea b) do artigo anterior e informá-lo logo que tenha conhecimento da existência de anomalias na habitação cuja reparação seja obrigação do mesmo.

2 – O disposto na alínea *a)* do número anterior não prejudica a possibilidade de o morador utilizar parte da habitação para outro fim, desde que o faça ao abrigo de previsão contratual ou através de autorização prévia escrita do proprietário.

3 – Se o proprietário, no prazo de três meses a contar do aviso do morador referido na alínea *e)* do n.º 1, não iniciar as reparações, pode o morador fazê-las a expensas suas, desde que a necessidade das mesmas seja confirmada através de avaliação realizada por arquiteto, engenheiro ou engenheiro técnico inscrito na respetiva ordem profissional, caso em que pode exigir ao proprietário o pagamento da despesa total com a realização das obras e da avaliação.

Artigo 10.º – Obras

1 – Além das obras referidas na alínea *d)* do n.º 1 e no n.º 3 do artigo anterior, o morador pode realizar obras que, não alterando a estrutura nem comprometendo as condições de segurança e salubridade da habitação, se destinem:

a) À introdução de soluções de eficiência energética e hídrica;

b) À integração de soluções de acessibilidade destinadas a pessoas com mobilidade e autonomia condicionadas.

2 – Até ao termo de cada período de oito anos de vigência do DHD, o morador deve remeter ao proprietário ficha de avaliação atualizada do nível de conservação da mesma, elaborada há menos de 12 meses em termos idênticos aos previstos no artigo 4.º, ou optar por permitir ao proprietário o acesso à habitação para esse efeito.

3 – Quando o nível de conservação da habitação constante da ficha de avaliação referida no número anterior for inferior a médio e a avaliação demonstre que as anomalias existentes resultam da não realização de obras de conservação ordinária, o morador, no prazo máximo de seis meses a contar da data da ficha de avaliação, deve promover a realização das obras necessárias à reposição do nível médio de conservação e confirmá-lo através de nova avaliação.

4 – Independentemente da sua natureza, as benfeitorias realizadas pelo morador na habitação não lhe conferem o direito a levantamento ou a qualquer compensação.

Artigo 11.º – Transmissão da habitação

1 – O proprietário pode transmitir livremente a terceiros a propriedade onerada com o DHD, de forma onerosa ou gratuita, mas, com exceção da hipoteca, não pode constituir outros direitos ou garantias reais sobre a mesma.

2 – No caso de transmissão da propriedade da habitação para o morador, este pode utilizar o montante da caução a cuja devolução tenha direito para compensar, total ou parcialmente, a obrigação de pagamento do preço.

Artigo 12.º – Transmissão do direito real de habitação duradoura

O DHD não é transmissível mortis causa e, na sua vigência, só pode ser transmitido no caso de execução da hipoteca a que se refere o artigo seguinte.

Artigo 13.º Oneração do direito real de habitação duradoura

1 – O DHD só pode ser hipotecado pelo seu titular para garantir crédito que lhe seja concedido para pagar, no todo ou em parte, o valor da caução.

2 – No caso de extinção do DHD por aquisição da propriedade por parte do morador, a hipoteca transfere-se para a propriedade da habitação.

3 – Se a extinção do DHD resultar de renúncia ou de outro ato ou contrato que tenha como efeito a transferência dos direitos do morador para o proprietário, a hipoteca subsiste, como se a extinção do direito não se tivesse verificado.

Artigo 14.º – Mora

1 – O não pagamento integral e pontual, pelas partes contratantes do DHD, das suas obrigações pecuniárias constitui em mora a parte faltosa, vencendo-se juros legais de mora até ao efetivo e integral pagamento da dívida.

2 – No caso de mora, a parte faltosa deve pagar a dívida, os juros de mora e quaisquer montantes entretanto vencidos e não pagos, no prazo que lhe for fixado na comunicação efetuada para o efeito pela contraparte, prazo esse que não pode ser inferior a 60 dias a contar da data de receção dessa comunicação, dispondo esta contraparte de prazo igual para envio do termo de quitação do pagamento efetuado.

3 – No caso de mora do morador cujo contrato tenha 10 ou mais anos de vigência, o prazo mínimo para pagamento é o referido no número anterior acrescido de dois dias por cada ano de contrato, desde o décimo ano.

4 – Transcorrido o prazo que for fixado nos termos dos números anteriores sem que o morador efetue o pagamento, o proprietário adquire o direito de resolver o contrato nos termos previstos no artigo 18.º

5 – Nas situações previstas no n.º 2 do artigo 17.º, o proprietário constitui-se em mora se não efetuar o pagamento ao morador do montante correspondente ao saldo da caução até ao termo do prazo aplicável nos termos desse preceito, caso em que, aos juros legais de mora, acresce uma penalização de 20 % do montante da caução em dívida.

Artigo 15.º – Extinção do direito real de habitação duradoura

1 – A extinção do DHD determina, entre outras, a obrigação de o morador entregar a habitação ao proprietário com nível de conservação, no mínimo, médio e a obrigação do proprietário de devolver ao morador o saldo da caução.

2 – O crédito do morador pela não devolução pelo proprietário do saldo da caução que lhe seja devido pela extinção do DHD goza de privilégio imobiliário especial sobre a habitação, o qual é graduado depois dos créditos referidos na alínea *b)* do n.º 2 do artigo 333.º do Código do Trabalho e antes dos créditos referidos no artigo 748.º do Código Civil e dos créditos relativos a contribuições para a segurança social.

3 – Qualquer ato unilateral do morador que tenha como efeito a cessação do contrato dc DHD onerado com hipoteca só é válido se a correspondente comunicação incluir a declaração do credor hipotecário a autorizar o cancelamento da hipoteca.

Artigo 16.º – Caducidade

O DHD caduca com a morte do morador ou, se constituído a favor de mais do que uma pessoa, com a morte do último deles.

Artigo 17.º – Renúncia do morador

1 – O morador pode renunciar livremente ao DHD através do envio ao proprietário, por carta registada com aviso de receção, com uma antecedência mínima de 90 dias em relação à data de entrega da habitação, de declaração com assinatura reconhecida presencialmente, instruída, se for o caso, com a declaração referida no n.º 3 do artigo 15.º e com ficha de avaliação da habitação elaborada nos termos do artigo 4.º comprovativa de um nível de conservação da mesma, no mínimo, médio.

2 – A extinção do DHD por renúncia do morador determina a devolução do montante correspondente ao saldo da caução, dispondo o proprietário de um período para proceder ao respetivo pagamento, contado da data de receção da comunicação da renúncia, nos seguintes termos:

a) Até nove meses, quando o valor do saldo for igual ou superior a 60 % dos montantes pagos pelo morador a título de caução;

b) Até seis meses, quando esse valor for inferior a 60 % e superior a 30 % dos referidos montantes; ou

c) Até três meses, quando o saldo for de valor igual ou inferior a 30 %.

Artigo 18.º – Incumprimento definitivo e resolução contratual

1 – O incumprimento definitivo do DHD por uma das partes contratantes confere à contraparte o direito de resolução contratual nos termos gerais de direito aplicáveis e do disposto no presente decreto-lei, sem efeitos retroativos e não prejudicando o disposto nos n.os 2 e 3 do artigo 13.º

2 – Constituem causas de incumprimento definitivo do DHD:

a) O não pagamento, total ou parcial, por qualquer das partes dos montantes devidos à contraparte, após o termo do prazo da interpelação efetuada nos termos dos n.os 2 e 3 do artigo 14.º;

b) A reincidência de constituição em mora por parte do morador, com pagamento da dívida antes do termo do prazo referido na alínea anterior, por mais do que três, quatro ou cinco vezes seguidas ou interpoladas, consoante o contrato vigore, respetivamente, há menos de 15 anos, há mais de 15 anos e menos de 30 anos ou há mais de 30 anos.

3 – A resolução do contrato de DHD por qualquer das partes é decretada nos termos da lei de processo, salvo nos casos previstos nos números seguintes.

4 – A resolução contratual com fundamento no não pagamento pelo morador da contrapartida mensal do DHD prevista na alínea *a)* do n.º 1 do artigo 7.º opera por comunicação do proprietário ao morador, a efetuar no prazo máximo de seis meses, sob pena de caducidade do direito de resolver o contrato.

5 – Nos casos em que não seja efetuada a comunicação do proprietário para resolução do contrato, nos termos do número anterior, com fundamento na alínea *b)* do n.º 2, o proprietário tem o direito de resolver o contrato quando o morador se constituir novamente em mora.

6 – A comunicação da resolução prevista no número anterior acompanhada do contrato de DHD e das cópias das comunicações relativas ao incumprimento definitivo nos termos do presente decreto-lei, constitui título executivo para entrega de coisa certa e ou pagamento de quantia certa, incluindo, neste caso, as quantias entretanto vencidas e não pagas e outras que sejam devidas ao proprietário desde a referida comunicação.

7 – No caso de não pagamento, pelo proprietário ao morador, do montante do saldo da caução, decorrido o prazo aplicável para o efeito, nos termos do n.º 2 do artigo anterior, constitui título executivo para pagamento de quantia certa o contrato de DHD e a cópia do comprovativo da comunicação de renúncia do morador e respetivos documentos integrantes.

Artigo 19.º – Entrega da habitação

1 – Extinto o DHD, a habitação deve ser entregue, livre de pessoas, no prazo máximo de três meses a contar da data do ato ou da ocorrência determinante da extinção, salvo no caso de renúncia pelo morador, em que o prazo corresponde à data da produção de efeitos da renúncia.

2 – Até à entrega da habitação, o morador paga ao proprietário uma indemnização pela sua utilização a título precário, de valor diário proporcional ao montante da última prestação mensal praticada à data da extinção.

3 – O não cumprimento pelo morador das obrigações previstas nos números anteriores confere ao proprietário o direito de exigir a imediata entrega da habitação e uma indemnização, por cada dia decorrido desde a data do ato ou da ocorrência determinante da extinção do DHD ou do início da falta de pagamento da indemnização, correspondente ao dobro do valor diário da última prestação mensal praticada, podendo, para o efeito, o proprietário utilizar a caução existente.

4 – Quando a extinção do DHD resulte da morte do morador, os restantes membros do agregado habitacional dispõem de um prazo de três meses, a contar da data do óbito, para comunicar essa ocorrência ao proprietário, bem como para identificar os membros do agregado que permanecem na habitação e, se for o caso, indicar os que, de entre eles, são herdeiros do morador.

5 – Em qualquer caso, os herdeiros do morador ou o cabeça de casal da respetiva herança dispõem de um prazo de três meses a contar do óbito para notificarem o proprietário da ocorrência, bem como para o informar se a habitação ficou desocupada ou se permanecem na habitação outros membros do agregado habitacional.

6 – Os membros do agregado habitacional ou, se a habitação estiver devoluta, os herdeiros têm um prazo de seis meses, a contar do óbito, para entrega da habitação, pagando ao proprietário uma indemnização pela sua utilização a título precário em termos idênticos aos previstos no n.º 2.

7 – A falta de comunicação do óbito ou a não entrega da habitação no prazo referido no número anterior conferem ao proprietário o direito a uma indemnização, a contar da data do óbito e até à efetiva entrega da habitação, de valor diário proporcional ao montante do último valor mediano divulgado pelo INE, I. P., das rendas por m^2 de alojamentos familiares por freguesia ou, se este estiver indisponível, da menor unidade territorial subsequente, acrescido de 20 %.

8 – No prazo máximo de um mês a contar da receção da comunicação referida no n.º 5, o proprietário deve informar os herdeiros ou o cabeça de casal sobre os créditos e ou débitos do morador à data do óbito, enviando-lhes, para o efeito, cópia dos respetivos comprovativos, bem como sobre os créditos já existentes e os que vierem a ser apurados nos termos do artigo seguinte.

9 – Na situação prevista no número anterior, se o saldo da caução for inexistente ou insuficiente para cobrir os créditos do proprietário apurados nos termos aí previstos, o pagamento dos mesmos é efetuado:

a) Pelos herdeiros ou pelo cabeça de casal, no que respeita a dívidas do morador, incluindo as que decorram do disposto no artigo seguinte, sendo o crédito do proprietário titulado pelo contrato, pelo registo dos movimentos da caução e pelos documentos comprovativos dos valores em dívida; e

b) Pelos membros do agregado que permanecem na habitação após o óbito do morador, quanto aos créditos decorrentes dessa ocupação.

10 – O proprietário dispõe dos prazos estabelecidos no n.º 2 do artigo 17.º, a contar da data de receção da comunicação do óbito, para pagar aos herdeiros do morador falecido o montante da caução que seja apurado após a dedução dos montantes que lhe são devidos nos termos do presente decreto-lei, sem prejuízo do disposto no n.º 2 do artigo seguinte.

Artigo 20.º – Estado de conservação da habitação

1 – Quando a habitação for entregue ao proprietário sem uma ficha de avaliação do estado de conservação, elaborada em termos idênticos aos previstos no artigo 4.º, pode aquele assegurar a sua realização, caso em que tem direito a ser pago da correspondente despesa, bem como da despesa com as obras que, em função dessa avaliação, sejam necessárias para dotar a habitação de um estado de conservação, no mínimo, médio.

2 – O proprietário pode deduzir no saldo da caução as despesas referidas no número anterior, dispondo de um prazo de 12 meses a contar da data da entrega da habitação para devolver o saldo remanescente.

3 – O proprietário não pode, porém, exigir a entrega da habitação em estado de conservação, no mínimo, médio se o nível de conservação inferior se relacionar com anomalias decorrentes da não realização das obras que lhe cabe assegurar nos termos do presente decreto-lei.

Artigo 21.º – Execução de hipoteca

1 – No caso de execução da hipoteca constituída sobre o DHD, o proprietário tem opção de compra deste direito, devendo ser citado no âmbito da ação executiva para dizer se pretende ou não exercer essa faculdade, podendo, para o efeito, utilizar o saldo da caução existente à data.

2 – No caso de extinção do DHD por aquisição pelo proprietário, ao abrigo da opção de compra prevista no número anterior, mantém-se a obrigação de este devolver ao morador o saldo da caução remanescente, após pagamento das quantias necessárias à extinção da ação executiva e da dedução dos montantes a que tenha direito.

3 – Quando não exercer a opção de compra, o proprietário deve depositar à ordem do processo o saldo da caução existente à data da citação referida no n.º 1, não podendo continuar a utilizá-la, sem prejuízo de poder reclamar no processo os créditos que detenha ou venha a deter sobre o morador.

4 – São satisfeitas até ao valor da caução depositada as dívidas reclamadas, primeiro, pelo proprietário e, depois, pelo exequente, havendo lugar à devolução do remanescente ao morador uma vez pagas todas as quantias necessárias à extinção da ação executiva.

5 – Sempre que, por insuficiência da caução, haja lugar à venda executiva do DHD, este direito transmite-se ao adquirente nas condições do contrato, incluindo a obrigação de destinar a habitação a sua residência permanente, com exceção da duração do contrato, que passa a ser de 30 anos a contar da data de constituição do DHD, não havendo lugar à prestação de nova caução.

6 – O disposto no número anterior quanto às condições do contrato transmitido não prejudica a faculdade de aquisição do DHD pelo exequente no âmbito da ação, no caso de este não poder ou não querer destinar a habitação a sua residência permanente, caso em que deve transmiti-lo nas condições indicadas no número anterior no prazo máximo de um ano a contar da data do título de aquisição, sob pena de caducidade do direito.

7 – O proprietário tem direito de preferência na venda executiva do DHD.

8 – Se o proprietário não exercer o direito de preferência, os créditos que tenha reclamado por causa do DHD são graduados logo após os do credor hipotecário.

9 – No caso de ação executiva relativa a hipoteca constituída sobre o direito de propriedade, o morador tem direito de preferência na correspondente venda executiva.

Artigo 22.º – Registo predial

A constituição do DHD e a sua extinção estão sujeitas a inscrição no registo predial, da qual deve constar a sua duração vitalícia e, sempre que aplicável, a alteração da duração decorrente do disposto no artigo anterior.

Artigo 23.º – Regime aplicável

O DHD rege-se pelo disposto no presente decreto-lei e, no que neste não seja regulado, pelo disposto nos artigos 1484.º e seguintes do Código Civil, com as devidas adaptações.

Artigo 24.º – Entrada em vigor

O presente decreto-lei entra em vigor no dia seguinte ao da sua publicação.

Visto e aprovado em Conselho de Ministros de 5 de dezembro de 2019. – António Luís Santos da Costa – António Manuel Veiga dos Santos Mendonça Mendes – Francisca Eugénia da Silva Dias Van Dunem – Pedro Nuno de Oliveira Santos.

Promulgado em 3 de janeiro de 2020.

Publique-se.

O Presidente da República, Marcelo Rebelo de Sousa.

Referendado em 7 de janeiro de 2020.

O Primeiro-Ministro, António Luís Santos da Costa.

REGIME JURÍDICO DA EXPLORAÇÃO DOS ESTABELECIMENTOS DE ALOJAMENTO LOCAL

Decreto-Lei n.º 128/2014, de 29 de agosto
Aprova o regime jurídico da exploração dos estabelecimentos de alojamento local

A figura do alojamento local foi criada pelo Decreto-Lei n.º 39/2008, de 7 de março, alterado pelos Decretos-Leis n.ºs 228/2009, de 14 de setembro, e 15/2014, de 23 de janeiro, para permitir a prestação de serviços de alojamento temporário em estabelecimentos que não reunissem os requisitos legalmente exigidos para os empreendimentos turísticos.

Tal realidade viria a ser regulamentada através da Portaria n.º 517/2008, de 25 de junho, entretanto alterada pela Portaria n.º 138/2012, de 14 de maio, que, no seguimento da transposição da Diretiva n.º 2006/123/CE, do Parlamento Europeu e do Conselho, de 12 de dezembro de 2006, pelo Decreto-Lei n.º 92/2010, de 26 de julho, veio consagrar a possibilidade de inscrição dos estabelecimentos de alojamento local através do Balcão Único Eletrónico.

Assim, a Portaria n.º 517/2008, de 25 de junho, veio prever três tipos de estabelecimentos de alojamento local, a saber, o apartamento, a moradia e os estabelecimentos de hospedagem, estabelecendo alguns requisitos mínimos de segurança e higiene.

Com a referida Portaria procurou-se enquadrar uma série de realidades que ofereciam serviços de alojamento a turistas sem qualquer formalismo e à margem da lei, acautelando, ao mesmo tempo, que alguns dos empreendimentos extintos pelo Decreto-Lei n.º 39/2008, de 7 de março (nomeadamente, pensões, motéis, albergarias e estalagens) e que não reuniam condições para serem empreendimentos turísticos, pudessem ainda assim continuar a prestar serviços de alojamento, por forma a evitar o respetivo encerramento com todas as consequências negativas associadas.

Sucede, no entanto, que a dinâmica do mercado da procura e oferta do alojamento fez surgir e proliferar um conjunto de novas realidades de alojamento que, sendo formalmente equiparáveis às previstas na Portaria n.º 517/2008, de 25 de junho, determinam, pela sua importância turística, pela confirmação de que se não tratam de um fenómeno passageiro e pela evidente relevância fiscal, uma atualização do regime aplicável ao alojamento local.

Essa atualização, precisamente porque estas novas realidades surgem agora, não como um fenómeno residual, mas como um fenómeno consistente e global, passa, não só pela revisão do enquadramento que lhes é aplicável, mas, igualmente, pela criação de um regime jurídico próprio, que dê conta, precisamente, dessa circunstância.

Por isso mesmo, aliás, o Decreto-Lei n.º 15/2014, de 23 de janeiro, que procedeu à segunda alteração ao regime jurídico da instalação, exploração e funcionamento dos empreendimentos turísticos, aprovado pelo Decreto-Lei n.º 39/2008, de 7 de março, que havia sido anteriormente alterado pelo Decreto-Lei n.º 228/2009, de 14 de setembro, assumiu a necessidade de autonomizar a figura do alojamento local em diploma próprio, de forma a melhor adaptar à realidade a ainda recente experiência desta figura no panorama da oferta de serviços de alojamento.

É o que agora se faz com a aprovação do presente decreto-lei, o qual eleva a figura do alojamento local de categoria residual para categoria autónoma, reconhecendo a sua relevância turística e inaugurando um tratamento jurídico próprio.

Desta forma, as figuras dos empreendimentos turísticos e do alojamento local passam a ser duas figuras devidamente autónomas e recortadas, vedando-se a possibilidade de colocação sob a figura e regime do alojamento local de empreendimentos que cumprem com os requisitos dos empreendimentos turísticos.

Esta autonomização pretende assim assegurar que a produtos distintos se aplicam regimes jurídicos distintos, tratando de forma igual o que é materialmente igual.

Mantêm-se as três tipologias de alojamento local (o apartamento, a moradia e os estabelecimentos de hospedagem), pese embora quanto aos apartamentos e aos estabelecimentos de hospedagem se tenha procedido, com motivações distintas, a alterações.

No caso dos estabelecimentos de hospedagem, cujo regime é atualizado, preveem-se ainda requisitos particulares para os «hostels», para os quais se exigem especiais características. Sem entrar em pormenores que impeçam o desenvolvimento e inovação do produto, procurou-se sobretudo enquadrar juridicamente e preservar uma figura que se impôs turisticamente.

No caso dos apartamentos, uma tipologia cada vez mais frequente no mercado turístico mundial, amplificada pela publicitação e intermediação digital, o presente decreto-lei mantém e pugna por uma importante margem de liberdade no que diz respeito à oferta do serviço, mas enquadra fiscalmente a sua exploração em prestação de serviços de alojamento, assim impedindo que tal atividade se desenvolva num contexto de evasão fiscal. O presente decreto-lei deixa ainda claro que cada titular de exploração só pode explorar, por edifício, o máximo de nove unidades, sem prejuízo de poder explorar mais unidades desde que o faça ao abrigo do regime fixado para os apartamentos turísticos previsto no Decreto-Lei n.º 39/2008, de 7 de março, de acordo com as alterações que foram introduzidas pelo Decreto-Lei n.º 15/2014, de 23 de janeiro.

Também no que concerne à segurança contra risco de incêndio são consagradas especificidades para os estabelecimentos de alojamento local com menos de 10 utentes, para os quais se estabeleceram requisitos mínimos a observar.

No que respeita às competências de fiscalização e de aplicação de sanções concretizam-se as alterações já efetuadas pelo Decreto-Lei n.º 15/2014, de 23 de janeiro, ao Decreto-Lei n.º 39/2008, de 7 de março, atribuindo tais competências à Autoridade de Segurança Alimentar e Económica.

Foram ouvidos os órgãos de governo próprio das Regiões Autónomas, a Confederação do Turismo Português, a Associação Nacional de Municípios Portugueses e a Comissão Nacional de Proteção de Dados.

Foi promovida a audição do Conselho Nacional do Consumo.

Assim:

Nos termos do n.º 3 do artigo 2.º do Decreto-Lei n.º 39/2008, de 7 de março, alterado pelos Decretos-Leis n.ºs 228/2009, de 14 de setembro, e 15/2014, de 23 de janeiro, e da alínea *a)* do n.º 1 do artigo 198.º da Constituição, o Governo decreta o seguinte:

CAPÍTULO I – Disposições gerais

Artigo 1.º – Objeto

O presente decreto-lei estabelece o regime jurídico da exploração dos estabelecimentos de alojamento local.

Artigo 2.º – Noção de estabelecimento de alojamento local

1 – Consideram-se «estabelecimentos de alojamento local» aqueles que prestam serviços de alojamento temporário, nomeadamente a turistas, mediante remuneração, e que reúnam os requisitos previstos no presente decreto-lei.

2 – É proibida a exploração como estabelecimentos de alojamento local de estabelecimentos que reúnam os requisitos para serem considerados empreendimentos turísticos, nos termos do Decreto-Lei n.º 39/2008, de 7 de março, na sua redação atual.

Artigo 3.º – Modalidades

1 – Os estabelecimentos de alojamento local devem integrar-se numa das seguintes modalidades:

a) Moradia;

b) Apartamento;

c) Estabelecimentos de hospedagem.

d) Quartos.

2 – Considera-se «moradia» o estabelecimento de alojamento local cuja unidade de alojamento é constituída por um edifício autónomo, de caráter unifamiliar.

3 – Considera-se «apartamento» o estabelecimento de alojamento local cuja unidade de alojamento é constituída por uma fração autónoma de edifício ou parte de prédio urbano suscetível de utilização independente.

4 – Considera-se 'estabelecimento de hospedagem' o estabelecimento de alojamento local cujas unidades de alojamento são constituídas por quartos, integrados numa fração autónoma de edifício, num prédio urbano ou numa parte de prédio urbano suscetível de utilização independente.

5 – Sem prejuízo do disposto no n.º 6 do artigo 33.º, os 'estabelecimentos de hospedagem' podem utilizar denominação 'hostel' se obedecerem aos requisitos previstos no número seguinte e na portaria a que se refere o n.º 5 do artigo 12.º

6 – Considera-se 'hostel' o estabelecimento cuja unidade de alojamento predominante seja o dormitório, considerando-se predominante sempre que o número de utentes em dormitório seja superior ao número de utentes em quarto.

7 – Consideram-se 'quartos' a exploração de alojamento local feita na residência do locador, que corresponde ao seu domicílio fiscal, sendo a unidade de alojamento o quarto e só sendo possível, nesta modalidade, ter um máximo de três unidades.

Artigo 4.º – Prestação de serviços de alojamento

1 – Para todos os efeitos, a exploração de estabelecimento de alojamento local corresponde ao exercício, por pessoa singular ou coletiva, da atividade de prestação de serviços de alojamento.

2 – Presume-se existir exploração e intermediação de estabelecimento de alojamento local quando um imóvel ou fração deste:

a) Seja publicitado, disponibilizado ou objeto de intermediação, por qualquer forma, entidade ou meio, nomeadamente em agências de viagens e turismo ou sites da Internet, como alojamento para turistas ou como alojamento temporário; ou

b) Estando mobilado e equipado, neste sejam oferecidos ao público em geral, além de dormida, serviços complementares ao alojamento, nomeadamente limpeza, por períodos inferiores a 30 dias.

3 – A presunção referida no número anterior pode ser ilidida nos termos gerais de direito, designadamente mediante apresentação de contrato de arrendamento urbano devidamente registado nos serviços de finanças.

4 – Não pode haver lugar à instalação e exploração de 'hostels' em edifícios em propriedade horizontal nos prédios em que coexista habitação sem autorização dos condóminos para o efeito, devendo a deliberação respetiva instruir a comunicação prévia com prazo.

CAPÍTULO II – Registo de estabelecimentos

Artigo 5.º – Registo

1 – O registo de estabelecimentos de alojamento local é efetuado mediante comunicação prévia com prazo dirigida ao Presidente da Câmara Municipal territorialmente competente, nos termos do artigo seguinte.

2 – A comunicação prévia com prazo é realizada exclusivamente através do Balcão Único Eletrónico previsto no artigo 6.º do Decreto-Lei n.º 92/2010, de 26 de julho, que confere a cada pedido um número decorrido o prazo previsto no n.º 9 do artigo 6.º, o qual constitui, para efeitos do presente decreto-lei, e em caso de não oposição, o número de registo do estabelecimento de alojamento local, e que remete automaticamente ao Turismo de Portugal, I. P., para os efeitos previstos no artigo 10.º

3 – A comunicação prévia com prazo é obrigatória e condição necessária para a exploração de estabelecimentos de alojamento local.

Artigo 6.º – Comunicação prévia com prazo

1 – Da comunicação prévia com prazo dirigida ao Presidente da Câmara Municipal devem obrigatoriamente constar as seguintes informações:

a) A autorização de utilização ou título de utilização válido do imóvel;

b) A identificação do titular da exploração do estabelecimento, com menção do nome ou firma e do número de identificação fiscal;

c) O endereço do titular da exploração do estabelecimento;

d) Nome adotado pelo estabelecimento e seu endereço;

e) Capacidade (quartos, camas e utentes) do estabelecimento;

f) A data pretendida de abertura ao público;

g) Nome, morada e número de telefone de pessoa a contactar em caso de emergência.

2 – A comunicação prévia com prazo deve obrigatoriamente ser instruída com os seguintes documentos:

a) Cópia simples do documento de identificação do titular da exploração do estabelecimento, no caso de este ser pessoa singular, ou indicação do código de acesso à certidão permanente do registo comercial, no caso de este ser pessoa coletiva;

b) Termo de responsabilidade, subscrito pelo titular da exploração do estabelecimento, assegurando a idoneidade do edifício ou sua fração autónoma para a prestação de serviços de alojamento e que o mesmo respeita as normas legais e regulamentares aplicáveis;

c) Cópia simples da caderneta predial urbana referente ao imóvel em causa, no caso de o requerente ser proprietário do imóvel;

d) Cópia simples do contrato de arrendamento ou doutro título que legitime o titular de exploração ao exercício da atividade e, caso do contrato de arrendamento ou outro não conste prévia autorização para a prestação de serviços de alojamento, cópia simples do documento contendo tal autorização;

e) Cópia simples da declaração de início ou alteração de atividade do titular da exploração do estabelecimento para o exercício da atividade de prestação de serviços de alojamento correspondente à secção I, subclasses 55201 ou 55204 da Classificação Portuguesa de Atividades Económicas, Revisão 3, aprovada pelo Decreto-Lei n.º 381/2007, de 14 de novembro, apresentada junto da Autoridade Tributária e Aduaneira (AT).

f) Ata da assembleia de condóminos autorizando a instalação, no caso dos 'hostels';

g) A modalidade de estabelecimento prevista no n.º 1 do artigo 3.º em que se vai desenvolver a atividade de alojamento local.

3 – O titular da exploração do estabelecimento é obrigado a manter atualizados todos os dados comunicados, devendo proceder a essa atualização no Balcão Único Eletrónico no prazo máximo de 10 dias após a ocorrência de qualquer alteração.

4 – A cessação da exploração do estabelecimento de alojamento local é comunicada através do Balcão Único Eletrónico no prazo máximo de 10 dias após a sua ocorrência.

5 – O titular da exploração do estabelecimento de alojamento local comunica às plataformas eletrónicas de reservas, no prazo máximo de 10 dias, o cancelamento do registo e ou a interdição temporária da exploração dos estabelecimentos de alojamento local.

6 – As declarações ou termos de responsabilidade assinados pelo titular da exploração do estabelecimento de alojamento local que não correspondam à verdade são puníveis nos termos do artigo 256.º do Código Penal.

7 – A comunicação prévia com prazo à qual não haja oposição e as comunicações previstas nos n.os 3 e 4 são remetidas, automaticamente, para o Turismo de Portugal, I. P..

8 – O titular da exploração do estabelecimento está dispensado da apresentação dos documentos previstos no presente decreto-lei e que estejam na posse de qualquer serviço e organismo da Administração Pública, quando der o seu consentimento para que a câmara municipal proceda à sua obtenção através da Plataforma de Interoperabilidade da Administração Pública (iAP).

9 – Pode haver oposição à comunicação prévia com prazo se, num prazo de 10 dias contados a partir da sua apresentação ou num prazo de 20 dias no caso dos hostels, o Presidente da Câmara Municipal territorialmente competente, com faculdade de delegação nos vereadores ou dirigentes, se oponha ao registo, com os fundamentos identificados de seguida:

a) Incorreta instrução da comunicação prévia com prazo;

b) Vigência do prazo resultante de cancelamento de registo, nos termos do artigo 9.º;

c) Violação das restrições à instalação decididas pelo município, nos termos do artigo 15.º-A, ou falta de autorização de utilização adequada do edifício.

10 – A oposição prevista no número anterior obsta à atribuição do número de registo.

Artigo 7.º – Título de abertura ao público

1 – O documento emitido pelo Balcão Único Eletrónico dos serviços contendo o número de registo do estabelecimento de alojamento local constitui o único título válido de abertura ao público e publicitação do estabelecimento.

2 – O número de registo do estabelecimento de alojamento local, nas modalidades de 'moradia' e 'apartamento', localizado em áreas de contenção nos termos do artigo 15.º-A é pessoal e intransmissível ainda que na titularidade ou propriedade de pessoa coletiva.

3 – Nos termos do número anterior, o título de abertura ao público caduca em caso de:

a) Transmissão da titularidade do registo, cessação de exploração, arrendamento ou outra forma de alteração da titularidade da exploração;

b) Transmissão do capital social da pessoa coletiva titular do registo, acumulada ou não, em percentagem superior a 50 %.

4 – O número anterior não se aplica em caso de sucessão.

Artigo 8.º – Vistoria

1 – A câmara municipal territorialmente competente realiza, no prazo de 30 dias após a apresentação da comunicação prévia com prazo, uma vistoria para verificação do cumprimento dos requisitos estabelecidos no presente decreto-lei, sem prejuízo dos demais poderes de fiscalização que legalmente lhe assistem.

2 – A câmara municipal pode solicitar ao Turismo de Portugal, I. P., a qualquer momento, a realização de vistorias para a verificação do cumprimento do estabelecido no n.º 2 do artigo 2.º

Artigo 9.º – Cancelamento do registo

1 – O Presidente da Câmara Municipal territorialmente competente pode determinar, precedido de audiência prévia, o cancelamento do registo do respetivo estabelecimento nas seguintes condições:

a) Quando exista qualquer desconformidade em relação a informação ou documento constante do registo;

b) No caso de instalação de novo alojamento local em violação de áreas de contenção estabelecidas nos termos do artigo 15.º-A, após a respetiva definição;

c) Por violação dos requisitos estabelecidos nos artigos 11.º a 17.º

2 – No caso de a atividade de alojamento local ser exercida numa fração autónoma de edifício ou parte de prédio urbano suscetível de utilização independente, a assembleia de condóminos, por decisão de mais de metade da permilagem do edifício, em deliberação fundamentada, decorrente da prática reiterada e comprovada de atos que perturbem a normal utilização do prédio, bem como de atos que causem incómodo e afetem o descanso dos condóminos, pode opor-se ao exercício da atividade de alojamento local na referida fração, dando, para o efeito, conhecimento da sua decisão ao Presidente da Câmara Municipal territorialmente competente.

3 – O Presidente da Câmara Municipal territorialmente competente, com faculdade de delegação nos vereadores, decide sobre o pedido de cancelamento.

4 – O cancelamento do registo determina a imediata cessação da exploração do estabelecimento, sem prejuízo do direito de audiência prévia.

5 – Nos casos em que o município verifique que o estabelecimento é explorado sem registo para o efeito comunica o facto à Autoridade de Segurança Alimentar e Económica (ASAE).

6 – A cessação de exploração implica:

a) O cancelamento do registo do estabelecimento, se a este tiver havido lugar;

b) Quando esteja em causa o cancelamento nos termos do n.º 2, a impossibilidade de o imóvel em questão ser explorado como alojamento local, independentemente da respetiva entidade, por um período fixado na decisão, num máximo de um ano.

7 – O cancelamento do registo deve ser imediatamente comunicado pela câmara municipal territorialmente competente ao Turismo de Portugal, I. P., e à ASAE, competindo ao primeiro proceder à comunicação às plataformas eletrónicas que disponibilizem, divulguem ou comercializem alojamento de que o registo do estabelecimento foi cancelado.

Artigo 10.º – Informação

1 – A informação remetida automaticamente ao Turismo de Portugal, I.P., nos termos do n.º 2 do artigo 5.º e do artigo 6.º, designadamente o nome e a capacidade do estabelecimento, o artigo matricial do prédio no qual se encontra instalado o estabelecimento, o nome ou a firma e o número de identificação fiscal do declarante, e, se distinto do declarante, o nome ou a firma e o número de identificação fiscal do titular da exploração do estabelecimento, é enviada, semestralmente, pelo Turismo de Portugal, I.P., à AT, nos termos definidos por protocolo a celebrar entre estas entidades.

2 – Antes da celebração do protocolo referido no número anterior o seu conteúdo deve ser comunicado à Comissão Nacional de Proteção de Dados para efeitos de emissão de parecer prévio.

3 – A câmara municipal territorialmente competente garante ao titular de dados o exercício dos direitos de acesso, retificação e eliminação, bem como o dever de velar pela legalidade da consulta ou da comunicação de informação, nos termos e para os efeitos do artigo 11.º da Lei n.º 67/98, de 26 de outubro.

4 – A troca de informação referida nos números anteriores é efetuada via Plataforma de Interoperabilidade da Administração Pública.

5 – O Turismo de Portugal, I. P., disponibiliza no seu sítio na Internet informação sobre os estabelecimentos de alojamento local.

CAPÍTULO III – Requisitos

Artigo 11.º – Capacidade

1 – A capacidade máxima dos estabelecimentos de alojamento local, com exceção da modalidade de 'quartos' e 'hostel', é de nove quartos e de 30 utentes, sem prejuízo do disposto nos números seguintes.

2 – Nas modalidades previstas nas alíneas *a)*, *b)*, *c)* e *d)* do n.º 1 do artigo 3.º, a capacidade máxima é determinada pela multiplicação do número de quartos por dois, acrescida da possibilidade de acolhimento de mais dois utentes na sala no caso das modalidades 'apartamentos' e 'moradias', nos termos dos indicadores do INE.

3 – Nas modalidades previstas nas alíneas *a)*, *b)*, *c)* e *d)* do n.º 1 do artigo 3.º, cada unidade, se tiver condições de habitabilidade adequadas, poderá comportar, no máximo, duas camas suplementares para crianças até aos 12 anos.

4 – É vedada a exploração, pelo mesmo proprietário ou titular de exploração, de mais de nove estabelecimentos de alojamento local na modalidade de apartamento, por edifício, se aquele número de estabelecimentos for superior a 75% do número de frações existentes no edifício.

5 – Se o número de estabelecimentos de alojamento local for superior a nove no mesmo edifício, o Turismo de Portugal, I.P., pode, a qualquer momento, fazer uma vistoria para efeitos de verificação do disposto no n.º 2 do artigo 2.º, sem prejuízo dos restantes procedimentos previstos no presente decreto-lei.

6 – Para o cálculo de exploração referido no n.º 2, consideram-se os estabelecimentos de alojamento local na modalidade de apartamento registados em nome do cônjuge, descendentes e ascendentes do proprietário ou do titular de exploração e, bem assim, os registados em nome de pessoas coletivas distintas em que haja sócios comuns.

7 – As entidades públicas competentes garantem ao titular de dados o exercício dos direitos de acesso, retificação e eliminação, bem como o dever de velar pela legalidade da consulta ou da comunicação de informação, nos termos e para os efeitos do artigo 11.º da Lei n.º 67/98, de 26 de outubro.

Artigo 12.º – Requisitos gerais

1 – Os estabelecimentos de alojamento local devem obedecer aos seguintes requisitos:

a) Apresentar adequadas condições de conservação e funcionamento das instalações e equipamentos;

b) Estar ligados à rede pública de abastecimento de água ou dotados de um sistema privativo de abastecimento de água com origem devidamente controlada;

c) Estar ligados à rede pública de esgotos ou dotados de fossas sépticas dimensionadas para a capacidade máxima do estabelecimento;

d) Estar dotados de água corrente quente e fria.

2 – As unidades de alojamento dos estabelecimentos de alojamento local devem:

a) Ter uma janela ou sacada com comunicação direta para o exterior que assegure as adequadas condições de ventilação e arejamento;

b) Estar dotadas de mobiliário, equipamento e utensílios adequados;

c) Dispor de um sistema que permita vedar a entrada de luz exterior;

d) Dispor de portas equipadas com um sistema de segurança que assegure a privacidade dos utentes.

3 – As instalações sanitárias dos estabelecimentos de alojamento local devem dispor de um sistema de segurança que garanta privacidade.

4 – Os estabelecimentos de alojamento local devem reunir sempre condições de higiene e limpeza.

5 – A regulamentação das condições para o funcionamento e identificação de cada uma das modalidades de estabelecimentos de alojamento local, será feita por Portaria.

6 – Os estabelecimentos de alojamento local são obrigados a ter um livro de informações sobre o funcionamento do estabelecimento e respetivas regras de utilização internas, nomeadamente incluindo as regras sobre a recolha e seleção de resíduos urbanos, funcionamento dos eletrodomésticos, ruído e cuidados a ter para evitar perturbações que causem incómodo e afetem a tranquilidade e o descanso da vizinhança, que deve conter também o contacto telefónico do responsável pela exploração do estabelecimento.

7 – O livro de informações a que se refere o número anterior deve ser disponibilizado em português e inglês e, pelo menos, em mais duas línguas estrangeiras.

8 – No caso de os estabelecimentos estarem inseridos em edifícios de habitação coletiva, o livro de informações deve conter também o regulamento com as práticas e regras do condomínio que sejam relevantes para o alojamento e para a utilização das partes comuns.

9 – O responsável do estabelecimento deve disponibilizar ao condomínio o seu contacto telefónico.

Artigo 13.º – Requisitos de segurança

1 – Sem prejuízo do disposto no número seguinte, os estabelecimentos de alojamento local devem cumprir as regras de segurança contra riscos de incêndio, nos termos do disposto no Decreto-Lei n.º 220/2008, de 12 de novembro, e do regulamento técnico constante da Portaria n.º 1532/2008, de 29 de dezembro.

2 – O disposto no número anterior não se aplica aos estabelecimentos de alojamento local que tenham capacidade igual ou inferior a 10 utentes, os quais devem possuir:

a) Extintor e manta de incêndio acessíveis aos utilizadores;

b) Equipamento de primeiros socorros acessível aos utilizadores;

c) Indicação do número nacional de emergência (112) em local visível aos utilizadores.

3 – Correm por conta do titular do alojamento local as despesas com obras que sejam realizadas nas partes comuns para adaptar ou licenciar o locado para esse fim.

Artigo 13.º-A – Solidariedade e seguros

1 – O titular da exploração de alojamento local é solidariamente responsável com os hóspedes relativamente aos danos provocados por estes no edifício em que se encontra instalada a unidade.

2 – O titular da exploração de alojamento local deve celebrar e manter válido um seguro de responsabilidade civil extracontratual que garanta os danos patrimoniais e não patrimoniais causados a hóspedes e a terceiros, decorrentes do exercício da atividade de prestação de serviços de alojamento.

3 – O capital mínimo do contrato de seguro previsto no número anterior é de 75 000 € por sinistro.

4 – As demais condições de seguro de responsabilidade civil mencionado no n.º 2, nomeadamente o âmbito temporal de cobertura do contrato de seguro, a possibilidade de exercício do direito de regresso, as exclusões de responsabilidade admissíveis ou o estabelecimento de franquias não oponíveis ao terceiro lesado ou aos seus herdeiros, são determinadas em portaria dos membros do Governo responsáveis pelas áreas das finanças e habitação.

5 – Tratando-se de estabelecimento de alojamento local cuja unidade esteja integrada em edifício em regime de propriedade horizontal, o titular da exploração fica ainda obrigado a celebrar ou a fazer prova da existência de seguro válido que garanta os danos patrimoniais diretamente causados por incêndio na ou com origem na unidade de alojamento.

6 – A falta de seguros válidos previstos nos n.os 2 e 4 é fundamento de cancelamento do registo.

Artigo 14.º – «Hostel»

(Revogado)

Artigo 15.º – Estabelecimentos comerciais e de prestação de serviços

Nos estabelecimentos de alojamento local referidos na alínea c) do n.º 1 do artigo 3.º e desde que a autorização de utilização o permita, podem instalar-se estabelecimentos comerciais e de prestação de serviços, incluindo os de restauração e de bebidas, sem prejuízo do cumprimento dos requisitos específicos previstos na demais legislação aplicável a estes estabelecimentos.

Artigo 15.º-A – Áreas de contenção

1 – Com o objetivo de preservar a realidade social dos bairros e lugares, a câmara municipal territorialmente competente, pode aprovar por regulamento e com deliberação fundamentada, a existência de áreas de contenção, por freguesia, no todo ou em parte, para instalação de novo alojamento local, podendo impor limites relativos ao número de estabelecimentos de alojamento local nesse território, que podem ter em conta limites percentuais em proporção dos imóveis disponíveis para habitação.

2 – As áreas de contenção identificadas por cada município são comunicadas ao Turismo de Portugal, I. P., que introduz referência à limitação de novos registos nestas áreas no Balcão Único Eletrónico.

3 – As áreas de contenção a que se refere o n.º 1 devem ser reavaliadas, no mínimo, de dois em dois anos e comunicadas as respetivas conclusões ao Turismo de Portugal, I. P., para os efeitos do disposto nos números anteriores.

4 – O Turismo de Portugal, I. P., e o Instituto da Habitação e da Reabilitação Urbana, I. P., disponibilizam anualmente dados desagregados sobre o número de estabelecimentos de alojamento local e de fogos de habitação permanente.

5 – A instalação de novos estabelecimentos de alojamento local em áreas de contenção carece de autorização expressa da câmara que, em caso de deferimento, promove o respetivo registo.

6 – Para evitar que a alteração das circunstâncias e das condições de facto existentes possa comprometer a eficácia do regulamento municipal a que se refere o n.º 1, podem os municípios, por deliberação fundamentada da assembleia municipal, sob proposta da câmara municipal, suspender, por um máximo de um ano, a autorização de novos registos em áreas especificamente delimitadas, até à entrada em vigor do referido regulamento.

7 – Nas áreas de contenção definidas nos termos do presente artigo, o mesmo proprietário apenas pode explorar um máximo de sete estabelecimentos de alojamento local.

CAPÍTULO IV – Exploração e funcionamento

Artigo 16.º – Titular da exploração do estabelecimento de alojamento local

1 – Em todos os estabelecimentos de alojamento local deve existir um titular da exploração do estabelecimento, a quem cabe o exercício da atividade de prestação de serviços de alojamento.

2 – O titular da exploração do estabelecimento de alojamento local pode ser uma pessoa singular ou coletiva.

3 – Sem prejuízo de outras obrigações previstas no presente decreto-lei, o titular da exploração do estabelecimento de alojamento local responde, independentemente da existência de culpa, pelos danos causados aos destinatários dos serviços ou a terceiros, decorrentes da atividade de prestação de serviços de alojamento, em desrespeito ou violação do termo de responsabilidade referido na alínea *b)* do n.º 2 do artigo 6.º

Artigo 17.º – Identificação e publicidade

1 – Os estabelecimentos previstos no presente decreto-lei devem identificar-se como estabelecimentos de alojamento local, não podendo, em caso algum, utilizar a qualificação de empreendimento turístico, ou de qualquer tipologia de empreendimento turístico, nem qualquer sistema de classificação.

2 – A publicidade, a documentação comercial e o merchandising dos estabelecimentos de alojamento local devem indicar o respetivo nome ou logótipo e número de registo, não podendo sugerir características que os estabelecimentos não possuam nem sugerir que os mesmos se integram num dos tipos de empreendimentos turísticos previstos no Decreto-Lei n.º 39/2008, de 7 de março, alterado pelos Decretos-Leis n.os 228/2009, de 14 de setembro, e 15/2014, de 23 de janeiro.

3 – Apenas os estabelecimentos de hospedagem que reúnam os requisitos previstos nos n.os 5 e 6 do artigo 3.º podem utilizar a denominação 'hostel' no seu nome, publicidade, documentação comercial e merchandising.

4 – Os 'estabelecimentos de hospedagem' e os 'quartos' podem usar comercialmente a designação de 'Bed & breakfast' ou de 'guest house'.

Artigo 18.º – Placa identificativa

1 – Nos 'hostels' é obrigatória a afixação, no exterior do edifício, junto à entrada principal, de uma placa identificativa.

2 – Nas modalidades previstas nas alíneas *b)*, *c)* e *d)* do n.º 1 do artigo 3.º, é obrigatória a afixação, junto à entrada do estabelecimento, de uma placa identificativa.

3 – O modelo e as características da placa identificativa constam do anexo ao presente decreto-lei.

Artigo 19.º – Período de funcionamento

1 – Sem prejuízo de disposição legal ou contratual, os estabelecimentos de alojamento local podem estabelecer livremente os seus períodos de funcionamento.

2 – O período de funcionamento dos estabelecimentos de alojamento local previstos na alínea c) do n.º 1 do artigo 3.º deve ser devidamente publicitado, exceto quando o estabelecimento esteja aberto todos os dias do ano.

3 – O acesso e permanência no estabelecimento de alojamento local é reservado a hóspedes e respetivos convidados.

4 – A entidade exploradora pode recusar o acesso ao estabelecimento a quem perturbe o seu normal funcionamento e ou desrespeite a ordem pública, incumprindo regras de urbanidade, funcionamento e ruído, aplicáveis.

5 – As normas de funcionamento e as regras de ruído aplicáveis ao estabelecimento devem ser devidamente publicitadas pela entidade exploradora.

Artigo 20.º – Livro de reclamações

1 – Os estabelecimentos de alojamento local devem dispor de livro de reclamações nos termos e condições estabelecidos no Decreto-Lei n.º 156/2005, de 15 de setembro, alterado pelos Decretos-Leis n.os 317/2007, de 6 de novembro, 118/2009, de 19 de maio, 317/2009, de 30 de outubro, e 242/2012, de 7 de novembro.

2 – O original da folha de reclamação é enviado à ASAE, nos termos previstos na legislação referida no número anterior.

Artigo 20.º-A – Contribuições para o condomínio

O condomínio pode fixar o pagamento de uma contribuição adicional correspondente às despesas decorrentes da utilização acrescida das partes comuns, com um limite de 30 % do valor anual da quota respetiva, a deliberar nos termos do artigo 1424.º do Código Civil.

CAPÍTULO V – Fiscalização e sanções

Artigo 21.º – Fiscalização

1 – Compete à ASAE e à câmara municipal territorialmente competente fiscalizar o cumprimento do disposto no presente decreto-lei, bem como instruir os respetivos processos e aplicar as respetivas coimas e sanções acessórias.

2 – Compete à AT fiscalizar, nos termos da legislação em vigor, o cumprimento das obrigações fiscais decorrentes da atividade exercida ao abrigo do presente decreto-lei, nomeadamente através do uso da informação recebida nos termos do artigo 10.º

3 – A ASAE pode solicitar ao Turismo de Portugal, I. P., a qualquer momento, a realização de vistorias para a verificação do cumprimento do estabelecido no n.º 2 do artigo 2.º, e para a verificação da atualização da listagem de estabelecimentos de alojamento local para efeitos de inscrição nas plataformas eletrónicas de reservas.

4 – Se das vistorias referidas no presente decreto-lei ou qualquer ação de fiscalização se concluir pelo incumprimento do estabelecido no n.º 2 do artigo 2.º, o Turismo de Portugal, I. P., fixa um prazo não inferior a 30 dias, prorrogável, para que o estabelecimento inicie o processo de autorização de utilização para fins turísticos legalmente exigido.

5 – Findo o prazo fixado nos termos do número anterior sem que o estabelecimento tenha iniciado o processo de autorização de utilização para fins turísticos, o Turismo de Portugal, I. P.,informa a ASAE para os fins previstos no artigo 28.º, a câmara municipal territorialmente competente e a AT.

Artigo 22.º – Infrações tributárias

O não cumprimento das obrigações fiscais decorrentes da atividade exercida ao abrigo do presente decreto-lei constitui infração tributária, nos termos previstos no Regime Geral das Infrações Tributárias, aprovado pela Lei n.º 15/2001, de 5 de junho.

Artigo 23.º – Contraordenações

1 – Constitui contraordenação económica grave, punível nos termos do Regime Jurídico das Contraordenações Económicas (RJCE):

a) A oferta, disponibilização, publicidade e intermediação de estabelecimentos de alojamento local não registados ou com registos desatualizados;

b) A oferta, disponibilização, publicidade e intermediação de estabelecimentos de alojamento local em violação, desrespeito ou incumprimento:

i) Do contrato de arrendamento;

ii) Da autorização de exploração;

c) A prática de atos de angariação de clientela para estabelecimentos de alojamento local não registados ou com registos desatualizados;

d) A violação do disposto no n.º 4 do artigo 4.º;

e) A violação do disposto nos n.os 3 e 4 do artigo 6.º;

f) A violação do disposto nos n.os 1, 3 e 4 do artigo 11.º;

g) O não cumprimento pelo estabelecimento de alojamento local dos requisitos previstos nos artigos 12.º a 14.º;

h) (Revogada)

i) (Revogada)

j) (Revogada)

k) (Revogada)

2 – Constitui contraordenação económica leve, punível nos termos do RJCE:

a) A violação das regras de identificação e publicidade, nos termos previstos no artigo 17.º;

b) A não afixação no exterior da placa identificativa tal como previsto no artigo 18.º;

c) A não publicitação do período de funcionamento tal como previsto no artigo 19.º;

d) A violação do disposto no n.º 4 do artigo 33.º

3 – A tentativa e a negligência são puníveis nos termos do RJCE.

4 – (Revogado)

Artigo 24.º – Sanções acessórias

Em função da gravidade e da culpa do agente, podem ser aplicadas as seguintes sanções acessórias:

a) Apreensão do material através do qual se praticou a infração;

b) Suspensão, por um período até dois anos, do exercício da atividade diretamente relacionada com a infração praticada;

c) Encerramento, pelo prazo máximo de dois anos, do estabelecimento ou das instalações onde estejam a ser prestados serviços de alojamento, de angariação de clientela ou de intermediação de estabelecimentos de alojamento local.

Artigo 25.º – Negligência e tentativa
(Revogado)

Artigo 26.º – Regime subsidiário
Às contraordenações económicas previstas no presente decreto-lei aplica-se o RJCE.

Artigo 27.º – Produto das coimas
O produto das coimas aplicadas pela prática das contraordenações económicas previstas no presente diploma é repartido nos termos do RJCE.

Artigo 28.º – Interdição de exploração
A ASAE e a Câmara Municipal territorialmente competente podem determinar a interdição temporária da exploração dos estabelecimentos de alojamento local, na sua totalidade ou em parte, nos termos do n.º 5 do artigo 21.º ou quando a falta de cumprimento das disposições legais aplicáveis puser em causa a segurança dos utilizadores ou a saúde pública, sem prejuízo das competências atribuídas por lei a outras entidades.

CAPÍTULO VI – Disposições finais e transitórias

Artigo 29.º – Alteração ao Decreto-Lei n.º 39/2008, de 7 de março
Os artigos 67.º, 70.º e 73.º do Decreto-Lei n.º 39/2008, de 7 de março, alterado pelos Decretos-Leis n.os 228/2009, de 14 de setembro, e 15/2014, de 23 de janeiro, passam a ter a seguinte redação:

«**Artigo 67.º** *[...]*

1 – [...]:

a) A oferta de serviços de alojamento turístico sem título válido de abertura;
b) [Revogada];
c) [...];
d) [...];
e) [...];
f) [...];
g) [...];
h) [...];
i) A não afixação ou a afixação fora de prazo, no exterior, da placa identificativa da classificação do empreendimento turístico, tal como previsto nos n.os 7 e 8 do artigo 36.º;
j) [...];
k) [...];

l) [...];
m) [...];
n) [...];
o) [...];
p) [...];
q) [...];
r) [...];
s) [...];
t) [...];
u) [...];
v) [...];
x) [...];
z) [...];
aa) [...];
bb) [...];
cc) [...];
dd) [...].
2 - [...].
3 - [...].
4 - [...].
5 - [...].

Artigo 70.º *[...]*

1 - [...]:

a) À ASAE relativamente aos empreendimentos turísticos referidos nas alíneas *a)* a *f)* do n.º 1 do artigo 4.º;

b) Às câmaras municipais, relativamente aos empreendimentos turísticos referidos na alínea g) do n.º 1 do artigo 4.º

2 - [...].

Artigo 73.º *[...]*

A ASAE é competente para determinar a interdição temporária do funcionamento dos empreendimentos turísticos, na sua totalidade ou em parte, quando a falta de cumprimento das disposições legais aplicáveis puser em causa a segurança dos utilizadores ou a saúde pública, sem prejuízo das competências atribuídas por lei a outras entidades.»

Artigo 30.º – Alteração ao Decreto-Lei n.º 61/2011, de 6 de maio

O artigo 40.º do Decreto-Lei n.º 61/2011, de 6 de maio, alterado pelos Decretos-Leis n.ºs 199/2012, de 24 de agosto, e 26/2014, de 14 de fevereiro, passa a ter a seguinte redação:

«**Artigo 40.º** *[...]*

1 – [...].

2 – [...]:

a) [...];

b) A oferta e reserva de serviços em empreendimentos turísticos sem título válido de abertura, e em estabelecimentos de alojamento local não registados, bem como a intermediação na venda de produtos de agentes de animação turística não registados.

3 – [...].

4 – [...].

5 – [...].

6 – [...].»

Artigo 31.º – Sistema informático

1 – A tramitação dos procedimentos e formalidades previstos no presente decreto-lei é realizada informaticamente com recurso ao Balcão Único Eletrónico previsto nos artigos 5.º e 6.º do Decreto-Lei n.º 92/2010, de 26 de julho, na redação atual, acessível através do Balcão Único Eletrónico e nos sítios na Internet do Turismo de Portugal, I. P.

2 – (Revogado)

3 – (Revogado)

4 – (Revogado)

5 – (Revogado)

6 – (Revogado)

7 – (Revogado)

Artigo 32.º – Regiões Autónomas

1 – O regime previsto no presente decreto-lei é aplicável às Regiões Autónomas dos Açores e da Madeira, sem prejuízo das adaptações decorrentes da estrutura própria da administração regional autónoma.

2 – O produto das coimas cobradas nas Regiões Autónomas no âmbito da aplicação do presente decreto-lei, na percentagem correspondente ao Estado, constitui receita própria das Regiões Autónomas.

Artigo 33.º – Disposições transitórias

1 – O número de registo do alojamento local previsto no n.º 2 do artigo 5.º é disponibilizado pelo Balcão Único Eletrónico no prazo de 30 dias após a entrada em vigor do presente decreto-lei.

2 – No caso dos estabelecimentos de alojamento local registados à data da entrada em vigor do presente decreto-lei, nos termos da Portaria n.º 517/2008, de 25 de junho, alterada pela Portaria n.º 138/2012, de 14 de maio, as câmaras municipais territorialmente competentes ficam responsáveis pela inserção dos dados necessários no Balcão Único Eletrónico e pela disponibilização aos respetivos titulares de um novo número de registo.

3 – Até à disponibilização do novo número de registo os estabelecimentos de alojamento local referidos no número anterior estão dispensados da obrigação de indicação do número de registo na sua publicidade, sem prejuízo do cumprimento das restantes obrigações previstas no n.º 2 do artigo 17.º

4 – Os titulares dos estabelecimentos de alojamento local referidos no n.º 2, que ainda não o tenham feito, devem, no prazo de 30 dias após a entrada em vigor do presente decreto-lei, apresentar a documentação prevista na alínea *e)* do n.º 2 do artigo 6.º, junto da câmara municipal territorialmente competente, que a remete ao Turismo de Portugal, I. P., para os efeitos previstos no artigo 10.º, não lhes sendo aplicáveis os restantes requisitos previstos nos n.os 1 e 2 do artigo 6.º

5 – Os requisitos previstos no artigo 11.º não se aplicam aos estabelecimentos de alojamento local referidos no n.º 2, bem como àqueles que venham a registar-se nos termos do n.º 4 do artigo 75.º do Decreto-Lei n.º 39/2008, de 7 de março, alterado pelos Decretos-Leis n.os 228/2009, de 14 de setembro, e 15/2014, de 23 de janeiro.

6 – Os estabelecimentos de alojamento local referidos no n.º 2 que utilizem já a denominação «hostel» dispõem do prazo de cinco anos, a contar da data da entrada em vigor do presente decreto-lei, para se conformarem com os requisitos previstos no artigo 14.º

7 – O presente decreto-lei aplica-se aos procedimentos em curso, sem prejuízo da salvaguarda dos atos praticados antes da sua entrada em vigor no âmbito de pedidos de controlo prévio apresentados nas autarquias para posterior exploração de um imóvel no regime do alojamento local.

Artigo 34.º – Norma revogatória

1 – São revogados o artigo 3.º, a alínea d) do n.º 2 do artigo 22.º e a alínea *b)* do n.º 1 do artigo 67.º, todos do Decreto-Lei n.º 39/2008, de 7 de março, alterado pelos Decretos-Leis n.os 228/2009, de 14 de setembro, e 15/2014, de 23 de janeiro.

2 – É revogada a Portaria n.º 517/2008, de 25 de junho, alterada pela Portaria n.º 138/2012, de 14 de maio.

Artigo 35.º – Entrada em vigor

O presente decreto-lei entra em vigor 90 dias após a sua publicação.

Visto e aprovado em Conselho de Ministros de 12 de junho de 2014. – Pedro Passos Coelho – Maria Luís Casanova Morgado Dias de Albuquerque – Leonardo Bandeira de Melo Mathias – Jorge Manuel Lopes Moreira da Silva.

Promulgado em 21 de agosto de 2014.

Publique-se.

O Presidente da República, Aníbal Cavaco Silva.

Referendado em 26 de agosto de 2014

O Primeiro-Ministro, Pedro Passos Coelho.

ANEXO – (a que se refere o n.º 2 do artigo 18.º)

A placa identificativa dos estabelecimentos de alojamento local é de material acrílico cristal transparente, extrudido e polido, com 10 mm de espessura, devendo observar as seguintes características:

a) Dimensão de 200 mm x 200 mm;

b) Tipo de letra Arial 200, de cor azul escura (pantone 280);

c) Aplicação com a distância de 50 mm da parede, através de parafusos de aço inox em cada canto, com 8 mm de diâmetro e 60 mm de comprimento.

Modelo da Placa Identificativa

A L

(Alojamento Local)

ESTABELECE AS CONDIÇÕES DE FUNCIONAMENTO E IDENTIFICAÇÃO DOS ESTABELECIMENTOS DE ALOJAMENTO LOCAL

Portaria n.º 262/2020, de 6 de novembro
Estabelece as condições de funcionamento e identificação dos estabelecimentos de alojamento local

A Lei n.º 62/2018, de 22 de agosto, que procede à segunda alteração ao regime da exploração dos estabelecimentos de alojamento local, estabelecido pelo Decreto-Lei n.º 128/2014, de 29 de agosto, aditou um n.º 5 ao artigo 12.º daquele decreto-lei, nos termos do qual são definidas por portaria as condições para o funcionamento das modalidades de estabelecimentos de alojamento local.

Nesta conformidade, a presente portaria visa plasmar as condições mínimas de funcionamento que efetivamente as modalidades de estabelecimentos de alojamento local já cumprem atualmente, não deixando contudo de introduzir outras que se consideram essenciais para o desenvolvimento e inovação deste produto turístico, mas com a preocupação de não espartilhar injustificadamente e em demasia as condições de um segmento turístico que se pretende cada vez mais competitivo e com qualidade.

Prevê-se ainda um conjunto de condições de sustentabilidade que os estabelecimentos de alojamento local devem adotar e privilegiar, seguindo-se assim as políticas de sustentabilidade da Estratégia Turismo 2027, e o referencial para o desenvolvimento de políticas públicas e estratégias empresariais no setor do turismo para a próxima década que estipula, entre outras, que umas das metas de sustentabilidade ambiental é assegurar que mais de 90 % das empresas do turismo adotam medidas de utilização eficiente de energia e da água e desenvolvem ações de gestão ambiental dos resíduos.

Por fim, prevê-se um período de transitório de 12 meses, a contar da data de entrada em vigor da portaria, para que os estabelecimentos de alojamento local, que já se encontrem registados no Registo Nacional de Alojamento Local, se possam adaptar às novas condições de funcionamento.

Foram ouvidas as associações representativas do alojamento local.

Assim:

Ao abrigo do disposto no n.º 5 do artigo 12.º do Decreto-Lei n.º 128/2014, de 29 de agosto, alterado pelo Decreto-Lei n.º 63/2015, de 23 de abril, pela Lei n.º 62/2018, de 22 de agosto, e pela Lei n.º 71/2018, de 31 de dezembro, manda o Governo, pela Secretária de Estado do Turismo, o seguinte:

CAPÍTULO I – Objeto e âmbito de aplicação

Artigo 1.º – Objeto

A presente portaria estabelece as condições de funcionamento e identificação dos estabelecimentos de alojamento local.

Artigo 2.º – Âmbito de aplicação

1 – A presente portaria aplica-se a todas as modalidades de alojamento local, previstas no n.º 1 do artigo 3.º do Decreto-Lei n.º 128/2014, de 29 de agosto, na sua redação atual.

2 – A denominação hostel pode ser utilizada pelos «estabelecimentos de hospedagem» desde que preenchidos os requisitos previstos no n.º 6 do artigo 3.º do Decreto-Lei n.º 128/2014, de 29 de agosto, na sua redação atual, e nos artigos 11.º a 13.º da presente portaria.

CAPÍTULO II – Do funcionamento

SECÇÃO I – Condições de funcionamento comuns

Artigo 3.º – Acolhimento de utente

1 – Os estabelecimentos de alojamento local disponibilizam serviço de receção (check-in e check-out) e de informação aos utentes, que pode ser realizado de forma presencial ou não presencial, nomeadamente por via telefónica ou eletrónica.

2 – Os estabelecimentos de hospedagem, incluindo hostel, disponibilizam um meio de comunicação com o serviço de receção, bem como a indicação do número nacional de emergência e o contacto da entidade exploradora.

Artigo 4.º – Condições de funcionamento e serviços de arrumação e limpeza

1 – Os estabelecimentos de alojamento local devem dispor de equipamentos apropriados, em bom estado de conservação e reunir as condições de higiene e de limpeza adequadas.

2 – Os serviços de arrumação e limpeza das unidades de alojamento, bem como a mudança de toalhas e de roupa de cama, ocorrem sempre que exista alteração de utente e, no mínimo, uma vez por semana, sempre que a estada seja superior a sete noites seguidas, salvo se o hóspede e o estabelecimento acordarem outra forma de limpeza e troca de roupa, que garanta igualmente as devidas condições de higiene e limpeza, em caso de reserva única do alojamento e ocupação total da capacidade por um grupo ou família.

Artigo 5.º – Serviço de pequeno-almoço

1 – Os estabelecimentos de alojamento local que disponibilizam pequenos-almoços devem cumprir as regras de higiene e segurança alimentar nos termos da legislação aplicável.

2 – Os estabelecimentos de hospedagem e os quartos que utilizem a denominação Bed & Breakfast, nos termos do n.º 4 do artigo 17.º do Decreto-Lei n.º 128/2014, de 29 de agosto, na sua redação atual, devem prestar sempre serviço de pequeno-almoço, em complemento ao serviço de alojamento.

Artigo 6.º – Reporte de informação de dormidas

1 – As entidades exploradoras dos estabelecimentos de alojamento local devem proceder à comunicação do alojamento de estrangeiros, nos termos definidos na Lei n.º 23/2007, de 4 de julho, que aprova o regime jurídico de entrada, permanência, saída e afastamento de estrangeiros do território nacional, e da Portaria n.º 287/2007, de 16 de março, na redação atual.

2 – As entidades exploradoras de alojamento local devem cooperar com as autoridades nacionais na recolha e fornecimento de dados relativos ao número de utentes, dormidas e outros que sejam solicitados para efeitos estatísticos.

Artigo 7.º – Instalações sanitárias

1 – As instalações sanitárias são privativas ou comuns a vários quartos e dormitórios.

2 – Nos apartamentos, moradias e quartos deve existir, no mínimo, uma instalação sanitária por cada quatro quartos e cumulativamente o máximo de 10 utentes.

3 – Nos estabelecimentos de hospedagem, as instalações sanitárias comuns a vários quartos, e que não sejam separadas por género, devem ter retretes autonomizadas separadas por portas com sistemas de segurança que permitam privacidade.

4 – Nos estabelecimentos de hospedagem existe, no mínimo, uma retrete, um lavatório e um chuveiro por cada seis utentes que estejam a partilhar instalações sanitárias comuns.

Artigo 8.º – Áreas e requisitos dos estabelecimentos de alojamento local

1 – As áreas dos estabelecimentos de alojamento local obedecem às regras de edificação urbana aplicáveis, incluindo os regimes de exceção e de isenção, com as especificidades previstas na presente portaria.

2 – Aos estabelecimentos de alojamento local aplicam-se os requisitos gerais previstos no artigo 12.º e os requisitos de segurança previstos no artigo 13.º, ambos do Decreto-Lei n.º 128/2014, de 29 de agosto, na sua redação atual, com as especificidades previstas na presente portaria.

SECÇÃO II – Condições de funcionamento específicas dos estabelecimentos de hospedagem

Artigo 9.º – Áreas dos quartos

1 – Em cumprimento do Regulamento Geral das Edificações Urbanas, nos estabelecimentos de hospedagem devem ser asseguradas as seguintes áreas mínimas dos quartos:

a) 6,50 m^2 para o quarto individual;

b) 9 m^2 para o quarto duplo;

c) 12 m^2 para o quarto triplo;

d) Para cada cama convertível a instalar nos quartos, acrescem 3 m^2 às áreas mínimas previstas nas alíneas anteriores;

e) Para os dormitórios, a área resultante da aplicação da fórmula definida no artigo 12.º da presente portaria.

2 – Os edifícios legalmente dispensados da observância das normas constantes do Regulamento Geral das Edificações Urbanas devem assegurar uma área mínima de 5,50 m^2 para o quarto individual, de 7 m^2 para o quarto duplo e de 10 m^2 para o quarto triplo.

Artigo 10.º – Zonas comuns

Nos estabelecimentos de hospedagem podem existir zonas comuns de acolhimento ou receção e de estar e ou lazer, destinadas aos utentes, podendo estas funções coexistir no mesmo espaço.

SECÇÃO III – Condições de funcionamento específicas do hostel

Artigo 11.º – Áreas

1 – Os hostels obedecem às áreas mínimas estabelecidas na secção anterior para os quartos.

2 – A área mínima para o espaço onde se desenvolvem as funções referidas no artigo 10.º é de 3 m^2, sendo acrescida em função da capacidade de utentes que pode albergar, na proporção de 0,50 m^2.

Artigo 12.º – Dormitório

1 – Os dormitórios são constituídos por um número mínimo de quatro camas/utentes, que podem ser beliches ou camas sobrepostas.

2 – Nos dormitórios, a cama é objeto de locação individual.

3 – Nos dormitórios existe uma área mínima de 2,50 m^2, acrescida de 2,50 m^2 por cama ou beliche e de 1 m^2 por utente, com a seguinte fórmula:

2,50 m^2 + (2,50 m^2 x número de camas ou beliche) + (1 m^2 x número de utentes)

4 – Os dormitórios dispõem de um compartimento individual por cada cama, com sistema de fecho, com uma dimensão mínima interior de 55 cm x 40 cm x 20 cm.

5 – Nos dormitórios, a cada cama corresponde um ponto de iluminação.

6 – No hostel podem existir quartos, desde que o número de utentes em dormitório seja superior ao número de utentes em quarto.

7 – Apenas os estabelecimentos de hospedagem que cumpram as condições para usarem a denominação hostel podem ter dormitórios.

Artigo 13.º – Zonas comuns

1 – As zonas comuns do hostel, para além de incluírem obrigatoriamente as referidas no artigo 10.º, podem incluir todos os espaços sociais de utilização partilhada, designadamente a zona de cozinha, a zona de refeições e de bebidas e a área de tratamento de roupa.

2 – Sempre que o hostel dispuser de cozinha de livre acesso aos hóspedes, devem estar visíveis as instruções de uso dos equipamentos e as regras de utilização e de higiene a observar, disponibilizadas, pelo menos, em línguas portuguesa e inglesa.

3 – Os espaços sociais de utilização partilhada do hostel destinam-se ao uso exclusivo de utentes e seus convidados, se tal for permitido.

4 – Os estabelecimentos hostel que compreendam zona de cozinha ou de refeições devem garantir a existência de um lugar sentado por cada 10 utentes.

Artigo 14.º – Acesso a utentes com mobilidade condicionada

1 – O hostel com mais de 50 camas/utentes deve dispor de pelo menos um quarto e uma instalação sanitária adaptada a utentes com mobilidade condicionada, exceto nas situações legalmente previstas no Decreto-Lei n.º 163/2006, de 8 de agosto, na sua redação atual.

2 – A instalação sanitária referida no número anterior pode estar integrada numa instalação sanitária conjunta para pessoas com e sem limitações de mobilidade.

SECÇÃO IV – Condições de funcionamento específicas para os estabelecimentos de alojamento local de moradia e apartamento

Artigo 15.º – Requisitos de segurança de moradias e apartamentos

As moradias e os apartamentos com mais de 10 utentes devem cumprir as regras de segurança contra riscos de incêndio, nos termos do disposto no Decreto-Lei n.º 220/2008, de 12 de novembro, na sua redação atual, e do regulamento técnico constante da Portaria n.º 1532/2008, de 29 de dezembro, assim como as exceções aí previstas.

CAPÍTULO III – Placa identificativa e condições de sustentabilidade

Artigo 16.º – Placa identificativa

1 – Os estabelecimentos de alojamento local nas modalidades de quartos, apartamentos e estabelecimentos de hospedagem devem dispor de placa identificativa junto à entrada do estabelecimento, nos termos dos n.os 2 e 3 do artigo 18.º do Decreto-Lei n.º 128/2014, de 29 de agosto, na sua redação atual.

2 – Quando a entrada do estabelecimento for no interior de um edifício, pode optar-se por placa de modelo idêntico e menor dimensão, com as seguintes caraterísticas:

a) Executada em material acrílico cristal transparente, extrudido e polido de 5 mm de espessura, com a dimensão de 100 mm x 100 mm;

b) Devem ser inscritas as letras «A» e «L» em maiúscula, com um espaço entre as duas, em tipo Arial com 100 pt, de cor azul escura (pantone 280);

c) Por baixo das letras previstas na alínea anterior deve estar inscrita, entre parênteses, a expressão «(Alojamento Local)», que deve ser gravada em letras maiúsculas, em tipo Arial com 13 pt, da mesma cor das anteriores;

d) A fixação da placa deve ser executada preferencialmente através de parafusos em aço inox em cada canto, cuja cabeça deve ter cerca de 5 mm de diâmetro ou, em alternativa, através de outros meios de fixação nos cantos, devendo, em qualquer caso, a placa ficar afastada 10 mm da parede.

Artigo 17.º – Condições de sustentabilidade

Os estabelecimentos de alojamento local devem privilegiar as seguintes condições de sustentabilidade ambiental:

a) Adotar e implementar práticas que promovam o consumo eficiente de água;

b) Adotar e implementar práticas que promovam o consumo eficiente de energia, quando não obrigatórios por lei;

c) Adotar e implementar uma política de informação sobre práticas de turismo sustentável por parte dos utentes;

d) Adotar exclusivamente detergentes e produtos biodegradáveis;

e) Disponibilizar equipamentos e adotar procedimentos para a separação de resíduos sólidos urbanos;

f) Garantir a formação contínua dos colaboradores sobre boas práticas ambientais e standards de trabalho;

g) Possuir certificação ambiental ou selo de qualidade ambiental atribuído por entidade nacional ou internacional de reconhecido mérito.

CAPÍTULO IV – Disposições finais e transitórias

Artigo 18.º – Entrada em vigor e produção de efeitos

1 – A presente portaria entra em vigor no prazo de 90 dias após a sua publicação.

2 – As condições de funcionamento são aplicáveis aos estabelecimentos de alojamento local que se registem no Registo Nacional de Alojamento Local após a entrada em vigor da presente portaria.

3 – Aos estabelecimentos de alojamento local que estejam registados no Registo Nacional de Alojamento Local são aplicáveis as condições de funcionamento, previstas na presente portaria, decorridos que estejam 12 meses da sua entrada em vigor.

A Secretária de Estado do Turismo, Rita Baptista Marques, em 4 de novembro de 2020.